金讼圈之

100个典型疑难金融案例与裁判规则

李小文　诸奇红◎编著

JIN SONG QUAN ZHI
100GE DIANXING YINAN JINRONG ANLI
YU CAIPAN GUIZE

法律出版社 | LAW PRESS

自　　序

2017 年 7 月 28 日，在最高人民法院司法案例工作推进会上，周强院长提出“要加强案例收集、整理，汇聚现有司法案例，汇聚各国各地区经典、热点案例，汇聚中华法系传统司法案例，将最高人民法院司法案例库建设成为囊括古今中外典型司法案例的全球具有影响力的司法案例库”。2017 年 8 月 4 日，最高人民法院发布的《关于进一步加强金融审判工作的若干意见》第 8 条载明，加强新类型金融案件的研究和应对，统一裁判尺度。

在此背景下，司法案例研究工作将进一步得到重视与落实，案例大数据分析报告将会逐步运用于审判指导。研究案例、利用案例，提升案例应用能力，广大法官、律师同行亟待行动。

我们最初研读金融纠纷裁判案例，完全是基于团队业务实际需要。一开始，我们结合金融纠纷案件代理需要去寻找典型性裁判案例。记得曾经花费七八个小时找到了一篇类似的裁判文书，直接帮助我们团队的一件上诉案件赢得改判结果。后来，我们逐步发现裁判文书研读对律师诉讼代理业务极其重要，于是把自己对金融纠纷裁判文书的研读分析成果发布在“金讼圈”微信公众号上与网友分享。

“金讼圈”专注于金融纠纷典型案例裁判文书的研读分享。在案例选取方面，公报案例、指导性案例、最高人民法院案例、各级法院发布的典型案例、时事新闻中的最新案例、实践中的棘手案例……这些都优先被我们纳入分析研读范围；在检索途径上，我们一方面选择各大数据库定期定向检索案例，另一方面通过最高人民法院、各省高级人民法院官方网站寻找热点案例，有时还会通过公开发表的文章，追本溯源地寻找到我们认为“有趣儿”的案例；在分析方法上，我们强调必须在查阅案例判决书原文的基础上，提炼出具有实用价值的裁判规则。

研读大量的“金讼圈”典型金融案例，不仅有效地提高了我们团队对金融纠纷案件判断的专业敏锐度，也慢慢得到了更多业内法官、律师、法务朋友们的关注。同时“金讼圈”非常幸运地受到了金赛波老师的关注与指点，热心的金老师建议我们将“金讼圈”案例编辑出版并联系了法律出版社，由此本书得以和读者见面。

本书选取了借贷、担保、不良资产、股权转让、股权激励、股东权利、基金、融资租赁、贸易融资、理财、信托、证券、期货、保险、独立保函、支付、刑民交叉共17种类型、100个典型案例。每一篇案例，由案例索引、交易结构图、金讼圈导读、裁判规则、案情介绍、裁判结果、法院观点、金讼圈提示八大部分组成。其中交易结构图、金讼圈导读、裁判规则、金讼圈提示是我们提炼的重点内容。交易结构图是为实现诉讼可视化，帮助读者一览案情；金讼圈导读是为了帮助读者更好地了解案例的重点和亮点；裁判规则是站在裁判者角度梳理归纳具有普遍参考意义的规则；金讼圈提示是从诉与非诉的角度出发，提示经验得失及非诉建议。

诉为非诉，以讼止讼；赢在二审，笑到再审——这是我们的愿景；“金讼圈”打造金融诉讼研讨的社圈——这是我们的目标。若本书中的案例能引起一点争鸣，我们不胜欣喜；能带来一点启发，我们不胜荣幸！

本书编辑时间仓促，不足及错误在所难免，欢迎指正。

李小文　诸奇红

2017年12月

目 录

Contents

第一章 借 贷 篇

第二章 担 保 篇

第三章 不良资产篇

第四章 股权转让篇

第五章 股权激励篇

第六章 股东权利篇

第七章 基 金 篇

第八章 融资租赁篇

第十二章 证 券 篇

第十三章 期 货 篇

第十四章 保 险 篇

第十五章 独立保函篇

第十六章 支付篇

第十七章 刑民交叉篇

第一章 借 贷 篇

001 事后通过借款协议确定的本金数额为什么难推翻?

案例索引

最高人民法院于2015年12月17日作出的(2015)民一终字第353号二审民事判决书。

交易结构图

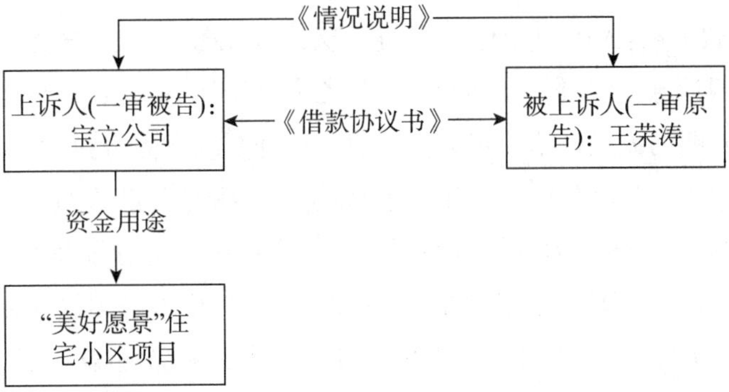

金讼圈导读

事后"结算型"借款协议是否存在"高利息、利滚利、砍头息"是民间借贷案件典型的争议焦点,最高人民法院通过本案例给予了明确的裁判规则,非常值得借鉴参阅。

裁判规则

一、事后结算性质的借款协议是具有法律约束力的自认民事协议，借款人若主张该协议中借款本金存在“高利息、利滚利、砍头利”，应证明存在违法高息的事实，提供证据推翻其自认行为。

二、鉴于借款人对在事后的借款协议之后还款性质未能提供充分证据证明，且双方确认的本金自形成后也从未变动，故此期间的还款只能认定为诉前自愿偿还的利息。

案情介绍

上诉人（一审被告）：辽宁宝立房产开发有限责任公司。

被上诉人（一审原告）：王荣涛。

上诉人辽宁宝立房产开发有限责任公司（以下简称宝立公司）因与被上诉人王荣涛民间借贷纠纷一案，不服辽宁省高级人民法院于2015年8月25日作出的（2015）辽民二初字第16号民事判决书，向本院提起上诉。

从2007年至今，王荣涛与宝立公司一直存在持续的借贷关系。

2014年6月10日，王荣涛与宝立公司签订《借款协议书》，载明：甲方（宝立公司）为建设“美好愿景”住宅小区项目，因资金紧张，需向乙方（王荣涛）借款（人民币），双方就相关事宜达成如下协议条款：一、借款时间：自2014年6月5日起至2015年6月5日止。二、借款金额：人民币壹亿柒仟伍佰玖拾万元整。三、借款利息：甲乙双方商定按月百分之四计息。四、付款时间及方式：乙方已于2014年6月5日前将全部借款以现金及现金转账的方式付给了甲方。五、付息时间：双方商定，每两个月由甲方付给乙方利息一次。六、还款保证：甲方用“美好愿景”三期的在建的D1、D2、D3、D4、D5、D7号住宅楼和商业用房作为抵押房产抵押给乙方……甲方在取得预售许可证后，将抵押房产备案在乙方名下。七、双方的权利和义务。1.甲方必须保证在规定的借款期限内，还清全部借款。2.乙方同意甲方在借款期限内提前还款并按实计算冲减利息……八、本协议自签字之日起生效，执行后失效。九、本协议未尽事宜，双方另行协商解决。十、本协议一式四份，甲乙双方各执两份，具有同等效力。甲方宝立公司盖章，法定代表人陈刚签字，乙方王荣涛签字。同日，双方签订《情况说明》载明：自2007年以来，宝立公司向王荣涛借款用于美好愿景项目建设，双方确认：1.截至2014年6月10日，宝立公司欠王荣涛款项合计壹亿柒仟伍佰玖拾万元整。2.2014年6月10日，双方签订《借款协议书》，与此前双方之间所签订的17份借款协议系同一借款事项,借款金额系累计相加后写入协议。3.如乙方选择该借款协议,则此前所签的17笔借款协议无效。甲方宝立公司盖章,法定代表人陈刚签字,乙方王荣涛签字。2014年9月30日至2014年10月21日,王荣涛与宝立公司对此前的借款关系重新签订17份《借款协议书》,该17份《借款协议书》的借款总金额合计为17,590万元。

2014年6月13日,宝立公司出具盖有该公司财务专用章的《收款收据》,载明:付款单位(交款人)王荣涛,收款单位(收款人)宝立公司,金额17,590万元,收款事由为借款(17笔借款协议金额总和)。宝立公司给王荣涛出具了17张出票日为2014年6月8日至2014年8月6日合计总金额为17,590万元的转账支票。

另查明:王荣涛自2009年2月18日至2013年5月6日向陈刚等人通过银行汇款合计7042万元。后王荣涛主张通过第三方公司转账的形式向宝立公司支付4847.5万元,具体为:经沈阳市天文出租汽车有限公司向宝立公司转款三笔500万元、260万元、850万元,合计1610万元;沈阳越源广告传媒有限公司向宝立公司转款四笔100万元、882.5万元、300万元、100万元,合计1382.5万元;沈阳蓄新商贸有限公司向宝立公司转款三笔260万元、300万元、415万元,合计975万元;沈阳荣顺达家具有限公司向宝立公司转款480万元、沈阳市沈北新区辉山经济开发区中轻新港石材经销部向宝立公司转款300万元,沈阳市龙基佳业商贸有限公司向宝立公司转款100万元。

沈阳市天文出租汽车有限公司、沈阳越源广告传媒有限公司、沈阳蓄新商贸有限公司、沈阳荣顺达家具有限公司、沈北新区辉山经济开发区中轻新港石材经销部、沈阳市龙基佳业商贸有限公司分别出具《情况说明》,证明上述款项是按照王荣涛的指示支付,由王荣涛负责结算,与本公司无关。

宝立公司对王荣涛于2009年6月29日、8月11日、10月15日通过沈阳市天文出租汽车有限公司向宝立公司转款190万元、260万元、850万元,通过沈阳越源广告传媒有限公司向宝立公司转款882.5万元,2009年12月3日通过沈阳荣顺达家具有限公司向宝立公司转款480万元,通过沈阳市沈北新区辉山经济开发区中轻新港石材经销部向宝立公司转款300万元的部分无异议,合计为2962.5万元。

王荣涛主张还给付宝立公司4896万元借款,提供《宝立公司与王荣涛往来款明细》(橙色标注部分合计)加以证明,主张该表是双方对账时由宝立公司提供。宝立公司对此不予认可,并否认该表是由其出具。另王荣涛主张除上述款项之外的剩余款项是通过现金给付宝立公司,但没有提供相关证据。

又查明:宝立公司主张自2007年6月22日至2014年12月30日共计向王荣涛偿还本金333,515,632.99元。其中2011年5月15日王荣涛出具的金额40万元《收条》和2013年8月6日金额为1255.2万元的《财务结算凭证》,均记载还款为利息,其余证据没有注明偿还的是本金还是利息。2014年6月10日王荣涛与宝立公司签订《借款协议书》后,宝立公司于2014年9月15日转账还款12万元,2014年9月30日现金还款10万元,合计还款22万元。该两笔还款没有写明是偿还本金还是利息。王荣涛认可收到30,564万元,并提交依据宝立公司提供的证据《借款协议登记表》当中所载明的借款金额按借款时间,以合同约定和宝立公司认可的月利率4%计息而计算得出7年来的阶段性利息30,067万元的《借款协议登记表附表一》《借款协议登记表附表二》,主张宝立公司给付的款项是应支付的利息。

王荣涛于2015年1月15日向辽宁省高级人民法院提起诉讼,请求:一、判令宝立公司偿付王荣涛借款23,133.42万元(其中借款本金17,590万元;利息5543.42万元)以及直至实际给付之日止的利息;二、判令宝立公司履行房产抵押的约定并协助王荣涛办理抵押房产备案登记;三、承担本案的全部诉讼费用。

在本院二审庭审中,双方均认可王荣涛与宝立公司之间常年存在借款关系,且每一笔借款均对应一份期限为两个月的《借款协议书》,每一份《借款协议书》到期后,宝立公司均从王荣涛处收回并与王荣涛重新签订新的为期两个月的《借款协议书》。本案中,王荣涛与宝立公司于2014年9月30日至2014年10月21日期间签订的17份总金额为17,590万元的《借款协议书》亦是按照此种方式形成。该17份《借款协议书》最早的签订时间为2012年中旬。

二审另查明,宝立公司在二审庭审中确认其收到王荣涛的实际借款金额为117,688,703.93元,已经偿还王荣涛的款项为277,952,032.99元。

裁判结果

一审法院判决:一、宝立公司于该判决生效后10日内偿还王荣涛人民币17,590万元;二、宝立公司于该判决生效后10日内向王荣涛支付欠款本金17,590万元的利息(自2014年6月10日起至该判决确定给付之日止,按中国人民银行同期贷款利率的四倍计付,但应扣除已经支付的22万元);三、驳回王荣涛的其他诉讼请求。

二审法院判决:驳回上诉,维持原判。

法院观点

法院认为王荣涛与宝立公司之间存在真实有效的借贷合同关系,各方均应当依约行使合同权利、履行义务。本案双方对借款本金数额、宝立公司偿还的款项为利息还是本金各执一词,宝立公司在上诉中亦对一审法院的审判程序及适用法律提出异议,故本院针对宝立公司上诉请求的有关事实和适用法律，从以下四个方面进行审查。

一、关于借款本金数额如何认定的问题

王荣涛主张，依据2014年6月10日《借款协议书》所载明的内容，本案借款本金是17,590万元；而宝立公司上诉认为应当以双方此前412份协议中所载明的王荣涛实际的汇款金额117,688,703.93元作为本案的借款本金。对此，本院认为，王荣涛就其主张已经提交了2014年6月10日其与宝立公司签订的《借款协议书》《情况说明》、2014年6月13日盖有宝立公司财务专用章的17,590万元《收款收据》、宝立公司给王荣涛出具的17张出票日为2014年6月8日至2014年8月6日的，合计为17,590万元的转账支票以及2014年9月30日至2014年10月21日期间双方重新签订的17份总金额为17,590万元的《借款协议书》予以证实。其中，在2014年6月10日《借款协议书》及《情况说明》中均明确记载宝立公司向王荣涛借款的金额总计为17,590万元，且王荣涛已于2014年6月5日前将全部借款以现金及现金转账的方式付给了宝立公司；在《情况说明》中亦载明“双方签订《借款协议书》与此前双方之间所签订的17份借款协议系同一借款事项，借款金额系累计相加后写入协议”；在《收款收据》中载明“收款事由：借款17笔借款协议金额总和”。由上述证据可见，宝立公司与王荣涛在长期的借贷关系中，经过多年频繁的借款、还款行为，于2012年中旬开始形成了借款总额为17,590万元的17份《借款协议书》。此后，双方采取每两个月一续签合同的方式延续了该17,590万元借款合同关系，直至2014年10月21日最后一份《借款协议书》的签订，双方依然对借款本金的总额确认为17,590万元。不仅如此，宝立公司于2014年6月10日再次签订了《借款协议书》，确认了17,590万元的借款本金数额后，还出具了17,590万元的《收款收据》和转账支票，不仅进一步确认借款本金数额，而且也意图用转账支票偿还该借款。

本院认为，对于宝立公司多年以来与王荣涛通过多次签订协议而反复确认债务的行为，是双方意思表示达成一致的结果，且宝立公司在庭审中始终没有否认2014年6月10日以及此后签订的多份《借款协议书》及《情况说明》《收款收据》、转账支票等的真实性。现宝立公司一方面，以其内部人员工作失职、受到王荣涛胁迫为由否认17,590万元借款本金的存在；另一方面，又欲以双方此前签订的412份协议证明双方实际借款本金数额应当为117,688,703.93元。但根据本院二审查明的事实，涉案17,590万元的借款数额来源于双方此前的多笔款项，并在2012年中旬由双方以17份协议的形式将17,590万元予以确定。作为具有独立会计核算制度的公司法人，宝立公司应当对涉案如此巨大债务给予充分的、审慎的、理性的重视，其对于自身所出具的多份协议及债务凭证的法律后果应当明确知悉。即便如宝立公司主张其工作人员失误、其受到王荣涛的胁迫,但是《中华人民共和国合同法》(以下简称《合同法》)第54条对于当事人陷入重大误解,或存在显失公平,抑或当事人受到欺诈、胁迫、乘人之危的情形而导致在意思表示不真实的情形下签订的合同,赋予了当事人行使撤销该合同的权利,该法第55条又对前述撤销权给予了一年的除斥期间。但是从宝立公司于2014年10月21日签订的最后一份《借款协议书》时起至二审庭审之日止,共一年有余的时间,其除提出所谓口头辩解外却从未主张行使撤销权。据此,宝立公司以其意思表示不真实为由而否定上述证据中记载的17,590万元借款本金的抗辩不能成立。对于宝立公司提交的双方当事人之间签订的412份协议书等证据,经审查,该412份协议书每一份协议的借款期限均为两个月,目前均已到期。其中,最早反映出与涉案17,590万元借款有关的是从2012年5月30日起的17份《借款协议书》,此后均按照每两个月的时间逐份重新签订,此部分内容与本院在二审庭审中查明的事实相吻合。同时,按照宝立公司的自认,其将此前的全部协议先从王荣涛手中收回后再向王荣涛出具新的《借款协议书》,最后形成的协议书即是2014年6月10日《借款协议书》及2014年9月30日至2014年10月21日17份《借款协议书》。对此,本院认为,目前双方应当履行的有效协议为2014年6月10日《借款协议书》及2014年9月30日至2014年10月21日的17份《借款协议书》,对于之前的全部协议均是已经到期的、被此后重新签订的协议替代的、已经终止履行的协议,均已失去了对双方的约束力,更不具备否定在后协议的法律效力,因此,宝立公司欲以多年之前已被自己收回的协议否认双方现行协议,背离了双方之间前后协议形成的真实意思表示,其主张缺乏事实和法律依据,本院不予支持。

对于17,590万元中是否存在高息或在借款前扣除利息的问题,宝立公司坚持辩称王荣涛实际汇款的数额为117,688,703.93元,并称一审法院能够查明的实际汇款金额也仅仅为11,889.5万元,因此,其余均应为高息和利滚利,不应受到法律保护。对此,本院认为,第一,结合前已论述的内容,宝立公司没有否认王荣涛借款本金为17,590万元的证据,对其主张的实收王荣涛借款117,688,703.93元的抗辩亦没有充分证据证明。第二,一审法院认定的是王荣涛以转账形式给付宝立公司的金额为11,889.5万元,而对于其他部分金额,虽然王荣涛在一审中没有提供证据证明给付的现金,但在双方2014年6月10日签订的《借款协议书》中已经明确说明王荣涛的借款是通过"现金及现金转账"的方式给付了宝立公司,可见,宝立公司对王荣涛交付过现金是没有异议的,因此,再结合宝立公司出具的全额收款收据以及转账支票,一审法院据以认定17,590万元借款本金的事实并无不当。第三,宝立公司从2012年即已开始长期、多次、反复确认借款本金为17,590万元,在其不能提供充分证据推翻上述相关协议、收款收据、转账支票等书面证据的前提下，本院亦认为依据《最高人民法院关于适用〈中华人民共和国民事诉讼法〉的解释》（以下简称《民诉法解释》）第108条第1款关于“对负有举证证明责任的当事人提供的证据，人民法院经审查并结合相关事实，确信待证事实的存在具有高度可能性的，应当认定该事实存在”的规定，可以认定涉案的借款本金数额为17,590万元。故，对于宝立公司的此项主张本院不予支持。

二、关于宝立公司偿还的款项是否包括借款本金的问题

宝立公司在一审诉讼中称其自2007年6月22日至2014年12月30日已经偿还王荣涛共计333,515,632.99元，并提供了其自己出具的《借款协议登记表》，王荣涛在认可收到30,564万元的同时又根据该表按照月息4%的标准计算出7年的利息为30,067万元。但在二审庭审中，宝立公司再次变更其抗辩主张，称其实际还款金额为277,952,032.99元。本院认为，本案争议的还款问题为宝立公司是否归还了双方从2012年中旬即已确认的17,590万元的借款本金，而宝立公司现提供的证据是其自己计算的从2007年开始的还款。对此，一方面在涉案债权尚未开始的期间内产生的还款，无法体现出与本案2012年即已产生的17,590万元债权的关联性；另一方面，宝立公司在2012年中旬之后虽然有过还款行为，但双方在此后签订的多份《借款协议书》中对本金数额却始终没有发生过变化，直至2014年10月21日双方仍然确认借款本金为17,590万元而非其他，此行为表明，宝立公司对其已经偿还的款项均非本金这一事实是长期不存异议的。据此，本院认为，因宝立公司对其自17,590万元债务形成后的还款情况未能提供充分的证据证明，本院无法认定其在2012年中旬以后的还款数额，鉴于双方对于17,590万元本金自形成后从未变动，故，可以认为此期间的还款系双方当事人在诉讼之前已经完成的自愿偿还利息的行为，一审法院对此不予处理并无不当。因王荣涛依据2014年6月10日双方签订的《借款协议书》主张宝立公司偿还本金及利息，且宝立公司在此协议签订后除偿还了22万元以外，再未履行过其他还款义务，故一审法院判令宝立公司偿还本金17,590万元并按照中国人民银行同期贷款利率的4倍为标准扣除22万后支付利息的认定，符合法律法规的规定，本院依法予以维持。

三、关于一审法院是否存在严重违反法定程序的问题

第一，关于一审法院是否超过了法定审限的问题。经审查，一审庭审后，一审法院做了双方当事人的调解工作。根据相关规定，调解期间不应计算在审理期限内，因此，一审法院不存在超过法定审理期限的问题。第二，关于一审合议庭成员没有全部参加庭审的问题。经审查，一审法院于2015年3月11日公开开庭审理了本案，合议庭成员全部到庭参加审理。此后，一审法院两次组织双方当事人进行了有关证据的质证，并制作了质证笔录。在两次质证程序中虽仅有一名合议庭成员主持,但此行为并不违反法律法规的规定,不属于违反法定程序的情形。第三,关于一审法院没有确定双方的举证期限、多次允许王荣涛举证的问题。经查,一审庭审中,王荣涛对自己的主张提供了相关《借款协议书》以及转账支票等主要证据,庭审后,王荣涛就其自己原提供的证据增加了补强的证据,并对宝立公司提供的证据提出了反驳证据。本院认为,举证时限针对主要证据发挥作用,而不适用于有关补强证据,因此,根据《民诉法解释》第99条第3款关于"举证期限届满后,当事人对已经提供的证据,申请提供反驳证据或者对证据来源、形式等方面的瑕疵进行补正的,人民法院可以酌情再次确定举证期限,该期限不受前款规定的限制"的规定,一审法院可以再次组织双方进行质证,此举不属于违反法定程序的情形。第四,关于一审法院没有通知宝立公司到庭宣判的问题。经查,一审法院于2015年8月28日在辽宁省高级人民法院向宝立公司进行了宣判。宝立公司的委托代理人李迪在宣判笔录及送达回证上签字确认,故宝立公司此项主张与事实不符。总之,一审法院不存在严重违反法定程序的情形,本院对于宝立公司的此项主张不予支持。

四、关于一审判决是否存在适用法律错误的问题

宝立公司上诉认为一审判决没有引用有关不保护高息的法律规定,属适用法律错误。对此,本院认为,经过对本案的审理可见,宝立公司向王荣涛长期、频繁借款并签订数百份协议,特别是在2012年中旬,双方形成了17份总额为17,590万元的《借款协议书》,直至2014年10月,宝立公司依然确认借款本金为17,590万元这一数额。虽然宝立公司认为借款存在所谓"高利息、利滚利、砍头利",但其却无法证明存在违法高息的事实,亦不能提供证据推翻其长年以来的自认行为。值得本院审慎关注的是,17,590万元系经由双方当事人一致的、自愿的达成合意而形成,且此后未见本金有所增加,即无法体现出宝立公司所称的利滚利的情形。与此同时,宝立公司在2012年之后在有过多次还款事实的前提下,也依然没有向王荣涛主张冲减本金数额,而是继续以17,590万元作为本金续签借款协议直至2014年10月。可见在本案诉讼发生前,宝立公司对于该本金数额始终确认无疑。尤其与宝立公司在本案诉讼中的抗辩相矛盾的是,宝立公司在2014年还出具了17,590万元的收款收据及转账支票,作为房地产行业的专业公司,本院有理由相信,宝立公司的上述行为进一步表明其对于17,590万元的借款本金已经充分的向王荣涛作出了具有法律意义的认可和承诺。

综合以上事实及意见,本院认为,本案尚无证据证明17,590万元中存在高息,故,一审法院未采纳宝立公司的意见,并依据《中华人民共和国民法通则》(以下简称《民法通则》)、《合同法》、《最高人民法院关于人民法院审理借贷案件的若干意见》[①]等法律法规、司法解释的规定作出判决，并不存在适用法律错误的情形。对于宝立公司的此项上诉主张，本院不予支持。

金讼圈提示

由本案裁判规则可知，借款人主张事后的《借款协议》借款本金存在所谓“高利息、利滚利、砍头利”必须承担举证责任，而要获取该证据，当时签订事后协议的现场情形、计算过程的录音录像或许是最好的证据形式。

002 逾期借款利息计算时间截点到底应该如何确定？

案例索引

浙江省义乌市人民法院作出的(2014)金义廿三里商初字第492号民事判决书。

交易结构图

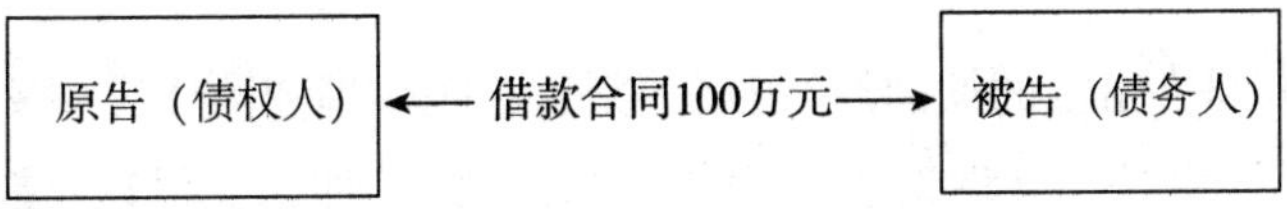

金讼圈导读

债权人诉讼请求要求的是“利息计算至本金付清之日止”，但法院判决的是“本金计算至本判决确定的履行之日止”，并驳回了其他诉讼请求。在执行中，被执行人不按判决履行偿还义务，则其只需要承担“迟延履行期间的债务利息”。若原来借款合同中约定利率高于该迟延履行期间的债务利率，那么债权人启动诉讼是错误选择吗？法院没有“判如所请”是错判吗？

---

① 2015年9月1日已被废止。——编者注

裁判规则

民间借贷案件中，对债权人诉讼请求要求“利息计算至本金付清之日止”的，法院对利息计算的截点具有自由裁量权，即可以不判如所请。

案情介绍

原告傅志峰起诉称：二被告系母女关系。2014年1月11日，二被告因经商资金周转需要向原告借款，同日，原告通过陈海账户转入被告楼惠兰账户50万元。次月19日，二被告再次以归还银行贷款缺少资金为由向原告借款，同日原告通过陈文跃账户转入被告楼惠兰账户44万元，另交付给被告楼惠兰6万元现金，以上共计人民币100万元。同日，二被告与原告签订了借款合同，并出具收条确认收到了原告上述100万元借款。双方约定借款利息按中国人民银行同期贷款利率的4倍计算，原告为主张债权的一切费用包括律师代理费等由被告承担。现借款已逾期，经原告多次催讨被告至今未还。现诉请判令：1. 二被告立即归还原告借款本金人民币100万元并支付利息（自2014年4月19日起按中国人民银行同期同类贷款利率的4倍计算至实际履行之日止）；2. 二被告支付原告律师代理费2万元并承担本案诉讼费。

裁判结果

一、被告楼惠兰、吴晓俐于本判决生效后10日内返还原告傅志峰借款人民币100万元并支付利息（从2014年4月20日起按中国人民银行同期同类贷款基准利率的4倍计算至本判决确定的履行之日止）、律师费2万元；二、驳回原告傅志峰的其他诉讼请求。

如果未按本判决指定的期间履行给付金钱义务的，应当依照《中华人民共和国民事诉讼法》（以下简称《民事诉讼法》）第253条之规定，加倍支付迟延履行期间的债务利息。

法院观点

被告楼惠兰、吴晓俐向原告傅志峰借款人民币100万元未还属实，应当及时予以返还并按约支付利息。双方未约定借款期限，原告可随时要求二被告返还，但二被告至今未还，应按约承担违约责任。综上，原告合法有据的诉讼请求，本院予以支持。

金讼圈提示

一、本案存在的问题就在于法院判决并没有判如所请，而是改变了原告诉请的逾期利息计算时间终点(原告诉请利息计算至本金付清之日止;法院判决计算至本判决确定的履行之日止)。

二、根据《逾期借款的利息计算及截止时间》①,逾期借款的利息计算及截止时间逾期借款利息计算的截止时间因无法律规定,在学界存有很大争议,也是司法裁判中较为棘手的难题。主要有四种观点:

第一种观点认为,逾期借款利息应计算至借款偿付完毕之日止。此观点在实务中占主导地位,支持者众多,并被大多数法官在判决时所采用。其理由是:《民事诉讼法》虽然规定了被执行人未按判决指定的期间履行给付金钱义务的,应当加倍支付迟延履行期间的债务利息。但借款人未按判决指定的期间履行给付金钱义务的行为又是违约行为的继续。既有法定又有约定,依约定优于法定之法理,贷款人有权要求借款人支付至借款偿付完毕之日的利息,同时也可选择加倍支付迟延履行期间的债务利息。

第二种观点认为,逾期借款利息应计算至判决确定的履行期(又叫宽限期)满之日止。持此种观点者亦不在少数。其理由是:司法裁判的主要目的是定分止争,法院对当事人争议的事实进行确认后,判明是非曲直,确定一个履行期限,要求借款人必须按此期限履行义务,这是法律的强制力所在。借款人若不按此期限履行义务,则应承担公法的责任,如《民事诉讼法》上的加倍支付迟延履行期间的债务利息,刑法上的拒不履行判决、裁定罪等。

第三种观点认为,逾期借款利息应计算至判决发生法律效力之日止。持此观点的人数不多,其理由与第二种观点的理由基本相同。不同之处在于:《民法通则》第108条规定了"债务应当清偿"的原则,该原则中当然含有全面、及时清偿之义。只有在债务人暂时无力偿还债务的情况下,才可以由债务人分期偿还。此分期偿还的例外规定即为宽限期,在学理上叫"恩惠条款"。根据《合同法》第206条规定,对借款期限没有约定或者约定不明确,借款人可以随时返还,贷款人可以催告借款人在合理期限内返还。此"合理期限"一般为10日,即使未经催告,从起诉到判决发生法律效力的时间往往也多于10日。有定期的借款,期限届满,借款人就应当清偿债务,更无宽限期的问题。给予借款人一定的履行期限或宽限期,主要是对暂无履行债务能力的债务人的"恩惠"。据此,断无给予不依法履行债务的人"恩惠"的必要。实务中一律判决给予借款人一定的宽限期,曲解了立法本意,应属裁判权的滥用。

第四种观点认为,逾期借款利息应计算至贷款人起诉之日止。持此观点的人数最

① 参见李克才:《逾期借款的利息计算及截止时间》,载响水法院网:http://xsfy.chinacourt.org/article/detail/2004/04/id/1054929.shtml。

少,可谓曲高和寡。其理由是:借款人未按约定期限还款或者经催告后仍不还款,贷款人认为其合法权益受到了损害,依法提起诉讼,以保护自己的合法权益。法院只能对已经发生的事实进行认定并予裁决,而不得对未发生的事实进行认定和裁决,即不能对将来发生的事实进行预决。从贷款人起诉之日至判决发生法律效力之日的期间,是法院审查裁决阶段,根本谈不上借款人违约。判决发生法律效力后,借款人不履行判决确定的义务,则应承担公法上的责任,将受到法律的制裁。

三、在《浅谈司法实践中逾期付款利息的计算》①一文中,作者张利亚认为,《民事诉讼法》第253条规定的"迟延履行期间的债务利息"属于程序法意义上的法定违约金,该规定在创设理念上同时考量了补偿和惩罚功能。本来,在合同双方明确约定违约利息的情况下,根据当事人意思自治原则,应当优先适用当事人的约定。但此时已经进入法院执行阶段,适当的司法干预是必要的,因此在立法上出现了《民事诉讼法》第253条规定。同时,《民事诉讼法》第253条规定属于不能选择适用的强制性规范,在进入司法强制执行的情况下应当排除重复适用当事人以实际支付之日作为利息计算时间终点的约定。作者张利亚认为,正确的表述应为:"某某应于本判决生效后十日内支付某某逾期付款的利息(自×年×月×日起至本判决指定履行期满之日止,按照××的标准计算)。同时,在所有判项之后应另起一行写明:如果未按本判决指定的期间履行给付金钱义务,应当依照《民事诉讼法》第253条之规定,加倍支付迟延履行期间的债务利息。"

四、笔者不太认同以上两位作者的观点,但"逾期利息计算至本判决确定履行之日止"似乎成为目前法院判决主流。不过这样判决弊端也很明显:如果当事人约定逾期利息高于每日万分之一点七五的话,则会导致违约方会因守约方的及时诉讼反而减少逾期利息,不利于守约方通过及时诉讼判决方式制约违约方尽快履约,也会助长债务人为了利差拖延履行生效判决的可能。

五、2017年9月21日,山东省高级人民法院通过鲁高法办〔2017〕61号文件对此问题给予了明确处理意见。

附:《山东省高级人民法院办公室关于规范民事判决主文中"逾期借款利息计算截止日期"表述问题的通知》鲁高法办〔2017〕61号文件。

各市中级人民法院、济南铁路运输中级法院、青岛海事法院:

各级人民法院在审理一审借款合同纠纷案件过程中,对于涉及逾期借款利息计算截止日期的判决主文,存在表述不一致的情形,导致执行程序中迟延履行期间的一般

---

① 参见张利亚:《浅谈司法实践中逾期付款利息的计算》,载郑州市中级人民法院网:http://zzfy.hncourt.gov.cn/public/detail.php? id=22452。

债务利息无法得到充分有效保护。为统一裁判标准，切实维护金融机构等债权人的合法权益，经我院审判委员会 2017 年第 36 次会议研究确定，现就规范民事判决主文中“逾期借款利息计算截止日期”的表述问题通知如下：

各级人民法院在民事判决中确定逾期借款利息的计算方式时，对于原告主张逾期借款利息至被告“实际给付之日”、“实际清偿之日”或者“清偿完毕之日”的，民事判决主文关于逾期借款利息的截止日期应统一表述为：以××为基数，自××日起至实际给付之日止，按××利率计算。

对于原告主张逾期借款利息至“起诉之日”或者“判决生效之日”等时间节点的，一审法院可以在立案、审理阶段对《最高人民法院关于执行程序中计算迟延履行期间的债务利息适用法律若干问题的解释》第一条关于迟延履行期间的一般债务利息的计算方法的规定予以释明，并在原告明确主张逾期借款利息至被告实际给付之日的前提下做出相应判决。

特此通知。

山东省高级人民法院办公室
2017 年 9 月 21 日

003 银行存款零头天数的日利率计算玄机藏在哪？

案例索引

上海市第一中级人民法院于 2015 年 7 月 10 日作出（2015）沪一中民六（商）终字第 303 号终审判决书。

交易结构图

金讼圈导读

本案例是因少计算0.40元存款利息引发的金融消费者权益保护的典型案例。关于存款时间不满月，利息计算所选择的日利率如何确定？本案法院虽然没有认定银行构成欺诈，但纠正了银行的不当利率选择，同时也揭示了关于存款零头利息计算的玄机。

裁判规则

一、储户存款的时间不满月，银行应选择有利储户的日利率计算存款利息。

二、金融消费者在主张惩罚性赔偿责任时，应按照民事诉讼的证据规则，举证证明金融机构在向其提供金融服务时存在欺诈行为。

三、认定欺诈是否成立，应以行为人有无欺诈故意及行为，相对方是否作出不真实意思表示，该意思表示是否与欺诈行为有因果关系为基础要件。

四、从欺诈的构成要件出发，重点审查金融机构是否具有欺诈的主观故意和客观行为，尤其是在认定金融机构存在不足的情况下，应区分一般过错和欺诈故意。

五、金融机构虽在计息方式的选择上不够合理，但并无隐瞒真实信息、侵犯储户合法权益的故意，只是一般过错，不构成欺诈。

案情介绍

上诉人(原审原告)：乙某。

被上诉人(原审被告)：甲银行。

2011年12月3日，乙某在甲银行处申办借记卡账户，在其签订的《领用合约》中约定："存款按照中国人民银行的有关规定计付利息。"使用过程中，乙某发现有四笔活期存款在计息时未计算大月31日的利息，合计少付利息0.40元。

乙某认为：甲银行未按照中国人民银行的规定计算利息，应当赔偿其利息损失；由于甲银行作为专业金融机构故意违反中国人民银行的相关规定，构成欺诈，应当承担惩罚性赔偿责任。故起诉要求甲银行支付利息损失0.40元并赔偿500元。

审理中，中国人民银行上海分行就居民储蓄活期存款的计息方式向法院函复如下：现行的居民储蓄活期存款和定期存款计、结息方式以《中国人民银行关于人民币存贷款计结息问题的通知》(以下简称〔2005〕129号文)的有关规定为准。该文规定，银行可采用积数计息法和逐笔计息法计算利息。逐笔计息法的计息期中有整年(月)又有零头天数的，整年(月)按对应的年(月)利率乘以本金和年(月)数计算利息，零头天数按日利率乘以本金和零头天数计算利息。计息公式为:利息 = 本金 × 年(月)数 × 年(月)利率 + 本金 × 零头天数 × 日利率;银行也可选择将计息期全部化为实际天数计算利息,即每年为 365 天(闰年 366 天),每月为当月公历实际天数,计息公式为:利息 = 本金 × 实际天数 × 日利率。

经查明,甲银行未与乙某具体明确采用何种计息方式,其实际采用的计息方式系〔2005〕129 号文规定的逐笔计息法的第一种公式,即计息期既有整年(月)又有零头天数的,计息公式为:利息 = 本金 × 年(月)数 × 年(月)利率 + 本金 × 零头天数 × 日利率。

另查明,2005 年 11 月,甲银行发布下发〔2005〕129 号文的通知和公告,称将根据〔2005〕129 号文调整部分人民币存贷款计结息规则。

裁判结果

上海市闵行区人民法院于 2015 年 5 月 22 日作出(2014)闵民四(商)初字第 526 号民事判决:一、甲银行向乙某赔偿 0.40 元;二、驳回乙某的其他诉讼请求。

乙某不服一审判决提起上诉,上海市第一中级人民法院于 2015 年 7 月 10 日作出(2015)沪一中民六(商)终字第 303 号终审判决:驳回上诉,维持原判。

法院观点

本案双方当事人对于应适用〔2005〕129 号文规定方式计息并无异议,在双方就应采用〔2005〕129 号文规定的何种计息方式未作明确约定,并对此产生了不同理解的情况下,应当如何计算储户的利息是本案的关键问题。根据〔2005〕129 号文的规定,逐笔计息法有整年(月)又有零头天数的,利息 = 本金 × 年(月)数 × 年(月)利率 + 本金 × 零头天数 × 日利率,而本案系争四笔活期存款的时间均不满月,仅存在"零头天数",故法院认定此时只需按照通常的理解,计算零头天数的利息即可。

本案主要焦点在于,甲银行是否应承担《中华人民共和国消费者权益保护法》(以下简称《消费者权益保护法》)第 55 条所规定的三倍赔偿责任。所谓欺诈,是指故意使相对方陷于错误认识而作出不真实意思表示之行为。认定欺诈是否成立,应以行为人有无欺诈故意及行为,相对方是否作出不真实意思表示,该意思表示是否与欺诈行为有因果关系为基础要件。

甲银行于 2005 年发布的公告中,已公示将依〔2005〕129 号文调整计结息规则,鉴于上述〔2005〕129 号文中已明确规定相应计息方式,故甲银行的上述公告已达到对计息方式予以公示的法律效果,并无隐瞒的故意。

双方虽就计息方式产生争议,但争议导致的金额差异极微,就此种微小差异产生的原因仅应认为双方对计息方式存在理解差异,并不能据此认定乙某因甲银行的行为作出了不真实意思表示。

甲银行作为专业金融机构,对于计息方式的理解虽不尽合理,但并不构成欺诈恶意,乙某据此要求适用惩罚性赔偿的主张,法院不予采纳。

金讼圈提示

一、2013年,我国对《消费者权益保护法》作了再次修订,除了将经营者和服务提供者的范围扩大至保险、银行、证券等金融机构外,还对经营者课以更加严格的欺诈赔偿责任。

二、该法第55条第1款规定:"经营者提供商品或者服务有欺诈行为的,应当按照消费者的要求增加赔偿其受到的损失,增加赔偿的金额为消费者购买商品的价款或者接受服务的费用的三倍;增加赔偿的金额不足五百元的,为五百元……"其立法目的在于通过设定严格的赔偿责任,平衡经营者、服务提供者与消费者之间的实力强弱对比和信息不对称,震慑企图侵犯消费者合法权益的不法经营者。

三、本案中,法院从欺诈的构成要件出发,重点审查了金融机构是否具有欺诈的主观故意和客观行为,尤其是在认定金融机构存在不足的情况下,区分了一般过错和欺诈故意,认定银行虽在计息方式的选择上不够合理,但并无隐瞒真实信息、侵犯储户合法权益的故意。

四、银行可采用积数计息法和逐笔计息法计算利息。积数计息法,实际上是按照实际存贷日数乘以日息计算的结果,而且日息是用年利率除以360天计算的(玄机就在这!),显然更有利于出借方或存款方。

五、本案银行选择利息计算方式显然不利于储户,虽然法院没有判决银行构成欺诈,但纠正了银行不利于储户的计息利息方法。

六、各类金融合同都会涉及利息计算问题,在计算方式的选择还是要在金融合同中明确约定,尤其是日利率的计算方式(一年是按360天计算,还是按365天计算?抑或按照366计算?一个月按30天?或31天?或28天?或29天?计算)。这点要切记!

七、本案标的虽小,但意义重大,利息计算大有玄机!

004 法院为何不支持银行对逾期利息再计收复利?

案例索引

最高人民法院(2016)民终340号二审民事判决书。

交易结构图

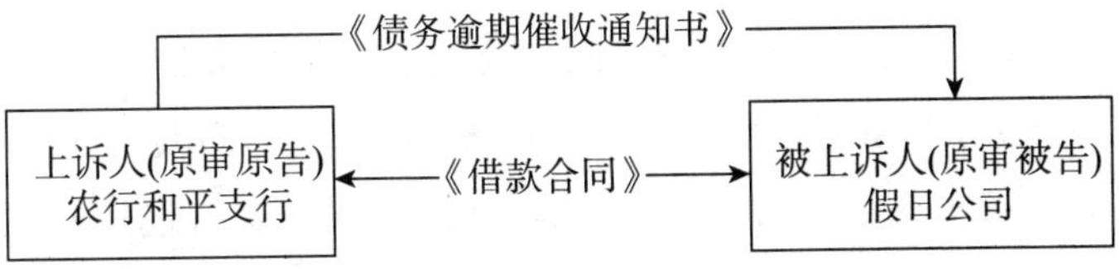

金讼圈导读

逾期利息的本质是什么?在当事人没有明确约定的情况下,银行能否对逾期利息再计收复利?对于逾期利息计算有无上限?银行总体计算的各类利息、罚息、复息总额超过年息24%的,法院可否主动调整?最高人民法院通过本案例均给予了明确结论。

裁判规则

一、根据中国人民银行发布的《人民币利率管理规定》和《关于人民币贷款利率有关问题的通知》的规定,不能得出对于逾期利息应当计收复利的结论。

二、双方当事人对合同提出了截然相反的认识和主张,法院按照合同所使用的词句、合同的有关条款、合同的目的、交易习惯以及诚实信用原则,对当事人存有争议的合同条款进行解释。

三、对格式条款有两种以上解释的,法院应当作出不利于提供格式条款一方的解释。

四、逾期利息本质上是一种违约责任的承担方式,已经体现了对借款人逾期还款行为的惩罚性,其若再对逾期利息计收复利,有违公平和补偿原则。

案情介绍

上诉人(原审原告):中国农业银行股份有限公司沈阳和平支行。

被上诉人(原审被告):沈阳假日大厦有限公司。

2002年8月21日,农行和平支行与假日公司签订(沈和)农银借字(2002)第0019号《借款合同》。该借款合同约定:1. 借款种类:中长期固定资产贷款;2. 借款用途:付自来水房地产开发公司工程款;3. 借款金额2亿元整;4. 借款期限为:2002年8月23日至2007年8月23日;5. 合同期内的贷款利率为:年利率5.58%;6. 本合同项下的借款按季结息,结息日为每季末的20日;合同第5条第3项约定,借款人不按本合同约定的期限归还贷款本金的,贷款人有权对逾期贷款根据逾期天数按日利率万分之二点一计收逾期利息;7. 对应付未付的利息,按中国人民银行规定计收复利(年利率为7.56%)。

2002年8月23日,农行和平支行向假日公司发放贷款2亿元。假日公司收到上述借款后仅偿还部分借款利息,至2006年6月20日,假日公司共计欠付利息1,923,524.06元。截至该日后假日公司再未向农行和平支行偿还贷款本金及利息。2007年7月30日至2013年4月19日期间,农行和平支行向假日公司多次发送《债务逾期催收通知书》,假日公司均予以盖章签收。

裁判结果

上诉人农行和平支行的上诉理由不成立,对逾期利息计收复利的上诉请求,本院不予支持。

法院观点

本案的争议焦点是上诉人农行和平支行是否有权对案涉《借款合同》中约定的逾期利息计收复利。

上诉人农行和平支行主张应当计收复利的合同依据是《借款合同》第5条第5项约定,"对应付未付利息,按中国人民银行规定计收复利",上诉人认为该项约定中的利息,包括逾期利息。而被上诉人假日公司则认为,上述约定中的利息,只是正常贷款期限内产生的利息,不包括逾期利息。双方当事人均是依据《借款合同》第5条第5项的约定,提出了截然相反的认识和主张,在此情况下,本院将依照《合同法》第125条的规定,对当事人存有争议的合同条款进行解释。

第一,从双方合同争议条款及相关条款的文义角度分析。一般而言,逾期利息也应该视为利息的一种,但是在本案《借款合同》中约定的利息与逾期利息还是不同的,《借款合同》第3条第2项"贷款人权利义务"中,明确约定"贷款人有权按照合同的约定直接从借款人任何账户中划收贷款本金、利息、罚息、逾期利息、复利和其他借款人应付费用”,这里的利息与罚息、逾期利息、复利等是并列表述的。与罚息、逾期利息、复利等不同,此处约定的利息应当是指贷款人按照约定利率或者法定利率,在借款合同期限内应得的利息,而逾期利息和复利的计收均是在《借款合同》第5条“违约责任”中约定的,其中第3项明确约定,“借款人不按本合同约定的期限归还贷款本金的,贷款人有权对逾期贷款根据逾期天数按日利率万分之二点一计收逾期利息”;第5项约定,“对应付未付利息,按中国人民银行规定计收复利”。根据上述约定,应当计收复利的“应付未付利息”显然不应包括逾期利息。

第二,结合相关规定分析。诉讼中,上诉人提出按照中国人民银行发布的《人民币利率管理规定》和《关于人民币贷款利率有关问题的通知》的规定,应当对逾期利息计算复利。其中,根据《人民币利率管理规定》第21条第2款的规定,“对贷款期内不能按期支付的利息按合同利率按季计收复利,贷款逾期后改按罚息利率计收复利”。本院认为,其中应当计算复利的利息指的是贷款期内不能按期支付的利息,而并非是对贷款逾期后的逾期利息计算复利。而《关于人民币贷款利率有关问题的通知》第3条第2款规定:“对逾期或未按合同约定用途使用借款的贷款,从逾期或未按合同约定用途使用贷款之日起,按罚息利率计收利息,直至清偿本息为止。对不能按时支付的利息,按罚息利率计收复利”,只是规定了逾期利息和复利的计算标准,同样不能得出对于逾期利息应当计算复利的结论。

第三,《合同法》第41条规定“对于格式合同中格式条款的理解发生争议的,应当按照通常理解予以解释。对格式条款有两种以上解释的,应当作出不利于提供格式条款一方的解释”。本案中的《借款合同》是银行一方提供的格式合同,在法律法规和相关金融管理规章并没有就逾期利息应否计算复利作出明确规定的情况下,双方当事人亦没有约定逾期利息应当计算复利,按照对于格式合同或者格式条款的理解发生争议的解释原则,本案应当作出对上诉人农行和平支行一方不利的解释,即《借款合同》第5条第5项约定的应当计收复利的“应付未付利息”不包括逾期利息。

第四,从《借款合同》约定的逾期利息的计算方法来看,逾期利息是对逾期贷款根据逾期天数按照日万分之二点一计收,已经高于《借款合同》约定的正常利率标准,由于逾期利息本质上是一种违约责任的承担方式,已经体现了对假日公司逾期还款行为的惩罚性,其若再对逾期利息计收复利,有违公平和补偿原则。

金讼圈提示

一、本案告诉我们,如果合同没有明确对逾期利息计收复利,法院一般不会支持,因此建议银行复利计算的基数范围一定要明确、没有歧义。

二、但根据《最高人民法院关于审理民间借贷案件适用法律若干问题的规定》(法释〔2015〕18号)第30条"出借人与借款人既约定了逾期利率,又约定了违约金或者其他费用,出借人可以选择主张逾期利息、违约金或者其他费用,也可以一并主张,但总计超过年利率24%的部分,人民法院不予支持。"之规定的法理精神和社会公平原则,金融借款应该比民间借贷更模范地遵从社会公平原则,金融借款银行总体计算的各类逾期利息、罚息、复息总额也不应该超过年息24%。

三、2017年8月4日,《最高人民法院印发〈关于进一步加强金融审判工作的若干意见〉的通知》(法发〔2017〕22号)明确:金融借款合同的借款人以贷款人同时主张的利息、复利、罚息、违约金和其他费用过高,显著背离实际损失为由,请求对总计超过年利率24%的部分予以调减的,应予支持,以有效降低实体经济的融资成本。

四、面对金融借款纠纷案件,借款人几乎很难胜诉,因此往往借款人在收到法院寄来的起诉材料,基本都选择不请律师放弃一切抵抗。本案提示我们,金融借款纠纷案件中,银行方面的诉讼请求有时也会有一些法律瑕疵。因此,银行的代理律师对于金融借款纠纷案件也绝不可以掉以轻心。笔者近期曾代理过一件金融借款纠纷案件,银行方面起诉证据材料居然连资金本息还款流水明细都未提供,经借款人提出抗辩后,银行才在庭后提交资金流水,结果审查发现银行起诉时少算了一笔还款,利息计算也存在金额多算的问题。因此,建议借款人面对银行的金融借款纠纷诉讼,还是应该首先聘请专业律师进行案件法律论证,诸如对本息计算、复利计收、担保效力、担保期限及范围、担保顺位及诉讼时效等方面进行必要的审查,再决定具体诉讼策略。

005 债权基金委托银行放贷的年息为什么可高达24%?

案例索引

北京长富投资基金与武汉中森华世纪房地产开发有限公司等委托贷款合同纠纷案;最高人民法院于2016年6月27日作出(2016)最高法民终124号民事判决书。

交易结构图

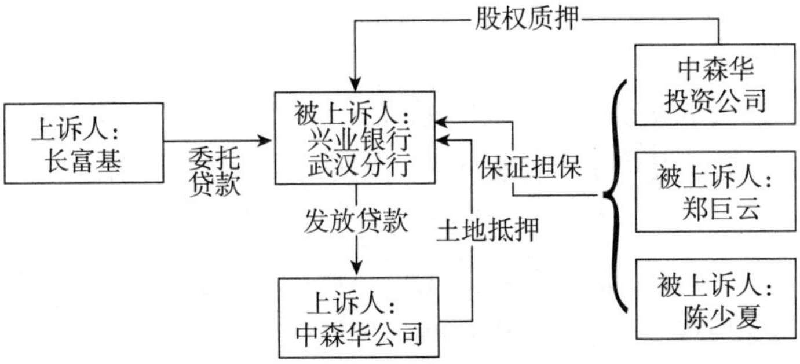

金讼圈导读

本案例是关于债权基金委托银行放贷的典型案例，湖北省高级人民法院、最高人民法院就委托贷款本质上为民间借贷法律关系、提前收回借款实质上是解除合同、委托贷款利息损失可最高计算至年息24%、对工程款优先受偿权劣后于出借人债权的《承诺函》为保证性质的承诺等关键问题均给予了肯定意见。

本案例对债权类基金是重大利好，值得基金管理人密切关注、借鉴和运用。另外本案例，再次出现了假承诺函的问题。关于投融资领域的风控问题，本文有点睛建议。

裁判规则

一、若借款人明知委托贷款系实际出借人委托银行发放的事实，委托贷款合同应直接约束实际出借人和借款人，实际出借人可以自己名义直接向借款人起诉主张权利，并可将委托银行列为第三人。

二、由实际出借人提供资金，银行根据实际出借人确定的借款人、用途、金额、币种、期限、利率等代为发放、协助监督使用并收回贷款，银行收取代理委托贷款手续费，并不承担信用风险，实质是实际出借人与借款人之间的民间借贷，委托贷款合同的效力约定的权利义务内容均应受相关民间借贷的法律、法规和司法解释的规制，法院依据合同判决按照借款人年息24%赔偿实际出借人债权基金利息损失并无不当。

三、实际出借人请求终止委托贷款合同提前收回借款，并明确表示该项诉讼请求系依据《合同法》第93条的规定，其实质是要求解除合同。

四、借款人及其关联方作出“对某建设项目的工程款优先受偿权劣后于委托贷款的实际出借人债权”的承诺，系徐借款人及其关联方对实际出借人在委托贷款合同中的债权作出的一种担保性质的承诺，虽不具有物权法上的排他性物权效力，不能对抗第三人，但该承诺不违反法律、法规的禁止性规定，应合法有效，在当事人之间具有约束力。

案情介绍

上诉人：北京长富投资基金（有限合伙）、武汉中森华世纪房地产开发有限公司。

被上诉人：中森华投资集团有限公司、郑巨云、陈少夏、湖北徐东（集团）股份有限公司。

原审第三人：兴业银行股份有限公司武汉分行、北龙建设集团有限公司、湖北祥和建设集团有限公司、福建中森建设有限公司。

上诉人北京长富投资基金（有限合伙）（以下简称长富基金）、武汉中森华世纪房地产开发有限公司（以下简称中森华房地产公司）因与被上诉人中森华投资集团有限公司（以下简称中森华投资公司）、郑巨云、陈少夏、湖北徐东（集团）股份有限公司（以下简称徐东集团公司）以及原审第三人兴业银行股份有限公司武汉分行（以下简称兴业银行武汉分行）、北龙建设集团有限公司（以下简称北龙公司）、湖北祥和建设集团有限公司（以下简称祥和公司）、福建中森建设有限公司（以下简称中森公司）合同纠纷一案，不服湖北省高级人民法院（2014）鄂民二初字第00035号民事判决，向本院提起上诉。

2013年9月27日，长富基金与兴业银行武汉分行、中森华房地产公司、中森华投资公司、郑巨云、陈少夏签订《投资合作协议》，约定长富基金以委托贷款方式委托兴业银行武汉分行向中森华房地产公司发放贷款6.3亿元，用于完成徐东村城中村综合改造项目，借款分两期发放。协议还约定了贷款担保、发放条件、监管、违约责任、争议解决等事项。

同日，长富基金、兴业银行武汉分行与中森华房地产公司签订《委托贷款合同》，约定长富基金委托兴业银行武汉分行向中森华房地产公司贷款6.3亿元，借款用途为徐东村城中村综合改造项目，借款分两期发放，发放时间和条件分别为：第一期发放借款4亿元，发放条件为“中森华房地产公司就购买湖北珠江房地产开发有限公司所有的土地使用权（约20亩）事宜，与湖北珠江房地产开发有限公司签订协议或合同，并进行一般见证公证；中森华房地产公司将拥有的位于武汉市洪山区徐东村K1地块面积为25,134.12平方米的土地使用权（证号武国用〔2012〕第×1号）与K5地块面积10,313.48平方米的在建工程及面积为5424.82平方米的土地使用权（证号武国用〔2012〕第×2号）抵押给兴业银行武汉分行（抵押物情况详见《抵押合同》所附《抵押财产清单》），抵押手续办理完毕；中森华投资公司以其持有的49%的股权为中森华房地产公司在本协议项下的全部债务提供质押担保并质押给兴业银行武汉分行，质押登记手续办理完毕”。第二期发放借款 2.3 亿元，发放条件为“中森华房地产公司将其拥有的位于武汉市洪山区徐东村 K2 地块面积为 4359.22 平方米的土地使用权（证号武国用〔2012〕第×3 号）、K3 地块面积为 15,436.26 平方米的土地使用权（证号武国用〔2012〕第×4 号）、K4 地块面积为 35,303.85 平方米的在建工程及面积为 7933 平方米的土地使用权（证号武国用〔2013〕第×5 号）抵押给兴业银行武汉分行，抵押手续办理完毕”。合同项下的借款期限为 4 年，自第一期借款发放之日起计算，无论第二期借款何时发放，均与第一期借款同时到期，第一年至第三年的贷款利率为年利率 16%，第四年的贷款利率为年利率 18%，按自然季结息，结息日为每季末月的 20 日后的第一个工作日。合同还约定了罚息的条件，即“借款人未按合同约定的期限归还借款本金及利息的，委托人对逾期的借款从逾期之日起在约定的借款利率基础上上浮 50% 计收罚息，直至本息清偿为止”。《委托贷款合同》第 4 条约定借款人构成违约的行为包括：未履行本合同第一条所做的承诺；明确表示或者以行为表明不愿清偿其已到期或未到期债务；未履行或者未完全履行借款人与委托人签订的其他合同项下义务的；委托人宣布借款人构成违约的；借款人不履行或者不完全履行合同的其他情形。《委托贷款合同》第 4 条还约定了可采取救济措施的情况和条件，其中，借款人或保证人违约；借款人或者保证人还款能力可能发生重大不利变化，抵押物、质押物可能遭受重大损害或者价值减损等，可采取的救济措施包括停止发放借款，提前收回已发放借款、要求借款人承担损害赔偿及其他法律责任、采取相应的资产保全措施及其他法律措施。合同还约定因借款人违约致使委托人采取诉讼或仲裁等方式实现债权的，委托人为此支付的律师费、诉讼费、差旅费、执行费及其他实现债权的必要费用由借款人承担。

嗣后，兴业银行武汉分行与中森华房地产公司签订五份《抵押合同》，约定中森华房地产公司以位于湖北省武汉市洪山区徐东村 K1 地块面积为 25,134.12 平方米的土地使用权（证号武国用〔2012〕第×1 号）、K2 地块面积为 4359.22 平方米的土地使用权（证号武国用〔2012〕第×3 号）、K3 地块面积为 15,436.26 平方米的土地使用权（证号武国用〔2012〕第×4 号）、K4 地块面积为 35,303.85 平方米的在建工程及面积为 7933 平方米的土地使用权（证号武国用〔2013〕第×5 号）、K5 地块面积为 10,325.82 平方米的在建工程及面积为 5424.82 平方米的土地使用权（证号武国用〔2012〕第×2 号）向兴业银行武汉分行提供抵押担保。担保范围为主合同下全部债权，包括但不限于本金、利息、违约金、赔偿金、债务人应向借款人支付的其他款项、兴业银行武汉分行实现债权和担保权利而发生的费用。

此后,兴业银行武汉分行又与中森华投资公司签订《股权质押合同》,约定中森华投资公司以其拥有的中森华房地产公司的49%股权为主合同项下6.3亿元债务本金及利息提供担保。股权质押合同签订后,双方于2013年11月26日在湖北省武汉市洪山区工商局行政管理局办理了质押登记。

2013年9月27日,兴业银行武汉分行与中森华投资公司、郑巨云、陈少夏签订《连带保证合同》,约定中森华投资公司、郑巨云、陈少夏为债务人中森华房地产公司的借款本金6.3亿元及利息、违约金、赔偿金等提供担保,担保方式为不可撤销的连带责任担保,保证期间为两年,自主合同约定的履行债务期限届满之日起算。主合同约定的事项导致主合同债务人被贷款人宣布提前到期,保证期间自主合同债务提前到期之日起两年。

上述合同签订后,双方在湖北省武汉市国土资源和规划局办理了K1地块25,134.12平方米的土地使用权(证号武国用〔2012〕第×1号)、K5地块5424.82平方米的土地使用权(证号武国用〔2012〕第×2号)的抵押登记,在湖北省武汉市洪山区住房保障和房屋管理局办理了10,325.82平方米的在建工程的抵押登记。

2013年12月12日,长富基金通过兴业银行武汉分行向中森华房地产公司发放了第一期委托贷款4亿元。中森华房地产公司于2014年3月21日通过兴业银行武汉分行向长富基金支付利息1600万元。中森华房地产公司未办理K2、K3、K4地块及在建工程的抵押登记,兴业银行武汉分行亦未发放第二期2.3亿元借款。

长富基金提起本案诉讼,主张中森华房地产公司未按《委托贷款合同》及《抵押合同》的约定办理K2、K3、K4地块土地使用权及在建工程抵押,且抵押的在建工程大部分被出售,已构成违约,应承担违约责任并向长富基金支付违约金;中森华投资公司、郑巨云、陈少夏应承担质押担保责任及连带保证责任。长富基金请求判令:1.终止长富基金和兴业银行武汉分行与中森华房地产公司签订的《委托贷款合同》的履行,提前收回借款。2.中森华房地产公司偿还借款本金4亿元及利息1618万元(利息自2014年3月22日至6月21日按年利率16%计算),并自2014年6月22日起按年利率16%×(1+50%)计算至本息还清时止。3.中森华房地产公司应承担违约责任,并支付违约金1.26亿元。4.长富基金对中森华房地产公司抵押的武他项〔2013〕第×6号他项权证项下的位于武汉市洪山区徐东村的25,134.12平方米的土地使用权享有优先受偿权;对武他项〔2013〕第×7号他项权证项下的位于武汉市洪山区徐东村的5424.82平方米的土地使用权享有优先受偿权;对武汉市期房抵押证明(武房期洪字第2013015485号)项下的洪山区徐东村徐东公寓10,325.82平方米的房屋享有优先受偿权。5.长富基金对中森华投资公司质押的中森华房地产公司49%的股权享有优先受偿权。6. 中森华投资公司、郑巨云、陈少夏对第 2 项、第 3 项债务承担连带清偿责任。7. 长富基金对中森华房地产公司在徐东集团公司徐东村城中村综合改造项目 C 地块产业项目中的全部权益进行处置以清偿本案债务。8. 确认北龙公司 2013 年 8 月编号 2013(世纪)字第 7 - 1 号《承诺函》合法有效,对中森华房地产公司徐东村城中村综合改造项目中的工程项目建筑工程款的受偿权劣后于长富基金的债权。9. 确认祥和公司 2013 年 8 月 26 日编号 2013(世纪)字第 7 - 4 号《承诺函》合法有效,对中森华房地产公司徐东村城中村综合改造项目中的工程项目建筑工程款的受偿权劣后于长富基金的债权。10. 确认中森公司 2013 年 8 月 26 日编号 2013(世纪)字第 7 - 5 号《承诺函》合法有效,对中森华房地产公司徐东村城中村综合改造项目中的工程项目建筑工程款的受偿权劣后于长富基金的债权。11. 被告承担本案全部诉讼费用。

徐东集团公司向长富基金出具《承诺函》称:本公司对中森华房地产公司的所有债权劣后于贵方因通过委托贷款方式对中森华房地产公司融资 6.3 亿元而享有的债权本息及其他相关权益。

祥和公司向长富基金出具《承诺函》称:我公司对上述 K2、K3、C2、C3、C4 工程项目的建筑工程款的受偿权劣后于贵方通过委托贷款方式对中森华房地产公司融资 6.3 亿元而享有的债权本息及其他相关权益。湖北省武汉市中星公证处对以上两份《承诺函》作出了《公证书》。

2014 年 11 月 26 日,湖北省武汉市中星公证处作出(2014)鄂中星决字第 6 号《关于撤销(2013)鄂中星内证字第 19246 号公证书的决定书》,载明:编号为 2013(世纪)字第 7 - 1 号《承诺函》上北龙公司的印鉴及法定代表人陈书田的签名均系伪造。我处决定,撤销(2013)鄂中星内证字第 19246 号公证书。该公证书自始无效。

原审法院审理期间,湖北省武汉市江岸区城乡统筹发展工作办公室提出异议称:长富基金申请保全的 K4 地块的建筑物建筑面积为 35,303.85 平方米的在建工程和 K5 上已办理抵押登记的徐东公寓在建房屋 10,325.82 平方米已经出售给该办。

裁判结果

一审法院(湖北省高级人民法院)判决:一、解除长富基金、兴业银行武汉分行、中森华房地产公司于 2013 年 9 月 27 日签订的《委托贷款合同》;二、中森华房地产公司于判决生效后 15 日内向长富基金偿还委托贷款本金 4 亿元并赔偿利息损失(以 4 亿元本金为基数,自 2014 年 3 月 22 日起至 2014 年 9 月 9 日止按年息 16% 计付,自 2014 年 9 月 10 日起至本判决确定的给付之日止按年息 24% 计付);三、长富基金有权就本判决第二项确定的债权对武他项(2013)第 ×6 号他项权证项下的位于武汉市洪山区徐东村的25,134.12平方米的土地使用权、武他项(2013)第×7号他项权证项下的位于武汉市洪山区徐东村的5424.82平方米的土地使用权、武汉市期房抵押证明(武房期洪字第2013015485号)项下的洪山区徐东村徐东公寓10,325.82平方米的房屋折价或者拍卖、变卖价款优先受偿;四、长富基金有权就本判决第二项确定的债权对中森华投资公司持有的中森华房地产公司49%股权折价或者拍卖、变卖价款优先受偿;五、中森华投资公司、郑巨云、陈少夏对本判决第二项确定的中森华房地产公司债务承担连带清偿责任。中森华投资公司、郑巨云、陈少夏承担担保责任后,有权向中森华房地产公司追偿;六、确认祥和公司向长富基金作出的编号2013(世纪)字第7-4号《承诺函》有效;七、驳回长富基金的其他诉讼请求。

二审法院(最高人民法院)判决:一、维持湖北省高级人民法院(2014)鄂民二初字第00035号民事判决第一项、第二项、第三项、第四项、第五项、第六项;二、撤销湖北省高级人民法院(2014)鄂民二初字第00035号民事判决;三、湖北徐东(集团)股份有限公司出具的2013(世纪)字第12号《承诺函》合法有效,北京长富投资基金(有限合伙)有权对武汉中森华世纪房地产开发有限公司在湖北徐东(集团)股份有限公司徐东村城中村综合改造项目C地块产业项目中的全部权益进行处置以清偿本案债务;四、驳回北京长富投资基金(有限合伙)的其他诉讼请求。

法院观点

本案中,长富基金、兴业银行武汉分行与中森华房地产公司三方签订《委托贷款合同》,由长富基金提供资金,兴业银行武汉分行根据长富基金确定的借款人、用途、金额、币种、期限、利率等代为发放、协助监督使用并收回贷款,兴业银行武汉分行收取代理委托贷款手续费,并不承担信用风险,实质是长富基金与中森华房地产公司之间的民间借贷,委托贷款合同的效力和长富基金与中森华房地产公司之间约定的权利义务内容均应受相关民间借贷的法律、法规和司法解释的规制。最高人民法院发布的《关于认真学习贯彻适用〈最高人民法院关于审理民间借贷案件适用法律若干问题的规定〉的通知》第3条规定:“人民法院确认民间借贷合同效力时,应当按照《最高人民法院关于适用〈中华人民共和国合同法〉若干问题的解释(一)》第三条规定的精神,对本《规定》施行以前成立的民间借贷合同,适用当时的司法解释民间借贷合同无效而适用本《规定》有效的,适用本《规定》……”《最高人民法院关于审理民间借贷案件适用法律若干问题的规定》第11条规定:“法人之间、其他组织之间以及它们相互之间为生产、经营需要订立的民间借贷合同,除存在合同法第五十二条、本规定第十四条规定的情形外,当事人主张民间借贷合同有效的,人民法院应予支持。”《最高人民法院关于审理民间借贷案件适用法律若干问题的规定》第14条规定:“具有下列情形之一,人民法院应当认定民间借贷合同无效:(一)套取金融机构信贷资金又高利转贷给借款人,且借款人事先知道或者应当知道的;(二)以向其他企业借贷或者向本单位职工集资取得的资金又转贷给借款人牟利,且借款人事先知道或者应当知道的;(三)出借人事先知道或者应当知道借款人借款用于违法犯罪活动仍然提供借款的;(四)违背社会公序良俗的;(五)其他违反法律、行政法规效力性强制性规定的。”本案中长富基金与中森华房地产公司之间通过兴业银行武汉分行签订《委托贷款合同》,并不违反我国《合同法》第52条和《最高人民法院关于审理民间借贷案件适用法律若干问题的规定》第14条关于合同无效的规定,无论在《最高人民法院关于审理民间借贷案件适用法律若干问题的规定》施行前后,案涉《委托贷款合同》均应合法有效。

根据当事人的上诉请求和答辩意见,本案争议焦点主要是:一、长富基金是否系本案适格原告;二、长富基金对《委托贷款合同》的解除是否存在违约责任;三、中森华房地产公司自2014年9月10日至本案判决确定的给付之日止赔偿的利息损失是否应当按年利率24%计算,长富基金关于1.26亿元违约金的上诉请求能否得到支持;四、长富基金能否对中森华房地产公司在徐东集团公司徐东村城中村综合改造项目C地块产业项目的全部权益进行处置以清偿本案债务;五、鉴定费11万元应由长富基金还是中森华房地产公司承担。根据本案查明的事实、证据,对上述焦点问题分析评判如下:

一、关于长富基金是否系本案适格原告问题。中森华房地产公司在二审庭审中提交补充上诉状,依据《委托贷款合同》第1.4条的约定和《最高人民法院关于如何确定委托贷款协议纠纷诉讼主体资格的批复》主张原审法院不应受理长富基金作为原告直接对中森华房地产公司提起的诉讼。长富基金答辩认为,中森华房地产公司的该上诉请求超出上诉期限,《委托贷款合同》第1.4条的约定是选择性条款,受托银行也在原审中明确表示同意长富基金主张权利,中森华房地产公司关于长富基金不是本案适格原告的上诉主张不能成立。本院认为,首先,《合同法》第402条规定:“受托人以自己的名义,在委托人的授权范围内与第三人订立的合同,第三人在订立合同时知道受托人与委托人之间的代理关系的,该合同直接约束委托人和第三人,但有确切证据证明该合同只约束受托人和第三人的除外。”中森华房地产公司在2013年9月27日与长富基金、兴业银行武汉分行、中森华投资公司、郑巨云、陈少夏签订《投资合作协议》,以及与长富基金、兴业银行武汉分行签订《委托贷款合同》的行为及合同内容,表明中森华房地产公司在签订《委托贷款合同》时明知兴业银行武汉分行与长富基金之间的代理关系,中森华房地产公司并未提供证据证明《委托贷款合同》只约束兴业银行武汉分行和中森华房地产公司，因此，《委托贷款合同》直接约束长富基金和中森华房地产公司，原审判决认定长富基金可以自己名义直接向中森华房地产公司主张权利，有事实和法律依据。其次，《委托贷款合同》第1.4条受托人承诺中约定，“借款人不能按期偿还本金及利息时，受托人应按照委托人的书面要求以受托人的名义向借款人、担保人及相关联人提起诉讼”，该约定是受托人兴业银行武汉分行对委托人长富基金的承诺，只约束兴业银行武汉分行和长富基金，与中森华房地产公司无关；就约定内容而言，是否以兴业银行武汉分行作为原告对借款人、担保人及相关联人提起诉讼，是该约定赋予长富基金的权利，而非系限制其行为的义务，长富基金既可以自行起诉，也可要求受托人兴业银行武汉分行提起诉讼。此外，《最高人民法院关于如何确定委托贷款协议纠纷诉讼主体资格的批复》对请示的相关问题答复，“在履行委托贷款协议过程中，由于借款人不按期归还贷款而发生纠纷的，贷款人（受托人）可以借款合同纠纷为由向人民法院提起诉讼；贷款人坚持不起诉的，委托人可以委托贷款协议的受托人为被告、以借款人为第三人向人民法院提起诉讼”。该答复意见规定委托人可以作为原告提起诉讼和对受托人的被告地位的明确，旨在对委托人权利的保护。中森华房地产公司依据前述约定和批复上诉主张长富基金不是本案适格原告，系对合同约定和批复的错误理解，不能成立。最后，中森华房地产公司在原审中并未以反诉或抗辩方式就长富基金不是本案适格原告提出主张，其在2016年3月21日二审开庭时才提出这一上诉请求，而本案的最后上诉期是2015年12月25日，中森华房地产公司在二审庭审中提出长富基金不是本案适格原告的上诉请求，不符合《民事诉讼法》第164条关于15日上诉期的规定和《民诉法解释》第328条第1款关于在第二审程序中原审原告不得增加独立诉讼请求或者原审被告提出反诉的规定。综上，长富基金是本案适格原告，中森华房地产公司关于长富基金不是本案适格原告的上诉主张，本院不予支持。

二、关于长富基金对《委托贷款合同》的解除是否存在违约责任问题。中森华房地产公司主张，长富基金违反双方合同约定，没有向中森华房地产公司发放第二期2.3亿元借款，致使项目资金出现困难，给中森华房地产公司造成重大损失，对《委托贷款合同》的解除也应承担责任。长富基金认为，长富基金按照《委托贷款合同》第2.1.3.1（1）条的规定发放了4亿元贷款，但中森华房地产公司未按照约定办理抵押登记，导致未达到《委托贷款合同》第2.1.3.1（1）条约定的发放第二期2.3亿元贷款的条件，长富基金不存在违约情形，相反是中森华房地产公司违约造成本案《投资合作协议》及《委托贷款合同》的解除，责任完全在中森华房地产公司。本院认为，首先，长富基金已经按照《委托贷款合同》第2.1.3.1（1）条的约定发放了4亿元贷款，因中森华房地产公司未将其拥有的位于湖北省武汉市洪山区徐东村 K2 地块、K3 地块和 K4 地块及在建工程进行抵押登记，未达到《委托贷款合同》第 2.1.3.1(1)条约定的发放第二期 2.3 亿元贷款的条件，长富基金和兴业银行武汉分行未发放第二期 2.3 亿元贷款并不构成违约。其次，《委托贷款合同》第 2.1.5.1 条约定，“借款按自然季结息，结息日为每季度末月的 20 日后的第一个工作日……借款人须于每一结息日当日付息”；第 2.1.7.2 条约定，“借款人未按合同约定的期限归还借款本金及利息的，委托人对逾期的借款从逾期之日起在约定的借款利率基础上上浮 50% 计收罚息，直至本息清偿为止”；《委托贷款合同》第 4.1 条约定借款人构成违约的行为包括：未履行本合同第一条所作的承诺；明确表示或者以行为表明不愿清偿其已到期或未到期债务；未履行或者未完全履行借款人与委托人签订的其他合同项下义务的；委托人宣布借款人构成违约的；借款人不履行或者不完全履行合同的其他情形。中森华房地产公司未按约定办理 K2 地块、K3 地块和 K4 地块及在建工程的抵押登记，属于“未履行或者未完全履行借款人与委托人签订的其他合同项下义务”；中森华房地产公司支付 2014 年第一季度利息后，自 2014 年 3 月 22 日起未付利息，未按合同约定按季度支付利息，属于“明确表示或者以行为表明不愿清偿其已到期或未到期债务”；原审法院在实施本案诉讼保全时，中森华房地产公司已涉及多起诉讼，合同约定应向长富基金提供的抵押物已被其他债权人查封。因此，中森华房地产公司构成根本违约，长富基金请求终止合同履行、提前收回贷款符合《投资协议》《委托贷款合同》中“借款人或保证人违约，借款人或者保证人还款能力可能发生重大不利变化，抵押物、质押物可能遭受重大损害或者价值减损等，可以停止发放借款，提前收回已发放借款”的约定。综上，中森华房地产公司应当对案涉《委托贷款合同》的解除承担相应的违约责任，而长富基金没有责任。

三、关于违约利息和违约金问题。中森华房地产公司上诉主张原审判决确定的利息按 24% 年利率计算过高，自 2014 年 9 月 10 日至本案判决确定的给付之日止的利息损失应当按年息 16% 计算，长富基金上诉主张中森华房地产公司还应按约承担 1.26 亿元的违约金。本院认为，首先，长富基金在原审中诉讼主张 2014 年 3 月 22 日至 6 月 21 日的年利率按 16% 计算、自 2014 年 6 月 22 日起的年利率按 24% 计算，并要求中森华房地产公司支付 1.26 亿元的违约金。原审判决基于弥补长富基金因解除合同所遭受实际损失的考量，判令中森华房地产公司自本案原审受理之次日即 2014 年 9 月 10 日至本案判决确定的给付之日止赔偿的利息损失按照年息 24% 计算，对长富基金关于 1.26 亿元违约金的诉讼请求未予支持。原审判决关于利息损失计算起止日期及利率标准虽与长富基金不一致，但长富基金对此并未提出上诉请求，应视为其对相关权利的放弃。因中森华房地产公司对案涉《委托贷款合同》的解除应承担违约责任,原审判决判定的逾期利息按年利率24%计算也是违约责任承担的一种方式,原审判决综合合同约定的违约金、罚息等因素酌定中森华房地产公司按照年利率24%承担利息损失,并不明显高于市场融资成本,对中森华房地产公司并无不公,因此,中森华房地产公司关于利息损失的年利率标准应按16%计算的上诉主张,本院不予支持。其次,《最高人民法院关于适用〈中华人民共和国合同法〉若干问题的解释(二)》(以下简称《合同法解释(二)》)第27条规定:"当事人通过反诉或者抗辩的方式,请求人民法院依照合同法第一百一十四条第二款的规定调整违约金的,人民法院应予支持。"第29条规定:"当事人主张约定的违约金过高请求予以适当减少的,人民法院应当以实际损失为基础,兼顾合同的履行情况、当事人的过错程度以及预期利益等综合因素,根据公平原则和诚实信用原则予以衡量,并作出裁决。"《最高人民法院关于审理民间借贷案件适用法律若干问题的规定》第30条规定:"出借人与借款人既约定了逾期利率,又约定了违约金或者其他费用,出借人可以选择主张逾期利息、违约金或者其他费用,也可以一并主张,但总计超过年利率24%的部分,人民法院不予支持。"最高人民法院发布的《关于认真学习贯彻适用〈最高人民法院关于审理民间借贷案件适用法律若干问题的规定〉的通知》第3条第3项规定:"本《规定》施行后,尚未审结的一审、二审、再审案件,适用《规定》施行前的司法解释进行审理,不适用本《规定》"。虽然按照最高人民法院发布的《关于认真学习贯彻〈最高人民法院关于审理民间借贷案件适用法律若干问题的规定〉的通知》第3条第3项的规定,本案长富基金与中森华房地产公司之间的民间借贷关于利息、违约金等问题不应适用《最高人民法院关于审理民间借贷案件适用法律若干问题的规定》,此前相关法律、法规和司法解释也并未对出借人是否可以就逾期利息和违约金同时主张及二者的限额进行限制,但根据《合同法解释(二)》第27条、第29条规定精神,对《最高人民法院关于审理民间借贷案件适用法律若干问题的规定》施行前的民间借贷中逾期利息和违约金等明显过高的,在当事人主张约定的违约金过高请求予以适当减少的情况下,也可参照《最高人民法院关于审理民间借贷案件适用法律若干问题的规定》确定的年利率24%司法保护上限进行调整。长富基金在原审判决年利率24%逾期利息基础上另外依照合同约定主张1.26亿元违约金,该主张实质是要求逾期罚息和固定违约金并行。本案中长富基金因中森华房地产公司违约遭受的损失主要是利息损失,因长富基金并未提供证据证明其实际损失超过原审判决确定逾期利息,故对其关于中森华房地产公司应当在原审判决确定的逾期利息基础上再给付1.26亿元违约金的上诉请求,本院不予支持。

四、关于长富基金能否对中森华房地产公司在徐东集团公司徐东村城中村综合改造项目C地块产业项目的全部权益进行处置以清偿本案债务问题。长富基金上诉请求判令其有权对中森华房地产公司在案涉C地块产业项目的全部权益进行处置以清偿本案债务。中森华房地产公司、徐东集团公司答辩主张中森华房地产公司在案涉C地块产业项目是否有权益及长富基金是否有权处置并非本案审理范围。本院认为,徐东集团公司在2013(世纪)字第12号《承诺函》确认C地块产业项目除15,000平方米商铺外的土地使用权、在建工程和房屋所有权及相关一切权益均属中森华房地产公司所有,该意思表示清晰明确,《承诺函》并未载明中森华房地产公司享有该权益另有附加条件,不存在徐东集团公司答辩所称需要符合联合开发的三个条件中森华房地产公司才能取得产权、中森华房地产公司在该地块中的权利是一种可能性的问题,且徐东集团公司在该《承诺函》亦承诺徐东集团公司对中森华房地产公司的所有债权劣后于长富基金的债权。从《承诺函》设置的义务内容来看,系徐东集团公司对长富基金在《委托贷款合同》中的债权作出的一种担保性质的承诺,虽不具有物权法上的排他性物权效力,不能对抗第三人,但该承诺不违反法律、法规的禁止性规定,应合法有效,在当事人之间具有约束力。因此,中森华房地产公司、徐东集团公司关于中森华房地产公司在案涉C地块产业项目是否有权益及长富基金是否有权处置并非本案审理范围的主张不能成立,长富基金在本案中主张对中森华房地产公司在案涉C地块产业项目的全部权益进行处置以清偿本案债务,应予支持。至于中森华房地产公司与徐东集团在案涉C地块产业项目中的权利义务关系,应根据该公司与徐东集团公司之间相关合同另行确定,对长富基金在案涉C地块产业项目上的权利并无影响;长富基金如何对中森华房地产公司在案涉C地块产业项目的全部权益进行处置,非本案解决的范畴,处置中与其他人的争议系另案或执行程序解决的问题。

五、关于11万元鉴定费问题。长富基金上诉主张中森公司《承诺函》系中森华房地产公司向长富基金提交,该《承诺函》公章及签字鉴定不实而产生的鉴定费应由中森华房地产公司承担。中森华房地产公司答辩主张无法确定长富基金在本案诉讼中提交的中森公司《承诺函》与中森华房地产公司交付长富基金的是否一致,鉴定费用应由证据提交人长富基金承担。本院认为,诉争11万元鉴定费虽系对中森公司《承诺函》的鉴定而发生,但鉴定结论没有确定《承诺函》系中森公司出具,故中森公司不应承担鉴定费用。因中森华房地产公司认可其向长富基金提交中森公司《承诺函》的事实,长富基金在诉讼中没有理由不提交该中森公司《承诺函》以支持其诉讼主张,中森华房地产公司对关于鉴定的《承诺函》与其向长富基金提交的《承诺函》不一致的抗辩主张应承担相应的举证责任,否则应承担不利的后果。由于中森华房地产公司对其抗辩主张没相应证据支持,故对长富基金关于该11万元鉴定费用应由中森华房地产公司承担的上诉主张,本院予以支持。

此外,北龙公司在答辩状中主张北龙公司从未向长富基金及任何第三方出具工程款优先受偿权劣后的承诺,原审判决认定长富基金对北龙公司承包施工的项目拍卖价款有优先权与湖北省高级人民法院(2013)鄂民一初字第00011号民事判决相冲突,长富基金应补偿北龙公司交通费、差旅费、律师费等10万元,并请求驳回长富公司对北龙公司施工的徐东公寓拍卖价款享有优先受偿权的诉讼主张。本院认为,首先,原审判决以北龙公司《承诺函》上加盖的北龙公司印章和法定代表人陈书田的签字被湖北省武汉市中星公证处认定为系伪造为由,认定该《承诺函》对北龙公司不具有约束力,进而在判项中对长富基金关于确认编号2013(世纪)字第7-1号北龙公司《承诺函》合法有效、北龙公司对中森华房地产公司在徐东村城中村综合改造项目中的工程项目建筑工程款的受偿权劣后于长富基金债权的诉讼请求未予支持,因长富基金、北龙公司并未就此提起上诉,故本院对北龙公司是否向长富基金及任何第三方出具工程款优先受偿权劣后的承诺的问题不予评判。其次,原审判决判令长富基金有权对湖北省武汉市洪山区徐东村徐东公寓10,325.82平方米的房屋折价或者拍卖、变卖价款优先受偿系基于兴业银行武汉分行与中森华房地产公司《抵押合同》、武汉市期房抵押证明(武房期洪字第2013015485号),并非北龙公司《承诺函》,不存在北龙公司答辩所称原审判决确认长富基金举证的北龙公司《承诺函》系伪造与认定长富基金对北龙公司承包施工的项目拍卖价款有优先权自相矛盾的问题。最后,至于原审判决判令长富基金有权对湖北省武汉市洪山区徐东村徐东公寓10,325.82平方米的房屋折价或者拍卖、变卖价款优先受偿,与湖北省高级人民法院(2013)鄂民一初字第00011号民事判决判令的北龙公司建筑工程款优先受偿权是否相冲突,长富基金是否应补偿北龙公司交通费、差旅费、律师费等10万元问题,因北龙公司并未就该两主张以上诉请求方式提出,亦不属本案审理范围,应在执行程序或其他程序中另行解决。

金讼圈提示

《委托贷款合同》条款约定严谨、风控增信措施丰富是本案原告胜诉的关键所在。不过百密一疏,本案还是出现其中一份《承诺函》的印章及法定代表人签名均是虚假的问题。看来对于各类承诺函、保函之类文件的真实性核查验证应是风控审查至关重要的环节。

006 利用过桥资金转贷为什么构成实质的"以贷还贷"?

案例索引

江苏省高级人民法院2013年10月28日作出的(2013)苏商申字第2号民事裁定书。

交易结构图

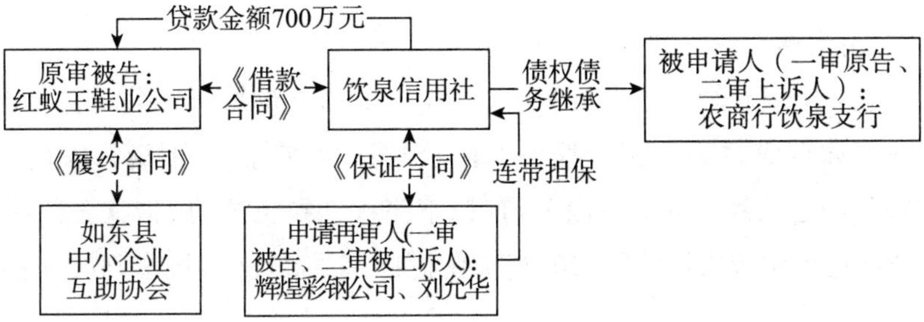

金讼圈导读

一、本案例是准确理解《最高人民法院关于适用〈中华人民共和国担保法〉若干问题的解释》(以下简称《担保法司法解释》)第39条"以贷还贷"含义的经典案例。

二、"以贷还贷"的必要构成要件有哪些?利用转贷基金等过桥资金进行的借新还旧是否构成"以贷还贷"?新旧贷款为同一保证人的,保证人是否绝对需要承担保证责任?一审、二审、再审法院均有明确观点。

三、关于新旧贷款虽然为同一保证人,但新贷担保额度大于旧贷担保额度,保证人在不知情的情况下如何承担保证责任?本案例没有给出答案,值得进一步论证讨论。

裁判规则

一、借新还旧借款合同成立的必要条件为:1.借款人客观上有将新贷偿还旧贷的行为;2.金融机构与借款人之间主观上有以贷还贷的共同意思表示或者意思联络。

二、借新还旧借款过程中虽介入过桥资金,但无论从借款协议双方的真实意思,还是行为本身属性,本质上仍属于以贷还贷,只不过是以贷还贷在新形势下出现的新形式。

三、借款主合同当事人双方协议以新贷偿还旧贷,除保证人知道或者应当知道的外,保证人不承担民事责任。

四、虽构成以贷还贷,但新贷与旧贷系同一保证人的,且并未增加担保额度,无论是否存在知道或者应当知道以贷还贷的情形,均不能免除保证人的民事责任。

案情介绍

申请再审人(一审被告、二审被上诉人):南通辉煌彩色钢板有限公司。

申请再审人(一审被告、二审被上诉人):刘允华。

被申请人(一审原告、二审上诉人):江苏如东农村商业银行股份有限公司饮泉支行。

原审被告:南通红蚁王鞋业有限公司。

申请再审人南通辉煌彩色钢板有限公司(以下简称辉煌彩钢公司)、刘允华因与被申请人江苏如东农村商业银行股份有限公司饮泉支行(以下简称农商行饮泉支行),原审被告南通红蚁王鞋业有限公司(以下简称红蚁王公司)借款合同纠纷一案,不服江苏省南通市中级人民法院〔2013〕通中商终字第0022号民事判决,向本院申请再审。

2009年4月30日,红蚁王公司与饮泉信用社签订编号为东农信借字〔2009〕第0430160201号《借款合同》,约定:借款单位红蚁王公司向饮泉信用社申请流动资金贷款,借款用途为借新还旧,申请借款金额为700万元,计划归还日期为2009年10月25日。辉煌彩钢公司自愿为红蚁王公司的借款提供担保,并负连带责任。

同日,饮泉信用社与辉煌彩钢公司签订编号为东农信保字〔2009〕第0430160201号《保证合同》,由辉煌彩钢公司为上述700万元提供连带责任保证,担保期限为6个月。

同日,饮泉信用社又与刘允华、张宋泉、张雪梅、徐宗泽、杨涌、莫如英签订《保证合同》,为编号为东农信借字〔2009〕第0430160201号《借款合同》提供连带责任保证。

另查明,2009年11月7日,反担保人如东县升泰信用担保有限公司与借款人红蚁王公司及担保人辉煌彩钢公司签订《反担保协议》,约定:红蚁王公司在饮泉信用社贷款200万元,贷款期限自2009年11月13日至2010年11月10日,辉煌彩钢公司同意为其提供保证担保,同时如东县升泰信用担保有限公司接受红蚁王公司请求自愿向辉煌彩钢公司提供连带责任保证的反担保。

2009年11月11日,红蚁王公司与饮泉信用社及如东县中小企业互助协会签订《履约合同》,约定:为防范和化解中小企业因资金周转困难而发生资金链断裂风险,进而出现金融风险,保障经济和社会持续健康发展,三方根据《如东县中小企业应急互助基金章程》和《如东县中小企业应急互助基金管理办法》规定,达成如下协议:1.红蚁王公司保证诚信经营,依法守约,尽可能自筹资金,按时归还所欠饮泉信用社的融资本金和利息。2.红蚁王公司在资金周转发生临时困难的情况下,同意按上述《章程》《管理办法》规定,申请、使用、归还所欠如东县中小企业互助协会资金,并自愿接受饮泉信用社、如东县中小企业互助协会监督和管理。3.饮泉信用社在红蚁王公司归还所欠饮泉信用社融资本息后,将尽快履行内部审批手续,继续给予红蚁王公司发放新融资700万元,期限12个月。饮泉信用社同意红蚁王公司以此项融资,归还如东县中小企业互助协会给予红蚁王公司的短期周转使用并用以归还饮泉信用社到期融资的借款,并监督红蚁王公司执行。4.无论何种原因(如红蚁王公司不再向饮泉信用社申请融资,或者饮泉信用社不再给红蚁王公司发放新融资等情形),饮泉信用社同意全额归还如东县中小企业互助协会给予红蚁王公司短期周转使用并用以归还饮泉信用社到期融资的借款。5.如东县中小企业互助协会在接到红蚁王公司提出的申请后,经理事会批准,将按照安全、高效的原则,提供优质服务,为红蚁王公司办理资金申借、划拨、使用手续,及时将红蚁王公司借用如东县中小企业互助协会的短期周转资金,划拨归还红蚁王公司所欠饮泉信用社的到期贷款或其他融资。

2009年11月11日,《如东县中小企业应急互助基金申请使用审批表》载明:申请企业为红蚁王公司,本次还贷额为700万元,本次还贷银行为饮泉信用社,还贷银行企业账号为3206231601201000003167,申请使用资金金额为700万元,期限5天,用款日期为2009年11月。红蚁王公司在申请使用原因、还款来源栏注明:过桥资金还贷,续贷资金还款,并加盖公章及法定代表人印鉴章;饮泉信用社签署意见为红蚁王公司按期归还本行本次融资本息700万元后,本行同意2天内继续给该公司发放700万元贷款;如东县曹埠镇工业发展服务站、如东县曹埠镇人民政府均签署建议支持、同意等意见。

2009年11月11日,出借人如东县中小企业互助协会与会员企业红蚁王公司签订编号为DHC2009017号《资金短期周转拆借协议》,约定:因红蚁王公司在2009年11月需归还饮泉信用社融资金额700万元,而红蚁王公司资金调度临时出现困难,故向如东县中小企业互助协会提出申请使用资金700万元短期周转,专项用以归还上述银行融资;如东县中小企业互助协会同意给予红蚁王公司上述用途短期拆借资金700万元,期限5天,按资金余额乘以日万分之五计算资金使用利息费用;如东县中小企业互助协会将上述资金转入红蚁王公司指定的其在饮泉信用社开立的贷款账户或归还贷款专门账户,账号为3206231601201000003167;红蚁王公司保证所借如东县中小企业互助协会资金专项用于归还饮泉信用社银行融资本息,在银行新的融资到位后,红蚁王公司应及时归还所欠如东县中小企业互助协会短期拆借资金等。当日,为保证上述协议的履行,江苏红蚁王实业集团有限公司为该笔借款提供连带责任保证,保证期限为短期周转资金拆借期满后两年。

还查明,2009年11月13日《流动资金贷款申请书》载明:借款单位红蚁王公司向饮泉信用社申请流动资金贷款,借款用途为购皮,申请借款金额为200万元,计划归还日期为2010年11月10日。辉煌彩钢公司自愿为红蚁王公司的借款提供担保,并负连带责任。

2009年11月13日,饮泉信用社与红蚁王公司签订东农信借字〔2009〕第1113160202号《借款合同》,约定:借款种类为短期流动资金贷款,借款用途为购皮,借款金额为200万元,借款期限自2009年11月13日起至2010年11月10日止,借款月利率为4.64625‰。本合同项下借款以积数计息法按月结息,结息日为每月的第20日。红蚁王公司在饮泉信用社处开立一般存款账户,并通过该账户办理本合同项下贷款有关的往来结算和存款。违约责任为:红蚁王公司不按期归还贷款本金又未获展期,从逾期之日起按合同约定利率加付50%的利息;因红蚁王公司违约致使饮泉信用社采取诉讼或仲裁方式实现债权的,红蚁王公司应当承担饮泉信用社由此支付的费用;饮泉信用社对红蚁王公司未按期支付的利息按罚息利率计收复利等。本合同项下借款的担保方式为保证担保,担保合同另行签订。由辉煌彩钢公司(保证人)提供连带责任保证担保,保证合同编号为东农信保字〔2009〕第1113160202号。

2009年11月13日,债务人红蚁王公司与保证人辉煌彩钢公司、刘允华以及债权人饮泉信用社签订东农信保字〔2009〕第1113160202号《保证合同》,约定:为了确保红蚁王公司与饮泉信用社签订的编号为东农信借字〔2009〕第1113160202号《借款合同》的切实履行,保证人已收到并阅知所担保的主合同,愿意为债务人依主合同与债权人所形成的债务提供保证担保;被担保的主债权种类为短期流动资金贷款,本金数额为200万元;保证方式为连带责任保证,本合同项下有多个保证人的,各保证人共同对贷款承担连带责任;保证人承诺:保证人负有监督主合同债务人按主合同约定用途使用借款及主合同约定的期限还本付息的义务,保证合同不因主合同债务人违反主合同约定使用借款而无效等。

再查明,2009年11月12日,红蚁王公司在饮泉信用社账号为3206231601201000003167账户的交易明细中,红蚁王公司有一笔700万元的进账,一笔700万元的出账。当日,红蚁王公司归还了饮泉信用社700万元贷款。2011年11月13日,红蚁王公司在饮泉信用社账号为3206231601201000003167账户的交易明细中,有两笔200万元进账,一笔300万元进账,同日又有一笔200万元出账和一笔500万元出账。根据两份由如东县中小企业互助协会出具的南通市同城票据交换提入贷方补充凭证,2011年11月13日,红蚁王公司将200万元出账汇入诚运公司,将500万元出账汇入东吴公司,而后由诚运公司、东吴公司再次将上述200万元、500万元还至如东县中小企业互助协会。

红蚁王公司留存在国税部门以及农商行饮泉支行的《资产负债表》《损益表》并不一致。

2012年6月27日,中国银行业监督管理委员会江苏监管局作出苏银监复〔2012〕322号《关于江苏如东农村商业银行股份有限公司开业的批复》,江苏如东农村商业银行股份有限公司开业的同时,如东县农村信用合作联社自行终止,其债权债务转为江苏如东农村商业银行股份有限公司债权债务。饮泉信用社的所有债权债务均由农商行饮泉支行承继。

因红蚁王公司到期未归还200万元借款,农商行饮泉支行遂诉至江苏省如东县人民法院,请求判令:1. 红蚁王公司偿还借款本金200万元、支付正常利息172,171.53元(暂计算至2012年6月20日,实际利息按合同约定计算),合计2,172,171.53元;2. 辉煌彩钢公司、刘允华承担连带责任。

本院(江苏省高级人民法院)复查过程中,辉煌彩钢公司、刘允华的代理人陈述:2009年11月12日,如东县中小企业互助协会借款700万元给红蚁王公司,红蚁王公司当天向饮泉信用社偿还了旧贷700万元,故此时原债务已经清偿消灭。2009年11月13日,饮泉信用社又贷款200万元给红蚁王公司,由辉煌彩钢公司及刘允华提供担保,该款项确实通过诚运公司回到如东县中小企业互助协会的账户。

裁判结果

一审法院(江苏省如东县人民法院)判决:一、红蚁王公司于判决生效后1个月内偿还农商行饮泉支行借款本金人民币200万元;二、红蚁王公司于判决生效后1个月内支付农商行饮泉支行借款利息(含逾期利息)人民币172,171.53元(利息计算至2012年6月20日),自2012年6月21日至判决确定的给付之日止的利息按照合同约定继续支付;三、驳回农商行饮泉支行对辉煌彩钢公司、刘允华的诉讼请求。

二审法院(江苏省南通市中级人民法院)判决:一、维持江苏省如东县人民法院(2012)东商初字第0617号民事判决第一、二项;二、撤销江苏省如东县人民法院(2012)东商初字第0617号民事判决第三项;三、辉煌彩钢公司、刘允华对红蚁王公司的给付义务承担连带清偿责任。

再审法院(江苏省高级人民法院)裁定:驳回辉煌彩钢公司、刘允华的再审申请。

法院观点

辉煌彩钢公司、刘允华的申请再审理由依法不能成立,理由如下:

(一)申请再审人关于案涉200万元不是以旧贷还新贷的申请再审理由不能成立。借新还旧借款合同成立的必要条件为:第一,借款人客观上有将新贷偿还旧贷的行为;第二,金融机构与借款人之间主观上有以贷还贷的共同意思表示或者意思联络。

1. 综观案涉资金流向,本案客观上存在以贷还贷的行为。2009年4月30日,红蚁王公司向饮泉信用社贷款700万元,于2009年10月25日到期。为了偿还该笔贷款,红蚁王公司向如东县中小企业互助协会短期借款700万元。2009年11月12日,如东县中小企业互助协会依据《资金短期周转拆借协议》的约定,将700万元借款转入红蚁王公司指定的其在饮泉信用社开立的账户。当日,红蚁王公司用该账户中的700万元借款归还了饮泉信用社的到期贷款。第二天,饮泉信用社又向上述账户发放700万元贷款,红蚁王公司将其中的200万元汇入诚运公司,将剩余的500万元汇入东吴公司,而后由诚运公司、东吴公司分别将上述200万元、500万元汇至如东县中小企业互助协会。上述借款、还贷以及再次贷款用于归还借款系一个完整的过程,每个环节的时间紧密衔接,前后两笔贷款亦均发生在红蚁王公司与饮泉信用社之间,其中虽有如东县中小企业互助协会的参与,但并未改变红蚁王公司用新贷还旧贷的实质。

2. 饮泉信用社与红蚁王公司主观上存在以贷还贷的共同意思表示。根据《履约合同》的约定以及《如东县中小企业应急互助基金申请使用审批表》的内容,饮泉信用社及红蚁王公司均明知并协商一致同意:如东县中小企业互助协会700万元的短期贷款专项用于归还红蚁王公司在饮泉信用社的到期贷款,而饮泉信用社亦承诺在归还旧贷后立即发放新贷700万元专项用于归还如东县中小企业互助协会的借款。上述证据及三方的实际履行过程均表明红蚁王公司与饮泉信用社均清楚新贷实为旧贷的展期,双方就以贷还贷形成了一致的意思表示。

(二)申请再审人关于其不应当承担保证责任的申请再审理由不能成立。《担保法司法解释》第39条规定:"主合同当事人双方协议以新贷偿还旧贷,除保证人知道或者应当知道的外,保证人不承担民事责任。新贷与旧贷系同一保证人的,不适用前款的规定。"

辉煌彩钢公司以及刘允华、张宋泉、张雪梅、徐宗泽、杨涌、莫如英为红蚁王公司于2009年4月30日向饮泉信用社贷款的700万元旧贷提供连带责任保证,辉煌彩钢公司及刘允华为红蚁王公司于2009年11月13日向饮泉信用社贷款200万元新贷提供连带责任保证。在新贷和旧贷系同一保证人的情况下,借新还旧免除了保证人对旧贷的保证责任,相比于借款人按实际贷款用途使用新贷从而保证人需要对前后两笔贷款承担保证责任,保证人须承担的风险和责任显然更小。故无论保证人是否知晓借新还旧,均应承担对后一份贷款的保证责任。事实上,本案新贷的数额200万元低于旧贷700万元,对新贷承担保证责任更不会加重保证人的保证责任。

本案中,尽管旧贷有包括辉煌彩钢公司及刘允华在内的7位保证人,而新贷仅有辉煌彩钢公司及刘允华2位保证人,但由于各位保证人承担的均为连带责任保证,任一保证人均应对担保债务承担连带清偿责任。故辉煌彩钢公司及刘允华无论对于旧贷还是新贷,承担的也均为连带保证责任,即辉煌彩钢公司及刘允华向饮泉信用社的旧贷和新贷均承担连带责任并未改变,符合新贷与旧贷系同一保证人的情形。因此,辉煌彩钢公司及刘允华仍应对案涉200万元贷款承担保证责任。

金讼圈提示

关于利用过桥资金是否构成担保法司法解释第39条的"以贷还贷",江苏省高级人民法院答案是肯定的,但其他省市法院(例如,浙江省的法院)判定原则不一,需要特别注意。延伸解读:

一、利用过桥资金进行的借新还旧是否构成"以贷还贷"?

"以贷还贷"又称"借新还旧",是指金融机构与借款人约定以新贷款偿还旧贷款的行为,在性质上,"以贷还贷"属于民事行为。"以贷还贷"其实是在借款人无力偿还原有贷款的情况下金融机构无奈办理的贷款。传统的"以贷还贷"大多以换据等方式办理完成,但近年来金融机构因稽核等原因一般不再直接通过换据等方式以贷还贷,往往借用第三方资金过渡。

一般认为,以贷还贷的成立应具备以下条件:一是借款人客观上有将新贷偿还旧贷的行为;二是金融机构与借款人之间主观上存在以贷还贷的共同意思表示或联络。这一过程如果介入了过桥资金,但无论从借款协议双方的真实意思,还是从行为本身属性方面来看,其本质上仍属于以贷还贷,只不过是以贷还贷在新形势下出现的新形式。

二、新旧贷款为同一保证人的,保证人是否绝对需要承担保证责任?

根据《担保法司法解释》第39条规定,主合同当事人双方协议以新贷偿还旧贷,除保证人知道或者应当知道的外,保证人不承担民事责任。新贷与旧贷系同一保证人的,不适用前款的规定。若保证人不知情,是否不需要对"以贷还贷"承担保证责任呢?

关于这个问题,江苏省高级人民法院给出了新提示——江苏省高级人民法院2013年10月28日作出的(2013)苏商申字第2号民事裁定书。该案件经一审、二审、再审,法院最终认为:在新贷和旧贷系同一保证人的情况下,借新还旧免除了保证人对旧贷的保证责任,相较于新贷(额度更小或未增加额度)而言,保证人须承担的风险和责任显然更小。故无论保证人是否存在"知道或者应当知道以贷还贷"的情形,均不能免除其民事责任。

三、以贷还贷情况下,保证人是否承担保证责任?

结合司法解释及案例,笔者对"以贷还贷"情况下保证人责任的承担做出如下归纳,供大家参考。

<table>
<tr><th>情况</th><th colspan="3">后果</th></tr>
<tr><td>保证人不同,但知道或应当知道</td><td colspan="3">承担</td></tr>
<tr><td rowspan="3">保证人同一</td><td colspan="2">保证人知道</td><td>承担</td></tr>
<tr><td rowspan="2">保证人不知道</td><td>保证责任加重</td><td>以旧贷的保证责任为限,对加重部分不承担</td></tr>
<tr><td>保证责任不加重</td><td>承担</td></tr>
</table>

007 主张股权转让实为借款让与担保需要哪些条件?

案例索引

上海市第一中级人民法院于2016年8月15日作出的(2016)沪01民终7229号民事判决书。

交易结构图

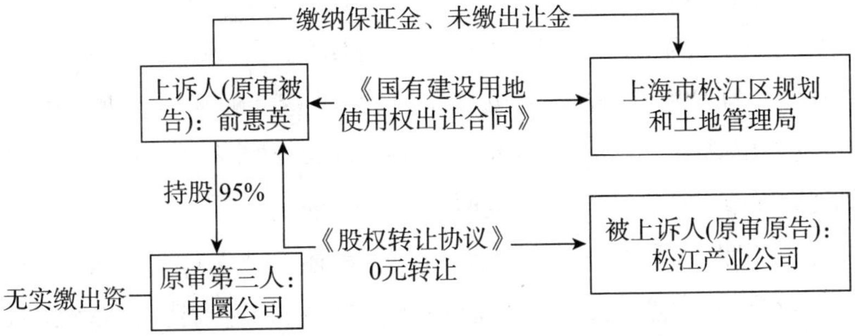

金讼圈导读

本案例法律争议焦点是关于“股权转让”还是“借款担保协议”的问题，但看点在于：上诉人好不容易拿到一块地，结果没有钱缴纳后续出让金及开发资金，到处融资未果，头脑一热，0 元出让项目公司全部股权，弄假成真，“赔了夫人又折兵”，错失项目公司，后悔不迭。

裁判规则

一、当事人主张股权转让合同实质为借款关系的担保，应提供足以推翻股权转让合同的证据并给予合理解释，否则应承担举证不能的法律后果。

二、在当事人之间不存在借款合意的前提下，当事人主张股权转让合同为借款协议的担保的主张，法院难以支持。

三、股权出让方以受让方违反国有企业收购民营企业的相关规定为由主张股权转让协议无效，该主张与股权转让争议无涉。

案情介绍

上诉人(原审被告)：俞惠英。

被上诉人(原审原告)：上海松江产业投资发展有限公司。

原审第三人：上海申圜国际贸易有限公司。

上诉人俞惠英因与被上诉人上海松江产业投资发展有限公司(以下简称松江产业公司)及原审第三人上海申圜国际贸易有限公司(以下简称申圜公司)股权转让纠纷一案，不服上海市松江区人民法院(2016)沪 0117 民初 1667 号民事判决，向本院提起上诉。

申圜公司成立于2014年5月,由俞惠英认缴出资3705万元,占95%,张某认缴出资195万元,占5%,公司注册资本自成立之日起5年内缴足。截至2015年11月,申圜公司并无实缴注册资本。

2015年1月6日,申圜公司以5300万元竞得编号201100222043424382的国有建设用地使用权,并与上海市松江区规划和土地管理局签订了《国有建设用地使用权出让合同》,约定如申圜公司不在2015年2月17日前缴纳出让金,松江规土局有权解除合同,并没收保证金,等等;申圜公司同时缴纳了保证金。

后因申圜公司无力筹资缴纳出让金,为避免前述土地保证金被罚没,2015年2月16日,松江产业公司、俞惠英签订了《股权转让协议》,约定俞惠英将持有的申圜公司95%股权以0元价款转让给松江产业公司,由松江产业公司作为股东向申圜公司提供资金以继续履行土地出让合同并取得土地使用权;因2015年2月16日之前形成的所有申圜公司的业务、债权债务(包括松江规土局退还的土地保证金)均由老股东即张某与俞惠英承接;俞惠英协助办理申圜公司股权转让工商变更登记手续;本协议签署之日起六个月为过渡期,过渡期内老股东负责清理申圜公司原有的业务、人员、债权债务;等等。

《股权转让协议》签署当日,俞惠英将申圜公司的公章、财务专用章等各类公司印鉴移交给松江产业公司,由松江产业公司实际控制申圜公司并行使股东权利。松江产业公司作为新股东后,开设了申圜公司新的银行账号,向申圜公司提供了资金,由申圜公司及时向松江区规土局支付了前述5300万元土地出让金、滞纳金及后续全部税费,2015年8月14日申圜公司取得上述建设用地土地使用权。

现《股权转让协议》约定的过渡期已届满,经松江产业公司多次催告,俞惠英拒不履行合同义务,至今仍未办理该次股权转让的变更登记手续。松江产业公司向一审法院起诉请求俞惠英、申圜公司协助松江产业公司至松江区市场监管局办理申圜公司股权转让变更登记手续。

一审法院另查明,松江产业公司与俞惠英间的《股权转让协议》还约定:本协议签订后,俞惠英将协助申圜公司完成股权转让工商变更登记手续(包括但不限于按本协议修改、签署公司章程并于工商部门备案)。

2015年2月27日,上海市规划和国土资源管理局向申圜公司退还保证金530万元;同年2月28日至3月2日期间,俞惠英即将上述款项转入自己的银行账户或其控制的上海××有限公司账户。

一审法院再查明,2015年2月16日,松江产业公司与张某也签订了《股权转让协议》一份,约定张某将持有的申圜公司的5%股权以0元价款转让给松江产业公司,并协议签订后协助申圜公司完成股权转让工商变更登记手续等。

松江产业公司与本案同时起诉张某及申圜公司[(2016)沪0117民初1659号]，该案与本案同步审理。

裁判结果

一审法院(上海市松江区人民法院)判决：申圜公司于判决生效之日起10日内向上海市松江区市场监督管理局办理股权转让变更登记手续，将松江产业公司登记为其股东，并移除对俞惠英的股东资格登记；俞惠英配合上述变更登记。

二审法院(上海市第一中级人民法院)判决：驳回上诉，维持原判。

法院观点

本案的争议焦点在于：1. 俞惠英认为本案所涉《股权转让协议》系对申圜公司与松江产业公司的借款提供的担保的主张是否成立？2. 松江产业公司要求变更申圜公司工商登记信息的诉讼请求是否能够得到支持？

第一，关于申圜公司与松江产业公司之间是否存在借款关系的问题。俞惠英否认其与松江产业公司之间存在股权转让关系，一审中，俞惠英主张涉案《股权转让协议》实质为申圜公司向松江产业公司借款；二审中，俞惠英则认为该《股权转让协议》的实质为借款关系的担保。对此，本院认为，申圜公司与松江产业公司之间并未签订书面借款协议，而俞惠英也未能提交证据证明申圜公司与松江产业公司之间存在口头的借款协议关系。俞惠英及申圜公司所述松江产业公司为防止土地指标流失而主动借款给申圜公司，且未约定利息的表述，缺乏依据，本院难以采信。在申圜公司与松江产业公司之间不存在借款合意的前提下，俞惠英二审中认为涉案《股权转让协议》为借款协议的担保的主张，缺乏事实基础，本院不予支持。

第二，关于涉案《股权转让协议》的效力问题。对此，本院认为，首先，在涉案《股权转让协议》签订后，申圜公司支付的5300万元土地出让金由松江产业公司提供，本案所涉的530万元保证金也由相关国土规划部门退还给申圜公司后，由俞惠英转走；其次，俞惠英主张申圜公司原股东虽未对申圜公司出资，却投入了大量人力、物力，但申圜公司二审中亦陈述，申圜公司截至2015年4月，亏损4000多元；再次，对于俞惠英主张其在股权转让后缴纳了有关增值税，且松江产业公司并未对申圜公司进行实际经营，松江产业公司作出的解释具有合理性，且不能因俞惠英的缴纳税款等行为即否认《股权转让协议》之效力；最后，俞惠英认为松江产业公司违反国有企业收购民营企业的相关规定，但其并未对此进行明确的举证，且该主张与本案争议无涉。因此，一审法院就俞惠英与松江产业公司之间的股权转让是否公平的问题，进行了详细的阐述，并作出涉案《股权转让协议》对俞惠英及松江产业公司产生法律效力的认定，并无不当，本院予以支持。松江产业公司的一审诉讼请求具有事实和法律依据，本院亦予以支持。

金讼圈提示

一、从本案例描述的过程来看，如果忽略证据不足的法律问题，确实也不能完全排除上诉人是为了借款融资而进行的股权转让担保，因为好不容易搞到一块地，总不至于白白送人吧。

二、上诉人败诉，归纳原因教训至少有以下几点：1. 没有将双方借款合意的证据固定下来；2. 股权转让协议，没有约定合同的真实目的或意图，也没有约定股权回购的条件；3. 一审阶段，没有积极穷尽举证；4. 融资陷阱处处有，真得要小心！项目融资这么大的事，要舍得花钱请个律师做法律顾问商量商量，把把关。

008 最高人民法院如何审查借贷类虚假诉讼？

案例索引

最高人民法院第二巡回法庭经审理作出的(2015)民二终字第324号民事判决。

交易结构图

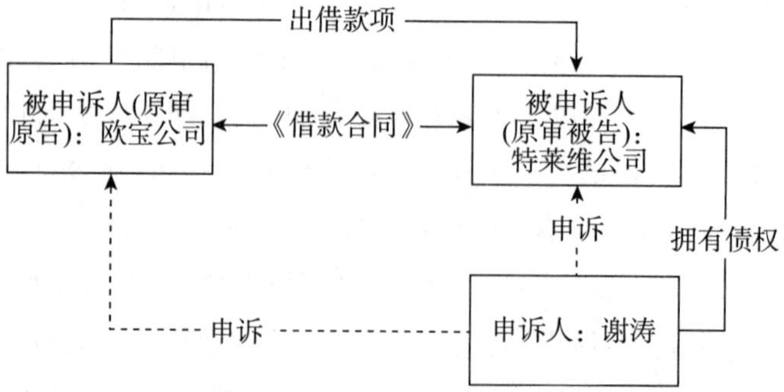

金讼圈导读

一、本案案例是借贷类虚假诉讼审查的示范性案例，也是最高人民法院审判委员会讨论通过 2016 年 9 月 19 日发布的指导案例。

二、对是否存在真实的借贷关系问题的判断最高人民法院通过本案例明确可从借款合意形成过程、借款时间、借款数额、借款用途、资金走向、款项来往、当事人诉讼及执行行为表现七大方面综合判断。

三、另外，最高人民法院还明确人民法院审理民事案件中发现存在虚假诉讼可能时应当依职权调取相关证据，这一点也特别值得注意。

裁判规则

一、借贷类虚假诉讼应重点审查当事人之间是否存在关联关系及是否存在真实的借贷关系。

二、对当事人之间是否存在关联关系问题，可从原被告各自股东及实际控制人的直系血亲姻亲及共同投资关系情况、实际控制人、一致行动人、人员混同情况、人员职务及岗位轮换情况等方面审查判断。

三、在当事人之间存在关联关系的情况下，为防止恶意串通提起虚假诉讼，损害他人合法权益，人民法院对其是否存在真实的借款法律关系，必须严格审查。

四、人民法院审理民事案件中发现存在虚假诉讼可能时，应当依职权调取相关证据，详细询问当事人，全面严格审查诉讼请求与相关证据之间是否存在矛盾以及当事人诉讼中言行是否违背常理。

五、对是否存在真实的借贷关系问题，可从借款合意形成过程、借款时间、借款数额、借款用途、资金走向、款项来往、当事人诉讼及执行行为表现七个方面综合判断。

六、经综合审查判断，当事人存在虚构事实、恶意串通、规避法律或国家政策以谋取非法利益，进行虚假民事诉讼情形的，应当依法予以制裁。

案情介绍

申诉人：谢涛。

被申诉人（原审原告）：欧宝生物科技有限公司。

被申诉人（原审被告）：辽宁特莱维置业发展有限公司。

欧宝生物科技有限公司（以下简称欧宝公司）诉称：欧宝公司借款给辽宁特莱维置业发展有限公司（以下简称特莱维公司）8650 万元，用于开发辽宁省东港市特莱维国际花园房地产项目。借期届满时，特莱维公司拒不偿还。故请求法院判令特莱维公司返还借款本金8650万元及利息。

特莱维公司辩称：对欧宝公司起诉的事实予以认可，借款全部投入到特莱维国际花园房地产项目，房屋滞销，暂时无力偿还借款本息。

一审申诉人谢涛述称：特莱维公司与欧宝公司，通过虚构债务的方式，恶意侵害其合法权益，请求法院查明事实，依法制裁。

裁判结果

辽宁省高级人民法院2011年3月21日作出(2010)辽民二初字第15号民事判决：特莱维公司于判决生效后10日内偿还欧宝公司借款本金8650万元及借款实际发生之日起至判决确定给付之日止的中国人民银行同期贷款利息。

辽宁省高级人民法院经再审于2015年5月20日作出(2012)辽审二民再字第13号民事判决：驳回欧宝公司的诉讼请求。

最高人民法院第二巡回法庭经审理于2015年10月27日作出(2015)民二终字第324号民事判决：认定本案属于虚假民事诉讼，驳回上诉，维持原判。同时作出罚款决定，对参与虚假诉讼的欧宝公司和特莱维公司各罚款50万元。

法院观点

人民法院保护合法的借贷关系，同时对于恶意串通进行虚假诉讼意图损害他人合法权益的行为，应当依法制裁。本案争议的焦点问题有两个：一是欧宝公司与特莱维公司之间是否存在关联关系；二是欧宝公司和特莱维公司就争议的8650万元是否存在真实的借款关系。

一、欧宝公司与特莱维公司是否存在关联关系的问题

根据《中华人民共和国公司法》(以下简称《公司法》)第216条的规定，关联关系，是指公司控股股东、实际控制人、董事、监事、高级管理人员与其直接或间接控制的企业之间的关系，以及可能导致公司利益转移的其他关系。可见，公司法所称的关联公司，既包括公司股东的相互交叉，也包括公司共同由第三人直接或者间接控制，或者股东之间、公司的实际控制人之间存在直系血亲、姻亲、共同投资等可能导致利益转移的其他关系。

本案中，曲叶丽为欧宝公司的控股股东，王作新是特莱维公司的原法定代表人，也是案涉合同签订时特莱维公司的控股股东翰皇公司的控股股东和法定代表人，王作新与曲叶丽系夫妻关系，说明欧宝公司与特莱维公司由夫妻二人控制。欧宝公司称两人

已经离婚，却未提供民政部门的离婚登记或者人民法院的生效法律文书。虽然辽宁省高级人民法院受理本案诉讼后，特莱维公司的法定代表人由王作新变更为姜雯琪，但王作新仍是特莱维公司的实际控制人。同时，欧宝公司股东兼法定代表人宗惠光、王奇等人，与特莱维公司的实际控制人王作新、法定代表人姜雯琪、目前的控股股东王阳共同投资设立了上海特莱维，说明欧宝公司的股东与特莱维公司的控股股东、实际控制人存在其他的共同利益关系。另外，沈阳特莱维是欧宝公司控股的公司，沙琪公司的股东是王作新的父亲和母亲。可见，欧宝公司与特莱维公司之间、前述两公司与沙琪公司、上海特莱维、沈阳特莱维之间均存在关联关系。

欧宝公司与特莱维公司及其他关联公司之间还存在人员混同的问题。首先，高管人员之间存在混同。姜雯琪既是欧宝公司的股东和董事，又是特莱维公司的法定代表人，同时还参与翰皇公司的清算。宗惠光既是欧宝公司的法定代表人，又是翰皇公司的工作人员，虽然欧宝公司称宗惠光自 2008 年 5 月即从翰皇公司辞职，但从上海市第一中级人民法院（2008）沪一中民三（商）终字第 426 号民事判决载明的事实来看，该案 2008 年 8 月至 12 月审理期间，宗惠光仍以翰皇公司工作人员的身份参与诉讼。王奇既是欧宝公司的监事，又是上海特莱维的董事，还以该公司工作人员的身份代理相关行政诉讼。王阳既是特莱维公司的监事，又是上海特莱维的董事。王作新是特莱维公司原法定代表人、实际控制人，还曾先后代表欧宝公司、翰皇公司与案外第三人签订连锁加盟（特许）合同。其次，普通员工也存在混同。霍静是欧宝公司的工作人员，在本案中作为欧宝公司原一审诉讼的代理人，2007 年 2 月 23 日代表特莱维公司与世安公司签订建设施工合同，又同时兼任上海特莱维的董事。崔秀芳是特莱维公司的会计，2010 年 1 月 7 日代特莱维公司开立银行账户，2010 年 8 月 20 日本案诉讼之后又代欧宝公司开立银行账户。欧宝公司当庭自述魏亚丽系特莱维公司的工作人员，2010 年 5 月魏亚丽经特莱维公司授权办理银行账户开户，2011 年 9 月诉讼之后又经欧宝公司授权办理该公司在中国建设银行沈阳马路湾支行的开户，且该银行账户的联系人为魏亚丽。刘静君是欧宝公司的工作人员，在本案原一审和执行程序中作为欧宝公司的代理人，2009 年 3 月 17 日又代特莱维公司办理企业登记等相关事项。刘洋以特莱维公司员工名义代理本案诉讼，又受王作新的指派代理上海特莱维的相关诉讼。

上述事实充分说明，欧宝公司、特莱维公司以及其他关联公司的人员之间并未严格区分，上述人员实际上服从王作新一人的指挥，根据不同的工作任务，随时转换为不同关联公司的工作人员。欧宝公司在上诉状中称，在 2007 年借款之初就派相关人员进驻特莱维公司，监督该公司对投资款的使用并协助工作，但早在欧宝公司所称的向特莱维公司转入首笔借款之前 5 个月，霍静即参与该公司的合同签订业务。而且从这些所谓的“派驻人员”在特莱维公司所起的作用看，上述人员参与了该公司的合同签订、财务管理到诉讼代理的全面工作，而不仅是监督工作，欧宝公司的辩解，不足为信。辽宁省高级人民法院关于欧宝公司和特莱维公司系由王作新、曲叶丽夫妇控制之关联公司的认定，依据充分。

二、欧宝公司和特莱维公司就争议的8650万元是否存在真实借款关系的问题

根据《民诉法解释》第90条规定，当事人对自己提出的诉讼请求所依据的事实或者反驳对方诉讼请求所依据的事实，应当提供证据加以证明；当事人未能提供证据或者证据不足以证明其事实主张的，由负有举证证明责任的当事人承担不利的后果。第108条第1款和第2款规定：“对负有举证证明责任的当事人提供的证据，人民法院经审查并结合相关事实，确信待证事实的存在具有高度可能性的，应当认定该事实存在。对一方当事人为反驳负有举证责任的当事人所主张事实而提供的证据，人民法院经审查并结合相关事实，认为待证事实真伪不明的，应当认定该事实不存在。”在当事人之间存在关联关系的情况下，为防止恶意串通提起虚假诉讼，损害他人合法权益，人民法院对其是否存在真实的借款法律关系，必须严格审查。

欧宝公司提起诉讼，要求特莱维公司偿还借款8650万元及利息，虽然提供了借款合同及转款凭证，但其自述及提交的证据和其他在案证据之间存在无法消除的矛盾，当事人在诉讼前后的诸多言行违背常理，主要表现为以下7个方面：

第一，从借款合意形成过程来看，借款合同存在虚假的可能。欧宝公司和特莱维公司对借款法律关系的要约与承诺的细节事实陈述不清，尤其是作为债权人欧宝公司的法定代表人、自称是合同经办人的宗惠光，对所有借款合同的签订时间、地点、每一合同的己方及对方经办人等细节，语焉不详。案涉借款每一笔均为大额借款，当事人对所有合同的签订细节甚至大致情形均陈述不清，于理不合。

第二，从借款的时间上看，当事人提交的证据前后矛盾。欧宝公司的自述及其提交的借款合同表明，欧宝公司自2007年7月开始与特莱维公司发生借款关系。向本院提起上诉后，其提交的自行委托形成的审计报告又载明，自2006年12月开始向特莱维公司借款，但从特莱维公司和欧宝公司的银行账户交易明细上看，在2006年12月之前，仅欧宝公司8115账户就发生过两笔高达1100万元的转款，其中，2006年3月8日以“借款”名义转入特莱维公司账户300万元，同年6月12日转入801万元。

第三，从借款的数额上看，当事人的主张前后矛盾。欧宝公司起诉后，先主张自2007年7月起累计借款金额为5850万元，后在诉讼中又变更为8650万元，上诉时又称借款总额1.085亿元，主张的借款数额多次变化，但只能提供8650万元的借款合同。而谢涛当庭提交的银行转账凭证证明，在欧宝公司所称的1.085亿元借款之外，另有4400多万元的款项以“借款”名义打入特莱维公司账户。对此,欧宝公司自认,这些多出的款项是受王作新的请求帮忙转款,并非真实借款。该自认说明,欧宝公司在相关银行凭证上填写的款项用途极其随意。从本院调取的银行账户交易明细所载金额看,欧宝公司以借款名义转入特莱维公司账户的金额远远超出欧宝公司先后主张的上述金额。此外,还有其他多笔以“借款”名义转入特莱维公司账户的巨额资金,没有列入欧宝公司所主张的借款数额范围。

第四,从资金往来情况看,欧宝公司存在单向统计账户流出资金而不统计流入资金的问题。无论是案涉借款合同载明的借款期间,还是在此之前,甚至诉讼开始以后,欧宝公司和特莱维公司账户之间的资金往来,既有欧宝公司转入特莱维公司账户款项的情况,又有特莱维公司转入欧宝公司账户款项的情况,但欧宝公司只计算己方账户转出的借方金额,而对特莱维公司转入的贷方金额只字不提。

第五,从所有关联公司之间的转款情况看,存在双方或多方账户循环转款问题。如上所述,将欧宝公司、特莱维公司、翰皇公司、沙琪公司等公司之间的账户对照检查,存在特莱维公司将己方款项转入翰皇公司账户过桥欧宝公司账户后,又转回特莱维公司账户,造成虚增借款的现象。特莱维公司与其他关联公司之间的资金往来也存在此种情况。

第六,从借款的用途看,与合同约定相悖。《借款合同》第2条约定,借款限用于特莱维国际花园房地产项目,但是案涉款项转入特莱维公司账户后,该公司随即将大部分款项以“借款”“还款”等名义分别转给翰皇公司和沙琪公司,最终又流向欧宝公司和欧宝公司控股的沈阳特莱维。至于欧宝公司辩称,特莱维公司将款项打入翰皇公司是偿还对翰皇公司借款的辩解,由于其提供的翰皇公司和特莱维公司之间的借款数额与两公司银行账户交易的实际数额互相矛盾,且从流向上看大部分又流回了欧宝公司或者其控股的公司,其辩解不足为凭。

第七,从欧宝公司和特莱维公司及其关联公司在诉讼和执行中的行为来看,与日常经验相悖。欧宝公司提起诉讼后,仍与特莱维公司互相转款;特莱维公司不断向欧宝公司账户转入巨额款项,但在诉讼和执行程序中却未就还款金额对欧宝公司的请求提出任何抗辩;欧宝公司向辽宁省高级人民法院申请财产保全,特莱维公司的股东王阳却以其所有的房产为本应是利益对立方的欧宝公司提供担保;欧宝公司在原一审诉讼中另外提供担保的上海市青浦区房产的所有权,竟然属于王作新任法定代表人的上海特莱维;欧宝公司和特莱维公司当庭自认,欧宝公司开立在中国建设银行东港支行、中国建设银行沈阳马路湾支行的银行账户都由王作新控制。

对上述矛盾和违反常理之处,欧宝公司与特莱维公司均未作出合理解释。由此可见,欧宝公司没有提供足够的证据证明其就案涉争议款项与特莱维公司之间存在真实的借贷关系。且从调取的欧宝公司、特莱维公司及其关联公司账户的交易明细发现,欧宝公司、特莱维公司以及其他关联公司之间、同一公司的不同账户之间随意转款,款项用途随意填写。结合在案其他证据,法院确信,欧宝公司诉请之债权系截取其与特莱维公司之间的往来款项虚构而成,其以虚构债权为基础请求特莱维公司返还8650万元借款及利息的请求不应支持。据此,辽宁省高级人民法院再审判决驳回其诉讼请求并无不当。

至于欧宝公司与特莱维公司提起本案诉讼是否存在恶意串通损害他人合法权益的问题。首先,无论欧宝公司,还是特莱维公司,对特莱维公司与一审申诉人谢涛及其他债权人的债权债务关系是明知的。从案涉判决执行的过程来看,欧宝公司申请执行之后,对查封的房产不同意法院拍卖,而是继续允许该公司销售,特莱维公司每销售一套,欧宝公司即申请法院解封一套。在接受法院当庭询问时,欧宝公司对特莱维公司销售了多少查封房产,偿还了多少债务陈述不清,表明其提起本案诉讼并非为实现债权,而是通过司法程序进行保护性查封以阻止其他债权人对特莱维公司财产的受偿。虚构债权,恶意串通,损害他人合法权益的目的明显。其次,从欧宝公司与特莱维公司人员混同、银行账户同为王作新控制的事实可知,两公司同属一人,均已失去公司法人所具有的独立人格。《民事诉讼法》第112条规定:"当事人之间恶意串通,企图通过诉讼、调解等方式侵害他人合法权益的,人民法院应当驳回其请求,并根据情节轻重予以罚款、拘留;构成犯罪的,依法追究刑事责任。"一审申诉人谢涛认为欧宝公司与特莱维公司之间恶意串通提起虚假诉讼损害其合法权益的意见,以及对有关当事人和相关责任人进行制裁的请求,于法有据,应予支持。

金讼圈提示

本案之所以作为虚假诉讼案件的典型并成为最高人民法院指导案例,完全得益于案外人谢涛提出申诉,辽宁省高级人民法院才于2012年1月4日作出(2012)辽立二民监字第8号民事裁定再审本案,虚假诉讼情况得以昭告天下。因此,作为债权人在不良资产处置时,要充分考察债务人有无与他人相互串通虚假诉讼虚构债权的情况,如果发现存在虚假诉讼的线索证据的,应当果断向法院进行申诉。

第二章 担 保 篇

009 最高人民法院对金钱质押是从哪四个方面指导审查的?

案例索引

最高人民法院审判委员会讨论通过2015年11月19日发布的指导案例;安徽省高级人民法院于2013年11月19日作出(2013)皖民二终字第00261号民事判决。

交易结构图

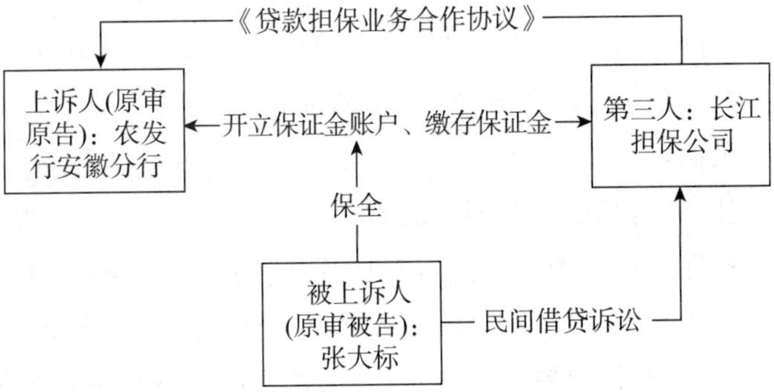

金讼圈导读

本案是最高人民法院关于金钱质押的指导案例,明确了涉及金钱质押的四个审查要点,并确定保证金账户资金余额浮动不影响该金钱质押的设立的裁判规则。

裁判规则

一、对金钱质押效力的审查应从是否存在质押合意？有无专门账户？专门账户有无移交质权人并被控制？资金用途是否特定？四个方面来审查认定（质押合意 + 专门账户 + 控制权移交 + 特定用途）。

二、当事人依约为出质的金钱开立保证金专门账户，且质权人取得对该专门账户的占有控制权，符合金钱特定化和移交占有的要求，即使该账户内资金余额发生浮动，也不影响该金钱质权的设立。

案情介绍

上诉人（原审原告）：中国农业发展银行安徽省分行（以下简称农发行安徽分行）。

被上诉人（原审被告）：张大标。

第三人：安徽长江融资担保集团有限公司（以下简称长江担保公司）。

2009年4月7日，农发行安徽分行与长江担保公司签订一份《贷款担保业务合作协议》。其中第3条"担保方式及担保责任"约定：甲方（长江担保公司）向乙方（农发行安徽分行）提供的保证担保为连带责任保证；保证担保的范围包括主债权及利息、违约金和实现债权的费用等。第4条"担保保证金（担保存款）"约定：甲方在乙方开立担保保证金专户，担保保证金专户行为农发行安徽分行营业部，账号尾号为9511；甲方需将具体担保业务约定的保证金在保证合同签订前存入担保保证金专户，甲方需缴存的保证金不低于贷款额度的10%；未经乙方同意，甲方不得动用担保保证金专户内的资金。第6条"贷款的催收、展期及担保责任的承担"约定：借款人逾期未能足额还款的，甲方在接到乙方书面通知后五日内按照第三条约定向乙方承担担保责任，并将相应款项划入乙方指定账户。第8条"违约责任"约定：甲方在乙方开立的担保专户的余额无论因何原因而小于约定的额度时，甲方应在接到乙方通知后三个工作日内补足，补足前乙方可以中止本协议项下业务。甲方违反本协议第六条的约定，没有按时履行保证责任的，乙方有权从甲方在其开立的担保基金专户或其他任一账户中扣划相应的款项。2009年10月30日、2010年10月30日，农发行安徽分行与长江担保公司还分别签订与上述合作协议内容相似的两份《信贷担保业务合作协议》。

上述协议签订后，农发行安徽分行与长江担保公司就贷款担保业务进行合作，长江担保公司在农发行安徽分行处开立担保保证金账户，账号尾号为9511。长江担保公司按照协议约定缴存规定比例的担保保证金，并据此为相应额度的贷款提供了连带保证责任担保。自 2009 年 4 月 3 日至 2012 年 12 月 31 日，该账户共发生了 107 笔业务，其中贷方业务为长江担保公司缴存的保证金；借方业务主要涉及两大类：一类是贷款归还后长江担保公司申请农发行安徽分行退还的保证金，部分退至债务人的账户；另一类是贷款逾期后农发行安徽分行从该账户内扣划的保证金。

2011 年 12 月 19 日，安徽省合肥市中级人民法院在审理张大标诉安徽省六本食品有限责任公司、长江担保公司等民间借贷纠纷一案过程中，根据张大标的申请，对长江担保公司上述保证金账户内的资金 1495.7852 万元进行保全。该案判决生效后，合肥市中级人民法院将上述保证金账户内的资金 1338.313257 万元划至该院账户。农发行安徽分行作为案外人提出执行异议，2012 年 11 月 2 日被合肥市中级人民法院裁定驳回异议。随后，农发行安徽分行因与被告张大标、第三人长江担保公司发生执行异议纠纷，提起本案诉讼。

农发行安徽分行诉称：其与第三人安徽长江融资担保集团有限公司（以下简称长江担保公司）按照签订的《信贷担保业务合作协议》，就信贷担保业务按约进行了合作。长江担保公司在农发行安徽分行处开设的担保保证金专户内的资金实际是长江担保公司向其提供的质押担保，请求判令其对该账户内的资金享有质权。

被告张大标辩称：农发行安徽分行与第三人长江担保公司之间的《贷款担保业务合作协议》没有质押的意思表示；案涉账户资金本身是浮动的，不符合金钱特定化要求，农发行安徽分行对案涉保证金账户内的资金不享有质权。

第三人长江担保公司认可农发行安徽分行对账户资金享有质权的意见。

裁判结果

安徽省合肥市中级人民法院于 2013 年 3 月 28 日作出（2012）合民一初字第 00505 号民事判决：驳回农发行安徽分行的诉讼请求。

安徽省高级人民法院于 2013 年 11 月 19 日作出（2013）皖民二终字第 00261 号民事判决：一、撤销安徽省合肥市中级人民法院（2012）合民一初字第 00505 号民事判决；二、农发行安徽分行对长江担保公司账户（账号尾号 9511）内的 13,383,132.57 元资金享有质权。

法院观点

本案二审的争议焦点为农发行安徽分行对案涉账户内的资金是否享有质权。对此应当从农发行安徽分行与长江担保公司之间是否存在质押关系以及质权是否设立两个方面进行审查。

一、农发行安徽分行与长江担保公司是否存在质押关系

《中华人民共和国物权法》(以下简称《物权法》)第210条规定:“设立质权,当事人应当采取书面形式订立质权合同。质权合同一般包括下列条款:(一)被担保债权的种类和数额;(二)债务人履行债务的期限;(三)质押财产的名称、数量、质量、状况;(四)担保的范围;(五)质押财产交付的时间。”本案中,农发行安徽分行与长江担保公司之间虽没有单独订立带有“质押”字样的合同,但依据该协议第4条、第6条、第8条约定的条款内容,农发行安徽分行与长江担保公司之间协商一致,对以下事项达成合意:长江担保公司为担保业务所缴存的保证金设立担保保证金专户,长江担保公司按照贷款额度的一定比例缴存保证金;农发行安徽分行作为开户行对长江担保公司存入该账户的保证金取得控制权,未经同意,长江担保公司不能自由使用该账户内的资金;长江担保公司未履行保证责任,农发行安徽分行有权从该账户中扣划相应的款项。该合意明确约定了所担保债权的种类和数量、债务履行期限、质物数量和移交时间、担保范围、质权行使条件,具备《物权法》第210条规定的质押合同的一般条款,故应认定农发行安徽分行与长江担保公司之间订立了书面质押合同。

二、案涉质权是否设立

《物权法》第212条规定:“质权自出质人交付质押财产时设立。”《担保法司法解释》第85条规定,债务人或者第三人将其金钱以特户、封金、保证金等形式特定化后,移交债权人占有作为债权的担保,债务人不履行债务时,债权人可以以该金钱优先受偿。依照上述法律和司法解释规定,金钱作为一种特殊的动产,可以用于质押。

金钱质押作为特殊的动产质押,不同于不动产抵押和权利质押,还应当符合金钱特定化和移交债权人占有两个要件,以使金钱既不与出质人其他财产相混同,又能独立于质权人的财产。

在本案中,首先,金钱以保证金形式特定化。长江担保公司于2009年4月3日在农发行安徽分行开户,且与《贷款担保业务合作协议》约定的账号一致,即双方当事人已经按照协议约定为出质金钱开立了担保保证金专户。保证金专户开立后,账户内转入的资金为长江担保公司根据每次担保贷款额度的一定比例向该账户缴存保证金;账户内转出的资金为农发行安徽分行对保证金的退还和扣划,该账户未作日常结算使用,故符合《担保法司法解释》第85条规定的金钱以特户等形式特定化的要求。

其次,特定化金钱已移交债权人占有。占有是指对物进行控制和管理的事实状态。案涉保证金账户开立在农发行安徽分行,长江担保公司作为担保保证金专户内资金的所有权人,本应享有自由支取的权利,但《贷款担保业务合作协议》约定未经农发行安徽分行同意,长江担保公司不得动用担保保证金专户内的资金。同时,《贷款担保业务合作协议》约定在担保的贷款到期未获清偿时,农发行安徽分行有权直接扣划担保保证金专户内的资金,农发行安徽分行作为债权人取得了案涉保证金账户的控制权,实际控制和管理该账户,此种控制权移交符合出质金钱移交债权人占有的要求。据此,应当认定双方当事人已就案涉保证金账户内的资金设立质权。

关于账户资金浮动是否影响金钱特定化的问题。保证金以专门账户形式特定化并不等于固定化。案涉账户在使用过程中,随着担保业务的开展,保证金账户的资金余额是浮动的。担保公司开展新的贷款担保业务时,需要按照约定存入一定比例的保证金,必然导致账户资金的增加;在担保公司担保的贷款到期未获清偿时,扣划保证金账户内的资金,必然导致账户资金的减少。虽然账户内资金根据业务发生情况处于浮动状态,但均与保证金业务相对应,除缴存的保证金外,支出的款项均用于保证金的退还和扣划,未用于非保证金业务的日常结算。即农发行安徽分行可以控制该账户,长江担保公司对该账户内的资金使用受到限制,故该账户资金浮动仍符合金钱作为质权的特定化和移交占有的要求,不影响该金钱质权的设立。

金讼圈提示

一、质权设定的行为为要式行为,应当采用书面的形式进行。要式行为即法律、行政法规规定的要求当事人在民事行为中应当采用的形式或者方式。对于设立动产质权合同未采用书面形式的,依据《合同法》第 36 条的规定,一方已经履行主要义务,对方接受的,该合同成立。

二、《物权法》第 210 条关于质押合同内容的规定,是提示性、指导性的、非要式的。值得一提的是,本条将原《担保法》第 39 条中规定的“应当包括”修改为“一般包括”,主要考虑的是:合同的内容是当事人双方真实意思的表示,应当由当事人自己确定。

三、尽管根据《物权法》第 178 条规定,《担保法》与本法的规定不一致的适用《物权法》,但司法实践中还是经常出现不符合规定内容的情形时,质押合同被确认为无效而导致当事人权益得不到保护的情况。

四、因此笔者建议:当事人在订立质权合同时,对双方的权利义务应尽可能约定清楚、明确。质押合同应包含所担保债权的种类和数量、债务履行期限、质物数量和移交时间、担保范围、质权行使条件,具备《物权法》第 210 条规定的质押合同的一般条款。

五、金钱质押一定要开设专门保证金账户并移交质权人控制，保证金账户用途仅仅用于保证金的收缴退补，不得用于其他用途，以保证资金的特定化。

六、金钱质押权人发现保证金账户被法院查封、冻结或被划拨执行时，要及时提起保全异议或执行异议，直至提起质押优先权之诉或执行异议之诉，以维护自身对质押保证金的优先受偿权。

010 未列明的最高额保证合同保证人为何要担责？

案例索引

最高人民法院审判委员会讨论通过2016年5月20日发布；浙江省宁波市中级人民法院于2014年5月14日作出(2014)浙甬商终字第369号民事判决书。

交易结构图

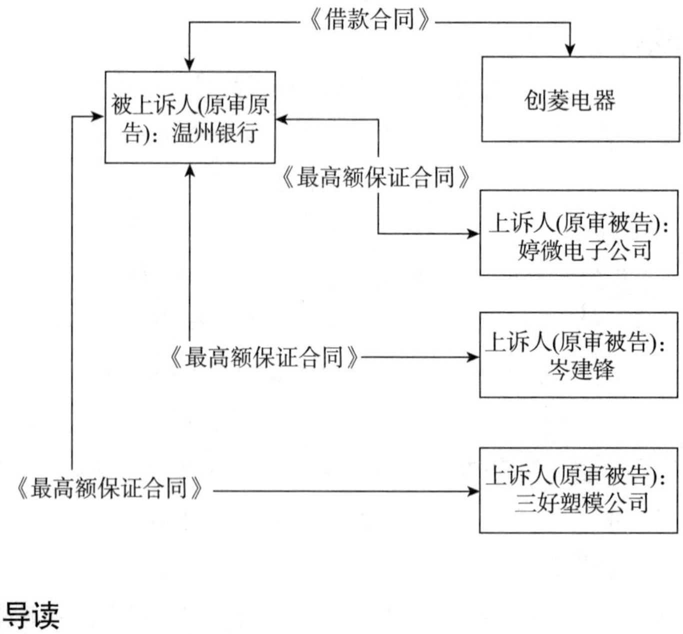

金讼圈导读

最高额保证合同是否要在借款主合同中列明？通常情况下，银行一笔贷款，会有多人提供最高额保证担保，但在借款合同中只选择性地列明了部分最高额保证合同担保人，未列明的担保人能否以此为由主张脱保？最高人民法院通过本案例给予了否定的裁判结论，具体的裁判理由及规则可细读全文。

裁判规则

一、民事权利的放弃必须采取明示的意思表示才能发生法律效力，默示的意思表示只有在法律有明确规定及当事人有特别约定的情况下才能发生法律效力，不宜在无明确约定或者法律无特别规定的情况下，推定当事人对权利进行放弃。

二、尽管主合同未列明最高额保证合同，除非债权人明示放弃，最高额担保人仍应对决算期内所有借款在最高限额内负担保责任。

三、最高额担保合同是债权人和担保人之间约定担保法律关系和相关权利义务关系的直接合同依据，不能以主合同内容取代从合同的内容。

四、在有数份最高额担保合同的情形下，具体贷款合同中选择性列明部分最高额担保合同，如债务发生在最高额担保合同约定的决算期内，且债权人未明示放弃担保权利，未列明的最高额担保合同的担保人也应当在最高额债权限额内承担担保责任。

案情介绍

上诉人（原审被告）：宁波婷微电子科技有限公司（以下简称婷微电子公司）、岑建锋、宁波三好塑模制造有限公司（以下简称三好塑模公司）。

被上诉人（原审原告）：浙江省温州银行股份有限公司宁波分行（以下简称温州银行）。

2010 年 9 月 10 日，温州银行与婷微电子公司、岑建锋分别签订了编号为温银 9022010 年高保字 01003 号、01004 号的最高额保证合同，约定婷微电子公司、岑建锋自愿为创菱电器公司在 2010 年 9 月 10 日至 2011 年 10 月 18 日期间发生的余额不超过 1100 万元的债务本金及利息、罚息等提供连带责任保证担保。

2011 年 10 月 12 日，温州银行与岑建锋、三好塑模公司分别签署了编号为温银 9022011 年高保字 00808 号、00809 号最高额保证合同，岑建锋、三好塑模公司自愿为创菱电器公司在 2010 年 9 月 10 日至 2011 年 10 月 18 日期间发生的余额不超过 550 万元的债务本金及利息、罚息等提供连带责任保证担保。

2011 年 10 月 14 日，温州银行与创菱电器公司签署了编号为温银 9022011 企贷字 00542 号借款合同，约定温州银行向创菱电器公司发放贷款 500 万元，到期日为 2012 年 10 月 13 日，并列明担保合同编号分别为温银 9022011 年高保字 00808 号、00809 号。贷款发放后，创菱电器公司于 2012 年 8 月 6 日归还了借款本金 250 万元，婷微电子公司于 2012 年 6 月 29 日、10 月 31 日、11 月 30 日先后支付了贷款利息 31，115. 3 元、53，693. 71

元、21,312.59元。截至2013年4月24日,创菱电器公司尚欠借款本金250万元、利息141,509.01元。另查明,温州银行为实现本案债权而发生律师费用95,200元。

裁判结果

浙江省宁波市江东区人民法院于2013年12月12日作出(2013)甬东商初字第1261号民事判决:一、创菱电器公司于本判决生效之日起十日内归还温州银行借款本金250万元,支付利息141,509.01元,并支付自2013年4月25日起至本判决确定的履行之日止按借款合同约定计算的利息、罚息;二、创菱电器公司于本判决生效之日起十日内赔偿温州银行为实现债权而发生的律师费用95,200元;三、岑建锋、三好塑模公司、婷微电子公司对上述第一、二项款项承担连带清偿责任,其承担保证责任后,有权向创菱电器公司追偿。

浙江省宁波市中级人民法院于2014年5月14日作出(2014)浙甬商终字第369号民事判决:驳回上诉,维持原判。

法院观点

温州银行与创菱电器公司之间签订的编号为温银9022011企贷字00542号借款合同合法有效,温州银行发放贷款后,创菱电器公司未按约还本付息,已经构成违约。原告要求创菱电器公司归还贷款本金250万元,支付按合同约定方式计算的利息、罚息,并支付原告为实现债权而发生的律师费95,200元,应予支持。岑建锋、三好塑模公司自愿为上述债务提供最高额保证担保,应承担连带清偿责任,其承担保证责任后,有权向创菱电器公司追偿。

本案的争议焦点为:婷微电子公司签订的温银9022010年高保字01003号最高额保证合同未被选择列入温银9022011企贷字00542号借款合同所约定的担保合同范围,婷微电子公司是否应当对温银9022011企贷字00542号借款合同项下债务承担保证责任。对此,法院经审理认为,婷微电子公司应当承担保证责任。理由如下:

第一,民事权利的放弃必须采取明示的意思表示才能发生法律效力,默示的意思表示只有在法律有明确规定及当事人有特别约定的情况下才能发生法律效力,不宜在无明确约定或者法律无特别规定的情况下,推定当事人对权利进行放弃。具体到本案,温州银行与创菱电器公司签订的温银9022011企贷字00542号借款合同虽未将婷微电子公司签订的最高额保证合同列入,但原告未以明示方式放弃婷微电子公司提供的最高额保证,故婷微电子公司仍是该诉争借款合同的最高额保证人。

第二,本案诉争借款合同签订时间及贷款发放时间均在婷微电子公司签订的编号温银9022010年高保字01003号最高额保证合同约定的决算期内(2010年9月10日至2011年10月18日),温州银行向婷微电子公司主张权利并未超过合同约定的保证期间,故婷微电子公司应依约在其承诺的最高债权限额内为创菱电器公司对温州银行的欠债承担连带保证责任。

第三,最高额担保合同是债权人和担保人之间约定担保法律关系和相关权利义务关系的直接合同依据,不能以主合同内容取代从合同的内容。具体到本案,温州银行与婷微电子公司签订了最高额保证合同,双方的担保权利义务应以该合同为准,不受温州银行与创菱电器公司之间签订的温州银行非自然人借款合同约束或变更。

第四,婷微电子公司曾于2012年6月、10月、11月三次归还过本案借款利息,上述行为也是婷微电子公司对本案借款履行保证责任的行为表征。

综上,婷微电子公司应对创菱电器公司的上述债务承担连带清偿责任,其承担保证责任后,有权向创菱电器公司追偿。

金讼圈提示

一、最高额保证使原来需要多次办理的问题一次解决,简化了保证的程序,方便了当事人,有利于促进资金融通和商品经济的发展。

二、最高额保证合同,由于决算期内借款人与出借人之间签了什么借款合同、多大金额、什么资金用途等信息均不用再经过担保人同意,甚至不需要通知担保人,这会造成信息不对称的结果,对于保证人来讲风险显然放大了。

三、相信许多企业或个人对此一定深有体会。如果说融资担保本身是个"坑"的话,那么最高额担保则就是"坑中坑"。

四、笔者曾经办过一个互保案件,两家企业在政府"4万亿元"的背景下互相"背靠背"提供3年的最高额为1亿元的保证担保,结果一家正常运营中的企业被另外一家企业肆意融资违约给连带拖入担保深渊,至今还没有脱离苦海。

五、建议企业在融资担保时切记:一定要尽最大努力不提供最高额担保,一笔借款一份担保合同较为保险,尽量把担保风险限定在一定数额范围内。

六、如果保证人一定要签订最高额保证合同,建议一定要约定设计好融资信息及时告知条款、终止担保的触发条件等条款,以便在担保决算期内及时掌握融资情况,及在必要触发条件成就时终止担保进行止损。

011 为什么“违反《公司法》第16条”的担保,原则上不宜认定无效?

案例索引

招商银行股份有限公司大连东港支行诉大连振邦氟涂料股份有限公司、大连振邦集团有限公司借款合同纠纷案;最高人民法院于2014年4月22日作出的(2012)民提字第156号民事裁判文书。

交易结构图

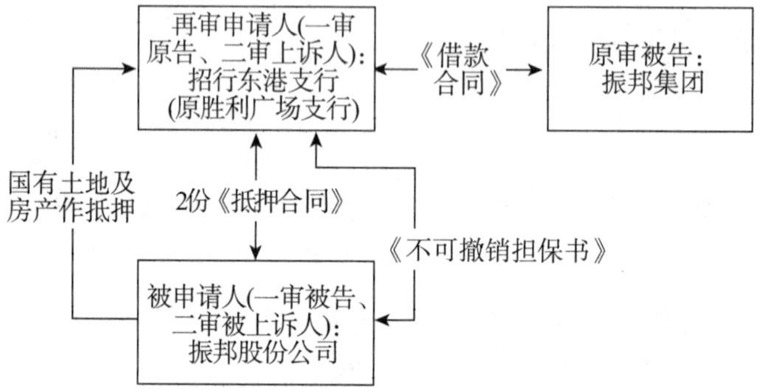

金讼圈导读

一、本案是关于违反《公司法》第16条规定担保是否有效的公报案例。

二、《公司法》第16条属于管理性强制性规范,还是效力性强制性规范?违反此规定的担保合同效力如何判定?对于非上市公司,如何判定担保债权人的善意注意义务?最高人民法院通过本案例均给予合理解释论证。

三、关于最高人民法院“原则上不宜认定无效”如何理解“原则上”三个字?本案最后,金讼圈有自己的点睛看法,欢迎关注讨论。

裁判规则

一、公司组织及公司行为当受公司法调整,同时其以合同形式对外担保行为亦受合同法及担保法的制约。

二、公司担保合同效力的认定,因其并未超出平等商事主体之间的合同行为的范畴,故应首先从合同法相关规定出发展开评判。

三、《公司法》第16条关于“公司为股东或实际控制人债务担保需要股东会决议”的规定，宜理解为管理性强制性规范，对违反该规范的，原则上不宜认定合同无效。

四、担保债权人基于对于非上市公司担保人法定代表人身份、公司法人印章真实性的信赖及担保人提供的股东会担保决议盖有担保人公司真实印章的事实，完全有理由相信该股东会担保决议的真实性，可以认定已尽到合理的审查义务，主观上构成善意。

案情介绍

再审申请人（一审原告、二审上诉人）：招商银行股份有限公司大连东港支行（原招商银行股份有限公司大连胜利广场支行）。

被申请人（一审被告、二审被上诉人）：大连振邦氟涂料股份有限公司。

原审被告：大连振邦集团有限公司。

再审申请人招商银行股份有限公司大连东港支行（以下简称招行东港支行）为与被申请人大连振邦氟涂料股份有限公司（以下简称振邦股份公司）、原审被告大连振邦集团有限公司（以下简称振邦集团公司）借款合同纠纷一案，不服辽宁省高级人民法院（2010）辽民二终字第15号民事判决，向本院申请再审。

2006年4月30日，招行东港支行与振邦集团公司签订编号为2006年连贷字第SL006号借款合同，约定：借款金额为1496.5万元人民币，借款期限自2006年4月30日至2006年6月30日，如贷款放出的实际日期与上述起始日期不一致，则贷款起止日期以借款借据确定的起止日期为准，借款用途为债权转化（借新还旧），贷款利率为年利率6.435%，振邦集团公司未按期偿还贷款的，对其未偿还部分从逾期之日起按在原利率基础上加收50%计收，贷款期间，若遇中国人民银行调整贷款利率，则按中国人民银行调整贷款利率的有关规定执行。

2006年4月30日，招行东港支行与振邦股份公司分别签订了两份《抵押合同》，该合同规定以振邦股份公司所有的位于大连市甘井子区管城子镇郭家沟村182,559平方米的国有土地使用权（土地证号为大甘国用2005第04038号）及大连市甘井子区管泰街17套计24,361.09平方米的房产作抵押。同年6月6日在大连市国土资源和房屋局甘井子分局对位于大连市甘井子区营城子镇郭家沟村182,559平方米的土地办妥了抵押登记，同年6月8日在大连市房地产登记发证中心对位于大连市甘井子区营泰街8号17套计24,361.09平方米的房产办理了抵押登记，担保范围包括但不限于借款本金、利息、罚息、违约金、损害赔偿金及实现债权的费用。招行东港支行在中国银行之后为第二抵押权人。

2006年6月8日，振邦股份公司出具了编号为2006年连保字第SL002号《不可撤销担保书》,承诺对上述贷款承担连带保证责任,保证范围包括借款本金、利息、罚息、违约金及其他一切相关费用。保证期间为自本保证书生效之日起至借款合同履行期限届满另加两年。

2006年6月8日,招行东港支行按照合同约定将1496.5万元贷款如数转入振邦集团公司账户内。贷款到期后,振邦集团公司未能偿还借款本息。振邦股份公司也没有履行担保义务。

振邦股份公司的股东共有8个,分别为振邦集团公司、天津环渤海创业投资管理有限公司、中绿实业有限公司、辽宁科技创业投资有限责任公司、泰山绿色产业有限公司、大连科技风险投资基金有限公司、王志刚、张国忠。振邦股份公司的股东之一大连科技风险投资基金有限公司在2003年5月23日将名称由"大连科技风险投资有限公司"变更为现名称"大连科技风险投资基金有限公司"。《股东会担保决议》的决议事项并未经过振邦股份公司股东会的同意,振邦股份公司也未就此事召开过股东大会。

2008年6月18日,招行东港支行以振邦集团公司和振邦股份公司为被告,向大连市中级人民法院提起诉讼,请求判令振邦集团公司偿还贷款本金1496.5万元及至给付之日的利息(包括逾期利息);要求振邦股份公司对上述债务承担连带责任;要求两被告承担诉讼费、保全费等。

另查明:根据振邦股份公司的申请,一审法院委托辽宁德恒物证司法鉴定所对《股东会担保决议》中盖有的"天津环渤海创业投资管理有限公司"和"中绿实业有限公司"二枚印章进行鉴定,其鉴定意见为:《股东会担保决议》上盖印的"天津环渤海创业投资管理有限公司"印章印文与样本《2006年度年检报告书》上盖印的"天津环渤海创业投资管理有限公司"印章印文不是同一枚印章所盖。《股东会担保决议》上盖印的"中绿实业有限公司"的印章印文与样本《2006年度年检报告书》上盖印的"中绿实业有限公司"的印章印文不是同一枚印章所盖。

又查明:沈阳市工商行政管理局提供的企业变更的登记情况查询卡片记载,自2004年2月26日至2006年8月18日期间,辽宁科技创业投资有限责任公司没有变更企业名称。而《股东会担保决议》中盖有的印章是辽宁科技创业投资责任公司。大连市工商行政管理局高新园区分局出具的内资企业变更内容查询卡记载,原大连科技风险投资有限公司于2003年5月23日已变更为大连科技风险投资基金有限公司。根据大连市工商行政管理局高新园区分局出具的2002年7月22日振邦股份公司章程修正案中,股东原大连科技风险投资有限公司所盖的印章有数码,而《股东会担保决议》所盖大连科技风险投资有限公司的印章没有数码。

再查:振邦股份公司的8个股东中,王志刚和泰山绿色产业有限公司没有在《股东会担保决议》上签字盖章。根据振邦股份公司章程，振邦集团公司占总股本的61.5%，振邦集团公司系振邦股份公司的股东和实际控制人。

再审期间，再审申请人招行东港支行向本院提交一份新证据，即振邦股份公司股东会成员名单及签字样本，证明振邦股份公司提供给招行东港支行的股东会决议上的签字及印章与其提供给招行东港支行的签字及印章样本一致。

裁判结果

一审法院(大连市中级人民法院)判决：一、振邦集团公司自本判决生效之日起10日内偿还招行东港支行借款本金1496.5万元人民币及利息(自2006年6月8日至同年8月8日按年利率6.455%计算，自2006年8月9日至本判决生效日止按中国人民银行规定的同期逾期贷款利率计算)。如果未按该判决指定的期间履行义务，应当按照《民事诉讼法》第229条之规定加倍支付迟延履行期间的债务利息；二、在振邦集团公司不能清偿上述款项时，由振邦股份公司对振邦集团公司不能清偿部分的1/2承担赔偿责任；三、驳回招行东港支行的其他诉讼请求。

招行东港支行不服上述一审判决，向辽宁省高级人民法院提起上诉。二审法院(辽宁省高级人民法院)判决：驳回上诉，维持原判。

招行东港支行不服辽宁省高级人民法院上述民事判决，申请再审。再审法院(最高人民法院)判决：一、撤销辽宁省高级人民法院(2010)辽民二终字第15号民事判决、大连市中级人民法院(2009)大民三初字第36号民事判决第二项、第三项；二、维持大连市中级人民法院(2009)大民三初字第36号民事判决第一项；三、振邦股份公司对振邦集团公司上述债务承担连带担保责任。

法院观点

本案各方争议的焦点是担保人振邦股份公司承担责任的界定。

鉴于案涉借款合同已为一、二审法院判定有效，申请再审人对此亦无异议，故本院对案涉借款合同的效力直接予以确认。案涉《抵押合同》及《不可撤销担保书》系担保人振邦股份公司为其股东振邦集团公司之负债向债权人招行东港支行作出的担保行为。作为公司组织及公司行为当受《公司法》调整，同时其以合同形式对外担保行为亦受合同法及担保法的制约。案涉公司担保合同效力的认定，因其并未超出平等商事主体之间的合同行为的范畴，故应首先从合同法相关规定出发展开评判。关于合同效力，《合同法》第52条规定“有下列情形之一的，合同无效。……(五)违反法律、行政法规的强制性规定”。关于前述法律中的“强制性”，《合同法解释(二)》第14条则作出如下解释规定“合同法第五十二条第(五)项规定的‘强制性规定’,是指效力性强制性规定”。因此,法律及相关司法解释均已明确了将违反法律或行政法规中效力性强制性规范作为合同效力的认定标准之一。公司作为不同于自然人的法人主体,其合同行为在接受合同法规制的同时,当受作为公司特别规范的公司法的制约。《公司法》第1条开宗明义规定“为了规范公司的组织和行为,保护公司、股东和债权人的合法权益,维护社会经济秩序,促进社会主义市场经济的发展,制定本法”。《公司法》第16条第2款规定:“公司为公司股东或者实际控制人提供担保的,必须经股东会或者股东大会决议”。上述公司法规定已然明确了其立法本意在于限制公司主体行为,防止公司的实际控制人或者高级管理人员损害公司、小股东或其他债权人的利益,故其实质是内部控制程序,不能以此约束交易相对人。故此上述规定宜理解为管理性强制性规范。对违反该规范的,原则上不宜认定合同无效。另外,如作为效力性规范认定将会降低交易效率和损害交易安全。譬如股东会何时召开,以什么样的形式召开,何人能够代表股东表达真实的意志,均超出交易相对人的判断和控制能力范围,如以违反股东决议程序而判令合同无效,必将降低交易效率,同时也给公司动辄以违反股东决议主张合同无效的不诚信行为留下了制度缺口,最终危害交易安全,不仅有违商事行为的诚信规则,更有违公平正义。故本案一、二审法院以案涉《股东会担保决议》的决议事项并未经过振邦股份公司股东会的同意,振邦股份公司也未就此事召开过股东大会为由,根据《公司法》第16条规定,作出案涉不可撤销担保书及抵押合同无效的认定,属于适用法律错误,本院予以纠正。

在案事实和证据表明,案涉《股东会担保决议》确实存在部分股东印章虚假、使用变更前的公司印章等瑕疵,以及被担保股东振邦集团公司出现在《股东会担保决议》中等违背公司法规定的情形。振邦股份公司法定代表人周建良超越权限订立抵押合同及不可撤销担保书,是否构成表见代表,招行东港支行是否善意,亦是本案担保主体责任认定的关键。《合同法》第50条规定:“法人或者其他组织的法定代表人、负责人超越权限订立的合同,除相对人知道或者应当知道超越权限的以外,该代表行为有效”。本案再审期间,招行东港支行向本院提交的新证据表明,振邦股份公司提供给招行东港支行的股东会决议上的签字及印章与其为担保行为当时提供给招行东港支行的签字及印章样本一致。而振邦股份公司向招行东港支行提供担保时使用的公司印章真实,亦有其法人代表真实签名。且案涉抵押担保在经过行政机关审查后也已办理了登记。至此,招行东港支行在接受担保人担保行为过程中的审查义务已经完成,其有理由相信作为担保公司法定代表人的周建良本人代表行为的真实性。《股东会担保决议》中存在的相关瑕疵必须经过鉴定机关的鉴定方能识别,必须经过查询公司工商登记才能知晓、必须谙熟公司法相关规范才能避免因担保公司内部管理不善导致的风险，如若将此全部归属于担保债权人的审查义务范围，未免过于严苛，亦有违合同法、担保法等保护交易安全的立法初衷。担保债权人基于对担保人法定代表人身份、公司法人印章真实性的信赖，基于担保人提供的股东会担保决议盖有担保人公司真实印章的事实，完全有理由相信该《股东会担保决议》的真实性，无须也不可能进一步鉴别担保人提供的《股东会担保决议》的真伪。因此，招行东港支行在接受作为非上市公司的振邦股份公司为其股东提供担保过程中，已尽到合理的审查义务，主观上构成善意。本案周建良的行为构成表见代表，振邦股份公司对案涉保证合同应承担担保责任。

关于案涉《抵押合同》的担保责任，鉴于该案一、二审期间招行东港支行仅提出相对人承担连带赔偿责任的诉讼主张，并未提出对案涉抵押物享有优先受偿权的诉讼请求，故其再审中请求享有案涉抵押担保物权的主张已超出原审诉请范围，因此本院再审中不予审理。

金讼圈提示

一、关于最高人民法院“《公司法》第16条之规定，宜理解为管理性强制性规范。对违反该规范的，原则上不宜认定合同无效”。如何理解“原则上”三个字？金讼圈理解这里的“原则上”应该是附加一些条件，也即“有原则，就有例外”，例如：1. 看担保债权人是否为善意？恶意不保护为例外。2. 看公司性质是否为公众公司？

二、如果公司为上市、挂牌等公众公司，基于公司股东会规则的披露透明及保护中小股东利益，维护社会公共利益的考量，应要求担保债权人在签订担保合同时审查公司的股东会决议及其合法有效性，尽到必要合理的注意义务、审查义务，否则还是可以认定担保无效的。

012　超诉讼时效主债务重生为何不当然致保证债务重生？

案例索引

最高人民法院于2013年12月17日作出的(2013)民二终字第117号民事判决书。

交易结构图

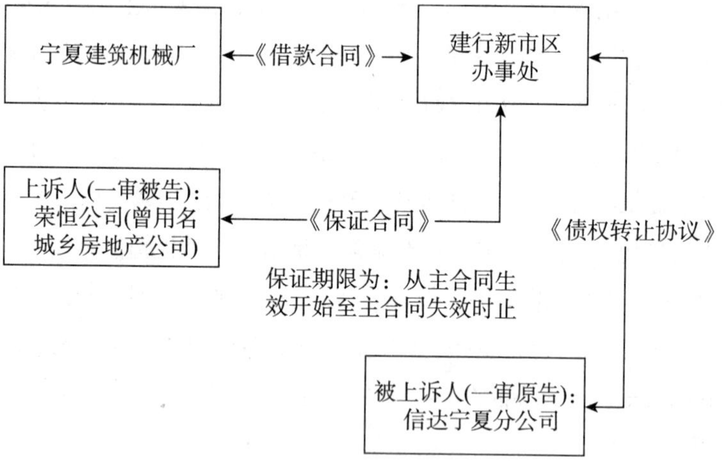

金讼圈导读

一、本案是最高人民法院关于已经超过诉讼时效的主债务因再确认而起死回生,但保证债务不当然重生的经典案例。

二、超过诉讼时效的债务经再确认重生是否为新的债权债务关系?最高人民院给予了肯定答案。也正是这一点,让本案更有看点。

裁判规则

一、保证行为发生在《担保法》于 1995 年 10 月 1 日施行生效前,应按照最高人民法院发布的《关于处理担保法生效前发生保证行为的保证期间问题的通知》[(2002)144 号,以下简称《保证 144 号通知》]的有关规定处理。

二、本案合同约定担保责任期限为“从合同生效之日起至合同失效之日止”,该约定应认定为有约定但约定不明,保证责任的期限应为合同约定的借款期限届满之日起两年。

三、如果主债务超过诉讼时效的,原债已成自然之债,作为从原债务的担保之债因保证期限已过而自然免除。

四、债权人在超过了主债务诉讼时效后与债务人对原债权债务的重新确认,应为新的债权债务法律关系的确立。

五、在新的债权债务法律关系中,除非有担保人明确担保的意思表示,否则并不当然产生新的担保法律关系,亦不产生针对原债务的担保法律关系的延续。

案情介绍

上诉人(一审被告):宁夏荣恒房地产集团有限责任公司。

被上诉人(一审原告):中国信达资产管理股份有限公司宁夏回族自治区分公司。

上诉人宁夏荣恒房地产集团有限责任公司(以下简称荣恒公司)为与被上诉人中国信达资产管理股份有限公司宁夏回族自治区分公司(以下简称信达宁夏分公司)保证合同纠纷一案,不服宁夏回族自治区高级人民法院(2012)宁民商初字第15号民事判决,向本院提起上诉。

1995年9月13日,宁夏建筑机械厂与中国建设银行银川市分行新市区办事处(以下简称建行新市区办事处)签订95078号《借款合同》,借款金额30万元,贷款利率按月息12.06‰计算。违约责任条款中约定,对逾期贷款加收20%利息,借款期限自1995年9月13日至1996年6月12日。

同日,建行新市区办事处与宁夏城乡房地产开发公司(以下简称城乡房地产公司)签订95078号《保证合同》,保证金额为:借款本金30万元及利息和有关费用。保证方式条款载明,城乡房地产公司对借款承担连带清偿责任,宁夏建筑机械厂如不按主合同约定偿还借款本息和相应费用,建行新市区办事处有权直接向城乡房地产公司追偿。保证期限为:从主合同生效开始至主合同失效时止。

建行新市区支行于1999年11月25日,建行区分行于1999年12月20日分别向宁夏建筑机械厂送达了债权数额核对单,内容包括上述债权本息,宁夏建筑机械厂在核对单上盖章。

1999年12月29日,建行新市区支行与中国信达资产管理公司银川业务部签订《债权转让协议》,将其对宁夏建筑机械厂共计六笔债权转让给中国信达资产管理公司银川业务部,其中包括该案争议的1995年95078号《借款合同》项下的30万元借款及利息。同日,建行区分行与中国信达资产管理公司银川业务部签订《债权转让协议》,将其对宁夏建筑机械厂96036号《借款合同》项下280万元借款及利息的债权转让给中国信达资产管理公司银川业务部。

1999年12月24日、1999年12月26日,建行新市区支行、建行区分行分别向宁夏建筑机械厂送达了债权转让通知,宁夏建筑机械厂在通知的回执部分加盖了公司印章,法定代表人刘文君签字予以确认。

2000年3月7日,宁夏回族自治区公证处将建行新市区支行的《担保权利转让通知》两份送达城乡房地产开发公司,其中包括95078号《借款合同》设置的担保权利。中国信达资产管理公司银川业务部分别于2000年7月18日、2001年2月7日向城乡房地产公司送达催还(到)逾期贷款通知书,通知书中包含了该案所涉两笔借款,并明确提出借款人尽快偿还本息,担保人继续履行担保义务的内容。2001年5月9日、2001年8月22日、2001年11月1日、2001年8月22日、2002年6月12日、2003年1月15日、2004年1月7日、2005年1月7日、2006年12月29日、2008年12月24日、2010年12月20日、2012年5月7日中国信达资产管理公司银川业务部通过报纸公告的方式对上述债权向债务人宁夏建筑机械厂及保证人荣恒公司进行了催收。

另查明,中国信达资产管理公司西安办事处银川业务部于1999年9月2日设立,启用的公章名称为"中国信达资产管理公司银川业务部"。2000年撤销中国信达资产管理公司西安办事处银川业务部,改为中国信达资产管理公司西安办事处银川资产管理部。2000年9月26日,中国信达资产管理公司整体改制并更名为中国信达资产管理股份有限公司。2011年12月14日,中国信达资产管理股份有限公司宁夏回族自治区分公司正式成立,该公司承继中国信达资产管理公司西安办事处银川资产管理部的全部业务及相应权利义务。

原宁夏城乡房地产公司改制为宁夏城乡房地产有限责任公司,2002年6月19日名称变更为荣恒公司。

信达宁夏分公司于2012年9月19日向宁夏回族自治区高级人民法院提起诉讼。请求判令:荣恒公司对以上借款本息承担连带担保偿还责任。

裁判结果

一审法院判决:荣恒公司应当对以上债权承担连带保证责任。

荣恒公司不服,提起上诉。二审法院(最高人民法院)判决:本案所涉两份借款合同除95078号合同项下30万元及利息的担保责任因保证期限已过应予免除。

法院观点

关于荣恒公司应否免除担保责任。案涉95078号借款金额30万元借款合同签订于1995年9月30日,应当适用担保法以前的法律和司法解释,即《最高人民法院关于审理经济合同纠纷案件有关保证的若干问题的规定》[法发(1994)8号,以下简称《保证规定》]。

根据《保证规定》第11条规定,保证合同中没有约定保证责任期限或者约定不明确的,保证人应当在被保证人承担责任的期限内承担保证责任。本案合同约定担保责任期限为"从合同生效之日起至合同失效之日止",该约定应认定为有约定但约定不明。因此,保证人应当在被保证人承担责任的期限内承担保证责任。也即保证责任的期限应为合同约定的借款期限届满之日起两年，即 1996 年 6 月 12 日至 1998 年 6 月 12 日。

根据一审查明事实，在此期间，债权人既没有向主债务人主张过债权，也没有向保证人主张过债权。因此，既不存在主债务诉讼时效中止、中断情形，也不存在保证债务诉讼时效中止和中断的情形。故此，该合同项下 30 万元的保证责任因保证期间已过而免除。

一审判决认定 95078 号借款合同主债务已过诉讼时效后，主债务人在“债权数额核对单”上盖章的行为，等同于法释（1999）7 号批复所指“催收到期贷款通知单”，因此适用《保证 144 号通知》规定，债权人在诉讼时效期间内向主债务人主张权利的，如果在《保证 144 号通知》规定的 2002 年 8 月 1 日至 2003 年 1 月 31 日之间向保证人主张债权的，保证人不能免责。

本院认为一审法院适用法律错误。债权人虽然于 2001 年 1 月 15 日向保证人公告催收，符合《保证 144 号通知》期间的规定，但债权人系在超过了主债务诉讼时效后的 1999 年 11 月 25 日与债务人进行了债权债务核对，该核对行为仅构成对原债权债务的重新确认，也即新的债权债务法律关系的确立。在此之前，原债已成自然之债，作为从债务的担保之债因保证期限已过而自然免除。因此，在新的债权债务法律关系中，除非有担保人明确担保的意思表示，否则并不当然产生新的担保法律关系，亦不产生针对原债务的担保法律关系的延续。《保证 144 号通知》明确了适用前提，即“债权人已经在法定诉讼时效期间内向主债务人主张权利，使主债务没有超过诉讼时效期间”，应理解为主债务一直处于诉讼时效期间，并不当然包括重新确立债权债务关系的情形。一审判决荣恒公司承担该 30 万元借款合同项下保证责任不当，应予纠正。

金讼圈提示

一、债务催收一定要在诉讼时效内进行，并尽可能地向所有债务人包括担保人进行主张催收，留下书面证据。

二、超过诉讼时效的债务可以通过确认或结算等方式重生的，但不要忘了同时也要向保证人进行确认，以免脱保。

三、超过担保期限，常常是担保人进行脱保抗辩的利器。

013 反担保人向担保人承担反担保责任的三个必要条件是什么?

案例索引

最高人民法院于 2013 年 10 月 26 日作出的(2013)民申字第 1578 号再审民事裁定书。

交易结构图

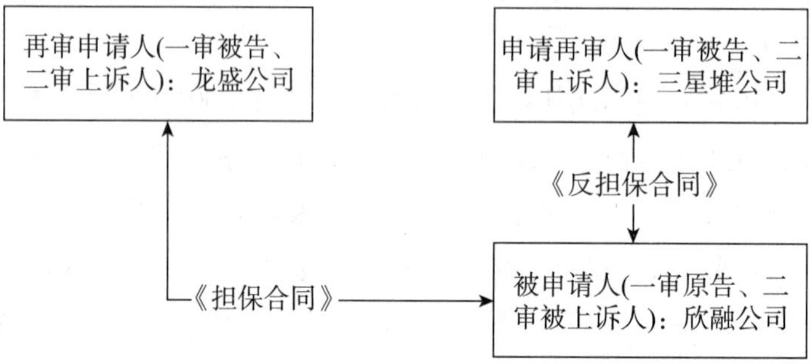

金讼圈导读

本案是最高人民法院关于反担保纠纷的典型案例,最高人民法院在该案中实际上确定了反担保人向担保人承担反担保责任的三个必要条件,值得实务操作中借鉴。

裁判规则

一、判断反担保人是否需要承担反担保责任的三个必要条件为:(1)担保人有无代偿主债务的行为?(2)担保人代偿主债务时是否已过担保期限?(3)担保人向反担保人主张承担反担保责任是否已过反担保期限?

二、判断担保人向债权人付款行为是否为履行担保的代偿性质,应当尊重民事法律行为当事人自己的意思表示。

三、按照合同约定,保证人的保证期间为借款之日起至借款到期后两年,借款展期后保证期限也相应延至展期借款到期之后两年。

四、主合同的保证期间与反担保人的保证期间二者适用的起算规则不同,反担保人的保证期间应当从担保人实际履行了担保责任之日起计算。

案情介绍

再审申请人(一审被告、二审上诉人):什邡市龙盛投资有限责任公司。

申请再审人(一审被告、二审上诉人):广汉市三星堆汽车客运服务有限责任公司。

被申请人(一审原告、二审被上诉人):四川欣融融资性担保有限公司。

申请再审人什邡市龙盛投资有限责任公司(以下简称龙盛公司)、广汉市三星堆汽车客运服务有限责任公司(以下简称三星堆公司)因与四川欣融融资性担保有限公司(以下简称欣融公司)债务追偿纠纷一案,不服四川省高级人民法院(2012)川民终字第552号民事判决,向本院申请再审。

龙盛公司、三星堆公司申请再审称:原审判决错误地认定借款约定展期与政策原因展期是一致的,违背了合同当事人的意思自治原则,加重了三星堆公司的反担保责任。即使按照原审判决所认定的主债务履行期满日为2009年12月31日,反担保期限届满日为2011年12月31日,担保人欣融公司2012年3月13日才首次向反担保人三星堆公司主张反担保责任已过反担保期限。2011年12月31日后,三星堆公司在本案中应承担的反担保责任已法定免责,欣融公司无权向三星堆公司主张反担保责任。同时,欣融公司已法定免责,龙盛公司已没有要求其继续提供担保。欣融公司在保证责任期内,只承诺承担债权人实现债权的相关费用,明确不承担主债务的连带清偿责任,其在2011年11月17日的支付行为不是履行担保责任,而是公司与公司之间的正常经济活动。欣融公司向龙盛公司主张担保追偿权,向三星堆公司追偿反担保权利,不应当得到人民法院支持。

再审申请人再审请求:1. 撤销(2012)川民终字第552号民事判决,依法再审。2. 改判龙盛公司不向欣融公司支付代偿款2,579,088元。3. 改判三星堆公司不对龙盛公司的债务向欣融公司承担连带清偿责任。4. 全部诉讼费用由欣融公司承担。

裁判结果

最高人民法院再审裁定:驳回什邡市龙盛投资有限责任公司、广汉市三星堆汽车客运服务有限责任公司的再审申请。

法院观点

一、关于欣融公司向什邡信用社的付款行为是否是履行本案担保义务的问题

关于本案所涉欣融公司向什邡信用社付款行为的性质,应当尊重民事法律行为当

事人自己的意思表示。该行为的当事人欣融公司和什邡信用社均认可付款系履行本案所涉合同担保义务的行为,且上述还款事实已为四川省什邡市人民法院(2011)什邡执字第587-4号执行裁定书所确认。债务人龙盛公司、保证人三星堆公司未向债权人什邡信用社清偿债务,其对欣融公司向什邡信用社付款的事实没有异议,亦不能举证证明欣融公司和什邡信用社之间存在恶意串通损害第三人的行为,故其否认欣融公司向什邡信用社履行本案所涉合同担保义务的申请理由不能成立。

申请人龙盛公司、三星堆公司关于认为欣融公司的付款行为系履行其他代付行为的主张,没有证据予以证明,对此应承担举证不能的法律后果。申请人龙盛公司、三星堆公司关于欣融公司在保证责任期内明确不承担主债务的连带清偿责任的主张,亦与欣融公司自身意思表示不符且缺乏证据支持。欣融公司向什邡信用社的付款行为应认定为履行担保义务的行为。原审法院基于当事人的承认和相关证据认定该事实并无不当。

二、关于欣融公司的付款行为是否已超过保证期间,其是否有权向债务人龙盛公司追偿的问题

本案中,欣融公司与龙盛公司、什邡信用社签订的《保证担保借款合同》《延期还款协议书》系合同各方当事人的真实意思表示,内容亦不违反法律禁止性规定,应为有效。按照合同约定,保证人的保证期间为借款之日起至借款到期后二年。展期后,保证期限延至展期借款到期之后二年。本案中,龙盛公司该笔借款的还款期限经展期后原为2008年7月4日。2008年5月12日,本案当事人所在地四川省什邡地区发生特大地震,国务院发文要求金融机构"对灾区灾前已经发放、灾后不能按期偿还的企业贷款,在2008年12月31日以前仍然不能按期还款或者借贷双方尚未达成重组和减免协议的,再给予12个月宽限期,在2009年12月31日以前,继续按'四不政策'处理"。根据该文件内容,龙盛公司、什邡信用社的主债务履行期限展期至2009年12月31日,欣融公司的保证期间自此起算应至2011年12月31日。原审法院关于欣融公司于2011年11月17日前代偿本案所涉借款系在保证期间内的认定并无不当,亦符合本院2008年7月14日发布的《最高人民法院关于处理涉及汶川地震相关案件适用法律问题的意见(一)》[法发(2008)21号]第7条的规定精神。根据《担保法》第31条的规定,保证人承担保证责任后,有权向债务人追偿。故欣融公司为债务人龙盛公司承担了保证责任后,有权向龙盛公司进行追偿。本案中,保证人欣融公司对于承担本案保证义务并无异议,债务人龙盛公司关于保证人不应承担本案保证义务的主张有违当事人意思自治的原则,且欣融公司是在人民法院针对龙盛公司采取强制执行措施的过程中代为清偿债务,客观上有利于龙盛公司。什邡市中级人民法院(2011)什邡执字第587-4号执行裁定书根据欣融公司代为还款的事实,裁定终结债权人什邡信用社与债务人龙盛公司等的借款合同纠纷案件的执行。如债务人龙盛公司收到本案所涉借款后,既不向债权人什邡信用社履行债务,又不向代为清偿的保证人欣融公司履行债务,则明显违反公平原则和诚实信用原则。

三、关于欣融公司向三星堆公司请求承担反担保责任是否已超过保证期间的问题

反担保是为了保障保证人承担担保责任后实现债务人追偿权而设定的担保,反担保责任的履行应以保证人已履行担保责任为前提。主合同的保证期间与反担保人的保证期间二者适用的起算规则不同,反担保人的保证期间应当从担保人实际履行了担保责任之日起计算。欣融公司于2011年11月17日前代偿本案所涉借款。故本案反担保责任的保证期间应从该日起计算。

根据《担保法》第4条的规定,第三人为债务人向债权人提供担保的,可以要求债务人提供反担保。反担保适用本法和其他法律的规定。故本案中关于反担保保证期间的计算方法应适用《担保法》等法律关于保证期间的相关规定。根据欣融公司与三星堆公司签订的《反担保协议》的有关约定,三星堆公司同意为欣融公司本次担保行为提供反担保,自愿承担无限保证责任,担保期限从贷款获得之日起至全部贷款本息结清为止。根据《担保法司法解释》第32条第2款的规定,保证合同约定保证人承担保证责任直至主债务本息还清时为止等内容的,视为约定不明,保证期间为主债务履行期届满之日起2年。本案《反担保协议》中关于反担保保证期间的约定应视为约定不明,保证期间为保证人实际承担保证责任之日起2年,即截至2013年11月17日。故本案中欣融公司关于要求三星堆公司履行反担保义务的诉讼请求并未超过保证期间。申请人三星堆公司关于本案诉请已超过反担保合同保证期间的再审申请理由不能成立,本院不予支持。

金讼圈提示

一、反担保人承担反担保责任应以担保人已承担保证责任为前提,担保人承担担保责任之时,就是反担保人担保期间的起算日。

二、但担保人承担保证责任通常不是一次性的,可能会持续一段时间。例如,将不动产抵押担保人列入被执行人处于执行中,这时反担保人担保期间的起算日应为执行裁定书涉及担保抵押物的变现和分割之日。

014 PPP特许经营权质押担保是否有效及质押权如何实现?

案例索引

福建省高级人民法院于2013年9月17日作出的(2013)闽民终字第870号民事判决书。

交易结构图

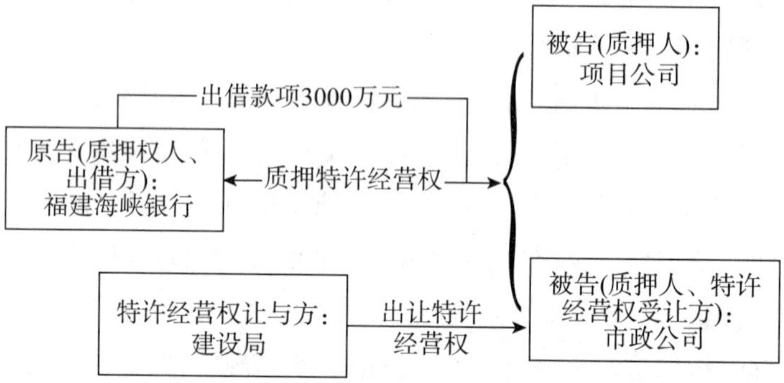

金讼圈导读

本案是关于PPP特许经营权质押担保的指导案例,对于PPP特许经营权可否出质、质押物性质、质押物确定性要求、登记公示要求、质押范围、质押权实现方法及实现条件,等等,法院均给予了建设性指导,值得细细研读。

裁判规则

一、由于对污水处理厂的运营和维护,并不属于可转让的权利,因此讼争的特许经营权的出质,实质上系指收益权的出质。

二、污水处理收益权与公路桥梁、隧道、渡口的不动产收益权性质相类似,都是政府授予企业在一定时间和范围内基于对特定项目的投资、建设、运营、维护而享有的获取收益的权利,属于依法可以质押的权利。

三、污水处理的收益权性质上属于债权,因存在特许经营的基础关系而在一定期限内所产生,且债权金额亦可根据污水处理服务费的价格、提供服务的范围和对象等因素而得以预见,故从其产生原因、期间、债权金额三方面可判断其具备债权的确定性的特征,可成为质押标的物。

四、将污水处理项目收益权出质,还应当具备担保物权成立的形式要件,即出质人和质权人应通过订立书面合同的方式达成设立质权的意思表示,并对质权进行公示。

五、污水处理收益权实质上是一种可期待的将来之债权,是根据其每月提供的污水处理服务分期获得的收益,因此只能对未来所收取的污水处理服务费行使优先受偿权,且应向质押人预留经营污水处理厂的必要合理之费用。

六、对已收取的污水处理服务费,因未设立融资控制账户,已无法特定化,故其已转化为质押人的一般财产,质权人已不具备对质押人已收取部分污水处理服务费行使优先受偿权之条件。

七、特许经营权授予方并非诉争特许经营权质押担保法律关系的一方当事人请求追加其参加诉讼缺乏法律依据。

案情介绍

上诉人(原审原告):福建海峡银行股份有限公司福州五一支行。

上诉人(原审被告):长乐亚新污水处理有限公司。

被上诉人(原审被告):福州市政工程有限公司。

上诉人福建海峡银行股份有限公司福州五一支行(以下简称海峡银行五一支行)因与上诉人长乐亚新污水处理有限公司(以下简称长乐亚新公司)、被上诉人福州市政工程有限公司(以下简称福州市政公司)借款合同纠纷一案,不服福州市中级人民法院(2012)榕民初字第661号民事判决,向本院提起上诉。

2003年,长乐市建设局为让与方、福州市政公司为受让方、长乐市财政局为见证方,三方签订《长乐市城区污水处理厂特许建设经营合同》,合同约定:长乐市建设局授予福州市政公司负责投资、建设、运营和维护长乐市城区污水处理厂项目及其附属设施的特许权;项目的建设及试运行期为2003年1月1日至2005年4月30日;项目的运营期(运营、维护项目的年限)从2005年5月1日至2030年4月30日;福州市政公司可将本合同授予的特许经营权作为本项目的融资抵押或担保,但不得转让他方;福州市政公司不得将建成后本项目的固定资产作为融资抵押和担保;福州市政公司全权负责项目的运营和维护,可由其组建的项目公司,也可由其委托专业的运营公司负责本项目的运营和维护;福州市政公司的收益来源于长乐市建设局支付的污水处理费;合同到期后,福州市政公司应将项目全部资产完好地、无偿地按时移交给长乐市建设局。合同还就项目特许权、双方的责任、项目建设标准、项目设计和建设、项目的融资、项目运营和维护、项目的计量计费及调价、项目的移交等其他的有关重要事项作出约定。

2004年10月22日,长乐亚新公司成立。其系福州市政公司为履行《长乐市城区污水处理厂特许建设经营合同》而设立的项目公司。福州市政公司持有长乐亚新公司99.23%的股份。

2005年3月24日,福州市商业银行五一支行与长乐亚新公司签订《单位借款合同》(编号:300030002005001),合同约定:长乐亚新公司向福州市商业银行五一支行借款人民币3000万元;借款用途为长乐市城区污水处理厂BOT项目;借款期限为13年,自2005年3月25日至2018年3月25日;合同项下的借款按月结息,结息日为每月的第20日,还息日为结息日的次日,长乐亚新公司应在还息日支付到期利息;按分期还本方式偿还借款本金(共分12期);长乐亚新公司未履行本合同的,应承担由此引起的福州市商业银行五一支行为实现债权(含担保债权)的费用(包括但不限于诉讼费、财产保全费、律师费、差旅费、执行费、评估费、拍卖费等);长乐亚新公司违约的,福州市商业银行五一支行有权停止发放未发放的借款,视为所有已发放的借款提前到期,要求长乐亚新公司立即偿还本合同项下所有借款本金和利息;对长乐亚新公司未按合同约定的期限清偿借款本金(包括提前到期的借款本金)的,就其到期应付而未付借款本金自逾期之日(含当日)起按合同借款利率上浮30%(称为"逾期罚息利率")以按月结息的方式计收利息;对于长乐亚新公司未按合同约定的期限清偿借款利息的,就其到期应付而未付借款利息自逾期之日(含当日)起按逾期罚息利率按月结息的方式计收复利。

同日,福州市商业银行五一支行与福州市政公司签订了《保证合同》,福州市政公司为长乐亚新公司的上述借款承担连带责任保证,合同约定保证担保的范围为主合同项下债务人的债务本金、利息(含复利)、违约金、损害赔偿金以及实现债权(含担保债权)的费用(包括但不限于诉讼费、财产保全费、律师费、差旅费、执行费、评估费、拍卖费等)。

福州市商业银行五一支行与长乐亚新公司、福州市政公司、长乐市建设局亦于同日共同签订《特许经营权质押担保协议》,协议约定:福州市政公司以《长乐市城区污水处理厂特许建设经营协议》授予的特许经营权为长乐亚新公司向福州市商业银行五一支行的借款提供质押担保,长乐市建设局同意该担保;福州市政公司同意将特许经营权收益优先用于清偿借款合同项下的长乐亚新公司的债务,长乐市建设局和福州市政公司同意将污水处理费优先用于清偿借款合同项下的长乐亚新公司的债务;为加强对项目资金和收益的监控,长乐亚新公司同意在福州市商业银行五一支行设立融资控制账户;项目资金的支出和收入必须通过融资控制账户结算,福州市商业银行五一支行有权对项目资金的支出进行审查和监控；特许协议项下由长乐市建设局支付给福州市政公司的污水处理服务费以及福州市政公司从长乐市建设局获得的其他款项均由长乐市建设局直接划入融资控制账户；未经福州市商业银行五一支行和长乐市建设局一致书面同意，前述污水处理服务费等款项不得划入其他账户，若长乐市建设局违反上述约定应承担赔偿责任；福州市商业银行五一支行未受清偿的，有权依法通过拍卖等方式处分质押权利等；福州市商业银行五一支行处分质押权利时，同意与其他方友好协商，在同等条件下优先考虑将质押权利转让给长乐市建设局推荐的第三人；长乐市建设局同意为福州市商业银行五一支行和福州市政公司办理质押权利出质登记手续，质押权利担保的债务得以清偿后，福州市商业银行五一支行和福州市政公司应及时到长乐市建设局办理出质登记注销手续。

上述合同签订后，福州市商业银行五一支行于2005年3月25日向长乐亚新公司发放贷款2500万元，于同月30日发放200万元，于同年4月28日发放300万元，共计发放3000万元。长乐亚新公司于2007年10月21日起未依约按期足额还本付息，海峡银行五一支行曾多次向长乐亚新公司、福州市政公司催收借款本金及利息。截至2012年8月21日，长乐亚新公司尚欠海峡银行五一支行借款本金人民币28,714,764.43元以及利息（包括借款利息、逾期罚息和复利）人民币2,142,597.6元，其中逾期贷款本金为8,618,098.43元。

福州市商业银行五一支行于2007年4月28日名称变更为福州市商业银行股份有限公司五一支行；2009年12月1日其名称再次变更为海峡银行五一支行。海峡银行五一支行为提起本案诉讼支出律师代理费123,640元。

裁判结果

一审法院（福州市中级人民法院）判决：一、长乐亚新公司应于判决生效之日起10日内向海峡银行五一支行偿还借款本金人民币28,714,764.43元及利息（包括借款期限内的利息、逾期罚息、复利，暂计至2012年8月21日为人民币2,142,597.6元，此后利息按300030002005001号《单位借款合同》的约定计至借款本息还清之日止）；二、长乐亚新公司应于判决生效之日起10日内向海峡银行五一支行支付律师代理费人民币123,640元；三、海峡银行五一支行于判决生效之日起有权直接向长乐市建设局收取应由长乐市建设局支付给长乐亚新公司、福州市政公司的污水处理服务费，并对该污水处理服务费就判决第一、二项所确定的债务行使优先受偿权；四、福州市政公司对判决第一、二项确定的债务承担连带清偿责任；五、驳回海峡银行五一支行的其他诉讼请求。

二审法院（福建省高级人民法院）判决：驳回上诉，维持原判。

法院观点

本案二审争议焦点是：一、本案是否应追加长乐市建设局作为本案的当事人；二、《特许经营权质押担保协议》的效力；三、海峡银行五一支行是否有权要求拍卖、变卖《特许经营权质押担保协议》项下的质物，并从质物变现所得中优先受偿；四、长乐亚新公司是否应当负担海峡银行五一支行为本案支出的律师代理费。双方当事人对争议焦点的意见如前所述，本院不再赘述。本院对争议焦点分析、认定如下：

一、关于本案是否应追加长乐市建设局作为本案当事人的问题

本院认为，本案系海峡银行五一支行与长乐亚新公司、福州市政公司在履行《单位借款合同》《保证合同》《特许经营权质押担保协议》过程中，因长乐亚新公司未能按期偿还贷款本息引发的借款合同纠纷。贷款人海峡银行五一支行、借款人长乐亚新公司、担保人福州市政公司是讼争借款担保法律关系的三方主体。长乐市建设局在本案中仅是污水处理特许经营权的让与人，并非讼争法律关系的一方当事人。长乐亚新公司主张本案纠纷的起因是长乐市建设局拖延支付污水处理费，导致其未能及时偿付贷款本息，是该公司与长乐市建设局之间的法律关系。长乐亚新公司以此要求追加长乐市建设局参加本案诉讼，缺乏法律依据，本院不予支持。

二、关于《特许经营权质押担保协议》的效力问题

本院认为，本案《特许经营权质押担保协议》项下福州市政公司提供的质押权利是长乐市建设局授予该公司的污水处理特许经营权。根据长乐市建设局和福州市政公司签订的《长乐市城区污水处理厂特许建设经营合同》的约定，该污水处理特许经营权包括对污水处理厂进行投资、建设、运营、维护，并获得收益的权利。而从《特许经营权质押担保协议》第2条"为确保项目运营期届满前乙方（长乐亚新公司）能够清偿借款合同项下的债务，丁方（长乐市建设局）和丙方（福州市政公司）同意将特许协议项下丁方（长乐市建设局）支付给丙方（福州市政公司）的污水处理服务费优先用于清偿借款合同项下的乙方（长乐亚新公司）债务"的约定，可以进一步明确，福州市政公司为长乐亚新公司借款提供质押担保的主要是该特许经营权中的污水处理收益权。尽管海峡银行五一支行主张用于质押的特许经营权不应仅指污水处理收益权，还应当包括对污水处理厂所有设施，包括建筑物、构筑物、设备、工具、车辆以及其他设施，还有特许经营期内可能形成的知识产权的所有权和使用权，但根据长乐市建设局和福州市政公司《特许建设经营合同》的约定，这些不动产、设施、设备在特许经营权期限内是不得转让的，并且特许经营权期限届满，有关不动产以及权利均要移交给出让方。

由此可见，福州市政公司对这些不动产设施的使用和有关权利的行使都是基于污水处理项目运营之需要，该公司对这些设备、权利并不拥有处分权，其无权将这些设备或权利用于质押担保，因此，本案讼争《特许经营权质押担保协议》项下的质物应该主要指特许经营权中的污水处理收益权。

尽管《担保法》未明确规定污水处理收益权可以作为质押的权利，但《担保法司法解释》对公路桥梁、隧道、渡口等不动产收益权的质押有相关规定，根据《担保法司法解释》第 97 条的规定，前述公路桥梁、隧道、渡口等不动产收益权属于《担保法》第 75 条第 4 项规定的依法可以质押的其他权利。本案中，福州市政公司享有的污水处理收益权，与前述的公路桥梁、隧道、渡口的不动产收益权性质相类似，都是政府授予企业在一定时间和范围内基于对特定项目的投资、建设、运营、维护而享有的获取收益的权利，因此，参照该司法解释的规定，污水处理收益权属于依法可以质押的权利。福州市政公司将其享有的污水处理收益权作为长乐亚新公司借款的质押担保，并不违反法律规定。

根据《担保法》的规定，质押权的设定除了质物应符合法律规定，出质人与质权人应当签订书面合同之外，还必须进行必要的公示。有些权利质押合同的生效以权利凭证的交付为要件，有些则必须到有关部门办理出质登记。尽管《担保法》对污水处理收益权质押权的取得要件并未作出明确规定，但各方当事人在《特许经营权质押担保协议》第 7 条中有约定，由长乐市建设局为质权人海峡银行五一支行和出质人福州市政公司办理出质登记手续。考虑到长乐市建设局不仅是污水处理特许经营权的出让方，也是长乐市城区污水处理项目的主管部门，而法律并未对该权利出质登记的具体形式作出特别规定，原审法院参照公路收费权质押登记的规定，将污水处理项目的主管部门长乐市建设局作为该污水处理收益权的质押登记部门，以长乐市建设局在《特许经营权质押担保协议》上盖章，同意为海峡银行五一支行和福州市政公司办理质押权利出质登记手续，有关利害关系人可通过长乐市建设局查询了解讼争污水处理厂有关权利质押情况为由，认定该污水处理收益权的质押已具备公示之要件，质押权利成立并生效，并无不当，本院予以维持。

三、关于海峡银行五一支行是否有权要求拍卖、变卖《特许经营权质押担保协议》项下的质物，并从质物变现所得中优先受偿的问题

本院认为，本案中长乐亚新公司未能依约偿还贷款本息，构成违约，海峡银行五一支行有权按照合同约定要求长乐亚新公司立即偿还所有借款本金和利息，并依法行使质权。根据《担保法》第 71 条第 2 款的规定，债务履行期限届满质权人未受清偿的，可以与出质人协议以质物折价，也可以依法拍卖、变卖质物。从上述规定可以看出，质权人实现质权的方式通常是，与出质人协议将质物折价或者将质物拍卖、变卖并从所得价款中优先受偿。上述规定是《担保法》对质权实现方式的一般性规定。本案中，出质人福州市政公司与质权人海峡银行五一支行约定的质权实现方式是，福州市政公司承诺将长乐市建设局支付给该公司的污水处理服务费优先用于清偿借款合同项下长乐亚新公司的债务。尽管上述约定也是通过从质权变现所得价款中优先受偿的方式来保证质权人质权的实现，但由于该种污水处理收益权实质上是一种可期待的将来之债权，是福州市政公司根据其每月提供的污水处理服务分期获得的收益，因此，双方约定的该种质权实现方式实际上又有别于一般的通过拍卖、变卖质物，从所得价款中一次性优先受偿的质权实现方式。海峡银行五一支行在《特许经营权质押担保协议》上签字，应视为其同意通过分期优先受偿的方式实现质权。更为重要的是，污水处理收益权作为污水处理特许经营权的一项权能，与企业对污水处理项目的投资、运营和维护是密不可分的，并非可以单独行使。该收益权的获得不仅是对企业先期投入的一种回报，更有赖于企业对污水处理项目的持续运营和维护，而这些更多地体现为一种负担和义务，对经营主体的资质、能力有着较为严格的要求。因此，不论是从维护社会公共利益角度考虑，还是从公平、公正角度考虑，本案的污水处理收益权都不宜通过拍卖、变卖的方式予以处置。鉴于目前长乐亚新公司负责的污水处理项目已经能够正常运作，福州市政公司每月获得的污水处理费收益稳定，海峡银行五一支行的债权完全可以通过从福州市政公司每月取得的污水处理费中优先受偿的方式保证其债权的最终实现，因此，本院对海峡银行五一支行要求将《特许经营权质押担保协议》项下质物拍卖，并从质物变现所得价款中优先受偿的主张不予支持。

四、关于长乐亚新公司是否应当负担海峡银行五一支行为本案支出的律师代理费的问题

本院认为，本案中长乐亚新公司未按合同约定偿付贷款本息，构成违约。海峡银行五一支行为提起本案诉讼支出律师代理费123,640元，并未超过律师收费标准。该费用属于海峡银行五一支行为实现债权而支出的合理费用。根据《单位借款合同》第十四条“甲方(长乐亚新公司)未按合同约定履行义务，应承担乙方(海峡银行五一支行)为实现债权(含担保债权)的费用(包括但不限于诉讼费、财产保全费、律师费、差旅费、执行费、评估费、拍卖费等)”约定，长乐亚新公司应当承担海峡银行五一支行该笔律师费。长乐亚新公司关于该笔律师费不是法定或合同约定的实现债权的费用，属不必要、不合理的高额费用，应由海峡银行五一支行自行承担的主张，缺乏事实和法律依据，本院不予支持。

综上所述，本院认为，讼争的《单位借款合同》《保证合同》《特许经营权质押担保协议》均系各方当事人的真实意思表示，其内容不违反法律、行政法规的强制性规定，应认定合法有效。长乐亚新公司未按约定偿付贷款本息，构成违约，应依法承担相应的违约责任。根据《单位借款合同》第 11 条、第 12 条“甲方（长乐亚新公司）未按本合同约定的期限清偿借款本金或利息……乙方（海峡银行五一支行）有权视为所有已发放的借款提前到期，要求甲方（长乐亚新公司）立即偿还本合同项下所有借款本金和利息”的约定，海峡银行五一支行有权要求长乐亚新公司立即提前偿还其尚欠的借款本金和利息，并承担海峡银行五一支行为提起本案诉讼支出的律师代理费。福州市政公司在提供连带责任保证的同时，自愿将长乐市建设局授予该公司的特许经营权为长乐亚新公司的借款提供质押担保，承诺将特许协议项下长乐市建设局支付给该公司的污水处理服务费优先用于清偿长乐亚新公司的借款，现长乐亚新公司逾期偿付贷款本息，海峡银行五一支行有权依法依约行使质权，从福州市政公司每月获得的污水处理费中优先受偿。

金讼圈提示

一、本案值得注意的是，被告辩称“长乐亚新公司主张本案纠纷的起因是长乐市建设局拖延支付污水处理费，导致其未能及时偿付贷款本息”，由此看来，对于政府付费买单的《特许经营合同》，能否诚信守约是非常关键的风险因素。

二、尽管在《特许经营权质押担保协议》中约定设立融资控制账户拟对项目污水处理服务费进行管控，但银行方面并没有严格执行协议，诉前并没有实际设立融资控制账户，导致本案出质债权没有很好地特定化。结果法院判决对质权人已不具备对质押人已收取部分污水处理服务费行使优先受偿权之条件。这对银行来讲，确实是个教训，值得总结！

015　债权人对仅抵押预告登记房产是否享有优先受偿权？

案例索引

中国工商银行股份有限公司芜湖城建支行与陈凤英、芜湖首创房地产开发有限公司金融借款合同纠纷二审民事判决书；安徽省芜湖市中级人民法院于 2014 年 12 月 4 日作出的（2014）芜中民二终字第 00465 号民事判决书。

交易结构图

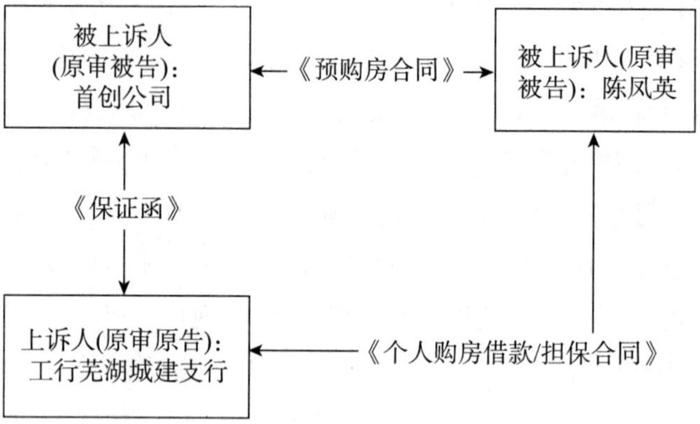

金讼圈导读

本案例核心法律问题是关于预告登记的法律后果。所涉房屋尚未办理房屋产权登记,其目前无法办理抵押登记,但该房产已办理了抵押预告登记,且债权人的债权已届满并主张债权的实现,在此种情况下,债权人对被预告登记的不动产是否享有优先受偿权?

裁判规则

一、预告登记系相对于正式登记而言,其是在物权登记条件尚未满足时设立的一项制度,目的在于保证预期物权的实现,使不具备登记条件的不动产交易具有物权的效力。

二、在已办理预告抵押登记的情况下,除非债权消灭或者能够进行登记而不登记外,预告登记的效力始终存在,其指向的结果为抵押权的设立。

三、抵押预告登记虽不是正式的抵押登记,但权利人享有物权的排他权及物权的请求权,应可在一定条件下赋予权利人享有优先受偿权。

四、本案预告登记权利人的权利及行为不存在《物权法》第20条第2款规定的情形,银行对未办理抵押登记并无过错,案涉房屋的买卖双方亦同意上诉主张,判令支持其上诉请求,既与各方当事人的诉讼利益相符,不损害社会公共利益及其他第三人的合法权利,不违反预告登记制度设立的目的和作用,也维护了合法的金融债权及正常的金融秩序。

案情介绍

上诉人（原审原告）：中国工商银行股份有限公司芜湖城建支行。

被上诉人（原审被告）：陈凤英。

被上诉人（原审被告）：芜湖首创房地产开发有限公司。

上诉人中国工商银行股份有限公司芜湖城建支行（以下简称工行芜湖城建支行）为与被上诉人陈凤英、被上诉人芜湖首创房地产开发有限公司（以下简称首创公司）借款合同纠纷一案，不服安徽省芜湖市镜湖区人民法院作出的（2014）镜民二初字第00666号民事判决，向芜湖市中级人民法院提起上诉。

2013年1月6日，首创公司向工行芜湖城建支行出具一份保证函，载明：陈凤英与首创公司签订了《预购房合同》，购买该公司正在开发建设的位于芜湖机械工业园的阳光半岛D7－303室住宅壹套，现陈凤英拟向工行芜湖城建支行申请个人住房抵押贷款28万元，首创公司保证：1.住房竣工办理《房屋产权证》后，借款人主动与贷款银行签订《抵押合同》，办理《房屋他项权证》，并交付贷款银行；2.借款人主动办理住房保险，保险第一受偿人为贷款银行，保险期限不短于贷款期限，并将保险单据交付贷款银行；3.上述1－2项保证为不可撤销的经济担保，即保证在借款人不能按月归还贷款本息时，承担偿还贷款本息的全额连带责任，由贷款银行从首创公司"保证金"存款账户直接扣收……同日，芜湖县房地产管理局出具房预告芜县字第013701号预告登记证书，载明：预告登记义务人陈凤英将位于芜湖县湾沚镇安徽新芜经济开发区阳光半岛D7－303号抵押给预告登记权利人工行芜湖城建支行，借款金额28万元。

同年1月14日，陈凤英作为借款方与贷款方工行芜湖城建支行签订一份《个人购房借款/担保合同》，约定：贷款28万元，用于个人购置位于芜湖县湾沚镇安徽新芜经济开发区阳光半岛D7－303号住房；贷款期限17年；贷款利率以中国人民银行公布的同期同档次贷款利率为基准利率；不能按时支付的利息，按罚息利率计收复利，罚息利率按在上述约定的利率基础上加收30%确定；借款人连续三个月或累计六次未按时足额偿还贷款本息，或发生其他违约情形的，贷款人有权停止发放尚未发放的贷款，宣布贷款提前到期，要求借款人提前清偿全部或部分贷款，以及所产生的利息、罚息及其他费用，直至解除合同；本合同下贷款由借款人或第三方提供抵押担保时，抵押担保范围包括：本合同项下全部贷款本金、利息、罚息、复利、违约金、补偿金、贷款人实现债权费用和借款人所有其他应付费用；保证人承担阶段性连带责任保证，保证人对本合同项下全部贷款本金、利息、罚息、复利、违约金、补偿金、贷款人实现债权的费用和借款人所有其他应付费用承担连带责任,但贷款人收到记载有上述正式抵押登记信息的房屋他项权证书时,免除保证人的保证责任。首创公司在该合同保证人处盖章确认。同年1月15日,工行芜湖城建支行向陈凤英发放贷款28万元。2013年9月21日起,陈凤英未按期足额还款,截至2014年4月20日尚欠借款本金270,715.73元、利息4478.21元。

另查明:案涉房产未办理房屋所有权证及房屋抵押他项权证书。

2014年6月,工行芜湖城建支行诉至法院,请求判令:1.陈凤英支付贷款本金270,715.73元、利息4478.21元(暂计算至2014年4月21日),以及自2014年4月22日起至实际清偿欠款之日止的罚息、复利等;2.编号A:芜房按揭字芜分行城建支行2013年第010092号《个人购房借款/担保合同》合法有效,工行芜湖城建支行对拍卖、变卖上述抵押房产,阳光半岛D7-303号房产等享有优先受偿权;3.首创公司承担连带保证责任;4.陈凤英、首创公司承担本案的诉讼、保全及实现债权的费用。原审庭审中,工行芜湖城建支行变更利息计算日期为自2014年4月20日。

裁判结果

一审法院判决:一、工行芜湖城建支行与陈凤英签订的《个人购房借款/担保合同》签订的合同有效;陈凤英于判决生效后10日内归还工行芜湖城建支行贷款本金270,715.73元、利息4478.21元,并支付自2014年4月21日起至判决确定给付之日止的利息、罚息、复利(利息、罚息、复利以银行电子数据为准);二、首创公司对陈凤英的上述债务承担连带清偿责任,其承担清偿责任后,有权向陈凤英追偿;三、驳回工行芜湖城建支行其他诉讼请求。

二审法院判决:一、维持安徽省芜湖市镜湖区人民法院(2014)镜民二初字第00666号民事判决第一项、第二项;二、撤销安徽省芜湖市镜湖区人民法院(2014)镜民二初字第00666号民事判决第三项;三、中国工商银行股份有限公司芜湖城建支行对拍卖、变卖案涉阳光半岛D7-303号房产所得价款享有优先受偿权;四、驳回中国工商银行股份有限公司芜湖城建支行其他诉讼请求。

法院观点

综合各方当事人的诉辩意见,本案二审争议的焦点问题为:工行芜湖城建支行能否对案涉阳光半岛D7-303号房屋变卖、拍卖等所得享有优先受偿权。分析如下:

根据《中华人民共和国城市房地产管理法》第48条"依法取得的房屋所有权连同该房屋占用范围内的土地使用权,可以设定抵押权"的规定,未取得房屋产权证的房产不可办理抵押登记。本案所涉房屋为尚未办理房屋产权登记的房产，其目前无法办理抵押登记，但该房产已办理了抵押预告登记，且债权人的债权已届满，并主张债权的实现，在此种情况下，债权人对被预告登记的不动产享有何种权利。对之，应当结合抵押预告登记制度设立的目的、性质、用途及具体案件情况等综合判定。

首先，从抵押预告登记制度的设定来看，预告登记系相对于正式登记而言，其是在物权登记条件尚未满足时设立的一项制度，目的在于保证预期物权的实现，使不具备登记条件的不动产交易具有物权的效力。《物权法》第 20 条第 1 款规定，当事人签订买卖房屋或者其他不动产物权的协议，为保障将来实现物权，按照约定可以向登记机构申请预告登记。预告登记后，未经预告登记的权利人同意，处分该不动产的，不发生物权效力。从上述规定可知，经过预告登记后，预告登记的权利人，对预告登记的不动产享有排他权，即未经其同意，不动产的所有权人及其他任何第三人，处分该不动产，均不能发生物权的效力。换言之，任何处分被预告登记的不动产行为，均需经过权利人的同意。本案中，陈凤英因购买阳光半岛 D7－303 号房屋向工行芜湖城建支行贷款 28 万元，工行芜湖城建支行为保证该笔贷款的收回，对上述房屋进行抵押预告登记。根据《物权法》第 20 条第 1 款的规定，工行芜湖城建支行进行的抵押预告登记即具有了对抗其他人的法律效力，在工行芜湖城建支行的债权没有得到清偿，抵押预告登记没有消失之前，包括阳光半岛 D7－303 号房屋产权人在内其他人处分该房产的，均不具有物权变动的效力，也即，非经工行芜湖城建支行的同意，阳光半岛 D7－303 号房屋无法产生产权人的变动。

其次，从本案的具体情况来看，虽然抵押预告登记赋予了权利人一定的权利，但该权利为一种请求权，即当物权登记条件具备的情况下，可依法办理不动产登记，在不具备登记条件的情况时可以阻止该不动产的变动，以保证今后物权的正常行使，具有准物权的性质，而不是一种现实的物权。正是基于此，原审法院据此判决驳回工行芜湖城建支行行使优先受偿权的请求。对此，本院认为，抵押预告登记尽管不是正式抵押登记，是权利人办理抵押登记的保证，是权利人抵押权设立的前期保障，但任何一种权利均应当具有时效性和现实性，否则便会出现权利的悬空。《物权法》第 20 条第 2 款的规定，预告登记后，债权消灭或者自能够进行不动产登记之日起三个月内未申请登记的，预告登记失效。也就是说，在已办理预告抵押登记的情况下，除非债权消灭或者能够进行登记而不登记外，预告登记的效力始终存在，其指向的结果为抵押权的设立。

本案中，工行芜湖城建支行作为债权人，为保证其金融债权的安全，在发放贷款前即办理了案涉房产的抵押预告登记，而至诉讼期间仍未办理抵押登记，其原因在于该房产为预售房屋，尚未领取房屋产权证，且所涉整体工程目前已处于停工状态，何时能够办理房屋产权证及抵押权证不能预知。该状况的发生系开发商所致，并非工行芜湖城建支行的过错，亦非其主观意愿，若判决让其承担对之不利的法律后果，既有违法律之精神，也让本案中的抵押预告登记失去其功能，与预告登记制度设立的目的不符；同时，若以实现抵押权条件尚未成就为由驳回工行芜湖城建支行的诉讼请求，待条件成就后再行主张，不仅造成诉累，且鉴于本案房产开发商首创公司所开发的案涉工程处于全面停工状态，该条件能否成就、何时成就变得遥遥无期，工行芜湖城建支行基于抵押预告登记所享有的物权排他权、物权请求权将势必成为悬空的权利，亦让案涉房产始终处于权利待定状态。况且，在本案的二审庭审中，首创公司、陈凤英均对工行芜湖城建支行的上诉请求及理由表示无异议，同意其上诉主张。

综上，抵押预告登记虽不是正式的抵押登记，但权利人享有物权的排他权及物权的请求权，应可在一定条件下赋予权利人享有优先受偿权。本案预告登记权利人工行芜湖城建支行的权利及行为不存在《物权法》第20条第2款规定的情形，该行对未办理抵押登记并无过错，案涉房屋的买卖双方亦同意工行芜湖城建支行的上诉主张，判令支持其上诉请求，既与各方当事人的诉讼利益相符，不损害社会公共利益及其他第三人的合法权利，不违反预告登记制度设立的目的和作用，也维护了合法的金融债权及正常的金融秩序。

金讼圈提示

根据物权法定原则，抵押权只有经登记才能设立，本案的判决结果实属特例，内含的裁判逻辑值得玩味。

016 根据未登记的抵押合同可否主张连带清偿责任？

案例索引

最高人民法院于2015年12月28日作出的（2015）民申字第3299号民事裁定书。

交易结构图

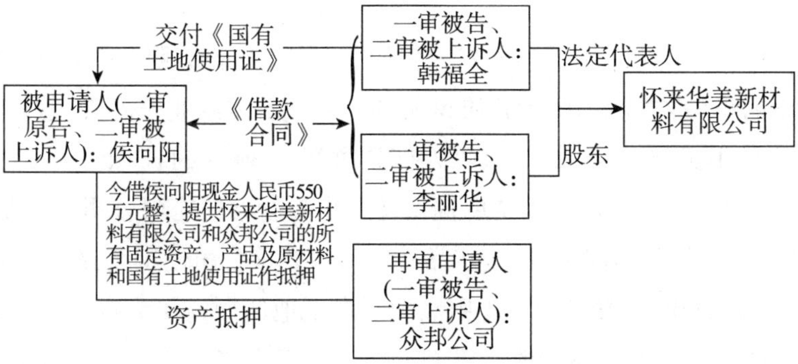

金讼圈导读

本案例是关于签订了不动产抵押合同，但未办理抵押登记，是否需要承担连带清偿责任的典型案例。一审、二审、再审法院均明确肯定了“可以主张”，但无优先受偿权。

裁判规则

一、公司以前的原法定代表人在担任公司法定代表人期间代表公司签署的合同，尽管未加盖公司印章，仍应对公司发生法律约束力。

二、借款合同约定以国有土地使用证作为抵押，应视达成了以上述土地使用权作为借款抵押担保的合意。

三、抵押合同于借款合同签订之时已经成立并生效，土地使用证是否交付，如何交付，是否办理抵押登记，均不影响抵押合同的效力。

四、因土地使用权未办理抵押登记，权利人可主张抵押担保人在其担保的土地使用权范围内对案涉债务承担连带清偿责任，但不能就土地使用权主张优先受偿。

案情介绍

再审申请人(一审被告、二审上诉人)：商都县众邦亿兴能源材料有限责任公司。

被申请人(一审原告、二审被上诉人)：侯向阳。

一审被告、二审被上诉人：韩福全。

一审被告、二审被上诉人：李丽华。

再审申请人商都县众邦亿兴能源材料有限责任公司(以下简称众邦公司)因与

被申请人侯向阳以及一审被告、二审被上诉人韩福全、李丽华民间借贷合同纠纷一案，不服河北省高级人民法院(2015)冀民一终字第260号民事判决，向本院申请再审。

2012年12月24日，侯向阳(甲方)与怀来华美新材料有限公司的法定代表人韩福全、股东李丽华(乙方)签订《借款协议》，约定：一、乙方因业务需要，急需流动资金。特向甲方借款人民币550万元。二、乙方借款时间为30天，自2012年12月24日至2012年1月23日止。三、乙方借贷愿提供怀来华美新材料有限公司和商都县众邦亿兴能源材料有限责任公司固定资产、产品及原材料和该公司位于商都县商张公路北侧(工业园区)的80,004平方米的工业用地的国有土地使用证作为抵押。四、甲方应依约提供资金，乙方应依约归还借款。甲方不能依约提供资金或乙方不能按期归还，属违约。违约方应向对方支付每日3万元的经济损失及违约金作为赔偿。甲方由侯向阳签字，乙方由李丽华、韩福全签字，但未加盖上述两公司印章。

同日，李丽华、韩福全给侯向阳出具《借条》1张，载明：今借侯向阳现金人民币550万元整，借期共计30天，自2012年12月24日至2013年1月23日止，我愿提供怀来华美新材料有限公司和商都县众邦亿兴能源材料有限责任公司的所有固定资产、产品及原材料和该公司位于商都县商张公路北侧(工业园区)的80,004平方米的工业用地的国有土地使用证作为抵押。我应依约归还借款，如不能归还，每超过一天我愿赔偿经济损失及违约金1万元整。同日，侯向阳委托张振东通过中国银行网上银行汇入韩福全账户511.5万元，其余38.5万元作为利息预先扣除。

随后，韩福全将商都县国用(土)第2012－134号《国有土地使用证》交付侯向阳和李向龙(另案原告)的委托人张振东持有。

另查明，韩福全因涉嫌刑事犯罪，被河北省石家庄市公安局经侦支队立案侦查并转捕。经原审法院与韩福全核实，其对《借款协议》《借条》中本人的签字和侯向阳511.5万元打入其卡内，以及以众邦公司《国有土地使用证》作为抵押担保的事实无异议，但称上述款项为李丽华所借，其银行卡也为李丽华持有。该《国有土地使用证》载明：土地使用权人为众邦公司，面积80,004平方米，坐落于商张公路北侧(工业园区)。

还查明，韩福全原任众邦公司法定代表人、李丽华为股东。2013年9月12日。韩福全、李丽华将其持有的众邦公司股份转让给宋鹏。同日，宋鹏任该公司的法定代表人。

二审审理查明，2013年9月12日，韩福全不再担任众邦公司法定代表人。在韩福全担任众邦公司法定代表人期间，其与李丽华共持有众邦公司80%的股份。

侯向阳向一审法院起诉请求:1. 韩福全、李丽华偿还借款 550 万元及利息;2. 众邦公司在抵押财产范围内承担连带清偿责任,侯向阳对该财产享有优先受偿权。

裁判结果

一审法院判决:一、韩福全、李丽华于判决生效后 10 日内偿还侯向阳借款 511.5 万元及违约金(以本金 511.5 万元为基数,按照中国人民银行公布的同期人民币借款利率的四倍,自 2013 年 1 月 24 日计算至判决生效之日);二、众邦公司在其抵押担保的 80,004 平方米土地使用权范围内对韩福全、李丽华的上述债务承担连带清偿责任。其承担担保责任后,有权向韩福全、李丽华追偿;三、驳回侯向阳的其他诉讼请求。

二审法院判决:驳回上诉,维持原判。

再审法院(最高人民法院)裁定结果:驳回商都县众邦亿兴能源材料有限责任公司的再审申请。

法院观点

关于众邦公司是否应在抵押担保的土地使用权范围内承担连带清偿责任的问题。原判决认定,案涉《借款协议》《借条》签订之时,韩福全为众邦公司法定代表人,众邦公司对此并未提出异议。韩福全在《借款协议》《借条》上签字。《借款协议》《借条》均约定以众邦公司所有的商都县商张公路北侧(工业园区)80,004 平方米工业用地的国有土地使用证作为抵押,应视为众邦公司与侯向阳达成了以上述土地使用权作为借款抵押担保的合意。当事人之间签订的抵押合同已经成立并生效,原审法院判令众邦公司在其担保的土地使用权范围内对案涉债务承担连带清偿责任并无不当。

至于众邦公司主张土地使用证交付情况未查清,其在二审中另行提交一份土地使用证,以证明债权人持有的土地使用证存在真假不明的问题。如前所述,抵押合同于《借款协议》和《借条》签订之时已经成立并生效,土地使用证是否交付,如何交付,并不能影响抵押合同的效力。

关于原审适用法律是否错误的问题。根据《物权法》第 15 条之规定,当事人之间订立有关设立、变更、转让和消灭不动产物权的合同,除法律另有规定或者合同另有约定外,自合同成立时生效;未办理物权登记的,不影响合同效力。同时,根据《物权法》第 187 条的规定,以土地使用权进行抵押的,应当办理抵押登记,抵押权自抵押登记时设立。原审认为抵押合同成立,抵押权并未设立,侯向阳可以主张众邦公司在土地使用权范围内对债务承担连带清偿责任,但不能就土地使用权主张优先受偿,适用法律并无不当。众邦公司主张原审存在适用法律错误的情形,缺乏依据,本院不予支持。

金讼圈提示

未能办理抵押登记,抵押人对抵押权人到底应承担连带清偿清偿责任,还是违约赔偿责任?各地法院还是有不同观点,争议很大。可参阅对比《抵押权未有效设立,抵押义务人承担什么法律责任?》一文。

017 抵押权未有效设立,抵押义务人承担什么法律责任?

案例索引

山东省高级人民法院于2016年11月28日作出的(2016)鲁民终1076号二审民事判决书。

交易结构图

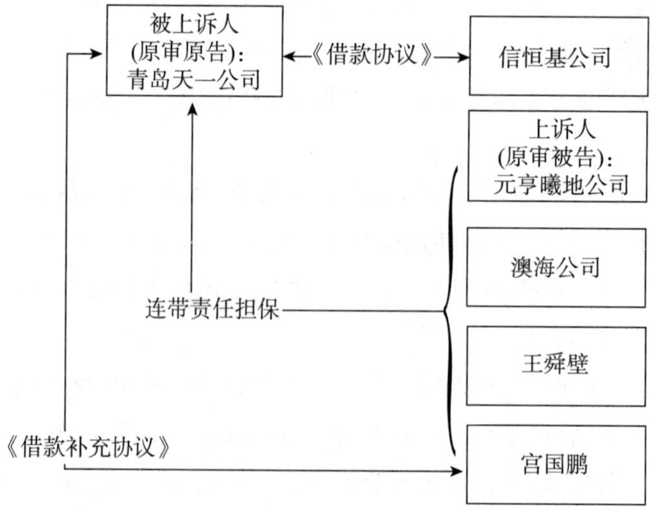

金讼圈导读

一、本案又是一例未办理抵押登记导致抵押权不成立引发的抵押合同纠纷案，诉与非诉的价值非常巨大。

二、抵押权未有效设立到底承担什么法律责任？是违约赔偿责任还是连带清偿责任？最高人民法院于2015年12月28日作出的(2015)民申字第3299号民事裁定书判定为连带清偿责任，而山东高级人民法院在本案中认定的却是违约赔偿责任。具体可参阅《根据未登记的抵押合同可否主张连带清偿责任?》一文。

三、抵押权未有效设立责任承担的性质、方式、限度、范围、比例应该如何判定？双方当事人的法定代表人为同一人签字未盖章的合同是否有效成立？山东高级人民法院通过本案例终于彻底讲清了以上问题。

四、本案对于出借人(债权人、抵押权人)是一个重大风险警示，如何规避法院裁判规则上的差异风险？请参阅文末金讼圈提示。

裁判规则

一、在签订合同时，双方单位的法定代表人为同一人，该法定代表人在协议上签字系代表两公司的职务行为，虽然该合同没有加盖双方的公章，若协议内容不违反法律法规的强制性规定，应为合法有效。

二、不动产抵押合同签订后未办理抵押登记，抵押权没有设立，应当承担继续履行、采取补救措施或者赔偿损失等违约责任。

三、若抵押人不是抵押权人(债权人)的债务人，赔偿抵押权损失实质上是代债务人向抵押权人(债权人)清偿债务，其承担赔偿损失责任后，享有向债务人追偿的权利。

四、抵押权未设立，抵押权人损失的是抵押权，应当以抵押物的价值为限，而抵押人承担的是抵押权损失赔偿责任，应当以债务人不能清偿的部分为限。

五、若对于抵押权未设立双方均有过错或违约行为的，应根据双方违约程度，在抵押物价值范围内合理地确定赔偿损失的范围和比例，而非抵押物价值的全部。

案情介绍

上诉人(原审被告)：营口元亨曦地置业有限公司。

被上诉人(原审原告)：青岛天一集团樱珠山房地产开发有限公司。

原审被告：青岛信恒基商贸有限责任公司、青岛澳海资产管理有限公司、王舜壁，青岛澳海资产管理有限公司董事长、宫国鹏,青岛信恒基商贸有限责任公司董事长。

上诉人营口元亨曦地置业有限公司(以下简称元亨曦地公司)因与被上诉人青岛天一集团樱珠山房地产开发有限公司(以下简称青岛天一公司)及原审被告青岛信恒基商贸有限责任公司(以下简称信恒基公司)、青岛澳海资产管理有限公司(以下简称澳海公司)、王舜壁、宫国鹏企业借贷纠纷一案,不服山东省青岛市中级人民法院(2014)青金商初字第677号民事判决,向本院提起上诉。

2014年4月29日,青岛天一公司与信恒基公司、澳海公司、王舜壁、宫国鹏签订《借款协议》一份,约定:信恒基公司向青岛天一公司借款2500万元,借款期限为10日,自2014年4月29日至2014年5月9日,借款期间免收利息,到期还本。如借款人未按时偿还借款,则应当承担自逾期之日按银行同期贷款利率的四倍计算的违约金及因诉讼而发生的律师费、诉讼费等,澳海公司、王舜壁、宫国鹏为该笔借款提供连带责任保证。协议签订后,青岛天一公司于2014年4月29日分别向信恒基公司汇款2000万元、500万元,合计2500万元。同日,信恒基公司向青岛天一公司出具金额为2500万元的收款收据一份。

2014年8月21日,青岛天一公司与信恒基公司和元亨曦地公司的法定代表人宫国鹏签订《借款补充协议》一份,约定:元亨曦地公司为信恒基公司于2014年4月29日向青岛天一公司的借款2500万元提供抵押担保;提供的抵押物为:1.位于辽宁省盖州市双台镇董屯村、西双村的土地证号为盖州国用2012年第148号的土地使用权;2.位于辽宁省盖州市双台镇董屯村的土地证号为盖州国用2012年第149号的土地使用权;3.位于辽宁省盖州市双台镇西双村的土地证号为盖州国用2012年第150号的土地使用权。

该笔借款到期后,信恒基公司未偿还借款本金,澳海公司、王舜壁、宫国鹏、元亨曦地公司未履行担保责任。

青岛天一公司委托山东汇正律师事务所律师代理诉讼,支付律师代理费43万元。

元亨曦地公司的法定代表人于2014年6月25日由马辉变更为宫国鹏,于2014年9月16日由宫国鹏变更为马辉。

裁判结果

一审法院判决:一、青岛信恒基商贸有限责任公司于本判决生效之日起10日内偿还青岛天一集团樱珠山房地产开发有限公司借款本金2500万元及违约金(以借款本金2500万元为基数,自2014年5月10日起至本判决确定的给付之日止,按银行同期贷款利率的四倍计算)。二、青岛信恒基商贸有限责任公司于本判决生效之日起10

日内给付青岛天一集团樱珠山房地产开发有限公司律师代理费 43 万元。三、青岛澳海资产管理有限公司对上述第一项给付义务承担连带清偿责任。青岛澳海资产管理有限公司承担保证责任后,有权向青岛信恒基商贸有限责任公司追偿。四、王舜壁对上述第一项给付义务承担连带清偿责任。王舜壁承担保证责任后,有权向青岛信恒基商贸有限责任公司追偿。五、宫国鹏对上述第一项给付义务承担连带清偿责任。宫国鹏承担保证责任后,有权向青岛信恒基商贸有限责任公司追偿。六、营口元亨曦地置业有限公司在其提供的抵押物的价值范围内对上述第一项给付义务承担赔偿责任。七、驳回青岛天一集团樱珠山房地产开发有限公司的其他诉讼请求。

二审法院判决:一、维持山东省青岛市中级人民法院(2014)青金商初字第 677 号民事判决第一、二、三、四、五、七项;二、变更山东省青岛市中级人民法院(2014)青金商初字第 677 号民事判决第六项为"营口元亨曦地置业有限公司在其提供的抵押物价值的二分之一范围内对上述第一项给付义务的不能清偿部分承担赔偿责任。营口元亨曦地置业有限公司承担赔偿责任后有权向青岛信恒基商贸有限责任公司追偿"。

法院观点

涉案《借款协议》《借款补充协议》的效力问题。经审理认为,青岛天一公司与信恒基公司、澳海公司、王舜壁、宫国鹏之间签订的《借款协议》是各方当事人的真实意思表示,内容不违反法律法规的强制性规定,合法有效。元亨曦地公司与青岛天一公司及信恒基公司签订的《借款补充协议》,虽然没有加盖元亨曦地公司与信恒基公司的公章,但 2014 年 8 月 21 日签订该协议时,宫国鹏是元亨曦地公司与信恒基公司的法定代表人,其在协议上签字系代表两公司的职务行为,协议内容不违反法律法规的强制性规定,故《借款补充协议》合法有效。元亨曦地公司虽然不认可《借款补充协议》的签订时间为宫国鹏担任法人代表时间,但未提供证据予以证明。故上诉人元亨曦地公司提出的"一审判决认定《借款协议》和《借款补充协议》合法有效错误"的上诉理由不成立,本院不予采纳。关于上诉人元亨曦地公司提出的"一审认定宫国鹏签订《借款补充协议》的行为构成表见代理属于事实认定错误"的上诉理由,经审理认为,一审判决中关于表见代理的表述,是在宫国鹏不是法人代表情形下的一种假设,是对《借款补充协议》效力的补强论证,不是认定《借款补充协议》效力的法律事实,不存在认定构成表见代理的事实认定。故该上诉理由不成立,本院不予采纳。

涉案抵押物未办理抵押登记,元亨曦地公司应承担的责任问题。经审理认为,一审法院判决元亨曦地公司承担赔偿责任不违反法律规定,这一赔偿责任是不履行抵押合同产生的违约责任,不是担保合同无效产生的民事责任,应当根据合同法而不是担保法确定赔偿责任，但是，一审判决元亨曦地公司在抵押物全部价值范围内承担赔偿责任不当。其一，关于抵押权的设立。元亨曦地公司与青岛天一公司及信恒基公司签订的《借款补充协议》，是土地使用权抵押合同。根据《物权法》第15条的规定，该合同自成立时生效。但是，该合同生效并不能直接产生抵押权设立的法律效果。根据《物权法》第187条的规定，土地使用权抵押，应当办理抵押登记，抵押权自登记时设立。本案中，《借款补充协议》签订后，未办理土地使用权抵押登记，抵押权没有设立。其二，关于抵押权未设立的责任。根据国土资源部《土地登记办法》的规定，办理土地登记应由当事人共同完成。本案中，《借款补充协议》签订后，元亨曦地公司与青岛天一公司都未办理土地使用权抵押登记，均构成违约，责任相当，应当承担同等违约责任。其三，关于责任承担的方式。根据《合同法》第107条规定，当事人一方不履行合同义务或者履行合同义务不符合约定的，应当承担继续履行、采取补救措施或者赔偿损失等违约责任。本案中，因主合同借款合同已到期，主债务进入清偿阶段，继续履行合同，进行土地使用权抵押登记，已无必要；同时，因当事人双方均未提供可行方案，无法采取补救措施，故一审法院判决元亨曦地公司承担赔偿损失的违约责任适当。其四，关于赔偿损失的性质。本案中，元亨曦地公司违约造成的后果是抵押权没有设立，青岛天一公司损失的是抵押权，元亨曦地公司赔偿其损失系抵押权损失赔偿。由于元亨曦地公司不是青岛天一公司的债务人，赔偿抵押权损失实质上是代债务人信恒基公司向青岛天一公司清偿债务。其承担赔偿损失责任后，享有向债务人信恒基公司追偿的权利。因此，在判决元亨曦地公司赔偿损失的同时，应明确其享有向信恒基公司追偿的权利。其五，关于赔偿损失的范围。本案中，青岛天一公司损失的是抵押权，应当以抵押物的价值为限。由于元亨曦地公司与青岛天一公司存在同等程度的违约行为，负有同等违约责任，元亨曦地公司赔偿损失的范围应为抵押物价值的1/2，而非抵押物价值的全部。而且，元亨曦地公司承担的是抵押权损失赔偿责任，应当以债务人信恒基公司不能清偿的部分为限。故元亨曦地公司关于“一审法院判决元亨曦地公司承担未设立抵押权的赔偿责任没有法律依据”的上诉理由不成立，本院不予采纳；关于“一审判决元亨曦地公司在抵押物价值范围内承担赔偿责任违反法律规定，即使元亨曦地公司应当承担赔偿责任，依据担保法的规定也不应当超过债务人不能清偿部分的1/2”的上诉理由中，“判决元亨曦地公司在抵押物价值范围内承担赔偿责任违反法律规定”的部分成立，本院予以采纳。

一审法院是否存在程序违法。经审理认为，一审中青岛天一公司主张由元亨曦地公司承担债务人信恒基公司偿还借款的连带担保责任，是在抵押权是否有效设立不明情况下对青岛天一公司承担民事责任的概括请求，既包含请求元亨曦地公司承担抵押权有效设立情况下的担保责任，也包含请求元亨曦地公司承担抵押权未有效设立情况下的民事责任，而且，二审中青岛天一公司明确表示认可一审判决赔偿损失的责任承担方式。同时，一审对元亨曦地公司承担责任的事实和法律进行了审理，元亨曦地公司对抵押权未有效设立的民事责任充分行使了举证、质证与辩论权，一审判决赔偿损失既未超出青岛天一公司的诉讼请求，也未剥夺元亨曦地公司的抗辩权利。故上诉人元亨曦地公司提出的“一审判决程序违法”的上诉理由不成立，本院不予采纳。

综上，上诉人元亨曦地公司提出的上诉理由部分成立。一审判决第一、二、三、四、五、七项适用法律准确，予以维持。一审判决第六项“营口元亨曦地置业有限公司在其提供的抵押物的价值范围内对上述第一项给付义务承担赔偿责任”不当，应予纠正。

金讼圈提示

一、在本案中，出借人（债权人、抵押权人）至少有两点做得不到位：

1. 为借款确定了保证担保与抵押担保，却没有明确约定担保范围包括债权实现的费用，导致律师费没有得到法院支持；2. 签订了抵押合同，抵押登记却未有及时办理也没有积极通知催告对方办理，不仅丧失抵押权（对抵押物的优先受偿权），而且还因自身也存在不积极履行合同需承担违约责任，导致法院二审改判抵押人只在抵押物价值一半范围内对不能清偿部分承担赔偿责任。

二、金讼圈建议：为了彻底避免争议和法院裁判规则的差异风险，建议抵押合同条款加入“……未能办理抵押登记，抵押人应对借款合同项下的全部债务承担连带清偿责任”。

018　债权人放弃抵押权，其他保证人可否相应免除责任？

案例索引

中国农业发展银行乾安县支行与江苏索普（集团）有限公司、上海儒仕实业有限公司保证合同纠纷二审民事判决书；最高人民法院于2016年6月6日作出的（2016）最高法民终40号民事判决书。

交易结构图

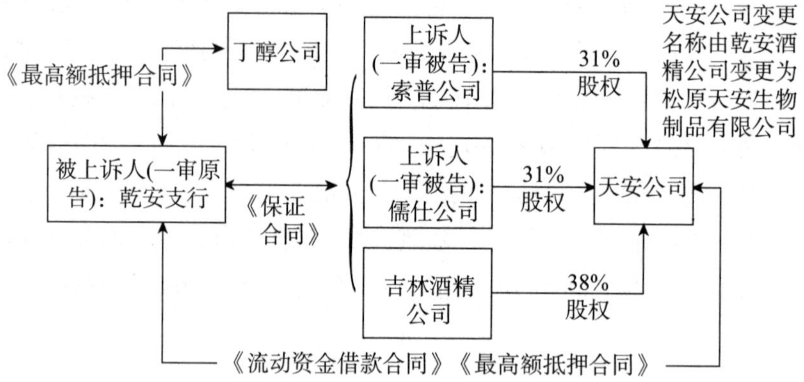

金讼圈导读

一、本案核心焦点问题为：在主债权同时附着第三人物的抵押担保和保证担保，且《保证合同》及《抵押合同》又均约定了“当债务人未履行债务时，无论债权人（抵押权人或被担保人）对所担保的主合同项下的债权是否拥有其他担保，债权人（抵押权人或被担保人）均有权直接要求抵押人（或保证人）在其担保范围内承担担保责任”的情形下，债权人事后放弃对第三人的抵押权，仅选择性单独向保证人主张权利，可否导致相应免除保证人的保证责任？

二、最高人民法院本案例一出，即引起了银行界、法律界非常激烈、广泛的争议和讨论。根据本案的裁判理由及改判结果，最高人民法院对以上问题给予了肯定答案。

三、尽管本案例争议极大，但对于贷款单位等金融机构来讲，风险不容小觑，如何避免此类风险，参见本文最后金讼圈提示。

裁判规则

一、《物权法》在《担保法》物权绝对优先原则的基础上，融合了意思自治的法律权衡，以满足更加丰富的现实需求，但并不意味着《物权法》即抛弃了物保相对优先的基本精神，而是就同一债权并存物保与人保时如何实现担保权利所作的规定。

二、对实现担保物权有明确约定的情形，无论是对人的担保合同还是对物的担保合同，均要审查是否存在“当事人约定的实现担保物权的情形”，无论该约定是就债务人提供的物保所作约定，还是就第三人提供的物保所作约定，均应当按照该明确约定实现债权。

三、在主债权附着第三人担保物权且关于实现担保物权条款明确约定了先行实现其债权情形下,债权人事后放弃其对第三人的抵押权,按照《担保法》《物权法》以上条文规定的总体精神,即可相应免除保证人的保证责任。

案情介绍

上诉人(一审被告):江苏索普(集团)有限公司。

上诉人(一审被告):上海儒仕实业有限公司。

被上诉人(一审原告):中国农业发展银行乾安县支行。

上诉人江苏索普(集团)有限公司(以下简称索普公司)、上海儒仕实业有限公司(以下简称儒仕公司)因与被上诉人中国农业发展银行乾安县支行(以下简称乾安支行)保证合同纠纷一案,不服吉林省高级人民法院(2015)吉民二初字第9号民事判决,向本院提起上诉。

2011年2月25日,索普公司、儒仕公司和吉林酒精公司成为天安公司的股东,索普公司、儒仕公司各占31%股权,吉林酒精公司占38%股权。同日,天安公司变更名称由吉安生化乾安酒精有限责任公司(以下简称乾安酒精公司)变更为松原天安生物制品有限公司。

2011年6月27日,索普公司、儒仕公司分别在乾安支行出具的《中国农业发展银行保证担保调查情况表》上签字盖章,确认自愿为天安公司提供金额为20,670.7万元的贷款担保,并承担连带责任,保证担保意思表示真实,所提供的担保资料真实有效。

2011年6月28日,乾安支行与天安公司签订了22072301-2011年(乾安)字0022号《流动资金借款合同》,约定:乾安支行向天安公司提供借款17,670.7万元人民币。借款用途为贷款重组,用于偿还22072301-2008年(乾安)字0073号、0074号、0014号、0072、0020号、0075号、0033号、0081号、0032号、0080号、0076号合同项下天安公司所欠债务。借款期限自2011年6月28日起至2019年6月26日止。借款利率为年利率,在中国人民银行公布的五年期以上贷款利率水平上下浮10%,利率为6.12%,遇中国人民银行贷款基准利率调整,自实际提款之日起按季调整,分段计息,按季调整时间为每季首月21日。逾期借款的罚息利率为合同约定的借款利率水平上加收30%,遇中国人民银行贷款基准利率调整,随之调整,按段计息。在合同约定的借款期限内,对借款人不能按期支付的利息,按合同约定的借款利率计收复利。借款按月结息,结息日为每月20日。借款人未按期归还借款的,对不能按期支付的利息按罚息利率计收复利。借款采取担保方式,担保合同另行签订,合同中列明的担保方式为保证担保方式,列明的担保合同编号有22072301-2011年乾安(保)字001号、

22072301－2011年乾安(保)字002号、22072301－2011年乾安(保)字003号《保证合同》。天安公司应按照乾安支行的要求每壹个月向乾安支行提供真实、完整、合法、有效的财务会计报表等相关文件、资料和信息,接受和配合乾安支行对其进行监督和检查。天安公司涉及重大经济纠纷或其他对其经营或财产状况产生重大不利后果的任何诉讼、其财产被扣押或冻结,可能使乾安支行遭受严重损失的;或者发生停产情形的,应于发生后3日内书面通知乾安支行,乾安支行有权要求天安公司提前归还借款本息。因天安公司违约致使乾安支行采取诉讼手段实现债权的,天安公司应当承担乾安支行为此支付的律师费、差旅费及其他实现债权的费用。同日,乾安支行向天安公司发放借款17,670.7万元,天安公司予以盖章签字确认。

同日,乾安支行与索普公司、儒仕公司以及吉林酒精公司签订了22072301－2011年乾安(保)字001号、002号、003号《保证合同》,约定:索普公司、儒仕公司、吉林酒精公司为22072301－2011年(乾安)字0022号《流动资金借款合同》、22072301－2011年(乾安)字0024号《固定资产借款合同》项下本金数额为20,670.7万元借款提供连带责任保证。保证担保的范围包括:主合同项下的主债权本金、利息、罚息、复利、违约金、损害赔偿金、实现债权的费用以及所有其他应付费用,包括但不限于诉讼费、仲裁费、财产保全费、评估费、拍卖费、执行费、代理费等。乾安支行依据主合同约定或法律、法规规定解除主合同,或依据主合同约定提前收回主债权时,有权要求保证人提前承担保证责任,保证人应当在《履行担保责任通知书》送达之日起5个工作日内履行连带保证责任。当债务人天安公司未履行债务时,无论债务人对主合同项下的债权是否拥有其他担保,乾安支行有权直接要求保证人承担担保责任。

同日,乾安支行与天安公司还签订了三份借款合同,分别为22072301－2011年(乾安)字0021号《流动资金借款合同》,借款金额为2000万元;22072301－2011年(乾安)字0023号《流动资金借款合同》,借款金额为8000万元;22072301－2011年(乾安)字0024号《固定资产借款合同》,借款金额为3000万元。

同日,乾安支行又与天安公司签订了22072301－2011年乾安(抵)字0015号《最高额抵押合同》,与丁醇公司签订了22072301－2011年乾安(抵)字0019号《最高额抵押合同》,抵押担保的主债权为天安公司与乾安支行自2011年6月28日起至2019年6月26日止期间签订的多个业务合同所形成的债权,其中0015号《最高额抵押合同》担保的最高债权本金金额为19,840万元,0019号《最高额抵押合同》担保的最高债权本金金额为3000万元。

另外,22072301－2011年(乾安)字0021号《流动资金借款合同》和22072301－2011年(乾安)字0023号《流动资金借款合同》均约定:本合同项下借款采取抵押担保方式，担保合同编号为22072301－2011年乾安（抵）字0015号。22072301－2011年（乾安）字0024号《固定资产借款合同》约定：本合同项下借款采取保证担保方式和抵押担保方式，《保证合同》编号为22072301－2011年乾安（保）字001号、002号、003号，《最高额抵押合同》编号为22072301－2011年乾安（抵）字0019号。

以上合同签订后，索普公司、儒仕公司曾于2013年8月向乾安支行上级主管部门反映，要求解除其与乾安支行签订的保证合同。

另查明：2013年8月6日，松原市中级人民法院（2013）松民二初字第33号民事判决书判令天安公司向吉林吉电能源有限公司给付货款255万余元及利息、诉讼费，该判决书生效后，该院于2013年9月28日下发（2013）松民执字第43号执行通知书，责令天安公司履行上述判决书裁决的给付义务。2013年9月4日，长春仲裁委员会裁决天安公司向靖宇县宏大经贸有限公司给付欠款317万余元及利息，并承担仲裁费。2013年10月18日，松原市中级人民法院下发（2013）松民执字第44号执行通知书，责令天安公司履行上述仲裁书裁决的给付义务。松原市中级人民法院于2014年5月6日裁定查封了天安公司所有的共计243套/台机械设备，并于2014年10月23日裁定拍卖部分机械设备。

松原市中级人民法院（2010）松民执字第274号和（2010）松民执字第275号两案的移送评估鉴定卷宗保存松原中庆资产评估有限责任公司松中庆评报字（2014）第36号资产评估报告书和松中庆评报字（2014）第37号资产评估报告书。报告书载明：松原中庆资产评估有限责任公司接受松原市中级人民法院委托，分别对（2010）松民执字第274号一案和（2010）松民执字第275号一案查封的机械设备在2014年7月31日所表现的市场价值进行评估。2014年7月29～31日，评估人员与法院工作人员一道对天安公司进行现场调查，另描述“原酒精厂（天安公司）已停产两年”。

再查明：天安公司分别于2011年12月21日、2014年3月27日向乾安支行偿还贷款本金240万元、1万元。2014年11月17日，乾安支行通知天安公司《流动资金借款合同》项下借款本息全部提前到期，要求其立即清偿17,429.7万元借款本金及已发生的利息，天安公司于2014年11月18日盖章确认收到通知，但至今对上述款项未予偿还。

乾安支行于2015年2月4日分别向索普公司、儒仕公司公证送达了《履行担保责任通知书》，通知索普公司、儒仕公司于收到《履行担保责任通知书》后5日内按照《保证合同》的约定承担清偿天安公司所欠17,429.7万元借款本金及利息的连带保证责任，索普公司、儒仕公司收到通知，但至今对上述款项未予偿还。

天安公司于2015年4月22日向乾安支行发出《重要工作事项沟通函》，该沟通函载明:2015年1月15日三方股东开会讨论指出,天安公司部分酒精生产设备已被拆除,企业复产的希望已经彻底破灭,并于春节前向松原市中级人民法院递交了破产申请材料。

经审理,进一步查明以下事实:(一)关于本案重组贷款合同总金额及其实际发放情况。(二)关于本案重组贷款项下存有争议的原借款合同情况。(三)关于本案重组贷款是否设定抵押的情况。结合本院进一步查明的事实,除本案《保证合同》第6.14条外,经查,乾安支行与天安公司以及丁醇公司签订的两份《最高额抵押合同》第11.7条均约定:"当债务人未履行债务时,无论抵押权人对所担保的主合同项下的债权是否拥有其他担保,抵押权人均有权直接要求抵押人在其担保范围内承担担保责任。"(四)关于天安公司因吉行松原分行债权被另案诉讼与执行情况。(五)关于本案索普公司、儒仕公司原审申请追加当事人情况。(六)关于乾安支行另案诉讼索普公司、儒仕公司3000万元借款保证合同纠纷一案情况。(七)关于乾安支行另案诉天安公司1亿元借款合同纠纷一案情况。(八)关于本案重组贷款涉及利息、罚息、复利情况。

裁判结果

吉林省高级人民法院于2015年11月5日作出(2015)吉民二初字第9号民事判决:一、索普公司、儒仕公司于本判决生效后立即共同连带偿还乾安支行借款本金17,429.7万元及利息、罚息和复利(利息按借款利率计收,其中,自2011年6月28日至2011年12月21日期间的计息本金为17,670.7万元,自2011年12月22日至2014年3月27日期间的计息本金为17,430.7万元,自2014年3月28日至2014年11月18日期间的计息本金为17,429.7万元;罚息自2014年11月19日至偿清日以17,429.7万元为本金按罚息利率计收;复利自2011年6月28日至2014年11月18日期间以每月欠付的利息为本金自下月起按借款利率计收,自2014年11月19日至偿清日以截至2014年11月18日欠付的利息为本金按罚息利率计收。借款利率为年利率6.12%,罚息利率为年利率7.956%,遇中国人民银行贷款基准利率调整随之按季调整)。二、索普公司、儒仕公司于本判决生效后立即连带给付乾安支行本案律师代理费54万元。

二审(最高人民法院)判决:一、撤销吉林省高级人民法院(2015)吉民二初字第9号民事判决;二、驳回中国农业发展银行乾安县支行的诉讼请求。

法院观点

本案争议的问题主要有以下方面:第一,乾安支行是否有权提前收回重组贷款;第二，索普公司、儒仕公司的保证意思表示是否真实；第三，本案保证担保主债权金额应认定为多少；第四，索普公司、儒仕公司应否在天安公司以及丁醇公司提供的最高额抵押金额或抵押物价值范围内免除保证责任，而这又涉及本案主债权是否附着最高额抵押、有关实现担保物权的约定是否明确、应否免除索普公司、儒仕公司保证责任这三个具体问题；第五，索普公司、儒仕公司应否在吉林酒精公司保证份额内免除保证责任；第六，一审判决关于利息、罚息、复利计算是否正确；第七，乾安支行关于律师代理费的诉求应否支持。

一、关于本案主债权是否附着天安公司与丁醇公司最高额抵押担保的问题

1. 乾安支行依照 0015 号、0019 号《最高额抵押合同》对天安公司、丁醇公司分别所附以上抵押物享有合法的最高额抵押权。2. 本案 0022 号《流动资金借款合同》项下借款是否附着天安公司与丁醇公司最高额抵押担保的问题。就最高额抵押所对应的债权而言，只要是在约定期间发生的债权，只要是约定期间之内到期可以主张的债权，只要是不超过最高额债权限度的债权，债权人均可对抵押物主张行使抵押权利；并且，只有当债权到期之时，受最高额抵押担保的债权才最终予以确定，而当面临多个到期债权情形时，先到期先主张则先受偿，超过最高额债权限度再行主张的债权则失去行使抵押的权利。就本案而言，乾安支行与债务人天安公司以及第三人丁醇公司分别签订编号为 0015 号、0019 号《最高额抵押合同》，所担保的最高债权本金余额分别为 19，840 万元及 3000 万元，均系为债务人天安公司向债权人乾安支行的借款提供担保，且两份合同所担保的主债权期间均为 2011 年 6 月 28 日起至 2019 年 6 月 26 日止，所担保的主债权种类均为银行贷款，无论是债权人与债务人、还是债权发生期间以及债权种类等，两份《最高额抵押合同》与本案 0022 号《流动资金借款合同》均相互吻合。

二、关于本案实现担保物权的约定是否明确的问题

《物权法》第 176 条之规定：“被担保的债权既有物的担保又有人的担保的，债务人不履行到期债务或者发生当事人约定的实现担保物权的情形，债权人应当按照约定实现债权；没有约定或者约定不明确，债务人自己提供物的担保的，债权人应当先就该物的担保实现债权；第三人提供物的担保的，债权人可以就物的担保实现债权，也可以要求保证人承担保证责任。提供担保的第三人承担担保责任后，有权向债务人追偿。”《担保法》第 28 条规定：“同一债权既有保证又有物的担保的。保证人对物的担保以外的债权承担保证责任。债权人放弃物的担保的，保证人在债权人放弃权利的范围内免除保证责任。”比照《物权法》与《担保法》以上条文的规定，《物权法》显然对《担保法》物保绝对优先的原则进行了修正，但这并不意味着《物权法》即抛弃了物保相对优先的基本精神。正确理解该条文,显然是就同一债权并存物保与人保时如何实现担保权利所作的规定,显然在《担保法》物权绝对优先原则的基础上,融合了意思自治的法律权衡,以满足更加丰富的现实需求。本院认为,对《物权法》第176条可作以下三种情形的具体把握:第一种情形,即对实现担保物权有明确约定的情形,在此情形下,无论是对人的担保合同还对是物的担保合同,均要审查是否存在"当事人约定的实现担保物权的情形",即是否对实现担保物权作出明确约定,有此约定的,即应优先按照该类约定进行处理,无论该类关于实现担保物权的约定是就债务人提供的物保所作约定,还是就第三人提供的物保所作约定,均应当按照该明确约定实现债权。很显然,此等情形下,隐含着意思自治可以排除物保优先的精神,这实际是将契约自由精神摆在更加重要的法律地位。但此等情形下,依然始终要围绕实现担保物权的约定进行审查,其实质亦同样体现着物保优先的法律原则。第二种情形,即先就债务人的物保实现债权的情形,经审查人保合同与物保合同,对实现担保物权的情形没有约定或者约定不明确时,则债权人应当先就债务人提供的物保实现其债权,不得绕过债务人的物保而径行追究人保合同项下保证人的保证责任。此等情形,更是直接体现着物保优先的原则,尽管是就债务人的物保优先而言。第三种情形,即债权人对第三人提供的物保选择实现债权的情形,此等情形适用的前提与前述第二种情形应当相同,即依然是有关实现担保物权的情形没有约定或约定不明确时,因提供物保主体上存在差异,即物保系债务人以外的第三人所提供,则债权人既可选择向第三人物保实现债权,也可依据人保合同向保证人实现债权,或者同时向第三人物保以及人保提供者主张实现债权。此等情形,尽管赋予债权人以选择权,但此等情形的前提是没有关于实现担保物权的明确约定,因此依然体现着物保优先原则与意思自治原则相结合的审查要求。

结合本院进一步查明的事实,除本案《保证合同》第6.14条外,经查,乾安支行与天安公司以及丁醇公司签订的两份《最高额抵押合同》第11.7条均约定:"当债务人未履行债务时,无论抵押权人对所担保的主合同项下的债权是否拥有其他担保,抵押权人均有权直接要求抵押人在其担保范围内承担担保责任。"根据以上对《物权法》第176条规定所作理解,结合对本案《保证合同》以及两份《最高额抵押合同》相关条款的审查,当本案被担保债权既有物的担保又有人的担保,且物的担保既有债务人提供的,也有第三人丁醇公司提供时,乾安支行无疑应当依照两份《最高额抵押合同》中关于实现担保物权的明确约定,先行向债务人天安公司以及第三人丁醇公司主张实现其债权,而不应当依照本案《保证合同》的约定实现其债权。这是因为,本案《保证合同》的前述约定,仅仅是关于实现保证债权而非实现担保物权的约定,而且本案《保证合同》的前述条款也并没有明确涉及实现担保物权的内容,不能得出已就担保物权的实现顺序与方式等作出了明确约定，故不能将本案《保证合同》中的以上约定即理解为《物权法》第 176 条规定的“当事人约定的实现担保物权的情形”。但两份《最高额抵押合同》第 11.7 条所作的相同约定，却显然是关于实现担保物权所作的约定，是关于抵押权人直接要求抵押人在其物保范围内承担物保责任的约定，无疑属于就实现担保物权所作的明确约定，这与乾安支行及一审判决关于《保证合同》第 6.14 条的理解逻辑实质上并无不同。在此情形下，按照《物权法》第 176 条之规定，当发生当事人约定的实现担保物权的情形时，债权人即应当按照该约定实现债权，即本案乾安支行应当按照其与债务人天安公司以及第三人丁醇公司的明确约定，不仅应当先就债务人天安公司的物保实现其债权，而且也应当先就第三人丁醇公司的物保实现其债权。一审判决对于《物权法》第 176 条规定的精神理解显然片面，在得出本案 0022 号《流动资金借款合同》同时附着两份《最高额抵押合同》以及本案《保证合同》的正确判断下，却又仅仅审查本案《保证合同》项下关于实现保证债权的约定，不去审查两份《最高额抵押合同》项下对于实现担保物权已经作出的明确约定，明显不妥。乾安支行能够理解本案《保证合同》第 6.14 条的约定明确，却偏偏置本案两份《最高额抵押合同》第 11.7 条的明确约定于不顾，这与其作为专业银行应当正确理解《物权法》精神以及应当全面审查《保证合同》与《最高额抵押合同》的基本要求均相违背，对由此片面理解法律精神以及片面审查合同条款所可能引发的行为后果，乾安支行应自行承担。故索普公司、儒仕公司关于乾安支行应先向债务人天安公司以及第三人丁醇公司实现债权的主张，因两份《最高额抵押合同》已就此作出明确约定，应予支持。

三、关于索普公司、儒仕公司主张免除保证责任应否支持的问题

与适用本案是否免除保证人责任相关的法条主要有以下规定：一是《担保法》第 28 条之规定：“同一债权既有保证又有物的担保的，保证人对物的担保以外的债权承担保证责任。债权人放弃物的担保的，保证人在债权人放弃权利范围内免除保证责任。”二是《担保法司法解释》第 38 条第 3 款之规定：“债权人在主合同履行期届满后怠于行使担保物权，致使担保物的价值减少或者毁损、灭失的，视为债权人放弃部分或者全部物的担保。保证人在债权人放弃权利的范围内减轻或者免除保证责任。”三是《担保法司法解释》第 123 条之规定：“同一债权上数个担保物权并存时，债权人放弃债务人提供的物的担保的，其他担保人在其放弃权利的范围内减轻或者免除担保责任。”四是《物权法》第 194 条第 2 款之规定：“债务人以自己的财产设定抵押，抵押权人放弃该抵押权、抵押权顺位或者变更抵押权的，其他担保人在抵押权人丧失优先受偿权益的范围内免除担保责任，但其他担保人承诺仍然提供担保的除外。”五是《物权法》第 178 条规定：“担保法与本法的规定不一致的，适用本法。”综合以上条文以及前述《物权法》第176之规定，除《担保法》第28条关于保证人仅对物的担保以外的债权承担保证责任与《物权法》第176条关于优先按照实现担保物权的约定实现债权以及约定不明时如何实现债权的规定存在明显冲突外，其他各条关于放弃物保而免除保证责任的法条表述虽不完全一致，但各条规定精神总体相符，并可互为补充适用。本院认为，在本案主债权不仅附着债务人天安公司的担保物权并同时附着第三人丁醇公司担保物权的情形下，在债权人乾安支行应当按照其与债务人天安公司以及第三人丁醇公司关于实现担保物权的明确约定先行实现其债权情形下，结合本案相关事实，索普公司、儒仕公司关于免除保证责任的请求，应予支持。

其一，乾安支行本案不起诉、不追加天安公司以及丁醇公司应视为其放弃抵押权的行为。综合上述各法条规定，其中所谓的"放弃"，显然不应按本案一审判决所理解的仅限于明确积极的放弃行为。因为实践之中明确表示放弃担保物权的情形毕竟是少见的，通常表现出来的往往是一些债权人的不作为行为致使担保物权实现困难，或因债权人的原因致使担保物权下的实际财产内容减少等，均可视为放弃之范畴。如本案情形，乾安支行依法应当先行向物权担保人实现其债权，但却不起诉、不追加物权担保人天安公司与丁醇公司为本案当事人，甚至在明知天安公司抵押资产正持续贬值尤其是个别土地使用权抵押已经到期情形下，乾安支行依然怠于行使其抵押权，如此诉讼阶段的不作为若还不视为放弃担保物权的行为，则以后类似债权人均难免如本案一样滥用其诉权。对此，乾安支行却始终认为，其本案债权并不附着债务人天安公司与第三人丁醇公司的担保物权，故其不起诉天安公司与丁醇公司属于其可以选择的权利。但本院认为，本案并不属于乾安支行可以选择起诉的范畴，对不可选择起诉的抵押人却明确不予起诉，即应视为放弃抵押权的行为。如之前本院所曾指出，因本案债权不仅附着物保而且对实现物保有着明确约定，故依据《物权法》第176条的规定，乾安支行"应当按照约定实现债权"，即应当先向天安公司并丁醇公司主张最高额抵押权以实现其债权。乾安支行关于本案债权并不附着天安公司以及丁醇公司物保的主张，实际属于其作为专业银行对最高额抵押法律制度不应当发生的错误理解，属于其始终放弃该物保的错误主观认知。正是基于该错误的主观认知，其对可选择的诉讼对象亦产生错误判断，乾安支行不仅不起诉该两公司主张最高额抵押权，而且在索普公司、儒仕公司申请追加当事人或主张在放弃该两公司抵押权价值范围内相应免责情形下，乾安支行依然不追加该两公司承担抵押担保责任，乾安支行此等不起诉以及不予追加的诉讼表示，应当视为其以诉讼表示放弃担保物权的情形。还可进一步得到印证的是，乾安支行在松原市中级人民法院另案起诉索普公司、儒仕公司主张0024号《固定资产借款合同》项下3000万元债权时，即便按其自身主张0024号《固定资产借款合同》项下的确附着第三人丁醇公司0019号《最高额抵押合同》项下的最高额抵押，但其在该另案起诉时依然没有将第三人丁醇公司一并起诉，当然也没有起诉债务人天安公司。所以，乾安支行放弃债务人天安公司以及第三人丁醇公司物保的意思表示不仅在本案表露无遗，在该另案中亦可得到相互印证。乾安支行对于其自身错误认知以及错误选择诉讼对象而可能造成的法律后果，应当自行承担。

就乾安支行放弃抵押权的价值而言，一是本案最高额抵押担保的最高债权本金余额明显大于乾安支行本案主张的主债权金额。本案两份《最高额抵押合同》分别担保的最高债权本金余额分别为19,840万元以及3000万元，合计22,840万元，而本案乾安支行起诉主张的主债权金额为17,429.7万元，且其中有7968.8万元本院已经不予认定与支持，这意味着乾安支行放弃抵押权的价值已经远远大于本案其所主张的主债权价值。二是列入抵押物清单的抵押物评估总价值以及设定抵押价值亦远远超过乾安支行本案主张的主债权金额。仅债务人天安公司提供最高额抵押的机器设备、房屋、土地使用权经评估总价值已达38,958.1316万元，设定抵押价值亦达19,459.0389万元，而第三人丁醇公司提供的用于本案最高额抵押物评估价值为10,115.6358万元。所有评估价值及设定抵押价值均获得乾安支行的当时认可，有些还是由乾安支行委托评估而得出，乾安支行作为天安公司的开户银行、贷款银行、监管银行对于以上评估价值与设定抵押价值均应当清楚。三是本案并未流失的不动产抵押物价值依然大于主债权金额。天安公司抵押物除部分机器设备因吉行松原分行申请执行一案被执行外，其余机器设备以及房地产等不动产抵押物均未流失。仅就不动产抵押物而言，天安公司用于抵押的66栋房产，总面积为58,405.5平方米，抵押时经评估价值为11,796.166万元；另天安公司电站厂房、锅炉房、办公楼总面积7470.84平方米，抵押时评估价值为1721.3256万元；还有七份土地使用权，总面积23.227241万平方米，评估价值1936.93万元，除其中一份第072300293号评估价值为197.74万元的土地使用权抵押权存续期限至2015年12月31日到期外，其余六份土地使用权抵押期限均至2019年7月5日，均未到期。以上天安公司不动产抵押物评估价值扣除已到期抵押物价值的余额为15,256.6816万元，这一价值尚不包括第三人丁醇公司提供的抵押物价值。本院认为，在此必须指出的是，以上各抵押物评估价值，如果其中存在因抵押物抵押时的评估价值与设定抵押价值虚假评估或高估而引发债权实现时抵押物价值贬损可能的话，则应由乾安支行自行承担该可能之后果，与索普公司、儒仕公司无关，因为索普公司、儒仕公司并未参与以上价值评估及其抵押价值的设定；如果由于停产以及市场原因等导致抵押物最终处理时价值贬损可能的话，亦应由乾安支行负责，因这与乾安支行放弃行使或怠于行使其抵押权密切相关，与保证人索普公司、儒仕公司亦无关联;如果以上抵押物最终处理时的价值足以满足乾安支行本案合法债权请求的话,则更无追究本案保证人责任之必要。

其二,乾安支行放弃第三人丁醇公司的物保,索普公司、儒仕公司并非不可主张相应免除保证责任。本院认为,抵押权人放弃债务人提供的物保无疑应当相应免除保证人的责任,这固然是《担保法司法解释》第123条、《物权法》第194条第2款规定的应有之义,但这也不能一概得出保证人对于抵押权人放弃第三人物保的情形均不得主张相应免除保证责任。这是因为,《担保法司法解释》第123条、《物权法》第194条第2款仅是就债权人放弃债务人物保时其他担保人可以主张相应免责作了规定,但就其他担保人对债权人放弃第三人物保时是否可以主张免责并未明确,而《物权法》《担保法》其他条文对此亦无明文规定;反倒是《担保法司法解释》第38条第3款就债权人怠于行使"担保物权"时保证人可以相应免责作了规定,这里的"担保物权"并未区分是债务人所提供还是第三人所提供。由此,本案保证人索普公司、儒仕公司即据此主张其可以在乾安支行放弃丁醇公司物保范围价值范围内相应免责。事实上,当前理论与实践中对这一问题的确存在不同认识,主要有两种基本观点:一是债权人放弃的无论是债务人提供的物保还是第三人提供的物保,其他担保人均可主张相应免责;二是只有当债权人放弃债务人提供的物保时,其他担保人才可主张相应免责。对此,本院认为,应结合《物权法》第176条的规定精神更加全面地加以把握。按该条规定,当有关于实现担保物权明确约定时即应按照该约定实现债权,因此亦应理解为,当债权人已经与第三人就实现物保作了明确约定时,若债权人放弃该第三人提供的物保,则其他保证人并非不可主张相应免除担保责任;当然,如果对实现第三人担保物权的约定并不明确时,则不仅抵押权人可以选择是否起诉该第三人,并且债权人即便放弃该第三人抵押权时,其他担保人亦不得主张相应免除担保责任。所以,当抵押权人放弃第三人的抵押权时,其他担保人是否可以主张相应免除担保责任,关键要看有关实现该第三人担保物权的约定是否明确,或者说前提是抵押权人对该第三人物保是否享有选择起诉的权利,这应是综合《担保法》《物权法》以上法条精神的正当理解与把握。结合本案事实而言,乾安支行与第三人丁醇公司签订的0019号《最高额抵押合同》中对实现抵押权已经作了明确约定,乾安支行不按照其与第三人丁醇公司的明确约定实现其债权,放弃其对第三人丁醇公司的抵押权,按照《担保法》《物权法》以上条文规定的总体精神,即可相应免除保证人的保证责任。

尤其本案还特有的事实是,根据现有相关材料显示,第三人丁醇公司之所以为天安公司提供抵押担保显然是为了置换、释放天安公司前身乾安酒精公司向吉行松原分行的抵押资产而引起。乾安酒精公司因为向吉行松原分行债权提供抵押一事,面临松原市中级人民法院(2009)松民二初字第81、82号两案民事判决的执行。为此,2011年2月16日,松原市人民政府与吉林省农业发展银行联合上报吉林省人民政府松政文〔2011〕3号文件,建议将吉安集团旗下丁醇公司的足额优质资产抵押给吉行松原分行,以置换、释放乾安酒精公司的抵押资产,确保乾安酒精公司的重组工作顺利进行。而同年6月25日,索普公司、儒仕公司、天安公司、吉林省粮食集团有限公司四方联合给乾安支行出具的《关于农发行重组贷款发放相关问题的报告》更是明确要求,农发行必须要求丁醇公司给新企业的抵押担保提供等额的资产反担保,且如果吉行松原分行强制执行时,要求必须执行丁醇公司资产,不得因此对天安公司的生产经营活动带来任何影响。同年7月8日,乾安支行给索普公司、儒仕公司、天安公司、吉林省粮食集团有限公司出具的《关于对〈关于农发行重组贷款发放相关问题的报告〉的复函》中明确承诺,就天安公司资产为吉安销售公司在吉行松原分行提供抵押担保问题,市政府整改办、农发行高度重视,与吉安集团进行了沟通、协商,为妥善解决该问题,避免给天安公司未来生产经营带来影响,我行和市政府整改办要求吉安集团仍然要作为第一还款责任人来偿还吉行松原分行贷款;同时,要求吉安集团拿出等额资产为天安公司提供反担保,并且签订有效的抵押担保协议手续,以规避吉行松原分行主张天安公司抵押资产带来的风险。尽管当时与天安公司同属吉安集团下属关联企业的丁醇公司最终并未替换天安公司向吉行松原分行的抵押,按乾安支行的说法是因吉行松原分行并非同意,但最终丁醇公司为天安公司向乾安支行借款提供抵押却事实发生,而且就发生在以上各方主体协商谈判及文件往来期间,与以上文件提到的反担保精神亦总体相符。以上文件内容以及丁醇公司抵押发生的时间均可充分表明,第三人丁醇公司提供本案0019号《最高额抵押合同》项下价值3000万元的抵押有着特定背景与特殊目的,那就是要以此抵押来化解或释放吉行松原分行债权执行可能带给重组后天安公司的经营风险。但事实却是,当吉行松原分行债权受让人杨建文申请执行天安公司抵押资产时,天安公司虽提异议,却没有证据显示乾安支行提出过任何异议,乾安支行即便知道或应当知道该执行会带给天安公司抵押资产重大价值贬损,亦没有如原先约定以丁醇公司的抵押资产来化解相关之风险,以至于如乾安支行所言,天安公司评估时2.3亿多的机器设备主要因此执行如今已到价值几乎全部灭失之境地。如果说,因为丁醇公司当时并未实现替代天安公司向吉行松原分行设定的抵押,以至于乾安支行无法以丁醇公司抵押来化解该执行风险的话,那么在提起本案诉讼乃至另案3000万元债权诉讼,尤其是该3000万元债权按乾安支行主张还明确附着丁醇公司抵押的话,乾安支行仍以不起诉、不追加丁醇公司的坚定意思表示而明确放弃对丁醇公司抵押责任的追究,这已经不仅仅是债权人不正当维护自身权益的问题,而是明显既损害自身权益也明显损害保证人权益,更明显违背其债权重组时所做承诺的问题。乾安支行仅以索普公司、儒仕公司有足够保证能力而完全无视其在政府协调下、在各方重大利益关切下所做出的承诺,完全无视第三人丁醇公司提供抵押的特定目的,不仅完全放弃第三人丁醇公司的抵押,而且还公然主张这样的放弃是其可以选择的权利,这不仅令人情理上无法认同,亦必须让其对自身失信行为承担相应后果。故此,无论是结合本案乾安支行与丁醇公司0019号《最高额抵押合同》的明确约定,还是结合本案以上第三人丁醇公司提供抵押担保的特殊背景与目的,乾安支行关于其放弃第三人丁醇公司抵押而索普公司、儒仕公司不得主张相应免责的理由,不能予以支持;一审判决支持乾安支行该项主张,系对《物权法》第176条、第178条、第194条第2款等相关法条并不全面的理解,与本案之实际亦不相符。

其三,乾安支行与天安公司未经保证人同意经由另案庭审变更本案原所设定的抵押担保,索普公司、儒仕公司保证责任应予免除。本案一审判决作出后,乾安支行又另案发起针对债务人天安公司的诉讼,除主张1亿元债权外,还依据2011年6月28日签订的0015号《最高额抵押合同》主张其抵押权利。但依据松原市中级人民法院2016年5月9日就该另案作出的(2016)吉07民初3号民事判决,在该案庭审中,乾安支行与天安公司均已确认0021号、0023号《流动资金借款合同》项下共计1亿元的债权转入2011年7月8日变更后的0015号《最高额抵押合同》所担保的债权范围,这是该案庭审时双方达成的确认,并非2011年7月8日变更当时双方之确认,更非其他各利益相关主体当时之共认。乾安支行与天安公司于该案庭审中的一致表示,必将发生以下后果:一是身为债权人的乾安支行与身为债务人的天安公司以共同的诉讼表示确认变更了他们原所签订且直至该另案诉讼发生时各方原本均认可的2011年6月28日的0015号《最高额抵押合同》,他们以共同的诉讼行为将原6月28日的《最高额抵押合同》确认变更为7月8日的0015号《最高额抵押合同》;二是他们一致同意将0021、0023号《流动资金借款合同》项下1亿元债权转入他们一致认可变更后的7月8日《最高额抵押合同》。如此诉讼行为之后果,实际隐含着未经他们认可的其他债权均不得再行纳入7月8日的0015号《最高额抵押合同》担保范围,结合乾安支行本案之中始终否认7月8日0015号《最高额抵押合同》担保了本案之债权,如此必然使原本附着6月28日0015号《最高额抵押合同》抵押担保的本案0022号《流动资金借款合同》项下债权,由于债权人与债务人于该另案之中事后共同放弃之表示而失去抵押担保之附着效力。而且,由于乾安支行本案只起诉保证人索普公司、儒仕公司,而另案又只起诉天安公司,这种起诉对象的割裂安排,致使保证人索普公司、儒仕公司对该另案之中乾安支行与天安公司所谓一致认可之变更无法提出任何有效的抗辩,这种看似

“程序高明”的安排,实质损害或者剥夺了保证人的程序抗辩权益,是一种典型地滥用诉讼权利以及诉讼失信之行为。如果不让类似本案诉权滥用情形之当事人承担相应的后果,则必然会导致类似乾安支行本案诉权滥用现象之蔓延,而这显然为程序正义所不容。还有,乾安支行与天安公司如此诉讼处置的行为,亦明显是在对抗本案一审在先已经做出的关于本案债权不仅附着索普公司、儒仕公司等人保,而且也附着2011年6月28日天安公司以及丁醇公司物保的判决,其原本可以就本案一审判决该项认定正当提起上诉,但却另案与天安公司不当进行诉讼处置,对此不当处置行为之后果必须自行承担。乾安支行与天安公司于该另案中的以上诉讼处置,最为清晰地证明了乾安支行放弃本案债权原所附着的债务人天安公司物保之效力,使本案债权完全失去了债务人天安公司原本提供的物权担保,而且所放弃的价值就本案债权而言,按天安公司提供的最高债权余额为19,840万元,即便扣除乾安支行该另案主张的1亿元债权本金,所放弃的抵押担保债权本金余额亦达9840万元,而本案乾安支行有证据可以支持的债权本金扣除其已经通过诉讼与执行不能再行让保证人承担保证责任的金额后只有9701.9万元,这也就是说即便扣除乾安支行于该另案主张的1亿元债权金额,其与债务人天安公司一致认可放弃抵押担保的债权本金额亦超过了其于本案主张可以获得支持的债权本金额。不仅如此,还应注意的是,根据《担保法》第24条之规定,债权人与债务人协议变更主合同的,应当取得保证人书面同意,未经保证人书面同意的,保证人不再承担保证责任。保证合同另有约定的,按照约定。如前所述,本案债权应当认定附着债务人天安公司所提供之物保,相对于保证人索普公司、儒仕公司而言,本案0022号《流动资金借款合同》无疑是保证合同所对应的主合同,但除此之外,乾安支行与天安公司2011年6月28日与本案0022号《流动资金借款合同》同一日签订的0015号《最高额抵押合同》,亦应属于该主合同对价的重要组成部分。但债权人乾安支行与债务人天安公司却在另案一致变更6月28日的《最高额抵押合同》,默契一致地将7月8日《最高额抵押合同》替代原6月28日之《最高额抵押合同》,这种行为亦实质属于债权人与债务人协议变更主合同附属最高额抵押重要条款却未取得保证人书面同意的情形,因此亦实质违反了《担保法》第24条之规定精神,保证人因此亦不再承担保证责任。综上,索普公司、儒仕公司主张免除本案保证责任,不仅有法律依据,而且有事实依据,应予支持。

尤为值得指出的是,乾安支行为维护其正当债权利益,原本可以就其与天安公司重组债权整体提起诉讼。因为,2011年6月28日其与天安公司签署30,671万元整体《贷款重组协议》一份,并据此同一日与天安公司分别签订0021号、0022号、0023号《流动资金借款合同》以及0024号《固定资产借款合同》,该四份借款合同合计借款金额亦为30,671万元,同一日还分别与天安公司签订0015号《最高额抵押合同》,与丁醇公司签订0019号《最高额抵押合同》、与索普公司、儒仕公司、吉林酒精公司签订001号、002号、003号《保证合同》。结合签订合同的以上事实,乾安支行完全可以原告身份,同时起诉天安公司既主张全部重组贷款债权也主张最高额抵押权,并同时起诉丁醇公司主张最高额抵押权,同时起诉索普公司、儒仕公司、吉林酒精公司主张承担保证责任,如此诉讼情形下,便于各方主体共同到庭查明全案事实,查明实际贷款重组金额,由此则不仅天安公司应归还实际所欠债务,而且乾安支行还可就天安公司以及丁醇公司抵押物按原设定最高债权担保份额获得优先受偿权,同时还可让索普公司、儒士公司、吉林酒精公司在应承担保证责任金额范围内进一步承担补充还款责任。如此,不仅债权金额的查明可以给各方充分辩论权利,而且抵押物价值的最终变现与处理亦必然在各方关切下获得公平处理,乾安支行的债权利益亦必然会最大化地、合理化地依法获得保障。但令人遗憾的是,乾安支行一味地追求自身债权最大化地实现,不仅分案诉讼,而且选择性地进行诉讼,不仅令人无法理解地、任性地放弃第三人丁醇公司的抵押权,不仅任性地不起诉同省保证人吉林酒精公司,更令人无法接受的是,乾安支行不仅不顾保证人利益,实质亦是不顾自身利益,将本案一审判决已经认定且原本附着天安公司抵押担保的本案债权,竟于另案之中与天安公司以事后一致确认的方式将该公司抵押物完全变更排除适用于本案债权。或许在乾安支行看来,如此安排,其本案债权可有索普公司、儒仕公司保证,另案3000万元债权也有索普公司、儒仕公司保证,而另案1亿元债权则有天安公司抵押物保障,其全部重组贷款债权必将获得全部实现。本院认为,乾安支行就其整体重组贷款整案诉讼应为优先,分案诉讼亦未尝不可,但如乾安支行以上分案诉讼的安排,明显是以牺牲保证人索普公司、儒仕公司的重大利益为代价,明显置保证人依法应当享有的权利完全于不顾,最终亦实际是置自身权益于不顾。实现债权并无不可,最大化追求债权的实现亦无可厚非,但保证人承诺保证后并非没有相应合法之救济权利,置保证人正当之实体与程序权利于不顾,随意地取舍债务责任人范围,随意地放弃物保价值,随意地安排诉讼进行,过分地、不合法地追求自身债权最大化的实现,与其专业银行的债权人身份极不相称,乾安支行必须为其放弃之权益承担后果。

综上全部所述,本院认为:乾安支行基于天安公司停产且未归还本息借款等事实,有权依照借款合同约定请求提前归还借款本息,一审判决对此认定正确。索普公司、儒仕公司称在签订保证合同时乾安支行存在欺诈等情形,但并未提供充分证据证明,一审判决对此不予支持,亦无不妥。本案借款合同明确约定借款用途为重组贷款,故对本案主债权金额的认定不能仅仅依据重组走账金额认定,而应结合证据与实际情况进行审查；乾安支行提供的列入重组的部分原借款始终无法提供对应合同，另部分原借款合同项下的借款已经由人民法院作出生效判决并已执行终结，均应当从乾安支行主张的保证债权金额中予以扣除；一审判决对于认定本案保证主债权金额的举证责任分配不当，致使对本案担保主债权金额的认定有误。乾安支行决定提前收回本案主债权，并依法应当知道该主债权不仅附着债务人天安公司的物保而且亦附着第三人丁醇公司的物保，亦应当知道关于实现担保物保的约定应为明确，但其发起本案诉讼之时，却不予起诉天安公司与丁醇公司，甚至在索普公司、儒仕公司申请追加天安公司参与诉讼时，在索普公司、儒仕公司主张在放弃天安公司与丁醇公司物保价值范围内相应免责时，依然拒绝追加债务人天安公司，依然不予追加第三人丁醇公司；而且，乾安支行关于其放弃第三人丁醇公司物保而保证人不得相应免责的主张，不仅违背其与丁醇公司物保合同关于实现抵押权的明确约定，亦违背其为获此抵押向保证人所作的特殊承诺；尤其是乾安支行另案起诉债务人天安公司主张1亿元债权过程中，未经保证人索普公司、儒仕公司书面同意却一致变更放弃本案债权原所附着的债务人天安公司的物保；故索普公司、儒仕公司主张免于承担本案保证责任的上诉请求，有事实与法律依据，应予支持。乾安支行对其错误理解有关法律精神、片面审查本案合同相关条款以及滥用债权人诉讼权利的法律后果与风险，均应自行承担。一审判决关于本案主债权附着天安公司、丁醇公司物保的认定虽然正确，但对实现担保物权的约定却不予审查，导致判令索普公司、儒仕公司承担本案保证责任，属于适用法律错误。本案保证合同明确约定为连带责任保证，索普公司、儒仕公司、吉林酒精公司之间并没有关于保证份额的约定，乾安支行虽未起诉吉林酒精公司，索普公司、儒仕公司并不因此在吉林酒精公司保证份额内免除保证责任，一审判决对此认定并无法律上的错误，但程序处理不当。鉴于索普公司、儒仕公司已经因乾安支行放弃抵押权而免予承担保证责任，故乾安支行关于本案律师代理费的诉求，不予支持。在乾安支行认可天安公司已偿还利息1012.573402万元的情况下，一审判决未予事实认定，属认定事实错误，但因天安公司未参与本案诉讼，关于天安公司已偿还利息的最终数额，可待乾安支行与天安公司另行确认。

金讼圈提示

一、本案原告银行之所以败诉导致超过1.7亿元的本息债权脱保，原因在于：抵押合同与保证合同条款约定失当和分割诉讼策略失当。

二、为了避免本案类似的保证人脱保风险，银行界或专业的贷款机构，需要对抵押合同及保证合同中关于担保顺位、担保权利的放弃或选择主张等条款，约定更加明确，使贷款机构有足够的选择自由，具体条款范式需要进行全面梳理、重新谨慎修订。

三、尽量整体一次性诉讼，公平对待所有担保人，避免脱保风险。

019 房产让与担保是否有效？抵押权人可否直接享有物权？

案例索引

中华人民共和国最高人民法院于2013年11月19日作出的（2013）民提字第135号再审民事判决书。

交易结构图

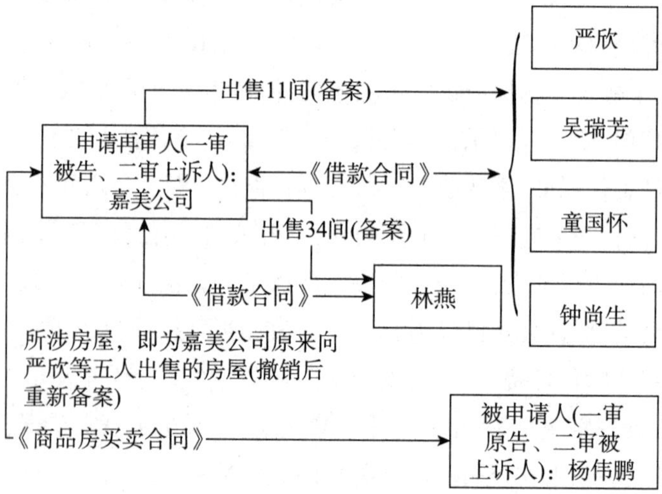

金讼圈导读

本案是关于民间借款房产让与担保的典型纠纷案例。最高人民法院就民间借贷房产让与担保的法律关系如何判定，房产让与担保是否有效，是否直接享有物权等给予了明确意见，非常值得诉讼审判实务参考。

裁判规则

一、判定双方当事人之间法律关系，应当从交易目的、交易习惯、意思表示、前因后果等因素探究当事人的合意。

二、认定当事人之间是否存在债权债务关系，书面合同并非不可缺少的要件，只要确认双方当事人就借贷问题达成了合意且出借方已经实际将款项交付给借款方，即可认定债权债务关系成立。

三、是否持有不动产统一发票原件？是否按期支付利息？是判定名为房屋买卖实为让与担保性质的借贷关系的重要考察因素。

四、双方为了借贷及担保债务的履行，签订《商品房买卖合同》并办理商品房备案登记的行为尽管不导致抵押权的成立，但足以在双方当事人之间成立一种非典型的担保关系。

五、房产让与担保不得违反物权法有关禁止流质的规定，债权人实现担保债权时，对设定的担保财产应当以拍卖或者变卖的方式受偿，不得直接取得案涉房产所有权。

案情介绍

申请再审人(一审被告、二审上诉人)：广西嘉美房地产开发有限责任公司。

被申请人(一审原告、二审被上诉人)：杨伟鹏。

2010年4月，广西壮族自治区来宾市中级人民法院(以下简称来宾中院)受理杨伟鹏诉嘉美公司商品房买卖合同纠纷案。

申请再审人广西嘉美房地产开发有限责任公司(以下简称嘉美公司)因与杨伟鹏商品房买卖合同纠纷一案，不服广西壮族自治区高级人民法院(以下简称广西高院)(2011)桂民一终字第18号民事判决，向本院申请再审。

2007年2月7日，嘉美公司与严欣、吴瑞芳、童国怀、钟尚生签订《借款合同》，约定向严欣等四人借款200万元，期限至2007年4月6日。嘉美公司为此与上述四人签订合同，向其出售嘉美商业中心第一层11间，共计498.89平方米的房屋并办理了备案登记。2007年4月25日，嘉美公司与林燕签订《借款合同》，约定向林燕借款110万元，借款期限自2007年4月25日至2007年6月24日，嘉美公司为此将嘉美商业中心第一层的34间房屋，共计770.41平方米销售给林燕并办理了备案登记。2007年5月28日，嘉美公司又与林燕签订了另一份《借款合同》，向林燕借款30万元，期限是自2007年5月28日至2007年7月27日，嘉美公司为此将嘉美商业中心第一层的

6间房屋，共计202.62平方米销售给林燕并办理了备案登记。上述三份《借款合同》均约定利率为2.3%。

本案中嘉美公司与杨伟鹏签订《商品房买卖合同》所涉房屋，即为嘉美公司原来向严欣等五人出售的房屋。嘉美公司与杨伟鹏签订合同后将严欣等五人的备案登记撤销（相关《关于申请撤销商品房备案登记的报告》于2007年6月27日出具），并于2007年6月28日申请将杨伟鹏作为购房者登记备案。

嘉美公司于2008年1月8日将嘉美公司于2007年6月27日为杨伟鹏开具的《销售不动产统一发票》原件连同第二、三、四联在当地税务机关缴销。

裁判结果

来宾市中级人民法院作出（2010）来民一初字第6号一审民事判决：1.杨伟鹏与嘉美公司于2007年6月27日签订的《商品房买卖合同》有效；2.嘉美公司应于判决生效之日起十日内，将《商品房买卖合同》约定的53间商品房交付给杨伟鹏使用；3.驳回杨伟鹏的其他诉讼请求。

广西壮族自治区高级人民法院于2013年1月31日作出（2011）桂民一终字第18号民事判决：维持一审判决，驳回了嘉美公司的上诉。

最高人民法院再审判决：一、撤销广西壮族自治区高级人民法院（2011）桂民一终字第18号民事判决；二、撤销广西壮族自治区来宾市中级人民法院（2010）来民一初字第6号民事判决；三、驳回杨伟鹏的诉讼请求。

法院观点

当事人于再审期间的争议焦点是：嘉美公司与杨伟鹏之间是借贷关系还是商品房买卖关系。

认定当事人之间是否存在债权债务关系，书面合同并非不可缺少的要件。只要确认双方当事人就借贷问题达成了合意且出借方已经实际将款项交付给借款方，即可认定债权债务关系成立。杨伟鹏向嘉美公司支付340万元并收取利息的行为，足以认定双方之间成立了债权债务关系。嘉美公司从杨伟鹏处取得340万元的真实意思是融资还债，其与杨伟鹏签订《商品房买卖合同》的目的，则是为了担保债务的履行。鉴于双方未办理抵押登记，其约定也不符合《担保法》规定的担保方式，故双方签订《商品房买卖合同》并办理商品房备案登记的行为应认定为非典型的担保方式。即在嘉美公司不能按时归还340万元的情况下，杨伟鹏可以通过拍卖或者变卖案涉房屋的方式确保其能够实现债权。如果嘉美公司按时归还340万元，则杨伟鹏是不能就案涉的53间商铺主张权利。嘉美公司对交易的控制体现在借款合同和其没有将《销售不动产统一发票》原件交付给杨伟鹏，而缺少了发票，杨伟鹏是无法实际取得商铺并办理产权登记手续的。《物权法》第186条规定，抵押权人在债务履行期限届满前，不得与抵押人约定债务人不履行到期债务时抵押财产归债权人所有。该规定主要是基于平衡双方当事人利益的考虑，防止居于优势地位的债权人牟取不当暴利，损害债务人特别是其他债权人的利益。尽管本案中双方当事人签订《商品房买卖合同》并办理商品房备案登记的行为并不导致抵押权的成立，但足以在双方当事人之间成立一种非典型的担保关系。既然属于担保，就应遵循物权法有关禁止流质的原则，也就是说在债权人实现担保债权时，对设定的担保财产，应当以拍卖或者变卖的方式受偿。

本案诉讼中，双方当事人均未向法院提交书面的借款合同，故对于双方当事人之间有关借款期限的约定，并无充分证据加以证明。既然案涉《商品房买卖合同》是作为340万元债权的担保而存在，那么，作为债权人的杨伟鹏实现债权的方式应当在债务履行期限届满后，向债务人嘉美公司主张债权，如果没有明确的履行期限，则债权人可以随时请求债务人履行，但应当为其留出必要的准备期限。在嘉美公司拒不还债或者无力还债的情况下，杨伟鹏才能以适当的方式就《商品房买卖合同》项下的商铺主张权利，以担保其债权的实现。杨伟鹏请求直接取得案涉商铺所有权的主张违反《中华人民共和国物权法》关于禁止流质的规定，本院不予支持。嘉美公司关于双方当事人之间存在借贷关系，签订《商品房买卖合同》只是为担保杨伟鹏债权的实现的主张，有事实依据，本院予以支持。

综上，一、二审判决认定嘉美公司与杨伟鹏之间为商品房买卖合同关系，进而作出要求嘉美公司向杨伟鹏交付房屋的判决，认定事实不清，适用法律错误，本院依法予以纠正，并驳回杨伟鹏的诉讼请求。杨伟鹏可就其债权的实现另寻途径解决。

金讼圈提示

本案最高人民法院明确“民间借贷房产让与担保有效但因违反物权法定原则而不直接享有物权”。出借人债权人如何获得房产物权？可参阅《债权到期后达成的“债转房”协议是否有效？》一文。

020 主债权超诉讼时效，抵押权是否自动消灭？

案例索引

北京市第三中级人民法院2016年10月25日作出的（2016）京03民终8680号二审民事判决书。

交易结构图

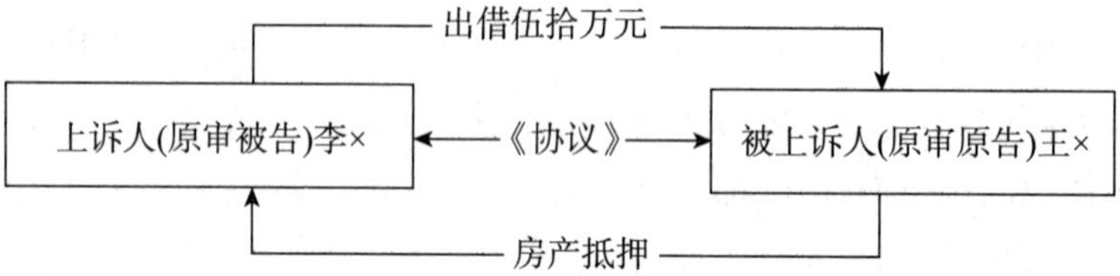

金讼圈导读

一、本案是涉及抵押担保的民间借贷案例。一审、二审法院通过本案例对借贷法律关系成立条件、诉讼时效中断事由、抵押权与诉讼时效的关系等基本问题给予了明确的裁判规则。

二、尤其二审法院关于“主债权超过诉讼时效抵押权自动消灭”裁判理由论述，非常精彩，值得借鉴。

三、本案非诉价值也很大——例如债权人以第三人代替债务人还款为由主张诉讼时效中断的，需要提供什么样的证据？本案正因为债权人不能提供相应证据才导致败诉的。在资金借贷业务中，如果需要第三人还款应当注意哪些细节呢？文末有金讼圈提示。

裁判规则

一、双方之间达成借款合意又有借款支付事实，可以认定双方之间存在借款法律关系。

二、诉讼时效从借款期限届满之日起算，如果债务人提出超过诉讼时效抗辩，债权人需要就诉讼时效中断、中止等事由承担举证责任。

三、债权人以第三人代替债务人还款为由主张诉讼时效中断的，需要证明债务人存在委托第三人向债权人还款的意思表示及第三人还款及款项性质等事实。

四、诉讼时效适用范围限于债权请求权，而就抵押权而言，其属于支配权，并非请求权的范围，更非债权请求权的范围，如将抵押权纳入诉讼时效的规制范围，无疑有违民法原理。

五、在主权利已经丧失国家强制力保护的状态下，抵押物上所负担的从权利抵押权也应消灭方能更好地发挥物的效用，亦符合《物权法》之担保物权体系的内在逻辑。

案情介绍

上诉人（原审被告）李×。

被上诉人（原审原告）王×。

上诉人李×因与被上诉人王×抵押合同纠纷一案，不服北京市通州区人民法院(2015)通民（商）初字第23906号民事判决，向本院提起上诉。

2009年8月11日，王×（甲方）与李×（乙方）签订协议书，约定："一、甲方从乙方处借款人民币伍拾万元，期限自2009年8月11日至2009年9月10日。期满一次性偿还全部借款。二、若借款期限届满甲方未能偿还全部债务，自期满之日起至甲方实际偿还乙方全部债务之日止按日向乙方支付借款额的3‰作为逾期还款的利息。三、为保证乙方的权益，甲方将位于北京市通州区×的房屋（房屋产权证编号为：京房权通成字第××××号）抵押于乙方处。同时，甲方将该房屋产权证、购房合同、购房发票、房主身份证等证件交乙方保存。四、若借款期限届满甲方未能偿还全部债务。甲方除应当向乙方支付本协议第二条所规定的逾期还款利息，还应当协助乙方处分抵押物。处分所得偿还乙方债务，不足部分由甲方负责偿还。因处分抵押物产生的费用，由甲方承担。……六、本协议一式二份，甲乙双方分执，具有同等法律效力。有效期自甲乙双方签字之日起至甲方偿还乙方全部债务之日止。未尽事宜，双方协商不成，由北京市通州区人民法院管辖。"王×在甲方处签字确认，李×在乙方处签字确认。

同日，从李×的银行卡号：××××向××××账户转款49.72万元。王×向李×出具收条，写明："今收到李×现金人民币伍拾万元整。"

2009年8月12日，王×和李×在北京市通州区建设委员会办理了关于涉案房屋的抵押登记手续，2009年9月2日，李×被登记为上述房屋的他项权利人，取得×京房他证通字第××××号房屋他项权利证书，其上记载房屋所有权人为王×，房屋坐落通州区×号，债权数额为人民币50万元。

庭审中，李×陈述2009年8月兰×找到自己，称王×向姜×借款50万元，用王×

自己名下的两套房产进行抵押，现还款期限将至，王×没有能力还款，故想从李×处借款还债，并同意以王×名下的房产抵押担保。李×考虑到王×的情况，就同意王×的要求，当时李×按王×的要求将49.72万元转入了王×指定的账户，并给付王×0.28万元现金。转款后在房产管理部门，王×和李×签订上述协议书，王×向李×出具收条。因王×所借款项均是用于偿还姜×的借款，还款后，姜×同意注销抵押登记。王×和李×办理了涉案房屋的抵押登记手续，2009年9月2日，李×被登记为上述房屋的他项权利人，取得×京房他证通字第××××号房屋他项权利证。借款时，王×表示每个月给李×借款利息，但具体没有说什么时候还款。其后，李×都是打电话向王×催要还款，王×都表示和兰×联系让兰×还款。当时约定月利息为1.5万元，借款后，都是兰×向李×还款，但也不是按期支付。一直到2014年9月，李×无法联系兰×，就直接找到王×要求王×还款。王×当时同意还款。2015年6月，李×找到王×协商还款，王×带李×一同找到李×1，李×1同意向李×还款20万元，解除抵押登记。2015年8月3日，王×向李×偿还借款0.7万元。

王×对李×陈述的借款经过不予认可，其表示李×1是王×的学生，兰×是李×1的朋友。当时李×1和兰×一起找到王×，兰×表示因在台湖建大棚需要向担保公司借款，但因兰×名下没有大产权的房屋做抵押，想借用王×的房本做抵押。兰×向姜×借款并办理抵押登记，其后兰×因没有钱还姜×需要再借款，所以就向王×称再从李×借款，办理房屋抵押手续。当时兰×和王×说借款与王×没有任何关系，借款无需由王×偿还，仅是需要王×提供房本。借款后，李×一直都没有找过王×。一直到2015年4月左右，李×找到王×要兰×的联系方式，并没有向王×催要还款。直到2015年9月，李×要求王×偿还借款，王×明确表示此借款与王×无关，不同意还款。自己从未向李×还款0.7万元。

经询问，李×表示自己与兰×之间另外存在其他借款事实，兰×都是通过转账的方式向李×转款，但兰×并未向李×明确表示还款系针对王×的借款，所以李×也无法说清楚兰×的还款是否针对王×的借款。

另查，北京市通州区×号房屋的房屋所有权人为王×。2009年5月14日，王×与案外人姜×签订抵押合同，王×将上述房屋抵押给姜×。并于2009年5月27日办理抵押登记手续，共贷款35万元整。2009年8月11日，王×与姜×向北京市通州区建设委员会提交解除抵押登记协议，表示35万元贷款于2009年8月11日全部还清，要求注销该笔抵押登记手续。当日，北京市通州区建设委员会注销该抵押登记。

裁判结果

一审法院判决：王×与李×于判决生效之日起7日内，办理解除王×名下的位于通州区×室房屋的抵押登记手续。

二审法院判决：驳回上诉，维持原判。

法院观点

本院认为王×与李×之间的借贷法律关系成立。理由阐述如下：首先，2009年8月11日涉及借款内容的协议书显示其签订主体为王×和李×，同日，王×向李×出具50万元的收条，其内容亦显示收款方为王×；其次，2009年8月12日，王×以上述借款协议书为基础，用自己的房屋向相关部门申请办理了抵押权登记，将抵押权人明确为上述款项的出借人李×；最后，出借人李×于庭审中明确借款人为王×，王×虽称本案涉及的款项非其所借，而只是以房屋作担保为案外人兰×借用，然王×对此并未提供反证且于本院庭审中又明确表示认可一审法院确定的法律关系，故综合法律关系的表现形式和当事人的自认，应当认定借贷法律关系发生在王×和李×之间。

在借贷法律关系成立的前提下，本院认为李×的债权已经超过诉讼时效，理由阐述如下：首先，依照双方签订的协议书，王×应当在2009年9月11日偿还借款，如王×未按时还款，则李×的债权已自该日起遭受侵害，依照《中华人民共和国民法通则》第137条的规定，李×应当在2011年9月10日之前向王×主张债权，否则人民法院则不予保护。其次，李×自认其并未在2014年之前直接找到王×催要借款，并将其理由解释为2014年之前通过与王×电话沟通，由案外人兰×替王×还款，然李×又表示除了涉诉借款之外，其与兰×之间尚存在其他债权债务关系，对于兰×所偿还钱款对应何笔债务李×也表示并不清楚，且暂搁置兰×还款的性质不论，对于电话沟通事宜及兰×是否曾向其还款一节李×也未提交任何证据佐证。最后，李×辩称王×曾于2015年8月向其偿还过五千元，对此李×仅提交了一份录音证据，然在王×否认且录音内容缺乏明确指向的前提下，本院亦难以据此认定诉讼时效存在阻却理由。故综合上述分析，应当认定李×在诉讼时效届满即2011年9月10日之前并未向王×积极主张债权，且不存在其他阻却诉讼时效计算的理由，故李×已丧失就上述债权请求法院保护的权利。

在主债权已过诉讼时效的前提下，本院认为李×的抵押权已消灭，抵押人王×主张解除抵押登记的请求应予支持。然需特别指出的是，由于该争议焦点的本质涉及对《物权法》第202条的理解，且与当事人的诉求和抗辩直接相关，故本院以法理为基，以规范为据，对于作出如上认定的理由阐释如下：

《物权法》第202条规定："抵押权人应当在主债权诉讼时效期间行使抵押权，未行使的，人民法院不予保护"，该条款中"不予保护"含义的明确依赖于对诉讼时效和抵押权性质的分析。

首先,就诉讼时效而言,其以请求权人怠于行使权利持续至法定期间的状态为规制对象,目的在于让罹于时效的请求权人承受不利益,以起到促其及时行使权利之作用,依民法理论通说,其适用范围限于债权请求权。而就抵押权而言,其属于支配权,并非请求权的范围,更非债权请求权的范围,如将抵押权纳入诉讼时效的规制范围,无疑有违民法原理。

其次,就抵押权而言,其目的在于担保债务的履行,以确保抵押权人对抵押物的价值享有优先受偿的权利。为实现上述目的,抵押权对物之本身必将产生权能上的限制,对物的使用和转让均会发生影响。故,若对抵押权人行使抵押权的期限不进行限制,将使抵押财产的归属长期处于不稳定状态,不仅不利于保护当事人的合法权益,亦不利于物之使用和流通效能的发挥。此外,如果允许抵押权人在任何时候均可行使抵押权,则意味在主债权经过诉讼时效且债务人因此取得抗辩权之后,债权人依然可从抵押人处获得利益,进而将抵押人和债务人之间的追偿和抗辩置于困境,换言之,也意味抵押人将长期处于一种不利益的状态,其义务也具有不确定性,若如此,对于抵押人来说未免过于苛刻亦有失公允。

最后,从权利分类角度来分析,在数项权利并存时,依据权利的相互依赖关系,有主权利与从权利之分,凡可以独立存在、不依赖于其他权利者,为主权利;必须依附于其他权利、不能独立存在的则为从权利。举例而言,在债权与为担保债的履行的抵押权并存时,债权是主权利,抵押权为从权利。在主权利已经丧失国家强制力保护的状态下,抵押物上所负担的抵押权也应消灭方能更好地发挥物的效用,亦符合《物权法》之担保物权体系的内在逻辑。故《物权法》第202条规定抵押权行使期间的重要目的之一在于促使抵押权人积极地行使抵押权,迅速了结债权债务关系,维系社会经济秩序的稳定。综合上述分析,应当认定在法律已设定行使期限后,抵押权人仍长期怠于行使权利时,法律对之也无特别加以保护的必要,应使抵押权消灭。具体到本案中,因李×在主债权诉讼时效期间并未向王×主张行使抵押权,故对李×的抵押权,人民法院不予保护,该抵押权消灭,王×请求解除抵押登记的请求应予支持。

综上所述,李×的上诉请求不能成立,应予驳回。一审法院判决认定事实清楚,适用法律正确,应予维持。

金讼圈提示

在资金借贷业务中,如果需要第三人代为还款应当注意:1.需要借款人与第三人共同向借款人书面表达代为还款的意思表示;2.需要第三人在代为还款时表明该款项的性质。

第三章　不良资产篇

021　受让 AMC 金融不良债权后，追债诉讼的十大裁判规则是什么？

案例索引

最高人民法关于院李杰与辽宁金鹏房屋开发有限公司金融不良债权追偿纠纷案于2014年12月29日作出的(2014)民二终字第199号民事判决书。

交易结构图

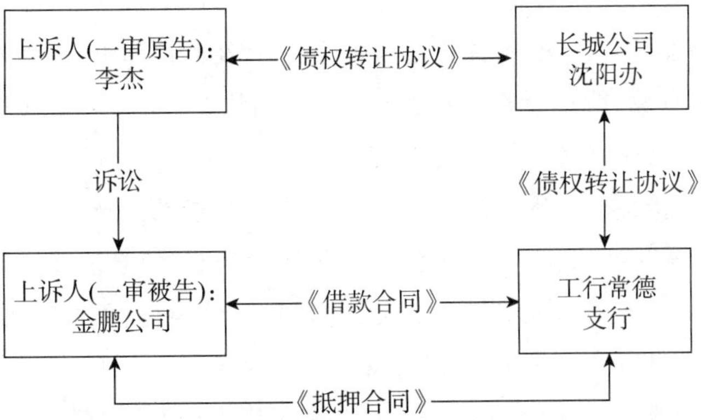

金讼圈导读

受让 AMC 的金融不良资产后进行诉讼追偿经常会面临各种争议，诸如：受让人是否具有诉讼主体资格？债权转让协议是否有效？受让有抵押担保的债权后可否取得抵押权？具有强制执行效力的公证文书可否提起诉讼？诉讼时效是否中断？这些争议在本案都有涉及，两级人民法院的裁判观点和依据值得借鉴。

裁判规则

一、债权转让合同的受让人与债权转让合同效力有法律上的直接利害关系，债权转让合同的受让人应是适格的诉讼主体。

二、为避免当事人滥用诉权，在受让人向国有企业债务人主张债权的诉讼中，国有企业债务人以不良债权转让行为损害国有资产等为由，提出不良债权转让合同无效抗辩的，人民法院应告知其向同一人民法院另行提起不良债权转让合同无效的诉讼；国有企业债务人不另行起诉的，人民法院对其抗辩不予支持。

三、赋予强制执行效力的公证债权文书必须符合当事人已经就强制执行问题在债权文书中达成书面合意的条件；换言之，如果仅有公证的形式，而没有当事人关于执行问题的特殊合意，也不能产生可以申请强制执行的效果。

四、具有强制执行效力的公证债权文书与生效判决书、仲裁裁决书一样，是人民法院的执行依据，当事人可以据此申请强制执行；对于有强制执行效力的公证债权文书，发生争议后债权人应当申请强制执行，直接提起诉讼的，人民法院不予受理。

五、虽然涉案债权存在有强制执行效力的公证债权文书，但双方当事人后来对部分利息又约定可以采取诉讼方式解决纠纷，是通过合意的方式变更了可以直接申请强制执行的内容，故法院对该部分内容进行审理并无不当。

六、具有强制执行效力的公证债权文书经人民法院裁定不予执行的，说明经过审查公证债权文书本身有错误，不具有强制执行效力，在此情况下，当事人关于直接申请执行的合意不再有效，债权债务关系处于不稳定的状态，当事人可以依法提起民事诉讼解决存在的争议，明确各方权利义务关系。

七、当事人直接提出实现担保物权的申请，应当向担保财产所在地或者担保物权登记地基层人民法院提出；人民法院受理申请后，经审查，符合法律规定的，裁定拍卖、变卖担保财产，当事人依据该裁定可以向人民法院申请执行；不符合法律规定的，裁定驳回申请，当事人可以向人民法院提起诉讼。

八、国有银行或者金融资产管理公司，在全国或省级有影响的报纸上发布有催收内容的债权转让通知或公告的，该公告或通知之日应为诉讼时效的实际中断日，新的诉讼时效应自此起算。

九、权利人对同一债权中的部分债权主张权利，诉讼时效中断的效力及于剩余债权，但债权人明确表示放弃剩余债权的情形除外。

十、债权人在本案关于担保物权的诉讼请求，是建立在涉案债权纠纷可以通过诉讼方式解决的基础之上的；债权未过诉讼时效，涉案抵押权亦未丧失。

案情介绍

上诉人（一审原告）：李杰。

上诉人（一审被告）：辽宁金鹏房屋开发有限公司。

上诉人李杰、辽宁金鹏房屋开发有限公司（以下简称金鹏公司）因金融不良债权追偿纠纷一案，不服辽宁省高级人民法院（2014）辽民二初字第00007号民事判决，向本院提起上诉。

2001年3月8日，金鹏公司与中国工商银行沈阳市常德支行（以下简称工行常德支行）签订编号为2001常德字007的《人民币中长期借款合同》。该合同约定，金鹏公司向工行常德支行借款人民币4000万元，借款期限自2001年3月8日起至2009年3月8日止。借款利率根据国家政策有关规定，一年一定，第一年的利率为月息5.175‰，期满后由贷款方根据国家规定当时规定档次利率重新确定下一年借款的利率。自贷款发放之日起按日计息，按季结息，借款到期还清本息。借款人未按合同约定的还款计划归还借款本息时，贷款人按照国家规定对逾期贷款每日计收万分之二点一利息，借款人不按期支付利息的，贷款人对借款人未支付的利息计收复利。同日，双方还签署了与上述借款合同相同编号的《抵押合同》，约定金鹏公司以其位于沈阳市铁西区兴顺街281号（8#）、289号（9#）、小十三路2号（7#）的地下一层在建工程24,994.63平方米作为上述借款的抵押物，并办理了抵押登记。2001年3月19日，工行常德支行将4000万元借款支付给金鹏公司。其后，在合同履行过程中，双方又将抵押物变更为位于铁西区小十三路2号（7#）地下一层、地上3－8层的在建工程，兴顺街281号（8#）地下一层、地上3－8层的在建工程，兴顺街289号（9#）地上1－7层的在建工程，其抵押物的面积同时变更为41,095平方米，并于2001年5月29日办理了变更抵押登记。

2001年4月4日，沈阳市公证处分别出具了（2001）沈证经字第04239号《具有强制执行效力的债权文书公证书》（以下简称04239号《公证书》）和（2001）沈证经字第04240号《具有强制执行效力的债权文书公证书》（以下简称04240号《公证书》）。其中，04239号《公证书》载明：“兹证明贷款人：中国工商银行沈阳市工行常德支行代表人王晓光与辽宁金鹏房地产开发有限公司代表人赵光慈，于二〇〇一年三月八日签订了前面的《人民币中长期借款合同》。”04239号《公证书》载明：“兹证明贷款人：中国工商银行沈阳市工行常德支行代表人王晓光与辽宁金鹏房地产开发有限公司代表人赵光慈，于二〇〇一年三月十四日签订了前面的《抵押合同》。”沈阳市公证处在该两份公证书中,分别赋予了该两份合同强制执行的效力。沈阳市公证处还于2001年4月4日制作了一份《谈话笔录》,内容为金鹏公司同意在不履行义务或者不完全履行义务时,接受强制执行。金鹏公司的代理人陈忠治于2001年4月7日,在该谈话笔录上签字。

2001年5月31日,金鹏公司与工行常德支行签订编号为[工银]字[辽宁]行[常德]支行[2001]年[014]号的《中国工商银行房地产业借款合同》。该合同约定,金鹏公司向工行常德支行借款人民币1000万元,借款期限自2001年4月30日至2009年4月30日止。借款利率按照中国人民银行有关规定执行,第一年的利率为月息5.175‰,第二年及以后各年的利率,按当时相应档次利率依法确定。借款按日计息,按(季、月)结息,结息日为每(季末月、月)的20日,借款到期,利随本清。借款人未按合同约定的还款计划归还借款本息时,贷款人按照国家规定对逾期贷款每日计收万分之二点一利息,借款人不按期支付利息的,贷款人对借款人未支付的利息计收复利。同日,双方还签署了编号为2001年常德字第014号的《抵押合同》,约定金鹏公司以其位于沈阳市铁西区兴顺街281号(8#)地上9-11层、小十三路2号(7#)地上9-11层在建工程9519平方米作为上述借款的抵押物,并于2001年5月29日办理了抵押登记。2001年5月31日,工行常德支行将1000万元借款支付给金鹏公司。

2001年6月6日,沈阳市公证处分别出具了(2001)沈证经字第08257号《具有强制执行效力的债权文书公证书》(以下简称08257号《公证书》)和(2001)沈证经字第08258号《具有强制执行效力的债权文书公证书》(以下简称08258号《公证书》)。其中,08257号《公证书》载明:"兹证明贷款人:中国工商银行沈阳市工行常德支行代表人王晓光与辽宁金鹏房地产开发有限公司代表人赵光慈,于二○○一年五月八日签订了前面的《中国工商银行房地产业借款合同》。"08258号《公证书》载明:"兹证明贷款人:中国工商银行沈阳市工行常德支行代表人王晓光与辽宁金鹏房地产开发有限公司代表人赵光慈,于二○○一年五月八日签订了前面的《抵押合同》。"沈阳市公证处在该两份公证书中,分别赋予了该两份合同强制执行的效力。沈阳市公证处于当日还制作了一份《谈话笔录》,笔录载明:"借款期限自二○○一年五月二十九日至二○○九年四月三十日。债务人在不履行义务或者不完全履行义务时,同意接受强制执行。"金鹏公司的代理人陈忠治在该谈话笔录上签字。金鹏公司已还利息为6,187,575元。

2004年1月5日,工行常德支行向金鹏公司送达《中国工商银行催收欠息通知书》(以下简称欠息通知书),内容为:截至2003年12月31日,贵单位已积欠我行贷款利息 241 万元，请抓紧筹措资金，偿还欠息。否则，我行将采取下列相应措施：一、降低贵单位信用等级。二、停止审理贷款、银行承兑汇票等融资业务申请。三、报请人民银行列入恶意欠息企业名单，向社会发布。四、宣布借款提前到期，取消尚未发放的借款，并提取收回全部贷款。五、依法向法院申请支付令、申请强制执行或直接提起诉讼，追偿欠息。金鹏公司对上述内容没有异议，并于 2004 年 1 月 6 日签章确认。

2005 年 7 月 15 日，中国工商银行辽宁省分行与中国长城资产管理公司沈阳办事处（以下简称长城公司沈阳办）签订了编号为辽营 0316《债权转让协议》，中国工商银行辽宁省分行将金鹏公司所欠工行常德支行上述借款本金 5000 万元及相应利息转让给长城公司沈阳办。长城公司沈阳办受让该债权之后，分别于 2005 年 11 月 2 日、2007 年 6 月 29 日、2009 年 6 月 19 日、2011 年 5 月 25 日，在《辽宁日报》《辽宁法制报》上对金鹏公司等债务人发布催收公告。但金鹏公司始终没有向长城公司沈阳办履行偿还义务。

2012 年 12 月 3 日，长城公司沈阳办与李杰签订《债权转让协议》，约定长城公司沈阳办将其对金鹏公司享有的债权本金 5000 万元及利息 4950.87 万元，本息合计 9950.87 万元，以人民币 1440 万元的价格转让给李杰。协议签订后，李杰付清了全部转让价款，并办理了上述债权的移交手续。长城公司沈阳办于 2012 年 12 月 7 日，在《辽宁法制报》上发布了债权转让公告。

2014 年 2 月 25 日，李杰向辽宁省高级人民法院起诉，请求判令金鹏公司向李杰偿还借款本金人民币 5000 万元，截止到 2013 年 3 月 30 日的利息人民币 5260 万元，合计人民币 10,260 万元；李杰对本案抵押物依法享有优先受偿权；由金鹏公司承担本案全部诉讼费用。

裁判结果

辽宁省高级人民法院（2014）辽民二初字第 00007 号一审民事判决：一、金鹏公司于判决生效后 10 日内偿还所欠李杰借款利息 241 万元；二、李杰对金鹏公司抵押的财产在 241 万元范围内享有优先受偿权；三、驳回原告、被告其他诉讼请求。

最高人民法院二审判决：驳回上诉，维持原判。

法院观点

本案的争议焦点是：一、有强制执行效力的公证债权文书所涉债务纠纷，未经执行程序，当事人能否直接提起诉讼。二、虽然存在有强制执行效力的公证债权文书，但当事人对部分债权又约定可以通过诉讼解决纠纷，当事人能否就该部分债权提起诉讼。三、未经执行程序，当事人提起诉讼主张具有强制执行效力的公证债权文书确有错误，不具执行效力，能否予以支持。

一、关于有强制执行效力的公证债权文书所涉债务纠纷，未经执行程序，当事人能否直接提起诉讼的问题

《民事诉讼法》（2012年修正——编者注）第238条规定："对公证机关依法赋予强制执行效力的债权文书，一方当事人不履行的，对方当事人可以向有管辖权的人民法院申请执行，受申请的人民法院应当执行。公证债权文书确有错误的，人民法院裁定不予执行，并将裁定书送达双方当事人和公证机关。"《最高人民法院关于当事人对具有强制执行效力的公证债权文书的内容有争议提起诉讼人民法院是否受理问题的批复》规定："根据《中华人民共和国民事诉讼法》（2007年修正——编者注）第二百一十四条和《中华人民共和国公证法》第三十七条的规定，经公证的以给付为内容并载明债务人愿意接受强制执行承诺的债权文书依法具有强制执行效力。债权人或者债务人对该债权文书的内容有争议直接向人民法院提起民事诉讼的，人民法院不予受理。但公证债权文书确有错误，人民法院裁定不予执行的，当事人、公证事项的利害关系人可以就争议内容向人民法院提起民事诉讼。"根据上述规定，具有强制执行效力的公证债权文书与生效判决书、仲裁裁决书一样，是人民法院的执行依据，当事人可以据此申请强制执行。对于有强制执行效力的公证债权文书，发生争议后债权人应当申请强制执行，直接提起诉讼的，人民法院不予受理。前述司法解释的明确规定，排除了当事人对直接提起诉讼这一方式的选择权。由于本案亦不存在公证债权文书确有错误，人民法院不予执行的裁定，故李杰关于其提起本案诉讼符合法律规定的主张，不能予以支持。

李杰主张本案其实现担保物权的诉讼请求应当予以支持。但李杰在本案关于担保物权的诉讼请求，是建立在涉案债权纠纷可以通过诉讼方式解决的基础之上的。一审法院根据全案事实，认定涉案债权未过诉讼时效，涉案抵押权亦未丧失，是正确的。由于根据《最高人民法院关于当事人对具有强制执行效力的公证债权文书的内容有争议提起诉讼人民法院是否受理问题的批复》的规定，本案仅有部分债权可通过诉讼方式解决，故李杰在本案诉讼中，可就该部分债权行使抵押权。对于其余部分抵押权，《民事诉讼法》第196条规定："申请实现担保物权，由担保物权人以及其他有权请求实现担保物权的人依照物权法等法律，向担保财产所在地或者担保物权登记地基层人民法院提出。"第197条规定："人民法院受理申请后，经审查，符合法律规定的，裁定拍卖、变卖担保财产，当事人依据该裁定可以向人民法院申请执行；不符合法律规定的，裁定驳回申请，当事人可以向人民法院提起诉讼。”根据该规定，不通过诉讼，直接提出实现担保物权的申请，应当向担保财产所在地或者担保物权登记地基层人民法院提出。相关申请是否符合法律规定，也应当由该基层人民法院审查，故该问题不属于本案诉讼处理的范畴。

二、关于存在有强制执行效力的公证债权文书，当事人对部分债权又约定可以通过诉讼解决纠纷，当事人能否就该部分债权提起诉讼的问题

《最高人民法院、司法部关于公证机关赋予强制执行效力的债权文书执行有关问题的联合通知》第1条规定：“一、公证机关赋予强制执行效力的债权文书应当具备以下条件：（一）债权文书具有给付货币、物品、有价证券的内容；（二）债权债务关系明确，债权人和债务人对债权文书有关给付内容无疑义；（三）债权文书中载明债务人不履行义务或不完全履行义务时，债务人愿意接受依法强制执行的承诺。”根据该规定，赋予强制执行效力的公证债权文书必须符合当事人已经就强制执行问题在债权文书中达成书面合意的条件。换言之，如果仅有公证的形式，而没有当事人关于执行问题的特殊合意，也不能产生可以申请强制执行的效果。因此，合同当事人的意思表示是赋予强制执行效力的公证债权文书强制执行效力的重要来源，当事人可以通过合意的方式约定直接申请强制执行的内容，法律亦不禁止当事人变更直接申请强制执行的内容，放弃对债权的特殊保障。金鹏公司主张申请强制执行是“法定前置程序”而不考虑当事人的意思表示，没有法律依据。本案中，虽然涉案债权存在有强制执行效力的公证债权文书，但双方当事人后对部分利息又约定可以采取诉讼方式解决纠纷，是通过合意的方式变更了可以直接申请强制执行的内容，故一审法院对该部分内容进行审理并无不当。

李杰主张双方当事人系对全部债权归还方式进行重新约定。但金鹏公司签收涉案欠息通知书时，涉案两份长期借款合同均未到期，从涉案欠息通知书的内容来看，涉及的仅为241万元利息。故李杰提出双方当事人对全部债权归还方式进行重新约定的主张，本院不予支持。涉案欠息通知书对于欠息部分债务约定了诉讼等纠纷解决方式，变更了原来的约定，金鹏公司收到前述通知书之后并未提出异议，而是签章确认，应视为双方就欠息部分归还的方式达成了新的合意。故金鹏公司否认前述通知书，认为同时约定了诉讼等三种方式属约定不明即视为没有约定的主张，缺乏事实依据。金鹏公司主张即使认定达成了新的协议，所涉及241万元利息部分也已过诉讼时效。《最高人民法院关于审理民事案件适用诉讼时效制度若干问题的规定》第11条规定：“权利人对同一债权中的部分债权主张权利，诉讼时效中断的效力及于剩余债权，但债权人明确表示放弃剩余债权的情形除外。”涉案241万元利息是涉案两份合同之债的部分孳息，根据本案查明的事实，在李杰提起诉讼之时，上述两合同的主债权诉讼时效期间均未届满，故金鹏公司关于该部分利息超过诉讼时效的主张，与事实不符，本院不予支持。

三、关于未经执行程序，当事人提起诉讼主张具有强制执行效力的公证债权文书确有错误，不具执行效力，能否予以支持的问题

《最高人民法院关于当事人对具有强制执行效力的公证债权文书的内容有争议提起诉讼人民法院是否受理问题的批复》规定：“……但公证债权文书确有错误，人民法院裁定不予执行的，当事人、公证事项的利害关系人可以就争议内容向人民法院提起民事诉讼。”该条款是对公证债权文书所涉当事人权利救济的规定。人民法院裁定不予执行，说明经过审查，公证债权文书本身有错误，不具有强制执行效力，在此情况下，当事人关于直接申请执行的合意不再有效，债权债务关系处于不稳定的状态，当事人可以依法提起民事诉讼解决存在的争议，明确各方权利义务关系。公证债权文书是否确有错误，应在执行程序中予以认定。根据本案查明的事实，目前尚无确认涉案公证债权文书确有错误，不予执行的生效裁定。李杰在诉讼中提出公证债权文书确有错误的主张，不属于本案诉讼的审理范围。

一审判决主文第三项“驳回原告、被告其他诉讼请求”表述不当，应为“驳回原告李杰对被告金鹏公司的其他诉讼请求”，对此，本院予以纠正。

金讼圈提示

一、受让AMC金融不良资产前，应委托律师开展必要的尽职调查。调查主债务人、担保人的法律存续状态，查阅、了解、调查主债务人、担保人的重大财产情况，查明各笔涉诉债权的所处诉讼阶段、执行情况及其他处债权实现相关的信息，通过审查各笔债权的案卷材料，对债权及其附随的各类担保债权的合法性、有效性及法律瑕疵进行专业法律认定，并判断各债务人的偿债能力、债权实现的可能性及可实现程度，为合理确定债权价值提供与偿债相关的档案材料和法律依据。

二、如果拟受让债权的债务人为国有企业的，应先履行保障相关地方人民政府或者代表本级人民政府履行出资人职责的机构、部门或者持有国有企业债务人国有资本的集团公司对不良债权行使优先购买权的法定程序，以避免争议。

三、未诉债权转让后一般可以受让人身份直接起诉债务人。如受让债权在转让前就已经进入诉讼程序的，可以依法向法院提出变更诉讼主体，判例也不少，但实践中还是会有些麻烦的。

四、对于拟受让已经进入执行程序债权，根据《最高人民法院关于民事执行中变更、追加当事人若干问题的规定》第9条“申请执行人将生效法律文书确定的债权依法转让给第三人，且书面认可第三人取得该债权，该第三人申请变更、追加其为申请执行人的，人民法院应予支持”的规定，为了确保申请执行人变更顺利，债权受让人应要求债权出让人出具受让人已经取得该债权的书面确认函。

022 如何确定债转股后股票回购范围及计价规则？

案例索引

最高人民法院于2016年1月29日作出的(2015)民二终字第366号终审民事判决书。

交易结构图

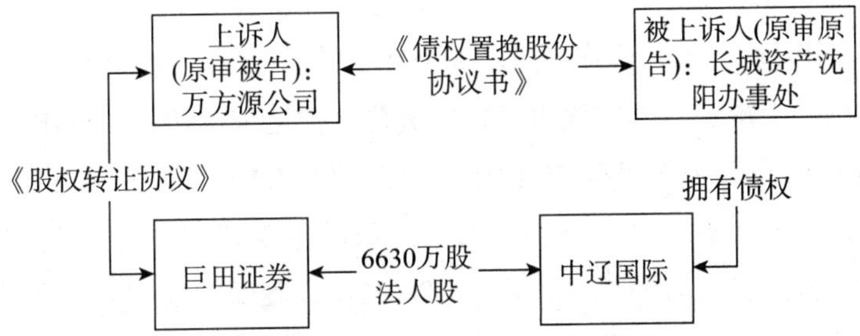

金讼圈导读

本案是一起关于“债转股”的典型案例，债转股及股份回购的标的股票交割所有权转移的范围是否包含红股、配股及转增股票？上市交易的股票发生回购情况，如何合理计算价格？最高人民法院通过本案例给予了具体的裁判规则。

裁判规则

一、所谓预约合同是指约定将来订立一定合同的合同，本身也是一种合同，其成立、生效、履行、违约责任等适用合同法的一般规定。

二、预约合同关于磋商过程和签约背景的表述的部分内容，对当事人双方并不具有约束力，但预约合同关于交纳保证金的数额、时间以及违约责任等实质性内容作出了约定，该部分内容具备合同的要素，权利义务内容明确，具有合同约束力。

三、双方当事人虽然签订了预约合同拟通过签订本约合同来终止此前签订的有关合同，但由于预约合同没有实际履行，因此此前签订的有关合同仍应继续有效。

四、由于《债权置换股份协议书》及其《股权质押合同》的标的物为目标股股份及其派生的红股及配股，因此抵押权人对目标股份以1∶1转增的相应股份当然也享有优先受偿权。

五、当事人一方不履行合同义务或者履行合同义务不符合约定，给对方造成损失的，损失赔偿额应当相当于因违约所造成的损失，包括合同履行后可以获得的利益。

六、由于股票市场的特殊性，该标的股份对应的市场价值在不断变化，可要求按照开庭之日前20个交易日平均股票交易价格作为损失计算的依据。

案情介绍

上诉人（原审被告）：北京万方源房地产开发有限公司。

被上诉人（原审原告）：中国长城资产管理公司沈阳办事处。

2007年11月1日，长城资产沈阳办事处与万方源公司签订《债权置换股份协议书》载明：鉴于中国辽宁国际合作（集团）股份有限公司（以下简称中辽国际）的债务重组工作进展顺利，为进一步推进该项工作的进行双方达成本协议。巨田证券有限责任公司（以下简称巨田证券）持有中辽国际6630万股法人股，占中辽国际总股本的42.86%。万方源公司于2006年3月9日与巨田证券签订《股权转让协议》，约定巨田证券向万方源公司转让其持有中辽国际全部6630万股即中辽国际总股本的42.86%的股份，该转让协议尚处于中国证监会等部门审批过程中。截止到本协议签署之日，长城资产沈阳办事处对中辽国际及其四家子公司享有本金金额为5883.87万元的债权。长城资产沈阳办事处以其对中辽国际及其四家子公司享有的债权置换万方源公司自巨田证券受让的中辽国际的股份问题，达成如下协议：“第一条拟置换的债权与股份：1.拟置换债权是指长城资产沈阳办事处对中辽国际及其四家子公司享有的截止到本协议签署日本金为5883.87万元的债权（详见附件一《置换债权信息表》）。2.拟置换股份是指万方源公司自巨田证券受让的中辽国际法人股中的700万股股份。第二条债权的转让：双方共同确认，长城资产沈阳办事处将该协议项下债权转让给万方源公司，并办理债权凭证的交接手续。第三条股份的转让：双方共同确认，作为本协议项下债权转让的对价，万方源公司将本协议项下拟置换股份及基于该股份附带的所有权利、权益，不附带任何质押权、留置权及其他限制性权益的转让给长城资产沈阳办事处，并办理股份过户手续。第四条债权置换股份的实施：1. 本协议签订后 2 个工作日内，长城资产沈阳办事处应在其住所向万方源公司移交本协议附件二《置换债权资产文件清单》所列债权证明文件，万方源公司核对无误后，应以签署资产文件收据的方式予以确认；该签收日即为债权转移日。交接手续办理后 2 个工作日内，长城资产沈阳办事处按照其对外转让债权的一般惯例通知主、从债务人债权已转让的事实。……3. 在万方源公司受让巨田证券所持有中辽国际全部法人股完成股份过户手续后 10 日内，双方共同到证券登记结算公司办理股份质押登记手续。万方源公司承诺，在本协议项下股份的股份过户法定限制情形消失后 10 日内，将本协议项下股份过户给长城资产沈阳办事处，股份附带的所有权利、权益一并转移至长城资产沈阳办事处。……第九条违约责任：本协议正式生效后，双方应积极履行有关义务，任何一方违反本协议规定的行为均构成违约。违约方应向守约方支付本协议第一条第一款约定的债权本金金额 5% 的违约金，并赔偿守约方因此遭受的全部损失。”协议还对因政策法规限制导致股份无法过户如何处理，债权转让、股份过户后的风险告知及转移等进行了约定。

2007 年 11 月 1 日，长城资产沈阳办事处与万方源公司签署了上述协议约定的包含五份债权基本信息的《置换债权信息表》。该表中列明：中辽国际债权本金 2486. 50 万元、沈阳中辽出国人员服务中心债权本金 2318. 37 万元、辽宁国际经济咨询公司债权本金 710 万元、中辽国际工业总公司债权本金 219 万元、中辽国际保龄球娱乐有限公司债权本金 150 万元，本金总计 5883. 87 万元。11 月 2 日，长城资产沈阳办事处作为移交人、万方源公司作为接收人签署了五份《置换债权资产文件清单》，清单中明确注明了《债权转让协议》《借据》《借款合同》《保证合同》等资产文件均为原件。

2008 年 10 月 24 日，万方源公司取得中辽国际 6630 万股法人股并过户至万方源公司名下。

2008 年 12 月 12 日，长城资产沈阳办事处、万方源公司签订《股权质押合同》，合同约定：“第一条拟质押的股权与担保的债权：1. 1 本协议中的拟质押的股权是指万方源公司持有的中辽国际股份中 700 万股法人股。……第三条担保范围：万方源公司应当履行的将持有的 700 万股中辽国际的股权过户至长城资产沈阳办事处的义务及其延期履行或拒不履行相应义务产生的违约责任和赔偿费用。第四条担保期限：本合同项下的质押担保期间为：自本合同签署之日起，至万方源公司将其持有的中辽国际的 700 万股股份全部过户给长城资产沈阳办事处之日止。……第六条股份质押的登记：双方共同到证券登记结算深圳分公司办理股份质押登记手续。双方共同根据证券登记结算公司的相关规定提交相关文件,办理质押登记手续,本次股权质押自上述质押登记手续办理完毕之日设立。”双方在合同中还约定了质权实现的方式及费用负担以及和《债权置换股份协议》相同的违约责任。该《股权质押合同》经广东省深圳市公证处公证并出具(2008)深证字第114433号《公证书》。同日双方又签署了《深圳证券交易所上市公司证券质押登记声明书》和《深圳证券交易所上市公司证券登记申请书》,约定万方源公司自愿将其持有的S*ST中辽000638非国有股700万股向长城资产沈阳办事处质押,股份质押派生的红股及配股一并予以质押登记,质押期限至长城资产沈阳办事处申请解除质押登记止。证券登记结算深圳分公司于同日出具了上述700万股法人股的《证券质押登记证明书》。

2011年6月21日,长城资产沈阳办事处向万方源公司发出《股份过户通知书》,内容为:“鉴于原中辽国际(现名万方地产)已经于2009年6月5日复牌,根据双方的《债权置换股份协议书》和相关约定,现要求万方源公司将我办事处以债权置换的万方地产700万股股份过户至我办事处名下。”万方源公司盖章确认。

2012年11月28日,长城资产沈阳办事处向万方源公司发出《关于“万方地产”700万股权问题的函》,载明:“……我公司已实际拥有万方地产股份有限公司700万股权权益,但因限售期问题,该700万股权一直在贵公司名下代为持有,没有办理过户。该股权限售期已于2012年6月5日届满。根据贵公司与我办签订的《债权置换股份协议书》,我办拟对该700万股权办理过户手续后进行处置,请贵公司给予配合和支持。贵公司也可按照目前我公司对该股权批复的拟处置价格,即以不低于6.91元/股的价格进行回购,按700万股计算共计4837万元。”

2012年11月29日,万方源公司以万方源字(2012)20号向长城资产沈阳办事处发送《关于“万方地产”700万股股权问题的复函》,载明:“1.我公司同意回购代持的700万股万方地产股权。2.依据股权交易规则以及维护贵我双方各自权益,回购价格应以该股权解除限售期之日(即2012年6月5日)前20个交易日的平均价格作为我公司回购700万股权的每股价格。”

2012年12月18日,中国长城资产管理公司以中长资复(2012)1181号文件向长城资产沈阳办事处下发《关于调整中国辽宁国际合作(集团)股份有限公司等五户债权资产以股抵债方案的批复》:“一、同意你办调整中国辽宁国际合作(集团)股份有限公司等五户债权资产以股抵债方案,不再实施以股抵债,改由万方源公司一次性向公司支付不低于4837万元的万方地产700万股股份对价(折合每股不低于6.91元),不再办理该股份过户手续。二、你办应在收妥万方地产700万股股份对价后,方可解除该股份的质押担保手续。”后双方未履行上述方案。

2013年3月5日，长城资产沈阳办事处与万方源公司签订《意向协议》，协议约定：鉴于万方源公司未履行《债权置换股份协议书》约定义务，并同意与长城资产沈阳办事处签订《股权折现协议》，将质押给长城资产沈阳办事处的700万股法人股折现人民币5250万元向长城资产沈阳办事处支付折现款。1. 万方源公司为担保与长城资产沈阳办事处签订《股权折现协议》并完全履行，自愿向长城资产沈阳办事处交质押股份全部折现款的5%，即人民币2,625,000元作为保证金，该保证金万方源公司将于本协议生效后7日内一次支付。2. 长城资产沈阳办事处收到保证金后应对股权折现方案履行内部审批程序。如股权折现方案未获批准，长城资产沈阳办事处应在得知未获批准之日起10个工作日内将保证金无息退还万方源公司，本协议自动终止。3. 如该股权折现方案获批准，则万方源公司应与长城资产沈阳办事处签订《股权折现协议》，已支付的保证金可等额抵减支付价款。如万方源公司不与长城资产沈阳办事处签订《股权折现协议》或签订《股权折现协议》后未按约定履行，长城资产沈阳办事处均有权扣收该保证金。4. 双方违反本协议约定，视为违约。5. 因履行本协议发生纠纷，双方应通过协商解决。协商不成的，任何一方可向长城资产沈阳办事处所在地人民法院起诉。6. 本协议自双方负责人、法定代表人或授权代表签字并加盖单位公章后生效。本协议一式四份，甲乙双方各执二份，具有同等法律效力。

2013年4月2日，中国长城资产管理公司以中长资复(2013)131号文件向长城资产沈阳办事处下发《关于对质押的万方地产700万股份变现处置方案的批复》，内容为："一、同意你办变现质押的万方地产(000638. SZ)700万股份，以股票本次停盘恢复正常交易后的20个工作日平均价格与7.5元/股孰高为处置定价依据，即处置价格=定价依据×700万股。"该批复对付款方式和解除质押的具体步骤也进行了规定。后万方源公司未缴纳保证金，也未与长城资产沈阳办事处签订《股权折现协议》。

2013年4月1日，万方地产股份有限公司(证券代码000638，证券简称万方地产)发布《2012年度资本公积金转增股本实施公告》，内容为："公司2012年度资本公积金转增股本方案为：以截至2012年12月31日公司的总股本154,700,000股为基数，每10股转增10股，共计转增154,700,000股，转增后公司总股本309,400,000股。"万方地产股份有限公司后更名为万方城镇投资发展股份有限公司(以下简称万方发展公司)。

另查明：北京市第三中级人民法院以(2014)三中执字第00576号裁定冻结万方发展公司1400万股份，冻结期限为2014年10月15日至2016年10月14日；重庆市高级人民法院以(2014)渝高法民保字第26-2号和北京市第二中级人民法院以(2014)二中执字第4号裁定轮候冻结中。

又查明:万方发展公司2015年5月5日前20个交易日(2015年4月7日至2015年5月5日)的平均收盘价为13.46元/股,1400万股折合人民币18,844万元。

再查明:长城资产沈阳办事处于2015年6月8日向一审法院提出财产保全申请。申请查封:1.万方源公司持有的上市公司万方发展公司价值相当于233,941,935元的股份(但不包括已质押给长城资产沈阳办事处的1400万股)。2.万方源公司在中国证券登记结算有限公司开立的资金账户。该申请一审法院未予准许。

裁判结果

一审法院判决:一、万方源公司于判决生效后10日内赔偿长城资产沈阳办事处人民币18,844万元;二、万方源公司于判决生效后10日内支付长城资产沈阳办事处违约金2,941,935元;三、长城资产沈阳办事处对万方源公司质押的万方发展1400万股股份在上述第一、二项范围内享有优先受偿权;四、驳回长城资产沈阳办事处的其他诉讼请求。

二审法院判决:驳回上诉,维持原判。

法院观点

经本院当庭归纳并征得双方当事人同意,本案的主要争议焦点问题有二:一是关于《意向协议》的性质和效力问题,即该协议中约定的股权折现价格对双方是否具有拘束力;二是原判决确定的赔偿损失数额的计算依据问题。

一、关于《意向协议》的性质和效力

首先,《意向协议》属于预约合同的范畴。所谓预约合同是指约定将来订立一定合同的合同。预约合同本身也是一种合同,其成立、生效、履行、违约责任等适用合同法的一般规定。万方源公司与长城资产沈阳办事处签订的《意向协议》已经双方签字盖章生效,并不违反法律、行政法规的效力性强制性规定,应当认定为合法、有效。但《意向协议》仅具有预约合同的性质。因为:第一,《意向协议》并没有明确约定股权折现的具体时间、价格和支付方式,双方还需要通过签订和履行《股权折现协议》,来实现《意向协议》中约定的股权折现的目的;第二,根据《意向协议》,并不能直接发生支付折现款的法律后果,对于已质押股份的折现,亦需要得到合同双方的再行确认;第三,《意向协议》约定了签订《股权折现协议》的两个履行条件,即由万方源公司向长城资产沈阳办事处支付签约保证金,股权折现方案还需要通过长城资产沈阳办事处的上级机关中国长城资产管理公司的审核批准,而全部履行上述两项义务,才能使签订本约合同即《股权折现协议》成为可能。

其次,分析《意向协议》的具体内容,共涉及两部分。一部分是对于磋商过程和签约背景的表述,该部分内容对当事人双方并不具有约束力。另一部分是合同的实质性内容,主要是对于万方源公司交纳保证金的数额、时间以及违约责任作出了约定,该部分内容具备合同的要素,权利义务内容明确,具有合同约束力。虽然《意向协议》有"……将质押股份折现人民币伍仟贰佰伍拾万元整(5250 万元)"的内容,但该部分内容系作为合同程序性条款中予以表述,是对合同签订背景的客观性描述,并非合同的实质性内容,该部分内容对合同双方不具有约束力。

最后,《意向协议》的实质性内容并没有得到完全履行。虽然长城资产沈阳办事处对股权折现方案履行了内部审批程序,但是《意向协议》约定为了担保签订《股权折现协议》并完全履行,万方源公司须在该协议生效后 7 日内交纳 2, 625, 000 元保证金,而直至长城资产沈阳办事处提起本案诉讼时,万方源公司始终没有按照《意向协议》的约定支付保证金。在万方源公司没有依约支付保证金、双方亦没有签订正式《股权折现协议》的情况下,《意向协议》涉及的股份折现价格的内容自然对双方不具有拘束力,故双方仍应按照原《债权置换股份协议书》继续履行。

综上,上诉人万方源公司主张《意向协议》依法订立并有效的观点虽然成立,但该公司提出的《意向协议》可以取代《债权置换股份协议书》和《股份质押合同》中的相关权利义务,并要求继续履行《意向协议》的上诉主张不能成立,本院不予支持。

二、关于原判决确定的赔偿损失计算依据问题

上诉人万方源公司认为,依据《意向协议》的约定,被上诉人长城资产沈阳办事处享有的是 5250 万元债权,而并非 1400 万股万方发展股份的折现款。本院认为,根据《债权置换股权协议书》约定,长城资产沈阳办事处已经将债权转让给万方源公司作为置换股权的对价,万方源公司负有将股权变更到长城资产沈阳办事处名下的义务,即将股权交付给长城资产沈阳办事处。根据法律规定,债权人可以请求履行,在债务人不能履行时,债权人可以请求其承担相应的违约责任,即债权人可以请求法院判决其强制履行、赔偿损失或者支付相应的违约金。本案中,因万方源公司拒不履行合同义务,长城资产沈阳办事处要求万方源公司赔偿损失并支付违约金,符合法律规定。此外,根据《债权置换股权协议书》第 9 条约定"本协议正式生效后,双方应积极履行有关义务,任何一方违反本协议规定的行为均构成违约。违约方应向守约方支付本协议第 1 条第 1 款约定的债权本金金额 5% 的违约金,并赔偿守约方因此遭受的全部损失。"长城资产沈阳办事处要求万方源公司支付违约金并赔偿损失,亦符合上述合同约定。

根据合同法规定,当事人一方不履行合同义务或者履行合同义务不符合约定,给对方造成损失的，损失赔偿额应当相当于因违约所造成的损失，包括合同履行后可以获得的利益。依据双方签订的《股权质押合同》《深圳证券交易所上市公司证券质押登记声明书》和《深圳证券交易所上市公司证券登记申请书》的约定，万方源公司向长城资产沈阳办事处质押的700万股万方发展股份，因质押派生的红股及配股一并予以质押登记，质押期限至长城资产沈阳办事处申请解除质押登记止。而且，《债权置换股份协议书》第4条第3项约定"将本协议项下股份过户给长城资产沈阳办事处，股份附带的所有权利、权益一并转移至长城资产沈阳办事处"。2013年4月1日，万方发展股本结构发生变动，每10股转增10股。虽然《意向协议》中涉及折现的是700万股万方发展股权，但是依据上述约定，原属于长城资产沈阳办事处名下质押的700万股因转增而带来的收益，仍应归属于其名下。因此，长城资产沈阳办事处对于质押在其名下的万方发展1400万股股份主张权利，于法有据。

至于上诉人提出的原判决以案涉股票在一审开庭前20个交易日的平均收盘价作为赔偿损失的计算依据问题。由于股票市场的特殊性，该1400万股股份对应的市场价值在不断变化，至长城资产沈阳办事处提起诉讼之日案涉股票价格已明显上涨，在万方源公司持有上述股份拒不交付的情况下，长城资产沈阳办事处无法实现其正常权益，故该办事处要求按照股票交易价格作为损失计算的依据，符合法律规定。根据民事诉讼法及司法解释规定，原告当庭增加诉讼请求的，人民法院可以合并审理。因此，长城资产沈阳办事处在一审开庭前提出增加诉讼请求，符合法律规定。另外，万方源公司曾于2012年11月29日致函长城资产沈阳办事处，同意以该股权解除限售之日前20个交易日的平均价格作为其回购700万股权的依据，虽然该股权回购方案没有实施，但至少表明万方源公司曾经同意以20个交易日的股票平均价格来计算折现价款这种计算方式，故原判决充分考虑到股票交易特点和双方当事人的合法权益，在长城资产沈阳办事处增加诉讼请求后，参考一审开庭前20个交易日的股票平均收盘价作为损失计算依据，并无不妥。万方源公司上诉主张原审确定损失缺乏依据的理由不能成立，本院不予支持。

金讼圈提示

本案标的股份对应的市场价值在不断变化，要求按照开庭之日前20个交易日平均股票交易价格作为损失计算的依据。这点对于我们涉及上市公司股票价值计算特别有现实指导意义，值得借鉴运用。

023 债权到期后达成的“债转房”协议是否有效?

案例索引

最高人民法院指导案例 72 号(最高人民法院审判委员会讨论通过 2016 年 12 月 28 日发布);最高人民法院于 2015 年 10 月 8 日作出(2015)民一终字第 180 号民事判决。

交易结构图

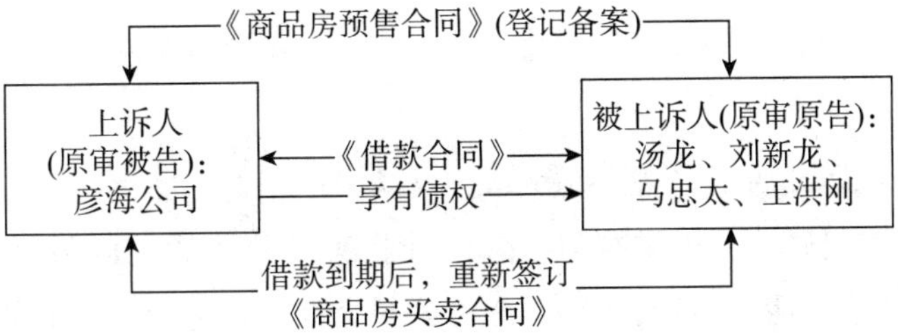

金讼圈导读

本案是最高人民法院关于民间借贷转化为房屋买卖合同(也称“债转房”)的指导判例,非常值得研读和分析。

裁判规则

一、民事法律关系的产生、变更、消灭,除基于法律特别规定,需要通过法律关系参与主体的意思表示一致形成。

二、民事交易活动中,当事人意思表示发生变化并不鲜见,该意思表示的变化,除为法律特别规定所禁止外,均应予以准许。

三、尊重当事人嗣后形成的变更法律关系性质的一致意思表示,是贯彻合同自由原则的应有之意。

四、双方经协商一致终止借款合同关系,建立商品房买卖合同关系,并非为双方之间的借款合同履行提供担保,而是借款合同到期彦海公司难以清偿债务时,通过将彦海公司所有的商品房出售给汤龙等四位债权人的方式,实现双方权利义务平衡的一种交易安排。

五、借款合同双方当事人经协商一致，终止借款合同关系，建立商品房买卖合同关系，将借款本金及利息转化为已付购房款并经对账清算的，不属于《物权法》第186条规定禁止的情形，该商品房买卖合同的订立目的，亦不属于《最高人民法院关于审理民间借贷案件适用法律若干问题的规定》第24条规定的“作为民间借贷合同的担保”，在不存在《合同法》第52条规定情形的情况下，该商品房买卖合同具有法律效力。

六、对“债转房”转化为已付购房款的借款本金及利息数额，人民法院应当结合借款合同等证据予以审查，以防止当事人将超出法律规定保护限额的高额利息转化为已付购房款。

案情介绍

上诉人（原审被告）：新疆鄂尔多斯彦海房地产开发有限公司（以下简称彦海公司）。

被上诉人（原审原告）：汤龙、刘新龙、马忠太、王洪刚。

汤龙、刘新龙、马忠太、王洪刚与彦海公司于2013年先后签订多份借款合同，通过实际出借并接受他人债权转让，取得对彦海公司合计2.6亿元借款的债权。为担保该借款合同履行，四人与彦海公司分别签订多份商品房预售合同，并向当地房屋产权交易管理中心办理了备案登记。该债权陆续到期后，因彦海公司未偿还借款本息，双方经对账，确认彦海公司尚欠四人借款本息361,398,017.78元。双方随后重新签订商品房买卖合同，约定彦海公司将其名下房屋出售给四人，上述欠款本息转为已付购房款，剩余购房款38,601,982.22元，待办理完毕全部标的物产权转移登记后一次性支付给彦海公司。

汤龙等四人提交与彦海公司对账表显示，双方之间的借款利息系分别按照月利率3%和4%、逾期利率10%计算，并计算复利。

汤龙、刘新龙、马忠太、王洪刚一审诉称：根据双方合同约定，新疆鄂尔多斯彦海房地产开发有限公司（以下简称彦海公司）应于2014年9月30日向四人交付符合合同约定的房屋。但至今为止，彦海公司拒不履行房屋交付义务。故请求判令：一、彦海公司向汤龙、刘新龙、马忠太、王洪刚支付违约金6000万元；二、彦海公司承担汤龙、刘新龙、马忠太、王洪刚主张权利过程中的损失费用416,300元；三、彦海公司承担本案的全部诉讼费用。

彦海公司一审辩称：汤龙、刘新龙、马忠太、王洪刚应分案起诉。四人与彦海公司没有购买和出售房屋的意思表示，双方之间房屋买卖合同名为买卖实为借贷，该商品房买卖合同系为借贷合同的担保,该约定违反了《担保法》第 40 条、《物权法》第 186 条的规定无效。双方签订的商品房买卖合同存在显失公平、乘人之危的情况。四人要求的违约金及损失费用亦无事实依据。

裁判结果

新疆维吾尔自治区高级人民法院于 2015 年 4 月 27 日作出(2015)新民一初字第 2 号民事判决:一、彦海公司向汤龙、马忠太、刘新龙、王洪刚支付违约金 9,275,057.23 元;二、彦海公司向汤龙、马忠太、刘新龙、王洪刚支付律师费 416,300 元;三、驳回汤龙、马忠太、刘新龙、王洪刚的其他诉讼请求。

最高人民法院于 2015 年 10 月 8 日作出(2015)民一终字第 180 号民事判决:一、撤销新疆维吾尔自治区高级人民法院(2015)新民一初字第 2 号民事判决;二、驳回汤龙、刘新龙、马忠太、王洪刚的诉讼请求。

法院观点

法院生效裁判认为:本案争议的商品房买卖合同签订前,彦海公司与汤龙等四人之间确实存在借款合同关系,且为履行借款合同,双方签订了相应的商品房预售合同,并办理了预购商品房预告登记。但双方系争商品房买卖合同是在彦海公司未偿还借款本息的情况下,经重新协商并对账,将借款合同关系转变为商品房买卖合同关系,将借款本息转为已付购房款,并对房屋交付、尾款支付、违约责任等权利义务作出了约定。民事法律关系的产生、变更、消灭,除基于法律特别规定,需要通过法律关系参与主体的意思表示一致形成。民事交易活动中,当事人意思表示发生变化并不鲜见,该意思表示的变化,除为法律特别规定所禁止外,均应予以准许。本案双方经协商一致终止借款合同关系,建立商品房买卖合同关系,并非为双方之间的借款合同履行提供担保,而是借款合同到期彦海公司难以清偿债务时,通过将彦海公司所有的商品房出售给汤龙等四位债权人的方式,实现双方权利义务平衡的一种交易安排。该交易安排并未违反法律、行政法规的强制性规定,不属于《物权法》第 186 条规定禁止的情形,亦不适用《最高人民法院关于审理民间借贷案件适用法律若干问题的规定》第 24 条规定。尊重当事人嗣后形成的变更法律关系性质的一致意思表示,是贯彻合同自由原则的题中应有之意。彦海公司所持本案商品房买卖合同无效的主张,不予采信。

但在确认商品房买卖合同合法有效的情况下,由于双方当事人均认可该合同项下已付购房款系由原借款本息转来,且彦海公司提出该欠款数额包含高额利息。在当事人请求司法确认和保护购房者合同权利时,人民法院对基于借款合同的实际履行而形成的借款本金及利息数额应当予以审查,以避免当事人通过签订商品房买卖合同等方式,将违法高息合法化。经审查,双方之间借款利息的计算方法,已经超出法律规定的民间借贷利率保护上限。对双方当事人包含高额利息的欠款数额,依法不能予以确认。由于法律保护的借款利率明显低于当事人对账确认的借款利率,故应当认为汤龙等四人作为购房人,尚未足额支付合同约定的购房款,彦海公司未按照约定时间交付房屋,不应视为违约。汤龙等四人以彦海公司逾期交付房屋构成违约为事实依据,要求彦海公司支付违约金及律师费,缺乏事实和法律依据。一审判决判令彦海公司承担支付违约金及律师费的违约责任错误,本院对此予以纠正。

金讼圈提示

需要说明的是,《物权法》第186条关于禁止流押约定只限定在债务履行期间届满前,债务履行期届满债务人不履行债务的,则抵押权人可以与抵押人协议将抵押财产折价归抵押权人所有。

024 "债转房"房产未过户,债权人如何主张权利?

案例索引

江苏省泗洪县人民法院于2015年5月7日作出的(2015)洪民初字第00753号一审民事判决书。

交易结构图

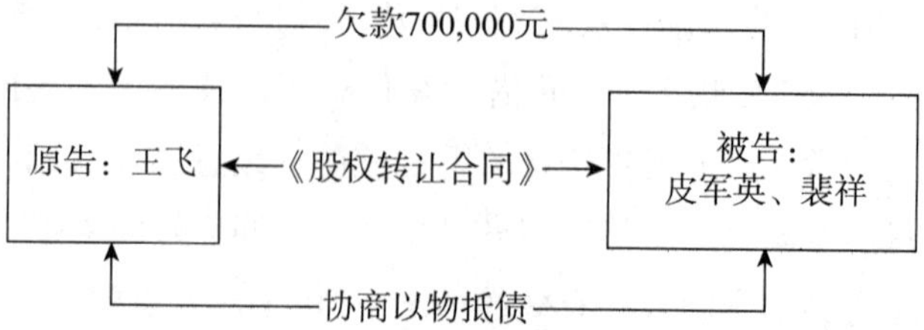

金讼圈导读

本案是对“以物抵债”实操具有非常强的指导性的典型司法案例。法院对“以物抵债”的实践性、物权登记生效、债权转让、不得约定剥夺诉权等均给予了明确裁判规则，非常值得从事资金借贷的人士借鉴学习。

裁判规则

一、双方约定不得将债权转让第三人，该约定符合合同法关于债权转让例外情形的规定，应属合法有效。

二、基于诉权是国家赋予公民司法救济的基本权利，应当受到法律保护，当事人不能通过事先约定的方式排除国家的司法救济方式，即双方约定一方不得起诉另一方的约定无效。

三、以物抵债合同具有实践性，以双方通过办理登记或交付手续完成物权转移为生效要件。

四、债务人未将房屋产权转移给债权人，债权人仍有权要求继续履行原债权债务合同，有权通过诉讼方式直接要求被告还款。

案情介绍

原告：王飞。

被告：皮军英、裴祥。

原告王飞诉被告皮军英、裴祥股权转让合同纠纷一案，本院于 2015 年 2 月 25 日立案受理。

原告王飞通过入暗股方式与被告皮军英、裴祥投资开发安徽省固镇县学府文苑小区。

2014 年 11 月 15 日，双方协商原告退股，经结算，被告共欠原告 4, 000, 000 元。双方约定，其中 3, 300, 000 元由案外人杨柏负责偿还，另外 700, 000 元由被告偿还。被告裴祥向原告出具了情况说明和欠条，均约定 700, 000 元今后不再计息，原告不得将债权转让第三人，也不得起诉被告；情况说明中另约定，如固镇县学府文苑小区清盘有余房，由双方协商以房抵债，价格不低于每平方米 4500 元。

2014 年 11 月 26 日，双方就还款事宜进一步达成协议，但被告至今既未以房抵债，亦未偿还欠款。

裁判结果

被告皮军英、裴祥给付原告王飞股权转让款700,000元,于判决生效后10日内履行完毕。

法院观点

本案的争议焦点为:1. 双方约定原告不得将债权转让第三人,是否合法有效? 2. 双方约定原告不得起诉被告,能否排除原告的诉权? 3. 双方约定如固镇县学府文苑小区清盘有余房,由双方协商以房抵债,能否阻却原告通过诉讼方式直接要求被告还款?

关于争议焦点1,本院认为,法律原则上保护债权人转让债权的自由,但对特殊情形下的债权转让行为又进行一定限制。根据《合同法》第79条规定,债权人可以将合同的权利全部或者部分转让给第三人,但有下列情形之一的除外:(一)根据合同性质不得转让;(二)按照当事人约定不得转让;(三)依照法律规定不得转让。本案中,双方约定原告不得将债权转让第三人,该约定符合合同法关于债权转让例外情形的规定,应属合法有效。

关于争议焦点2,本院认为,诉权是国家赋予公民司法救济的基本权利,应当受到法律保护。当事人虽有处分权,可选择诉或不诉,但不能通过事先约定的方式排除国家的司法救济方式。本案中,双方约定原告不得起诉被告,该约定应属无效,并不能排除原告的诉权。

关于争议焦点3,本院认为,合同约定应当具体明确,其内容应当能够体现双方实质的意思表示;且以物抵债合同具有实践性,以双方通过办理登记或交付手续完成物权转移为生效要件。本案中,双方仅约定如固镇县学府文苑小区清盘有余房,由双方协商以房抵债,价格不低于每平方米4500元,对其他相关事项均无明确约定;且学府文苑小区何时清盘,是否有余房,均处于不确定状态,无法从实质上体现双方通过以房抵债方式消灭债务的意思表示。另外,被告方亦未通过任何方式将房屋产权转移给原告,现原告要求继续履行原债权债务合同,人民法院应当继续审理。故原告有权通过诉讼方式直接要求被告还款。

综上,原被告之间的股权转让合同合法有效。被告皮军英、裴祥未按合同约定给付股权转让款,属违约行为,应当承担继续履行的责任。

金讼圈提示

在实务操作层面,以物抵债合同具有实践性确实是一个陷阱,以物抵债合同签订后应当及时办理交付和产权登记过户手续,否则难以取得物权。

025 民办学校的教育设施能否豁免法院强制执行？

案例索引

中国农业银行股份有限公司吉林市东升支行与吉林市碧碧溪外国语实验学校借款担保合同纠纷执行案；最高人民法院于2015年8月5日作出的(2015)执申字第55号执行裁定书。

交易结构图

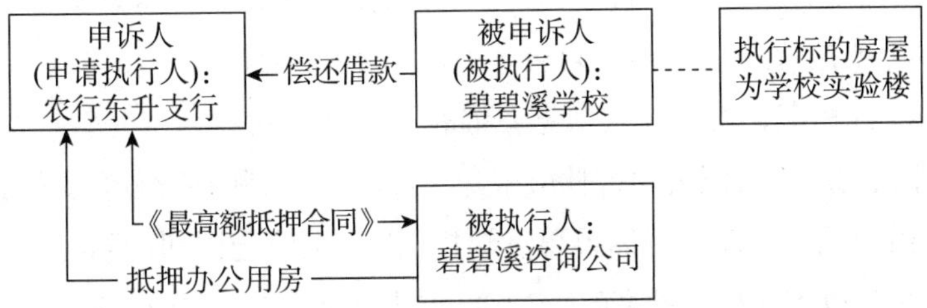

金讼圈导读

民办学校的教育设施到底能否豁免法院执行？三级法院观点各有不同：吉林市中级人民法院支持，吉林省高级人民法院却反对，最高人民法院则有条件地支持。

本案虽然是关于民办学校教学用房及土地能否查封和执行的问题，但实质是关于债权实现与维护社会公共利益之间应当如何保持平衡的问题。

裁判规则

一、民办教育事业属于公益性事业，是社会主义教育事业的组成部分，基于社会公共利益考量，教育用地与教育设施确实具有不同于普通财产的特殊性，具有特定用途。

二、虽然法律明确禁止学校以教育设施设定抵押，但目前法律、行政法规中对于强制执行教育用地或教育设施却并无限制性或禁止性规定，也即虽然法院判决学校以教育设施设定抵押无效，但不影响其成为执行标的财产。

三、法律法规并不禁止教育用地与教育设施的转让，在存在转让可能性的情况下，应当允许在不影响使用的前提下进行查封。

四、为保障社会公益事业发展，保障公众受教育权等基本权益，对教育用地与教育设施的执行不能改变其原有的公益性用途,不能影响其实际使用,不能影响正常的教育教学秩序,不能造成学生失学从而损害公众受教育权。

五、强制执行程序的根本目的是实现生效法律文书确定的债权,只要不影响教育用地与教育设施的正常使用,人民法院应当根据申请执行人的申请采取必要的执行措施,以保护申请执行人的合法权益。

六、民办学校在撤销民办非企业(法人)单位登记之后,应当及时成立清算组办理清算和注销手续,但在清算组成立之前,可以原单位名义参与诉讼和执行程序,进行债权债务清理工作。

案情介绍

申诉人(申请执行人):中国农业银行股份有限公司吉林市东升支行。

被申诉人(被执行人):吉林市碧碧溪外国语实验学校。

被执行人:吉林市碧碧溪经贸信息咨询有限责任公司。

中国农业银行股份有限公司吉林市东升支行(以下简称农行东升支行)因与吉林市碧碧溪外国语实验学校(以下简称碧碧溪学校)借款担保合同纠纷执行一案,不服吉林省高级人民法院(以下简称吉林高院)(2014)吉执复字第29号执行裁定,向本院申诉。

农行东升支行与被执行人碧碧溪学校、吉林市碧碧溪经贸信息咨询有限责任公司(以下简称碧碧溪咨询公司)借款担保合同纠纷执行一案,依据吉林省吉林市中级人民法院(以下简称吉林中院)(2006)吉中民二初字第101号民事判决,被告碧碧溪学校应偿还原告农行东升支行两笔借款本金合计676万元,支付借款利息合计87,398.82元;如被告碧碧溪学校对其中一笔借款本金588万元及相关利息逾期未偿付,则以最高额抵押合同项下之抵押物,即被告碧碧溪咨询公司所有的办公用房变价所得价款,由农行东升支行优先受偿。

农行东升支行不服上诉后,吉林高院作出(2006)吉民三终字第227号民事判决,驳回上诉,维持原判。

判决生效后,碧碧溪学校与碧碧溪咨询公司未按期履行判决确定的法律义务,农行东升支行于2009年4月7日申请执行,吉林中院同日立案。执行中,吉林中院依法对碧碧溪咨询公司抵押的办公用房进行了评估拍卖,经过三拍因无人登记而流拍,流拍价为6,463,385.60元。经吉林中院变卖后,卖得价款6,307,723.60元,交付农行东升支行。

农行东升支行于2010年8月31日向吉林中院出具书面申请,请求终结执行、保留债权。吉林中院于2010年8月31日作出(2007)吉中民执字第125号执行裁定,裁定(2006)吉中民二初字第101号民事判决终结执行,保留债权。

后农行东升支行申请恢复执行，吉林中院于2014年3月4日恢复执行，并于同年3月11日作出（2014）吉中执恢字第20号执行裁定，查封碧碧溪学校所有的位于吉林市昌邑区莲花街莲河街14号、面积为4314.68平方米、土地使用权证号为吉市国用（2003）第×××××××××6号土地使用权及位于吉林市昌邑区莲花街莲河街14号、建筑面积为1556.06平方米、房权证号为吉林市房权证昌字第QT×××××××4号房屋所有权，查封期限为二年，自2014年3月11日起至2016年3月10日止。

本案争议房屋原为学校的实验楼，产权证上注明设计用途为医疗；本案争议土地的使用权证上记载用途为教育用地，取得方式为划拨土地。碧碧溪学校的法人登记注明，其性质为民办非企业法人，业务范围为学前、小学、初中一体的民办学校，以提供教育服务为主要经营项目的社会办学机构。碧碧溪学校以此处房屋及土地作为向农行东升支行借款的抵押物，被吉林中院、吉林高院判决确认抵押无效。

关于碧碧溪学校的办学资质问题，吉林市教育局复函称，“2011年该校周边基建无法招生，提出暂停招生的申请。2014年4月28日该校提出恢复招生的申请，待我局审核通过后，可允许其继续办学”。

《江城晚报》2011年4月30日刊登了吉林市民政局行政处罚决定公告（第5号），公告中载明：“下列77个民办非企业单位多年来未参加年检和不能正常开展活动，根据《民办非企业单位登记管理暂行条例》的规定，决定予以撤销登记。从即日起，证书、公章废止（2011年4月14日）。”撤销登记的名单中包括了“吉林市碧碧溪外国语实验学校”。

吉林市教育局为答复中国农业银行吉林市分行，于2015年6月5日出具了《关于吉林市碧碧溪外国语实验学校办学资质的复函》（吉市教函〔2015〕24号），函中载明：“1.关于办学资质问题。吉林市碧碧溪外国语实验学校是1995年由我局批准试办，1998年批准成立。2011年，因该校周边基建，学校提出暂停招生，依法保留办学资质。2.关于恢复招生问题。由于学校住宿楼的产权证被抵押在贵行东升支行，该校无法进行办学条件的完善，我局暂时也无法依法对其进行评估。3.关于贵行提出的‘依据《中华人民共和国民办教育促进法》（以下简称《民办教育促进法》）第九章、第六十二条、第八款’之事宜，由于学校自暂停招生以来，不能开展正常的教育教学活动，也没有资金往来，所以，我们也无法对其进行评估”。

碧溪学校向吉林市中级人民法院提出执行异议称，其是从事教育行业的社会公益事业组织，所查封的房屋及土地使用权为正在使用中的教育用地和教育用房，法院采取查封乃至进一步执行措施，必将严重影响碧碧溪学校的正常教育工作，影响在校学生的学习。故向法院申请解除对上述土地使用权及房屋的查封，或暂缓采取进一步执行措施。请求依法撤销（2014）吉中执恢字第20号执行裁定，解除查封。

裁判结果

吉林市中级人民法院于2014年6月26日作出(2014)吉中执行异字第16号执行裁定:驳回碧碧溪学校的异议。

吉林省高级人民法院于2014年12月4日作出(2014)吉执复字第29号执行裁定:撤销吉林中院(2014)吉中执恢字第20号执行裁定及(2014)吉中执行异字第16号执行裁定。

最高人民法院裁定:撤销吉林省高级人民法院(2014)吉执复字第29号执行裁定,维持吉林省吉林市中级人民法院(2014)吉中执行异字第16号执行裁定和(2014)吉中执恢字第20号执行裁定。

法院观点

根据申诉人申诉及被申诉人答辩,本案争议的焦点为碧碧溪学校的主体资格问题以及碧碧溪学校的教育用地和教育设施能否获得执行豁免问题。

首先,关于碧碧溪学校的主体资格问题。在本案恢复执行之前,碧碧溪学校被吉林市民政局公告撤销民办非企业(法人)单位登记。根据《民办非企业单位登记管理暂行条例》第27条"未经登记,擅自以民办非企业单位名义进行活动的,或者被撤销登记的民办非企业单位继续以民办非企业单位名义进行活动的,由登记管理机关予以取缔,没收非法财产;构成犯罪的,依法追究刑事责任;尚不构成犯罪的,依法给予治安管理处罚"之规定,碧碧溪学校本不能继续以碧碧溪学校名义进行活动,但碧碧溪学校尚未办理注销登记,根据《民办非企业单位登记管理暂行条例》第16条第2款"民办非企业单位在办理注销登记前,应当在业务主管单位和其他有关机关的指导下,成立清算组织,完成清算工作。清算期间,民办非企业单位不得开展清算以外的活动"之规定,碧碧溪学校被撤销登记之后,办理注销登记之前,其法人资格依然存在,但权利能力与行为能力受到限制,只能开展清算范围之内的活动。碧碧溪学校作为被执行人参与执行程序,应为债权债务清理工作的一部分。而碧碧溪学校尚未按照法律规定成立清算组织,不允许碧碧溪学校以单位名义参与执行程序,则无法进行相应的债权债务清理工作。参照《最高人民法院关于适用〈中华人民共和国公司法〉若干问题的规定(二)》(以下简称《公司法规定(二)》)第10条关于"公司依法清算结束并办理注销登记前,有关公司的民事诉讼,应当以公司的名义进行。公司成立清算组的,由清算组负责人代表公司参加诉讼;尚未成立清算组的,由原法定代表人代表公司参加诉讼"之规定,碧碧溪学校在注销登记之前,能够以单位名义参与执行程序,进行债权债务清理工作。本案中,碧碧溪学校以单位名义从事活动,必须严格限定在参与执行程序的必要活动中,不得从事清理既有债权债务关系之外的活动。碧碧溪学校为民办学校,根据《民办教育促进法》第3条第1款之规定,民办教育事业属于公益性事业,是社会主义教育事业的组成部分。因此,农行东升支行有关碧碧溪学校法人资格已不存在,其也不再是公益事业单位的主张没有事实与法律依据,本院不予支持。

其次,关于教育设施和教育用地能否豁免执行的问题。本案争议的土地与房产为公益性质的教育用地与教育设施,碧碧溪学校曾以上述房屋所有权与土地使用权向农行东升支行设定抵押,被法院以违反法律强制性规定为由判决抵押无效。虽然法律明确禁止学校以教育设施设定抵押,但目前法律、行政法规中对于强制执行教育用地或教育设施却并无限制性或禁止性规定。民办教育促进法中规定了民办学校的终止及清算义务,明确了债务清偿顺序,在民办学校清算时,以学校的财产包括教育用地与教育设施变价清偿学校所负债务是应有之义。然而,基于社会公共利益考量,教育用地与教育设施确实具有不同于普通财产的特殊性。该种特殊性表现在教育设施具有特定用途。学校要完成教育教学目标,达到教书育人的社会公益目的,离不开各种教育教学设施。如果强制执行学校正在使用中的教育设施,不仅影响正常的教育教学秩序,处置不当还有可能造成学生失学,损害公众受教育权。因此,虽然我国法律、行政法规中对于教育设施能否豁免执行的问题并无明确规定,但为保障社会公益事业发展,保障公众受教育权等基本权益,对教育用地与教育设施的执行不能改变其原有的公益性用途,不能影响其实际使用。

本案中,虽然碧碧溪学校目前并无尤在校学生,争议的教育用地与教育设施均处于闲置状态,不存在对在校学生受教育权直接现实的损害,但是碧碧溪学校的办学许可证并未被吊销,吉林市教育局的复函表明碧碧溪学校仍保留了办学资质,存在恢复招生的可能性。为充分维护社会公共利益,对本案争议的教育用地与教育设施的执行也应当以不影响其教育功能的发挥为前提。同时,强制执行程序的根本目的是实现生效法律文书确定的债权,只要不影响教育用地与教育设施的正常使用,人民法院应当根据申请执行人的申请采取必要的执行措施,以保护申请执行人的合法权益。因法律法规并不禁止教育用地与教育设施的转让,在存在转让可能性的情况下,应当允许在不影响使用的前提下进行查封。

鉴于吉林中院(2014)吉中执恢字第20号执行裁定内容仅为查封本案争议的土地与房产,而查封可以在不影响正常使用的前提下进行,农行东升支行关于吉林中院对碧碧溪学校自有资产的查封符合法律规定的申诉主张,应予支持。吉林中院(2014)吉中执行异字第16号执行裁定虽然没有明确指出对本案争议的土地与房产必须在不影响其正常使用的前提下采取执行措施,但该裁定维持了对争议财产的查封,处理结果并无错误。吉林高院(2014)吉执复字第 29 号执行裁定直接撤销上述执行裁定没有法律依据,应予纠正。

金讼圈提示

最高人民法院的答案,归纳一句话,只要不改变民办学校资产的原有公益性用途及不影响其实际使用,还是可以查封和执行的。

026 法院应如何审查债权人代位权诉讼立案受理条件?

案例索引

最高人民法院于 2015 年 10 月 27 日作出的(2015)民提字第 186 号民事裁判文书。

交易结构图

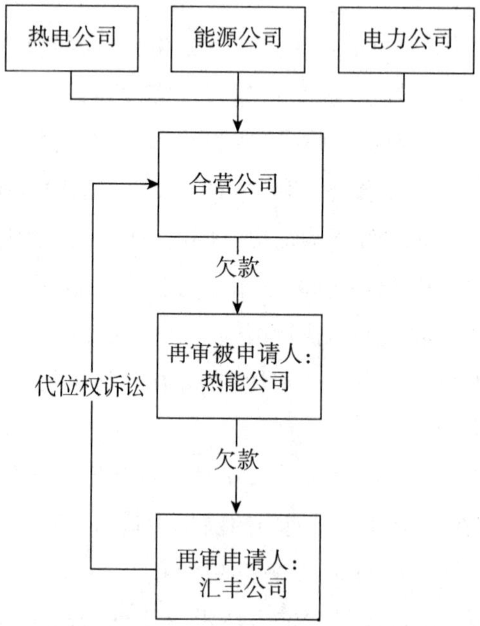

金讼圈导读

本案是最高人民法院关于债权人代为权诉讼立案审查标准典型案例。对于债权人代位权诉讼的立案标准与判决标准的区别,最高人民法院给予了准确分析和解答。

裁判规则

一、判断债权人代位权诉讼是否符合立案受理条件时,应在审查该当事人的起诉是否符合民事诉讼法的起诉条件的同时,结合《最高人民法院关于适用〈中华人民共和国合同法〉若干问题的解释》(以下简称《合同法解释(一)》)提起代位权诉讼的条件一并予以审查。

二、起诉人提供了初步证据用以证明其符合提起债权人代位权诉讼的主体条件、债权到期条件等,受诉人民法院应予立案受理。

三、至于债权人代位权主张最终能否客观成立,属于债权人代位权之诉的实体审理认定事项,应当在立案以后,根据债权人、债务人、次债务人的诉辩主张,结合举证质证以及庭审情况综合判定。

四、在对该案未予立案,未予开展诉辩交锋以及审理的情况下,即判定起诉人主张债权到期缺乏证据证明,并据此不予立案,系对《合同法解释(一)》第 11 条规定的理解过于严格,不利于依法保护当事人的诉讼权利。

案情介绍

再审申请人:辉南县汇丰煤炭生产有限公司(以下简称汇丰公司)。

再审申请人因债权人代位权纠纷一案,不服辽宁省抚顺市中级人民法院(以下简称抚顺中院)作出的(2014)抚中立一民初字第 00001 号不予受理裁定,向辽宁省高级人民法院(以下简称辽宁高院)提起上诉。辽宁高院经审理,作出(2014)辽立一民终字第 00089 号民事裁定:驳回上诉,维持原裁定。汇丰公司仍不服,向本院申请再审。本院于 2015 年 7 月 24 日作出(2015)民申字第 1091 号民事裁定,本案由本院提审。

汇丰公司 2014 年 7 月 7 日向抚顺中院提起诉讼称:

因抚顺市热能燃料有限责任公司(以下简称热能公司)拖欠汇丰公司货款,经辽宁高院(2008)辽民二终字第 233 号民事判决认定,其应给付汇丰公司欠款本金 4,604,584.45 元及利息损失 130 万元。

2009 年 11 月 10 日,由抚顺长顺热电有限公司(以下简称热电公司)、抚顺长顺能源有限公司(以下简称能源公司)、抚顺长顺电力有限公司(以下简称电力公司)组成的合营公司,通过热能公司转付给汇丰公司2,132,700元,尚欠本息及诉讼费用3,879,811.45元未付。

热能公司未能按照法院判决付款,至2014年6月30日,又发生逾期利息及双倍利息4,225,166.65元,共计应给付汇丰公司8,104,978.10元。

因热能公司购买汇丰公司的煤炭给合营公司使用,截止到2007年2月,合营公司累计拖欠热能公司煤炭款94,721,854.15元。

在2010年12月法院执行过程中,热能公司的法定代表人王会森在法院调查笔录中证实合营公司尚欠其煤款三四千万元。汇丰公司虽多次向热能公司催款,法院也进入了执行程序,但其不向合营公司主张债权,给汇丰公司造成了债权不能实现的后果。

依据《合同法》第73条、《民事诉讼法》第22条第2款、《合同法解释(一)》第14条规定,代位提起民事诉讼,请求依法判决:1. 汇丰公司享有代热能公司向热电公司、能源公司、电力公司主张民事权利的代位权;2. 判决合营公司向汇丰公司支付欠热能公司的欠款及迟延履行法院生效判决的双倍利息、诉讼费共计8,104,978.10元,并承担自2014年7月1日起至还清之日止的银行贷款基准利率的双倍利息;3. 本案诉讼费由热电公司、能源公司、电力公司承担。

裁判结果

一审法院(抚顺市中级人民法院)裁定:对汇丰公司的起诉不予受理。

二审法院(辽宁省高级人民法院)裁定:驳回上诉,维持原裁定。

再审(最高人民法院)裁定:一、撤销辽宁省高级人民法院(2014)辽立一民终字第00089号民事裁定和辽宁省抚顺市中级人民法院(2014)抚中立一民初字第00001号民事裁定;二、指令辽宁省抚顺市中级人民法院对辉南县汇丰煤炭生产有限公司的起诉立案受理。

法院观点

在审查当事人提起的债权人代位权诉讼是否符合立案受理条件时,应在审查该当事人的起诉是否符合《民事诉讼法》第119条规定的起诉条件的同时,结合《合同法解释(一)》第11条规定的提起代位权诉讼的条件一并予以审查。从《合同法解释(一)》第11条的规定来看,其一方面阐释了提起代位权诉讼的条件,另一方面亦作为审理此类案件中判断债权人代位权主张能否成立的实体标准。因此,在理解该条文时，应适度区分审查立案及实体判断的不同尺度，避免以审代立或者以立代审。

本案中，汇丰公司作为债权人，请求以自己的名义代位行使债务人热能公司对次债务人热电公司、能源公司、电力公司享有的债权。汇丰公司作为起诉人，属于与本案有直接利害关系的法人，有明确的被告，有具体的诉讼请求和事实、理由，其请求解决的事项属于人民法院民事案件受理范围和受诉人民法院管辖，符合《民事诉讼法》第119条规定的起诉条件。同时，结合《合同法解释(一)》第11条的规定，汇丰公司亦提供了初步证据用以证明其符合提起债权人代位权诉讼的主体条件、债权到期条件等，对此，受诉人民法院应予立案受理。至于汇丰公司提出的债权人代位权主张最终能否客观成立，属于债权人代位权之诉的实体审理认定事项，应当在立案以后，根据债权人、债务人、次债务人的诉辩主张，结合举证质证以及庭审情况综合判定。因此，抚顺中院、辽宁高院在对该案未予立案，未予开展诉辩交锋以及审理的情况下，即判定汇丰公司主张债权到期缺乏证据证明，并据此不予立案，系对《合同法解释(一)》第11条规定的理解过于严格，不利于依法保护当事人的诉讼权利，本院对此予以纠正。

金讼圈提示

债权人代位权是债的保全或责任财产的保全制度的一种，为解决“执行难”问题提供了一条路径或利器，值得执行申请人(债权人)掌握和运用。债权人代位权诉讼实际上包含了确认之诉与给付之诉，诉讼请求如何确定，如何理解好和运用债权保全之利器等均应在实务中特别注意。

027 新设公司平移资源应承担原公司债务吗?

案例索引

浙江省宁波市中级人民法院2016年5月3日作出的(2016)浙02民终322号二审民事判决书。

交易结构图

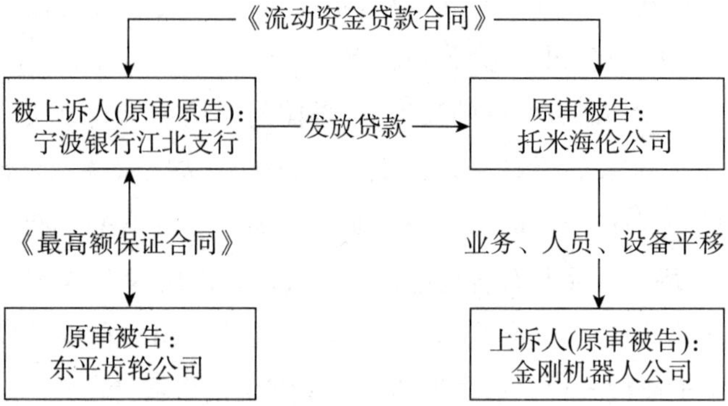

金讼圈导读

本案是实际控制人利用公司平移、脱壳经营、人格混同、利益转移,滥用公司法人独立地位套废债务,从而被法院判决担责的典型案例,值得关注。

裁判规则

一、公司的财产独立系公司人格独立的一个侧面,故当公司的财产不具有独立性时,自然也就否认了公司的人格具有独立性,并进而导致公司承担独立责任的基础丧失。

二、公司股东滥用公司法人独立地位和股东有限责任逃避债务,严重损害公司债权人利益的,应当对公司债务承担连带责任。

三、原公司在把自身优质资源转移给新公司后,其盈利能力大幅下降,偿债能力也随之下降,必然造成债权人利益受损。

四、对股东或实际控制人转移公司具有经营价值的资产,导致新公司与原公司人格混同,主要从组织机构人员、财产、业务三个方面进行审查。

五、在债权人提供的证据足以证明原公司与新公司在人员、财产、业务上存在混同可能性的情况下,根据《民事诉讼证据的若干规定》有证据证明一方当事人持有证据无正当理由拒不提供,如果对方当事人主张该证据的内容不利于证据持有人,可以推定该主张成立。

案情介绍

上诉人(原审被告):宁波金刚机器人有限公司。

被上诉人(原审原告):宁波银行股份有限公司江北支行。

原审被告:宁波市鄞州托米海伦服饰有限公司、宁波东平齿轮制造有限公司等其他自然人。

上诉人宁波金刚机器人有限公司(以下简称金刚机器人公司)为与被上诉人宁波银行股份有限公司江北支行(以下简称宁波银行江北支行)、原审被告宁波市鄞州托米海伦服饰有限公司(以下简称托米海伦公司)、宁波东平齿轮制造有限公司(以下简称东平齿轮公司)……金融借款合同纠纷一案,不服宁波市江北区人民法院(2015)甬北商初字第293号民事判决,向本院提起上诉。

2013年5月21日,宁波银行江北支行与东平齿轮公司签订了《最高额保证合同》(合同编号为04001BY20130817),约定东平齿轮公司为托米海伦公司在宁波银行江北支行处自2013年5月21日至2020年12月31日期间和债权本金不超过250万元限额内形成的债务提供连带保证担保。

2014年8月26日,宁波银行江北支行与托米海伦公司签订一份《流动资金贷款合同》(合同编号为04001LK20148183),合同约定:贷款期限为自2014年8月29日至2014年12月22日,贷款金额为124万元,年利率7.84%,按季结息,结息日为每季末月的20日,付息日为结息日下一日历日,且贷款到期,利随本清……

当日,宁波银行江北支行向托米海伦公司发放贷款124万元。

之后,托米海伦公司在宁波银行江北支行处的另一笔贷款逾期未还[已另案向宁波市江北区人民法院起诉,案号为(2015)甬北商初字第294号],已构成违约,尚欠本金124万元及截至2015年11月24日之利息、罚息、复利共计113,958.74元。

2014年6月20日,金刚机器人公司设立,注册资金150万元,经营范围为工业机器人及其零部件,齿轮加工设备及齿轮、齿轮箱、机械零部件的制造、加工,其登记股东为宁波东湖液压传动有限公司(以下简称东湖液压公司)会计李琪、屠世明(原东平齿轮公司的员工),分别持股70%、30%,其经营场地与原东平齿轮公司相同,并使用原东平齿轮公司的机器设备进行生产,接受了原东平齿轮公司的员工,并与原东平齿轮公司大多数客户保持业务关系。目前,其未开展工业机器人及其零部件方面的经营。

东平齿轮公司的经营范围为齿轮、机械设备及零部件、汽车零部件的制造、加工:齿轮的热处理加工。

裁判结果

一审法院判决:一、被告宁波市鄞州托米海伦服饰有限公司于判决生效后10日内偿还原告宁波银行股份有限公司江北支行借款本金124万元,并支付至2015年11月

24日止之利息、罚息、复息共计113,958.74元及自2015年11月25日起至实际履行日止按编号04001LK20148183《流动资金贷款合同》约定计算的复息、罚息；二、被告宁波东平齿轮制造公司、陈国栋、边赛珍、陈慈怀、鲍碧华、陈曙、陈蔚泉对被告宁波市鄞州托米海伦服饰有限公司上述债务承担连带清偿责任；其承担保证责任后，有权向被告宁波市鄞州托米海伦服饰有限公司追偿；三、被告宁波金刚机器人有限公司对被告宁波东平齿轮制造有限公司的上述连带清偿责任承担连带责任。

二审法院判决：驳回上诉，维持原判。

法院观点

首先，金刚机器人公司和东平齿轮公司在人员上是否存在混同。金刚机器人公司主张其公司在2014年6月成立之初，从社会招募员工20多人，此后东平齿轮公司的员工到金刚机器人公司工作是经相关主管部门协调，是员工自愿选择就业的结果，金刚机器人公司与东平齿轮公司在人员上并不混同。本院认为，现任职于金刚机器人公司的大部分员工原系东平齿轮公司员工，且大部分员工并未与东平齿轮公司解除劳动关系，金刚机器人公司和东平齿轮公司的员工流动情况不符合普通企业之间的员工流动。关于金刚机器人公司的股东，金刚机器人公司的股东之一李琪原为东湖液压公司会计，东湖液压公司为东平齿轮公司法定代表人陈国栋侄子陈涉经营，李琪在金刚机器人公司未领取工资；金刚机器人公司的另一名股东屠世明原为东平齿轮公司员工，其领取的工资也仅为一般普通员工的工资水平。且原审法院曾到金刚机器人厂区调查走访，厂区门卫称金刚机器人公司的老板为陈国栋。故金刚机器人公司的实际控制人为陈国栋存在可能性。

其次，金刚机器人公司和东平齿轮公司在财产上是否存在混同。金刚机器人公司主张其租赁东平齿轮公司的机器设备和厂房进行生产经营活动，并不构成财产混同。本院认为，金刚机器人公司租赁东平齿轮公司部分厂房，租金低廉，且在自身注册资金仅为100万元的情况下，在将近一个半月的时间内，分两次付清了6年的租金48万元。此外，东平齿轮公司抵押给东钱湖小贷公司的机器设备仅能贷款380万元，但按照金刚机器人在二审中的陈述，其需要偿付642万元的借款本金，以上金刚机器人公司的行为均不符合理性商事主体的行为模式。

最后，金刚机器人公司和东平齿轮公司在业务上是否存在混同。金刚机器人公司主张其对外独立销售并结算，其虽使用东平齿轮公司的机器设备，但制造的零部件也适用于工业机器人的制造。本院认为，金刚机器人公司与东平齿轮公司的上下游客户存在高度重叠，而金刚机器人公司与东平齿轮公司在经营范围上的最大区别即工业机器人及其零部件方面的生产经营,却并未开发。

综上,从现有证据看,金刚机器人公司与东平齿轮公司在人员、财产、业务上存在混同的可能性。此外,根据《最高人民法院关于民事诉讼证据的若干规定》第75条,有证据证明一方当事人持有证据无正当理由拒不提供,如果对方当事人主张该证据的内容不利于证据持有人,可以推定该主张成立。宁波银行江北支行主张会计凭证、财务账簿能够证明两家公司存在财务上混同,但在二审中,金刚机器人公司和东平齿轮公司经法院要求无正当理由拒不提供两家公司的会计凭证和财务账簿,故本院认为,金刚机器人公司和东平齿轮公司存在宁波银行江北支行所主张的公司平移、人格混同、利益转移,滥用公司法人独立地位的现象,对金刚机器人公司的上诉主张难以支持。

东平齿轮公司在把自身优质资源转移给金刚机器人公司后,其盈利能力大幅下降,向宁波银行江北支行承担担保责任的能力也随之下降,必然造成宁波银行江北支行利益受损。

金讼圈提示

本案亮点及参考点有:一是法院从人员、业务、财产等三个方面对是否构成公司人格混同进行审查;二是原告超级强的证据收集能力和举证技巧。

第四章　股权转让篇

028 股权转让能否适用分期付款买卖合同特殊解除权?

案例索引

最高人民法院审判委员会讨论通过于2016年9月19日发布;四川省高级人民法院于2014年12月19日作出汤长龙诉周士海股权转让纠纷案(2014)川民终字第432号民事判决。

交易结构图

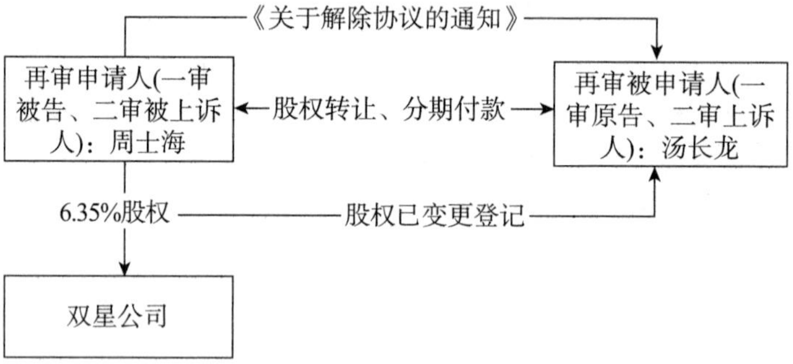

金讼圈导读

根据《合同法》第167条第1款规定,分期付款的买受人未支付到期价款的金额达到全部价款的1/5的,出卖人可以要求买受人支付全部价款或解除合同。该规定通常认为是分期付款买卖合同下的特殊解除权。分期支付股权转让款的股权转让合同的出让方，可否也援引此条规定主张解除合同呢？最高人民法院通过本案例给予了否定答案，具体理由请参阅本文。

裁判规则

一、分期付款买卖合同的主要特征为：一是买受人向出卖人支付总价款分三次以上，出卖人交付标的物之后买受人分两次以上向出卖人支付价款；二是多发、常见在经营者和消费者之间，一般是买受人作为消费者为满足生活消费而发生的交易；三是出卖人向买受人授予了一定信用，而作为授信人的出卖人在价款回收上存在一定风险，为保障出卖人剩余价款的回收，出卖人在一定条件下可以行使解除合同的权利。

二、尽管股权的转让形式也是分期付款，但由于本案买卖的标的物是股权，因此具有与以消费为目的的一般买卖不同的特点，对《股权转让资金分期付款协议》不宜简单适用《合同法》第167条规定的合同解除权。

三、应从合同目的的实现情况、诚实信用原则、保护交易安全和经济秩序稳定等方面综合考察是否支持合同解除权。

案情介绍

再审申请人（一审被告、二审被上诉人）：周士海。

再审被申请人（一审原告、二审上诉人）：汤长龙。

汤长龙与周士海于2013年4月3日签订《股权转让协议》及《股权转让资金分期付款协议》。双方约定：周士海将其持有的青岛变压器集团成都双星电器有限公司6.35%股权转让给汤长龙。股权合计710万元，分四期付清，即2013年4月3日付150万元；2013年8月2日付150万元；2013年12月2日付200万元；2014年4月2日付210万元。此协议双方签字生效，永不反悔。

协议签订后，汤长龙于2013年4月3日依约向周士海支付第一期股权转让款150万元。因汤长龙逾期未支付约定的第二期股权转让款，周士海于同年10月11日，以公证方式向汤长龙送达了《关于解除协议的通知》，以汤长龙根本违约为由，提出解除双方签订的《股权转让资金分期付款协议》。

次日，汤长龙即向周士海转账支付了第二期150万元股权转让款，并按照约定的时间和数额履行了后续第三、四期股权转让款的支付义务。周士海以其已经解除合同为由，如数退回汤长龙支付的4笔股权转让款。汤长龙遂向人民法院提起诉讼，要求确认周士海发出的解除协议通知无效，并责令其继续履行合同。

另查明,2013年11月7日,青岛变压器集团成都双星电器有限公司的变更(备案)登记中,周士海所持有的6.35%股权已经变更登记至汤长龙名下。

裁判结果

四川省成都市中级人民法院于2014年4月15日作出(2013)成民初字第1815号民事判决:驳回原告汤长龙的诉讼请求。

四川省高级人民法院于2014年12月19日作出(2014)川民终字第432号民事判决:一、撤销原审判决;二、确认周士海要求解除双方签订的《股权转让资金分期付款协议》行为无效;三、汤长龙于本判决生效后10日内向周士海支付股权转让款710万元。

最高人民法院于2015年10月26日作出(2015)民申字第2532号民事裁定:驳回周士海的再审申请。

法院观点

本案争议的焦点问题是周士海是否享有《合同法》第167条规定的合同解除权。

一、《合同法》第167条规定:"分期付款的买受人未支付到期价款的金额达到全部价款的五分之一的,出卖人可以要求买受人支付全部价款或解除合同。出卖人解除合同的,可以向买受人要求支付该标的物的使用费。"《最高人民法院关于审理买卖合同纠纷案件适用法律问题的解释》第38条规定:"合同法第一百六十七条第一款规定的'分期付款',系指买受人将应付的总价款在一定期间内至少分三次向出卖人支付。分期付款买卖合同的约定违反合同法第一百六十七条第一款的规定,损害买受人利益,买受人主张该约定无效的,人民法院应予支持。"依据上述法律和司法解释的规定,分期付款买卖的主要特征为:一是买受人向出卖人支付总价款分三次以上,出卖人交付标的物之后买受人分两次以上向出卖人支付价款;二是多发、常见在经营者和消费者之间,一般是买受人作为消费者为满足生活消费而发生的交易;三是出卖人向买受人授予了一定信用,而作为授信人的出卖人在价款回收上存在一定风险,为保障出卖人剩余价款的回收,出卖人在一定条件下可以行使解除合同的权利。本案系有限责任公司股东将股权转让给公司股东之外的其他人。尽管案涉股权的转让形式也是分期付款,但由于本案买卖的标的物是股权,因此具有与以消费为目的的一般买卖不同的特点:一是汤长龙受让股权是为参与公司经营管理并获取经济利益,并非满足生活消费;二是周士海作为有限责任公司的股权出让人,基于其所持股权一直存在于目标公司中的特点,其因分期回收股权转让款而承担的风险,与一般以消费为目的分期付款买卖中出卖人收回价款的风险并不同等;三是双方解除股权转让合同,也不存在向受让人要求支付标的物使用费的情况。综上特点,股权转让分期付款合同,与一般以消费为目的分期付款买卖合同有较大区别。对案涉《股权转让资金分期付款协议》不宜简单适用《合同法》第 167 条规定的合同解除权。

二、本案中,双方订立《股权转让资金分期付款协议》的合同目的能够实现。汤长龙和周士海订立《股权转让资金分期付款协议》的目的是转让周士海所持青岛变压器集团成都双星电器有限公司 6.35% 股权给汤长龙。根据汤长龙履行股权转让款的情况,除第 2 笔股权转让款 150 万元逾期支付两个月,其余 3 笔股权转让款均按约支付,周士海认为汤长龙逾期付款构成违约要求解除合同,退回了汤长龙所付 710 万元,不影响汤长龙按约支付剩余 3 笔股权转让款的事实的成立,且本案一、二审审理过程中,汤长龙明确表示愿意履行付款义务。因此,周士海签订案涉《股权转让资金分期付款协议》的合同目的能够得以实现。另查明,2013 年 11 月 7 日,青岛变压器集团成都双星电器有限公司的变更(备案)登记中,周士海所持有的 6.35% 股权已经变更登记至汤长龙名下。

三、从诚实信用的角度,《合同法》第 60 条规定:“当事人应当按照约定全面履行自己的义务。当事人应当遵循诚实信用原则,根据合同的性质、目的和交易习惯履行通知、协助、保密等义务。”鉴于双方在股权转让合同上明确约定“此协议一式两份,双方签字生效,永不反悔”,因此周士海即使依据《合同法》第 167 条的规定,也应当首先选择要求汤长龙支付全部价款,而不是解除合同。

四、从维护交易安全的角度,一项有限责任公司的股权交易,关涉诸多方面,如其他股东对受让人汤长龙的接受和信任(过半数同意股权转让),记载到股东名册和在工商部门登记股权,社会成本和影响已经倾注其中。本案中,汤长龙受让股权后已实际参与公司经营管理、股权也已过户登记到其名下,如果不是汤长龙有根本违约行为,动辄撤销合同可能对公司经营管理的稳定产生不利影响。

综上所述,本案中,汤长龙主张的周士海依据《合同法》第 167 条之规定要求解除合同依据不足的理由,于法有据,应当予以支持。

金讼圈提示

一、分期付款买卖合同中,出卖人向买受人授予了一定信用,而作为授信人的出卖人在价款回收上存在一定风险,为保障出卖人剩余价款的回收,出卖人在一定条件下可以行使解除合同的权利。

二、一个完整的合同解除权条款应该对合同解除条件、解除通知、异议期限、解除法律效果、解除后果及清算处理等内容作出明确无误的约定。

三、设计合同解除条款时,要注意合同解除的相关法条:

1.《合同法》第93条规定:“当事人协商一致,可以解除合同。当事人可以约定一方解除合同的条件。解除合同的条件成就时,解除权人可以解除合同。”

2.《合同法》第94条规定:“有下列情形之一的,当事人可以解除合同:(一)因不可抗力致使不能实现合同目的;(二)在履行期限届满之前,当事人一方明确表示或者以自己的行为表明不履行主要债务;(三)当事人一方迟延履行主要债务,经催告后在合理期限内仍未履行;(四)当事人一方迟延履行债务或者有其他违约行为致使不能实现合同目的;(五)法律规定的其他情形。”

3.《合同法》第96条规定:“当事人一方依照本法第九十三条第二款、第九十四条的规定主张解除合同的,应当通知对方。合同自通知到达对方时解除。对方有异议的,可以请求人民法院或者仲裁机构确认解除合同的效力。法律、行政法规规定解除合同应当办理批准、登记等手续的,依照其规定。”

4.《合同法解释(二)》第24条规定:“当事人对合同法第九十六条、第九十九条规定的合同解除或者债务抵销虽有异议,但在约定的异议期限届满后才提出异议并向人民法院起诉的,人民法院不予支持;当事人没有约定异议期间,在解除合同或者债务抵销通知到达之日起三个月以后才向人民法院起诉的,人民法院不予支持。”因此当收到合同另一方的合同解除通知的,如果有异议应当在异议期限内(如果没有约定,异议期限为3个月)提起诉讼或者仲裁。

029 基准畸低的增资会不会损害小股东权益?

案例索引

北京市第一中级人民法院(2014)一中民终字第2050号二审民事判决书;北京藏骏科技有限责任公司与北京京洋房地产开发有限公司等公司决议效力确认纠纷上诉案。

交易结构图

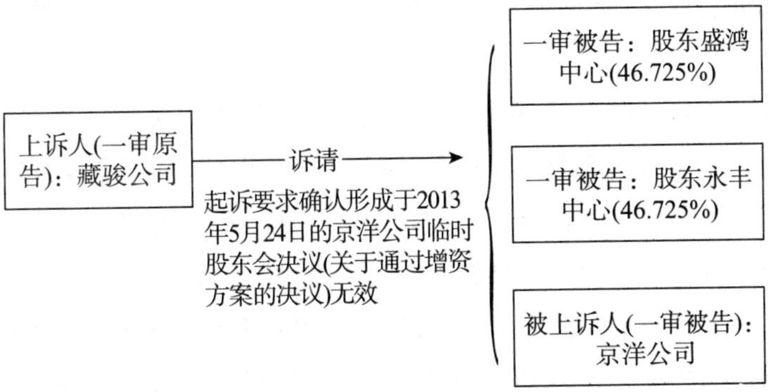

金讼圈导读

大股东利用控制权通过股东会决议低价增资，是否会损害小股东利益？小股东能否主张股东会决议无效？这是公司进行股权扩张过程中经常会碰到的典型问题。法院通过公司决议无效之诉判例，统一了此类纠纷的裁判规则。

裁判规则

一、公司根据自身经营需要进行增资，只要符合公司章程规定且于法有据，股东会决议没有限制或剥夺其他股东认缴增资权利等损害股东权益或损害其他股东权益的内容，则并不会因增资基准过低而侵害其他股东权益。

二、公司增资后，其他不参与增资的股东持股比例降低是由于其自身不愿意增资并不认缴增资款项的必然结果，只要增资基准平等适用于全体股东，哪怕基准低于实际标准，增资后股东的持股比例也不存在被稀释的问题。

案情介绍

上诉人：北京藏骏科技有限责任公司（以下简称藏骏公司）。

被上诉人：北京京洋房地产开发有限公司（以下简称京洋公司）等。藏骏公司（6.55%）、盛鸿中心（46.725%）、永丰中心（46.725%）皆为京洋公司股东。

藏骏公司诉称：1. 京洋公司及盛鸿中心、永丰中心故意对涉案财产（案涉公司股东全部权益）作出远低于市场价的涉案评估报告（相差近13亿元），并以此为基础制定涉案增资方案，以达到侵吞藏骏公司出资权益的目的。2. 盛鸿中心及永丰中心又利用绝对控股优势，强意通过增资决议。3. 上述增资系盛鸿中心、永丰中心凭借控制地位，假借按照京洋公司净资产评估价值进行增资为名，行稀释藏骏公司在京洋公司持股比例之实，属于滥用股东权利损害其他股东利益的行为。

藏骏公司起诉要求：确认形成于2013年5月24日的京洋公司临时股东会决议无效。

被上诉人认为：1.因公司股东会是公司的机关，故本案被告应为京洋公司。2.藏骏公司的诉讼请求没有事实及法律依据，藏骏公司系根据公司开发项目的进展进行增资，并不违反公司章程和法律的规定。3.藏骏公司称该公司的持股比例可能因为京洋公司增资而被稀释，但这完全是藏骏公司放弃相应权利所致，且藏骏公司所持京洋公司相应股权的价值并不会因此丧失。4.京洋公司的审计报告和评估报告是委托有资质的第三方制作的，藏骏公司如果要求察看可以提出相关的请求，或提起股东知情权诉讼，但不能以此理由要求认定股东会决议无效。

裁判结果

一审驳回藏骏公司的诉请，二审维持原判。

法院观点

若公司增资基准的股东全部权益评估价值远低于其实际市场价值下的增资，但只要增资基准对全体股东均同等适用，该增资基准并不会对股东增资后的持股比例计算产生消极影响。由于增资基准系对全体股东同等适用的计算方式，故并不应影响股东对其是否追缴出资进行选择与判断。本案中的增资基准对藏骏公司在该公司所享有的实际股东权益并不存在客观威胁。藏骏公司在京洋公司所享有股东权益的实际价值，也并不会因为涉诉股东会决议的形成而当然发生变化。

金讼圈提示

一、股东请求确认增资无效应当如何确定诉讼当事人？应当由对增资有异议的股东作原告，以公司和增资协议的签订人（本案中的被上诉人）为共同被告。

二、善于利用股东知情权。小股东对于大股东主导的增资事宜，在对增资基准有异议的情况下，要及时提出查看的请求，或提起股东知情权诉讼。

三、增资基准的适用。公司增资基准的股东全部权益评估价值远低于其实际市场价值下的增资，是否会损害上诉人股东权益？如果股东权益的评估价值与实际价值存在误差，有可能导致股东在实际主张其权益的情况下蒙受不利。但如果股东在相同的增资基准下，按照其原出资比例追缴相应出资，则增资后股东的持股比例并不存在被稀释的问题。

四、防止增资无效。增资无效的原因主要有增资决议内容违法、增资程序违法、增资协议无效或被解除。

030 对外资企业股权转让的“黑白合同”效力如何判定?

案例索引

王泉成与福建海玉投资有限公司一般股权转让侵权纠纷,最高人民法院(2013)民提字第240号民事判决书。

交易结构图

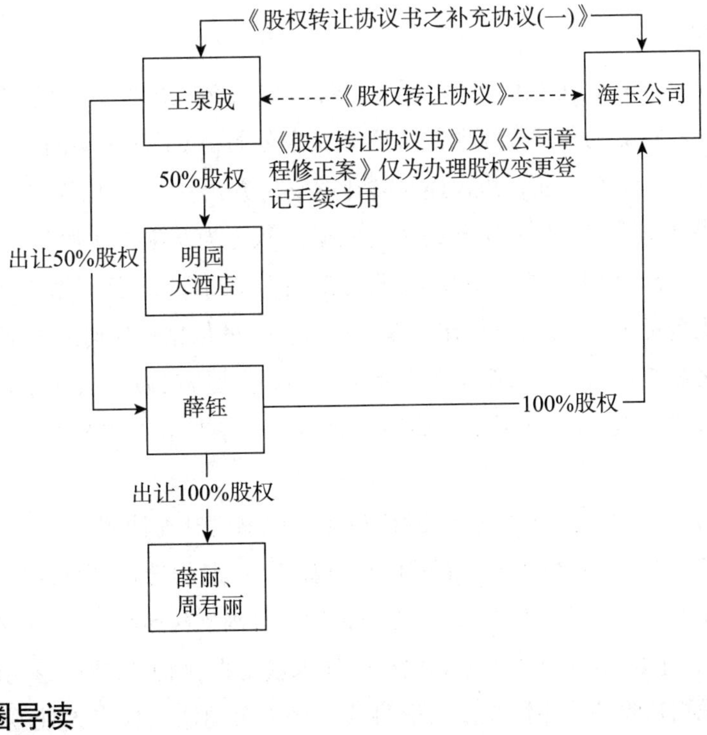

金讼圈导读

本案是关于外资企业股权转让“黑白合同”效力判定的典型案例。根据我国法律,外资企业的股权转让需要经过有关机关批准才能生效。有的当事人为了规避监管审批,双方通常另行签署“抽屉协议”。当发生纠纷时,如何判定两份合同的效力,就成了法院头疼的事情。未经批准的“抽屉协议”是有效,无效,拟或未生效?此外,关于解除未生效合同,双方应当承担什么责任?是违约责任还是缔约过失责任?最高人民法院通过本案例,均明确了以上相关裁判规则,具有很强的参考价值。

裁判规则

一、存在“黑白合同”(也称“阴阳合同”)的情况下,因“白合同”(也称“阳合同”)仅为办理手续之用并非当事人真实意思,虽经过批准机关批准亦不能视为反映当事人真实意思的“阴合同”(也称“黑合同”)也经过批准机关批准。

二、签订的“抽屉协议”(也称“黑合同”)《股权转让协议书》及其补充协议虽是当事人真实意思表示,根据法律法规需要经审批机关批准的尚未获得批准的,合同成立但未生效。

三、签订的《股权转让协议书》未生效,该协议中关于当事人因违反有效约定产生的违约金条款亦不发生法律效力,故请求承担约定违约金责任的主张不能支持。

案情介绍

2008年4月10日,王泉成与海玉公司签订《股权转让协议书》,约定王泉成向海玉公司出让其所持有的福建安溪明园大酒店有限公司(以下简称明园大酒店)50%的股权,转让价款为5210万元。协议还对转让款支付方式、违约责任等进行了约定。并明确本协议书文本系双方权利义务的主要依据,“双方为实施本次股权转让签订且向工商登记机关、外经贸审批机关备案的《股权转让协议书》及《公司章程修正案》仅为办理股权变更登记手续之用,不得作为双方权利义务的依据。任何一方不得援引双方在本协议书之后签订的且在行政机关备案的《股权转让协议书》《公司章程修正案》及相应书面文件主张与本协议书不一致的权利义务,除非双方再次另行书面明确约定”。

2008年6月29日,双方又签订《股权转让协议书之补充协议(一)》,约定双方于2008年6月30日在安溪县外经局面签股权转让手续,股权转让经批准后2日内海玉公司支付500万元股权转让款,办理变更登记后2日内支付500万元,上述1000万元应在2008年7月18日前付清等。如股权转让未获审批,则王泉成应退还已收取的款项,但20万元捐款除外。薛钰在该两份协议的海玉公司法定代表人处签名。协议签订后,海玉公司于2008年4月17日支付订金150万元,又分别于2008年5月16日、5

月28日、6月18日、7月18日支付转让款合计170万元,合计向王泉成支付了320万元。

2008年5月28日,薛钰与王泉成、张金霞签订《股权转让协议书》,约定王泉成向薛钰出让50%股权,并确认原股东的出资金额,但未约定股权转让款。该协议获外经贸部门审批。2008年9月26日,薛钰将其持有的海玉公司全部股权分别转让给薛丽和周君丽,并不再在公司担任职务。

2008年9月2日,王泉成以海玉公司违约为由向福州仲裁委员会申请仲裁,2009年10月26日,福州仲裁委员会作出(2009)榕仲裁字第052号裁决书,裁决:1.解除双方签订的《股权转让协议书》《股权转让协议书之补充协议(一)》;2.海玉公司向王泉成支付违约金521万元;3.王泉成向海玉公司返还股权转让款300万元。两相扣减后海玉公司应向王泉成支付221万元。

2011年3月16日,王泉成向福建省福州市中级人民法院(以下简称福州中院)申请强制执行该裁决书,福州中院作出(2011)榕执行裁字第55号裁定书,以仲裁裁决缺乏事实和法律依据为由,裁定不予执行该裁决书。

在一审诉讼中,双方均同意《股权转让协议书》《股权转让协议书之补充协议(一)》应予以解除。

裁判结果

泉州市中级人民法院判决:一、解除海玉公司与王泉成签订的《股权转让协议书》《股权转让协议书之补充协议(一)》;二、驳回海玉公司的诉讼请求;三、海玉公司应向王泉成支付违约金521万元,扣除王泉成应退还海玉公司的股权转让款300万元,海玉公司应于一审判决生效后10日内向王泉成支付违约金221万元。

福建省高级人民法院判决:一、维持一审判决第一项;二、撤销一审判决第二项;三、王泉成应于二审判决生效之日起10日内向海玉公司返还股权转让款320万元;四、变更一审判决第三项为:海玉公司应于判决生效之日起10日内向王泉成支付违约金521万元,扣除王泉成应退还海玉公司的股权转让款320万元,海玉公司应于判决生效后10日内向王泉成支付违约金201万元。

最高人民法院判决:一、撤销福建省高级人民法院(2012)闽民终字第424号民事判决和福建省泉州市中级人民法院(2011)泉民初字第697号民事判决;二、解除王泉成与福建海玉投资有限公司签订的《股权转让协议书》和《股权转让协议书之补充协议(一)》;三、王泉成于本判决生效之日起7日内向福建海玉投资有限公司返还股权转让款320万元人民币;四、驳回福建海玉投资有限公司和王泉成的其他诉讼请求。

法院观点

王泉成系新加坡共和国公民，本案为涉外股权转让合同纠纷，涉及在我国注册成立的公司的股权转让事宜。王泉成与海玉公司亦在案涉《股权转让协议书》中对适用中华人民共和国法律解决纠纷作出了明确约定，一、二审判决根据《合同法》第126条的规定，适用中华人民共和国法律审理本案纠纷是正确的。

根据海玉公司的再审申请理由和王泉成的答辩意见，本案的焦点是案涉股权转让协议的效力以及双方当事人的责任承担问题。

一、关于案涉股权转让协议的效力问题

根据已经查明的事实，本案涉及三份协议：一是2008年4月10日王泉成与海玉公司签订的《股权转让协议书》；二是2008年6月29日王泉成与海玉公司签订的《股权转让协议书之补充协议（一）》；三是2008年5月28日王泉成、张金霞与薛钰签订的《股权转让协议书》。王泉成与海玉公司签订的《股权转让协议书》及其补充协议约定，王泉成将其持有的外资企业明园大酒店50%的股权转让给海玉公司。协议签订后，双方并未将上述协议报请审批机关批准。《中华人民共和国外资企业法实施细则》第23条规定："外资企业将其财产或者权益对外抵押、转让，须经审批机关批准并向工商行政管理机关备案。"《最高人民法院关于审理外商投资企业纠纷案件若干问题的规定（一）》第1条第1款规定："当事人在外商投资企业设立、变更等过程中订立的合同，依法律、行政法规的规定应当经外商投资企业审批机关批准后才生效的，自批准之日起生效；未经批准的，人民法院应当认定该合同未生效。当事人请求确认该合同无效的，人民法院不予支持。"本院认为，王泉成与海玉公司签订的《股权转让协议书》及其补充协议虽是当事人真实意思表示，但未经审批机关批准，根据上述行政法规和司法解释的规定，合同成立但未生效。福建高级人民法院未对王泉成与海玉公司签订的《股权转让协议书》及其补充协议的效力作出正确认定，应予纠正。海玉公司关于其与王泉成签订的《股权转让协议书》及其补充协议的效力系未生效的再审理由，有相关法律依据，本院予以支持。

二、关于双方当事人的责任承担问题

本院认为，本案一审诉讼中，王泉成和海玉公司均同意解除其签订的《股权转让协议书》及其补充协议，福建高院判决上述协议解除是正确的。《合同法》第97条规定：合同解除后，尚未履行的，终止履行；已经履行的，根据履行情况和合同性质，当事人可以要求恢复原状、采取其他补救措施，并有权要求赔偿损失。根据上述法律规定，王泉成与海玉公司签订的《股权转让协议书》及其补充协议解除后，王泉成应当返还海玉公司已经支付的股权转让款 320 万元。福建高院支持海玉公司要求返还股权转让款的诉讼请求是正确的。根据已经查明的事实,王泉成与海玉公司在其签订的《股权转让协议书》中明确约定,双方为实施本次股权转让另签股权转让协议向工商登记机关和外经贸审批机关办理备案手续。但王泉成未与海玉公司另签股权转让协议办理审批手续,而是与明园大酒店另一股东张金霞一起,与海玉公司当时的法定代表人薛钰另行签订了《股权转让协议书》。王泉成、张金霞和薛钰签订的《股权转让协议书》获得了外经贸部门的批准,福建省人民政府亦颁发了确定薛钰为明园大酒店股东的《外商投资企业批准证书》。但当事人并未办理工商变更登记手续,王泉成持有的明园大酒店的股权并未实际变更登记至薛钰名下,故不存在恢复王泉成的股权问题。王泉成与海玉公司签订的《股权转让协议书》及其补充协议因未经审批而未生效,当事人对此均有过错。海玉公司关于要求王泉成承担 320 万元股权转让款的利息损失的主张,本院不予支持。王泉成和海玉公司签订的《股权转让协议书》未生效,该协议中关于当事人因违反有效约定产生的违约金条款亦不发生法律效力,故王泉成关于海玉公司应当承担约定违约金责任的主张,亦不能支持。海玉公司关于其不应承担约定违约金责任的再审理由成立,本院予以支持。福建高院二审判决判令海玉公司应向王泉成承担约定违约金 521 万元责任有误,本院予以纠正。

金讼圈提示

外资企业股权转让需要经过批准机关批准生效,存在黑白合同的情况下,白合同经过批准不能视为黑合同也经过批准;解除未生效的合同不承担违约责任,而是承担缔约过失责任。

031 法院如何区分资产转让合同与股权转让合同?

案例索引

最高人民法院(2015)民一终字第 81 号民事判决书。

交易结构图

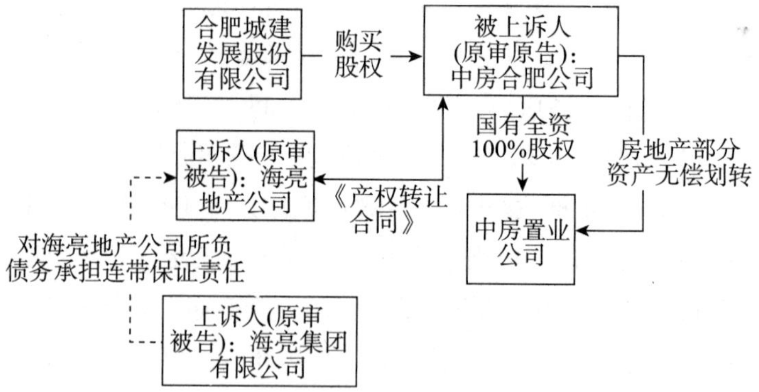

金讼圈导读

本案是一起关于如何区分合同性质的典型案例。最高人民法院通过从交易主体、交易客体、交易内容及交易目的四个方面阐述了股权转让与资产转让合同的区别，明确了裁判规则，值得参阅。

裁判规则

一、股权转让合同，一般是指公司股东将其享有的股权转让他人，他人支付价款并取得公司的股东地位的合同；而资产转让合同，通常是指资产所有人将标的物的所有权转让他人，他人支付价款并取得标的物所有权的合同；两者在交易主体、交易客体、交易内容及交易目的上存在显著不同。

二、合同名称虽然为《产权转让合同》，但从交易主体、交易标的、交易目的和合同内容四个方面来看，出让方系将其持有的目标公司100%股权转让给受让方公司，受让方支付相应价款并取得股东地位；从履行情况来看，出让方已将其股权变更登记至受让方名下；虽然合同中约定了资产交割问题，但此仅是新旧股东之间对目标公司资产的交接，资产的所有权仍然属于目标公司，符合股权转让合同的一般特征，其性质应为股权转让合同。

三、因出让方未披露或披露不实的事项均发生于评估基准日之前，计算利息的基数应当扣除评估报告之外的款项，如果对该部分款项也计算利息，则对受让方显失公平。

案情介绍

上诉人(原审被告):海亮地产控股集团有限公司、海亮集团有限公司。

被上诉人(原审原告):中国房地产开发合肥有限公司。

2009年7月17日,中房合肥公司以合房开字(2009)28号《关于中房合肥公司国有资产无偿划转的请示》,向合肥新站综合开发试验区国有资产管理局提出,拟与合肥城建发展股份有限公司进行战略重组,通过设立一个国有全资子公司(即中房置业公司),将公司的房地产部分资产无偿划转至该全资子公司名下,再由合肥城建发展股份有限公司向中房合肥公司定向发行股份购买该全资子公司100%股权。2009年7月21日,合肥新站综合开发试验区国有资产管理局以"合综试国(2009)9号"《关于中房合肥公司国有资产无偿划转的批复》,同意中房合肥公司将房地产主营业务国有资产无偿划转至中房置业公司。

2009年8月11日,合肥市人民政府国有资产监督管理委员会以"合国资产权(2009)114号"《关于同意中房合肥公司国有资产无偿划转中房置业公司的批复》同意上述划转行为,划转的资产总计5.3亿元,负债0.67亿元,净资产4.63亿元。中房合肥公司据此正式设立中房置业公司,注册资金为1000万元。此后,中房合肥公司委托开元资产评估有限公司对中房置业公司全部资产的市场价值进行评估。该公司于2011年7月10日出具《评估报告》,确定评估基准日为2011年3月31日;评估价值类型为市场价值;评估方法为资产基础法(成本法)和收益法,最终采用成本法;评估对象于评估基准日的市场价值的最终评估结论为96,185.34万元。根据《评估明细表》,中房置业公司名下各单项资产评估值总额为145,812.09万元,其中"存货"即房地产部分账面价值639,217,983.76元,评估价值1,339,708,244.22元,增值700,490,260.46元,负债评估值总额为49,626.75万元,股东全部权益评估价值为961,853,408.72元。

2011年7月28日,合肥招标投标中心、合肥市产权交易中心发布公告,称受中房合肥公司委托,对该公司持有的中房置业公司100%股权进行公开转让。该转让公告第一条载明:转让方为中房合肥公司,转让标的为中房合肥公司持有的中房置业公司100%股权,该股权所对应的资产、负债及相关情况详见开元资产评估有限公司出具的《评估报告》。第3条载明:截至2011年3月31日中房置业公司财务审计情况为,资产总额992,151,208.99元,负债总额496,267,528.01元,所有者权益495,883,680.98元。第4条载明:转让标的对应评估值96,185.34万元。第6条载明:确定本次转让底价为96,185.34万元。在第15条特别事项说明中,第1项载明:

基于本次资产评估采用资产基础法(成本法)和收益法,评估结论采取了成本法的评估结果,但其中对主要资产中的存货—拟开发产品和在建开发产品的评估采用假设完全开发法……第3项载明:不在审计报告、资产评估报告和期间审计报告范围内以及审计报告、资产评估报告和期间审计报告未披露的转让标的企业资产、负债由转让方享有或承担。2011年8月23日,海亮地产公司向合肥市产权交易中心出具《承诺函》,对转让公告表示完全响应。2011年8月28日,海亮地产公司通过投标最终以96,185.34万元竞买成功。

2011年9月8日,中房合肥公司(甲方)与海亮地产公司(乙方)签订《产权转让合同》,约定:“第一条转让标的:甲方持有的中房置业公司100%股权。该股权对应的资产、负债及相关情况详见开元资产评估有限公司出具的《评估报告》;第二条甲方的声明、保证和承诺:(一)对转让标的拥有合法、有效的处分权;对转让标的及其对应下的资产(包括但不限于土地使用权、固定资产、在建工程)……未设置任何形式的其他担保、权利主张、优先权、第三方权利限制及其他任何形式的转让限制或障碍,亦不存在被司法机关查封、冻结或限制转让的情形。……(三)为签订本合同之目的向乙方及相关中介机构(包括审计机构、评估机构、律师事务所)提交的各项证明文件及资料均为真实、完整的,不存在虚假陈述、重大遗漏和重大误解的内容。……(六)转让标的企业不存在违反税收法规的情形,若转让标的企业因转让标的工商变更登记完成前违反税收法规而受到税务部门追缴或处罚的,甲方承诺全额承担该补缴或被处罚的费用,保证转让标的企业及乙方不会因此遭受任何损失。……(七)……甲方保证在转让标的企业职工安置过程中如出现需向职工支付补偿金、赔偿金或者出现劳动纠纷的,均由甲方负责处理并全额承担补偿金、赔偿金等费用。……若转让标的企业被要求为其职工补缴或者被追缴在转让标的过户予乙方之前应由转让标的企业缴付的员工社会保险费用以及法律法规规定的其他费用,甲方将全额承担该补缴或被追偿的费用。(八)转让标的工商变更登记之日前,除正常的生产经营活动外,因转让标的企业未依法履行相关合同或其他具有约束力的法律文件,需承担的违约金、经济赔偿金以及一切不利后果由甲方承担。……第四条转让价格及价款支付方式:(一)转让价格:甲方将转让标的以96,185.34万元转让给乙方。(二)价款支付方式:1.乙方须于本合同签订之日起5个工作日内向合肥市产权交易中心指定账户首付不少于转让款的50%……2.乙方自本合同签订之日起12个月内,将全部剩余转让款汇入合肥市产权交易中心指定账户,并以同期同档次中国人民银行公布的银行贷款基准利率为标准,向转让方支付自首付款之日起至全部剩余转让价款实际支付完毕之日止的银行利息……第五条转让标的交割事项:(一)基于本次资产评估采用资产基础法(成本法)

和收益法，评估结论采取了成本法的评估结果，但其中对主要资产中的存货—拟开发产品和在建开发产品的评估采用假设完全开发法，故评估基准日起至本次转让标的工商变更登记之日止期间，转让标的企业正常生产经营中发生的经营损益均由乙方承担或享有。具体数额由甲方和乙方在转让标的工商变更登记之日起10日内，共同委托会计师事务所以华普天健会计师事务所出具的会审字（2011）4407号《审计报告》为基础、以转让标的工商变更登记之日为截止日进行审计。在本次转让首付款付清之日起，乙方财务人员进驻转让标的企业与甲方对转让标的企业资金使用进行共同监管。……（三）不在审计报告、资产评估报告和期间审计报告范围内以及审计报告、资产评估报告和期间审计报告未披露的转让标的企业资产、负债由转让方享有或承担。……第八条特别约定：2.如乙方未能依据本合同第四条第（二）款第二项约定的付款期限支付价款的，每逾期一天，按未付款总额同期同档次中国人民银行公布的贷款基准利率的2倍向甲方支付逾期付款违约金。超过180日未支付的，按未付款总额的日万分之五为标准向甲方支付逾期付款违约金，违约金不足以弥补损失的，按实际损失赔偿（损失范围包括但不限于由此而产生的本金、利息、违约金、律师代理费、合理的差旅费等其他实现债权的相关费用）。第九条甲乙双方的违约责任：除本合同第九条约定外，任何一方违约或因任何一方违约而给守约方造成损失的，违约方应赔偿守约方违约金100万元，违约金不足以弥补损失的，按实际损失予以赔偿。”合同还对其他事项作了约定。

合同签订后，海亮地产公司依约履行了首次付款义务，即支付了转让价款的50%，合计48，092.67万元。双方于2011年11月15日办理完毕工商变更登记手续，将中房置业公司更名为安徽海亮公司。2012年7月6日，海亮地产公司就广德“水岸阳光城”地块补缴土地出让金、合肥“中房·兰郡”项目相关公共配套项目的建设费用以及怀远“颐景花园”a8号楼和广德“水岸阳光城”涉诉责任等问题，向中房合肥公司发出《律师函》，提出“请贵司在接函后十个工作日内，与海亮地产公司联系并协商解决上述赔偿问题。否则海亮地产公司将在支付第二期股权转让款时对上述贵司应付的赔偿款、违约金予以抵销扣除。”

中房合肥公司认为海亮地产公司的该行为已构成根本违约，遂提起本案诉讼，请求判如所请。

本案审理期间，海亮地产公司于2012年9月7日向中房合肥公司支付了转让款104，130，250.14元。

另查明，2011年10月21日，海亮集团公司作为保证人、中房合肥公司作为债权人、海亮地产公司作为债务人共同签订1份《保证担保合同》。合同第1条约定，保证担保的范围包括主债权本金及利息、债务人应支付的违约金和损害赔偿金以及实现债权的费用(包括但不限律师费、调查取证费、诉讼费、保全费、评估费、拍卖费、公证费、差旅费、抵押财产或质押财产的处理费等);保证的主债权种类、数额为《产权转让合同》第4条第2款第2项约定剩余50%国有股权转让价款48,092.67万元。第2条约定,本合同的保证方式为连带责任保证;保证人对主合同中的债务人的债务承担连带责任,如债务人没有按主合同约定履行或者没有全部履行其债务,债权人有权直接要求保证人承担保证责任。保证人在接到债权人要求其承担保证责任的书面通知之日起7日内无条件履行保证责任。第3条约定,保证期间自本合同生效之日起至主债务履行期届满之日起2年。第11条约定,保证人不承担保证责任或者违反本合同约定的其他义务的造成本合同不能履行的,应向债权人支付违约金2500万元,给债权人造成经济损失且违约金数额不足以弥补所受损失的,应赔偿债权人的实际经济损失,同时还应继续承担保证责任。

裁判结果

一审法院判决:一、海亮地产控股集团有限公司于本判决生效后15日内向中国房地产开发合肥有限公司支付转让款318,679,156.05元,并以此为基数自2012年9月8日起至实际款项付清日止,按中国人民银行公布的同期同档次贷款基准利率向中国房地产开发合肥有限公司计付利息。二、海亮地产控股集团有限公司于本判决生效后15日内向中国房地产开发合肥有限公司支付《产权转让合同》约定的期间利息27,736,297.05元。三、海亮集团有限公司对海亮地产控股集团有限公司上述一、二项债务承担连带保证责任。四、驳回中国房地产开发合肥有限公司的其他诉讼请求。

二审最高人民法院判决:一、撤销安徽省高级人民法院(2012)皖民四初字第00009号民事判决第三项、第四项。二、变更安徽省高级人民法院(2012)皖民四初字第00009号民事判决第一项为:本判决生效后15日内,海亮地产控股集团有限公司向中国房地产开发合肥有限公司支付转让款376,796,449.86元,并自2012年9月8日起至实际款项付清日止,以293,679,156.05元为基数按中国人民银行公布的同期同档次贷款基准利率,向中国房地产开发合肥有限公司计付利息。三、变更安徽省高级人民法院(2012)皖民四初字第00009号民事判决第二项为:本判决生效后15日内,海亮地产控股集团有限公司向中国房地产开发合肥有限公司支付《产权转让合同》约定的2012年9月7日前的期间利息26,096,297.05元。四、海亮集团有限公司对本判决确认的海亮地产控股集团有限公司之上述债务承担连带保证责任。五、驳回中国房地产开发合肥有限公司的其他诉讼请求。

法院观点

双方在二审中的争议焦点为:《产权转让合同》性质,即该合同系股权转让合同还是资产转让合同;海亮地产公司应支付中房合肥公司转让款的数额问题;海亮地产公司应支付中房合肥公司利息的数额问题;海亮地产公司应否支付中房合肥公司违约金问题。

关于《产权转让合同》的性质是股权转让合同还是资产转让合同问题。所谓股权转让合同,一般是指公司股东将其享有的股权转让他人,他人支付价款并取得公司的股东地位的合同。而资产转让合同,通常是指资产所有人将标的物的所有权转让他人,他人支付价款并取得标的物所有权的合同。由此可见,两者在交易主体、交易客体及交易目的上存在显著不同。具体到本案中,双方所签合同的名称虽然为《产权转让合同》,但从交易主体和合同内容来看,中房合肥公司系将其持有的中房置业公司100%股权转让给海亮地产公司,海亮地产公司支付相应价款并取得股东地位;从履行情况来看,中房合肥公司已将其股权变更登记至海亮地产公司名下。虽然合同中约定了资产交割问题,但此仅是新旧股东之间对目标公司资产的交接,资产的所有权仍然属于目标公司。由以上分析可以看出,《产权转让合同》符合股权转让合同的一般特征,其性质应为股权转让合同。故海亮地产公司主张《产权转让合同》系资产转让合同的观点不能成立。当然,本院还注意到,根据合同的约定,股权的转让价款是通过评估公司评估中房置业公司的土地使用权、固定资产、在建工程及其他全部资产确定的,且在资产评估报告中列明了股权所对应的资产、负债及相关情况。此外,双方在合同中还约定了包括房地产项目在内的各项资产的交割问题,即原股东中房合肥公司将所掌控的中房置业公司的资产移交给新股东海亮地产公司。由此可见,《产权转让合同》性质虽然为股权转让合同,但其履行内容不限于股权转让,还包括股权所对应资产的交割等问题,故《产权转让合同》也包含了资产转移的特征,一审法院对合同性质的认定并无不当。鉴于此,双方应当按照合同的约定及诚实信用原则行使权利,履行义务。

关于海亮地产公司应支付中房合肥公司转让款的数额问题。本院作出的(2015)民一终字第82号民事判决认定,中房合肥公司存在未披露债务、披露资产不实之违约行为,判令中房合肥公司支付海亮地产公司各种款项合计83,117,293.81元,故中房合肥公司在本案中诉称其未构成违约及不承担赔偿责任不能成立。根据合同约定,海亮地产公司还应向中房合肥公司支付剩余转让款480,926,700元,扣除海亮地产公司于2012年9月7日向中房合肥公司支付的104,130,250.14元,海亮地产公司仍须向中房合肥公司支付转让款376,796,449.86元。本院对中房合肥公司要求海亮地产公司支付480,926,700元转让款的上诉主张不予支持。因本院(2015)民一终字第82号民事判决,判令中房合肥公司直接向海亮地产公司支付83,117,293.81元,故一审法院在本案中直接判令从海亮地产公司应付的转让款中扣除另案判决确认的83,117,293.81元不妥,本院予以纠正。对海亮地产公司要求在本案中直接减少支付上述转让款的上诉主张本院不予支持。

关于海亮地产公司应支付中房合肥公司利息的数额问题。根据合同的约定,海亮地产公司应自2011年9月8日起12个月内支付剩余的480,926,700元转让款,并以同期同档次中国人民银行公布的银行贷款基准利率为标准,向中房合肥公司支付自首付款支付之日起至全部剩余转让价款实际支付完毕之日止的银行利息。但关于计算利息的基数,应当扣除另案生效判决确认的83,117,293.81元,这是因为中房合肥公司未披露或披露不实的事项均发生于评估基准日之前,该款项原本就不应该由海亮地产公司承担,如果对该部分款项也计算利息,则对海亮地产公司显失公平。鉴于此,海亮地产公司应自2012年9月7日起以397,809,406.19元为基数,按起息日中国人民银行公布的1年期贷款基准利率6.56%,向中房合肥公司支付利息26,096,297.05元,故本院对海亮地产公司关于调整利息的上诉请求予以部分支持。诉讼中,海亮地产公司还要求以2012年9月7日后的欠付款数额为基数分段计算利息,但双方在合同中未约定如果利率调整则按照调整后的利率计算利息,故海亮地产公司该项主张不能成立。关于2012年9月8日后未支付转让款的利息问题,由于海亮地产公司于2012年9月7日向中房合肥公司支付了104,130,250.14元,再扣除上述本不应由海亮地产公司承担的款项83,117,293.81元,海亮地产公司应以293,679,156.05元为基数向中房合肥公司支付此后的利息,因此中房合肥公司要求增加支付利息的上诉请求本院不予支持。

关于海亮地产公司应否支付中房合肥公司违约金问题。由于中房合肥公司先期违约,导致双方对应付转让款的数额产生了争议,后海亮地产公司提起了诉讼并按其自行计算的应付款数额向中房合肥公司支付了104,130,250.14元,因此海亮地产公司未按合同约定支付转让款属依法行使抗辩权,不构成违约。据此,中房合肥公司要求海亮地产公司支付100万元违约金缺乏依据,因此一审未支持中房合肥公司该项主张是正确的。

根据三方的约定,海亮集团公司对海亮地产公司所负债务承担连带保证责任,故海亮集团公司在海亮地产公司未付中房合肥公司的转让款余额及相关利息范围内承担连带保证责任。

金讼圈提示

虽然当事人以资产收购为目的，但又为了规避税收而签订股权转让协议并符合股权转让协议全部特征的，会被法院认定为股权转让协议纠纷。另外，关于利息的诉讼请求一定要写明计算至款项实际付清之日止(参见本书第9页《逾期借款利息计算时间截点到底应该如何确定?》)。

032 股权转让合同因个别股权无法转让可否整体解除?

案例索引

上海市第一中级人民法院(2013)沪一中民四(商)终字第1820号二审民事判决书。

交易结构图1

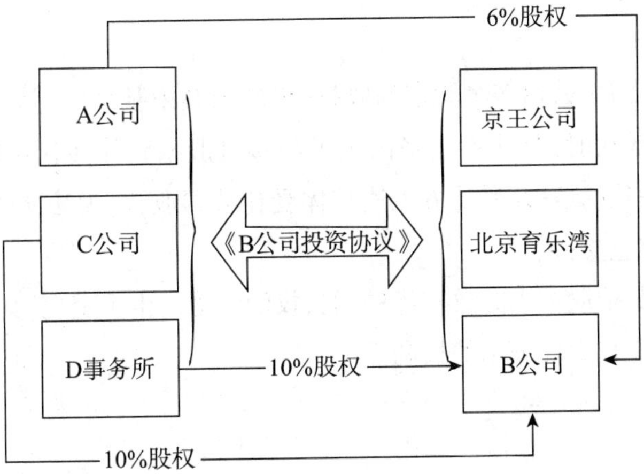

交易结构图2

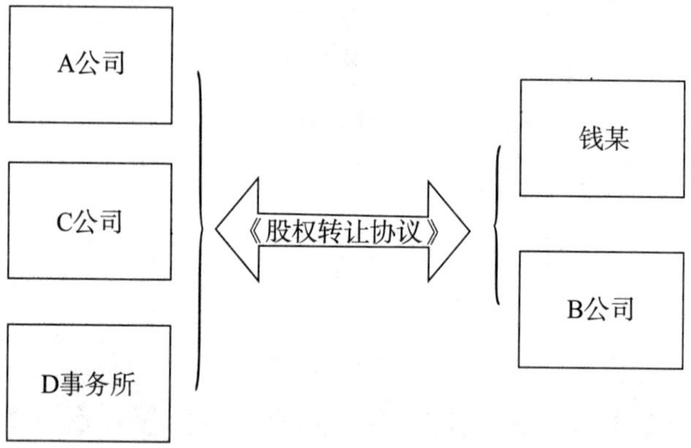

金讼圈导读

在公司并购业务中，常常需要整体收购目标公司多个股东的股权并统一签署一份协议，经常会出现个别股东无法获得批准或授权而导致不能出让相应股权的尴尬情况，受让方此时可否以此为由，主张整体解除股权转让协议？本案例中，法院从合同目的及其他股东的优先购买权等角度，梳理出了合乎法理和商业交易的裁判规则，值得借鉴。

裁判规则

一、整体受让目标公司多个股东的股权，出现因其中某个股东无法获得批准和授权不能出让相应股权时，受让方主张出现了与签订股权整体转让协议时公司股东结构、股权比例不一致的情形，受让方无法整体受让公司股权，无法实现合同目的，可请求解除合同，法院应支持。

二、相应地，其他股东当时放弃优先购买权的情境发生了变化，其他股东享有重新作出是否放弃优先权意思表示的权利。

案情介绍

上述人（原审被告）：A公司、C公司、D事务所。

被上诉人（原审原告）：钱某。

第三人：B公司。

（一）B公司成立于2009年2月3日，为有限责任公司（国内合资），注册资本人民币 650 万元，公司登记的股东为北京育乐湾教育科技有限公司（以下简称北京育乐湾）、上海京王国际文化发展有限公司（以下简称京王公司）。

2011 年 3 月 28 日，上海红坊文化发展有限公司（以下简称 C 公司）、A 公司、上海敏新创业投资事务所（有限合伙）（以下简称 D 事务所）作为投资方与作为原股东的京王公司、北京育乐湾及作为标的公司的 B 公司共同签订一份“B 公司投资协议书”。该协议书载明：“标的公司及原股东一致同意将标的公司的注册资本增至 1100 万元。投资方同意按照本协议约定的条款和条件认购标的公司部分的新增注册资本，并以借款形式向标的公司提供发展资金……各方确认，标的公司本次增资完成后，注册资本将由 650 万元增至 1100 万元。其中投资方将以 286 万元的对价，认购标的公司新增的注册资本 286 万元。本次增资完成后，投资方将合计持有标的公司 26% 的股权。其中，A 公司持有 6% 的股权，C 公司持有 10% 的股权，D 事务所持有剩余 10% 的股权……各方约定，在本协议签署后，投资方将在成为标的公司股东的同时，分批向标的公司提供总额为 2000 万元的股东借款。”之后，B 公司变更注册资本为 1100 万元。公司现登记的股东为北京育乐湾、C 公司、D 事务所、京王公司、A 公司，分别持有 10%、10%、10%、64%、6% 股权。公司法定代表人登记为钱某。

（二）2012 年 8 月 17 日，C 公司（乙方）、A 公司（甲方）、D 事务所（丙方）作为转让方与作为受让方的钱某及作为标的公司的 B 公司共同签订“股权转让协议”一份，该协议记载：“转让方为标的公司股东，其中甲方出资 66 万元，占注册资本的 6%；乙方出资 110 万元，占注册资本的 10%；丙方出资 110 万元，占注册资本的 10%；转让方合计出资 286 万元，占注册资本的 26%。受让方为标的公司的法定代表人，实际控制标的公司的运行。转让方向受让方出让标的股权，受让方同意受让标的股权”；“转让方以 286 万元的价格将其所合计持有的标的公司 26% 的股权转让给受让方。受让方应于本协议生效之日起十日内向转让方支付股权转让款的 50%，即 143 万元。其中应向甲方支付 33 万元，向乙方及丙方分别支付 55 万元。各方应于 2012 年 9 月 30 日前向工商管理部门提交变更登记的申请，并于本协议生效之日起二十个工作日内完成相关变更登记。工商变更完成之日（以变更后新营业执照的签发之日为准）起三个月内，受让方应向转让方支付剩余的股权转让款 143 万元，其中应向甲方支付 33 万元，向乙方及丙方分别支付 55 万元。受让方自工商变更登记完成且支付完毕股权转让款之日起取代转让方成为标的公司股东，并根据公司法及公司章程的规定享受相关的股东权益、承担相应的股东义务……”

2012 年 10 月 17 日，B 公司形成股东会决议：一、同意股东 A 公司所持有本公司的 6% 股权，以 66 万元转让给钱某，其他股东放弃优先购买权。二、同意股东 C 公司所持有本公司的10%股权，以110万元转让给钱某，其他股东放弃优先购买权。三、同意D事务所所持有本公司的10%股权，以110万元转让给钱某，其他股东放弃优先购买权。四、同意股权转让的详细内容及实际操作以股权转让协议的具体规定为准。五、股权转让后，公司股东持股情况如下：京王公司……出资比例64%；钱某……出资比例26%；北京育乐湾……出资比例10%。

2012年12月20日，钱某书面发函告知C公司，其早已向各出让方履行付款义务，在向工商部门提交转让申请时，被告知由于C公司涉及国有资产必须按照国有资产转让程序操作，因此所涉四方的股权转让协议在办理工商变更手续时受阻。要求C公司立刻依据股权转让协议的约定履行转让协议；转让事宜无法履行的全部责任由C公司承担。

2013年2月22日，钱某书面发函告知C公司，由于C公司未在股权转让协议前向协议各方披露公司涉及国有资产，致使工商变更手续受阻。鉴于上述情况造成股权转让协议无法继续履行的后果，函告C公司该协议自即日起解除，返还已经支付的转让款及利息。

2013年3月12日，上海市工商行政管理局闵行分局对于B公司的股权变更登记申请，因申请文件、材料不齐全或不符合法定形式，作出了不予受理的通知。

（三）上海育乐湾投资管理有限公司（以下简称上海育乐湾）成立于2012年6月1日，公司性质为一人有限责任公司，注册资本100万元，法定代表人为郑培敏。

2013年2月19日，北京育乐湾致函B公司，认为郑培敏在外成立上海育乐湾有侵害北京育乐湾的侵权行为，并告知：1. A公司、C公司、D事务所应立即责成郑培敏撤销上海育乐湾，并对上海育乐湾对B公司和北京育乐湾的侵权损害，承担全部赔偿责任和法律责任。2. A公司、C公司、D事务所在没有完全承担上述责任前，北京育乐湾不同意转让股权，对转让不放弃优先购买权。3. 如果A公司、C公司、D事务所不积极采取措施撤销上海育乐湾，承担全部赔偿责任，北京育乐湾将终止B公司使用北京育乐湾的“育乐湾”注册商标，同时保留依法追索的权利。

裁判结果

一审法院判决：解除股权转让协议。

二审法院判决：驳回上诉，维持原判。

法院观点

C公司、A公司、D事务所作为转让方与作为受让方的钱某签订的“股权转让协议”系协议签订各方真实意思表示，合法有效，签订协议各方均应遵循诚实、信用的原则全面履行。

现A公司认为该协议未约定三家投资主体必须整体引进、整体退出，钱某并非必须整体受让26%股权才能实现合同目的，故尽管C公司因涉及国有资产无法转让其股权，钱某仍然应该按该协议约定受让A公司的股权。钱某、B公司则认为C公司、A公司、D事务所三方利益是不可分割的，是一个整体。C公司的股权转让没有成功，故其无法继续受让A公司等的股权。对此本院认为，首先，从“股权转让协议”所记载的内容来分析，上诉人A公司及C公司、D事务所以整体的名义作为转让方，且转让方以286万元的价格，将其所合计持有的标的公司26%的股权转让给受让方钱某，转让价格和转让股权比例都是合并为一个整体计算的，由此可见A公司等三方是作为一个整体向钱某转让整体股权的。其次，从系争股权转让协议签订情况分析，A公司等三家出让方与钱某签订该协议时，并非每一家出让方与钱某签订一份协议，而是A公司等三主体与钱某签订一份协议书，并有盖章确认。最后，从B公司增资扩股的情况看，当初B公司的两名原始股东引进C公司、A公司、D事务所作为投资方属于整体引进，以286万元的对价认购新增注册资本286万元，引进的投资方合计持有26%股权。

据此，原审法院认定C公司10%股权无法受让，出现与签订股权转让协议时钱某想要达到的公司股东结构、股权比例不一致的情形、钱某无法整体受让26%股权实现不了合同目的并无不当，本院予以确认。

金讼圈提示

一、在各类股权投资协议中，存在出让方或受让方为两人或两人以上的时候，需要特别注意。如果不是以整体进退为合同目的，则应该明确各方当事人和交易标的的独立性，或者分别各自签署独立的投资协议，以避免类似本案一样因个别当事人违约导致协议整体解除的情形。

二、股权交易前一定要注意核查是否存需要履行审批或授权等先决程序，判断股权交易是否能顺利完成。

033 股权转让与恢复股权是否为同一争议?

案例索引

最高人民法院于2010年6月30日作出的(2010)民提字第10号再审民事判决书。

交易结构图

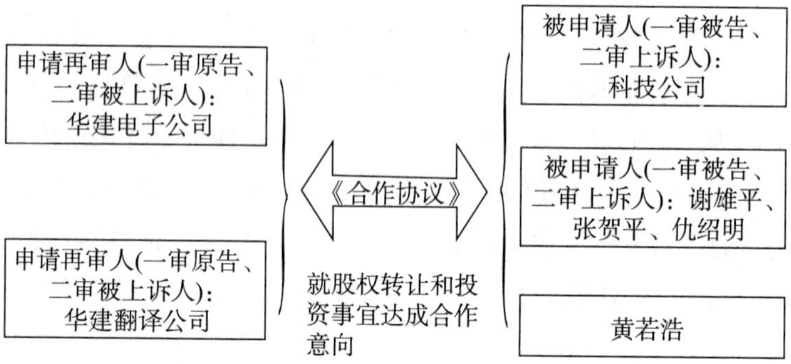

金讼圈导读

一、本案是一起关于重组上市失败,按照预先约定退出机制恢复股权结构的案例,亮点在于子协议《股权转让协议》约定了仲裁,而母协议没有约定仲裁,结果股权结构恢复受到人为利用程序带来的巨大阻碍,好在最高人民法院明察秋毫、法理清晰,案结事了,减少讼累。

二、最高人民法院通过本案再审判决,对"重组上市未果恢复股权结构"条款的效力、"一事不再理"的区分界定、仲裁裁决与法院判决的协调均给予了明确的裁判规则,值得学习。

三、本案例非诉价值巨大,原告遭遇了仲裁败诉,一审胜诉,二审败诉,再审胜诉,虽然笑到了最后,但非诉教训也是深刻的:涉及重组上市交易的一系列母子协议,没有协调统一好各自争议解决条款,从而为后来退出及争议解决带埋下了程序的"深坑",徒增争议解决成本。

裁判规则

一、"如因各种原因甲方重组上市未果,则终止本协议、双方签订的股权转让协议和 VC 投资协议”是关于合同终止条件的约定，并不违反《合同法》关于合同无效的规定，依法应当认定为有效。

二、在合同终止条件成就的情况下，若一方当事人没有依约协助履行工商变更登记义务恢复目标公司股权原状并返还股权转让款，其行为已经构成违约，应当向另一方当事人承担相应的违约责任。

三、此前根据子协议《股权转让协议》请求支付股权转让款纠纷与后来由于“重组上市未果”根据母协议《合作协议》请求对目标公司股权结构恢复原状并返还转让款纠纷，是各方基于不同的法律事实在不同时期提出的不同请求，后者诉讼请求没有违反“一事不再理”的原则。

四、人民法院根据母协议《合作协议》约定的终止条件解除该协议并返还股权股权转让款的法院判决，与此前仲裁机构根据子协议《股权转让协议》约定判决支付股权转让款的在先仲裁裁决并不冲突和矛盾。

案情介绍

申请再审人（一审原告、二审被上诉人）：华建电子有限责任公司、华建机器翻译有限公司。

被申请人（一审被告、二审上诉人）：广州科技风险投资有限公司、谢雄平、张贺平、仇绍明。

被申请人（一审被告）：黄若浩。

申请再审人华建电子有限责任公司（以下简称华建电子公司）、华建机器翻译有限公司（以下简称华建翻译公司）与被申请人广州科技风险投资有限公司（以下简称科技公司）、谢雄平、张贺平、仇绍明、黄若浩合作协议纠纷一案，广东省高级人民法院于 2008 年 6 月 3 日作出（2007）粤高法民一终字第 315 号民事裁定，已经发生法律效力。本院于 2009 年 7 月 20 日作出（2008）民申字第 833 号民事裁定，提审本案。

2003 年 12 月 25 日，华建电子公司、华建翻译公司共同作为甲方与谢雄平、黄若浩、张贺平、仇绍明及科技公司共同作为乙方签订一份《合作协议》约定，甲、乙双方就股权转让和投资事宜达成合作意向，甲方拟收购乙方持有的旷世公司的全部股权，同时，乙方拟作为甲方之海外拟上市公司的风险投资者；甲方承诺乙方关联公司可以按照《框架协议》的条款，获得甲方拟在香港创业板上市的子公司股份；为了甲方有关上市工作需要，乙方同意在此协议签订后，开始按甲方要求对旷世公司进行工商变更，但甲方承诺，至上市前旷世公司的实际控制人仍为乙方，其实际所有者权益在上市前不作任何改变；如因各种原因甲方重组上市未果，则终止本协议、《股权转让协议》和《框架协议》。对已经履行部分,双方同意尽可能地回复原状,包括(但不限于)返还协议价格,恢复旷世公司股权架构,重新进行相应工商变更登记等,对由此给双方造成的损失,双方同意按照公平原则各自承担。

上述协议签订的同一天,华建电子公司作为甲方与谢雄平、张贺平、黄若浩、仇绍明、科技公司作为乙方签订一份华建电子公司引进风险投资者的《框架协议》约定,甲方拟将业务重组并在香港创业板上市,甲方保证乙方在股份转让后要进行股权置换,即股权置换后乙方要拥有开曼华建8%的股权,但最终乙方拥有开曼华建的股权比例由该公司在发行招股时的总市值及经甲乙双方最终确认的可供乙方认购的市值数来确定;甲乙双方每股转让价格为开曼华建于香港创业板上市时的发行价格;甲方保证以开曼华建在香港创业板上市,如因各种原因而上市未果,则终止甲、乙双方签订的《合作协议》,并按《合作协议》中规定的方式返回乙方业已支付的全部款项等条款。

上述两份协议签订的当天,谢雄平、黄若浩、张贺平、仇绍明及科技公司共同作为甲方与华建电子公司、华建翻译公司共同作为乙方签订一份《股权转让协议》,约定甲方持有旷世公司的股权95%转让给乙方,其中科技公司将其所持有的旷世公司25%的股权全部转让给华建电子公司;如有争议,提请北京仲裁委员会解决。鉴于旷世公司注册资本为1200万元,科技公司向华建电子公司转让的注册资本额为300万元。以上股权转让后,旷世公司的股本结构是,谢雄平的出资金额为60万元,占注册资本5%,华建电子公司的出资金额为1080万元,占90%,华建翻译公司的出资金额为60万元,占5%,双方依法办理了股权变更登记。2004年2月2日,华建电子公司、华建翻译公司及谢雄平召开股东会,决定同意谢雄平将其5%共60万元的出资转让给华建翻译公司,并办理了工商变更登记手续。

2003年2月5日,中国证券监督管理委员会以国合函〔2001〕112号批准同意受理华建电子公司重组境外上市申请,并要求该公司按照有关法律、法规和规则的要求,抓紧各项准备工作,履行有关审批手续。

2004年下半年,由于公司业绩、上市时机等多方面的考虑,上市进程出现一定程度的推后。

2005年初,经多方面考虑后,华建电子公司与旷世公司的原股东达成了共识,认为短期内上市存在困难,同意解除已经签署的协议,并签署相应的终止协议,将旷世公司恢复原状。

2005年3月中旬,旷世公司召开董事会(原股东及股东代表),集体讨论恢复旷世公司股权架构事宜,当时,科技公司代表杨林、沈堃也出席了会议,经协商一致,全体同意恢复事宜,并决定由旷世公司向华建电子公司发函,要求配合办理工商变更手续。

2005 年 4 月 30 日，华建电子公司将其起草的终止协议及相应文件通过电子邮件发给黄若浩。

2006 年 2 月 13 日，黄若浩、张贺平向华建电子公司、华建翻译公司出具一份声明及保证书称，2003 年 12 月，华建电子公司、华建翻译公司与谢雄平、科技公司、黄若浩、张贺平、仇绍明签订的《合作协议》《框架协议》及《股权转让协议》（含 95%、100%、5% 股权转让）不论是否有效，我们声明自 2006 年 2 月 13 日起终止履行该三份协议，同时，我们保证不依据该三份协议向华建电子公司和华建翻译公司主张履行该三份协议所约定的任何义务。谢雄平亦向华建电子公司、华建翻译公司出具保证书称，我们保证不依据该三份协议向华建电子公司、华建翻译公司主张履行该三份协议所约定的任何义务。

2005 年 12 月 12 日，科技公司根据《股权转让协议》中的仲裁条款，向北京仲裁委员会申请仲裁，请求裁决华建电子公司支付股权转让款 300 万元及利息。仲裁庭经审理认为，鉴于《框架协议》和《合作协议》没有约定由北京仲裁委员会仲裁解决双方相关争议，仲裁庭曾建议双方当事人考虑将《框架协议》和《合作协议》项下纠纷交由仲裁庭一并审理，但双方当事人未能就此达成一致意见，据此，仲裁庭对双方基于《框架协议》和《合作协议》而可能存在的争议，不予审理。仲裁庭还指出，《合同法》第 125 条规定解释合同时应当考虑合同目的，但基于约定仲裁规则的存在，即使查知双方签订《股权转让协议》时还有其他复杂的商业目的，仲裁庭亦无权单独依据合同目的作出越权裁判。遂于 2006 年 5 月 16 日作出（2006）京仲裁字第 0474 号裁决书，裁决内容：1. 华建电子公司向科技公司支付股权转让费 300 万元；2. 华建电子公司向科技公司支付逾期付款利息 440, 000 元及从 2005 年 12 月 1 日起至股权转让款清偿完毕之日止的逾期付款利息（按日万分之二点一计算）。科技公司依据（2006）京仲裁字第 0474 号裁决，向北京市海淀区人民法院申请强制执行，北京市海淀区人民法院依法扣划了华建电子公司 48, 000 元。

裁判结果

广州市中级人民法院于 2007 年 8 月 23 日作出（2006）穗中法民二初字第 220 号一审民事判决：一、解除华建电子公司、华建翻译公司与谢雄平、黄若浩、张贺平、仇绍明、科技公司于 2003 年 12 月签订的《合作协议》。二、谢雄平、黄若浩、张贺平、仇绍明、科技公司在判决发生法律效力之日起 1 个月内协助华建电子公司、华建翻译公司，将华建电子公司、华建翻译公司各自持有的 90% 和 10% 旷世公司股权变更登记在科技公司、谢雄平、张贺平、仇绍明、黄若浩名下，分别由谢雄平持有 46. 11%，黄若浩持有14.33%,张贺平持有14.31%,仇绍明持有0.25%,科技公司持有25%。三、科技公司在判决发生法律效力之日起10日内返还48,000元给华建电子公司。四、驳回华建电子公司、华建翻译公司的其他诉讼请求。

广东省高级人民法院于2008年6月3日作出(2007)粤高法民一终字第315号二审民事裁定:撤销广州市中级人民法院(2006)穗中法民二初字第220号民事判决;驳回华建电子公司、华建翻译公司的起诉。

最高人民法院再审判决:一、撤销广东省高级人民法院(2007)粤高法民一终字第315号民事裁定。二、维持广东省广州市中级人民法院(2006)穗中法民二初字第220号民事判决。

法院观点

一、关于本案是否归人民法院主管的问题

广东省高级人民法院依据《民事诉讼法》第111条第2项的规定驳回华建电子公司、华建翻译公司的起诉。华建电子公司、华建翻译公司申请再审认为,其提起诉讼所依据的两份合同均未约定仲裁条款,人民法院应予受理并进行实体审理。本院开庭审理后,被申请人科技公司、谢雄平、张贺平也认为人民法院对本案具有管辖权。

本院认为,华建电子公司、华建翻译公司提起本案诉讼的依据是《合作协议》《框架协议》,这两份协议并没有仲裁条款。仲裁裁决书明确指出:"仲裁庭对双方基于《框架协议》和《合作协议》而可能存在的争议,不予审理。"据此,本案属人民法院主管。广东省高级人民法院依据《民事诉讼法》第111条第2项的规定,认为本案不属于人民法院主管,适用法律错误,本院依法予以纠正。

二、关于《合作协议》第3条第15项的约定是否无效、其约定的终止条件是否成就的问题

科技公司认为,《合作协议》第3条第15项关于"如因各种原因甲方重组上市未果,则终止本协议、双方签订的股权转让协议和VC投资协议"的约定应属于附条件终止协议条款,但所附条件"如因各种原因甲方重组上市未果"为非真正条件,该约定无效。华建电子公司、华建翻译公司认为,该约定不违反法律的强制性规定,应为有效。

本院认为,认定合同或者合同约定的条件无效,其依据是《合同法》第52条的规定。《合作协议》第3条第15项约定的条件,并不违反《合同法》第52条关于合同无效的规定,依法应当认定为有效。既然合同有效,就应当严格按照《合作协议》第3条第15项的约定内容履行。"如因各种原因甲方重组上市未果"这一条件如果已经成就,那么就应当“终止本协议、双方签订的股权转让协议和 VC 投资协议”。本案中,虽然经过双方当事人特别是华建电子公司的一系列运作,但是华建电子公司的海外子公司最终未在香港上市是客观事实,符合双方的约定即“如因各种原因甲方重组上市未果”,故终止《合作协议》等合同的条件已经成就。因此,一审法院关于“对于上市未果,华建电子公司已通知旷世公司原股东,并要求终止合作协议。五被告没有依约协助两原告履行工商变更登记义务,恢复旷世公司的股权原状,其行为已经构成违约,应当承担相应的违约责任。因此,两原告以五被告没有履行合作协议约定的义务为由,要求将其各自持有旷世公司 90% 和 10% 的股权全部变更登记在被告谢雄平、黄若浩、张贺平、仇绍明、科技公司的名下,本院予以支持”的认定,符合双方的约定和法律规定,本院依法予以维持。根据《合作协议》的约定,双方对已履行的《股权转让协议》进行恢复原状,华建电子公司将其持有的 25% 旷世公司股权退还给科技公司,科技公司将取得转让该股权的对价,包括 48,000 元返还给华建电子公司。

三、关于一审法院股权恢复原状的判决是否违反了“一事不再理”的原则、是否与仲裁裁决矛盾的问题

科技公司和谢雄平、张贺平都认为,仲裁裁决书已经裁决:1. 华建电子公司向科技公司支付股权转让费 300 万元;2. 华建电子公司向科技公司支付逾期付款利息 440,000 元及从 2005 年 12 月 1 日起至股权转让款清偿完毕之日止的逾期付款利息(按日万分之二点一计算)。如果人民法院再判决股权恢复原状,则违反了“一事不再理”的原则,与仲裁裁决矛盾。华建电子公司、华建翻译公司认为,各方根据《合作协议》和《框架协议》就旷世公司股权结构恢复原状的纠纷与各方根据《股权转让协议》就旷世公司股权转让款项支付的纠纷系不同法律关系,不符合“一事不再理”原则规定的情形,人民法院审理本案与北京仲裁委员会的裁决并不矛盾。

本院认为,一审法院股权恢复原状的判决并没有违反“一事不再理”的原则。理由是:由于“重组上市未果”,华建电子公司、华建翻译公司请求根据《合作协议》第 3 条第 15 项的规定就旷世公司股权结构恢复原状的纠纷与双方根据《股权转让协议》就旷世公司股权转让款项支付的纠纷系不同法律关系,是各方基于不同的法律事实提出的不同请求。从《合作协议》的约定来看,该协议的履行分为两个阶段:第一阶段是为了华建电子公司的海外子公司重组上市成功,进行旷世公司股权转让并支付股权转让款;第二阶段是如果“重组上市未果”,则恢复旷世公司股权结构并返还转让款。为履行第一阶段的约定事项,各方又签订了《股权转让协议》,并约定了仲裁条款,排除了人民法院的管辖权。该纠纷已经过北京仲裁委员会仲裁。但为履行第二阶段的约定事项,即“如因各种原因甲方重组上市未果,则终止本协议、双方签订的股权转让协议和VC投资协议。对已经履行的部分,双方同意尽可能地恢复原状,包括(但不限于)返还协议价格,恢复旷世科技股权架构、重新进行相应工商变更等,对由此给双方带来的损失,双方同意按照公平原则各自承担”,华建电子公司依据该约定提起诉讼,本案解决的正是履行《合作协议》第二阶段发生的纠纷。由于一审法院处理本案的依据并不是《股权转让协议》,而是《合作协议》第3条第15项,而仲裁所依据的是《股权转让协议》,并不是《合作协议》第3条第15项,基于仲裁裁决所依据的协议与一审法院处理本案所依据的协议不同,即一审法院并没有处理双方履行《股权转让协议》所发生的争议,仲裁裁决也明确表示不将《合作协议》纳入仲裁范围,也就是说,仲裁裁决所处理的“一事”即《股权转让协议》所发生的纠纷,人民法院并没有处理,所以一审法院股权恢复原状的判决并没有违反“一事不再理”的原则。

在一审法院股权恢复原状的判决并没有违反“一事不再理”的原则的情况下,就谈不上判决与仲裁裁决是否矛盾的问题。即使仲裁裁决的结果是履行《股权转让协议》,而判决的结果是恢复旷世公司的股权结构,判决是根据《合作协议》第3条第15项的约定作出的,该约定仍然是双方当事人包括科技公司及张贺平、谢雄平、仇绍明、黄若浩的真实意思表示。也就是说,一审判决与仲裁裁决都是根据当事人的真实意思表示做出的,都是当事人履行双方协议的必然结果。换言之,当事人的真实意思表示就是,为了重组上市,先要进行旷世公司的股权变更,而且实际上也进行了股权变更。但是,如果上市未果,已经变更的股权就应恢复原状。在上市未果的情况下,一审法院判决恢复旷世公司的股权架构,依法应予维持。

金讼圈提示

一、许多商业交易,尤其是复杂的金融及资本交易,当事人通常需要签署一系列的协议才能够完成,这些协议条款之间,设计必须协调一致,否则会引发许多意外的麻烦。

二、常见的“系列”性协议有:一系列母子协议,如本案的《框架协》《合作协议》《股权转让协议》《关于合作协议的终止协议》等;一系列主从协议,如资金借贷及担保交易等,会有《借款合同》《保证合同》《抵押合同》《质押合同》等。

三、如果在这一系列的协议中,有的选择商事仲裁,有的选择法院管辖,就会出现本案程序的“深坑”,无法一并处理,徒增争议解决成本。实践中,这类尴尬纠纷还真的不少,需要非诉法务人士特别小心。

四、另外,笔者抛出一个问题供大家探讨:本案的仲裁裁决虽然没有错,但处理上是否有值得商榷的地方——母协议《合作协议》虽然没有仲裁条款，但作为子协议《股权转让》纠纷的证据使用应该是妥当的，如果可以证明双方就股权恢复达成合意且条件成就了，是否可以有不同的裁决呢？

034　交易所“未进场视为放弃优先购买权”的声明有效吗？

案例索引

中静实业（集团）有限公司诉上海电力实业有限公司等股权转让纠纷案；上海市黄浦区人民法院（2012）黄浦民二（商）初字第534号一审民事判决书；上海市第二中级人民法院于2015年4月22日二审判决维持一审判决；《最高人民法院公报》2016年第5期（总第235期）。

交易结构图

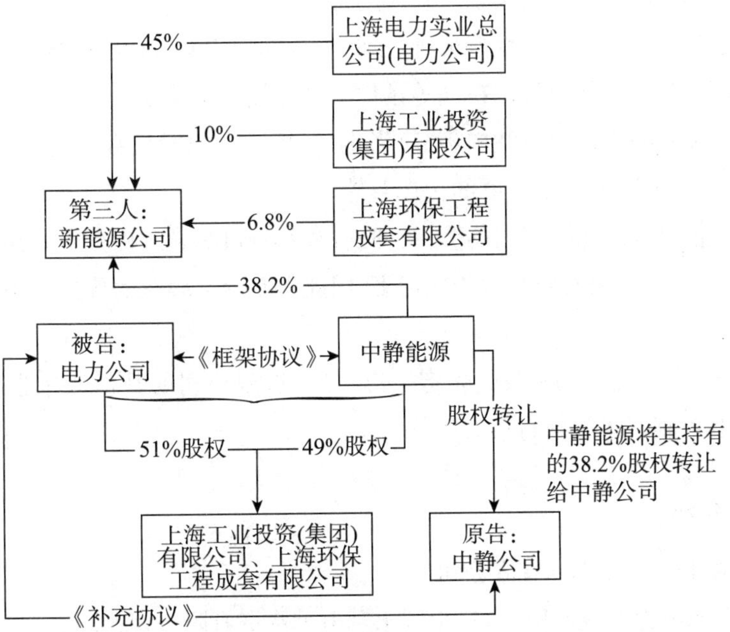

金讼圈导读

本案是2016年第5期的公报案例。股权转让进入产权交易所交易，交易所关于“未进场视为放弃优先购买权”的声明是否有效？有限责任公司股东未进场交易是否可以视为“放弃优先购买权”？优先购买权通知的内容应当包括哪些必备内容？如何保障股东的优先购买权又要防止股东优先购买权的滥用？本案例都有非常有价值的参考裁判规则。另外，本案例，也展示了优先购买权行使的一般流程：确权——→通知——→行权——→失权，有实际的操作借鉴价值。

裁判规则

一、股东优先购买权是公司法赋予股东的法定权利，法院强制执行程序中，优先购买权股东被通知后法定期间内不行权，视为放弃优先购买权，除此之外，公司法及司法解释并未规定其他情形的失权程序。

二、依法设立的产权交易平台并非司法机构，并不具有处置法律纠纷的职能，其无权对于目标公司股东是否享有优先购买权等作出法律意义上的认定。

三、不作为的默示效果只有在法律有规定或者当事人双方有约定的情况下，才可视为意思表示，在法律无明文规定，且未进场交易的其他股东未明示放弃优先购买权的情况下，不能得出其优先购买权已丧失的结论。

四、基于有限公司的人合性特征，股东向股东以外的人转让股权的，应当向其他股东充分履行通知义务，其他股东在同等条件下享有优先购买权。

五、关于优先购买权的通知内容，应当包括：拟转让的股权数量、价格、履行方式、拟受让人的有关情况等多项主要的转让条件。

六、为防止股东优先购买权的滥用，即确权后不行权，导致保护优先购买权成空文或对股权出让人和受让人的利益造成损害，因此需要确定股东的优先购买权的行权期限、行权方式。

七、比照《公司法》第73条的规定，可以要求有限公司的其他股东在确权生效后20日内行权，否则视为放弃行权。

案情介绍

原告：中静实业（集团）有限公司。

被告：上海电力实业有限公司、中国水利电力物资有限公司。

第三人：上海新能源环保工程有限公司、上海联合产权交易所。

第三人新能源公司成立于1999年3月16日，股东原为上海电力实业总公司（后更名为电力公司）、上海工业投资（集团）有限公司、上海环保工程成套有限公司、中国中静能源投资有限公司（以下简称中静能源），各方持股分别为45%、10%、6.8%、38.2%。

2010年2月10日，被告电力公司和中静能源签订《关于新能源公司之增资及股权调整框架协议》（以下简称框架协议），约定：双方共同收购上海工业投资（集团）有限公司、上海环保工程成套有限公司的股份，使电力公司和中静能源股权占比分别为51%和49%；中静能源尽快将其持有的38.2%股权转让给中静公司，使新能源公司变更为内资公司。

2010年5月，原告中静公司取代中静能源成为第三人新能源公司股东。8月6日，被告电力公司与中静公司签订补充协议书，约定：由电力公司先行出资受让上海工业投资（集团）有限公司和上海环保工程成套有限公司的股权计16.8%，电力公司与中静公司在新能源公司的股权占比分别为61.8%、38.2%；电力公司受让股权后，在同样条件下将新能源公司10.8%的股权转让给中静公司，或在增资过程中，由双方针对具体情况将股权比例调整为电力公司占51%，中静公司占49%，并最终根据框架协议的规定，将双方股权比例调整为各占50%。12月1日，第三人产交所出具电力公司受让上海工业投资（集团）有限公司和上海环保工程成套有限公司持有新能源公司16.8%股权的产权交易凭证。

2012年2月15日，第三人新能源公司通过股东会决议，内容为：1.同意电力公司转让其所持61.8%股权，转让价以评估价为依据；2.中静公司不放弃优先购买权；3.股权转让相关手续由双方按法定程序办理；4.股权转让后，相应修改公司章程及股东出资额记载；5.委托上海沪港金茂会计师事务所有限公司、上海东州资产评估有限公司进行财务审计和资产评估；6.转让评估基准日为2011年12月31日。

2012年5月25日，第三人新能源公司将股权公开转让材料报送第三人产交所。6月1日，产交所公告新能源公司61.8%股权转让的信息：挂牌期为2012年6月1日至7月2日；“标的企业股权结构”一栏载明老股东未放弃行使优先购买权；“交易条件”为挂牌价格48,691,000元，一次性付款，继续履行原标的公司员工的劳动合同，支持标的企业长远发展，促进标的公司业绩增长；意向受让方应在确认资格后3个工作日内向产交所支付保证金1400万元，否则视为放弃受让资格；若挂牌期满只征集到一个符合条件的意向受让方，则采用协议方式成交，保证金充作股权转让款；若征集到两个或两个以上符合条件的意向受让方，则采取竞价方式确定受让人；意向受让方在产交所出具产权交易凭证后1个工作日内须代标的公司偿还其对转让方的3500万元债务。标的公司其他股东拟参与受让的,应在产权转让信息公告期间向产交所提出受让申请,并在竞价现场同等条件下优先行使购买权,否则视为放弃受让。被告电力公司通过手机短信、特快专递、公证等方式通知了原告中静公司相关的挂牌信息。7月2日,原告中静公司向产交所发函称,根据框架协议及补充协议,系争转让股权信息披露遗漏、权属存在争议,以及中静公司享有优先购买权,请求第三人产交所暂停挂牌交易,重新披露信息。7月3日,被告水利公司与被告电力公司签订产权交易合同,内容为:合同交易的标的为电力公司持有的新能源公司61.8%股权;合同标的产权价值及双方交易价款为48,691,000元;价款(包括保证金)在签订合同后5个工作日内一次性支付;新标的公司须继续履行原标的公司员工的劳动合同;在第三人产交所出具交易凭证后1个工作日内,水利公司须代第三人新能源公司偿还其对电力公司的3500万元的债务,一次性付到电力公司指定账户等。次日,产交所出具产权交易凭证,水利公司亦履行了股权转让款以及债务承担的合同义务。同日,产交所发出不予中止交易决定书给原告中静公司称,经审核,股权转让程序符合产权交易相关规定,故决定不同意中静公司的申请。9月11日,新能源公司向水利公司出具出资证明书,并将其列入公司股东名册,但未能办理工商登记变更。

裁判结果

上海市黄浦区人民法院一审判决:一、原告中静实业(集团)有限公司对被告上海电力实业有限公司与被告中国水利电力物资有限公司转让的第三人上海新能源环保工程有限公司的股权享有优先购买权;二、原告中静实业(集团)有限公司应当在本判决生效之日起20日内行使优先购买权,否则视为放弃;三、原告中静实业(集团)有限公司优先购买权的行使内容、条件,与被告上海电力实业有限公司和被告中国水利电力物资有限公司签订的产权交易合同相同。

上海市第二中级人民法院二审判决:驳回上诉,维持原判。

法院观点

本案争议焦点为:被上诉人中静公司是否已经丧失了涉案股权的股东优先购买权。本院认为,中静公司并未丧失涉案股权的股东优先购买权。

第一,考虑到有限公司的人合性特征,我国《公司法》等相关法律法规规定了股东向股东以外的人转让股权的,应当向其他股东充分履行通知义务。其他股东在同等条件下享有优先购买权。此处所涉通知的内容,应当包括拟转让的股权数量、价格、履行方式、拟受让人的有关情况等多项主要的转让条件。结合本案,首先,在上诉人电力公司于一审第三人新能源公司股东会议中表示了股权转让的意愿后，被上诉人中静公司已明确表示不放弃优先购买权。其次，电力公司确定将股权转让给上诉人水利公司后，也并未将明确的拟受让人的情况告知中静公司。故而对于中静公司及时、合法的行权造成了障碍。而权利的放弃需要明示，故不能当然地认定中静公司已经放弃或者丧失了该股东优先购买权。

第二，被上诉人中静公司在一审第三人产交所的挂牌公告期内向产交所提出了异议，并明确提出了股东优先购买权的问题，要求产交所暂停挂牌交易。但产交所未予及时反馈，而仍然促成上诉人电力公司与水利公司达成交易，并在交易完成之后，方通知中静公司不予暂停交易，该做法明显欠妥。需要说明的是，产交所的性质为经市政府批准设立，不以营利为目的，仅为产权交易提供场所设施和市场服务，并按照规定收取服务费的事业法人。基于此，产交所并非司法机构，并不具有处置法律纠纷的职能，其无权对于中静公司是否享有优先购买权等作出法律意义上的认定。故当中静公司作为新能源公司的股东在挂牌公告期内向产交所提出异议时，产交所即应当暂停挂牌交易，待新能源公司股东之间的纠纷依法解决后方恢复交易才更为合理、妥当。故其不应擅自判断标的公司其余股东提出的异议成立与否，其设定的交易规则也不应与法律规定相矛盾和冲突。

金讼圈提示

为了确保股东对公司股东以外的人转让有限公司股权合同有效，排除法律障碍，对排除其他股东优先购买权应该有两种途径：1. 让其他股东直接出具明确放弃股权优先购买权的书面声明；2. 先确定拟转让的股权数量、价格、履行方式、拟受让人的有关情况等多项主要的转让条件，再以书面形式通知其他股东，并在通知中明确行使股权优先购买权的期限和方式等内容。

另外，注意行使优先购买权的流程：确权—通知—行权—失权。

035　产业政策变化对公司股权转让是否构成情势变更？

案例索引

大宗集团有限公司、宗锡晋与淮北圣火矿业有限公司、淮北圣火房地产开发有限责任公司、涡阳圣火房地产开发有限公司股权转让纠纷案；最高人民法院于2015年12月7日作出的(2015)民二终字第236号民事判决书。

交易结构图

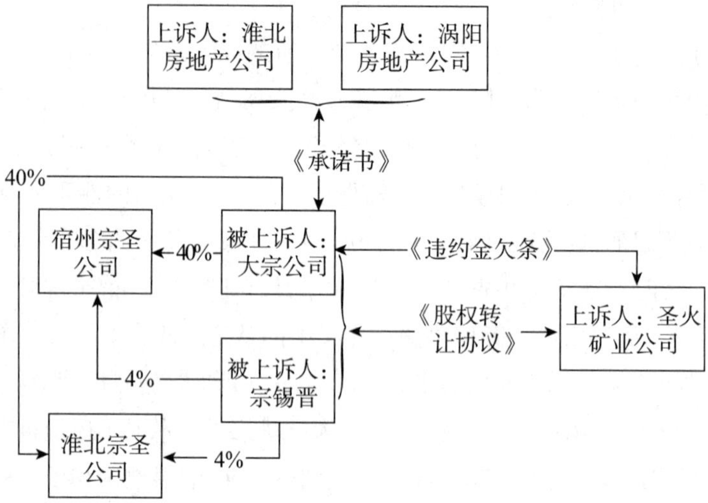

金讼圈导读

本案是山东省高级人民法院和最高人民法院关于产业政策变化对矿业公司股权转让是否构成情势变更的典型案例，就矿业权转让与股权转让的区别、情势变更判定方法和要点、抽逃出资是否构成股权转让协议解除的理由等进行论证说理。

裁判规则

一、所谓情势，是指客观情况，具体泛指一切与合同有关的客观事实；变更是指合同赖以成立的环境或基础发生异常之变动。

二、是否属于情势变更还是商业风险，需要参照合同约定，并从可预见性、归责性以及产生后果等方面进行分析。

三、矿业权与股权是两种不同的民事权利，如果仅转让公司股权而不导致矿业权主体的变更，则不属于矿业权转让合同，而属于股权转让合同。

四、"原则上不再新建煤矿项目"的政策出台，针对的是矿业权而非股权，因此参照股权转让合同，不能以国家产业政策调整为由主张情势变更。

五、原股权是否抽逃出资的情况，并不影响股权转让合同的目的，以标的股权不符合质量要求而解除合同的抗辩不予支持；如果原股东存在抽逃出资的情形，新股东有权要求原股东补足出资。

案情介绍

上诉人(一审被告):淮北圣火矿业有限公司、淮北圣火房地产开发有限责任公司、涡阳圣火房地产开发有限公司。

被上诉人(一审原告):大宗集团有限公司、宗锡晋。

上诉人淮北圣火矿业有限公司(以下简称圣火矿业公司)、淮北圣火房地产开发有限责任公司(以下简称淮北房地产公司)、涡阳圣火房地产开发有限公司(以下简称涡阳房地产公司)因与被上诉人大宗集团有限公司(以下简称大宗公司)、宗锡晋股权转让纠纷一案,不服山东省高级人民法院(2014)鲁商初字第72号民事判决,提起上诉。

2013年3月24日,大宗公司、宗锡晋为甲方,圣火矿业公司为乙方签订《股权转让协议》。协议内容:“甲方共同合法持有宿州宗圣矿业有限公司(以下简称宿州宗圣公司)和淮北宗圣矿业有限公司(以下简称淮北宗圣公司)各44%股权(其中大宗集团有限公司各40%,宗锡晋各4%)。乙方系两个公司的股东之一,具有受让两个公司股权的合法权利,愿意受让甲方转让的两个公司股权。四、关于两个公司资产、物品等财产的特别约定。1.无论与两个公司拥有的骑路孙煤炭资源、张油坊煤炭资源、梁花园煤炭资源(以下简称三处煤炭资源)相关的探矿许可证或采矿许可证是否作废、到期或失效,乙方均无条件的履行本协议约定的所有条款……”

协议签订后,圣火矿业公司依协议约定应当于2014年7月31日前支付第一期股权转让款1亿元,但圣火矿业公司未按期履行付款义务。2014年7月31日,圣火矿业公司向大宗公司出具2千万元的违约金欠条。欠条载明:“今欠大宗集团有限公司款2000万元,该笔欠款并保证于2014年8月30日一次性付清。注:该违约金系大宗集团有限公司与淮北圣火矿业有限公司在2013年3月24日签订的第一笔探矿权转让金1亿元所造成的违约金款。”

2014年9月5日、9日、11日、12日,圣火矿业公司分四笔共计支付大宗公司违约金1000万元,之后再未支付款项。

2014年10月12日《国家能源局关于调控煤炭总量优化产业布局的指导意见》(国能煤炭〔2014〕454号,以下简称《指导意见》)第3条优化新建项目布局要求:按照“控制东部、稳定中部、发展西部”的总体要求,依据煤炭资源禀赋、市场区位、环境容量等因素确定煤炭产业发展格局。今后一段时间,东部地区原则上不再新建煤矿项目。

2014年10月31日，淮北房地产公司、涡阳房地产公司出具承诺书，载明“2013年3月24日大宗集团有限公司与淮北圣火矿业有限公司签订的股权转让协议所欠款项，具体内容和金额按原合同的约定履行。淮北圣火房地产开发有限责任公司和涡阳圣火房地产开发有限公司承诺：房产销售款首先按合同约定偿还大宗集团有限公司的到期债权。特此承诺。”

大宗公司、宗锡晋向一审法院起诉，请求：1. 判令圣火矿业公司支付股权转让款1亿元及违约金1000万元；2. 淮北房地产公司、涡阳房地产公司对上述债务承担连带付款责任；3. 诉讼费用由圣火矿业公司承担。

裁判结果

一审法院山东省高级人民法院判决：一、圣火矿业公司自本判决生效之日10日内向大宗公司、宗锡晋支付股权转让款1亿元及违约金1000万元；二、淮北房地产公司、涡阳房地产公司在其公司的房产销售款范围内对上述债务承担共同还款责任；三、驳回大宗公司、宗锡晋的其他诉讼请求。

二审（最高人民法院）判决：驳回上诉，维持原判。

法院观点

本案的争议焦点为：（一）一审判决认定第一笔股权转让款不符合情势变更原则是否有误；（二）一审判决认定《股权转让协议》有效是否有误、协议是否应继续履行；（三）一审判决淮北房地产公司、涡阳房地产公司在房产销售款范围内对圣火矿业公司债务承担共同还款责任是否有误；（四）如果存在抽逃出资的情形，是否影响本案的审理。

一、关于一审判决认定第一笔转让款不符合情势变更原则是否有误的问题

《合同法解释（二）》第26条规定：“合同成立以后客观情况发生了当事人在订立合同时无法预见的、非不可抗力造成的不属于商业风险的重大变化，继续履行合同对于一方当事人明显不公平或者不能实现合同目的，当事人请求人民法院变更或者解除合同的，人民法院应当根据公平原则，并结合案件的实际情况确定是否变更或者解除。”是否属于所谓情势变更还是商业风险，需要参照合同约定，并从可预见性、归责性以及产生后果等方面进行分析。本案中，淮北宗圣公司成立于2007年，涉案三处煤炭资源一直申请办理采矿权手续或立项核准，直到2014年10月12日《指导意见》之前，也未获得批准，并且该意见规定，只是在今后一段时间内东部地区原则上不再新建煤矿项目，且安徽省是否属于该《指导意见》所确定的东部地区尚需进一步论证。因此，政策原因并非是造成合作开发项目得不到核准的唯一原因。

案涉《股权转让协议》第4条约定，无论与淮北宗圣公司、宿州宗圣公司拥有的三处煤炭资源相关的探矿许可证或采矿许可证是否作废、到期或失效，圣火矿业公司均无条件的履行本协议约定的所有条款；第2条约定，2014年7月31日前，圣火矿业公司向大宗公司支付第一笔股权转让款。圣火矿业公司对此并无异议，且在第一笔转让款期满不能支付的情况下向大宗公司出具了2000万元的违约金欠条并实际履行1000万元，而《指导意见》出台时间是在2014年10月12日，故对该笔股权转让款，一审判决认定不符合情势变更原则，有事实依据。圣火矿业公司以情势变更原则不应履行支付第一笔股权转让款的抗辩，本院不予采信。

二、关于一审判决认定股权转让协议有效、协议是否应继续履行的问题

2013年3月24日，大宗公司、宗锡晋与圣火矿业公司签订的《股权转让协议》，系双方真实意思表示，且不违反法律、行政法规的禁止性规定，一审判决认定该协议合法有效并无不当。双方在协议中约定，大宗公司、宗锡晋将合法持有宿州宗圣公司和淮北宗圣公司各44%的股权全部转让给圣火矿业公司，圣火矿业公司支付转让款项。三处煤炭资源的探矿权许可证和采矿权许可证始终在两个目标公司名下，不存在变更、审批的问题。《股权转让协议》签订后，圣火矿业公司也实际控制了两个目标公司，实现了合同目的。因此，双方系股权转让的法律关系，圣火矿业公司主张本案系转让探矿权，因未经审批合同未生效，对该主张，本院不予支持。

鉴于大宗公司、宗锡晋的一审诉讼请求只是请求判令圣火矿业公司支付第一期股权转让款及违约金，并无请求进一步继续履行案涉协议的诉求，故尽管一审判决中有"由于股权转让协议合法有效，大宗公司、宗锡晋要求圣火矿业公司继续履行，支付已到期应给付的股权转让款1亿元及尚未支付的违约金1000万元的主张，本院予以支持"等相关表述，但仍然是基于大宗公司、宗锡晋请求支付第一笔股权转让款及违约金的诉求，而对于案涉《股权转让协议》是否应进一步继续履行，需要当事人以积极的行为进行主张。圣火矿业公司主张本案符合情势变更原则，协议不应再继续履行，但由于案涉第一笔股权转让款的支付不符合情势变更原则，圣火矿业公司针对第一笔股权转让款项支付的抗辩不能成立。至于案涉《股权转让协议》是否应进一步继续履行、是否应予解除的问题，由于大宗公司、宗锡晋在一审中并没有主张，圣火矿业公司亦未提出反诉，故该部分事项已经超出了本案二审的审理范围，本院不予审理。

三、关于一审判决淮北房地产公司、涡阳房地产公司在房产销售款范围内对圣火矿业公司债务承担共同还款责任是否有误的问题

本案中，淮北房地产公司和涡阳房地产公司向大宗公司出具《承诺书》，承诺以房产销售款首先按合同约定偿还大宗公司的到期债权,并在保证人处盖有公章。本院认为,该承诺书系淮北房地产公司、涡阳房地产公司的真实意思表示,其承诺并不违反法律、行政法规的禁止性规定,理应按照承诺履行其相应义务。大宗公司起诉淮北房地产公司、涡阳房地产公司的实质是请求两房地产公司基于承诺函的约定承担相应的法律责任,一审法院经审查认定淮北房地产公司、涡阳房地产公司不构成连带保证责任,但应在其房产销售款中对圣火矿业公司的债务承担共同还款责任,一审判决实质上并未加重其民事责任,本院予以维持。淮北房地产公司、涡阳房地产公司的房产是否销售,相关部门均有登记,税务部门也有凭证,不存在不确定性问题,也不存在无法执行的情况。淮北房地产公司、涡阳房地产公司的该主张没有事实和法律依据,本院不予支持。

四、关于如果存在抽逃出资的情形,是否影响本案的审理的问题

一审判决认为,大宗公司如果存在对淮北宗圣公司抽逃出资的情形,淮北宗圣公司有权要求股东补足出资。圣火矿业公司二审中提交证据证明其已针对大宗公司抽逃出资问题向安徽省睢县人民法院提起了诉讼,可以证明其权利尚有救济渠道,故圣火矿业公司请求中止本案审理没有法律依据,本院不予支持。

金讼圈提示

一、从本案例,我们可以了解到是否适用情势变更,需要从四个方面进行分析判断:(1)合同约定;(2)可预见性;(3)归责性;(4)产生后果等。

二、是否适用情势变更首先需要审查合同性质及约定,本案如果是矿业权转让合同,也许还有机会。

三、此前关于军队房产政策变化对房屋租赁是否适用情势变更争论了好一段时间,法院归纳了审查情势变更的四大方面,值得学习借鉴。

036 隐名股东显名化有哪三个必要基础条件?

案例索引

王云与青海珠峰虫草药业有限公司股东资格确认纠纷;最高人民法院于2014年

6月6日作出的(2014)民二终字第21号二审民事判决书。

交易结构图

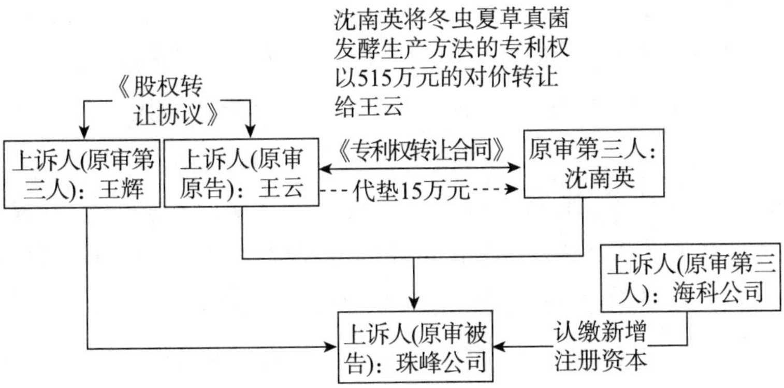

金讼圈导读

一、本案例是最高人民法院关于股权代持风险警示的绝好案例，值得每一位创业者认真逐句阅读。

二、当事人为了逃避债务，规避合同履行，逃避离婚财产分割，将股权由亲兄弟代持，经过多年艰辛打拼，公司终于被做大了，却因兄弟反目，没有书面代持协议，结果弄巧成拙，痛失全部股权。教训实在惨痛！

裁判规则

一、股权具有财产权和人身权的双重法律属性，股东应当在公司章程上签名、盖章，公司应当置备股东名册记载股东姓名及出资额，记载于股东名册的股东有权向公司主张行使股东权利。

二、选择隐名出资方式而由他人代持股权的出资人，无权向公司主张行使股东权利。

三、隐名股东如要取得公司股东身份，需要三个基础：(1)与公司显名股东之间存在合法有效的代持股协议；(2)且已经向公司实际出资；(3)并经公司其他股东过半数同意其显名为公司股东的基础上。

案情介绍

上诉人(原审原告)：王云。

上诉人(原审被告)：青海珠峰虫草药业有限公司。

上诉人(原审第三人):王辉。

上诉人(原审第三人):西宁海科创业投资管理有限公司。

原审第三人:沈南英。

上诉人王云、青海珠峰虫草药业有限公司(以下简称珠峰公司)、王辉、西宁海科创业投资管理有限公司(以下简称海科公司)为与原审第三人沈南英股东资格确认纠纷一案,不服青海省高级人民法院(2013)青民二初字第2号民事判决,向本院提起上诉。

2005年2月16日,沈南英作为转让人与王云作为受让人签订《专利权转让合同》约定,沈南英将冬虫夏草真菌发酵生产方法的专利权以515万元的对价转让与王云。转让对价中的15万元,由王云为沈南英代垫出资,使沈南英持有新公司15%的股权。新公司成立后,三年内进行增资扩股应征得转、受让人双方同意。三年后,公司需要增资扩股,且转让人累计所分得红利能够认缴新公司增资扩股所需投入的资金时,新公司再进行增资,否则,新公司将不进行增资;如新公司为筹集生产急需的资金,需进行增资扩股,且转让人累计所分得红利达不到认缴新公司增资扩股所需投入的资金时,不足部分由受让方垫付。

2005年2月24日,珠峰公司领取营业执照正式成立。公司章程载明:公司注册资本为100万元,其中王辉以货币出资45万元,占出资总额45%;王云以货币出资40万元,占出资总额40%;沈南英以货币出资15万元,占出资总额15%。2005年2月17日,青海大正会计师事务所出具"大正会师验字(2005)008号"验资报告,验证了各方出资。2005年2月27日,珠峰公司第一届股东会形成决议载明:1. 通过公司章程;2. 确定了上述股东出资及股权比例;3. 王辉为执行董事,为公司法定代表人,王云为公司监事。

2005年11月10日,珠峰公司召开第二届股东会形成决议:公司注册资本增至2000万元。其中,王辉出资1400万元,占70%;王云和沈南英分别出资300万元,各占15%。并对公司章程进行修订。经青海理泉联合会计师事务所验资,出具验资报告载明:公司收到王辉、王云和沈南英缴纳的新增注册资本合计1900万元,以王辉应付账款(分别支付在建工程和预付设备款)垫付给王云260万元、沈南英285万元,其本人出资1355万元。并办理了工商变更登记。

2008年7月15日,王辉、王云和沈南英签订股份转让协议。珠峰公司并形成股东会决议,王云所持公司股权300万元全部转让给王辉。王辉出资额增加至1700万元整,相应修改了公司章程,办理了工商变更登记。

2011年11月18日,珠峰公司召开股东会临时会议形成决议:公司注册资本由

2000 万元减少至 100 万元,选举王辉为执行董事。持 85% 表决权的股东王辉投同意票,持表决权 15% 的股东沈南英经通知未到会,股东会通过决议。

2011 年 12 月 21 日,王健账户转入王辉账户资金 1500 万元,王辉用于对珠峰公司增资;2011 年 12 月 23 日,青海美信医药有限公司(以下简称美信公司)转入珠峰公司账户资金 1000 万元,王辉用于珠峰公司增资。

2012 年 4 月 5 日,珠峰公司召开股东会临时会议形成决议:同意公司增加注册资本 4900 万元,股东王辉认缴新增注册资本 4165 万元,增资后出资 4250 万元,持有 85% 的股权;海科公司认缴新增注册资本 735 万元,持有 14.7% 的股权;沈南英出资 15 万元,持有 0.3% 的股权;对公司章程相关条款进行修改。决议由 85% 表决权的股东王辉投同意票,占表决权 15% 的股东沈南英投反对票。上述决议内容办理了工商变更登记。

2012 年 4 月 18 日,沈南英要求确认珠峰公司 2008 年 7 月 15 日以转让股权为主要内容的股东会决议、2011 年 11 月 18 日以减少注册资本金为主要内容的股东会临时会议决议、2012 年 4 月 5 日增加注册资本金为主要内容的股东会临时会议决议无效,分别向西宁市城东区人民法院提起诉讼,经该院和西宁市中级人民法院一、二审审理,均驳回其诉讼请求。

王云于 2012 年 12 月 10 日诉至原审法院请求:一、确认珠峰公司 99.7% 的股权属于王云所有;二、依法判令珠峰公司为王云签发出资证明书、将王云记载于股东名册、并办理股东工商登记;三、诉讼费用由珠峰公司、王辉和海科公司承担。

裁判结果

一审法院判决:一、王云占有珠峰公司 50% 的股权;二、珠峰公司在该判决生效后 1 个月内为王云签发出资证明书,将王云记载于股东名册,并办理股东变更工商登记手续;三、驳回王云的其他诉讼请求。

最高人民法院二审判决:一、撤销青海省高级人民法院(2013)青民二初字第 2 号民事判决;二、驳回王云诉讼请求。

法院观点

本案当事人二审争议的焦点问题为:一、王云与王辉及海科公司就珠峰公司相关股权是否存在代持股合意;二、王云是否向珠峰公司实际出资及其出资数额;三、珠峰公司是否应当为王云签发出资证明、记载于股东名册和办理工商登记的相应变更手续。

本院认为，珠峰公司在成立之初，王云作为原始股东之一享有珠峰公司40%的股权，其后经历2005年增资和2008年股权转让，王云所持珠峰公司股份全部转让给了王辉，截至本案一审诉讼前，王云在珠峰公司不持有任何股份，其已不是珠峰公司股东名册上记载的股东。根据《公司法》第32条第2款的规定，王云无权直接向珠峰公司主张股东权利。按照《最高人民法院关于适用〈中华人民共和国公司法〉若干问题的规定（三）》（以下简称《公司法规定（三）》）第24条的规定，王云如要取得珠峰公司股东身份，应建立在其与王辉及海科公司之间存在合法有效的代持股协议，且王云向珠峰公司实际出资，并经公司其他股东过半数同意其显名为公司股东的基础上。

本案中，王云以珠峰公司注册资本均由其提供，并实际参与了珠峰公司经营管理拥有重大事项决策权，王辉只是代为持有股份为由，主张登记在王辉和海科公司名下的珠峰公司相应股权应由其享有，但王云并未提供其与王辉及海科公司之间存在书面代持股合意的证据，王辉与海科公司亦否认存在代持股合意。虽然，原审中王云与王辉的父母、姐姐均出庭证明珠峰公司是由王云起意筹资建立，并在珠峰公司成立初期由家庭会议就王云出资、王辉代王云持股45%的事宜进行了商定，其后至2008年王云将自己持有的珠峰公司股份全部转让给王辉，实际是由王辉代持股的意思，也经家庭会议商定，但家庭会议未就有关王云与王辉之间存在代持股合意的问题达成任何书面记载，且上述家庭成员证人证言并未明确对于珠峰公司2012年4月增资至5000万元过程中，由王云实际出资王辉代其持有相应股份的行为经过了家庭会议讨论决定，另外，家庭成员对于海科公司成为珠峰公司股东并持有股份的事宜均不知情。此外，原审认定王辉增资4250万元中2500万元系王云通过王健和美信公司的出资，但该两笔资金转入时间均为2011年年底，且并未直接用于王辉对珠峰公司增资，而是历经了数个账户流转后于2012年4月才被王辉用于增资。对此，本院认为，在王云与王辉及海科公司之间就2012年4月增资过程中代持股事宜缺乏明确合意的情况下，结合上述资金的转入及流转过程，王云对于此次增资具有出资的意思表示并协商由王辉及海科公司代为持股的证据不足。

另外，根据王云起诉状及二审答辩状中的陈述，其选择隐名的原因在于规避《专利权转让合同》为沈南英垫资的义务，以及避免离婚有关财产分割争议、避免以前经营存在的纠纷对珠峰公司产生不利影响等事由。因此，即便认为通过家庭会议形式对有关代持股事宜达成口头约定，但该代持股合意目的在于逃避相关债务、损害第三人利益，根据《合同法》第52条第3项的规定，应属无效。

综上，本院认为，由于在珠峰公司2012年4月增资至5000万元过程中，并无证据证明王云与王辉及海科公司之间达成了合法有效的代持股合意，王云委托王健和美信公司转款系用于此次增资的意图亦不明确，因此即便增资资金来源于王云，亦不能就此认定王云对记载于王辉及海科公司名下珠峰公司股权享有股东权益，故王云要求确认王辉及海科公司在珠峰公司的相应股权由其享有的诉讼请求，因证据不足，本院不予支持。在此基础上，王云要求珠峰公司为其签发出资证明书、将其记载于股东名册并办理工商登记，缺乏事实和法律依据，本院亦不予支持。股权具有财产权和人身权的双重法律属性，根据公司法的规定，股东应当在公司章程上签名、盖章，公司应当置备股东名册记载股东姓名及出资额，记载于股东名册的股东有权向公司主张行使股东权利。选择隐名出资方式而由他人代持股权的出资人，无权向公司主张行使股东权利。

王云基于投入珠峰公司相关款项产生的合法财产权益可依其他法律关系另行主张。

金讼圈提示

一、股权代持必须签订书面代持协议，形成明确的股权代持合意证据，且股权代持目的不得有不合法内容。

二、保存好代持股权股本金出资到公司的证据链（隐名股东付款到显名股东、显名股东付款到公司账户等凭证，并标注“股本金”字样明确款项性质）。

三、如果代持股权需要显名化（确认股东资格），还需要公司其他股东过半数同意。

四、最后还是那句话，创业不易，江湖险恶，一定要记得请个律师做顾问。

037 股权转让合同因出让方不持有目标公司股权而无效吗？

案例索引

广东达宝物业管理有限公司与广东中岱企业集团有限公司、广东中岱电讯产业有限公司、广州市中珊实业有限公司股权转让合作纠纷案［2011 年 6 月 28 日最高人民法院民事判决书（2010）民提字第 153 号］。

交易结构图

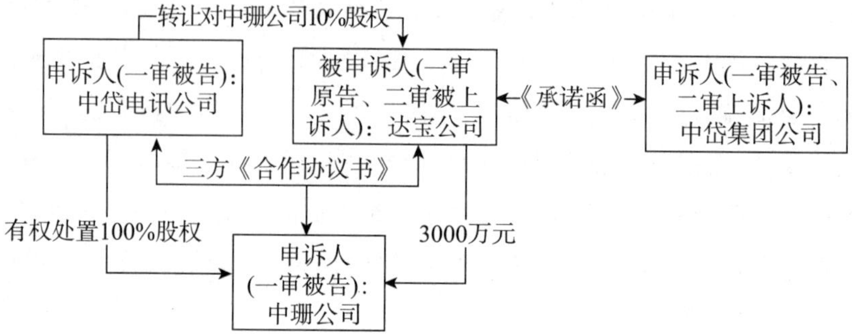

金讼圈导读

一、本案例是经历了广州市中级人民法院一审全部支持原告诉讼请求，广东省高级人民法院二审维持，广东省高级人民法院再审审查维持，最高人民法院最终再审改判的案件。

二、本案关于标的股权为合同外第三人持有的股权转让合同是否有效？股权转让合同预设回购条款是否有效？认定一方不安抗辩权行使正当是否必然会认定另一方存在违约行为进而承担违约责任？债务加入如何认定？债务加入与债务转移如何区分？违约金的诉讼请求是否应该有违约金条款对应的违约行为？等均给予了明确答案。这些问题，非常值得专业的诉讼律师研究分析参考。

三、关于法院对本案再审阶段出现的新证据《合作合同书》，一方认为是利用预留合同签署页伪造的，另一方主张有双方盖章是真实的，结果最高人民法院做了真假不明的认定，颇显智慧。到底是真是假？恐怕只有局中人知道。

裁判规则

一、股权转让合同的目标公司标的股权虽为合同外第三人持有，只要没有为合同外第三人设定义务也没有实际侵害其持有股权，而只是使一方负有向对方转让标的股权的义务，则不因出让方不持有目标公司标的股权这一事实而无效。

二、股权转让合同约定在一定条件成就时，股权出让方应以一定价格买回股权的约定，是合同各方为股权转让合同解除或终止退出时设定的利益安排，其不违反法律法规的强制性规定，应认定有效。

三、股权转让受让方因行使不安抗辩权而未付清全部股权出让款，只要没有触发股权回购，则无权要求出让方按照约定价格回购股权，也无权要求出让方因未回购股权而承担相应违约责任。

四、合同外的第三人向合同中的债权人承诺承担债务人义务的，如果没有充分的证据证明债权人同意债务转移给该第三人或者债务人退出合同关系，不宜轻易认定构成债务转移，一般应认定为债务加入。

五、合同外的第三人向债权人表明债务加入的意思后，即使债权人未明确表示同意，但只要其未明确表示反对或未以行为表示反对，仍应当认定为债务加入成立，债权人可以依照债务加入关系向该第三人主张权利。

六、违约金的诉讼请求应该与该有违约金条款对应的违约行为，否则难以支持。

案情介绍

申诉人（一审被告、二审上诉人）：广东中岱企业集团有限公司。

申诉人（一审被告）：广东中岱电讯产业有限公司。

申诉人（一审被告）：广州市中珊实业有限公司。

被申诉人（一审原告、二审被上诉人）：广东达宝物业管理有限公司。

申诉人广东中岱企业集团有限公司（以下简称中岱集团公司）、广东中岱电讯产业有限公司（以下简称中岱电讯公司）、广州市中珊实业有限公司（以下简称中珊公司）为与被申诉人广东达宝物业管理有限公司（以下简称达宝公司）股权转让合作纠纷一案，不服广东省高级人民法院（2007）粤高法民二终字第165号判决，向本院提出申诉。本院于2009年12月16日作出（2008）民二监字第21－1号民事裁定，提审本案。

2005年12月12日，达宝公司与中岱电讯公司、中珊公司签订《合作协议书》，约定：三方以重组后的中珊公司作为经营平台，共同对目标地块进行房地产开发；合作的前提和基础为中岱电讯公司承诺，中岱电讯公司有权处置中珊公司100%的股权，中岱电讯公司和中珊公司承诺，中珊公司对外没有任何债权债务。股东夏乘风、苏雄无条件将穗国地出合〔2005〕133号《广州市国有土地使用权出让合同》项下琶洲PZB1301地块（目标地块）使用权转入中珊公司名下。中珊公司股权作价为49,380万元（其中，土地出让金46,000万元，注册资本2000万元，契税1380万元）。中岱电讯公司将其持有的中珊公司100%股权中的10%股权转让给达宝公司。股权转让价款的支付方式为：2005年12月13日前，达宝公司支付首期受让款3000万元整，此款用于支付目标地块的土地出让金，余款在2005年12月30日付清。协议还约定，由于交纳该地块土地出让金的需要，中岱电讯公司希望达宝公司能尽快投入资金，虽然已办妥达宝公司10%的股权登记手续，但不等于双方已就双方合作事宜及公司章程等达成一致,因此,如双方未能在该协议签订后三个月内就合作事宜达成一致(合作各方就该目标地块的合作事宜正式签订协议),达宝公司有权退出合作,中岱电讯公司同意以5285万元受让达宝公司持有中珊公司的10%股份,并即全额付清款给达宝公司,如中岱电讯公司未能如期履行,中岱电讯公司同意向达宝公司支付违约金,违约金额按未履行金额每天0.2%计算。任何一方未能全面履行该协议,违约方应承担违约责任。违约方除须赔偿中珊公司损失外,还须向其他股东支付违约金,违约金额按违约金额每天0.2%计算。中珊公司为中岱电讯公司在该协议中的责任和义务提供全面担保,如中岱电讯公司未能全面履行该协议,中珊公司同意为中岱电讯公司该协议项下的全部责任和义务承担连带责任。

同日,中岱集团公司向达宝公司出具一份《承诺书》,内容为:由于急需在2005年12月13日交纳该地块的土地出让金,中岱集团公司希望达宝公司在中岱集团公司、达宝公司双方未能谈妥有关合作事宜前,先行准备资金3000万元,以保证届时能按时向政府交纳土地出让金。如双方未能就合作事宜达成一致,达宝公司在准备该资金过程中的损失由中岱集团公司承担。

2005年12月13日,达宝公司支付给中珊公司3000万元,中珊公司随即将该款用于支付夏乘风、苏雄交纳给政府的土地出让金。

之后,由于夏乘风、苏雄违反与广州市国土资源和房屋管理局(以下简称广州国土局)签订的合同没有按期支付土地出让金,广州国土局解除了与其签订的《广州市国有土地使用权出让合同》,收回出让给夏乘风、苏雄的琶洲PZB1301地块,并于2006年1月14日在广州市房地产交易登记中心重新公开挂牌转让。

2006年2月23日,达宝公司向中岱电讯公司、中珊公司发函称目标地块由于未按期交付土地出让金被政府收回,合作各方已无可能就合作事宜达成一致,故要求终止合作,并要求中岱电讯公司、中珊公司尽快退还达宝公司款项。

2006年6月9日,中岱集团公司向达宝公司出具一份《承诺函》,内容为:达宝公司原已交付国有土地出让金3000万元,由中岱集团公司负责偿还,包括原达宝公司与中岱电讯公司签订的资金费用。经多次交涉,中岱电讯公司、中岱集团公司、中珊公司未返还达宝公司款项,达宝公司遂提起诉讼。

2006年9月8日,达宝公司向广州市中级人民法院提起诉讼,请求:1.解除达宝公司与中岱电讯公司、中珊公司签订的《广州市中珊实业有限公司股权转让合作协议书》(以下简称《合作协议书》);2.判令中岱电讯公司、中珊公司、中岱集团公司返还达宝公司3000万元,支付资金费用(损失赔偿)2285万元,支付逾期付款利息(按5285万元为本金,按逾期归还银行贷款利率计算,从2006年2月23日起计算至实际返还之日止，暂计至起诉之日止为2,158,000元），上述合计为55,008,000元。

达宝公司、中岱电讯公司、中珊公司在《合作协议书》中约定三方同意中岱电讯公司所转让的中珊公司的10%股权转让价为4931万元。股权转让后，中岱电讯公司持有中珊公司90%股权，达宝公司持有10%股权。股权转让价款的支付方式为：2005年12月13日前，达宝公司向中岱电讯公司支付股权首期受让款3000万元整，此款用于支付目标地块的土地出让金，余款2005年12月30日前向中岱电讯公司付清。

2005年12月13日，中珊公司向达宝公司出具一张《收据》，载明：收到达宝公司投资款人民币3000万元整。同日，中珊公司将3000万元汇入广州市土地出让金财政专户。

2006年2月23日，达宝公司向中岱电讯公司、中珊公司发函称：目标地块由于未按期交付土地出让金被政府收回，达宝公司与中岱电讯公司、中珊公司已无可能就合作事宜达成一致，因此，达宝公司通过该函正式通知其终止与中岱电讯公司、中珊公司的合作，并请中岱电讯公司、中珊公司按照协议书尽快退回达宝公司的款项。

2006年6月9日，中岱集团公司向达宝公司出具的《承诺函》内容为：达宝公司与中岱集团公司下属企业中岱电讯公司合作经营中珊公司（开发位于琶洲广交会新馆南面PZB1301地块），由于该地块已被广州国土局收回，达宝公司原已交付国有土地出让金3000万元，由中岱集团公司负责偿还，包括原达宝公司与中岱电讯公司签订的资金费用。

另查明：2005年10月14日，作为出让方的广州国土局与作为受让方的夏乘风、苏雄签订了《广州市国有土地使用权出让合同》，通过挂牌方式将琶洲PZB1301地块以46,000万元出让给夏乘风、苏雄。2005年10月25日，夏乘风、苏雄签订了《广州市中珊实业有限公司章程》，出资设立中珊公司。2005年12月5日，中珊公司经广州市工商行政管理局登记成立，公司注册资本人民币2000万元，法定代表人为张伟山。

一审诉讼中，中珊公司提交一份《关于穗国房函〔2005〕1616号的复函》，主要内容为："广州市国土资源和房屋管理局，贵局于2005年12月29日邮递给我夏乘风、苏雄《关于解除琶洲PZB1301地块出让合同的函》（穗国房函〔2005〕1616号），我们不同意贵局单方解除琶洲PZB1301地块出让合同。自然人买地，我们需要时间注册项目公司等事宜，我们在合同约定时间12月14日前已交土地出让金：7380万元（一次性交清契税：1380万元）。在我们交款不到12个小时内，贵局就在12月15日作出单方解除合同，12月20日贵局又开具出土地出让金缴款单让我们交纳，贵局单方解除的公函我们却在15天后(12月29日)才收到。我们认为贵局对一个企业在12小时内所做出这么重大的决定有所欠妥……中珊公司、夏乘风、苏雄。2006年1月12日。"

广州国土局以夏乘风、苏雄违反合同约定,没有按期支付土地出让金为由,解除了与其签订的《广州市国有土地使用权出让合同》,收回出让给夏乘风、苏雄的琶洲PZB1301地块,并于2006年1月14日在广州市房地产交易登记中心重新公开挂牌出让。

在本院再审审理期间,申诉人向本院提交了《合作合同书》,该合同书的内容与广东省高级人民法院再审审查期间中岱集团公司提供的《合作合同书》内容一致。

裁判结果

一审广州市中级人民法院于2007年6月1日作出(2006)穗中法民二初字第217号判决,判令:一、解除达宝公司与中岱电讯公司、中珊公司签订的《合作协议书》。二、中岱电讯公司在判决生效之日起10日内向达宝公司返还股权转让款3000万元、赔偿预期利益损失2285万元,并以5285万元为本金从2006年2月24日起至付清款项之日止按中国人民银行规定的同期同类逾期贷款利率计付逾期付款违约金。逾期履行,按照《民事诉讼法》第229条规定执行。三、中珊公司和中岱集团公司对中岱电讯公司在判决第2项中所应承担的债务负连带清偿责任。四、驳回达宝公司其他诉讼请求。

二审广东省高级人民法院于2007年12月3日作出(2007)粤高法民二终字第165号判决:驳回上诉,维持原判。

广东省高级人民法院裁定:驳回中岱集团公司的再审申请。

最高人民法院再审判决:一、撤销广东省高级人民法院(2007)粤高法民二终字第165号民事判决;二、变更广东省广州市中级人民法院(2006)穗中法民二初字第217号民事判决主文第二项为:广东中岱电讯产业有限公司向广东达宝物业管理有限公司返还3000万元股权转让款,并向广东达宝物业管理有限公司支付该3000万元产生的利息(利息从2006年2月24日起按照中国人民银行同期贷款利率计算至实际付清之日);三、维持广东省广州市中级人民法院(2006)穗中法民二初字第217号民事判决主文第一项、第三项、第四项。

法院观点

达宝公司与中岱电讯公司、中珊公司签订的《合作协议书》约定三方共同对目标地块进行房地产开发，中岱电讯公司将其持有的中珊公司100%股权中的10%股权转让给达宝公司。虽然在该协议签订时中珊公司的股东是夏乘风、苏雄，中岱电讯公司不持有中珊公司的股权，但该协议只是使得中岱电讯公司负有向达宝公司转让股权的义务，而没有使达宝公司实际获得股权从而导致中珊公司股权发生变化，该协议也没有为中珊公司的股东夏乘风、苏雄设定义务，没有侵害夏乘风、苏雄对中珊公司享有的股权，故《合作协议书》不因中岱电讯公司不是中珊公司股东这一事实而无效。因《合作协议书》没有导致夏乘风、苏雄持有的中珊公司的股权受到侵害，达宝公司也没有向夏乘风、苏雄主张权利，故夏乘风、苏雄与本案的处理没有法律上的利害关系。广州国土局解除其与夏乘风、苏雄签订的土地使用权出让合同属另外的法律关系，其并不影响达宝公司按照《合作协议书》向中岱电讯公司主张权利。故原审法院没有追加夏乘风、苏雄及广州国土局为案件当事人并无不当。《合作协议书》，约定达宝公司向中岱电讯公司购买中珊公司的股权以共同对涉诉土地进行开发，并约定在不能就土地合作事宜正式签订协议时达宝公司有权退出合作。后来中珊公司没有取得涉诉土地的使用权，土地合作事宜无法达成协议，达宝公司要求退出合作，这可以表明签订《合作协议书》时达宝公司的目的是受让股权从而参与开发土地并获利，而不是向中岱电讯公司拆借资金。《合作协议书》第11条关于中岱电讯公司以5285万元买回股权的约定是协议各方为达宝公司退出合作时设定的利益安排，其不违反法律法规的强制性规定。《合作协议书》没有导致中珊公司股权实际发生变化，该协议并不违反《公司法》第72条的规定。《合作协议书》的当事人有无房地产开发资质只是对该协议能否履行可能产生影响，并不影响该协议的效力。故申诉人以《合作协议书》属企业间拆借资金、《合作协议书》第11条属保底条款、《合作协议书》违反《公司法》的相关规定以及《合作协议书》签约各方无房地产开发资质而主张其无效，缺乏事实及法律依据，对其主张本院不予支持。《合作协议书》属各方当事人真实意思表示，不违反法律法规的强制性规定，该协议应为有效。

中岱集团公司、中岱电讯公司、中珊公司提供的《合作合同书》载明该《合作合同书》系《合作协议书》签订后达宝公司又与中珊公司股东夏乘风、苏雄所签订，且《合作合同书》中载明该合同签订之日《合作协议书》自动失效。因《合作合同书》中载明的当事人达宝公司否认该合同书的真实性，且主张该合同书系申诉人利用《合作协议书》的相关签约文件变造而成，故该《合作合同书》系真伪不明。达宝公司要使其签订的《合作协议书》失效或者解除《合作协议书》，应当向《合作协议书》的当事人作出表示，但夏乘风、苏雄并不是《合作协议书》的当事人，所以即使《合作合同书》真实有效，该合同中有关《合作协议书》自动失效的约定也不能发生《合作协议书》解除的效果。

申诉人主张《合作合同书》解除了《合作协议书》,不能成立,本院对其主张不予支持。达宝公司没有依据《合作合同书》向申诉人主张权利,该合同书是否真实及其是否实际履行也属另外的问题,与本案无关,本院对《合作合同书》不予审理。

《合作协议书》约定达宝公司向中岱电讯公司支付的股权首期受让款3000万元用于支付涉诉地块的土地出让金。中珊公司认可其实际收取了3000万元款项,并用于协议约定的用途。中岱集团公司于2006年6月9日作出的《承诺函》表明达宝公司与中岱电讯公司合作经营中珊公司,且达宝公司已交付土地出让金3000万元。中岱电讯公司也并未主张该3000万元用于缴纳土地出让金违反《合作协议书》约定的该笔款项的用途,故应当认定达宝公司已向中岱电讯公司支付了股权首期受让款3000万元。申诉人主张达宝公司没有向中岱电讯公司支付股权转让款,难以成立,本院不予支持。达宝公司主张其已支付《合作协议书》中约定的股权首期受让款3000万元,本院予以确认。

达宝公司与中岱电讯公司在《合作协议书》中约定如果双方未能在该协议签订后三个月内就涉诉土地的合作事宜正式签订协议,达宝公司有权退出合作。2005年12月广州国土局解除了与夏乘风、苏雄签订的土地使用权出让合同,之后中珊公司也未实际取得涉诉土地的使用权,达宝公司与中岱电讯公司也未就涉诉土地的合作事宜签订协议,故达宝公司退出合作符合双方约定。2006年2月23日达宝公司向中岱电讯公司、中珊公司发函要求终止与该两公司的合作,并无不当。《合作协议书》虽约定达宝公司退出合作后中岱电讯公司应以5285万元买回达宝公司持有的中珊公司10%的股权,但是该约定的前提是达宝公司之前应将其受让股权的4931万元款项向中岱电讯公司付清。本案中达宝公司并未将4931万元股权转让款向中岱电讯公司付清,而是仅支付了3000万元,所以达宝公司主张中岱电讯公司应以5285万元买回中岱电讯公司出让给达宝公司的股权,缺乏事实基础,本院不予采纳。二审判决以达宝公司已付3000万元所占应付款4931万元的比例认定中岱电讯公司在达宝公司退出合作后应返还其3215.3721万元,理由并不充分,本院予以纠正。

《合作协议书》约定的每天按0.2%计算违约金的标准,是对中岱电讯公司应以5285万元向达宝公司买回涉诉股权这一义务而设定,因中岱电讯公司以5285万元买回该股权这一条件并未成就,故不能适用该每天0.2%的违约金标准来计算中岱电讯公司的违约责任。达宝公司将以该标准计算出的违约金数额作为其主张的参照标准,缺乏法律依据,本院亦不予采纳。二审判决以3215.3721万元为本金按照每天0.2%计算出的违约金作为达宝公司损失的参照,有失妥当,本院予以纠正。达宝公司主张其退出合作时损失为2285万元,缺乏事实依据,本院不予支持。2006年2月23日达宝公司退出合作后,《合作协议书》无法继续履行,达宝公司也主张该协议解除,故本院对该协议已经解除予以确认。《合作协议书》解除后,中岱电讯公司应当返还达宝公司支付的3000万元股权转让款,中岱电讯公司至今未返还达宝公司支付的该笔款项,应当赔偿达宝公司因此受到的损失,该损失应自2006年2月24日起按照中国人民银行同期贷款利率计算。

达宝公司2006年2月23日向中岱集团公司发函要求退出合作后,中岱集团公司于2006年6月9日向达宝公司出具《承诺函》同意偿还达宝公司已交付的3000万元款项,该《承诺函》的效力与是否存在《合作合同书》无关。达宝公司接受该《承诺函》后未表示异议,中岱集团公司即应受该《承诺函》约束。中岱集团公司提出其不应向达宝公司承担清偿责任的主张与《承诺函》不符,对其主张本院不予支持,中岱集团公司应当为中岱电讯公司向达宝公司承担连带清偿责任。中珊公司在《合作协议书》中承诺为中岱电讯公司的义务和责任提供担保并承担连带责任,达宝公司退出合作后,中珊公司仍应为中岱电讯公司的返还义务承担连带责任。中岱集团公司对广东省高级人民法院裁定书驳回其再审申请提出异议,因本案已由本院提审,本院对中岱集团公司提出的异议不再考虑。

综上,《合作协议书》有效,达宝公司履行了该协议中约定的3000万元的付款义务。达宝公司退出合作后该协议解除,中岱电讯公司应当返还达宝公司支付的3000万元款项,并应当支付未及时返还时给达宝公司造成的利息损失。达宝公司主张《合作协议书》解除,请求中岱电讯公司返还3000万元款项及相应利息,本院予以支持。达宝公司请求中岱电讯公司支付2285万元的损失赔偿及相应利息,难以成立,本院不予支持。中岱集团公司、中珊公司应为中岱电讯公司的返还义务承担连带清偿责任。一、二审判决认定事实基本清楚,但适用法律错误,本院予以纠正。

金讼圈提示

一、本案原告采取放弃按合同明确约定的计算方式主张违约金,而是以回购价格差款计算预期利益主张损失赔偿的诉讼策略,确实值得商榷。

二、笔者认为,被告方不能按照股权转让协议交付标的股权,已经构成了根本性违约,是应该承担违约责任的。但可惜再审法院好像忽视了这点。

三、根据一审法院查明:合同实际上有"任何一方未能全面履行该协议,违约方应承担违约责任。违约方除须赔偿中珊公司损失外,还须向其他股东支付违约金,违约金额按违约金额每天0.2%计算"的约定,但好像再审法院也忽视了。结合第二点提示,如果原告诉请是要求按照这条支付违约金,则法院无论如何都应该支持的,至多只能根据被告方违约金过高的主张进行适度调整,但也不至于落得这样的再审结果。

四、对于再审新证据《合作合同书》的诡异出现,及再审法院智慧地认定真伪不明并不予审理。笔者认为,该证据的出现,客观上应该有利案件启动再审。如果按照原告说法,是利用预留合同签署页伪造的,则该案提示我们:预留合同签署页风险还是巨大的。

038 "名义股东"对虚假出资是否需要承担责任?

案例索引

最高人民法院于2014年4月9日作出的(2014)民二终字第22号二审民事判决书。

交易结构图

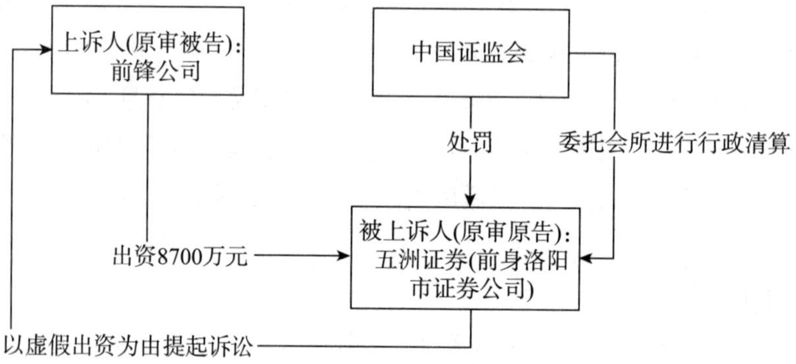

金讼圈导读

一、本案例是关于虚假出资的经典案例,证券公司破产清算发现十年前股东虚假出资后提起诉讼;被告股东抗辩理由选择不当,反帮法官找到判决其败诉理由。

二、本案例的难点:股东利用他人资金,通过复杂的金融手段频繁划转资金,该资金汇入了验资账户但随后即流出,但该资金没有直接回流到股东账户,是否足以证明该股东并未真实出资?

裁判规则

一、在验资期间，股东利用他人资金通过复杂的金融手段频繁划转资金，该资金汇入了验资账户但随后即流出，虽然该资金没有直接回流到股东账户，但该事实足以证明该股东并未真实出资。

二、公司要求股东履行出资义务，是按出资协议约定提起的合同之诉，与股东在未实际出资问题上是否存在过错没有关系。

三、股东认为是因他人的过错造成其未履行出资义务，可依法另行向其主张权利，但不影响出资合同之诉。

四、股东抗辩主张替他人代为持股是名义股东，足以证明其对不履行真实出资义务等事实是知悉或者说是放任的，故对其以不存在过错为由要求免除责任的主张，法院不予支持。

案情介绍

上诉人（原审被告）：成都前锋电子股份有限公司。

被上诉人（原审原告）：五洲证券有限公司。

上诉人成都前锋电子股份有限公司（以下简称前锋公司）为与被上诉人五洲证券有限公司（以下简称五洲证券）缴纳出资纠纷一案，不服河南省高级人民法院（2011）豫法民二初字第7号民事判决，向本院提起上诉。本院依法组成由审判员刘敏担任审判长，代理审判员赵柯、郁琳参加的合议庭进行了审理。书记员孙亚菲担任记录。本案现已审理终结。

五洲证券的前身为洛阳市证券公司。根据中国证监会2003年11月27日证监机构字〔2003〕239号《关于同意洛阳市证券公司调整增资扩股方案、更名并迁址的批复》及2004年8月10日〔2004〕90号《关于同意洛阳市证券公司调整增资扩股方案的批复》，洛阳市证券公司注册资本由原来的1000万元增至5.12亿元，更名为五洲证券，并将总部设在深圳；包括前锋公司在内的11家单位被核准了五洲证券的股东资格及出资额，其中核准新增加股东前锋公司的出资额为人民币8700万元。

2005年1月13日，河南证监局向五洲证券派出工作组，对该公司展开调查，并于2005年6月3日作出豫证监发〔2005〕153号《关于五洲证券有限公司有关问题和目前状况的调查报告》。

2005年6月16日，中国证监会以五洲证券在证券交易中有严重违法行为，不再具备经营资格为由，取消了其证券业务许可并责令其关闭。

2005年6月17日,中国证监会委托北京中兴宇会计师事务所有限责任公司成立五洲证券(行政)清算组对五洲证券进行行政清算。该公司于2005年7月26日出具了《关于五洲证券有限公司增资情况的专项审计报告》。结合河南证监局作出的豫证监发〔2005〕153号调查报告和北京中兴宇会计师事务所有限责任公司出具的审计报告,可以明确以下内容:2004年2月,五洲证券因增资扩股需要,分别在广东发展银行深圳福田支行开立了102061591010000026账户(以下简称广发福田026户),在深圳发展银行布吉支行开立了11004738572501账户(以下简称深布吉2501户),用于收取新增股东出资款。其中,前锋公司在2004年3月3日和2004年3月5日分别汇入广发福田026户770万元和7930万元,共计8700万元。随后该资金同广发福田026户的其他资金于2004年3月5日流出广发福田026户。截至2004年3月16日(验资日)止,五洲证券在广东发展银行深圳福田支行及深圳发展银行布吉支行开立的广发福田026户和深布吉2501户两个账户的资金余额均为零。另经对增资过程进行调查发现,包括前锋公司在内的8家新增股东的应缴出资款,均是利用金正科技股份有限公司及李结义、杜宣等6人的共计1亿元的资金,在验资期间由五洲证券与广东发展银行深圳福田支行及深圳发展银行布吉支行进行配合,通过复杂的金融手段频繁划转资金虚构而来。且上述资金最终于2004年3月16日(验资日)返还给李结义及金正科技股份有限公司。因此,包括前锋公司在内的8家新增股东在五洲证券的增资过程中,没有如实缴付出资款,构成了虚假出资。

2006年9月4日,洛阳市中级人民法院裁定宣告五洲证券破产还债。2009年1月12日,洛阳市中级人民法院指定五洲证券破产清算组为五洲证券破产管理人。

2010年12月27日,五洲证券以前锋公司没有如实缴纳出资款,构成虚假出资为由,向河南省高级人民法院提起诉讼,请求:判定前锋公司履行8700万元的出资义务及支付相应利息并承担本案全部诉讼费用。

前锋公司辩称其仅为名义股东(正是被告的这一抗辩理由,在二审被最高人民法院抓住不放,成为二审维持本判决的关键)。

裁判结果

一审法院(河南省高级人民法院)判决:前锋公司于判决生效后30日内向五洲证券支付人民币8700万元及相应利息(利息按中国人民银行同期同类贷款基准利率从2004年3月16日起计算至判决确定的履行期限届满之日止)。

二审法院(最高人民法院)判决:驳回上诉,维持原判。

法院观点

根据当事人的上诉、答辩情况，本案二审争议的焦点问题是：前锋公司应否向五洲证券履行 8700 万元的出资义务及支付相应利息。

前锋公司认为，其已通过自己账户将 8700 万元汇入五洲证券开设的验资账户并经验资报告确认，已经实际履行出资义务，无须再次缴纳出资。根据河南证监局作出的豫证监发〔2005〕153 号调查报告和北京中兴宇会计师事务所有限责任公司出具的审计报告所确认的事实，前锋公司在内的 8 家新增股东的应缴出资款，均是利用金正科技股份有限公司及李结义、杜宣等 6 人的共计 1 亿元的资金，在验资期间由五洲证券与广东发展银行深圳福田支行及深圳发展银行布吉支行进行配合，通过复杂的金融手段频繁划转资金虚构而来，上述资金最终于 2004 年 3 月 16 日（验资日）返还给李结义及金正科技股份有限公司。其中，前锋公司虽于 2004 年 3 月 3 日和 2004 年 3 月 5 日分别汇入广发福田 026 户 770 万元和 7930 万元，但随后该资金同广发福田 026 户的其他资金于 2004 年 3 月 5 日流出广发福田 026 户。截至 2004 年 3 月 16 日（验资日）止，五洲证券在广东发展银行深圳福田支行及深圳发展银行布吉支行开立的广发福田 026 户和深布吉 2501 户两个账户的资金余额均为零。可见，前锋公司并未真实履行出资义务，五洲公司可以根据《公司法规定（三）》第 13 条关于“股东未履行或未全面履行出资义务，公司或者其他股东请求其向公司依法全面履行出资义务的，人民法院应予支持”之规定，请求前锋公司全面履行出资义务。前锋公司认为，其对出资款从验资账户转走毫不知情，更没有参与，且验资账户上转出的出资款并未转回到其账户，不应承担任何责任。在案事实虽无直接证据证明前锋公司与验资款项被转走存在直接关系，但从前锋公司所主张的代山东鑫融公司持股的事实来看，前锋公司提供名义代替山东鑫融公司出资，并且明确知道无须缴纳出资即替山东鑫融公司代为持股，这足以证明前锋公司对不履行真实出资义务等事实是知悉或者说是放任的，前锋公司认为其对出资款转走不存在过错的抗辩与事实不符，故对其以不存在过错为由要求免除责任的主张，本院不予支持。至于验资账户上的出资款被转至何处，不能改变五洲证券账户上的资金在验资日前为零的事实，并不影响对前锋公司并未真实履行出资义务的认定，故前锋公司要求以验资账户上转出的出资款并未转回到其账户为由免除责任的主张亦不能得到支持。此外，《民事诉讼法》第 13 条第 2 款规定，当事人有权在法律规定的范围内处分自己的民事权利和诉讼权利。本案是五洲证券提起的股东缴纳出资纠纷，其有权决定是否同时起诉广东发展银行股份有限公司深圳福田支行，故原审法院准予五洲证券撤回对广东发展银行股份有限公司深圳福田支行的起诉并无不当,本院予以支持。

金讼圈提示

本案例的亮点为:被告股东本来以名义股东、代替他人持股为由来抗辩主张其不知情、没有过错,结果反被最高人民法院法官认为这恰恰是证明被告股东对虚假出资存在放纵和过错的重要判决理由。看来,本案诉讼策略失误的教训真的不是一点点。

第五章　股权激励篇

039　对员工的激励型股权赠与可否行使撤销赠与?

案例索引

最高人民法院于2009年7月27日作出的(2009)民二终字第43号二审民事判决书。

交易结构图

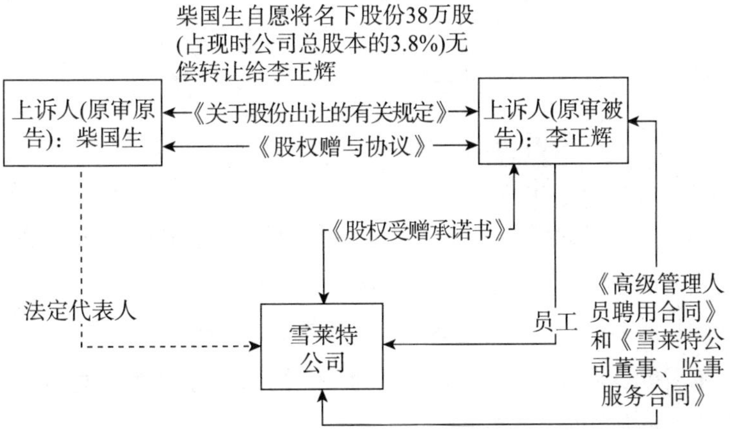

金讼圈导读

一、本案是最高人民法院审理的一起赠与型股权激励退出结算典型纠纷案例。最高人民法院就附条件赠与型股权激励法律关系判定的标准、撤销赠与的范围和原则、激励股份价值判定给予了明确意见，值得参考借鉴。

二、本案最大亮点在于员工主动提前离职4个月，服务期限不满股权激励要求的五年，导致退还348, 259股（按每股20元计算）并巨额赔偿的后果（合计约2700万元，平均每天约为22.5万元）。文末金讼圈提示有得失评论。

裁判规则

一、公司股东将部分股份无偿转让给员工，但员工应在公司服务一定年限，即双方建立了附条件的股权赠与法律关系。

二、鉴于员工不能提供证据证明其向股东支付过股权转让款，员工以公司《招股说明书》等对外信息披露文件为依据主张系有偿转让股权关系的主张难以成立。

三、受赠人有不履行赠与合同约定义务情形的，赠与人可以撤销赠与，但由于员工已经履行了赠与所附条件约定的大部分服务时间之义务，其请求撤销全部赠与的主张，法院不予支持；对员工服务时间未满足部分对应的股权，法院准许其撤销赠与。

四、按照一般的经济生活习惯，在公司未上市时，公司净资产价值是公司股权价格的最直接参考标准；在公司上市以后，公司股票市值是公司股权价格的最直接参考标准。

五、承诺书中"受赠股份已经上市流通"系指公司股份上市流通，非指其所持有的受赠股份可以在证券市场上正常交易和转让。

六、股权赠与关系涉及的公司在员工辞职时已经上市，法院可以员工离职时公司股票收盘价为依据判决确定赔偿具体数额。

案情介绍

上诉人（原审原告）：柴国生。

上诉人（原审被告）：李正辉。

上诉人柴国生、李正辉因股权转让纠纷一案，不服广东省高级人民法院（2007）粤高法民二初字第30号民事判决，向本院提起上诉。

2000年8月31日，李正辉通过南海市人才交流服务中心调入南海市华星光电实业有限公司（尔后变更名称为广东华星光电有限公司、广东雪莱特光电科技股份有限公司，以下均简称雪莱特公司）工作。

2002年10月30日，雪莱特公司法定代表人柴国生与李正辉签订一份《关于股份出让的有关规定》，内容为：鉴于李正辉先生在公司工作的重要性及未来发展需要，公司董事长柴国生先生自愿将名下股份38万股（占现时公司总股本的3.8%）无偿转让给李正辉先生，股份的权益和责任规定如下：一、股份权益的享用从2003年1月1日生效。享受和其他股东同样的分配权益并承担相应风险责任。二、无论股票上市与否,李正辉从持有股票之日起,在公司服务时间不能少于5年,即2003年1月1日至2006年12月31日。若中途退出,无论公司市值多少,一律按原值38万元计算:以原值38万元除以服务年限支付股权。服务满5年后,其股票可按公司的实有资产(不包括无形资产)转让,或上市出售,公司有优先购买权。三、作为股东,必须以公司利益为最高利益,一旦出卖公司利益或违反保密条例,经董事会讨论,将丧失股权,并承担相应的经济、法律责任。四、作为股东,非公司允许,不得从事、兼职其他任何职业、职务;违反规定将承担由此造成的损失及赔偿。

2003年1月14日,雪莱特公司召开董事会通过决议,内容为:吸收李正辉为该公司股东;由柴国生拿出自己股份的3.8%给李正辉享有,作为李正辉2年多来的成绩肯定。李正辉参加了会议并在会议决议上签字确认。

2003年4月1日,雪莱特公司向其登记机关广东省工商行政管理局申报增加李正辉为该公司股东。申报提交的文件有:1. 2003年4月1日该公司全体股东通过的《股东会议决议》,内容为:增加李正辉为该公司股东,并且受让股东柴国生转让的106.6万元作为出资额,占本公司总注册资本的3.8%。2. 该公司全体股东签署的《公司章程修正案》,内容为对公司章程第三章第九条股东人数由7人增加李正辉后为8人;柴国生出资额由2083.2万元变更为1976万元;占公司注册资本由74.4%变更为占70.6%,李正辉出资106.6万元,占公司注册资本的3.8%。其余股东出资额和占公司注资本不变。3. 柴国生和李正辉于2003年4月1日签订的《股权转让协议》。内容为:柴国生原来拥有的公司74.4%(股金2083.2万元),现转让3.8%的股权(股金106.4万元)由李正辉受让,其他股东的出资额及比例都不变;李正辉必须于2003年4月30日前将购买股权的款项全部付清给柴国生。该公司的全体股东都在协议书签字进行了确认。上述增加李正辉为公司股东的事宜,雪莱特公司办理了工商变更登记手续,并在其《股东名册》作了记载。

2003年12月26日,雪莱特公司召开董事会,通过该公司年终按1000万元利润对股东进行分配。李正辉参加了会议并在会议决议上签字确认。

2004年1月3日,李正辉从雪莱特公司领取了2003年股东分红款38万元。

2004年7月15日,柴国生与李正辉又签订一份《股权赠与协议》,内容为:1. 截至本协议签署之时,甲方合法持有雪莱特公司70.6%的股权。2. 甲方将其合法持有的公司0.70%的股权赠与乙方,乙方接受该等股权赠与。3. 本次股权赠与的相关手续,依据相关法律法规办理。4. 本协议自甲、乙双方签署之日起生效。

同一日,李正辉签署一份《股权受赠承诺书》给雪莱特公司。内容为:“鉴于柴国生拟将其合法持有的公司0.70%的股权赠与本人,本人接受该等赠与。为此,本人郑重承诺遵守如下义务:一、自本人作出本承诺之日起五年内,本人如果以任何理由从公司主动离职,则本人应向柴国生先生给予经济赔偿,赔偿金额按以下方法计算:1.本人离职之日,如果受赠股份未上市流通,赔偿金额=受赠股份数×公司最近一期经审计的每股净资产值;2.本人离职之日,如果受赠股份已上市流通,赔偿金额=受赠股份数×离职之日雪莱特公司股票交易收盘价。以上'受赠股份数'指本人接受柴国生先生赠与的股权在雪莱特公司改制为股份公司后形成的股份数(含本人接受赠与至本人从雪莱特公司主动离职之日期间送股及公积金转增股本)。以上'离职之日'由雪莱特公司人力资源部确定。二、本人自离职之日起三年内,不从事与雪莱特公司相同或者相近的业务,以及其他与雪莱特公司构成同业竞争的商业活动。如违反本承诺,则本人将向柴国生先生再给予经济赔偿,赔偿金额的计算方法与本承诺书'一'相同。本条所列的赔偿金额与前条所列的赔偿金额可以同时使用,即如果本人同时存在本承诺书所列的主动离职行为和'二'所列的同业竞争行为,则本人须向柴国生先生作出双倍的赔偿。三、本人承诺严格遵守雪莱特公司的各项规章制度。"

同日,雪莱特公司召开董事会会议并作出决议:1.同意公司股东柴国生与李正辉等14人签署的《股权赠与协议》,同意柴国生按照协议内容将其合法持有的公司部分股权赠与李正辉等14人(其中李正辉受赠和出资比例为0.70%,出资额28万元);2.同意通过公司的《章程修正案》。雪莱特公司对上述柴国生赠与李正辉0.70%股权事宜,办理了工商变更登记。

2004年10月12日,李正辉与雪莱特公司分别签订一份《高级管理人员聘用合同》和《雪莱特公司董事、监事服务合同》,合同约定李正辉是雪莱特公司的董事和副总经理,任期3年。

2006年10月25日,雪莱特公司经有关部门批准在深圳证券交易所上市,股票代码002076。雪莱特公司在2006年10月9日签署的招股说明书及发行公告内容有:柴国生和李正辉等21名自然人为公司发起人。(1)2003年股东股权转让。经公司股东会议同意,2003年4月1日,员工李正辉与股东柴国生签署股权转让协议,李正辉受让柴国生所持有的3.8%的股份成为新股东,股东数变更为8人,并履行了相关的工商变更登记手续;本次股权转让价格为106.4万元,作价依据为当时的注册资本(2800万元×3.8%=106.6万元),股权款全部以现金方式结清,本次股权转让不存在纠纷。(2)2004年更名和增资。2004年4月5日,经股东会议决议,公司名称变更为广东华星光电有限公司,同时注册资本增至4000万元。经佛山市智勤会计师事务所有限公司佛智会证字(2004)第041号《验资报告》审验,本次增资后股东出资情况为:柴国生现金出资2824万元,比例70.60%;李正辉现金出资152万元,比例3.8%。本次增资于2004年4月16日在南海市工商局办理了增资备案登记。(3)2004年7月15日,公司股东会议决议同意,股东柴国生和股东李正辉及其13名员工分别签订赠与协议,柴国生将持有的4.03%股份赠与李正辉及其13名员工,并办理了相关的工商变更手续。

2007年7月25日,李正辉向雪莱特公司领导、董事会递交一份《辞职报告》。内容为:近两年来,由于我心脑及体质方面原因,深感工作力不从心,常彻夜不眠,上班带来的巨大压力,长期得不到排解,身心感到很疲惫,医生要求要尽快减轻工作压力,静养才能缓解。现公司上市对未来的成长提出了更高要求,我深感体能已不能再承担现职务的重任。为了不影响公司目标的实现,本人经过慎重考虑,提出在2007年7月末辞呈的请求,辞去董事及副总经理职务,请领导及相应机构给予尽早批准。

2007年7月27日,雪莱特公司董事会发布第一届董事会第十五次会议决议公告,内容为该公司董事会同日以通讯表决的方式通过《关于公司董事兼副总经理李正辉辞职的议案》;李正辉辞去董事自2007年8月25日向董事会递交辞职报告时生效;李正辉辞去副总经理自决议当日生效。

2007年8月28日,雪莱特公司出具一份《离职证明》,内容为:兹有公司董事、副总经理李正辉先生,因个人身体原因提出辞呈,要求辞去公司董事、副总经理职务。经公司董事会决定,同意公司董事兼副总经理李正辉先生辞去公司一切职务,并于2007年8月28日与李正辉先生正式解除劳动关系。李正辉在《离职证明》上签字确认,并且在雪莱特公司办理了结清工资等离职手续。根据雪莱特公司2007年8月31日的股东名册,李正辉持有雪莱特公司股数6,186,181股,占该公司总股数184,270,676股的3.3571%。

2007年12月21日,佛山市南海区劳动仲裁委员会对李正辉诉雪莱特公司经济补偿和董事津贴争议一案作出南仲案字(2007)632号仲裁裁决书,认定李正辉与雪莱特公司双方解除劳动关系是李正辉单方面提出所致,驳回李正辉的仲裁请求。李正辉不服仲裁向佛山市南海区人民法院起诉。2008年3月11日,佛山市南海区人民法院作出(2008)南民一初字第256－2号裁定,准许李正辉对该案撤回起诉。

2008年2月10日,佛山市南海区人民法院作出(2008)南民二初字第2068号裁定,准许李正辉对其诉雪莱特公司股东权纠纷一案撤回起诉。根据雪莱特公司在中国证券登记结算有限责任公司深圳分公司的交易记录,雪莱特公司于2007年8月28日的股票收盘价为20.05元/股。李正辉所持雪莱特公司0.7%股权现折合股票962,294股。按2007年8月28日雪莱特公司股票的收盘价总计为19,293,994.7元。

另查:李正辉称其是以现金的方式向柴国生支付购买雪莱特公司3.8%的股权价

款106.4万元。柴国生未出具收据。

柴国生向广东省高级人民法院提起诉讼,请求:一、判令李正辉返还其持有的雪莱特公司5,223,886股股票给予柴国生(以2007年9月21日收盘价17.35元/股计算,价值90,634,422.1元);二、判令李正辉赔偿柴国生经济损失19,294,014.75元;三、李正辉承担全部诉讼费用。

最高人民法院二审查明:柴国生主张其向李正辉转让的3.8%雪莱特公司股份,经公司上市及送股后现为5,223,886股。李正辉对该3.8%的股份合股票数5,223,886不持异议。

裁判结果

广东省高级人民法院一审判决:一、驳回柴国生对李正辉返还其持有的雪莱特公司股票5,223,886股的诉讼请求;二、李正辉赔偿柴国生19,294,014.7元。限于该判决生效之日起10日内支付。

最高人民法院二审判决:一、维持广东省高级人民法院(2007)粤高法民二初字第30号民事判决书主文第二项;二、变更上述判决书主文第一项为:李正辉向柴国生退还广东雪莱特光电科技股份有限公司股份348,259股,并于本判决生效之日起10日内协助办理股权过户变更登记手续。

法院观点

一、李正辉从柴国生处获得雪莱特公司3.8%股权的根据以及柴国生是否可以要求返还该部分股权

2002年10月30日,柴国生和李正辉签订了《关于股份出让的有关规定》,约定柴国生将股份无偿转让给李正辉,但李正辉应在雪莱特公司服务五年,即双方通过签订合同建立了附条件的赠与关系。2003年1月14日,雪莱特公司董事会决议载明,由柴国生拿出自己股份3.8%给李正辉享有,作为李正辉2年多来成绩的肯定。上述事实表明,《关于股份出让的有关规定》是双方当事人的真实意思表示,该内容不违反法律法规的禁止性规定,并得到了雪莱特公司的认可,应认定合法有效。

2003年4月1日,雪莱特公司在向广东省工商行政管理局申请办理李正辉为该公司股东时提交了《股东会决议》《公司章程修正案》《股权转让协议》,其中《股权转让协议》载明,柴国生3.8%的股权(股金106.4万元)由李正辉受让,李正辉必须于2003年4月30日前将购买股权的款项全部付清给柴国生。李正辉在一审期间向法庭陈述其向柴国生支付了股权转让款106.4万元,并主张该《股权转让协议》替代了原来的赠与关系,其受让股权是有偿的。由于李正辉在本案诉讼期间并未提交其支付股权转让款的直接证据,根据本案现有证据,其主张向柴国生支付 106.4 万元款项的事实难以认定。2006 年 10 月 25 日,雪莱特公司签署《招股说明书》载明,李正辉受让柴国生持有的 3.8% 股份,股权款全部以现金方式结清等。《招股说明书》虽然有关于股权款全部以现金方式结清的描述,但其系传来证据,在缺乏支付款项证据印证该内容的情况下,不能予以采信。李正辉关于《招股说明书》能够证明其与柴国生之间系有偿转让股权关系的主张难以成立,本院不予支持。鉴于李正辉不能提供证据证明其向柴国生支付过股权转让款,应认定柴国生与李正辉签订的《股权转让协议》未实际履行,李正辉系根据《关于股份出让的有关规定》建立的附条件的赠与法律关系获得雪莱特公司 3.8% 股权。柴国生上诉主张其向李正辉赠与股份的事实成立,本院予以采信。原审判决认为柴国生与李正辉签订《关于股份出让的有关规定》后,未在《股东名册》上登记,属于尚待履行的赠送行为,该认定属于适用法律错误,本院予以纠正。《股东名册》的登记,是获得股权后的股东申请公司为其办理的相关手续之一,李正辉虽未在《股东名册》上作相应登记,但其领取了 2003 年的股东分红,证明其在 2003 年已经具备了股东身份并行使了股东权益。

《关于股份出让的有关规定》载明李正辉自 2003 年 1 月 1 日起在雪莱特公司服务时间需满五年,若中途退出,以原值除以服务年限支付股权。该内容系对李正辉违反赠与所附条件如何处理的约定。上述约定对李正辉提前退出公司应承担违约责任的意思表达是明确的,但"以原值除以服务年限支付股权"的文字表述不清楚,且无法结合协议其他内容推断该文字对违约如何处理的准确意思,而本案双方当事人对此又有不同的解释。上述案件事实表明,《关于股份出让的有关规定》中双方当事人对违反赠与所附条件应承担违约责任的约定明确,但对如何处理约定不明。对柴国生和李正辉关于违约如何处理内容的解读,本院均不予采信。

《合同法》第 192 条规定,受赠人有不履行赠与合同约定义务情形的,赠与人可以撤销赠与。本案中,雪莱特公司决定于 2007 年 8 月 28 日与李正辉正式解除劳动关系时,李正辉依据《关于股份出让的有关规定》自 2003 年 1 月 1 日持股后在雪莱特公司服务了近四年零九个月,尚有四个月的服务时间未满,按每月获赠股份的数额折合可撤销赠与的四个月股份数为 348,259 股(李正辉约定服务时间 5 年为 60 个月,平均每月获赠股份为 $5,223,886 \div 60 = 87,064.77$ 股,四个月对应的股份数额为 $87,064.77 \times 4 = 348,259$ 股),李正辉应退还柴国生。柴国生上诉请求依据合同法可以行使撤销权的观点成立,但由于李正辉已经履行了赠与所附条件约定的大部分服务时间之义务,其请求撤销全部赠与的主张,本院不予支持,对李正辉服务时间未满足部分对应的股权,本院准许其撤销赠与。

二、李正辉签署《股权受赠承诺书》中关于赔偿金额计算条件“受赠股份已经上市流通”的意义以及李正辉应向柴国生赔偿的具体数额

2004年7月15日,柴国生与李正辉签订《股权赠与协议》约定,柴国生向李正辉赠送0.7%的股份,李正辉签署《股份受赠承诺书》承诺:1.本人离职之日,如果受赠股份未上市流通,赔偿金额=受赠股份数×公司最近一期经审计的每股净资产值;2.本人离职之日,如果受赠股份已上市流通,赔偿金额=受赠股份数×离职之日雪莱特公司股票交易收盘价。

双方当事人对该《股权受赠承诺书》约定的其他内容没有异议,对其中关于“受赠股份已经上市流通”的意义以及李正辉应向柴国生赔偿的具体数额存在意见分歧。柴国生主张雪莱特公司股份已经上市流通,应适用《股权受赠承诺书》第2项的约定,李正辉应赔偿柴国生19,294,014.7元。李正辉主张应以离职为时点看待其持有的股份是否可以在证券交易所上市交易和转让,其为公司发起人股东,在离职时公司上市未满一年,依据公司法规定其股份不得转让流通,即使赔偿,也应适用《股权受赠承诺书》第1项的规定,具体赔偿金额为1,678,669.12元。

本院认为,李正辉在签署《股权受赠承诺书》时承诺,如其违约,对受赠股份以每股价值为单位计算向柴国生进行经济赔偿,并载明了股权价值的两种计算方法。按照一般的经济生活习惯,在公司未上市时,公司净资产价值是公司股权价格的最直接参考标准,在公司上市以后,公司股票市值是公司股权价格的最直接参考标准。李正辉在《股权受赠承诺书》中对股权价值的计算方法,符合通常情况下人们对公司股权价格的参考标准,因此,对《股权受赠承诺书》中约定的“受赠股份已经上市流通”解读为系针对公司股份是否上市流通,更为符合经济生活的常理。李正辉上诉主张“受赠股份已经上市流通”系指其所持有的受赠股份可以在证券市场上正常交易和转让,并非指雪莱特公司公开发行的股份在证券交易所上市交易的观点,本院不予采信。柴国生答辩主张“受赠股份已经上市流通”系指公司股份上市流通的观点,本院予以采纳。本案赠与关系涉及的雪莱特公司在李正辉辞职时已经上市,原审法院对柴国生向李正辉赠与的0.7%股份,以公司股票收盘价为依据判决确定赔偿具体数额正确,本院予以维持。

综上,对当事人上诉争议的两个焦点问题,本院认为,柴国生和李正辉之间关于3.8%和0.7%雪莱特公司股份的约定及李正辉签署的《股权受赠承诺书》,建立了附条件的赠与民事法律关系,该民事法律关系是双方当事人的真实意思表示,不违反法律、法规的禁止性规定,合法有效。根据《合同法》第192条和当事人之间的约定,李正辉未完全履行赠与所附条件,应相应退还柴国生所赠雪莱特公司的股份及按其承诺对柴国生作出经济赔偿，应退还的股份数为 348,259 股，应赔偿金额为 19,294,014.7 元。

金讼圈提示

尽管本案股权赠与方公司股东彻底胜诉，但如果从防范法律风险及诉讼风险的角度评判，得与失至少有如下几点：

得一：在《关于股份出让的有关规定》中明确了“无偿转让”，为法院最终认定为赠与关系奠定了基础。

得二：让员工签署了《股权受赠承诺书》，明确了服务期限及竞业限制等赠与条件，同时约定了主动离职、严重违纪或侵犯公司利益及离职后同业竞争等情形应向赠与人赔偿及赔偿计算。

得三：员工离职手续做得非常漂亮，锁定了员工“未满服务年限主动离职”的违约事实证据。

失一：为了满足办理工商变更备案需要，形成的股东会决议及股权转让协议是以转让的形式操作的，而且还约定了股权转让款，没有事后由受赠与方员工签字确认“本次股权受让实为赠与，以上资料仅供工商备案之用”，由此引发标的股权是“有价转让关系”还是“无价赠与关系”之争。

失二：《股权受赠承诺书》中，关于赔偿计算方法之二，“如果受赠股份已上市流通”含义不明确，引发争议。笔者个人认为：最高人民法院关于“受赠股份已经上市流通系指公司股份上市流通，非指其所持有的受赠股份可以在证券市场上正常交易和转让”的判断还是很难令人信服的，至少在字面上解释不通，因为毕竟“受赠股份”≠“公司股份”。

失三：当然，被激励员工主动离职没有坚守最后四个月，导致损失约 2700 万元，也是令人叹息！

040 仅享分红权的虚拟股权激励，员工具有股东资格吗？

案例索引

上海市第一中级人民法院于 2014 年 10 月 16 日作出的（2014）沪一中民四（商）

终字第1506号二审民事判决书。

交易结构图

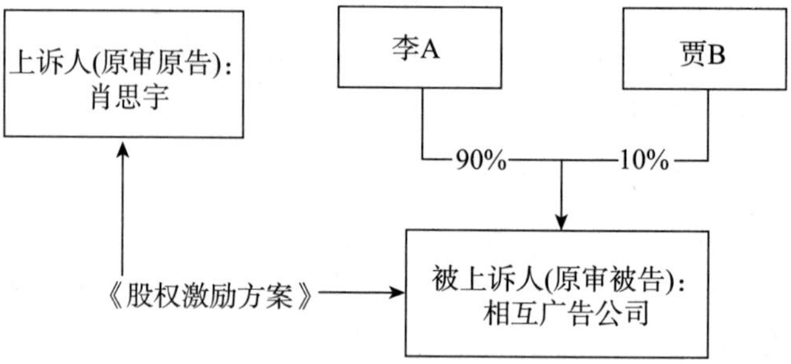

金讼圈导读

本案是对关于虚拟股权激励法律关系定性的典型案例。上海市中级人民法院对股权激励的法律关系本质、虚拟股权不具有股东资格等问题进行了论证和说明,非常值得在诉讼实务中借鉴。

裁判规则

一、股权激励法律关系本质是公司股东与员工之间附条件的股权转让或增资扩股,是股东对股权或股权红利的处置行为,股权及股权红利的赋予义务主体不是公司。

二、仅享有分红权的虚拟股权的受激励员工不具有公司股东资格,与公司之间仍只是劳动法律关系,有关争议应属劳动增益纠纷。

三、公司盈余分配请求权是具有公司股东资格和地位的股东依法享有请求公司按照自己的持股比例向其分配红利的权利,非股东身份不能主张公司盈余分配请求权。

案情介绍

上诉人(原审原告):肖思宇。

被上诉人(原审被告):上海市相互广告有限公司。

上诉人肖思宇为与被上诉人上海市相互广告有限公司(以下简称相互广告公司)公司盈余分配纠纷一案,不服上海市松江区人民法院(2014)松民二(商)初字第783号民事判决,向本院提起上诉。

相互广告公司于2009年7月9日成立,股东为李A与贾B,分别享有90%和10%的股权。

2011 年 3 月 3 日，广东品然律师事务所指派林 C、吴 D 对肖思宇与相互广告公司股东李 A 及案外人周 E、白 F 签订过程进行了见证，在见证书上载明，律师分别核对了四方当事人身份，并询问了四方对《上海市相互广告有限公司股权激励方案》（以下简称股权激励方案）内容理解情况，四方均表示已明确理解，并为各自真实意思表示。

2011 年 6 月 16 日，李 A、肖思宇、周 E、白 F 在广东品然律师事务所签订了股权激励方案。股权激励方案载明：……3. 本激励方案自 2011 年 1 月 1 日开始实施。4. 本股权激励方案相关人员包括创始人李 A，首批激励人员：肖思宇及周 E、白 F。5. 每个激励人员可享有 2011 年至 2012 年两个会计年度内 5% 公司股权对应的分红权。根据两个会计年度内获得的股权红利总额来认购公司 5% 的股权，红利总额大于所认购股权价格的，多出红利退还激励人员；反之，激励人员出资补足。6. 经协商一致，公司股权总价人民币（以下币种均为人民币）100 万元，激励人员的出资额按其个人所能认购的股权比例计算。7. 激励人员可自主决定是否将个人每个会计年度结束后所获得的股权红利用于认购公司股权，如决定不认购公司股权的，则将股权红利退还给激励人员。8. 激励人员发生下列情况之一的，丧失当年分红权资格及后续认购公司股权的权利：……（4）未经公司批准，利用职务的便利，自己经营或为他人经营与本公司同类的业务。9. 股权激励所涉的股权转让实施，直接通过股权转让协议的方式具体落实，不另行变更公司工商登记信息。10. 公司章程、公司股东名册或公司登记机关登记的内容，与基于本激励方案所签订的股东协议内容有冲突或不一致的，以股东协议的约定为准。11. 激励人员完成对公司股权的认购后，正式成为公司股东，享有股东权利。……13. 本激励方案实施之日起，李 A、贾 B、肖思宇、周 E、白 F 等人员为首届董事会成员，其中李 A 任董事长。股权激励方案还对其他相关事项进行了约定。

另查明，2013 年 3 月 14 日，经黄浦区劳动人事争议仲裁委员会调解，肖思宇与相互广告公司达成协议：相互广告公司支付肖思宇 30,926 元（税后），肖思宇放弃其他仲裁请求，双方无其他劳动争议。双方间劳动关系解除。

肖思宇于 2014 年 3 月 12 日诉至原审法院，请求判令：1. 相互广告公司支付肖思宇 2011 年会计年度内 5% 股权对应的分红 10 万元及其三年来未分红产生的利息 73,800 元；2. 相互广告公司支付肖思宇 2012 年会计年度内红利 15 万元及其两年来产生的利息 73,800 元；3. 相互广告公司支付肖思宇 2013 年会计年度内应分红利 20 万元。

审理中，肖思宇明确，2011 年分红额根据 2012 年 1 月 18 日董事会决议为 100 万元，另留存 65 万元作为发展基金，各方股东还口头协议分配 35 万元给隐名股东，故分红额合计为 200 万元，肖思宇 5% 股权对应 10 万元分红；2012 年及 2013 年的分红额根据相互广告公司之前利润情况及公司营业发展、利润逐年递增比例推算。

裁判结果

一审法院判决：驳回肖思宇的全部诉讼请求。

肖思宇不服，提起上诉。二审法院判决：驳回上诉，维持原判。

法院观点

本案二审的争议在于，一、肖思宇是否具备相互广告公司的股东身份，享有公司盈余分配权；二、股权激励方案是否能代表相互广告公司的真实意思表示。

关于第一个争议，本院认为，公司盈余分配请求权是具有公司股东资格和地位的股东依法享有请求公司按照自己的持股比例向其分配红利的权利。肖思宇在原审中是以其作为相互广告公司的股东身份提起本案诉讼的，但本院注意到，股权激励方案对于肖思宇如何才具备股东身份是有明确约定的，即股权激励方案关于股权认购计划中第7条及第11条，也就是说，肖思宇对于2011年及2012年度内获得的股权红利有两种选择，第一种即以该股权红利认购股权后成为公司股东，第二种是不认购股权而直接领取红利。在二审庭审中，肖思宇已明确其选择的是第二种方式，由此说明肖思宇自始就不具备相互广告公司的股东身份，而本案显然也并非公司法意义上的公司盈余分配纠纷，因此，肖思宇以其作为相互广告公司的股东主张公司盈余分配，本院不予支持。

关于第二个争议，股权激励方案上没有相互广告公司的盖章确认，肖思宇主张李A作为公司的大股东及实际控制人在股权激励方案中的签字即代表相互广告公司，因此，该股权激励方案对相互广告公司有约束力。对此，本院认为，首先，股权激励方案中涉及的是相互广告公司的股权及股权红利，而股权及股权红利的拥有者和有权处分者是公司的股东而非公司，因此本院无法推断出股权激励方案是以公司名义形成的；其次，在股权激励方案中关于李A的身份是明确的，李A是作为相互广告公司创始人股东参与的，并非以公司名义参与的；最后，股权激励方案的概述亦明确该方案经肖思宇等参与激励人员与创始人股东李A签字确认，即可作为各自所签订的股权转让协议的补充文件，对股权转让协议存争议之处起解释作用，由此可见，此方案约束的是股东对股权或股权红利的处置行为，而不是公司的行为。原审法院对此认定并无不当，本院依法予以维持。

当然，本院也不应否认股权激励方案签订各方当事人的真实意思表示，肖思宇可依股权激励方案的约定向相关人员主张权利。

金讼圈提示

“对股权激励法律关系本质及股东资格确认条件认识不到位”应该是原告败诉的主要原因。因此，诉前准确把握各方交易主体之间的法律关系及权利义务，对确定诉讼策略方案是非常重要的。

041　外汇登记是 VIE 架构下股票期权行权的前置条件吗？

案例索引

最高人民法院于 2013 年 6 月 21 日作出的关于搜房控股有限公司与被申请人孙宝云合同纠纷的(2013)民申字第 739 号再审民事裁定书。

交易结构图

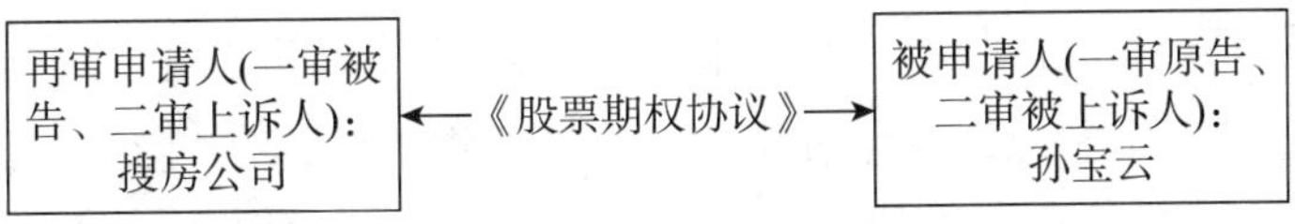

金讼圈导读

本案是最高人民法院关于 VIE 架构下股票期权协议条款约定不当导致员工离职继续享有股票期权要求强制行权的经典案例，涉及涉外案件准据法适用、外汇制度、劳动用工、证券上市、股票期权行权等法律问题。

裁判规则

一、基于《股票期权协议》而产生的合同关系发生于《中华人民共和国涉外民事关系法律适用法》(以下简称《涉外民事关系法律适用法》)实施之前，应当适用行为发生时的法律确定合同准据法。

二、当事人在该协议中没有约定处理争议所适用的法律，而协议签订地、被授予股票期权住所地及其为获得股票期权提供劳动服务的地点均位于中华人民共和国境内，法院可认定与协议具有最密切联系的国家法律为中华人民共和国法律。

三、纠纷涉及的是合同履行争议，不是物权纠纷中的有价证券权利争议，因此不应适用《涉外民事关系法律适用法》第39条物权冲突规范的规定。

四、我国境内居民取得境外特殊目的公司的股权，应在办理完股权转让手续后再办理相应的外汇登记手续，但外汇管理制度不能成为不具有法院判决强制履行性的理由。

五、除非《股票期权协议》有特别明确约定，员工离职签订《离职协议》又没有涉及股票期权协议是否终止条款的，并不必然导致其股票期权失效。

案情介绍

再审申请人（一审被告、二审上诉人）：搜房控股有限公司（SouFun Holdings Limited）。

被申请人（一审原告、二审被上诉人）：孙宝云。

再审申请人搜房控股有限公司（以下简称搜房公司）因与被申请人孙宝云合同纠纷一案，不服北京市高级人民法院于2012年10月29日作出的（2012）高民终字第1879号民事判决，向本院申请再审。搜房公司申请再审称：

（一）尽管孙宝云起诉时《涉外民事关系法律适用法》尚未实施，但根据《最高人民法院关于认真学习贯彻执行〈中华人民共和国涉外民事关系法律适用法〉的通知》第3条的规定，如果行为发生时相关法律没有规定的，可以参照《涉外民事关系法律适用法》的规定。本案系有价证券纠纷，搜房公司是在美国纽约证券交易所挂牌的上市公司，孙宝云欲实现的股票期权必须根据美国纽约证券交易所的上市规则进行登记、增发和披露，即有价证券实现地在美国。因此，应当参照《涉外民事关系法律适用法》第39条的规定适用美国法律审理本案。即使适用《民法通则》的规定，合同履行地和有价证券权利实现地在美国，根据最密切联系原则，本案也应当适用美国法律。

（二）一、二审判决对基本事实的认定存在诸多错误，缺乏证据证明。第一，一、二审判决对于《股票期权协议》文义的理解根本错误。案涉《股票期权协议》第二部分总则第3条规定，当受让人与公司的雇佣关系终止时，“所授予的股票期权在雇佣关系终止日起的30天后终止，股票期权中尚不能行使的部分失效”。即离职员工股票期权失效，同时考虑到公司未上市、外汇管制、政策限制等情况，员工离职时股票期权尚不能行使的部分失效。孙宝云与搜房媒体技术（北京）有限公司（以下简称搜房北京公司)的雇佣关系于2009年7月1日终止,而搜房公司于2009年7月31日还未上市,孙宝云主张的股票期权由于在2009年7月31日前尚不能行使,因此股票期权全部失效。二审法院认为只要员工在雇佣关系终止日起30日内主张权利,股票期权便不失效,对协议的文义理解错误。第二,《离职协议书》约定:"在协议生效后,双方权利义务终止,除违反本协议的行为外,任何一方不得通过任何途径向对方主张任何权利",是对孙宝云在《股票期权协议》项下股票期权已经失效的确认。股票期权是劳动及人事关系中的一部分,孙宝云受雇于搜房北京公司,如果《离职协议书》仅解决除股票期权以外的劳动人事关系,搜房公司没有必要在协议书上盖章。一、二审判决关于《离职协议书》不处理股票期权关系的认定是错误的。第三,莫天全从未认可孙宝云股票期权仍然有效并有权行权,仅表示会考虑孙宝云的要求,且莫天全并非搜房公司的法定代表人,不能代表搜房公司的意思表示。

(三)一、二审判决搜房公司给付孙宝云股票不当。即便孙宝云的股票期权未失效,《股票期权协议》也不具有可强制履行性。第一,孙宝云于2009年7月离职时,搜房公司未上市,根据国家外汇管理局《关于境内居民通过境外特殊目的公司融资及返程投资外汇管理有关问题的通知》的规定,孙宝云不属于"以其持有的境内企业资产或者权益在境外进行股权融资"的境内居民自然人,不能通过合法途径成为特殊目的公司即搜房公司的股东。第二,2010年9月,搜房公司上市,孙宝云已经离职并签署《离职协议书》。国家外汇管理局《境内个人参与境外上市公司员工持股计划和认股股票期权计划等外汇管理操作规程》以及国家外汇管理局《关于境内个人参与境外上市公司股权激励计划外汇管理有关问题的通知》均要求个人通过所属境内公司集中委托境内代理机构办理所涉外汇登记、账户开立及资金划转与汇兑等事项,并应由境外机构统一负责办理个人行权、购买与出售对应股票或权益以及相应资金划转等事项。所属境内机构须出具个人与境内公司劳动关系属实的承诺函,即必须是个人在行使股票期权时与境内公司存在劳动关系。由于孙宝云已与搜房北京公司终止劳动关系,无法通过搜房北京公司向外汇管理部门申请行使股票期权,搜房公司也没有预留55,000股的股票用于孙宝云将来的行权。本案《股票期权协议》在事实上和法律上无法强制履行,判决也无法得到执行。根据《民事诉讼法》第200条第2项和第6项的规定,请求对本案进行再审。

裁判结果

最高人民法院:驳回搜房控股有限公司的再审申请。

法院观点

本案是涉外合同纠纷。孙宝云与搜房公司基于《股票期权协议》而产生的合同关系发生于《涉外民事关系法律适用法》实施之前,应当适用行为发生时的法律确定合同准据法。当事人在该协议中没有约定处理争议所适用的法律,而协议签订地、被授予股票期权人孙宝云住所地及其为获得股票期权提供劳动服务的地点均位于中华人民共和国境内,一、二审法院根据《民法通则》第145条第2款的规定,认定与协议具有最密切联系的国家的法律为中华人民共和国法律,从而适用中华人民共和国法律解决本案争议,并无不当。本案纠纷涉及的是合同履行争议,不是物权纠纷中的有价证券权利争议,不应适用物权冲突规范的规定。搜房公司认为应参照《涉外民事关系法律适用法》第39条的规定确定法律适用的申请再审理由不能成立。

关于孙宝云的股票期权是否失效的问题。《股票期权协议》是双方当事人真实意思表示,内容不违反我国法律、行政法规的强制性规定,合法有效。搜房公司共授予孙宝云55,000股的股票期权,孙宝云在期权有效期内享有依据协议选择购买搜房公司上述股票的权利。搜房北京公司与孙宝云于2009年7月1日解除劳动关系,依据《股票期权协议》第二部分总则第3条的约定,孙宝云的股票期权于2009年7月31日失效。但孙宝云早在2009年6月23日就以电子邮件的方式向莫天全提出了行使股票期权即购买股票的要求,并于7月9日和15日分别以电话及快递方式再次提出行使股票期权的要求。而莫天全在签署《股票期权协议》时表明其身份为搜房公司的董事会主席,在本案中亦以搜房公司代表人身份出现,故其有权代表搜房公司作出意思表示。对于孙宝云在股票期权有效期内提出的购买股票请求,依据《股票期权协议》,搜房公司应当向孙宝云出售股票。

搜房公司申请再审认为,依据第二部分总则第3条的约定,"股票期权中尚不能行使的部分将失效",孙宝云的股票期权因2009年7月31日前不能行使而失效。本院认为,《股票期权协议》没有约定以搜房公司上市作为股票期权行使的前提条件,我国法律和行政法规亦未禁止我国境内居民取得境外特殊目的公司的股权。根据国家外汇管理局汇发〔2005〕75号《关于境内居民通过境外特殊目的公司融资及返程投资外汇管理有关问题的通知》第1条和第7条的规定,特殊目的公司在股权转让后30日内,由设立或间接控制该公司的境内居民向外汇管理局申请办理外汇登记变更或备案手续。即搜房公司应在办理完股权转让手续后再办理相应的外汇登记手续。搜房公司以该规范性文件主张孙宝云不能成为搜房公司股东的理由不成立。且搜房公司在一审答辩中明确表示,因孙宝云离职时搜房公司无法确定上市地点,为保证上市时股权结构的稳定，对授予的股票期权均不允许行权，这与莫天全在回复邮件中表述“还没有任何员工进行过股票期权转换，这主要是公司的问题。……待公司有明确解决方案时一并解决”是一致的。可见，搜房公司是出于自身利益考虑，不愿为孙宝云办理股票期权行使事宜，而不是因客观障碍导致股票期权不能行使。综上，搜房公司认为孙宝云股票期权失效的申请再审理由不能成立。

关于《离职协议书》是否终止《股票期权协议》的问题。《离职协议书》虽然加盖了搜房北京公司的公章和搜房公司人力资源部的印章，但该协议书的内容为搜房北京公司就协商解除劳动合同事宜向孙宝云支付经济补偿金，并未提及孙宝云的股票期权问题，不足以推定搜房公司和孙宝云合意终止股票期权关系。《合同法》第78条规定：“当事人对合同变更的内容约定不明确的，推定为未变更。”《离职协议书》没有明确变更或终止《股票期权协议》，孙宝云和搜房公司之间的权利义务仍受《股票期权协议》的约束。搜房公司认为《离职协议书》导致《股票期权协议》终止的申请再审理由不能成立。

关于《股票期权协议》的可履行性问题。搜房公司迟延履行《股票期权协议》约定的义务，构成违约，一、二审法院判决其承担继续履行协议的违约责任，符合《合同法》第107条的规定。国家外汇管理局汇发〔2012〕7号《关于境内个人参与境外上市公司股权激励计划外汇管理有关问题的通知》允许参与境外上市公司股权激励计划的境内个人行使股票期权，且并未规定必须在劳动关系存续期间行使股票期权，搜房公司关于《股票期权协议》不具有可强制履行性的申请再审理由不能成立。所涉的外汇登记、劳务关系证明出具等手续，搜房公司应在执行判决的过程中安排其关联公司搜房北京公司协助孙宝云办理。如因搜房公司没有预留股票导致《股票期权协议》最终无法实际履行的，孙宝云有权另循法律途径向搜房公司请求违约损害赔偿。

金讼圈提示

本案申请人败诉的最根本原因在于《股票期权协议》关键条款约定不严密。如果将《股票期权协议》第二部分总则第3条关于“当受让人与公司的雇佣关系终止时，所授予的股票期权在雇佣关系终止日起的30天后终止，股票期权中尚不能行使的部分失效”改成“当受让人与公司的雇佣关系终止时，所授予的股票期权在雇佣关系终止日同时自动无条件终止，股票期权中尚未实际完成行使的部分自动失效”，相信案件裁判结果一定会两样。

第六章　股东权利篇

042　公司决议撤销案是否需审查决议所依据的事实理由？

案例索引

最高人民法院审判委员会讨论通过2012年9月18日发布的指导案例李建军诉上海佳动力环保科技有限公司公司决议撤销纠纷案上海市第二中级人民法院于2010年6月4日作出的(2010)沪二中民四(商)终字第436号民事判决书。

交易结构图

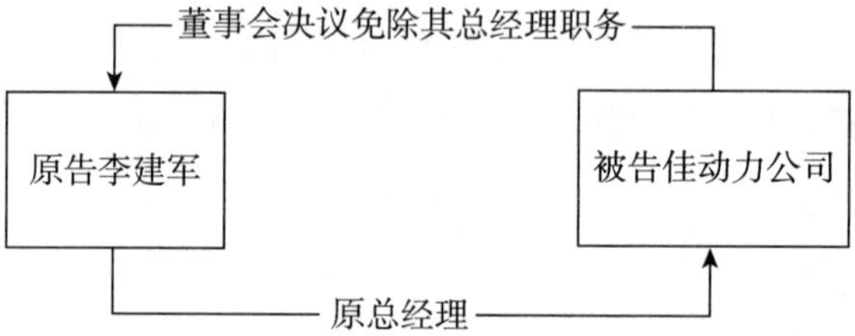

金讼圈导读

本案是一起关于请求法院撤销关于解聘总经理的董事会决议的案件。公司董事会解聘总经理的原因、理由依据，是否是法院审查的范围？法院认为，只要解聘总经理的决议内容符合公司章程，解聘理由是否正当不是法院审查范围。该案例体现了法院尊重公司内部自治的司法精神，值得参阅。

裁判规则

一、人民法院在审理公司决议撤销纠纷案件中应当审查：会议召集程序、表决方式是否违反法律、行政法规或者公司章程，以及决议内容是否违反公司章程。

二、公司决议所依据的事实是否属实、理由是否成立，不属于公司决议撤销纠纷司法审查范围。

案情介绍

原告李建军诉称：被告上海佳动力环保科技有限公司（以下简称佳动力公司）免除其总经理职务的决议所依据的事实和理由不成立，且董事会的召集程序、表决方式及决议内容均违反了公司法的规定，请求法院依法撤销该董事会决议。

被告佳动力公司辩称：董事会的召集程序、表决方式及决议内容均符合法律和章程的规定，故董事会决议有效。

原告李建军系被告佳动力公司的股东，并担任总经理。佳动力公司股权结构为：葛永乐持股40%，李建军持股46%，王泰胜持股14%。三位股东共同组成董事会，由葛永乐担任董事长，另两人为董事。公司章程规定：董事会行使包括聘任或者解聘公司经理等职权；董事会须由2/3以上的董事出席方才有效；董事会对所议事项作出的决定应由占全体股东2/3以上的董事表决通过方才有效。

2009年7月18日，佳动力公司董事长葛永乐召集并主持董事会，三位董事均出席，会议形成了"鉴于总经理李建军不经董事会同意私自动用公司资金在二级市场炒股，造成巨大损失，现免去其总经理职务，即日生效"等内容的决议。该决议由葛永乐、王泰胜及监事签名，李建军未在该决议上签名。

裁判结果

上海市黄浦区人民法院于2010年2月5日作出（2009）黄民二（商）初字第4569号民事判决：撤销被告佳动力公司于2009年7月18日形成的董事会决议。

上海市第二中级人民法院于2010年6月4日作出（2010）沪二中民四（商）终字第436号民事判决：一、撤销上海市黄浦区人民法院（2009）黄民二（商）初字第4569号民事判决；二、驳回李建军的诉讼请求。

法院观点

根据《公司法》第22条第2款的规定，董事会决议可撤销的事由包括：一、召集程序违反法律、行政法规或公司章程；二、表决方式违反法律、行政法规或公司章程；

三、决议内容违反公司章程。从召集程序来看,佳动力公司于2009年7月18日召开的董事会由董事长葛永乐召集,三位董事均出席董事会,该次董事会的召集程序未违反法律、行政法规或公司章程的规定。从表决方式来看,根据佳动力公司章程规定,对所议事项作出的决定应由占全体股东2/3以上的董事表决通过方才有效,上述董事会决议由三位股东(兼董事)中的两名表决通过,故在表决方式上未违反法律、行政法规或公司章程的规定。从决议内容来看,佳动力公司章程规定董事会有权解聘公司经理,董事会决议内容中"总经理李建军不经董事会同意私自动用公司资金在二级市场炒股,造成巨大损失"的陈述,仅是董事会解聘李建军总经理职务的原因,而解聘李建军总经理职务的决议内容本身并不违反公司章程。

董事会决议解聘李建军总经理职务的原因如果不存在,并不导致董事会决议撤销。首先,公司法尊重公司自治,公司内部法律关系原则上由公司自治机制调整,司法机关原则上不介入公司内部事务;其次,佳动力公司的章程中未对董事会解聘公司经理的职权作出限制,并未规定董事会解聘公司经理必须要有一定原因,该章程内容未违反公司法的强制性规定,应认定有效,因此佳动力公司董事会可以行使公司章程赋予的权力作出解聘公司经理的决定。故法院应当尊重公司自治,无须审查佳动力公司董事会解聘公司经理的原因是否存在,即无须审查决议所依据的事实是否属实,理由是否成立。综上,原告李建军请求撤销董事会决议的诉讼请求不成立,依法予以驳回。

金讼圈提示

一、股东会、股东大会是公司的权力机关,董事会是公司常设的经营决策机关。股东会、股东大会和董事会通过召开会议,形成决议行使权力。上述决议一旦依法作出并生效,则变为公司的意志,对公司及股东具有约束力。因此,股东会、股东大会及董事会决议对股东关系重大,有关决议有瑕疵的,可能损害股东的合法权益,股东有权对其提起无效或撤销之诉。

二、股东在提起这一诉讼时,其应当持有公司的股权,即具有公司股东的适格性;同时公司可以请求法院要求原告股东提供担保。

三、此类诉讼包括公司决议无效之诉和撤销之诉,但法院审查范围是严格限定的,不能干预公司自治。

四、无效之诉的法院审查范围:决议内容违反法律、行政法规,无时效规定。

五、撤销之诉的法院审查范围:是召集程序、表决方式违反法律、行政法规或者公司章程,或者决议内容违反公司章程,有60天的时效限制。

043 公司盈利可否成为抗辩阻却公司强制解散的理由?

案例索引

最高人民法院审判委员会讨论通过 2012 年 4 月 9 日发布的林方清诉常熟市凯莱实业有限公司、戴小明公司解散纠纷案;江苏省高级人民法院于 2010 年 10 月 19 日作出的(2010)苏商终字第 0043 号民事判决书。

交易结构图

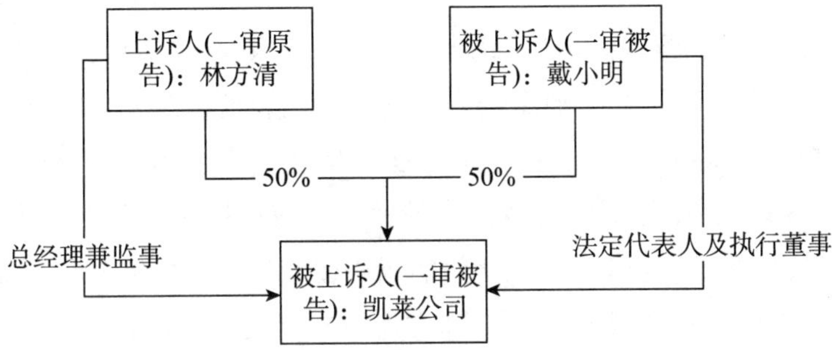

金讼圈导读

本案是一起股权结构为两名股东各占 50% 股权的有限公司强制解散纠纷案,也是最高人民法院发布的指导案例。司法实务中,如何判断“公司经营管理发生严重困难”的强制解散标准? 公司处于盈利状态,还能否认定公司陷入僵局状态可以强制解散? 法院通过本案例,精准地给予了明确答案。

裁判规则

一、判断“公司经营管理是否发生严重困难”,应从公司组织机构的运行状态进行综合分析。

二、“公司经营管理发生严重困难”的侧重点在于公司管理方面存有严重内部障碍,如股东会机制失灵、无法就公司的经营管理进行决策等,不应片面理解为公司资金缺乏、严重亏损等经营性困难。

三、公司虽处于盈利状态,但其股东会机制长期失灵,内部管理有严重障碍,已陷入僵局状态,可以认定为公司经营管理发生严重困难。

四、法院基于慎用司法手段强制解散公司的考虑,应当积极进行调解,但调解不成的,可以依法及时判决公司解散。

案情介绍

上诉人(一审原告):林方清。

被上诉人(一审被告):常熟市凯莱实业有限公司、戴小明。

原告林方清诉称:常熟市凯莱实业有限公司(以下简称凯莱公司)经营管理发生严重困难,陷入公司僵局且无法通过其他方法解决,其权益遭受重大损害,请求解散凯莱公司。

被告凯莱公司及戴小明辩称:凯莱公司及其下属分公司运营状态良好,不符合公司解散的条件,戴小明与林方清的矛盾有其他解决途径,不应通过司法程序强制解散公司。

法院经审理查明:凯莱公司成立于2002年1月,林方清与戴小明系该公司股东,各占50%的股份,戴小明任公司法定代表人及执行董事,林方清任公司总经理兼公司监事。凯莱公司章程明确规定:股东会的决议须经代表1/2以上表决权的股东通过,但对公司增加或减少注册资本、合并、解散、变更公司形式、修改公司章程作出决议时,必须经代表2/3以上表决权的股东通过。股东会会议由股东按照出资比例行使表决权。2006年起,林方清与戴小明两人之间的矛盾逐渐显现。同年5月9日,林方清提议并通知召开股东会,由于戴小明认为林方清没有召集会议的权利,会议未能召开。同年6月6日、8月8日、9月16日、10月10日、10月17日,林方清委托律师向凯莱公司和戴小明发函称,因股东权益受到严重侵害,林方清作为享有公司股东会1/2表决权的股东,已按公司章程规定的程序表决并通过了解散凯莱公司的决议,要求戴小明提供凯莱公司的财务账册等资料,并对凯莱公司进行清算。同年6月17日、9月7日、10月13日,戴小明回函称,林方清作出的股东会决议没有合法依据,戴小明不同意解散公司,并要求林方清交出公司财务资料。同年11月15日、25日,林方清再次向凯莱公司和戴小明发函,要求凯莱公司和戴小明提供公司财务账册等供其查阅、分配公司收入、解散公司。

江苏常熟服装城管理委员会(以下简称服装城管委会)证明凯莱公司目前经营尚正常,且愿意组织林方清和戴小明进行调解。

另查明,凯莱公司章程载明监事行使下列权利:(1)检查公司财务;(2)对执行董事、经理执行公司职务时违反法律、法规或者公司章程的行为进行监督;(3)当董事和经理的行为损害公司的利益时,要求董事和经理予以纠正;(4)提议召开临时股东会。自2006年6月1日至今,凯莱公司未召开过股东会。服装城管委会调解委员会于2009年12月15日、16日两次组织双方进行调解,但均未成功。

裁判结果

江苏省苏州市中级人民法院于2009年12月8日以(2006)苏中民二初字第0277号民事判决:驳回林方清的诉讼请求。

江苏省高级人民法院于2010年10月19日以(2010)苏商终字第0043号民事判决:撤销一审判决,依法改判解散凯莱公司。

法院观点

首先,凯莱公司的经营管理已发生严重困难。根据《公司法》第183条和《公司法规定(二)》第1条的规定,判断公司的经营管理是否出现严重困难,应当从公司的股东会、董事会或执行董事及监事会或监事的运行现状进行综合分析。"公司经营管理发生严重困难"的侧重点在于公司管理方面存有严重内部障碍,如股东会机制失灵、无法就公司的经营管理进行决策等,不应片面理解为公司资金缺乏、严重亏损等经营性困难。本案中,凯莱公司仅有戴小明与林方清两名股东,两人各占50%的股份,凯莱公司章程规定"股东会的决议须经代表1/2以上表决权的股东通过",且各方当事人一致认可该"1/2以上"不包括本数。因此,只要两名股东的意见存有分歧、互不配合,就无法形成有效表决,显然影响公司的运营。凯莱公司已持续4年未召开股东会,无法形成有效股东会决议,也就无法通过股东会决议的方式管理公司,股东会机制已经失灵。执行董事戴小明作为互有矛盾的两名股东之一,其管理公司的行为,已无法贯彻股东会的决议。林方清作为公司监事不能正常行使监事职权,无法发挥监督作用。由于凯莱公司的内部机制已无法正常运行、无法对公司的经营作出决策,即使尚未处于亏损状况,也不能改变该公司的经营管理已发生严重困难的事实。

其次,由于凯莱公司的内部运营机制早已失灵,林方清的股东权、监事权长期处于无法行使的状态,其投资凯莱公司的目的无法实现,利益受到重大损失,且凯莱公司的僵局通过其他途径长期无法解决。《公司法规定(二)》第5条明确规定了"当事人不能协商一致使公司存续的,人民法院应当及时判决"。本案中,林方清在提起公司解散诉讼之前,已通过其他途径试图化解与戴小明之间的矛盾,服装城管委会也曾组织双方当事人调解,但双方仍不能达成一致意见。两审法院也基于慎用司法手段强制解散公司的考虑,积极进行调解,但均未成功。

此外,林方清持有凯莱公司50%的股份,也符合公司法关于提起公司解散诉讼的股东须持有公司10%以上股份的条件。

综上所述,凯莱公司已符合公司法及《公司法规定(二)》所规定的股东提起解散公司之诉的条件。二审法院从充分保护股东合法权益,合理规范公司治理结构,促进市场经济健康有序发展的角度出发,依法作出了上述判决。

金讼圈提示

一、本案公司股权结构极不合理,两名股东各占50%的股权,如果双方一旦不和,就无法过半数形成任何有效的股东会决议,很容易陷入公司治理僵局。这种各占50%的股权结构是绝不可选用的。

二、公司股东会机制长期失灵是认定为公司经营管理发生严重困难进而提起公司解散之诉的关键点,是否盈利并不是要考虑问题。

三、实际经营方股东不能总以公司经营业绩很好为由剥夺其他股东的知情权和参与决策权,长期不召开股东会。

044 股东能否以未实际参与经营管理免除清算义务?

案例索引

最高人民法院审判委员会讨论通过2012年9月18日发布上海存亮贸易有限公司诉蒋志东、王卫明等买卖合同纠纷案,上海市第一中级人民法院于2010年9月1日作出(2010)沪一中民四(商)终字第1302号民事判决。

交易结构图

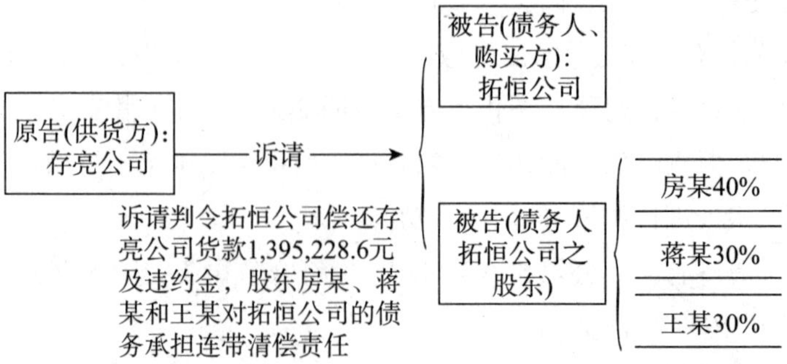

金讼圈导读

本案是关于有限公司股东清算义务的经典案例，也是最高人民法院发布的指导案例。根据公司法有关规定，有限股东怠于履行清算义务，需要对公司债务承担连带清偿责任。由此可见，相比股东的出资义务不到位在出资范围内承担责任，不履行清算义务的连带清偿责任法律后果更重。实践中，许多小股东基本不参与经营管理，甚至是挂名股东，可否以未参与公司实际经营管理为由抗辩不承担责任？法院通过本案例给出了清晰的裁判规则。

裁判规则

一、有限责任公司的全体股东在法律上应一体成为公司的清算义务人。

二、公司被吊销营业执照后，股东应当履行清算义务，有限公司的股东不能以其不是实际控制人或者未实际参加公司经营管理为由，免除清算义务。

三、公司股东怠于履行清算义务，导致公司的主要财产、账册等均已灭失，无法进行清算，应当对公司的债务承担连带清偿责任。

案情介绍

上诉人（一审被告）：蒋志东、王卫明。

被上诉人（一审原告）：上海存亮贸易有限公司。

一审被告：常州拓恒机械设备有限公司、房恒福。

原告上海存亮贸易有限公司（以下简称存亮公司）诉称：其向被告常州拓恒机械设备有限公司（以下简称拓恒公司）供应钢材，拓恒公司尚欠货款 1, 395, 228. 6 元。被告房恒福、蒋志东和王卫明为拓恒公司的股东，拓恒公司未年检，被工商部门吊销营业执照，至今未组织清算。因其怠于履行清算义务，导致公司财产流失、灭失，存亮公司的债权得不到清偿。根据公司法及相关司法解释规定，房恒福、蒋志东和王卫明应对拓恒公司的债务承担连带责任。故请求判令拓恒公司偿还存亮公司货款 1, 395, 228. 6 元及违约金，房恒福、蒋志东和王卫明对拓恒公司的债务承担连带清偿责任。

被告蒋志东、王卫明辩称：1. 两人从未参与过拓恒公司的经营管理；2. 拓恒公司实际由大股东房恒福控制，两人无法对其进行清算；3. 拓恒公司由于经营不善，在被吊销营业执照前已背负了大量债务，资不抵债，并非由于蒋志东、王卫明怠于履行清算义务而导致拓恒公司财产灭失；4. 蒋志东、王卫明也曾委托律师对拓恒公司进行清算，但由于拓恒公司财物多次被债权人哄抢，导致无法清算，因此蒋志东、王卫明不存在怠于履行清算义务的情况。故请求驳回存亮公司对蒋志东、王卫明的诉讼请求。

被告拓恒公司、房恒福未到庭参加诉讼,亦未作答辩。

法院经审理查明:2007年6月28日,存亮公司与拓恒公司建立钢材买卖合同关系。存亮公司履行了7,095,006.6元的供货义务,拓恒公司已付货款5,699,778元,尚欠货款1,395,228.6元。另外,房恒福、蒋志东和王卫明为拓恒公司的股东,所占股份分别为40%、30%、30%。拓恒公司因未进行年检,2008年12月25日被工商部门吊销营业执照,至今股东未组织清算。现拓恒公司无办公经营地,账册及财产均下落不明。拓恒公司在其他案件中因无财产可供执行被中止执行。

裁判结果

上海市松江区人民法院于2009年12月8日作出(2009)松民二(商)初字第1052号民事判决:一、拓恒公司偿付存亮公司货款1,395,228.6元及相应的违约金;二、房恒福、蒋志东和王卫明对拓恒公司的上述债务承担连带清偿责任。

上海市第一中级人民法院于2010年9月1日作出(2010)沪一中民四(商)终字第1302号民事判决:驳回上诉,维持原判。

法院观点

存亮公司按约供货后,拓恒公司未能按约付清货款,应当承担相应的付款责任及违约责任。

房恒福、蒋志东和王卫明作为拓恒公司的股东,应在拓恒公司被吊销营业执照后及时组织清算。因房恒福、蒋志东和王卫明怠于履行清算义务,导致拓恒公司的主要财产、账册等均已灭失,无法进行清算,房恒福、蒋志东和王卫明怠于履行清算义务的行为,违反了公司法及其司法解释的相关规定,应当对拓恒公司的债务承担连带清偿责任。拓恒公司作为有限责任公司,其全体股东在法律上应一体成为公司的清算义务人。公司法及其相关司法解释并未规定蒋志东、王卫明所辩称的例外条款,因此无论蒋志东、王卫明在拓恒公司中所占的股份为多少,是否实际参与了公司的经营管理,两人在拓恒公司被吊销营业执照后,都有义务在法定期限内依法对拓恒公司进行清算。

关于蒋志东、王卫明辩称拓恒公司在被吊销营业执照前已背负大量债务,即使其怠于履行清算义务,也与拓恒公司财产灭失之间没有关联性。根据查明的事实,拓恒公司在其他案件中因无财产可供执行被中止执行的情况,只能证明人民法院在执行中未查找到拓恒公司的财产,不能证明拓恒公司的财产在被吊销营业执照前已全部灭失。拓恒公司的三名股东怠于履行清算义务与拓恒公司的财产、账册灭失之间具有因果联系,蒋志东、王卫明的该项抗辩理由不成立。蒋志东、王卫明委托律师进行清算的委托代理合同及律师的证明,仅能证明蒋志东、王卫明欲对拓恒公司进行清算,但事实上对拓恒公司的清算并未进行。据此,不能认定蒋志东、王卫明依法履行了清算义务,故对蒋志东、王卫明的该项抗辩理由不予采纳。

金讼圈提示

一、清算义务与出资义务一样都是有限公司股东法定义务和责任,不因未参与实际经营管理而免除,怠于清算的话,股东将会承担连带法律责任。

二、特别要提醒的是,出资义务是仅在出资范围内承担责任,但清算义务却是无限连带责任。也就是说,一个小股东由于公司全体股东未履行清算义务,需要对债权人承担全部债务的责任,极大地扩大了小股东的法律风险和责任。需要引起公司小股东的特别注意。

三、尤其私募股权机构(PE/VC),在股权投资时一定要意识到,股东清算责任是极大的法律风险,应该在股权投资协议中,详细设计清算责任条款,并在项目退出或目标公司解散注销时,依法按程序进行清算,避免被债权人秋后算账。

四、另外还要注意的是,即便是有限公司的挂名股东,也是需要对外承担出资义务和清算义务的。

045 控股股东不开股东会直接私自所做决议是否成立?

案例索引

最高人民法院公报案例,张艳娟诉江苏万华工贸发展有限公司、万华、吴亮亮、毛建伟股东权纠纷案江苏省南京市玄武区人民法院民事判决书。

交易结构图

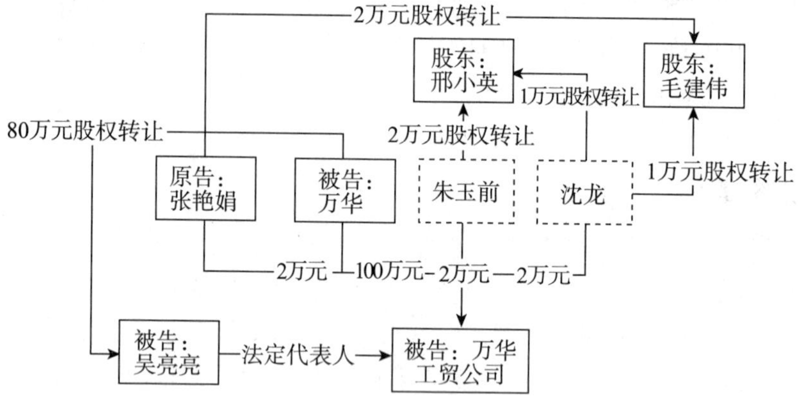

金讼圈导读

本案是一起典型的公司决议不成立之诉,也是最高人民法院的公报案例。本案例实质是原配成功利用公司决议不成立之诉,夺回夫妻共同财产之公司股权的经典案例。现实中,确实存在许多公司控股股东不按照程序召开股东会,而是私自直接作出公司决议。这样的公司决议是否有效?是否可撤销?抑或是否成立?股东因无效的股权转让协议导致其工商登记上不再是股东身份,该股东是否有资格提起公司决议无效或不成立之诉?法院通过本案例均给予明确裁判规则。

裁判规则

一、虽然有限公司的控股股东有绝对多数的表决权,但并不意味利用控制公司的便利作出的个人决策过程就等同于召开了公司股东会议,也不意味控股股东个人的意志即可代替股东会决议的效力,即便股东之间存在夫妻关系,也不能推定股东会上一方当然同意另一方的意志。

二、确认股东会决议不成立或无效,不是公司决议撤销之诉,不受60日时效限制。

三、有限公司股东向股东以外的人转让股权的,须经全体股东过半数同意,既未通知其他股东,更未经过全体股东过半数同意,该股权转让协议无效。

四、股东因无效的股权转让协议导致工商登记不再登记为股东身份,不影响其具有提起公司股东会决议及股权转让协议无效之诉的原告资格。

案情介绍

原告：张艳娟。

被告：江苏万华工贸发展有限公司、万华、吴亮亮、毛建伟。

被告万华工贸公司成立于1995年12月21日，发起人为被告万华、原告张艳娟和其他两名股东朱玉前、沈龙，注册资本为106万元，其中万华出资100万元，朱玉前、沈龙、张艳娟各出资2万元。

1995年11月23日，万华、朱玉前、沈龙、张艳娟签订了万华工贸公司章程，该章程规定：公司股东不得向股东以外的人转让其股权，只能在股东内部相互转让，但必须经全体股东同意；股东有权优先购买其他股东转让的股权；股东会由股东按照出资比例行使表决权，每10万元为一个表决权；股东会议分为定期会议和临时会议，并应于会议召开五日前通知全体股东；定期股东会议应一个月召开一次；股东出席股东会议也可书面委托他人参加，行使委托书载明的权力；股东会议应当对所议事项作出决议，决议应当由代表1/2以上表决权的股东表决通过；股东会对公司增加或减少注册资本、股东转让股权及公司的合并、分立、变更公司形式、解散、清算等事项作出的决议，应由代表2/3以上表决权的股东表决通过；股东会议应当对所议事项的决定作出会议记录，出席会议的股东应当在会议记录上签名，等等。被告万华工贸公司成立后，由被告万华负责公司的经营管理。

2004年4月12日，被告万华工贸公司向公司登记机关申请变更登记，具体事项为：1. 将公司名称变更为江苏办公伙伴贸易发展有限公司（以下简称伙伴贸易公司）；2. 法定代表人变更为被告吴亮亮，股东变更为被告万华、吴亮亮、毛建伟及股东邢小英四人；3. 变更了公司章程的部分内容。

被告万华工贸公司申请上述变更公司登记所依据的材料为：

1. 2004年4月6日股权转让协议两份，其主要内容分别为：被告万华将其100万元出资中的80万元出资对应的公司股权转让给被告吴亮亮；朱玉前将其出资2万元对应的公司股权转让给邢小英，沈龙将其2万元出资中的1万元对应的股权转让给被告毛建伟，将另1万元对应的公司股权转让给邢小英，原告张艳娟将2万元出资对应的公司股权转让给毛建伟。上述两份股权转让协议落款处有全部转让人及受让人的签名。

2. 被告万华工贸公司章程（2004年4月6日修正）一份，该章程除记载并确认了关于公司股东、董事、监事和公司住所地、名称的变更外，还作了如下规定：公司股东有权出席股东会议，并按照出资比例行使表决权，有权选举公司的董事或监事，同时享有被选举权;公司股东有权依法及公司章程的规定转让其出资;公司股东向股东以外的人转让其股权,必须经过半数以上的股东同意,不同意的股东应当购买被转让的股权,如果不购买被转让的股权,则视为同意向股东以外的人转让股权;经公司股东同意转让的股权,在同等条件下,其他股东对该部分股权有优先购买权;股东依法转让股权后,公司编制新的股东名册;股东会议分为定期会议和临时会议,定期会议应每年召开一次,临时会议由代表1/4以上表决权的股东、1/3的董事或监事提议方可召开;公司股东出席股东会议也可书面委托他人参加股东会议,行使委托书中载明的权力;召开股东会议,应当于会议召开前15日以书面形式通知全体股东,股东会应对所议事项的决定作成会议记录,出席会议的股东应当在会议记录上签名,等等。该章程有被告吴亮亮、毛建伟、万华及股东邢小英的签名。

3. 2004年4月6日被告万华工贸公司股东会决议一份,主要内容是:全体股东一致同意上述股权转让;转让后各股东出资额及占注册资本的比例为:被告吴亮亮出资80万元、占75.5%,被告万华出资20万元、占18.9%,邢小英出资3万元、占2.8%,被告毛建伟出资3万元、占2.8%;全体股东一致同意将公司名称变更为"江苏办公伙伴贸易发展有限公司";全体股东一致同意公司住所地变更为"南京市洪武北路116号";全体股东一致同意免去朱玉前、沈龙董事职务,重新选举吴亮亮、毛建伟为董事,与万华组成董事会;全体股东一致同意免去原告张艳娟的监事职务,选举邢小英为监事;全体股东一致同意2004年4月6日所修改的公司章程。

原告张艳娟因与被告江苏万华工贸发展有限公司(以下简称万华工贸公司)、万华、吴亮亮、毛建伟发生股东权纠纷,向江苏省南京市玄武区人民法院提起诉讼。

原告请求法院:确认所谓的2004年4月6日万华工贸公司股东会决议无效,确认原告与毛建伟之间的股权转让协议无效,确认万华与吴亮亮之间的股权转让协议无效。

裁判结果

南京市玄武区人民法院于2007年4月2日判决:一、2004年4月6日的被告万华工贸公司股东会决议不成立;二、2004年4月6日原告张艳娟与被告毛建伟的股权转让协议不成立;三、2004年4月6日被告万华与被告吴亮亮签订的股权转让协议无效。

一审宣判后,各方当事人在法定期间内均未提出上诉,一审判决已发生法律效力。

法院观点

本案的争议焦点问题是:一、被告万华工贸公司于2004年4月6日作出的股东会决议以及涉案股权转让协议是否有效;二、原告张艳娟对上述股东会决议和股权转让协议申请确认无效应否支持。

有限责任公司的股东会议,应当由符合法律规定的召集人依照法律或公司章程规定的程序,召集全体股东出席,并由符合法律规定的主持人主持会议。股东会议需要对相关事项作出决议时,应由股东依照法律、公司章程规定的议事方式、表决程序进行议决,达到法律、公司章程规定的表决权比例时方可形成股东会决议。有限责任公司通过股东会对变更公司章程内容、决定股权转让等事项作出决议,其实质是公司股东通过参加股东会议行使股东权利、决定变更其自身与公司的民事法律关系的过程,因此公司股东实际参与股东会议并作出真实意思表示,是股东会议及其决议有效的必要条件。本案中,虽然被告万华享有被告万华工贸公司的绝对多数的表决权,但并不意味万华个人利用控制公司的便利作出的个人决策过程就等同于召开了公司股东会议,也不意味万华个人的意志即可代替股东会决议的效力。根据本案事实,不能认定2004年4月6日万华工贸公司实际召开了股东会,更不能认定就该次会议形成了真实有效的股东会决议。万华工贸公司据以决定办理公司变更登记、股权转让等事项的所谓"股东会决议",是当时该公司的控制人万华所虚构,实际上并不存在,因而当然不能产生法律效力。

被告万华工贸公司、万华、吴亮亮主张原告张艳娟的起诉超过了修订后《公司法》第22条规定的申请撤销股东会决议的期限,故其诉讼请求不应支持。对此法院认为,本案发生于公司法修订前,应当适用当时的法律规定。鉴于修订后的《公司法》第22条规定股东可以对股东会决议提起确认无效之诉或者申请撤销之诉,而修订前的公司法未对相关问题作出明确规定,因此根据《公司法规定(一)》第2条的规定,本案可以参照适用修订后《公司法》第22条的规定。但是,修订后《公司法》第22条关于"股东会或者股东大会、董事会的会议召集程序、表决方式违反法律、行政法规或者公司章程,或者决议内容违反公司章程的,股东可以自决议作出之日起60日内,请求人民法院撤销"的规定,是针对实际召开的公司股东会议及其作出的会议决议作出的规定,即在此情况下股东必须在股东会决议作出之日起60日内请求人民法院撤销,逾期则不予支持。而本案中,2004年4月6日的万华工贸公司股东会及其决议实际上并不存在,只要原告在知道或者应当知道自己的股东权利被侵犯后,在法律规定的诉讼时效内提起诉讼,人民法院即应依法受理,不受修订后《公司法》第22条关于股东申请撤销股东会决议的60日期限的规定限制。

股东向其他股东或股东之外的其他人转让其股权,系股东(股权转让方)与股权受让方协商一致的民事合同行为,该合同成立的前提之一是合同双方具有转让、受让股权的真实意思表示。本案中,不能认定原告张艳娟与被告毛建伟之间实际签署了股权转让协议,亦不能认定被告万华有权代理张艳娟转让股权,毛建伟既未实际支付受让张艳娟股权的对价,也没有受让张艳娟股权的意愿,甚至根本不知道自己已受让了张艳娟等人的股权,诉讼中也明确表示对此事实不予追认,因此该股权转让协议依法不能成立。据此,被告万华工贸公司、万华、吴亮亮关于张艳娟已非万华工贸公司股东,不能提起本案诉讼的主张不能成立,依法不予支持。

关于被告万华与吴亮亮签订的股权转让协议,根据修订前《公司法》及万华工贸公司章程的相关规定,股东向股东以外的人转让股权的,须经全体股东过半数同意。本案中,万华向吴亮亮转让股权既未通知其他股东,更未经过全体股东过半数同意,因此该股权转让行为无效。

金讼圈提示

一、本案实质是夫妻财产争夺之战在《公司法》上的经典运用。股权作为夫妻共同财产,具有与其他财产不同的法律形态,需要运用公司法的法律武器来维护自身的权益。

二、现实生活中,有限公司控股股东不开股东会私自决议的现象很普遍,本案应特别值得注意。

三、另外,本案法院判决结果是确认股东会决议不成立,而不是无效,主要是基于一份根本上虚构的不存在的决议,《最高人民法院关于适用〈中华人民共和国公司法〉若干问题的规定(四)》(以下简称《公司法规定(四)》)已经有了公司决议不成立之诉的明确规定。

046 异议股东如何请求公司以合理价格回购股权?

案例索引

袁朝晖与长江置业(湖南)发展有限公司请求公司收购股份纠纷案;最高人民法院2015年10月29日作出的(2014)民申字第2154号民事裁定书。

交易结构图

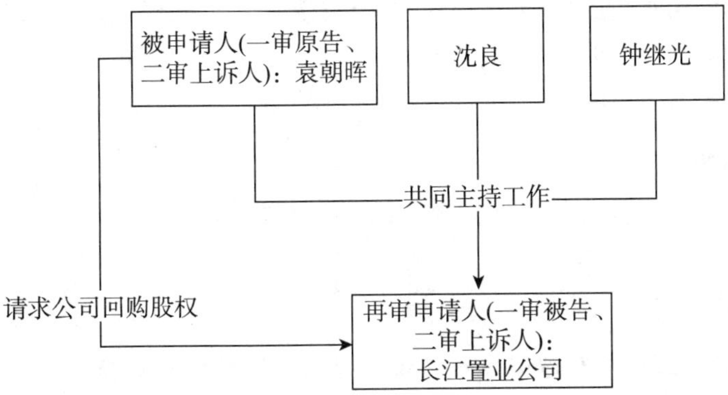

金讼圈导读

本案是关于异议股东请求公司以合理价格回购股权纠纷的典型判例，最高人民法院就《公司法》第74条立法宗旨精神进行了深入分析论证。异议股东反对意见如何明示？其他股东是否列为案件当事人？以超过举证期限为由不质证承担何种法律后果？最高人民法院在本案中都进行一一进行了明确回答。本案例实务应用价值极高。

裁判规则

一、根据《公司法》第74条之规定，对股东会决议转让公司主要财产投反对票的股东有权请求公司以合理价格回购其股权。

二、非因自身过错未能参加股东会的股东，虽未对股东会决议投反对票但对公司转让主要财产明确提出反对意见的，视为尽到将反对意见向其他股东明示义务。

三、有限公司人合性已不复存在，通过让异议股东出公司的方式，有利于尽快解决公司股东之间的矛盾和冲突，从而保障公司利益和各股东利益。

四、举证期限届满后，针对某一特定事实或特定证据或者基于特定原因，人民法院可以根据案件的具体情况，酌情指定当事人提供证据或者反证的期限，该期限不受“不得少于30日”的限制。

五、异议股东向公司提出退股请求的诉讼以公司为被告，其他股东对于异议股东所持股权既无独立请求，也无法律上的利害关系，并非必须参加诉讼的当事人。

案情介绍

再审申请人(一审被告、二审上诉人)：长江置业(湖南)发展有限公司。

被申请人(一审原告、二审上诉人):袁朝晖。

再审申请人长江置业(湖南)发展有限公司(以下简称长江置业公司)因与被申请人袁朝晖请求公司收购股份纠纷一案,不服湖南省高级人民法院(2013)湘高法民二终字第91号民事判决,向本院申请再审。

裁判结果

驳回长江置业(湖南)发展有限公司的再审申请。

法院观点

一、关于袁朝晖是否有权请求长江置业公司回购股权的问题

2010年3月5日,长江置业公司形成股东会决议,明确由沈良、钟继光、袁朝晖三位股东共同主持工作,确认全部财务收支、经营活动和开支、对外经济行为必须通过申报并经全体股东共同联合批签才可执行,对重大资产转让要求以股东决议批准方式执行。但是,根据长江置业公司与袁朝晖的往来函件,在实行联合审批办公制度之后,长江置业公司对案涉二期资产进行了销售,该资产转让从定价到转让,均未取得股东袁朝晖的同意,也未通知其参加股东会。根据《公司法》第74条之规定,对股东会决议转让公司主要财产投反对票的股东有权请求公司以合理价格回购其股权。本案从形式上看,袁朝晖未参加股东会,未通过投反对票的方式表达对股东会决议的异议。但是,《公司法》第74条的立法精神在于保护异议股东的合法权益,之所以对投反对票作出规定,意在要求异议股东将反对意见向其他股东明示。本案中袁朝晖未被通知参加股东会,无从了解股东会决议,并针对股东会决议投反对票,况且,袁朝晖在2010年8月19日申请召开临时股东会时,明确表示反对二期资产转让,要求立即停止转让上述资产,长江置业公司驳回了袁朝晖的申请,并继续对二期资产进行转让,已经侵犯了袁朝晖的股东权益。因此,二审法院依照《公司法》第74条之规定,认定袁朝晖有权请求长江置业公司以公平价格收购其股权,并无不当。

同时,长江置业公司《公司章程》中规定,股东权利受到公司侵犯,股东可书面请求公司限期停止侵权活动,并补偿因被侵权导致的经济损失。如公司经法院或公司登记机关证实:公司未在所要求的期限内终止侵权活动,被侵权的股东可根据自己的意愿退股,其所拥有的股份由其他股东协议摊派或按持股比例由其他股东认购。本案中,长江置业公司在没有通知袁朝晖参与股东会的情况下,于2010年5月31日作出股东会决议,取消了袁朝晖的一切经费开支,长江置业公司和其股东会没有保障袁朝晖作为股东应享有的决策权和知情权,侵犯了袁朝晖的股东权益,符合长江置业公司

《公司章程》所约定的"股东权利受到公司侵犯"的情形。因此，袁朝晖有权根据《公司章程》的规定，请求公司以回购股权的方式让其退出公司。

从本案实际处理效果来看，长江置业公司股东之间因利益纠纷产生多次诉讼，有限公司人合性已不复存在，通过让股东袁朝晖退出公司的方式，有利于尽快解决公司股东之间的矛盾和冲突，从而保障公司利益和各股东利益。如果长江置业公司有证据证明袁朝晖存在侵占公司资产的行为，可以另行主张。综上，袁朝晖请求长江置业公司收购其20%股权符合《公司法》和长江置业公司《公司章程》的规定。长江置业公司提交的《2009年第4次股东会议纪要》《2010年临时股东会决议》、长沙市公安局岳麓分局经济犯罪侦查大队出具的《说明》、湖南省高级人民法院(2014)民二终字第29号《民事裁定书》以及股东钟继光、沈良的往来函件等证据材料，均不能构成推翻二审判决的新证据，本院不予采信。

二、关于股权回购价格应如何确定的问题

长江置业公司在二审中提交了九组证据，拟证明《审计报告》中长江置业公司净资产的结论可据此调整，二审法院组织双方当事人对该九组证据进行了质证。经审查，上述证据所证明的款项均已纳入审计范围，不能达到长江置业公司所要证明的目的，不属于《审计报告》第5项"如出现新的证据或资料，由法院经过司法程序查证属实后，可据实调整审计结果"的情形。

三、关于本案是否存在审判人员应当回避未予回避的情形

经向双方当事人核实，长江置业公司所称审判人员违规会见当事人，系一审法院审判人员组织双方当事人在长江置业公司调查取证时，长江置业公司工作人员利用监控设备录制的调查场景，并不存在审判人员私下会见一方当事人的情况。长江置业公司并无证据证明审判人员存在法律规定的其他回避情形，一审法院对其回避申请未予准许，并无不当。

四、关于本案是否存在认定事实的主要证据未经质证的问题

一审审理期间，为查明案件事实，一审法院在举证期限届满后，要求袁朝晖在原有证据基础上，继续提供相关补充证据，以证明股权价值，根据《最高人民法院关于适用〈关于民事诉讼证据的若干规定〉中有关举证时限规定的通知》第1条之规定，举证期限届满后，针对某一特定事实或特定证据或者基于特定原因，人民法院可以根据案件的具体情况，酌情指定当事人提供证据或者反证的期限，该期限不受"不得少于30日"的限制。一审法院对双方当事人提交的全部证据均组织了质证，长江置业公司对相关证据不予质证是对其诉讼权利的放弃，并不影响证据已经庭审质证的效力。

五、关于本案是否存在原审法院应当调取证据而未予调取的情形

本案双方当事人向法院提交了多份证据材料，法院均予以接收并组织质证。为了案件审理,一审法院到长沙市房产信息中心调取了案涉项目的全部销售资料,与双方当事人、审计部门到长江置业公司调取了财务资料,并将上述证据甄别对比,纳入审计范围。长江置业公司在二审中申请法院调取已经保全的证据,缺乏依据,二审法院未予准许并无不当。

六、关于原审判决是否超出袁朝晖诉讼请求的问题

袁朝晖诉请长江置业公司回购其持有的20%股权,一审法院亦作出由长江置业公司以合理价格回购上述股权的判决,并未超出诉讼请求。至于依据《公司法》的规定或《公司章程》约定系判决依据,并非诉讼请求。何况,袁朝晖在起诉书正文部分明确提出根据《公司法》第74条以及《公司章程》的约定提出诉请,并非仅依据《公司法》提出诉讼请求。长江置业公司认为原审判决超出诉讼请求的主张,本院不予支持。

七、关于钟继光、沈良是否应当参加诉讼的问题

本案系异议股东与公司协商不成,异议股东向公司提出退股请求的诉讼,原告被告明确。其他股东对于异议股东所持股权既无独立请求,也无法律上的利害关系,并非必须参加诉讼的当事人,原审法院未予追加并无不当。

至于长江置业公司称一审法院存在违规中止审理和延长审限的情形,缺乏证据证明,且不属《民事诉讼法》规定的再审申请事由,本院不予支持。

金讼圈提示

一、由本案可知,人合性已不复存在,是有限公司回购异议股东股权的基础条件。

二、本案原审原告胜诉的另一重要保障是:《公司章程》约定了"股东权利受到公司侵犯,股东可书面请求公司限期停止侵权活动,并补偿因被侵权导致的经济损失。如公司经法院或公司登记机关证实:公司未在所要求的期限内终止侵权活动,被侵权的股东可根据自己的意愿退股,其所拥有的股份由其他股东协议摊派或按持股比例由其他股东认购。"

三、本案原审原告胜诉的又一重要保障是:公司《股东会决议》明确了由沈良、钟继光、袁朝晖三位股东共同主持工作,确认全部财务收支、经营活动和开支、对外经济行为必须通过申报并经全体股东共同联合批签才可执行,对重大资产转让要求以股东决议批准方式执行。

四、需要特别注意两个重要期限是:自股东会会议决议通过之日起六十日内,股东与公司不能达成股权收购协议的,股东可以自股东会会议决议通过之日起九十日内向人民法院提起诉讼。

047 公司治理僵局是公司解散的实质条件吗?

案例索引

李秀针与青岛杰盛置业有限公司公司解散纠纷二审民事判决书;山东省高级人民法院于2014年5月22日作出的(2014)鲁商终字第111号民事判决书。

交易结构图

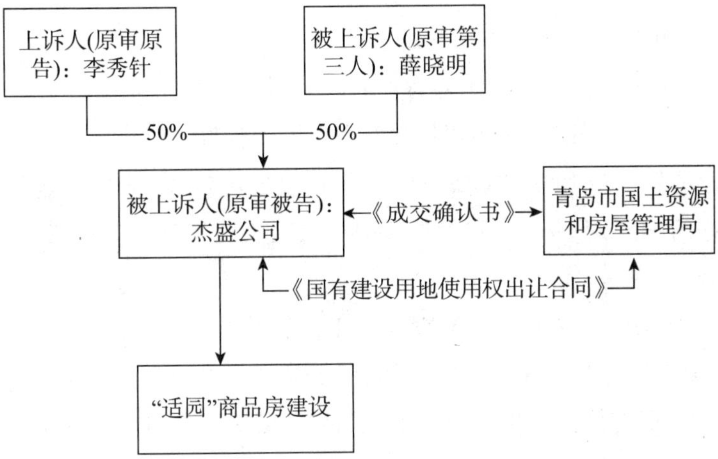

金讼圈导读

一、本案是关于因出现公司僵局引发公司解散纠纷的典型案例。对于公司强制解散的"一个主体条件、三个实质条件",一、二审法院给予了清晰解读。

二、尽管本案法院判决驳回原告公司解散的诉讼请求,但本案公司仅两名股东且各占50%史上最"LOW"股权结构是产生公司治理僵局的根本起因,值得广大投资者引以为鉴。

裁判规则

一、请求法院解散公司包括四个要件为:1. 持有公司全部股东表决权10%以上的股东;2. 经营管理发生严重困难;3. 公司继续存续会使股东利益受到重大损失;4. 通过其他途径不能解决的。

二、公司股东的意见存在分歧、互不配合，就无法形成有效表决，且公司已持续两年以上未召开股东会无法形成有效股东会决议，可认定公司经营管理已发生严重困难。

三、《公司法规定（二）》是对《公司法》第183条中“经营困难”要件的详细解释，是规定的公司解散案件的受理条件而非公司解散的实质要件，主张公司解散的一方应承担相应的举证责任。

四、如果公司解散，反而会造成社会公众、债权人及股东利益的重大损失，则公司解散实质意义上不宜解散，相关工商变更的股东会决议虚假、财务及知情权等纠纷可另案解决。

案情介绍

上诉人（原审原告）：李秀针。

被上诉人（原审被告）：青岛杰盛置业有限公司。

被上诉人（原审第三人）：薛晓明，青岛杰盛置业有限公司执行董事。

上诉人李秀针与被上诉人青岛杰盛置业有限公司（以下简称杰盛公司）、薛晓明因公司解散纠纷一案，不服山东省青岛市中级人民法院（2012）青民二商初字第36号民事判决，向本院提起上诉。

杰盛公司于2010年2月1日被青岛市工商行政管理局核准成立，工商登记材料记载：经营范围包括房地产开发与销售等；注册资本1000万元；股东李秀针出资500万元，持股50%，股东薛晓明出资500万元，持股50%。公司章程规定了公司的名称和住所；公司经营范围；公司注册资本；股东的名称、出资方式及出资额；股东的权利和义务，其中包括股东表决权、选举、股东优先权及股东知情权等内容；第14条约定“股东会会议由股东按照出资比例行使表决权”；第17条约定“股东会会议应对所议事项作出决议，决议应由代表1/2以上表决权的股东表决通过，但股东会对公司增加或减少注册资本、分离、合并、解散或变更公司形式、修改公司章程所作出的决议，应由2/3以上表决权的股东表决通过”，公司章程还规定了其他事项。

原审法院（2013）青民二商终字第782号民事判决认定了郝国瑞不能取得杰盛公司的股东身份，驳回了其享有登记在李秀针名下的公司股权的诉讼请求。

青岛瑞丰德不锈钢有限公司擅自于2003年4月在李沧区南王家上流村东南、青台山以西、毛杨路以东，占用该村集体土地建住宅楼，并擅自向外出售。后被有关执法部门查实并处罚，后经青岛市政府研究批准，对该违法建筑按相关程序进行拍卖、完善手续。最终杰盛公司竞拍得到该项目，并按有关规定取得了相关建设手续。

……

2011年12月9日，杰盛公司与青岛市国土资源和房屋管理局签署(青土交字〔2011〕第33号)《成交确认书》。确认：杰盛公司竞得位于李沧区广水路以北、43号线以西面积34,683.5平方米的国有建设用地使用权。同日，杰盛公司与李沧区政府签订《地上建筑物移交协议书》约定，还约定了办理完善相关手续等事宜。

2011年12月22日，杰盛公司与青岛市国土资源和房屋管理局签订《国有建设用地使用权出让合同》，合同约定了土地使用权出让价为65,641,770元，出让年限自2005年1月25日起70年等相关条款。

2012年9月21日，杰盛公司缴纳了全部土地出让金、契税后，依法取得了青房地权市字第20××85号《房地产权证》。

2012年11月6日，李沧区发展和改革局向杰盛公司下发(李沧发改〔2012〕198号)《关于青岛杰盛置业有限公司李沧区广水路9号商品房项目备案的通知》。

2012年11月21日，青岛市房地产开发管理局向杰盛公司下发(青房房字〔2012〕60号)《关于适园商品房项目住房套型结构比例有关问题的批复》。

2012年12月14日，青岛市规划局颁发向杰盛公司颁发的编号为(建字第370200201214024号)《建设工程规划许可证》。

2013年1月14日，青岛市规划局向杰盛公司颁发(青规规审字〔2013〕2号)《建设工程规划方案审查意见书》。

2013年3月12日，青岛市环境保护局李沧分局向杰盛公司下发编号为(青环李审〔2013〕55号)《关于青岛杰盛置业有限公司“适园”商品房建设项目环境影响报告表的批复》。

2013年3月26日，青岛市市政公用局向杰盛公司颁发编号为[青市政公用(规划设计条件)准字〔2013〕006号]《市政公用局准予行政审批决定书》。

2013年4月8日，青岛市城乡建设委员会向杰盛公司颁发编号为[青房建条件字〔2013〕007号]《房地产开发项目建设条件意见书》。

2013年4月24日，青岛市建设工程施工图设计审查中心向杰盛公司颁发编号为(2013－025)《青岛市建设工程施工图设计文件审查鉴定意见》，鉴定认为：该工程各专业按鉴定意见修改后的施工图纸设计文件符合当时有效的国家和地方规范性标准要求，施工图设计文件鉴定合格。

2013年9月5日，青岛市城阳区上马建筑工程有限公司中标为“适园”商品房建设项目的总包。

2013年9月5日，青岛市天平工程咨询有限公司中标为“适园”商品房建设项目的监理。

2013年10月23日,青岛市城乡建设委员会向杰盛公司颁发编号为370213201310230101的《建设工程施工许可证》。

2013年10月23日,杰盛公司与青岛市城市建设档案馆签订《建设工程档案移交合同书》。

2013年10月29日,杰盛公司取得公安天水路派出所关于"适园"商品房建设项目的门牌证明。

2013年11月4日,杰盛公司取得青岛市白蚁防治研究所的批复。

原审法院还查明,杰盛公司自成立以来至目前,仅仅经营了本案所涉房地产项目。杰盛公司自成立以来,曾多次预备召开股东会,但因两股东之间存在矛盾,终未实际召开成股东会。青岛市李沧区东部办公室工作人员,在原审法院调查时称,约600户原购房户因房屋手续一直未办理完毕,多次聚众上访。

经原审法院多次调解,各方当事人之间终未达成一致意见。

裁判结果

一审法院判决:驳回李秀针的诉讼请求。

二审法院判决:驳回上诉,维持原判。

法院观点

本案双方当事人争议焦点为杰盛公司是否符合公司解散条件。《公司法规定(二)》第1条第1款规定:"单独或者合计持有公司全部股东表决权百分之十以上的股东,以下列事由之一提起解散公司诉讼,并符合公司法第一百八十三条规定的,人民法院应予受理:(一)公司持续两年以上无法召开股东会或者股东大会,公司经营管理发生严重困难的;(二)股东表决时无法达到法定或者公司章程规定的比例,持续两年以上不能做出有效的股东会或者股东大会决议,公司经营管理发生严重困难的;(三)公司董事长期冲突,且无法通过股东会或者股东大会解决,公司经营管理发生严重困难的;(四)经营管理发生其他严重困难,公司继续存续会使股东利益受到重大损失的情形。"本案李秀针持有杰盛公司50%股权,其有权提出解散公司之诉。本案杰盛公司仅有李秀针和薛晓明两名股东,两人各占50%的股份,杰盛公司章程规定"股东会决议应由代表1/2以上表决权的股东表决通过",因此只要两名股东的意见存在分歧、互不配合,就无法形成有效表决。杰盛公司已持续两年以上未召开股东会,无法形成有效股东会决议,杰盛公司经营管理已发生严重困难。

《公司法》(2005年修订)第183条规定:"公司经营管理发生严重困难,继续存续会使股东利益受到重大损失,通过其他途径不能解决的,持有公司全部股东表决权百分之十以上的股东,可以请求人民法院解散公司。"从该规定可以看出解散公司除要求公司经营管理发生严重困难外,还必须同时具备其他两个条件:继续存续会使股东利益受到重大损失;通过其他途径不能解决。本案杰盛公司不符合公司解散的该两项条件。

一、杰盛公司自成立以来仅仅经营了本案所涉房地产项目,且该项目具有特殊性,原系违法建筑,杰盛公司通过拍卖受让该项目后,完善了该项目的建设开发手续,取得了 99 套房屋的预售许可证,现本案所涉房地产项目已具备对外销售条件,杰盛公司现处于投资收益回收阶段。如果杰盛公司解散,杰盛公司所经营的房地产项目将无法对外销售,房屋产权手续更无法办理,杰盛公司的投资及收益将无法收回,进而会造成股东利益的重大损失,所以杰盛公司解散反而会使股东利益受到重大损失。

二、公司强制解散作为股东矛盾无法解决的最后手段,应为股东穷尽一切救济途径之后方得采取。本案李秀针在上诉状中提出其与第三方协商,第三方承诺以 2 亿元收购杰盛公司的股权。李秀针所提方案是以杰盛公司继续存续不予解散为前提。从李秀针所提方案可以看出即使杰盛公司经营管理发生严重困难,也可通过其他途径予以解决。对李秀针所提出的杰盛公司应予解散的其他事由,其均可通过解散公司之外的其他救济途径予以解决,而不能成为李秀针主张杰盛公司应予解散的正当理由。关于李秀针主张的工商登记中的股东会决议是虚假的,其可以提出股东会决议撤销之诉。关于李秀针主张杰盛公司与青岛瑞丰德不锈钢有限公司虚构债务,并认为原北京雍伦佳苑房地产开发有限公司对地上建筑工程费用享有权益,该地上建筑工程费用由谁享有,可由原北京雍伦佳苑房地产开发有限公司的权利承继主体与青岛瑞丰德不锈钢有限公司协商解决。关于李秀针主张其查阅公司账目权利无法得到保障,其可以行使股东知情权。关于李秀针主张涉案房地产项目已向社会出售 568 户是虚假的,如李秀针认为已向社会出售 568 户的事实系虚假的,且损害了其股东权益,其可以申请对公司账目进行审计。

金讼圈提示

公司的控制权争夺是股东纠纷最常见的争议。对于公司的实际控制,首先,要考虑的是股权控制,即设计合理的股权结构比例;其次,还要在决策权、经营权、人事权、财务权、薪酬制定权、印鉴证照保管权等分配和操作层面进行合理安排,并在公司章程和基本管理制度中总予以体现。

048 股东请求查阅公司原始会计凭证可获法院支持吗?

案例索引

北京房建投资集团有限公司与常友股东知情权纠纷案;北京市第二中级人民法院于2016年3月28日作出的(2015)二中民(商)终字第13572号民事判决书。

交易结构图

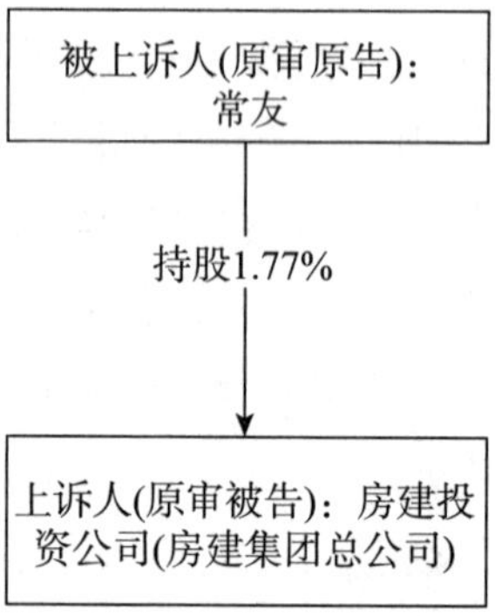

金讼圈导读

一、本案例是关于在一定条件下股东要求查阅原始会计凭证行使知情权得到一、二审法院支持的股东知情权纠纷案例。

二、对法律文书邮寄送达、查阅会计账簿的目的正当性、查阅会计凭证的现实需求及合理性、非公司制以外经济组织知情权等问题,法院给予了明确观点。

三、本文的亮点在于法院支持股东查阅公司原始会计凭证的观点及论证理由非常合情合理,符合股权知情权的立法宗旨和目的,值得一读。

裁判规则

一、公司制以外的其他经济组织、企业、社会团体、事业单位和国家机关均不存在《公司法》意义上的股东以及股东特有的对公司的知情权利。

二、根据《公司法》第33条第2款规定,股东要求查阅公司会计账簿的,应当先向公司提出书面请求,说明目的。快递详情单已经注明邮寄文件名称,若收件人收到无内件快递,既未向寄件人或快递公司查询,诉讼中又未能提交任何证据证明其理由的成立,其主张快递袋内无邮寄文件之理由法院不予支持。

三、虽然我国《公司法》没有明确赋予有限责任公司的股东查阅公司会计凭证的权利(新的司法解释已有规定),但亦没有设定禁止有限责任公司的股东查阅公司会计凭证等公司的其他会计资料的规定。有限责任公司的股东查阅公司会计凭证等公司的会计资料和财务文件既不属于违法行为,也不与法相悖。

四、鉴于股东通过查阅原始凭证,可以核实会计账簿的内容,详细了解公司的具体经营活动,不查阅原始凭证,股东可能会无法准确了解公司真正的经营状况,故股东要求查阅公司会计凭证的诉讼请求符合股东知情权之立法目的。

案情介绍

上诉人(原审被告):北京房建投资集团有限公司。

被上诉人(原审原告):常友。

上诉人北京房建投资集团有限公司因与被上诉人常友股东知情权纠纷一案,不服北京市房山区人民法院(2015)房民(商)初字第08875号民事判决,向本院提起上诉。

房建投资公司的前身为房建集团总公司,于1988年5月12日成立。2002年8月2日,房建集团总公司向房山区政府提交了《关于北京市房山区建筑集团总公司股份改造方案的请示》,房山区政府于2002年8月14日作出房政函(2002)30号批复,同意房建集团总公司进行股份制改造,改造后名称变更为北京房建投资管理有限责任公司,经济性质为有限责任公司;确认房建集团总公司净资产经评估为21,493.88万元;产权界定为房建集团总公司劳动者集体所有;改造后新公司总股本为21,493.88万元,由共同共有资产管理委员会、王会等43名股东持股,其中共同共有资产管理委员会持股11,525.94万元,占53.62%,为公司全体职工共同所有,根据相关规定,登记设立"共同共有资产管理委员会",持有并管理这部分股权;王会等42名自然人持股合计9967.94万元,占46.38%。其中常友的现金认购股份16.50万元,奖励股份78.67万元,合计95.17万元。

2003年3月6日,房建集团总公司向工商行政管理部门申请企业改制登记,将企业类型由集体所有制变更为有限责任公司。2003年5月6日,房建集团总公司名称变更为北京房建投资管理有限责任公司,后北京房建投资管理有限责任公司名称变更为房建投资公司。

北京房建投资管理有限责任公司章程显示常友的出资方式为购买净资产16.5万元、奖励净资产78.67万元,出资额为95.17万元,所占比例为0.44%。2005年7月30日的北京房建投资管理有限责任公司章程修正案显示,常友的出资方式为购买净资产76.9万元、奖励净资产303.96万元，出资额为380.86万元，所占比例为1.77%。2012年6月12日的房建投资公司的章程显示，常友的出资方式为购买净资产76.9万元、奖励净资产303.96万元，出资额为380.86万元，所占比例为1.77%。

2015年4月14日，邹俭伟受王金兰、李希双、常友、夏明宇、陈振魁、李金坡、高学军、安奎英、尹泽远、王军、李春兰、李秀海、胡洁涛、师本祯、贾银的委托，以EMS向房建投资公司寄出《请求查阅和复制公司材料的书面申请》(以下简称《书面申请》)，该申请书的主要内容为："北京房建投资集团有限公司并王会：依据北京市房山区人民政府(房政函〔2002〕30号)《关于北京市房山区建筑企业集团总公司实施股份制改造的批复》，申请人作为北京房建投资集团有限公司股东，公司自2002年8月改制完成之日起至今多年未通知我参加股东会会议，也从未向我递送过财务会计报告，也未告知我公司经营情况，导致我对公司经营现状一无所知，并且公司经营多年未发放过红利，使我作为股东权益受到了严重侵害。为了解公司实际情况，维护自己的合法权益，我作为公司股东，现依据《公司法》第33条的规定和《公司章程》股东权利的规定，依法行使股东对公司的知情权。现我准备于2015年4月30日，在公司住所地查阅或复制公司自2002年改制至今的所有资料(含股东会会议记录、董事会会议决议、监事会会议决议和财务会计报告、公司会计账簿及凭证等)，特对公司提出书面申请，望公司准备好所有材料，以书面形式答复各位申请人。"王金兰、李希双、常友、夏明宇、陈振魁、李金坡、高学军、安奎英、尹泽远、王军、李春兰、李秀海、胡洁涛、师本祯、贾银在该申请的第二页签名确认。EMS寄单封面显示寄件人为"邹俭伟"，收件人为"王会"，收件人电话为"×××"，公司名称为"北京房建投资集团有限公司"，收件人地址为"北京市房山区×××"，内件品名显示为"请求查阅和复制公司资料的书面申请"，快递单号为"1085017348713"。快递查询结果显示为"2015年4月15日上午11:44:04[北京市]投递并签收。签收人：他人收，史月欢"。房建投资公司在2015年4月15日后的15日内未予以书面答复。

一审庭审中，房建投资公司认可该公司的实际经营场所在北京市房山区×××，"×××"为该公司电话，史月欢为该公司职员。

另外，因本案当事人常友申请，本院依法从中国邮政速递物流股份有限公司北京分公司(以下简称速递公司)的房山投递点调取了由投递局存留的EMS国内标准快递详情单(编号为1085017348713)第一联的扫描件(以下简称"快递详情单第一联")。经本院庭审质证，双方当事人对由投递局存留的"快递详情单第一联"的真实性、客观性、关联性均无异议。房建投资公司的委托代理人史月欢亦当庭认可该"快递详情单第一联"签收人处的签收人签字，是史月欢本人书写，并认可签收了该快递件。

裁判结果

一审法院判决：一、北京房建投资集团有限公司于判决生效之日起 10 日内将北京房建投资集团有限公司自 2002 年 1 月至 2015 年 4 月 14 日的公司会计账簿（含总账、明细账、日记账、其他辅助性账簿）和会计凭证（含记账凭证、相关原始凭证及作为原始凭证附件入账备查的有关合同等相关资料）供常友查阅。二、北京房建投资集团有限公司于判决生效之日起 10 日内将北京房建投资集团有限公司自 2002 年 1 月至 2015 年 4 月 14 日的章程、股东会会议记录、监事会会议决议供常友查阅和复制。

房建投资公司不服一审法院判决，提起上诉。二审法院判决：一、维持北京市房山区人民法院（2015）房民（商）初字第 08875 号民事判决第二项；二、撤销北京市房山区人民法院（2015）房民（商）初字第 08875 号民事判决第一项；三、北京房建投资集团有限公司于本判决生效之日起 30 日内提供北京房建投资集团有限公司自 2003 年 5 月 6 日至 2015 年 4 月 14 日的公司会计账簿（含总账、明细账、日记账、其他辅助性账簿）和会计凭证（含记账凭证、相关原始凭证及作为原始凭证附件入账备查的有关合同等相关资料）供常友查阅；四、驳回常友的其他诉讼请求。

法院观点

在本院审理期间，本案双方当事人之间的争议焦点仍然集中在三个方面：其一，常友提交的证据是否足以证明其履行了要求查阅公司会计账簿的前置程序；其二，常友是否有权要求查阅房建投资公司的会计凭证；其三，2002 年 1 月至 2003 年 5 月 6 日期间常友对房建投资公司是否享有股东知情权。

依照《民事诉讼法》第 168 条、《民诉法解释》第 323 条的规定，针对房建投资公司的上诉请求和理由、当事人双方的争议焦点、本案相关法律适用问题，本院认为：

一、关于常友是否履行了要求查阅公司会计账簿的前置程序问题

根据《公司法》第 33 条第 2 款之规定，有限责任公司股东要求查阅公司会计账簿的，应当向公司提出书面请求，说明目的。故在履行查阅公司会计账簿的前置程序中，股东既应当向公司提出书面的请求，也应当采取有效方式将该请求送达公司。

根据在案证据之“快递详情单第一联”、常友提交的通过互联网查询 EMS 国内标准快递投递结果的打印单、房建投资公司委托代理人史月欢当庭对其本人在“快递详情单第一联”上签名的确认与陈述，足以证明房建投资公司收到了前述 EMS 快递。房建投资公司在本院二审期间提出，虽然“快递详情单第一联”上有史月欢的签字，但仍然不能证明该快递袋内确实装有《书面申请》。对此，本院认为，快递详情单是附在快递内件封装袋表面的,在该快递详情单的“内件品名”一项中,寄件人已注明该快递内件为:“请求查阅和复制公司资料的书面申请”。因此,即便不拆封该快递封装袋,房建投资公司也可以知悉寄件人意图和内件的性质;若房建投资公司收到无内件快递,在房建投资公司足以知悉快递内件性质的前提下,既未向寄件人或快递公司查询,也未向公司股东询问核实,诉讼中又未能提交任何证据证明其理由的成立,故其主张快递袋内无《书面申请》之理由本院不予采信。综上,关于房建投资公司称常友没有履行要求查阅公司会计账簿的前置程序的上诉理由不能成立,本院予以驳回。

二、关于一审法院判决支持常友查阅会计凭证的诉讼请求是否与法相悖的问题

房建投资公司上诉认为:《公司法》仅规定股东有权查阅公司会计账簿,并没有规定股东有权查阅公司的会计凭证,会计账簿虽然是依据会计凭证登记形成的,但会计凭证每年都要经过会计师事务所的审计,并审核通过财务会计报告,股东完全可以通过查阅会计账簿及财务会计报告来了解公司的经营情况,一审法院判决支持常友查阅原始凭证,不但没有实际意义,而且与法相悖,故一审法院判决应予撤销。对于房建投资公司所提此点上诉理由,本院认为,根据现行的会计法律制度,会计账簿是以经过审核的会计凭证为依据,按照不同的会计科目登记造册而形成。会计账簿与会计凭证之间的确是既有密切联系,又相对独立的,二者显然不是同一概念。虽然我国《公司法》没有明确赋予有限责任公司的股东查阅公司会计凭证的权利,但亦没有设定禁止有限责任公司的股东查阅公司会计凭证等公司的其他会计资料的规定。因此,除法律规定或者当事人自愿约定的限制性情形以外,股东对公司的经营情况和财务状况皆有知情权。有限责任公司的股东查阅公司会计凭证等公司的会计资料和财务文件既不属于违法行为,也不与法相悖。本案当事人双方因作为股东的常友能否查阅房建投资公司的会计凭证等会计资料和财务文件而产生争议诉至法院,人民法院有权依据相关法律的基本原则和法律规定,结合案件的具体情况,对当事人之间的争议作出裁判。就本案而言,房建投资公司《公司章程》第5章“股东的权利和义务”第7条赋予了公司股东享有“了解公司经营状况和财务状况”的权利。同时该《公司章程》第9章第27条亦明确规定了房建投资公司“应在每一会计年度终了时制作财务会计报告,依法经审查验证于第二年2月15日前送交各股东”。常友自房建投资公司改制时即成为该公司股东,但至本案诉讼期间,没有证据证明房建投资公司依照公司章程的规定向常友送交过公司财务会计报告,使作为房建投资公司股东的常友对公司财务状况长期处于不了解的状态。因此,针对本案的实际情况及当事人之诉争,一审法院判决房建投资公司向常友提供公司会计凭证(含记账凭证、相关原始凭证及作为原始凭证附件入账备查的有关合同等相关资料)供常友查阅并不与法相悖,且具有实际意义。房建投资公司提出一审判决支持常友查阅会计凭证的诉讼请求既无法律依据也无实际意义,且与法相悖,应予撤销的上诉理由,本院不予支持。

三、关于自2002年1月至2003年5月6日期间常友对房建投资公司是否享有股东知情权的问题

公司股东享有对公司的知情权是《公司法》赋予公司股东的法定权利,其专有属性和特定含义是显而易见的。公司制以外的其他经济组织、企业、社会团体、事业单位和国家机关均不存在《公司法》意义上的股东以及股东特有的对公司的知情权利。在案证据已经证明,2002年8月14日房山区政府批复同意房建集团总公司股份制改制方案,这标志着房建集团总公司股份制改制工作的启动;2003年5月6日工商行政管理部门核准了房建投资公司由集体所有制企业改制为有限责任制公司的登记注册,至此房建集团总公司股份制改造全部完成,有限责任制的房建投资公司由此设立。在房建投资公司作为有限责任制公司设立之时,也就同时产生了有限责任制公司意义上的股东和依附于股东的知情权。所以,2003年5月6日以前,房建集团总公司不属于《公司法》意义上的有限责任公司,因而也就不存在《公司法》意义上的公司股东,当然也就谈不上依附于股东的知情权。尽管房建投资公司系由房建集团总公司改制而来,二者在经营上存在连续性,但是,房建投资公司与房建集团总公司毕竟不是同一性质的公司,房建集团总公司不是《公司法》意义上的公司。将有限责任公司股东对公司的知情权任意扩大适用,无益于《公司法》社会作用的体现。鉴于本案当事人常友明确提出查阅时间截止到2015年4月14日,故常友查阅房建投资公司2003年5月6日起至2015年4月14日的公司会计凭证,不违反《公司法》的相关规定。

四、《民诉法解释》第323条规定,第二审人民法院应当围绕当事人的上诉请求进行审理

当事人没有提出请求的,不予审理,但一审判决违反法律禁止性规定,或者损害国家利益、社会公共利益、他人合法权益的除外。

本案房建投资公司在上诉书中明确提出的上诉请求是撤销一审判决第一项,并在二审开庭时再次明确其上诉请求只是要求撤销一审判决第一项。常友则在本院审理期间始终坚持要求维持一审判决。可见,当事人双方对一审判决房建投资公司向常友提交2002年1月至2015年4月14日的公司章程、股东会会议记录、监事会会议决议供常友查阅和复制均无异议。据此,本院依照前述《民诉法解释》第323条的规定,对当事人没有提出请求的不予审理。

金讼圈提示

《公司法规定(四)》第7~9条已有了明确的规定。

第7条规定:“股东依据公司法第三十三条、第九十七条或者公司章程的规定,起诉请求查阅或者复制公司特定文件材料的,人民法院应当依法予以受理。

“公司有证据证明前款规定的原告在起诉时不具有公司股东资格的,人民法院应当驳回起诉,但原告有初步证据证明在持股期间其合法权益受到损害,请求依法查阅或者复制其持股期间的公司特定文件材料的除外。”

第8条规定:“有限责任公司有证据证明股东存在下列情形之一的,人民法院应当认定股东有公司法第三十三条第二款规定的‘不正当目的’:

“(一)股东自营或者为他人经营与公司主营业务有实质性竞争关系业务的,但公司章程另有规定或者全体股东另有约定的除外;

“(二)股东为了向他人通报有关信息查阅公司会计账簿,可能损害公司合法利益的;

“(三)股东在向公司提出查阅请求之日前的三年内,曾通过查阅公司会计账簿,向他人通报有关信息损害公司合法利益的;

“(四)股东有不正当目的的其他情形。”

第9条规定:“公司章程、股东之间的协议等实质性剥夺股东依据公司法第三十三条、第九十七条规定查阅或者复制公司文件材料的权利,公司以此为由拒绝股东查阅或者复制的,人民法院不予支持。”

第七章 基 金 篇

049 合伙型私募基金合同保底条款是否有效?

案例索引

山东省济南市中级人民法院韩旭东与于传伟等股权转让纠纷(2014)济商初字第140号一审民事判决书。

交易结构图

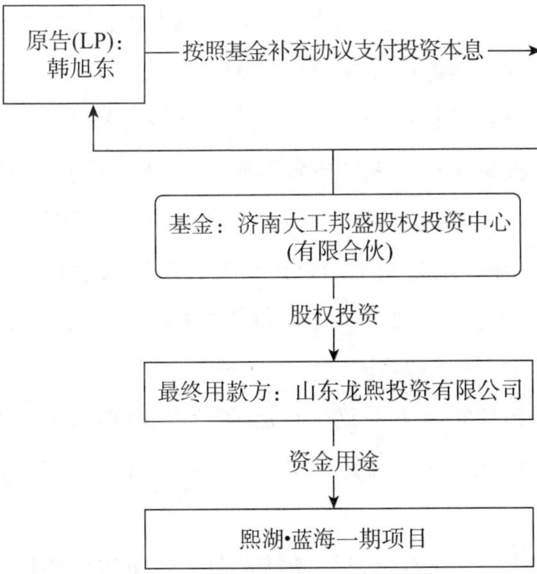

金讼圈导读

由于判决书没有进行详细的论证甚至没有引用具体法律条款，笔者认为关于合伙企业的合伙协议保底条款不宜一律认定无效，并在“点睛提示”环节进行了简单论证。

裁判规则

一、有限合伙企业的合伙协议对投资人约定了保底收益，违反了合伙企业法关于风险共担的规定，属于无效条款，但不影响整个合伙协议的效力。

二、对合伙企业的合伙投资份额依法可以转让，该合伙投资份额对应权利义务同时概括转移受让方，内容实质上类似股权转让，合法有效，受让方应当支付相应转让价款。

案情介绍

原告：韩旭东。

被告：于传伟、创投公司。

2011年7月10日，韩旭东与于传伟、创投公司签订合伙协议一份。协议约定：济南大工邦盛股权投资中心（有限合伙）（以下简称邦盛公司），于传伟为普通合伙人，韩旭东、创投公司为有限合伙人。合伙人平均分配利润，于传伟认缴出资8000万元，实缴1800万元，创投公司认缴1000万元，实缴200万元，韩旭东认缴1000万元，实缴1000万元。剩余分期交付的缴费期限为2013年5月29日。

韩旭东与于传伟、创投公司签订地产基金一期合伙协议之补充协议一份。补充协议约定：地产基金一期定向投资于山东龙熙投资有限公司熙湖·蓝海一期项目。期限为本协议签署之日起18个月。韩旭东仅作为地产基金一期有限合伙人。有限合伙人可以向合伙人以外的人转让在合伙企业中的财产份额，在同等条件下，其他合伙人有优先购买权。对地产基金一期投资收益，韩旭东每年取得投资额的25%的收益，每6个月支付一次，无法支付的由于传伟弥补。

上述协议签订前后，于传伟实缴出资800万元，创投公司实缴出资200万元，韩旭东实缴出资1000万元，合计出资2000万元。2011年8月3日，邦盛公司取得合伙企业营业执照。

2014年3月17日，韩旭东与邦盛公司、于传伟、大工公司签订协议书一份。协议书约定：韩旭东自2014年3月17日起将在邦盛公司的1000万元份额转让给于传伟，于传伟支付韩旭东1000万元作为受让价款，该份额对应权利义务同时概括转移给于传伟；于传伟分期支付韩旭东投资款：2014年4月30日前支付200万元；2014年9月8日前支付300万元；2014年12月30日前支付300万元；2015年2月19日前支付200万元。于传伟按上述约定按期付款的情况下，韩旭东自愿放弃应得收益213万元。大工公司对于传伟的上述付款承担连带清偿责任。

协议签订后，经韩旭东多次催要，于传伟分文未付。韩旭东称，于传伟以其行为表明不会履行合同，构成预期违约。韩旭东主张合伙18个月期间韩旭东应得收益款213万元，但没有证据证明合伙项目存在收益。庭审中，创投公司没有要求按照比例受让韩旭东的份额。

韩旭东请求法院判令：于传伟支付转让款1000万元、收益款213万元；于传伟支付违约金，每期到期之日按照中国人民银行同期贷款利率计算，计算到判决之日承担违约责任。被告大工公司对于传伟的债务承担连带清偿责任。

裁判结果

一、被告于传伟于本判决生效之日起10日内支付原告韩旭东转让款1000万元及利息（自2014年4月30日起以200万元为基数、自2014年9月8日起以300万元为基数、自2014年12月30日起以300万元为基数、自2015年2月19日起以200万元为基数，按照中国人民银行同期贷款利率计算至本判决生效之日止）；二、被告山东大工建设工程有限公司对本判决第一项所确定的债务承担连带清偿责任；三、驳回原告韩旭东的其他诉讼请求。

法院观点

韩旭东与于传伟、创投公司签订的合伙协议、补充协议均系当事人之间真实意思表示，均合法有效。上述协议签订后，韩旭东依约实缴了出资，于传伟、创投公司实缴了部分出资，依约成立了合伙企业邦盛公司。但是，补充协议约定了韩旭东保底收益，违反了公司法关于风险共担的规定，属于无效条款，但不影响整个补充协议的效力。

在补充协议约定的合伙期限到期后，韩旭东与邦盛公司、于传伟、大工公司签订协议书系当事人之间真实意思表示，合法有效。根据协议书的约定，韩旭东将在邦盛公司的1000万元份额转让给于传伟，于传伟支付韩旭东1000万元作为受让价款，该份额对应权利义务同时概括转移给于传伟；于传伟分期支付韩旭东投资款。因此，该协议约定的是韩旭东将其在邦盛公司的出资份额转让给于传伟，在内容实质上是股权转让。因此，于传伟称韩旭东系退伙、邦盛公司需要清算的主张不能成立。本案案由应当定为股权转让合同纠纷。故按照协议的约定，于传伟应当按照约定向韩旭东支付转让份额的款项1000万元。因为补充协议约定的保底条款无效，韩旭东要求213万元利润的主张不能成立。

于传伟没有依照合同的约定按期支付转让款，应当承担逾期还款的违约责任。故韩旭东要求于传伟按照中国人民银行同期贷款利率计算的违约金的主张成立，本院予以支持。

大工公司承诺对于传伟的还款承担连带保证责任。故韩旭东要求大工公司承担连带责任的主张成立，本院予以支持。

金讼圈提示

一、合伙企业的合伙协议签订的保底条款是否有效，理论界、实务界均存在较大争议，一直没有定论，尤其是合伙型私募基金保底条款效力问题还在持续讨论。这也是"契约自由"与"契约正义"的平衡与较量。

二、《中华人民共和国合伙企业法》(以下简称《合伙企业法》)第33条第2款虽然属于强制性规范，但是否属于效力性强制规范存在争议。《合同法解释(二)》规定只有违反效力性的强制规范才无效，违反管理性规范并不当然无效。效力性规范是指法律及行政法规明确规定违反该类规定将导致合同无效的规范，或者虽未明确规定违反之后将导致合同无效，但若使合同继续有效将损害国家利益和社会公共利益的规范。

三、笔者认为：从《合伙企业法》第33条第2款的规范性质、规范指向、规范意图及利益衡量等角度综合分析，很难得出是效力性强制规范的结论，合伙企业的合伙协议保底条款不一定无效，需要分情况对待：

1.《合伙企业法》第33条第2款未明确规定违反此类规范将导致合同无效，故本条很难说是效力性强制规范。

2. 合伙企业的GP对外承担无限连带责任而LP承担有限责任；GP与LP之间对内契约自由并自愿承担合同责任。合伙协议的保底条款如果LP仅仅针对的是GP，而非针对合伙企业本身(就像股权投资领域的对赌协议的效力一样，只要没有针对目标公司就是有效的)，自然不会损害债权人利益，很难说无效；但如果该保底条款是要合伙企业本身承担回购或补偿义务，则会损害债权人利益，应认定无效。

3. 如果是单纯以外部第三方担保形式的保底保收益条款，则属于一般的合同担保法律关系，如无《担保法》规定无效的情形，则应认定为有效。

4. 如果是股权类合伙型基金，保底条款一般应认定有效；但如果是证券类合伙型基金，由于保底条款违反了证监会《证券期货经营机构私募资管运作暂行规定》等金融监管强制性规定，破坏了国家金融监管秩序，也会让 GP 铤而走险操纵市场，进而危及国家金融安全和损害社会公共利益，应认定无效。

四、特别注意：虽然合伙企业的合伙协议保底条款不一定无效，但有违反"利益共享，风险共担"的基本商业原则，可能构成显失公平而属于可撤销的合同，或构成借贷等其他法律关系。

五、如果是合伙型私募基金，保底条款会违反私募基金行业的自律监管而遭受监管部门的处罚和行业协会的处分，严重影响商业信誉。

六、笔者建议：当事人应该本着诚实信用、等价有偿、公平合理的民事法律原则和合规自律的精神，签订合伙协议，避免纠纷争议，谨慎设计和签订保底条款。

050 PE 投资受到欺诈可否撤销增资协议？

案例索引

广州市越秀区人民法院(2014)三民初字第 61 号民事判决书；广州越秀新兴产业创业投资合伙企业(有限合伙)诉健盛食品股份有限公司等合同纠纷案。

交易结构图

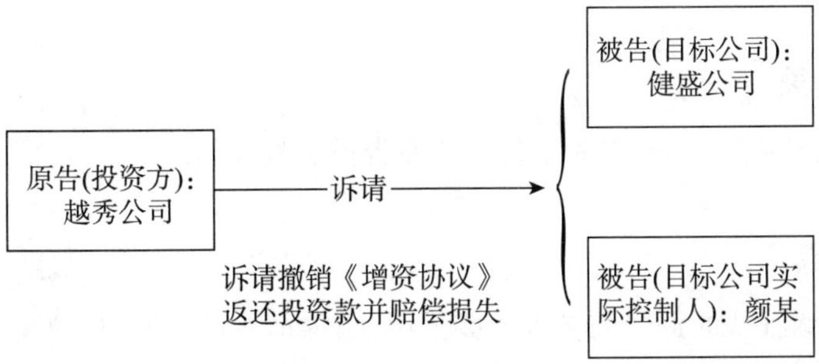

金讼圈导读

本案是一起关于PE撤资退出的典型案例。当目标公司实际控制人故意隐瞒债务或改变投资款用途,投资人如何保护自身权益?撤销权不失为一种有效的法律手段。另外,合同撤销后如何主张赔损失,参见下页的“金讼圈提示”。

裁判规则

一、公司及其实际控制人向股权投资人完整、正确地披露公司情况,是其法定义务也是其缔约义务。

二、公司及其实际控制人故意隐瞒债务,欺诈投资人,使投资人违背真实意思进行投资,投资人有权请求人民法院撤销《增资协议》。

案情介绍

原告:越秀公司。

被告:健盛公司及其实际控制人颜某。

原告诉称:1. 被告提供给原告的审计报告所载公司数据严重造假,收入及利润严重被夸大;2. 被告有预谋地在原告的增资款到账后,将增资款用于归还颜某的个人因开发房地产失败所欠的巨额高利贷;3. 原告依据被告提供的虚假财务资料对被告健盛公司进行的投资行为严重违背原告真实意愿,并已经造成原告重大损失,增资协议书依法应当撤销。

综上,原告认为被告的上述行为已构成严重欺诈,请求法院撤销《增资协议书》并要求返还投资款仅利息。

被告认为:1. 审计报告合法有效,并不是虚假的财务数据;2. 增资款用于公司经营,并未用来归还个人债务;3. 原告认为被告“未披露公司诉讼和对外担保情况”,臆断认为被告当时存在诉讼和对外担保,与事实不符,且证据不足。

裁判结果

撤销《增资协议书》,并判令被告返还原告投资款及利息。

法院观点

本案的争议焦点是原告与被告健盛公司、颜耀军签订《增资协议书》时,被告是否存在欺诈行为的问题。

根据全国法院执行网及诉讼查询统计,证明原告与被告签订《增资协议书》前后,被告涉及多笔民间借贷或担保等债务,但审计报告中未予披露。被告颜某承诺,在原告登记为公司股东之前,除已经向原告披露的情形之外,被告健盛公司及原股东并未签署任何担保性文件,不存在任何未披露的债务和责任。但事实上,被告存在巨额债务问题,且健盛公司对外提供了无限连带保证担保。

综上,被告以故意隐瞒债务的欺诈手段,使原告在不明真相情况下违背真实意思,与被告签订了《增资协议书》并支付投资款 1500 万元。原告作为受损害方有权请求人民法院撤销与被告签订的《增资协议书》。

金讼圈提示

一、投资必须慎重。投资方应聘请专业机构做好尽职调查,在全面了解目标公司资信、财务状况后再行投资。

二、注重诉讼时效。合同的撤销权是知道或应当知道权益受到侵害之日起一年内可请求撤销。

三、赔偿责任条款的事先约定。想要撤销合同,就要证明权益受到侵害、证明损害有多少。本案中,法院最终判决被告返还原告投资款并支付利息,但该利息是按银行同期贷款利率计算,数额并不高。

四、笔者认为本合同撤销的过错在于被告,若能在协议中事先约定赔偿责任,则能进一步保护原告的利益。

051　GP 用虚假 FOT 交易结构宣传募资 LP 可否撤销合同?

案例索引

柳丽萍与上海抽明投资中心(有限合伙)等合伙协议纠纷上诉案;上海市第一中级人民法院于 2015 年 11 月 20 作出的日(2015)沪一中民四(商)终字第 1669 号民事判决书。

交易结构图

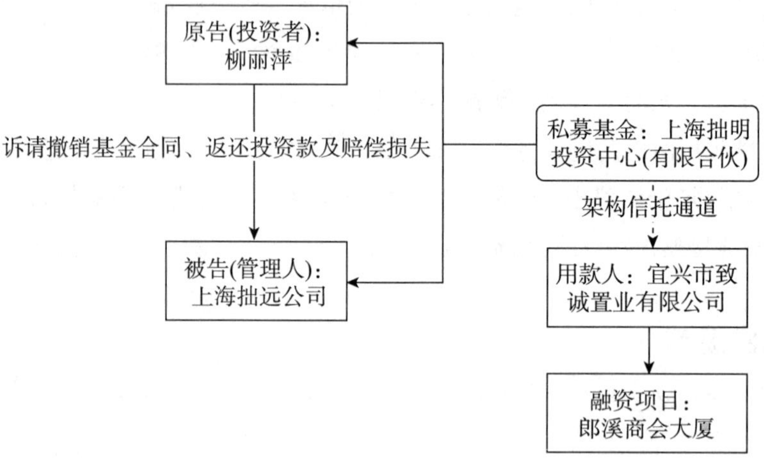

金讼圈导读

本案是关于私募基金管理人虚构FOT(信托中的基金)交易结构进行资金募集,后直接委托银行放贷给投资项目,结果发生兑付困难,投资人提起基金合同(合伙协议)撤销之诉的案例。

裁判规则

一、一方当事人故意告知对方虚假情况,或者故意隐瞒真实情况,诱使对方当事人作出错误意思表示的,可以认定为欺诈行为。

二、合伙型私募基金及基金管理人(GP)在未与××信托公司就投资××项目进行业务合作的情况下,即与投资人(LP)签订系争合伙协议(基金合同),并以××信托——××大厦投资基金(FOT)项目名义收取相关款项,属于法律认定的欺诈行为。

三、依据合同法相关司法解释的规定,债权人行使撤销权所支付的律师代理费等必要费用,由债务人负担。

案情介绍

上诉人(原审原告):柳丽萍。

被上诉人(原审被告):上海拙明投资中心(有限合伙)。执行事务合伙人上海拙远投资管理有限公司。

被上诉人(原审被告):上海拙远投资管理有限公司。

上诉人柳丽萍因与被上诉人上海拙明投资中心(有限合伙)(以下简称拙明中心)、上海拙远投资管理有限公司(以下简称拙远公司)合伙协议纠纷一案,不服上海市浦东新区人民法院(2015)浦民二(商)初字第14号民事判决,向本院提起上诉。

2014年2月12日,柳丽萍与拙远公司签订《上海拙明投资中心(有限合伙)合伙协议》,协议约定合伙目的为认购华澳国际信托有限公司(以下简称华澳信托)单一资金信托计划的形式投资于宜兴市致诚置业有限公司(以下简称致诚置业),用于郎溪商会大厦绿化配套工程建设。投资期限自新合伙人加入本有限合伙之日起不超过12个月。合伙期满,经全体合伙人同意,可以延长。有限合伙的普通合伙人为拙远公司。普通合伙人对于有限合伙的债务承担无限连带责任。拙远公司、拙明中心、柳丽萍均于协议尾部签章。

2014年2月12日,,柳丽萍与拙远公司签订《上海拙明投资中心(有限合伙)有限合伙份额认购协议》,约定募集资金的目的为合伙企业将募集资金直接或间接投资于华澳信托单一资金信托计划为致诚置业发放贷款,柳丽萍承诺认缴出资人民币110万元。拙远公司、拙明中心、柳丽萍亦于该协议尾部签章。

2014年3月4日,拙远公司向柳丽萍出具《华澳信托—郎溪商会大厦投资基金(FOT)项目认购确认书》,确认柳丽萍投资的该基金项目已于2014年2月14日成立,柳丽萍出资金额为110万元,基金存续期为12个月,按照国家相关法律规定,存续期满后5个工作日内,以到期日基金财产为限计算投资者应得的本金及收益,并进行兑付。

2014年3月31日,拙远公司在其网站(http://zhuoyuancaifu.com)中发布关于"华澳信托—郎溪商会大厦投资基金"项目结构变更说明:由于银监会在2014年初出台窗口指导,明确表示各家信托公司暂时停止FOT结构的业务,使得华澳信托无法作为本项目的机构合作方,因此本着对投资者负责的态度,经公司风控委员会讨论,委托中国银行股份有限公司作为"郎溪商会大厦"项目资金监管方,为融资方致诚置业发放贷款……

2014年4月29日,拙远公司再次发布公告,告知投资者"华澳信托郎溪商会大厦"项目已于2014年3月正式募集结束。

2014年10月23日,江苏博望律师事务所受致诚置业的委托向拙明中心发函,确认致诚置业与拙明中心的借款金额为5131万元,致诚置业在其名下位于安徽省郎溪县的郎溪商会大厦土地及在建工程上设定了抵押权人为拙明中心的价值1.2亿元之抵押。郎溪商会大厦土地及在建工程之评估总价值为2.76亿元,抵押权利人设定为拙明中心之抵押价值为1.2亿元,远超拙明中心对致诚置业之债权金额。

2014年11月，拙远公司发出《郎溪商会大厦项目延期兑付公告》，说明由于各方面因素的影响，本项目无法如期兑付，本着对投资者负责的态度，经过与融资方多次协商确认，本项目将延期1年兑付，按投资者打款先后顺序，逐步清偿投资者本息，各投资者收益率增加1%，到期一次性还本付息。

另查明，《华澳信托·郎溪商会大厦投资基金（FOT）募集说明书》显示，该基金的管理人为拙远公司，融资方为致诚置业，产品类型为FOT，资金管理为华澳信托，资金用途为本有限合伙基金用于认购华澳信托单一资金信托计划为致诚置业发放贷款。

拙明中心与致诚置业签订的《郎溪商会大厦委托贷款项目兑付安排补充协议》约定，致诚置业向拙明中心借款5,131,000元，借款期限为12个月，实际采用了分批放款的方式，于2013年10月30日至2014年4月14日，通过中国银行屺亭支行发放委托贷款完毕。

致诚置业将名下资产位于安徽省郎溪商会大厦土地及在建工程，评估价值2.76亿元，全部抵押给拙明中心，用于担保本次借款。

柳丽萍认为，拙明中心和拙远公司采用虚构事实和隐瞒真相的方法促使柳丽萍作出错误意思表示与拙明中心和拙远公司缔结有限合伙法律关系的行为已构成欺诈。为此，柳丽萍诉至原审法院，请求判令：1.撤销柳丽萍与拙明中心和拙远公司签订的《合伙协议》；2.拙明中心和拙远公司向柳丽萍返还110万元，并就该债务负连带责任；3.拙明中心和拙远公司负担柳丽萍因行使撤销权而支付的律师费3万元和差旅费3万元。原审审理中，柳丽萍明确第二项诉讼请求为判令拙明中心和拙远公司共同向柳丽萍返还110万元，并放弃有关差旅费的诉讼请求。

裁判结果

一审（上海市浦东新区人民法院）法院判决：驳回柳丽萍的全部诉讼请求。

二审法院（上海市第一中级人民法院）判决：一、撤销上海市浦东新区人民法院（2015）浦民二（商）初字第14号民事判决；二、撤销上诉人柳丽萍与被上诉人上海拙明投资中心（有限合伙）、上海拙远投资管理有限公司于2014年2月12日签订的《上海拙明投资中心（有限合伙）合伙协议》；三、被上诉人上海拙明投资中心（有限合伙）、上海拙远投资管理有限公司应于本判决生效之日起10日内共同向上诉人柳丽萍返还人民币1,100,000元；四、被上诉人上海拙明投资中心（有限合伙）、上海拙远投资管理有限公司应于本判决生效之日起10日内共同向上诉人柳丽萍支付律师费人民币30,000元。

法院观点

一方当事人故意告知对方虚假情况，或者故意隐瞒真实情况，诱使对方当事人作出错误意思表示的，可以认定为欺诈行为。

系争合伙协议约定合伙目的为认购华澳信托单一资金信托计划的形式投资于致诚置业，用于郎溪商会大厦绿化配套工程建设。经本院向华澳信托核实，华澳信托表示从未成立“郎溪商会大厦项目”，也未就该项目与相关各方进行过业务合作。拙明中心和拙远公司虽辩称其在成立“郎溪商会大厦项目”之前与华澳信托四川分公司于2013年底进行过沟通，但因政策原因导致最终未形成合作，但未就该项主张提供证据证明，故本院对拙明中心和拙远公司的该项辩称意见不予采信。本院认为，拙明中心和拙远公司在未与华澳信托就“郎溪商会大厦项目”进行业务合作的情况下，即与柳丽萍签订系争合伙协议，并以华澳信托—郎溪商会大厦投资基金(FOT)项目名义收取相关款项，属于法律认定的欺诈行为。现柳丽萍据此要求撤销系争合伙协议，拙明中心和拙远公司共同返还110万元，具有事实和法律依据，本院予以支持。

柳丽萍还要求拙明中心和拙远公司共同负担其因行使撤销权而支付的律师费3万元，本院认为，依据合同法相关司法解释的规定，债权人行使撤销权所支付的律师代理费等必要费用，由债务人负担。柳丽萍已提供律师代理合同和缴纳律师费的发票，证明律师费用的发生，其该项诉请具有事实和法律依据，本院予以支持。

金讼圈提示

一、FOT(Fund of Trust)被称为“信托中的基金”，FOT模式系指GP发起设立有限合伙制基金并募集资金后，以有限合伙的全部或部分财产设立单一信托对有限合伙选定的项目进行投资，或选择信托公司的集合资金信托产品作为投资对象的财富管理形式。

二、根据《合同法解释(一)》第26条规定，债权人行使撤销权所支付的律师代理费、差旅费等必要费用，由债务人负担；第三人有过错的，应当适当分担。

三、本案例形式上是虚构私募基金产品的交易结构，实质上是虚构了基金合同目的，被撤销也是应该的。

052 基金公司验资账户资金被挪用，银行应担法律责任吗？

案例索引

最高人民法院(2013)民申字第219号民事裁定书。

交易结构图

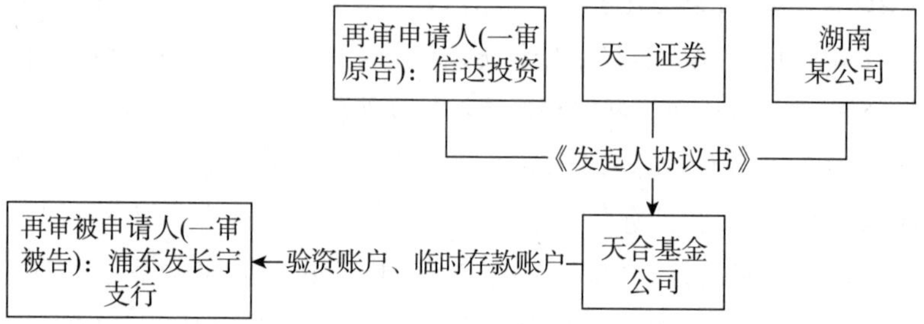

金讼圈导读

公司设立失败,打入验资账户资金被挪用没有原路返回,银行是否应当承担责任?承担何种法律责任?是直接的损害赔偿责任,还是补充赔偿责任?最高人民法院通过本案例确定了公平合理裁判规则。

裁判规则

一、公司设立失败后,银行按照他人指令未将验资账户内资金归还原存款人,导致验资账户资金被他人挪用存在过错,应承担补充赔偿责任。

二、银行的行为违反《账户管理办法》,在公司设立不能而撤销验资账户的情况下,应当将验资账户内的资金退还至原汇款人账户,而不是根据他人指令划到临时存款账户继而又划到他人开设的账户,否则明显具有过错,给发起人造成了财产损失,应承担损害赔偿责任。

三、由于直接侵权行为人不是银行,银行作为间接导致损害结果发生的侵权行为人,应对上述验资账户的本金及利息承担补充赔偿责任,具体赔偿比例应视其过错程度而定。

案情介绍

再审申请人(一审原告):信达投资有限公司(以下简称信达投资)。

再审被申请人(一审被告):上海浦东发展银行长宁支行(以下简称浦发长宁支行)。

2003年5月,信达投资有限公司(以下简称信达投资)与天一证券有限责任公司(以下简称天一证券)及湖南某公司签订了一份《发起人协议书》,约定:三公司共同组建天合基金管理有限公司(以下简称天合基金公司);天一证券出资4000万元,信达投资和湖南某公司各出资3000万元;由主发起人天一证券牵头组建筹备组,筹备组由各发起人委派人员组成,全权办理天合基金公司的筹备事宜。同年10月,上海浦东发展银行长宁支行(以下简称浦发长宁支行)应天合基金公司(筹)的申请,为其开立一个验资账户。三公司将出资款汇入了该账户。

2004年3月,浦发长宁支行应天合基金公司(筹)的申请,又为其开立一个临时存款账户,并根据其指令将3000万元从验资账户转至该临时存款账户。上述资金被陆续用于公司筹备。之后,因天一证券涉嫌股票操纵案,证监会明确表示对天合基金公司的开业申请不予受理,天合基金公司的股东据此认为公司已无设立可能。2005年4月,天合基金公司(筹)向浦发长宁支行申请撤销验资账户,并将账户内的剩余出资款7000万元及相应利息全部转到临时存款账户。之后,浦发长宁支行将临时存款账户中的款项转到了天一证券的账户。

2006年4月,信达投资因出资纠纷向法院起诉,请求判令天一证券等被告返还其出资。案件审理期间,天一证券进入破产程序。2008年8月,一审法院作出(2006)沪一中民三(商)初字第98号民事判决(以下简称98号判决),判令天一证券返还信达投资全部投资款3000万元及利息。该判决现已生效。

2009年9月,信达投资提起本案诉讼。信达投资诉称:浦发长宁支行作为专业银行,违规划出企业验资账户内资金,在验资账户撤销时又未按规定将资金退还给原汇款人,造成信达投资的财产损失,构成侵权。请求判令浦发长宁支行返还存款3000万元及相应利息。

浦发长宁支行辩称:其与信达投资不存在债权债务关系,也未侵犯其财产权益,故不应承担还款义务。浦发长宁支行的行为并不违规,请求驳回信达投资的诉请。

裁判结果

上海市第一中级人民法院于2011年8月22日以(2010)沪一中民六(商)初字第21号民事判决:浦发长宁支行在2100万元及相应利息的范围内,就98号判决所确定的信达投资对天一证券享有的债权中不能清偿部分承担补充赔偿责任。

上海市高级人民法院于2012年7月6日以(2011)沪高民五(商)终字第22号民事判决:改判浦发长宁支行在2100万元及相应利息的范围内,就98号判决所确定的信达投资对天一证券享有的债权中不能清偿部分的50%承担补充赔偿责任。

最高人民法院于2013年11月22日作出(2013)民申字第219号民事裁定:驳回信达投资的再审请求。

法院观点

本案的争议焦点在于：浦发长宁支行是否构成对信达投资的侵权。根据中国人民银行《人民币银行结算账户管理办法》（以下简称《账户管理办法》）第14条、第37条的规定，有下列情况的，存款人可以申请开立临时存款账户：设立临时机构、异地临时经营活动、注册验资。注册验资的临时存款账户在验资期间只收不付。本案中，验资账户开立后，并未发生需要另行开立临时存款账户的情形。因此，浦发长宁支行另行开立临时存款账户，并将验资账户中的3000万元划入该账户的行为，违反了上述规定。但是，上述开户和划款行为是根据天合基金公司筹备组的指令进行，且在2004年3月即已发生，此后所划资金被陆续用于公司筹备。而天合基金公司筹备组本身由各发起人委派人员组成，信达投资作为公司发起人，应当知晓上述情况，但其在相当长的时间内从未提出过异议，故浦发长宁支行有理由相信信达投资对上述行为并无异议。在此情况下，浦发长宁支行的上述行为并不构成对信达投资的侵权。

根据《账户管理办法》第52条的规定，未获得工商行政管理部门核准登记的单位，在验资期满后，应向银行申请撤销注册验资临时存款账户，其账户资金应退还给原汇款人账户。因此，在天合基金公司设立不能而撤销验资账户的情况下，浦发长宁支行应当将验资账户内的资金退还至原汇款人账户，而不是划到临时存款账户继而又划到天一证券的账户。浦发长宁支行的行为违反了上述规定，明显具有过错，且客观上使天一证券得以挪用验资账户内的款项，给信达投资造成了财产损失，该行为与损害后果之间具有一定的因果关系，故构成对信达投资的侵权，应承担相应的损害赔偿责任。

在验资账户撤销时划出的7000万元投资款中，信达投资所占的份额为30%即2100万元，该2100万元为信达投资的损失本金。由于直接侵权行为人是天一证券，浦发长宁支行作为间接导致损害结果发生的侵权行为人，应对上述本金及相应利息承担补充赔偿责任，具体赔偿比例应视其过错程度而定。一方面，浦发长宁支行作为专业的金融机构，未严格按照中国人民银行的有关规定办理金融业务，违规操作给信达投资的资金造成损失，具有明显过错；另一方面，作为直接侵权行为人的天一证券具有重大过错，同时，信达投资作为天合基金公司的发起人，又派员参加了筹备组，其理应及时了解、参与和监督公司筹备的各项工作，但未尽到应有的注意义务，故其对损害的发生也具有过错，亦应承担相应的责任。为维护金融市场秩序，充分保护金融市场交易各方的合法权益，二审法院综合考虑各方当事人的过错程度，酌定由浦发长宁支行在2100万元及相应利息的范围内，就98号判决所确定的信达投资对天一证券享有的债权中不能清偿部分承担50%的补充赔偿责任。

金讼圈提示

在侵权赔偿案件中，共同赔偿责任、连带赔偿责任、补充赔偿责任的区别一定要弄清楚。对补充责任的判断至少有三点需要明确：1. 是否要承担补充责任？2. 补充责任以直接侵权人不能清偿部分为限；3. 承担比例是多少？

053 对私募股权投资对赌条款司法裁判应遵循哪些原则？

案例索引

上海市第一中级人民法院于2014年8月26日作出的(2014)沪一中民四(商)终字第730号二审民事判决书。

交易结构图

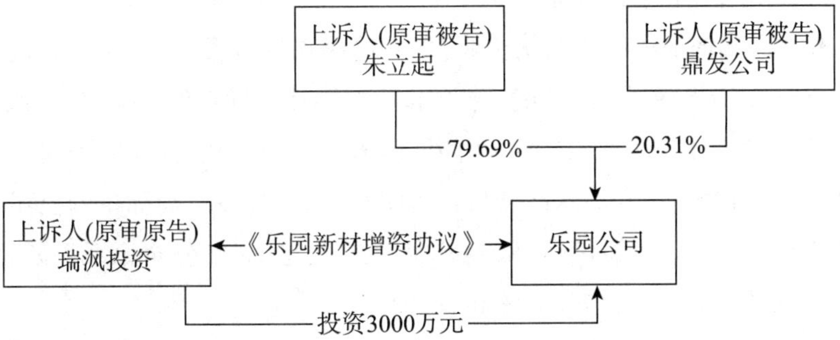

金讼圈导读

本案是一起关于私募股权投资对赌失败后退出结算的典型案例。上海的法院对对赌协议效力、退出结算等操作细节均给予了非常有借鉴意义的裁判规则。亮点在于退出结算条款设计的得与失。

裁判规则

一、"对赌条款"是由目标公司原始股东利用私募资本(PE)进行投融资以谋求上市为目的一种特殊的组合法律关系,是目前普遍发生于投资方与目标公司的股东、实际控制人之间的交易模式,机制设计的初衷是为了高效促成交易、良性引导目标公司的经营管理、降低投资风险,且对于双方交易起到一定的担保功能,同时还隐含有一定程度对于目标公司估值调整的期权。

二、由于对"对赌条款"交易模式无对应的法律条文予以规范,故人民法院在对此法律行为进行适度评判时,应当遵循以下原则:1. 鼓励交易;2. 尊重当事人意思自治;3. 维护公共利益;4. 保障商事交易的过程正义,以此来确定"对赌条款"的法律效力。

三、对于对赌条款的触发回购的条件,各方当事人约定以目标公司在一定期限内完成核准上市作为适用情形,而不是对目标公司的估值进行价格调整,虽有不妥之处,但亦未严重违背以上评判四原则,故该回购条款仍应为有效。

案情介绍

上诉人(原审原告):上海瑞沨股权投资合伙企业(有限合伙)。

上诉人(原审被告):连云港鼎发投资有限公司。

上诉人(原审被告):朱立起。

上诉人上海瑞沨股权投资合伙企业(以下简称瑞沨投资)因与上诉人连云港鼎发投资有限公司(以下简称鼎发公司)、朱立起股权转让合同纠纷一案,均不服上海市浦东新区人民法院(2013)浦民二(商)初字第1436号民事判决,向本院提起上诉。

2004年11月25日,江苏乐园新材料集团有限公司(以下简称乐园公司)成立,主营冶炼、生产、加工和销售碳化硅(SCI)产品。朱立起、鼎发公司原系乐园公司股东,出资分别占公司注册资本的79.69%和20.31%。

2011年3月6日,瑞沨投资、朱立起、鼎发公司、乐园公司及上海嘉石投资有限公司等其他投资人共11方签订《乐园新材增资协议》,约定乐园公司拟新增注册资本人民币20,700,000.09元,本次增资全部由朱立起、鼎发公司以外的其他投资者以货币形式缴纳,投资款共计人民币130,000,000元,其中瑞沨投资投资款为人民币30,000,000元,占公司增资后注册资本的5.64%;协议签署后,经各方协商一致,可以对本协议进行补充或修改,本协议的任何变更或补充须书面作出并经各方签署,否则无效。协议第10条还约定,除非法院判决另有规定,诉讼费用和执行费用(包括证人费和律师费)由败诉方承担。

当日，上述 11 方还签署《乐园新材增资协议之补充协议》（以下简称《补充协议一》），其中第 4 条约定，如果出现乐园公司在 2013 年 12 月 31 日前没有成功实现合格上市或已存在 2013 年 12 月 31 日前无法上市……等情形时，各增资方有权要求现有股东以现金方式回购各增资方所持的全部或部分公司股权；股权回购价格的计算公式为 $P = I \times (1 + r \times n) - Div$，即股权回购价格 = 各增资方取得股权时投入的投资总额 ×（1 + 回购溢价率 × 各投资方支付投资款之日至回购条款履行之日的实际天数 ÷ 360）－ 各增资方从公司获得累计分红以及现金补偿，其中回购溢价率按照 10% 的年回报计算；如果各增资方根据本协议提出回购要求，现有股东须在收到各增资方提出回购要求的书面通知之日起 30 天内将所有的回购股权款项支付给各增资方，并完成股权交割。逾期支付的，应按年利率 20% 计息。

同日，瑞沨投资、朱立起、鼎发公司及乐园公司又签订《乐园新材增资协议的补充协议》（以下简称《补充协议二》），其中第 2.1 条和第 2.2 条约定：如乐园公司上市申请在 2012 年 12 月 31 日前没有取得中国证监会的核准或在此时间前出现公司无法上市的情形，瑞沨投资有权要求朱立起、鼎发公司以现金方式回购瑞沨投资所持的乐园公司全部或部分公司股权；回购价格计算公式为 $P = I \times (1 + r \times n) - Div$，其中回购溢价率按公司 2011 年、2012 年二年平均净资产收益率的 90% 与 16% 的年回报率孰高者计算；如果瑞沨投资根据本协议提出回购要求，朱立起、鼎发公司须在收到瑞沨投资提出回购要求书面通知之日起 30 天内将所有的回购股权款项支付给瑞沨投资，并完成股权交割。逾期支付的，应按照年利率 20% 计算。

2011 年 3 月 8 日，瑞沨投资通过银行向乐园公司账户转入股权款人民币 30,000,000 元，认购乐园公司 477.71 万股股份，占公司总股本的 5.64%。

2013 年 3 月 21 日，因乐园公司未能在 2012 年 12 月 31 日前取得证监会核准上市等原因，瑞沨投资向朱立起、鼎发公司发出《退出投资的通知》一份，要求朱立起、鼎发公司严格按照《补充协议二》之相关约定，按时足额支付股权回购价款，并提供了付款账户。

同年 3 月 23 日，朱立起、鼎发公司签收上述通知。

2013 年 4 月 3 日，瑞沨投资委托律师向朱立起、鼎发公司发出律师函一份，要求按照《补充协议二》第 4.2 条约定在收到《退出投资的通知》之日起 30 日内（2013 年 4 月 21 日前）支付回购款。

2013 年 5 月 2 日，因朱立起、鼎发公司一直拒绝支付股权回购款，瑞沨投资向法院提起诉讼。

审理期间，朱立起、鼎发公司确认乐园公司在 2013 年 12 月 31 日前不可能符合上市条件。

瑞沨投资一审请求判令：1. 朱立起、鼎发公司连带支付股权回购款人民币40,346,666.67元以及自2013年4月22日起至判决生效给付之日止以40,346,666.67元为本金按年利率20%计算的利息；2. 朱立起、鼎发公司连带支付律师代理费人民币397,027元；3. 本案诉讼费由朱立起、鼎发公司负担。

瑞沨投资在本案二审审理期间提交《委托代理合同》、律师费发票，以证实本案二审审理期间瑞沨投资关于律师费用的再度发生，请求二审法院对此一并处理。

据乐园公司工商登记资料公示，《乐园新材增资协议》《补充协议一》涉及的含瑞沨投资在内的八个增资方均已记载为乐园公司注册股东，其中瑞沨投资认缴额为人民币477.71万元。

裁判结果

一审法院判决：一、朱立起、鼎发公司于判决生效之日起10日内连带支付瑞沨投资股权回购款人民币40,346,666.67元以及自2013年4月22日起至判决生效之日止以30,000,000元人民币为本金按年利率20%计算的利息；二、朱立起、鼎发公司于判决生效之日起10日内连带支付瑞沨投资律师代理费人民币397,027元。

二审法院判决：一、驳回上诉人上海瑞沨股权投资合伙企业（有限合伙）的上诉；二、撤销上海市浦东新区人民法院（2013）浦民二（商）初字第1436号民事判决第一项，维持第二项；三、上诉人朱立起、连云港鼎发投资有限公司应于本判决生效之日起10日内支付上诉人上海瑞沨股权投资合伙企业（有限合伙）股权回购款项计人民币3858万元及以投资额人民币3000万元作为本金，自2014年1月1日起至本判决生效之日止按照年利率20%所计利息。

法院观点

综合研判本案的主要证据《乐园新材增资协议》以及《补充协议一》《补充协议二》之内容以及各方当事人的特殊主体身份，可以确定本案的基本法律关系应为乐园公司（目标公司）在谋求上市之前由原始股东（鼎发公司、朱立起）利用瑞沨投资等私募资本（PE）进行投融资的一种特殊的组合法律关系。该法律关系在很大程度上反映了中国资本市场当前融资渠道创新发展的经济现象，具有一定的典型性，应当予以高度关注。

本案的主要争议焦点在于系争协议约定的股权回购条款是否有效。该条款模式目前普遍发生于投资方与目标公司的股东、实际控制人之间，机制设计的初衷是为了高效促成交易、良性引导目标公司的经营管理、降低投资风险，且对于双方交易起到一定的担保功能，同时还隐含有一定程度对于目标公司估值调整的期权，业内将该条款称为“对赌条款”。由于“对赌条款”在内容上亦隐含有非正义性的保底性质，容易与现行法律规定的合同无效情形相混淆，且无对应的法律条文予以规范，故人民法院在对此法律行为进行适度评判时，应当遵循以下原则：1. 鼓励交易；2. 尊重当事人意思自治；3. 维护公共利益；4. 保障商事交易的过程正义，以此来确定“对赌条款”的法律效力。

结合本案查明的基本法律事实，《补充协议一》第 4 条以及《补充协议二》第 2 条关于股权回购之约定从本质上而言，均属于“对赌条款”性质。上述条款的订立，首先，完全基于签约各方当事人的真实意思表示，属于意思自治范畴，应予充分尊重；其次，该条款亦促成了乐园公司增资行为的依法顺利完成，最大限度地维护了原始股东、增资方以及目标公司的基本利益；至于触发回购的条件，各方当事人约定以乐园公司在一定期限内完成核准上市作为适用情形，而不是对于乐园公司的估值进行价格调整，虽有不妥之处，但亦未严重违背以上评判四原则，故该回购条款仍应为有效。鼎发公司、朱立起上诉认为该条款无效的理由，因缺乏充分的法律依据，故本院不予采信。

因乐园公司至今尚未完成上市公司的股份制改制，客观上已不可能在限期内实现上市，显然已经触发了股权回购条款，瑞沨投资作为 PE 投资方，请求鼎发公司、朱立起按约予以回购，该请求权已具备了相应的合同依据，应予支持。本案中瑞沨投资诉求选择适用《补充协议二》之回购条款，经本院二审查实，该协议仅是瑞沨投资与鼎发公司、朱立起、乐园公司四方单独订立的，一是违背了(主合同)《乐园新材增资协议》第 8.1 条之规定，二是亦损害了其他投资方基于本协议项下的权益，故应属无效，据此瑞沨投资的请求权基础应当限于《补充协议一》之回购条款。根据《补充协议一》第 4.2 条之回购条款，触发股权回购的条件是乐园公司在 2013 年 12 月 31 日前无法上市，股权回购价格计算公式“$P = I \times (1 + r \times n) - Div$”应据此表述为：3000 万 $\times (1 + 10\% \times 1030 \div 360) - 0 = 3858$ 万元，其中 n = 2011 年 3 月 8 日(支付投资款之日)至 2013 年 12 月 31 日(回购条款履行之日)的实际天数为 1030 日。另外，该条款还约定，若逾期支付的，则按年利率 20% 计息。瑞沨投资上诉认为计息截止时间应为判决给付之日，并无相应的合同依据，原审判决计息至判决生效之日止，亦并无不当，应予维持，对于起算时间，则应按照“n”截止后的次日予以确定。关于律师费的承担问题，《乐园新材增资协议》第 10.2.3 条已有明确约定，理应由鼎发公司、朱立起负担。

综上，原审判决认定事实清楚，但对于回购条款的具体适用属于认定不当，依法应予纠正。鼎发公司、朱立起上诉的部分事由，具有相应的事实依据，应予采信。瑞沨投资的上诉事由,本院不予支持。

金讼圈提示

一、从本案一审、二审法院裁判理由来看,如果站在私募股权基金管理人的角度来看,本案对赌条款设计至少有如下得与失:

得一:以IPO为条件的回购触发条件约定清晰明确,无争议。

得二:补充协议一关于股权回购价格计算公式可操作性强。

得三:约定逾期支付回购款按照年利率20%的迟延付款违约责任,降低了回购股款迟延支付的成本压力。

失一:在主合同明确约定“补充协议必须各方协商一致否则无效”的情况下,补充协议二因仅部分当事人签约而导致被法院判决无效。

失二:没有明确约定股权回购款逾期支付违约金按照年利率20%计算支付到实际股权回购实际付清之日止,导致一审、二审法院只判决支付到判决生效之日止。没有注意到逾期利息计算时间终点的重要意义(具体参阅本书第9页《002 逾期借款利息计算时间截点到底应该如何确定?》)。

失三:没有约定败诉方承担律师费代理费的范围,诉讼策略也有些问题,导致法院只支持了胜诉方的一审阶段的律师代理费,胜诉方二审律师代理费没有支持。

二、另外,值得特别注意的是,关于与目标公司的对赌条款是否有效,法院与仲裁的观点截然不同。最高人民法院就“甘肃世恒案”作出的再审判决(〔2012〕民提字第11号)认定投资人与目标公司的对赌协议无效。而中国国际经济贸易仲裁委员会2014年1月作出〔2014〕中国贸仲京裁字第0056号仲裁裁决书却认定有效。仲裁认定有效的裁判理由:1. 投资补偿款具有独立性。投资款与溢价投资款财产属性不同,产生的合同依据也不同。溢价投资款在账务上的具体处理列为公司负债还是计入公司资本公积金并不影响投资补偿款的产生、计算和法律上的成立。申请人取得支付投资补偿款并不构成侵犯公司法人独立财产权,或违反公司法有关资本维持、资本减少限制的原则。2. 对赌过程中并不存在需要法律特殊保护的利益方。协议当事方、利益关联方都是平等利益主体,对赌协议不涉及国家或公众利益,没有需要法律特殊保护的利益方。投资人依据本案协议的正当约定,要求被申请人支付投资补偿款,是其依据本案协议享有的正当合法权利。3. 业绩补偿并非当然显失公平。投资补偿是出资后对投资进行估值调整的结果,是补偿行为,是一项或有合同债务,且根据被投资公司的利润实现情况,其支付义务人并不当然是被投资公司,也可能是投资方,投资方和公司均承受着投资风险。4. 与对赌协议相比,公司对外担保合同无疑会更加损害债权人利益，因为担保通常是单向无对价的而对赌协议是双向有对价的，因此认为投资人与目标公司的对赌会损害债权人利益进而认定对赌协议无效的法理逻辑是站不住脚的。

三、鉴于此前最高人民法院就“甘肃世恒案”作出的再审判决（〔2012〕民提字第11号）认定投资人与目标公司的对赌协议无效，尽管本仲裁裁决比最高人民法院的判决更具法理和公平，但如果投资人一定要与目标公司签订对赌协议的话，最好还是选择仲裁作为纠纷解决方式为妙。

第八章 融资租赁篇

054 融资租赁债务人破产主债务停息是否及于保证债务?

案例索引

北京市高级人民法院于2016年4月20日作出的(2016)京民终45号二审民事判决书。

交易结构图

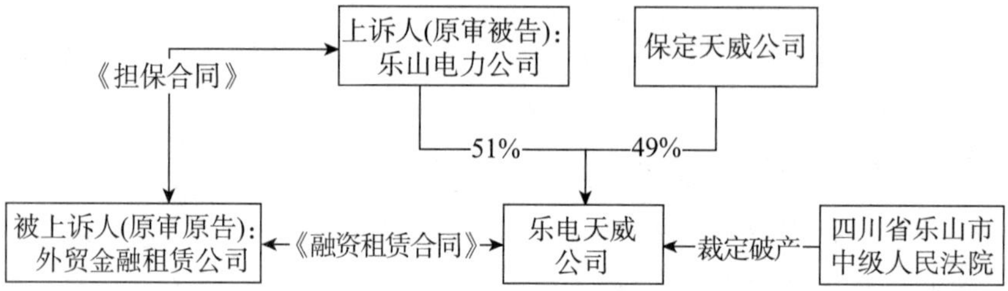

金讼圈导读

本案是一起售后回租式融资租赁遇到承租人破产清算后,出租人与保证人的精彩实战博弈案例。破产案件受理后,主债务停止计息是否及于相应担保债务?按份保证人超比例代偿部分,债权人不认可怎么办?保证人关于违约金利息的追偿截止时间是否为破产案件受理之日止?通过本案,北京市一、二审法院给予了明确的裁判规则,值得参阅借鉴。

本案例中,出租人与保证人的得与失经验教训是深刻的!尤其是保证人份额比例代偿却没有被法院认定，双重支付，损失巨大！具体参阅文末金讼圈提示。

裁判规则

一、债务人虽然被法院裁定破产清算，但保证人仍应当对主合同《融资租赁合同》项下的租金及违约金等承担保证责任，且违约金并不因为法院裁定受理债务人破产申请而停止计算。

二、保证人履行保证责任应以债权人知晓并认可的方式作出，如果按份保证人超出《保证合同》约定份额部分向债权人履行代偿义务保证责任，事前未向债权人明示，事后亦未获得债权人认可，超出其保证份额多支付的款项，只能认定为其自愿代债务人清偿其应承担保证份额以外的债务。

三、保证人在承担清偿责任后依法有权向债务人追偿，但鉴于法院已经受理债务人的破产清算案件，因此据《破产法》关于附利息的债权自破产申请受理时起停止计息的规定，保证人对违约金的追偿范围应截至债务人破产清算案件法院受理之日止。

案情介绍

上诉人（原审被告）：乐山电力股份有限公司。

被上诉人（原审原告）：中国外贸金融租赁有限公司。

上诉人乐山电力股份有限公司（以下简称乐山电力公司）因与被上诉人中国外贸金融租赁有限公司（以下简称外贸金融租赁公司）保证合同纠纷一案，不服北京市第一中级人民法院（2015）一中民（商）初字第2629号民事判决，向本院提出上诉。

乐电天威公司有两名股东，其中乐山电力公司持股比例为51%，保定天威保变电器股份有限公司（以下简称保定天威公司）持股比例为49%。

2012年3月26日，出租人外贸金融租赁公司与承租人乐电天威公司签订《融资租赁合同》［合同编号：中贸租（2012）Z字第6号］，合同主要内容：“第一条：租赁合同的性质与目的。出租人、承租人双方依本合同进行回租式融资租赁交易。第二条：租赁物。本合同项下租赁物与本合同附件二《租赁物买卖合同》中的设备相同，租赁物清单见本合同附件一《设备清单》。第三条：起租日和租赁期限。3.1起租日为出租人按照本合同附件二《租赁物买卖合同》之约定向承租人支付购买租赁物货款（即租赁成本）之日。3.2租赁期限自起租日起算，共60个月。第四条：租赁成本、租金和租赁利率。4.1租赁成本是指出租人向承租人购买租赁物所支付的全部货款及相关费用。本合同项下租赁物的租赁成本为2亿元。4.2承租人每3个月向出租人支付一次租金，共分20期支付。实际支付时，《租金支付表》（概算表）与《实际租金支付表》规定不一致的,以《实际租金支付表》为准。4.3 双方按下列方式确定租赁利率:中国人民银行公布的五年期基准贷款利率上浮8%,即7.452%/年。4.6 租金支付日是指承租人将租金以加急电汇方式汇入出租人指定账户的到账日期。如遇法定节假日,则承租人应提前至节假日前的最后一个工作日内完成租金支付事宜……第六条:预付租金。6.1 承租人应支付预付租金2600万元(即租赁成本的13%),该预付租金由出租人从支付给承租人的租赁物货款中扣除。第七条:租赁手续费。7.1 承租人于本合同签订后的5个工作日内向出租人指定的账户一次性支付1000万元整(即租赁成本的5%),作为本租赁项目手续费,本租赁项目手续费也可以由出租人从支付给承租人的租赁物货款中予以扣除;由出租人向承租人开具等额手续费发票……第九条:租赁物的交付使用与设置场所。9.1 由于本合同的融资租赁方式为回租,出租人、承租人双方不再办理租赁物的交付手续,出租人支付回租物品转让价款,即视为承租人已经接收租赁物并验收完毕……第十一条:租赁期满后租赁物的处理。租赁期满且承租人履行完毕本合同项下的全部义务后,双方按下列方式处理租赁物:承租人以名义价款购买租赁物:租赁期满后的10个工作日内,承租人应向出租人支付20万元的名义价款购买租赁物。在收到承租人支付的名义价款后,出租人将租赁物的所有权转让给承租人或承租人指定的第三方,并出具名义价款发票和租赁物所有权转让函……第十四条:担保。就承租人在本合同项下义务的履行,双方按下列方式确定担保事宜:保证担保。对于承租人在本合同项下的义务和责任,保证人乐山电力公司和保定天威公司自愿按份共同提供不可撤销连带责任保证,乐山电力公司承担的保证份额为51%,保定天威公司承担的保证份额为49%。保证人同出租人之间订立的保证合同,是本合同的从合同……第十八条:违约事项和补救措施。18.1 承租人未能按照本合同约定向出租人支付到期租金的,承租人应就延迟支付款项按日万分之五(0.05%)向出租人支付迟延期间的违约金。迟延期间自本合同约定承租人应交纳租金的次日起,至租金实际汇入附件三《租金支付表》所列明的出租人账户之日止。18.2 租赁期限内,因承租人保管不善导致租赁物受损或承租人擅自处分租赁物的,应当赔偿出租人的全部损失,包括但不限于全部剩余租金、租赁物名义价款及其他各项应由承租人承担的费用。18.3 承租人不按期支付任何一期租金,超过一个月仍未支付租金或严重违反本合同的其他条款时,出租人有权采取下列措施:18.3.1 加速到期,要求承租人立即付清全部租金及其他应付费用,并赔偿由此而给出租人造成的所有损失。18.3.2 解除本合同,收回租赁物,并要求承租人赔偿损失。18.4 合同任何一方违反本合同的任何约定致使他方发生的一切费用(包括诉讼费、律师费等)均由违约方负担。双方一致同意,律师费以不超过本合同租金总额的0.1%为限。"附件二为租赁物买卖合同,主要内容:“第一条:买卖的租赁物。1.1 买方外贸金融租赁公司应卖方乐电天威公司的要求,以出租给卖方为目的,购买卖方合法所有的自有设备(以下称‘货物’)。货物以《设备清单》[详见《融资租赁合同》附件一]为准。第二条:购买价格、付款条件及结算方式。2.1 货物的原始发票价值为254,234,380.85 元,买方的购买价格为2 亿元。2.2 在上述条件全部满足的10 个工作日内,买方将按照卖方指定账号以银行划款方式向卖方支付租赁物货款2 亿元。根据《融资租赁合同》第6.1 条的规定买方扣除卖方应付的预付租金2600 万元,且根据《融资租赁合同》第7.1 款规定买方扣除卖方应付的租赁手续费1000 万元后,买方实际支付货款为1.64 亿元。卖方应在收到上述款项后给买方开具全额货款收据,买方向卖方出具预付租金收据与等额手续费发票。第三条:所有权的转移。货物所有权自买方支付购买租赁物款项时转移至买方。卖方在收到买方支付的款项后3 个工作日内向买方出具《租赁物所有权转让确认书》(详见本合同附件一)。买方付款时间以银行划拨时间为准。”

同日,甲方外贸金融租赁公司与乙方乐山电力公司签订《保证合同》[合同编号:中贸租(2012)Z 字第6-4 号],合同主要内容:“第一条:被担保的主债权。1.1 被担保的主债权为甲方依据其与乐电天威公司(以下称‘债务人’)签订的合同编号为中贸租(2012)Z 字第6 号《融资租赁合同》(以下称‘主合同’)而享有的对债务人的债权。第二条:保证担保的范围。乙方保证担保的范围为主合同项下的全部租金、各项费用、违约金、损害赔偿金以及实现债权的费用(包括但不限于诉讼费、律师费等)。第三条:保证方式和保证份额。乙方承担保证责任的方式为与保定天威公司按份共同承担保证责任,保证份额为乙方承担主债权的51%。第四条:保证期间。4.1 保证人的保证期间为2 年,自主合同约定的债务人履行债务期限届满之次日起算;主合同约定分期履行的,保证期间从最后一期履行期限届满之日起计算。4.2 如发生法律、行政法规规定或主合同约定的事项,导致主合同债务被甲方宣布提前到期的,保证期间自主合同债务提前到期之次日起2 年;主合同约定分期履行的,保证期间从最后一期履行期限届满之日起计算。第五条:乙方承诺。5.1 乙方保证在债务人未履行到期债务时,能够及时代为向甲方偿还其尚未获得清偿的剩余款项。……5.3 发生下列情形之一的,无需经乙方同意,乙方继续按照本合同的约定承担保证责任:A. 甲方与债务人协商变更主合同,未加重债务人的债务或延长履行期限的;B. 因主合同采用浮动利率或实际起租日确定后导致租金发生变更的;C. 甲方将主债权转让给第三人的。”

2012 年3 月10 日,乐山电力公司就关于为其控股子公司乐电天威公司提供担保事宜进行了公告。2013 年4 月21 日,乐山电力公司对其2011 年度股东大会决议进行了公告。该公告记载,股东大会决议通过了《关于控股子公司以融资租赁方式融资并为其提供担保的议案》和《关于向控股子公司乐电天威公司提供贷款的议案》。

2012年4月6日，外贸金融租赁公司向乐电天威公司支付1.64亿元购买租赁物货款，并于4月9日向乐电天威公司、乐山电力公司及保电天威公司发送《租金变更通知书》，确定以2012年4月6日作为起租日计算各期租金数额。

乐电天威公司已经支付的租金情况如下：第一期租金11,449,231.73元，第二期租金11,999,562.40元，第三期租金11,919,634.56元，第四期租金11,919,634.56元，第五期租金11,919,634.56元。外贸金融租赁公司称，因银行利率变化，后期的租金由《租金变更通知书》所附的实际租金表中的12,070,231.73元降至诉请的11,919,634.56元。

2013年9月30日，乐山电力公司向外贸金融租赁公司共支付11,919,634.56元，银行回单上记载的用途为"代乐电天威付款""代天威付3季度租金未付款"。

2013年12月20日，乐山电力公司分14笔向外贸金融租赁公司支付11,919,634.56元，银行回单记载用途为"代天威付四季度租金"。

2014年6月20日，乐山电力公司向外贸金融租赁公司支付2,438,572.31元，其中包括第八、九期租金23,839,269.12元和第八期逾期的违约金548,303.19元。（备注：保证人乐山电力公司代付租金金额总计：26,277,841.3元）

2014年9月30日，外贸金融租赁公司向乐电天威公司发出《逾期债务催收通知书》，主要内容为"乐电天威公司在《融资租赁合同》项下的第十期租金11,919,634.56元已于2014年9月20日到期，截至2014年9月30日，乐电天威公司仍欠已到期租金和相应迟延利息，请乐电天威公司尽快偿还所欠租金及迟延利息，若2014年9月30日到期未偿付，外贸金融租赁公司将根据合同宣布全部债权加速到期"。

同日，外贸金融租赁公司向乐山电力公司发出《保证人履行责任通知书》，主要内容为通知《融资租赁合同》项下承租人乐电天威公司应当支付的第十期租金已经到期，乐电天威公司尚欠租金及迟延利息，根据《保证合同》，乐山电力公司作为保证人，为乐电天威公司的债务提供还款担保，请乐山电力公司立即履行保证责任，代为偿付租金及迟延利息。

2014年10月14日，乐山电力公司就其和乐电天威公司分别收到外贸金融租赁公司《保证人履行责任通知书》和《逾期债务催收通知书》进行了公告。

2014年10月21日，外贸金融租赁公司向乐电天威公司发出《宣布加速到期通知书（兼催收书）》，主要内容为宣布《融资租赁合同》项下的债权加速到期，要求乐电天威公司支付全部剩余租金及名义货价。

同日，外贸金融租赁公司向乐山电力公司发出《宣布加速到期通知书（兼催收书)》,主要内容为宣布《融资租赁合同》项下的债权加速到期,乐山电力公司作为《融资租赁合同》的担保方,应当代偿全部剩余租金及迟延违约金,要求乐山电力公司协助乐电天威公司于2014年10月21日付清全部款项。

2014年11月1日,乐山电力公司就收到外贸金融租赁公司的《宣布加速到期通知书(兼催收书)》进行了公告。

2014年12月17日,四川省乐山市中级人民法院作出(2015)乐民破字第1号民事裁定,受理乐山电力公司对乐电天威公司提出的破产清算申请。2015年3月25日,四川省乐山市中级人民法院裁定宣告乐电天威公司破产。

2015年4月8日,乐电天威公司破产管理人向外贸金融租赁公司发出《关于行使取回权的函》,要求外贸金融租赁公司在收到该函的10日内向管理人申报取回权,并与管理人协商确定行使租赁物取回权的具体方式。

经询问,乐山电力公司称对《融资租赁合同》约定的违约金无异议。经询问,外贸金融租赁公司称其未在乐电天威公司破产案件中申报债权。乐山电力公司称其已经在乐电天威公司破产案件中申报了债权。诉讼中,外贸金融租赁公司称,第1项诉讼请求的计算方法为:(每期应付租金11,919,634.56元×欠付租金期数11－预付租金2600万元)×乐山电力公司保证份额51%＝53,609,149.88元。第2项诉讼请求的计算方法为:[第十期租金11,919,634.56元×31天×合同约定的违约金计算比例日万分之五＋(剩余十一期欠付租金131,115,980.16元－预付租金2600万元)×107天×合同约定的违约金计算比例日万分之五]×51%＝2,962,314.23元。

裁判结果

一审法院判决:一、乐山电力公司于判决生效后10日内支付外贸金融租赁公司租金53,609,149.88元及违约金(以53,609,149.88元为基数,自2014年10月21日起至付清之日止,按照每日万分之五的标准计算);二、乐山电力公司于判决生效后十日内支付外贸金融租赁公司第十期租金自2014年9月21日至2014年10月20日的违约金91,185.20元;三、乐山电力公司在承担上述清偿责任后,有权向乐电天威公司追偿,但违约金的追偿范围应截至2014年12月17日止(债务人破产受理之日——笔者注);四、驳回外贸金融租赁公司的其他诉讼请求。

二审法院判决:驳回上诉,维持原判。

法院观点

一、关于一审判决是否超出外贸金融租赁公司诉讼请求范围的问题

一审法院判决乐山电力公司在承担保证责任后有权向乐电天威公司追偿,该项判

决并未超出外贸金融租赁公司的诉讼请求范围。《担保法》第31条规定："保证人承担保证责任后，有权向债务人追偿"；《担保法司法解释》第42条第1款规定："人民法院判决保证人承担保证责任或者赔偿责任的，应当在判决书中明确保证人享有担保法第三十一条规定的权利。判决书中未明确追偿权的，保证人只能按照承担责任的事实，另行提起诉讼。"追偿权是法律赋予担保人的权利，在判决书中明确保证人享有追偿权既是基于法律、司法解释的规定，同时也便于保证人减少诉累及时获得补偿，亦未影响外贸金融租赁公司的诉讼权利的行使。因此，乐山电力公司关于一审法院判决乐山电力公司享有追偿权超出了外贸金融租赁公司诉讼请求范围的主张没有法律依据，本院不予支持。

二、关于乐山电力公司应否在乐电天威公司破产之后承担保证责任，以及行使追偿权范围的问题

正如一审判决所认定，虽然乐电天威公司进入破产清算程序，但外贸金融租赁公司已经在法院裁定受理乐电天威公司破产申请之前依据《融资租赁合同》的约定宣布合同项下债务加速到期，本案中的未付租金属于在破产前已经发生而未履行的债务，应为合法债权。而且，《担保法司法解释》第10条规定："主合同解除后，担保人对债务人应当承担的民事责任仍应承担担保责任。但是，担保合同另有约定的除外。"合同解除后，担保人承担的担保责任，其范围以债务人责任范围和担保人担保合同约定的担保范围为限。因此，即便《融资租赁合同》解除，亦并不影响保证人乐山电力公司的保证责任，其仍应对债务人应当承担的民事责任承担保证责任。《中华人民共和国企业破产法》（以下简称《企业破产法》）第46条第2款规定："附利息的债权自破产申请受理时起停止计息"，该项规定是法律针对破产程序中破产债权作出的特殊规定，即债权人依法可以申报的债权为破产申请受理时对债务人享有的债权。而在民事活动中产生的债权，不仅包括应当清偿的本金，还应当包括自债务发生之日起至债务清偿之日止的利息等。债权人对此享有给付请求权。《担保法司法解释》第44条第1款规定："保证期间，人民法院受理债务人破产案件的，债权人既可以向人民法院申报债权，也可以向保证人主张权利"，而根据《保证合同》约定，乐山电力公司担保的范围为主合同项下的全部租金、各项费用、违约金、损害赔偿金以及实现债权的费用（包括但不限于诉讼费、律师费等）。因此，外贸金融租赁公司有权要求乐山电力公司依照《保证合同》约定对乐电天威公司欠付租金及直至付清之日止的相应违约金承担保证责任。《企业破产法》第51条第2款规定："债务人的保证人或者其他连带债务人尚未代替债务人清偿债务的，以其对债务人的将来求偿权申报债权。但是，债权人已经向管理人申报全部债权的除外"，因此，在债权人尚未申报债权时，保证人可以预先行使追偿权，而该追偿权的范围不能超出债权人可以申报债权的范围，否则将与《企业破产法》第46条第2款及第51条第2款的规定相悖，亦对其他在破产程序中申报债权的债权人不公。因此，本院认为，对于乐山电力公司关于一审法院判决其在乐电天威公司破产清算后仍承担保证责任，并承担从2014年12月17日起至付清之日止的违约金，以及乐山电力公司向乐电天威公司追偿违约金的追偿时间截至2014年12月17日属于适用法律错误的主张，没有法律依据，本院不予支持。

三、关于乐山电力公司直接向外贸金融租赁公司支付的《融资租赁合同》项下的第六、七、八、九期超出51%份额的款项是否属履行担保责任的问题

本院认为，保证合同系保证人与债权人达成的当债务人不履行债务时，由保证人承担代为履行或连带责任的协议，保证人向债权人履行保证责任应以债权人知晓并认可的方式作出。本案中，乐山电力公司于2013年9月、12月及2014年6月直接向外贸金融租赁公司支付了《融资租赁合同》项下已经到期的第六、七、八、九期租金，其金额虽然超过乐山电力公司根据《保证合同》约定的应当承担的保证责任份额，但是其在支付上述租金时，在银行回单等凭证中均载明“代乐电天威付款”“代天威付3季度租金未付款”“代天威付四季度租金”“代天威付2季度租金罚息”等内容。且外贸金融租赁公司针对第八期租金还曾向乐山电力公司发出《租赁费支付通知》，明确其承担该次租金的担保金额为6,079,013.63元。而在此后，乐山电力公司于2014年6月23日分两笔向外贸金融租赁公司支付2,438,572.31元，其中包括第八、九期全部租金23,839,269.12元和第八期逾期的违约金548,303.19元。上述事实表明，乐山电力公司在向外贸金融租赁公司支付租金及违约金款项时，并未严格按照《保证合同》约定的份额履行，对于其超出《保证合同》约定的51%份额部分是否为其履行保证责任，乐山电力公司事前未向外贸金融租赁公司明示，事后亦未获得外贸金融租赁公司认可。故就乐山电力公司超出其保证份额多支付的款项，只能认定为其自愿代乐电天威公司清偿其应承担保证份额以外的债务。因此，对于乐山电力公司关于其直接向外贸金融租赁公司支付的《融资租赁合同》项下的第六、七、八、九期超出51%份额的款项属履行担保责任的主张，本院不予支持。

金讼圈提示

本案是回租式融资租赁案出租人与保证人的经典博弈，出租人外贸金融租赁公司对纠纷处理策略得当，而保证人乐山电力公司存在一些失误。其得与失总结如下：

得一：出租人在《融资租赁合同》中约定了明确可操作的加速到期条款，有效预防了债务人出现违约或破产清算等情况。

得二：在债务人破产清算的情况下，出租人没有选择向破产管理人行使租赁物取回权及申报债权，而是直接选择向有偿债能力的保证人利用加速到期条款主张保证责任，保障了其债权顺利快速实现。

失：保证人对按份保证的法律含义理解不够，在代债务人超份额比例向租人支付租金前后，没有让出租人出具确认函，导致巨额代付租金不能认定为履行保证责任（笔者估算：根据案情查明，保证人乐山电力公司代付租金金额总计26,277,841.3元，按照超过49%计算，应该有12,876,142.2元没有认定为履行保证责任），从而导致双重支付。

055 消耗品是否能作为融资租赁标的物？

案例索引

上海市第一中级人民法院于2014年12月16日作出（2014）沪一中民六（商）终字第469号终审民事判决。

交易结构图

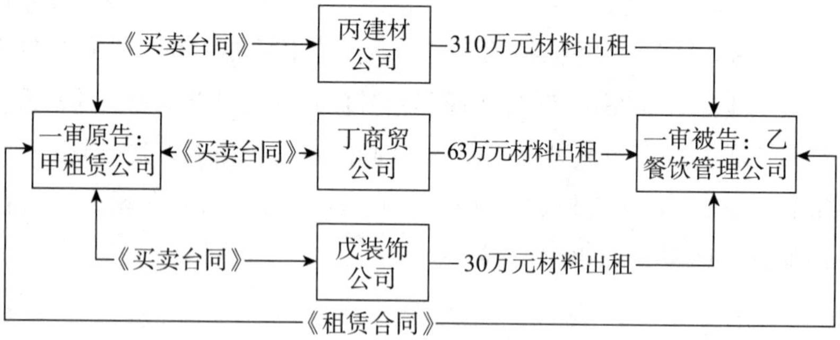

金讼圈导读

融资租赁业务的标的物有何特殊要求？类似装修材料等不具有返还性的物及消耗性物品，能否成为融资租赁的标的物？融资租赁物不符合要求，是直接导致融资租赁合同无效，还是构成“名为融资租赁实为借款合同”？本案二审法院结合融资租赁法律关系的本质，给予了合理答案。

裁判规则

一、融资租赁是融资与融物的结合，如果缺失“融物”要素，则不成其为融资租赁。

二、融资租赁法律关系，系以融资为目的之租赁，其法律属性仍系租赁法律关系之一种。

三、在租赁法律关系中，承租人合同主要义务之一为依约返还租赁物，故依融资租赁合同的法律性质，其标的物应具备适于租赁的特性，即合同期限届满时，具有返还原物的可能性；若按标的物的特性，正常使用情况下，其在期限届满时已经无返还可能性的，则此种消耗品不能作为融资租赁交易之标的物。

四、虽然《最高人民法院关于审理融资租赁合同纠纷案件适用法律问题的解释》第10条规定：“当事人约定租赁期间届满后租赁物归出租人的，因租赁物毁损、灭失或者附合、混同于他物导致承租人不能返还，出租人要求其给予合理补偿的，人民法院应予支持。”但此条款仅是规定了租赁物无法返还时的救济途径，并不意味着不具备租赁特性的物可以成为融资租赁的标的物。

案情介绍

一审原告：甲租赁公司。

一审被告：乙餐饮管理公司。

2011年8月25日，甲租赁公司与乙餐饮管理公司、案外人丙建材公司、丁商贸公司、戊装饰公司分别签订三份《买卖合同》，约定甲租赁公司向丙建材公司、丁商贸公司、戊装饰公司购买“装修材料”出租给乙餐饮管理公司，标的物价格分别为人民币310万元、63万元、30万元。

同日，甲租赁公司与乙餐饮管理公司签订《租赁合同》，约定甲租赁公司向乙餐饮管理公司出租“装修材料一批”，租赁期限自2011年8月30日起至2014年8月30日止，并约定了租金交付日期，交付地点以及交货方式。2011年8月26日，乙餐饮管理公司向甲租赁公司出具《租赁物交付与验收证明书》，载明已对租赁物进行验收。

后因乙餐饮管理公司未按约定支付租金，甲租赁公司遂起诉要求解除租赁合同，乙餐饮管理公司支付欠付租金和违约金。

裁判结果

上海市第一中级人民法院于2014年12月16日作出（2014）沪一中民六（商）终

字第469号终审民事判决:对甲租赁公司的全部诉讼请求不予支持。

法院观点

融资租赁业务实质上是通过融物方式而实现企业融资的目的,而融物的前提条件至少包括存在具体明确的标的物,且该标的物应符合法律规定中可适用于融资租赁交易的租赁物的性质。“装修材料”在装修完毕后即附合于不动产,从而成为不动产的成分,丧失其作为独立物的资格,不再具有返还的可能性,因此无法作为租赁的标的物,故甲租赁公司与乙餐饮管理公司之间不构成融资租赁法律关系。

依照《最高人民法院关于审理融资租赁合同纠纷案件适用法律问题的解释》第1条第2款之规定,在不构成融资租赁关系的情况下,并不当然直接导致合同无效,而应当按照当事人间实际构成的法律关系进行处理。案件审理中,甲租赁公司未能提供充分证据证明“装修材料一批”确实存在,故难以认定双方当事人之间基于“装修材料一批”构成债权债务关系,甲租赁公司与乙餐饮管理公司之间构成名为融资租赁,实为借款的法律关系。

鉴于甲租赁公司并非有权从事经营性贷款业务的金融机构,其与乙餐饮管理公司之间的借款关系应认定为无效。

经法院多次向甲租赁公司释明本案法律关系的定性和效力问题,甲租赁公司仍坚持认为双方之间系合法有效的融资租赁合同,不同意变更诉请,法院遂判决驳回甲租赁公司总裁的全部诉请。

同时指出,甲租赁公司如欲主张其与乙餐饮管理公司之间尚有其他法律关系的,可另行起诉。

金讼圈提示

一、融资租赁业务模式不断创新,融资租赁标的物的范围不断扩张,实践中不动产、动产甚至高速公路收费权、专利权等无形资产都成了融资租赁的标的物。

二、为了避免本案的失误,在设计融资租赁交易结构时,选择新型标的物的,对其是否适合作为融资租赁标的物,最好需要聘请律师进行谨慎法律论证。

三、作为融资租赁的标的物应当具备适合于租赁的特性,即具有返还原物的可能性。否则无法作为融资租赁关系的标的物,相应法律关系亦不得被认定为融资租赁关系。

四、融资租赁合同纠纷的审理,法院通常先要审查是否构成融资租赁合同关系,其次再审查融资租赁合同是否有效。

056　回购型融资租赁的回购担保范围是否包括罚息?

案例索引

上海市第二中级人民法院于2012年3月19日作出(2012)沪二中民六(商)终字第30号终审民事判决。

交易结构图

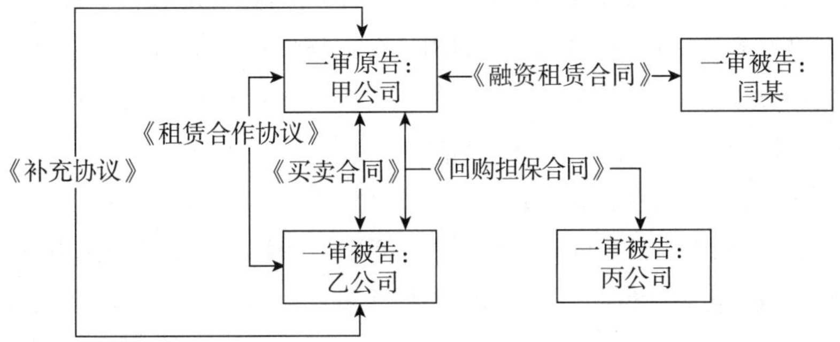

金讼圈导读

本案是一起关于融资租赁回购争议的典型案例。如何合理确定回购价格？回购保证金是否可以抵扣？是否包含罚息？如何公平确定各方的权利义务？本案二审法院给出了可参考的意见。

裁判规则

一、回购型融资租赁合同的回购价格计算往往涉及租赁保证金、回购保证金等先后抵扣问题，在当事人之间没有约定或者约定不明时，应综合考量缔约目的、商事交易习惯等，确定公平的回购价格。

二、若回购人并非《融资租赁合同》当事人且《回购合同》也并非完全从属于《融资租赁合同》，对回购价格的计算应依照《回购合同》的约定对租赁保证金进行抵扣更为合理。

三、回购担保的本意也只是担保融资租赁公司的本金债权，不包含罚息部分，否则融资租赁公司风险趋近于零，回购担保人风险过大，也不符合商事交易合作互利、风险共担的本意。

四、在抵扣承租人支付的租赁保证金及回购人支付的回购保险金后计算回购价款更为公允。

案情介绍

一审原告:甲公司。

一审被告:闫某、乙公司、丙公司。

2008年3月24日,甲公司与闫某签订《融资租赁合同》,约定甲公司根据闫某的选择向乙公司购买某型号的挖钻机一台出租给闫某使用。租赁期限3年,租金总价6,102,004元(含租赁保证金499,000元)。另约定,如有证据表明承租人无法支付租金,出租人单方解除合同的,回购价格为租赁合同解约前全部未付租金总额减去甲公司已经收取的租赁保证金数额。承租人所支付的款项和租赁保证金款项按照以下顺序清偿所欠出租人的债务:各项费用、罚息、租金。

2008年4月11日,甲公司与乙公司签订《租赁合作协议》。同日,甲公司与乙公司、丙公司签订《回购担保合同》,约定:融资租赁合同生效后,承租人单笔逾期超过10日或累计超过60日未支付租金的,回购条件成就,乙公司、丙公司应无条件将全部回购价款,并在甲公司发出书面《回购通知》后20个工作日支付给甲公司。回购价格为《租赁合作协议》全部未付租金总额减去甲公司已经收取的租赁保证金数额。

2008年4月25日,甲公司与乙公司签订《补充协议》,约定乙公司向甲公司支付499,000元用作承租人闫某融资租赁业务的回购保证金。

后因闫某拖欠租金,乙公司、丙公司亦未履行回购义务。甲公司遂诉至法院,要求闫某支付租金4,513,531元及罚息501,835.24元(已抵扣闫某支付的保证金499,000元);乙公司、丙公司支付全部回购价款3,515,531元(即闫某所欠租金4,513,531元－闫某已支付的租赁保证金499,000元－乙公司已支付的回购保证金499,000元)。

裁判结果

上海市黄浦区人民法院于2012年12月16日作出(2010)黄民五(商)初字第2736号民事判决:一、闫某支付甲公司剩余租金4,513,531元及罚息501,835.24元,并偿付相应的迟延罚息;二、乙公司、丙公司支付甲公司回购价款3,515,531元;三、若闫某、乙公司、丙公司中任何一方履行了上述判决主文中相应的给付义务,则其他当事人相对于甲公司相应的给付义务予以免除。

上海市第二中级人民法院于2012年3月19日作出(2012)沪二中民六(商)终字

第30号终审民事判决:驳回上诉,维持原判。

法院观点

《租赁合作协议》《回购担保合同》《融资租赁合同》均系各方当事人的真实意思表示,应属有效。甲公司按约购买租赁设备,并交付闫某验收,已履行了合同约定的义务。闫某承租设备后,未按约支付租金,违反了合同约定的付款义务,已经构成违约。甲公司要求按《融资租赁合同》的约定,由闫某支付全部剩余租金及迟延付款利息的诉讼请求,合法有据,应予支持。

本案中承租人闫某拖欠租金未付的事实已经各方当事人确认,《回购担保合同》中约定的回购条件已经成就,故甲公司有权提起诉讼,要求乙公司、丙公司共同承担回购义务。回购金额应根据《回购担保合同》约定的"租赁合同全部未付租金总额减去甲公司已经收取的租赁保证金数额"予以计算。本案中,闫某交付了租赁保证金499,000元,乙公司也支付了499,000元的回购保证金,以保证回购义务的履行。现回购条件已经成就,甲公司自愿以承租人未付租金总额4,513,531元减去租赁保证金499,000元及回购保证金499,000元后计得的金额3,515,531元,向乙公司及丙公司主张回购价款,并无不当,应予支持。

金讼圈提示

一、关于融资租赁回购协议的法律性质,《合同法》《担保法》及《最高人民法院关于审理融资租赁合同纠纷案件适用法律问题的解释》均没有涉及。从回购协议的法律特征看,其兼具买卖与担保的双重属性,绝大多数法院认为融资租赁回购协议系一种无名合同,如果符合当事人真实的意思表示,且不违反法律、行政法规的强制性规定,应属有效。

二、融资租赁回购协议核心条款有:回购条件、回购通知、回购价格、租赁物交付、违约责任等。

三、回购条件一般包括两个方面:一是承租人发生严重违约,通常为逾期支付融资租赁合同项下租金;二是租赁物发生灭失或毁损,导致融资租赁合同实际无法履行。但在租赁物毁损灭失的情况下,回购合同是否能够继续履行这一问题,由于司法不明确,需要特别明确约定清楚。

四、回购价格通常也包括两个方面:一是承租方未支付的剩余租金总额;二是按照《融资租赁合同》约定承租方违约应承担的迟延利息。本案的回购价格为《租赁合作协议》全部未付租金总额减去甲公司已经收取的租赁保证金数额,并没有包括迟延利息等在内。对出租方来说，不能不说是合同条款设计不足的问题。

五、交付方式也有两类：一是现场交付；二是直接签署租赁物交付证书。按照《物权法》的规定均能发生租赁物所有权转移的效果。但选择后者显然更有利于出租人，因为现场交付需要承租人配合通常会很难做到。

六、诉为非诉，以讼止讼。本案再次启发我们：必须有诉讼的思维方能有预见性，才能在法律顾问等非诉业务服务中，为客户签订一份完美的协议！

057 融资租赁物被转让并设立抵押权是否可善意取得？

案例索引

上海市第一中级人民法院于2016年3月23日作出的(2016)沪01民终605号二审民事判决书。

交易结构图

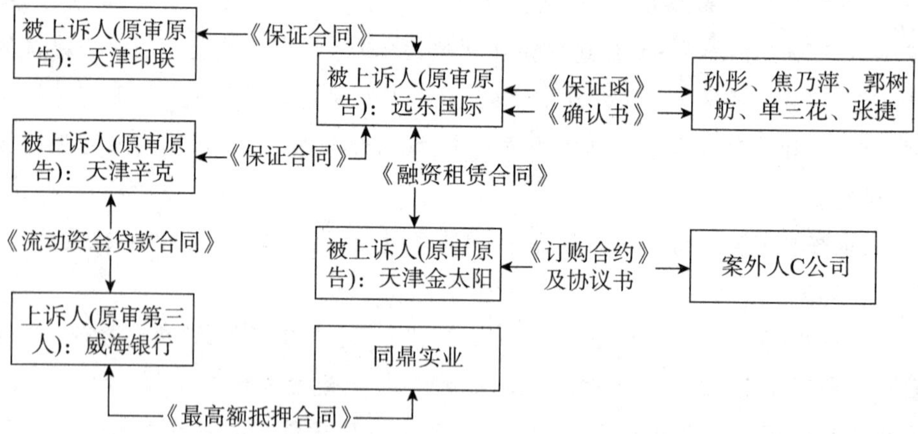

金讼圈导读

本案是因融资租赁物被承租人私自转让给关联企业并抵押给银行进行贷款，从而引发的融资租赁物所有权争议的典型案例。作为抵押权人的银行，能否主张善意取得？满足善意取得的要件有哪些？银行作为职业放贷人，应当具有怎样的善意客观标准？本案法院均给予了具有实用价值的裁判规则。

裁判规则

一、动产物权的善意取得需满足以下要件：一是应支付合理的价格，二是应为善意。

二、承租人对融资租赁物仅有使用权、无处分权，故其将融资租赁物转让给第三人，系无权处分行为。

三、融资租赁物购买人系承租人的股东之一，且二者法定代表人系同一人，其对融资租赁物的权属情况应予明知，其购买行为显属恶意，不能取得所有权。

四、购买人又将融资租赁物抵押给银行亦系无权处分行为，未经所有权人追认，《抵押合同》属无效，银行不能得抵押权。

五、银行作为专业金融主体和职业贷款人，理应具有完备的贷款交易经验和相关的专业法律知识，故应将履行相应的审慎经营义务作为其善意的客观标准。

六、银行未对抵押物的来源主体、权属转移资料、公示登记信息等进行审慎的审查义务，不符合法律规定的善意条件，不适用动产善意取得制度。

案情介绍

上诉人（原审第三人）：威海市商业银行股份有限公司天津分行。

被上诉人（原审原告）：远东国际租赁有限公司、天津金太阳纸业有限公司、天津辛克包装有限公司、天津联印包装技术有限公司、孙彤、焦乃萍、郭树舫、单三花、张捷。

被上诉人（原审第三人）：天津同鼎实业发展有限公司。

上诉人威海市商业银行股份有限公司天津分行（以下简称威海银行）因与被上诉人远东国际租赁有限公司（以下简称远东国际）……融资租赁合同纠纷一案，不服上海市浦东新区人民法院（2015）浦民六（商）初字第4669号民事判决，向本院提起上诉。

1. 2012年4月23日，天津金太阳（买方）与案外人C（中国）有限公司（卖方）签订《订购合约》及协议书，购买系争设备，所有权自价款付清转移。2012年6月7日，远东国际与天津金太阳签订《委托进口协议》（合同编号：IFELC12D042381－P－01），约定：……自系争设备所有权根据销售合同从供货商转移起至远东国际依《融资租赁合同》将所有权转让给天津金太阳止，远东国际拥有系争设备完整的、独立的所有权……

2. 2012年6月7日，远东国际（出租人）与天津金太阳（承租人）签订《融资租赁合同》（合同编号：IFELC12D042381－L－01），后又签订《补充协议》，约定：天津金太阳向远东国际支付租金，租金分35期……；保证金538,712元，保证金作为履行合同的保证，不计利息，远东国际有权以保证金冲抵天津金太阳对远东国际的任何欠款……

3. 天津辛克、天津联印（原天津A有限公司）于2012年6月7日分别与远东国际签署了《保证合同》（合同编号分别为：IFELC12D042381－U－01、IFELC12D042381－U－02），张捷、孙彤、焦乃萍、郭树舫、单三花于2012年6月7日签署并向远东国际出具了《保证函》，均承诺为天津金太阳《融资租赁合同》项下应付的租金、利息、违约金、赔偿金、留购价款及其他应付款项承担连带保证责任，保证期间至主债务履行期届满之日满两年。后各保证人又出具《确认书》，对前述《补充协议》予以确认，并同意继续承担保证责任。

4. 远东国际分别于2013年2月6日、3月13日向天津金太阳支付5,932,000元、2,500,000元。

5. 审理中，远东国际与本案诸被上诉人共同确认：截至2015年3月16日，扣除天津金太阳已支付的保证金538,712元，天津金太阳全部未付租金的金额为2,639,692.60元（其中到期未付租金为515,888.51元），逾期付款违约金为14,913.77元。

6. 2014年8月1日，天津辛克与威海银行签订《流动资金贷款合同》借款1000万元。同鼎实业（原天津B有限公司）与威海银行签订《最高额抵押合同》，载明：同鼎实业将其所有的动产设备（本案系争设备）为上述借款提供担保；抵押物详见附件抵押物清单，该清单记载了系争设备的名称、型号、生产厂家、评估书编号、现值或评估价值，权属证书及编号一栏为空；第八条第1款"同鼎实业应向威海银行提供抵押物的权利证书及其他有效证明文件和相关资料，经双方确认后，由威海银行保管"。2014年7月22日，系争设备办理了抵押登记，抵押人为同鼎实业，抵押权人为威海银行。威海银行于2014年8月1日向借款人发放贷款1000万元。

7. 2014年12月24日，远东国际就系争设备进行了融资租赁信息登记。（注意：抵押在前，登记在后）。

8. 经查询，天津金太阳的股东之一系同鼎实业，且二者的法定代表人均为孙彤。

9. 审理中，天津金太阳确认系争设备的所有权人为远东国际。远东国际与威海银行确认租赁物和抵押物系同一设备。

10. 远东国际遂提起本案诉讼，请求判令：1. ……；2. 确认编号为IFELC12D042381－

L－01 的《融资租赁合同》项下的租赁物(详见附表《租赁物清单》)所有权归远东国际,由天津金太阳返还该租赁物……

11. 第三人威海银行诉请:同鼎实业以系争设备承担抵押担保责任。

裁判结果

一审法院判决:确认编号为 IFELC12D042381－L－01 的《融资租赁合同》项下的租赁物(详见附表《租赁物清单》)所有权属于远东国际,天津金太阳应于本判决之日起 10 日内向远东国际返还。

二审法院判决:驳回上诉,维持原判。

法院观点

本案系融资租赁合同纠纷。涉案各方当事人所签署的《委托进口协议》《融资租赁合同》《订购合约》及相关协议书和《保证合同》《保证函》等合同文本均系签约当事人的真实意思表示,被上诉人天津金太阳与被上诉人远东国际之间的融资租赁合同法律关系依法成立,被上诉人天津辛克、天津联印、张捷、孙彤、焦乃萍、郭树舫、单三花与被上诉人远东国际之间的连带责任保证合同法律关系依法成立,上述合同关系均合法有效,缔约各方理应恪守履行。

鉴于上诉人威海银行就原审判决第六项提起上诉,请求依法改判并确认威海银行享有系争设备的抵押权,本案二审的争议焦点:即上诉人威海银行是否就系争设备的取得构成善意取得,是否依法享有该系争设备的抵押权。

原审法院认定,因天津金太阳对系争设备不享有所有权,故其就系争设备与同鼎实业之间的买卖行为无效,故涉及威海银行的抵押合同亦归于无效,符合相关法律规定。至于上诉人威海银行在审核涉案抵押贷款时是否履行了作为金融机构的审慎经营义务,应当是判定其是否构成我国物权法所规定的善意取得的客观标准。原审法院根据上诉人威海银行未能提供系争设备的权利证书及其他有效的权属证明文件和相关资料,以及涉案抵押合同中归于抵押物权属证明编号一栏为空白等事实,认定威海银行并未履行抵押权人的审慎的审核义务,故不构成符合法律规定的善意取得情形,并无不当。上诉人威海银行认为其在审核抵押合同的过程中已经到实际抵押人处查看了系争设备,但该查看设备的行为无法确认抵押物的权利归属;对于涉案买卖双方天津金太阳与同鼎实业之间所存在的特殊关联性,威海银行仅以设备发票复印件作为动产物权的权属证明,原审法院认为威海银行的审核行为不足以构成尽到了其审慎的审核义务,亦无不妥。上诉人威海银行认为原审法院加重了其作为善意第三人的审查义务，相关的上诉理由，缺乏事实依据和法律依据，本院难以采信。对其要求确认系争设备的权属归上诉人威海银行的上诉请求，本院不予支持。

金讼圈提示

对于金融专业机构及人员，善意的判断应以是否尽到审慎经营义务为基准。本案例为专业金融机构及人员进行了很好的风险教育，审慎经营义务，投前尽职调查很重要。

058 名为融资租赁实为借贷情形下的担保是否依然有效？

案例索引

最高人民法院于2015年3月17日作出的（2014）民二终字第109号二审民事判决书。

交易结构图

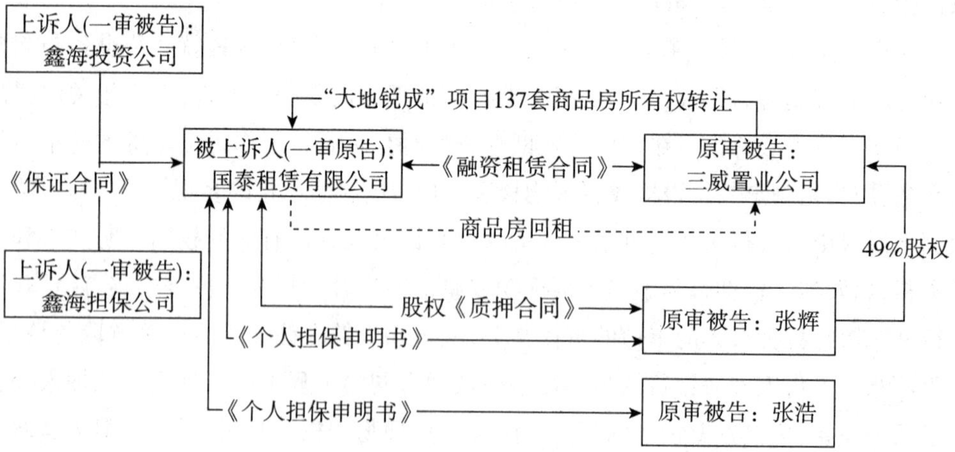

金讼圈导读

一、本案是最高人民法院关于名为融资租赁实为借贷的典型案例。如何判定名为融资租赁实为借贷？企业间借贷合同效力如何？名为融资租赁实为借贷情况下担保合同效力如何？最高人民法院有明确的裁判理由。

二、实务中，法院一旦认定为"名为融资租赁实为借贷"，担保合同效力问题往往成为法庭争议的关键焦点，对各方当事人关系重大。

三、本案例非常值得研读与借鉴。法院一旦认定为"名为融资租赁实为借贷"，对融资租赁公司来讲后果有多大？如何预防因租赁物引发的法律风险？

裁判规则

一、鉴于融资租赁交易具有融资和融物的双重属性且缺一不可，如无实际租赁物或者租赁物所有权未从出卖人处转移至出租人或者租赁物的价值明显偏低无法起到对租赁债权的担保，应认定该类融资租赁合同没有融物属性，仅有资金空转，系以融资租赁之名行借贷之实，应属借款合同。

二、认定名为融资租赁实为企业间借款合同，应区别认定不同借贷行为的性质与效力，对不具备从事金融业务资质的企业之间为生产经营需要所进行的临时性资金拆借行为，如没有证据证明提供资金的一方的融资租赁公司并非以资金融通为常业、主要业务或主要利润来源，不属于违反国家金融管制的强制性规定的情形，不应当认定借款合同无效。

三、主合同应认定名为融资租赁，实为企业借贷纠纷，该认定仅是法律关系性质的定性，并未否定合同效力，亦未改变主合同债务人所应负担的债的同一性，因此主合同有效，对应的从合同《保证合同》及《质押合同》亦为有效合同。

案情介绍

上诉人（一审被告）：山东鑫海投资有限公司、山东鑫海担保有限公司。

被上诉人（一审原告）：国泰租赁有限公司。

原审被告：山东三威置业有限公司、张辉（山东三威置业有限公司法定代表人）、张浩（山东三威置业有限公司股东）。

上诉人山东鑫海投资有限公司（以下简称鑫海投资公司）、山东鑫海担保有限公司（以下简称鑫海担保公司）因与被上诉人国泰租赁有限公司（以下简称国泰租赁公司）、原审被告山东三威置业有限公司（以下简称三威置业公司）、原审被告张辉、原审被告张浩企业间借贷合同纠纷一案，不服山东省高级人民法院(2013)鲁商初字第33号民事判决，向本院提起上诉。

2011年7月12日，国泰租赁公司与三威置业公司签订国租(11)回字第

201107202号《融资租赁合同》,约定三威置业公司将“大地锐成”项目137套商品房所有权转让给国泰租赁公司,然后回租该商品房,融资金额1亿元,租赁年利率20%,租金总额为105,001,000元(含1000元名义价款),租赁期限自2011年7月12日起至2011年10月12日止;租赁期内,若遇人民银行基准利率上调,国泰租赁公司将对租赁利率作出等额上调;自本合同签订之日起90日内,三威置业公司应会同国泰租赁公司到房地产主管部门办理网签手续,否则,视为三威置业公司违约;本合同签订后,国泰租赁公司向三威置业公司履行支付购房款义务;三威置业公司付清租金等款项后,本合同项下租赁物由三威置业公司按1000元名义价款留购。并约定三威置业公司未按时足额支付到期租金及其他款项时,视为违约,应向国泰租赁公司支付违约金及逾期租金占用利息。逾期租金占用利息按应付未付租金本金、租赁年利率、占用天数逐日计算;违约金按应付未付租金的日万分之五计收;同时约定一方如有违约或侵权行为,须承担另一方为实现债权而支出的诉讼费、律师费和其他费用等。

2011年7月12日,国泰租赁公司与鑫海投资公司、鑫海担保公司签订国租(11)保字第201107202号《保证合同》。约定:鑫海担保公司、鑫海投资公司同意就三威置业公司在国租(11)回字第201107202号《融资租赁合同》项下对国泰租赁公司所负的全部债务提供不可撤销的连带责任保证。保证范围为主合同项下的全部债务,包括但不限于租金、手续费、租金占用利息、违约金、诉讼费及律师代理费等。保证期间为2年。鑫海担保公司、鑫海投资公司董事会于同日对上述签订的《保证合同》作出通过决议。同日,三威置业公司法定代表人张辉和公司股东张浩出具个人担保声明书,自愿就三威置业公司合同项下债务承担连带责任保证。保证范围及保证期间与上述《保证合同》的约定相同。

上述合同签订后的当天,国泰租赁公司即将1亿元人民币通过网银打入三威置业公司的账户。

2011年12月20日,国泰租赁公司与三威置业公司双方签订补充协议,约定将租金支付展期至2012年12月20日,租金总额12,774.11万元,分5期支付。

2011年12月26日,国泰租赁公司与张辉签订《质押合同》,约定张辉以其所持三威置业公司49%股权就上述合同项下债务提供质押担保,并在山东省工商行政管理局办理了股权出质设立登记,登记号为鲁工商股质登记个设字(2011)第0528号。

2012年12月20日,国泰租赁公司与三威置业公司签订补充协议,约定将该合同项下租金支付展期,展期至2013年7月15日,并约定租金总额为148,228,296.18元,分3期支付。张辉于2012年12月20日出具确认函,承诺继续就三威置业公司合同项下债务提供质押担保。

协议履行过程中，三威置业公司共支付633万元（其中500万元为租赁期限内支付，其余为展期期间支付），2011年12月20日的补偿协议到期后，三威置业公司未再支付租金或租息。根据上述合同约定计算，截止到2013年8月31日，三威置业公司欠付租金147,228,296.2元及截止到2013年8月31日逾期租金占用利息、违约金为7,356,937.14元。

2013年9月25日，国泰租赁公司委托山东众成仁和律师事务所律师向保证人鑫海担保公司、鑫海投资公司、张辉、张浩邮寄律师函，要求各保证人承担连带保证责任。国泰租赁公司因本案与山东众成仁和律师事务所签订委托代理合同，委托该所律师代理诉讼，并支付律师代理费592,213元。

在一审审理中，国泰租赁公司与三威置业公司达成协议：1. 国泰租赁公司与三威置业公司同意，三威置业公司欠付国泰租赁公司借款及利息、违约金的总金额按如下方式确定：合同期限内（2011年7月12日至2011年10月12日），以借款本金1亿元为基数，以合同约定年利率20%计算利息；合同期满后，即2011年10月13日以后，以借款本金1亿元为基数，以年利率10%计算利息。2. 国泰租赁公司与三威置业公司确认，三威置业公司已向国泰租赁公司付清融资合同期限内（2011年7月12日至2011年10月12日）的利息500万元，并已支付合同期满后即2011年10月13日后的利息133万元。

一审另查明，涉案的租赁物为大地锐城小区的2、4、6号楼盘中的137套商品房，共计19,582.58平方米。大地锐城小区的原规划为，楼层数应该19层，而实际上建筑层数均为33层，超过了规划部门的建设要求。据此，济南市城市管理行政执法局向三威置业公司先后作出了济城执直停第2435号、济城执直停字（2010）第1684号《责令停止违法建设决定书》，依法认定了2、4、6号楼属于超规划建设的违章建筑，责令三威置业公司立即停止违法建设。2013年8月14日，济南市规划局向三威置业公司下发对超面积予以规划确认的复函，对大地锐城项目中住宅建设现状及超面积部分予以规划确认，并责令三威置业公司完善相关手续并缴纳有关规费。涉案的租赁物至今未取得预售许可证。

国泰租赁公司于2013年9月24日向山东省高级人民法院提起诉讼。请求判令：一、三威置业公司向国泰租赁公司支付租金147,228,296.2元及逾期租金占用利息、违约金（暂计至2013年8月31日为7,356,937.14元）；二、三威置业公司赔偿国泰租赁公司因本案支付的律师费；三、鑫海投资公司、鑫海担保公司、张辉、张浩对第一、二项请求承担连带清偿责任；四、国泰租赁公司对张辉所持有的三威置业公司49%股权享有优先受偿权。五、三威置业公司、鑫海投资公司、鑫海担保公司、张辉、张浩承担本案全部诉讼费用。

二审另查明：鑫海投资公司与三威置业公司在案涉合作前已存在业务关系。2010年7月12日，鑫海投资公司委托齐鲁银行股份有限公司济南城西支行向三威置业公司发放了1亿元委托贷款，贷款期限自2010年7月12日起至2011年7月12日止。2011年7月12日，国泰租赁公司按照《融资租赁合同》约定，将1亿元汇入三威置业公司的账户。同日，三威置业公司向鑫海投资公司归还了上述1亿元委托贷款。

裁判结果

一审山东省高级人民法院判决：一、三威置业公司于判决生效之日起10日内向国泰租赁公司支付借款本金1亿元及利息（2011年7月12日至2011年10月12日，以借款本金1亿元为基数，以合同约定年利率20%计算，2011年10月13日至本判决生效之日，以借款本金1亿元为基数，以年利率10%计算，并扣除633万元已付利息）；二、三威置业公司于判决生效之日起10日内向国泰租赁公司支付实现债权的费用592,213元；三、鑫海投资公司、鑫海担保公司、张辉、张浩对三威置业公司上述一、二项债务承担连带责任；四、三威置业公司不履行上述一、二项债务时，国泰租赁公司有权对张辉所持有的三威置业公司49%的股权折价、或者以拍卖、变卖的价款优先受偿；五、驳回国泰租赁公司其他诉讼请求；六、鑫海投资公司、鑫海担保公司、张辉、张浩承担担保责任后，有权向三威置业公司追偿。

二审最高人民法院判决：驳回上诉，维持原判。

法院观点

一、关于案涉《融资租赁合同》的性质及效力问题

根据《合同法》第237条的规定，融资租赁合同与其他类似合同相比具有以下特征：一是通常涉及三方合同主体（出租人、承租人、出卖人）并由两个合同构成（出租人与承租人之间的融资租赁合同以及出租人与出卖人就租赁物签订的买卖合同）；二是出租人根据承租人对出卖人和租赁物的选择购买租赁物；三是租赁物的所有权在租赁期间归出租人享有，租赁物起物权担保作用；四是租金的构成不仅包括租赁物的购买价格，还包括出租人的资金成本、必要费用和合理利润；五是租赁期满后租赁物的所有权从当事人约定。从以上特征可以看出，融资租赁交易具有融资和融物的双重属性，缺一不可。如无实际租赁物或者租赁物所有权未从出卖人处转移至出租人或者租赁物的价值明显偏低无法起到对租赁债权的担保，应认定该类融资租赁合同没有融物属性，仅有资金空转，系以融资租赁之名行借贷之实，应属

借款合同。

本案所涉《融资租赁合同》系房地产售后回租业务，出卖人和承租人均为三威置业公司，租赁物系三威置业公司在建 137 套商品房。在合同订立前，该租赁物已被有关行政主管部门认定为超规划建设的违章建筑；在租赁期间，该项目亦未取得商品房预售许可，故案涉商品房（租赁物）所有权无法从出卖人三威置业公司移转至出租人国泰租赁公司。由此产生的实际法律关系是，国泰租赁公司作为名义上的商品房买受人和出租人，并不享有租赁物的所有权，作为专业的融资租赁公司，其对案涉租赁物所有权无法过户亦应明知，故其真实意思表示并非融资租赁，而是出借款项；三威置业公司作为租赁物的所有权人，虽名为"承租人"，但实际上不可能与自己所有的房产发生租赁关系，其仅是以出卖人之名从国泰租赁公司获得 1 亿元款项，并按合同约定支付利息，其真实意思表示也并非售后回租，而是借款。由此可以看出，案涉融资租赁交易，只有融资，没有融物，双方之间的真实意思表示名为融资租赁，实为借款法律关系。依照《最高人民法院关于审理融资租赁合同纠纷案件适用法律问题的解释》第 1 条之规定，案涉合同应认定为借款合同。一审法院将案涉《融资租赁合同》性质认定为名为融资租赁实为企业间借款合同，定性准确，本院依法予以维持。

因案涉主合同性质为企业间借款合同，故应按企业间借款合同判断合同效力，进而确定各方当事人的权利义务。国泰租赁公司作为内资融资租赁业务试点企业，虽未取得发放贷款资质，但并没有证据表明其以发放贷款为主要业务或主要利润来源。国泰租赁公司与三威置业公司的案涉企业间借款系双方的真实意思表示，且不违反法律、行政法规的禁止性规定，一审关于案涉主合同不符合借款合同无效情形的认定并无不当，本院对此予以维持。鑫海投资公司、鑫海担保公司关于案涉主合同无效的上诉请求不能成立，本院依法予以驳回。

二、案涉《保证合同》的效力及鑫海投资公司、鑫海担保公司所应承担的保证责任范围

在案涉主合同项下，鑫海投资公司、鑫海担保公司与国泰租赁公司签订有承担连带保证责任的《保证合同》。国泰租赁公司在该《保证合同》上加盖了公司公章和法定代表人名章，法定代表人加盖名章可视为签字行为，鑫海投资公司、鑫海担保公司仅以该合同未经国泰租赁公司法定代表人签字而主张合同未生效的上诉请求法律依据不足，本院不予支持。

鑫海投资公司、鑫海担保公司上诉提出，其签订合同时的真实意思表示是为有效的融资租赁合同而非借款合同提供保证，案涉《保证合同》因缺乏真实意思表示而无效；三威置业公司与国泰租赁公司故意隐瞒案涉租赁物属违章建筑的事实，对此骗取担保行为,保证人不应承担保证责任。经查,鑫海投资公司在国泰租赁公司之前即与三威置业公司就涉案房地产项目存在业务关系,且三威置业公司用案涉借款偿还了对鑫海投资公司的欠款,故鑫海投资公司在提供保证担保时对案涉租赁物为违章建筑的事实应属明知;鑫海投资公司、鑫海担保公司作为专业的投资、担保公司,在签订《保证合同》亦应知道案涉融资名为融资租赁实为借贷的实际性质。据此,一审认定案涉《保证合同》系鑫海投资公司、鑫海担保公司真实意思表示的事实依据充分,应予维持。因案涉主合同有效,鑫海投资公司、鑫海担保公司与国泰租赁公司签订的《保证合同》亦为有效合同。国泰租赁公司在保证期间内主张行使担保权,鑫海投资公司、鑫海担保公司作为保证人应按约定承担保证责任。鑫海投资公司、鑫海担保公司关于案涉《保证合同》无效、国泰租赁公司与三威置业公司存在骗取担保情形的上诉主张依法不能成立,本院对此予以驳回。

按照案涉《保证合同》约定的保证范围,鑫海投资公司、鑫海担保公司对三威置业公司在主合同即《融资租赁合同》项下所负国泰租赁公司的全部债务承担连带保证责任。由于案涉租赁物至今未取得预售许可证,国泰租赁公司无法取得租赁物所有权,进而也无法占有和处分涉案房产。故鑫海投资公司、鑫海担保公司所提对国泰租赁公司放任三威置业公司任意处置涉案房产而扩大的损失不承担保证责任的上诉主张缺乏事实依据,不能成立。在本案一审过程中,国泰租赁公司与三威置业公司达成协议,国泰租赁公司免除了三威置业公司应支付的合同违约金,并降低了本金计息标准。虽该协议内容并未取得保证人鑫海投资公司、鑫海担保公司的同意,但该协议实际上减轻了债务人的债务和保证人的保证责任,依据《担保法司法解释》第30条第1款之规定,鑫海投资公司、鑫海担保公司应按上述协议所确定的债务数额承担保证责任。一审判决据此确定鑫海投资公司、鑫海担保公司的保证责任范围,法律依据充分,应予维持。

金讼圈提示

法院一旦认定为"名为融资租赁实为借贷",对融资租赁公司来讲后果有多大?

一、丧失租赁物的物权担保功能,无法取回租赁物或对租赁物拍卖优先受偿。

二、陷入企业间借款合同关系的效力之争,进而动摇担保合同的效力,存在担保人脱保不承担担保责任的可能。

三、融资租赁业务,尤其是在售后回租业务中,必须重视租赁物对融资租赁合同效力的影响,在放款操作前应重点审查租赁物的情况。1. 租赁物是否存在? 2. 租赁物是否适格——例如,是否为消耗性的,是否不可返还的,是否附着其他财产后不可分离的？3. 回租模式下，承租人是否享有租赁物的初始所有权及处分权？4. 租赁物所有权是否已经转移到出租人名下？5. 租赁物价值是否明显低于融资金额？6. 租赁物有无抵押、质押等权利负担？7. 租赁物的实际使用人是谁？8. 租赁物有无明显标识？9. 租赁物是否完成办理融资租赁系统的登记公示？

第九章　贸易融资篇

059 为什么贴现担保无法取得票据追索权?

案例索引

上海市第二中级人民法院于2015年1月26日作出(2014)沪二中民六(商)终字第266号终审判决。

交易结构图

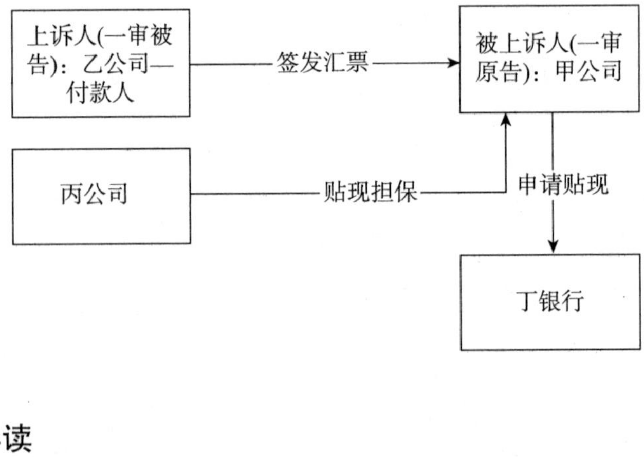

金讼圈导读

本案是关于票据贴现担保人权益的典型案例,也是担保法与票据法交叉的好案例。基于担保法律关系的追偿权,与基于票据法律关系的追索权,到底有何不同?贴现担保人履行担保责任后,能否直接行使票据法上的追索权?通过本案例,法院给出了准确的判断,值得参阅。

裁判规则

一、贴现申请人提出贴现申请，与贴现担保人另行签订担保合同，其本质上是担保法律关系，担保人承担担保责任后，依法取得担保追偿权。

二、基于贴现担保法律关系而非票据法律关系清偿债务，清偿人不能因此取得持票人的法律地位从而对出票人行使票据追索权。

三、持票人对票据的出票人和承兑人的权利，自票据到期日起二年为限。

四、无论是持票人行使票据追索权，还是被追索人行使再追索权，对出票人、承兑人的票据权利的时效都是不变的，其中对本票出票人、汇票出票人、承兑人的时效依然是两年。

案情介绍

上诉人（一审被告）：乙公司。

被上诉人（一审原告）：甲公司。

1996年12月10日，乙公司签发一张金额为400万元的汇票，收款人为甲公司，付款人为乙公司并已承兑，到期日为1997年4月10日，交易合同号码载明为096－00157。

1996年12月25日，甲公司持该汇票向丁银行申请贴现，并填写《承兑汇票贴现申请书》（以下简称“申请书”）一份，申请书中载明商品交易品名及合同编号为胶合板096－00157（甲公司、乙公司均承认不存在对应的胶合板交易，填写上述交易编号是基于银行贴现要求），丙公司在该申请书中盖章承诺为甲公司的贴现进行担保。

丁银行贴现后到期请求付款，因乙公司账户余额不足而被退票。

丁银行在向乙公司、甲公司追索票据权利未获清偿后，转而要求丙公司承担贴现担保责任。

丙公司作为贴现担保人向丁银行履行了400万元付款义务后，遂诉讼向甲公司和乙公司进行追偿。法院经审理后判决，丙公司有权以贴现担保关系向甲公司追偿688万余元（票款加利息），但不能直接向乙公司行使票据法上的追索权。

甲公司履行该判决后，又于2014年以行使票据追索权为由起诉乙公司（本案诉讼），请求判令乙公司支付票据追索款600万余元及利息。乙公司则抗辩称：甲公司无票据原件，无权追索；票据追索权时效已过；甲公司取得票据无对价，当时签发票据完全是为了从银行融资。

法院还查明：丙公司、甲公司、乙公司原为关联企业，其中甲公司为丙公司全资子公司。1997签发票据时，甲公司与乙公司的法定代表人均为王某。后乙公司改制后脱离关联关系。另外，为认定对价问题，一审法院组织双方对账，发现在1996年至1997年6月期间，甲公司与乙公司之间有数十笔银行转账往来，经轧差后甲公司流入乙公司的资金额为1600余万元。

裁判结果

上海市虹口区人民法院于2014年9月25日作出(2014)虹民二(商)初字第137号民事判决：乙公司支付甲公司已清偿的全部金额688万余元及利息。

上海市第二中级人民法院于2015年1月26日作出(2014)沪二中民六(商)终字第266号终审判决：一、撤销上海市虹口区人民法院(2014)虹民二(商)初字第137号民事判决；二、对甲公司全部诉讼请求不予支持。

法院观点

一是法律关系的确定对追索权的影响

本案中丙公司为甲公司的贴现提供担保，丁银行在向乙公司、甲公司追索票据权利未获清偿后，转而要求丙公司承担贴现担保责任，这不是主张票据权利，而是主张贴现担保合同的权利。为此，丙公司付款后后取得了向贴现申请人甲公司追偿的权利。无论是丙公司向丁银行履行贴现担保责任的行为，还是之后丙公司向甲公司追偿并获甲公司清偿的行为，均系基于贴现担保法律关系，而非基于票据法律关系。丙公司并非票据法律关系中任一环节的参与主体，其提供的是贴现担保而不是票据保证，因此其承担的责任系担保责任，而非票据责任。同理，丙公司向甲公司行使担保追偿权后，甲公司向丙公司清偿债务的行为并不能产生其向丁银行清偿因票据法律关系而产生的债务的法律后果，甲公司不能因此取得持票人的法律地位，从而对出票人乙公司行使票据权利。简而言之，基于贴现担保而产生的追偿权，并非票据法律关系中的票据追索权。

二是票据追索权行使的时间要求

《中华人民共和国票据法》(以下简称《票据法》)第17条第1款规定："票据权利在下列期限内不行使而消灭：(一)持票人对票据的出票人和承兑人的权利，自票据到期日起二年。……(三)持票人对前手的追索权，自被拒绝承兑或者被拒绝付款之日起六个月；(四)持票人对前手的再追索权，自清偿日或者被提起诉讼之日起三个月。"《最高人民法院关于审理票据纠纷案件若干问题的规定》第18条规定："票据法第十七条第一款第(三)、(四)项规定的持票人对前手的追索权，不包括对票据出票人的追索权。"再追索权的行使"自清偿日或者被提起诉讼之日起三个月"如何理解是本案的争议所在。甲公司认为,只要自己随时清偿,自此后便有追索权,不受票据签发时间限制。这种观点有误上述法律条文应解读为:无论是持票人行使追索权,还是被追索人行使再追索权,对出票人、承兑人的票据权利的时效是不变的,其中对本票出票人、汇票出票人、承兑人的时效是两年。本案中甲公司 2014 年清偿债务,无权对 1996 年签发票据的出票人行使票据追索权。

金讼圈提示

一、法律关系不同,权利义务不同。基于担保法律关系产生的追偿权,与基于票据法律关系产生的追索权是不一样的。

二、票据法律关系非常专业复杂,出现票据上的法律纠纷或风险事件,切记应该及时找票据专业的金融律师分析论证解决。

060 保理合同与基础合同有无主从关系?

案例索引

最高人民法院(2014)民二终字第 5 号关于柳州钢铁公司与中信银行厦门分行金融借款合同纠纷二审民事裁定书。

交易结构图

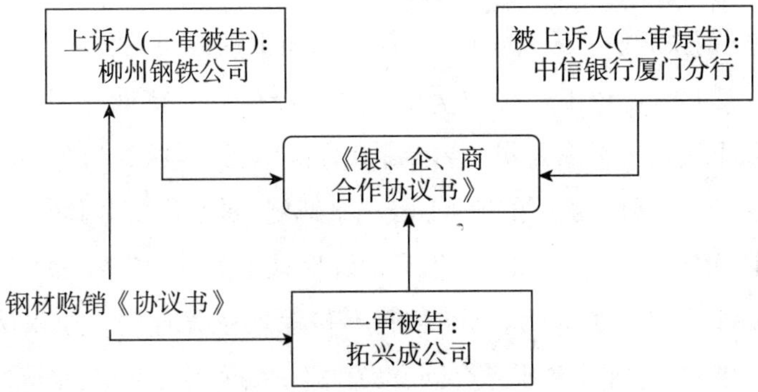

金讼圈导读

本案是关于保理合同纠纷的典型案例。保理合同的法律关系本质是什么？买方和银行之间的金融借款法律关系，与买方和卖方之间的买卖合同法律关系，是否构成主从关系？在金融借款合同已经签订并已部分履行的情况下，买卖合同无效或被撤销是否当然地导致借款合同的无效和被撤销？最高人民法院通过本案例均给予了明确结论。

裁判规则

一、三方的保理合同约定的基本内容为货物买卖双方签订的买卖协议中约定的应收货物为质押，向银行进行融资借款，用于支付卖方应付货款。其本质为买方向银行进行金融借款，并以买方应收货物提供质押担保。

二、买方和银行之间的金融借款法律关系，与买方和卖方之间的买卖合同法律关系，是两个独立的法律关系；二者法律关系之间有一定的关联，即借款的目的是支付买卖合同中的货款，但不能认为该借款关系就完全依附于买卖关系。

三、即使买卖合同无效或被撤销，金融借款合同也只能是因合同目的无法实现而由一方提出或双方协商解除合同，因此在金融借款合同已经签订并已部分履行的情况下，不能认为买卖合同无效或被撤销会当然地导致借款合同的无效和被撤销。

案情介绍

上诉人（一审被告）：柳州钢铁股份有限公司。

被上诉人（一审原告）：中信银行股份有限公司厦门分行。

一审被告：厦门拓兴成集团有限责任公司。

上诉人柳州钢铁股份有限公司（以下简称柳州钢铁公司）为与被上诉人中信银行股份有限公司厦门分行（以下简称中信银行厦门分行）、一审被告厦门拓兴成集团有限责任公司（以下简称拓兴成公司）金融借款合同纠纷管辖权异议一案，不服福建省高级人民法院（2013）闽民初字第50－1号民事裁定，向本院提出上诉。

上诉人柳州钢铁公司上诉称：一、本案融资形式是买方（债务人）向中信银行厦门分行融资，且不涉及应收账款的转让问题，不是保理业务合同。原审法院认定《银、企、商合作协议书》是保理业务服务合同，没有事实依据。二、《银、企、商合作协议书》系上诉人柳州钢铁公司与原审被告拓兴成公司签订的钢材购销《协议书》的从合同，

《银、企、商合作协议书》合同条款的相关约定,充分体现其依附于钢材购销《协议书》。三、本案的案由是买卖合同纠纷,应当按照买卖合同法律关系确定本案管辖法院。四、原审裁定适用法律错误。

被上诉人中信银行厦门分行答辩称:一、本案诉讼的依据是《银、企、商合作协议书》,以《银、企、商合作协议书》约定的管辖条款来确定本案管辖合法有据。柳州钢铁公司与拓兴成公司之间签订的钢材购销《协议书》与中信银行厦门分行并无任何关系,更非《银、企、商合作协议》的主合同。二、《银、企、商合作协议书》中约定的管辖条款合法有效,原审法院依法裁定驳回柳州钢铁公司的管辖权异议申请并无不当。

裁判结果

一审裁定适用法律正确,上诉人的上诉理由不能成立。驳回上诉,维持原裁定。

法院观点

《银、企、商合作协议书》与买卖协议是否构成主从合同关系。本案系中信银行厦门分行因柳州钢铁公司不履行《银、企、商合作协议书》中约定的交货义务而提起的诉讼。《银、企、商合作协议书》约定的基本内容为拓兴成公司以其在与柳州钢铁公司签订的买卖协议中约定的应收货物为质押,向中信银行厦门分行进行融资借款,用于支付拓兴成公司应付货款。其本质为拓兴成公司向中信银行厦门分行进行金融借款,并以拓兴成公司应收货物提供质押担保。拓兴成公司和中信银行厦门分行之间的金融借款法律关系,与拓兴成公司和柳州钢铁公司之间的买卖合同法律关系,是两个独立的法律关系。两个法律关系之间有一定的关联,即借款的目的是支付买卖合同中的货款,但不能认为该借款关系就完全依附于买卖关系。即使买卖合同无效或被撤销,金融借款合同也只能是因合同目的无法实现而由一方提出或双方协商解除合同。在金融借款合同已经签订并已部分履行的情况下,不能认为买卖合同无效或被撤销会当然地导致借款合同的无效和被撤销。因此,柳州钢铁公司关于《银、企、商合作协议书》是买卖协议的从合同的上诉理由不能成立。

本案争议的诉讼标的。诉讼标的是指当事人之间发生争议,并请求法院予以裁判的对象。本案争议发生于中信银行厦门分行与柳州钢铁公司、拓兴成公司履行《银、企、商合作协议书》的过程中,争议的内容也为《银、企、商合作协议书》中约定的内容,实质为金融借款关系中各方之间产生的纠纷,而买卖合同双方当事人即柳州钢铁公司和拓兴成公司均为被告,双方没有请求法院裁判其纠纷的诉讼意图。因此本案法院审理的对象应当为《银、企、商合作协议书》,而非拓兴成公司与柳州钢铁公司之间的买卖协议。案件的管辖也应当根据争议的对象即《银、企、商合作协议书》的相关要素确定管辖法院,而非如上诉人主张根据买卖协议来确定案件管辖。

协议管辖条款的效力。《银、企、商合作协议书》第14条约定有协议管辖条款,"三方同意将争议提交任意一方住所地人民法院通过诉讼方式解决"。该合同主体为三方当事人,即中信银行厦门分行、柳州钢铁公司和拓兴成公司,协议管辖条款的表述应理解为上述三公司中的任一公司住所地法院均有管辖权。《民事诉讼法》第34条规定:"合同或者其他财产权益纠纷的当事人可以书面协议选择被告住所地、合同履行地、合同签订地、原告住所地、标的物所在地等与争议有实际联系的地点的人民法院管辖,但不得违反本法对级别管辖和专属管辖的规定。"

在因诉争合同发生的纠纷当中,任意一方合同主体既有可能成为案件的原告,也有可能成为案件的被告,因此协议管辖条款中约定"将争议提交任意一方住所地人民法院通过诉讼方式解决",可以理解为当事人协议选择了原告住所地或被告住所地法院管辖。这种约定管辖符合《民事诉讼法》第34条之规定,是当事人真实意思表示,约定的内容清晰明确,且不违反级别管辖和专属管辖的规定。受理管辖等程序性事项中也应尊重当事人意思自治,《银、企、商合作协议书》中约定的协议管辖条款应认定为合法有效。合同主体中的中信银行厦门分行和拓兴成公司的住所地均在福建省,本案诉讼标的额为1亿元以上,达到了福建省高级人民法院级别管辖标准,中信银行厦门分行按照协议管辖条款的约定向福建省高级人民法院起诉,福建省高级人民法院对案件有管辖权。

金讼圈提示

一、关于保理的定义:1.《国际保理公约》对保理的定义:保理业务是近年来随着国际贸易竞争的日益激烈,国际贸易买方市场逐渐形成而迅速在欧美发达国家兴起的一项集贸易融资、商业资信调查、应收账款管理及信用风险担保于一体的综合性金融服务业务。2. 国际统一司法协会《国际保理公约》对保理的定义:应收账款管理服务机构以保理商身份和以赊销方式提供商品或服务的销售商之间的一项持续性安排,根据这一安排,销售商将其现在或将来的基于其与买方(债务人)订立的货物销售/服务合同所产生的应收账款转让给保理商,由保理商为其提供下列服务中的至少两项：(1)贸易融资；(2)销售分户账管理；(3)应收账款催收；(4)信用风险控制与坏账担保。

二、保理合同关系，一般存在两个合同、三方当事人。保理是债权人基于与债务人之间的买卖合同、服务合同等基础合同，与保理商签订保理合同，约定将基础合同项下的应收账款转让给保理商，由保理商就受让的应收账款向债权人提供综合性金融服务。保理业务中涉及债权人与保理商之间的保理合同，债权人与债务人之间的买卖合同等基础合同。两个合同中涉及三方当事人，包括债务人(基础合同项下的付款义务人)、债权人(基础合同中的债权人，同时也是保理合同中的应收账款出让人)、保理商(开展保理业务的金融机构及商业保理公司，即保理合同中的应收账款受让人)。

三、构成保理法律关系，应当同时具备以下几个基本条件：

1. 保理商必须是依照国家规定、经过有关主管部门批准可以开展保理业务的金融机构和商业保理公司；

2. 保理法律关系应当以债权转让为前提；

3. 保理商与债权人应当签订书面的保理合同；

4. 保理商应当提供下列服务中的至少一项：融资、销售分户账管理、应收账款催收、资信调查与评估、信用风险控制及坏账担保。

四、如果保理商与债权人签订的合同名为保理合同，经审查不符合保理合同的构成要件，实为其他法律关系的，应按照实际法律关系予以处理。

061 保兑仓业务合同的附属合同发生争议可否一并审理？

案例索引

兴业银行股份有限公司济南分行与山东钢铁股份有限公司、山东钢铁股份有限公司济南分公司等合同纠纷二审民事判决书；山东省高级人民法院于2013年12月18日作出的(2013)鲁商终字第243号民事判决书。

交易结构图

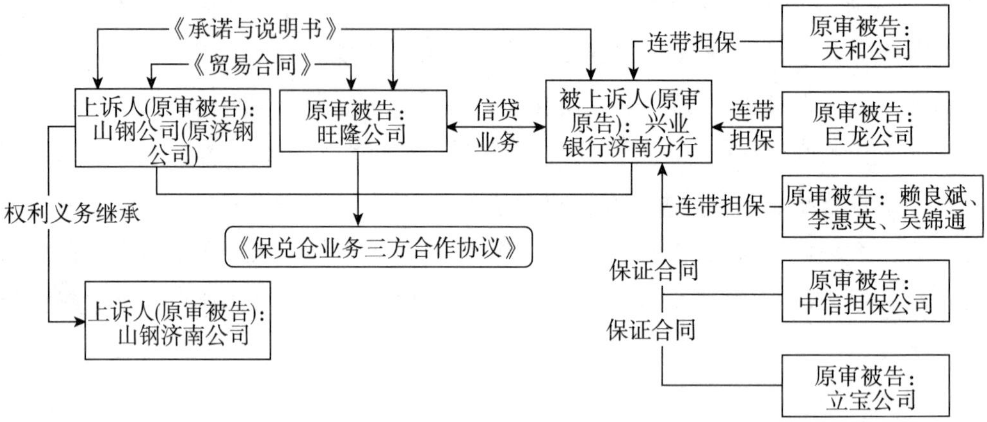

金讼圈导读

一、本案是最高人民法院于2014年发布的首例保兑仓典型案例。

二、“保兑仓”是指以银行信用为载体,以银行承兑汇票为结算工具,由银行控制货权,卖方受托保管货物并对承兑汇票保证金以外金额部分由卖方以货物回购作为担保措施,由银行向卖方和买方提供的以银行承兑汇票的一种金融服务。保兑仓作为一种新类型融资方式,对卖方而言,保障了收款;对买方而言,降低了融资成本;对银行而言,保障了资金安全。

三、本案是山东省内首例保兑仓纠纷案件,该案的判决起到了很好的示范效应,充分体现了人民法院在支持新类型融资方式、规范融资市场发展方面的职能作用。

四、保兑仓纠纷是新型贸易融资类纠纷,非常值得参与贸易融资的各方学习借鉴。关于保兑仓基本交易模式及审理思路,可参阅文后最高人民法院法官关于保兑仓纠纷案件的审理思路。

裁判规则

一、保兑仓业务合作协议,通常包括货物购买方、货物出卖方及银行三方主体,该协议不仅确立银行与出卖方(包括担保方)共同保证资金安全的合同关系,还包括出卖方和购买方间买卖合同关系,银行与购买方的融资贷款的合同关系。

二、各方为执行《保兑仓业务三方合作协议》分别签订的《银行承兑合同》《保证金协议》《保证合同》《供货合同》等合同,均属于《保兑仓业务三方合作协议》的附属组成部分,该案纠纷应一并审理。

三、《融资性担保公司管理暂行办法》关于"对同一债务人旺隆公司不能提供超过一定额度"规定了融资性担保公司的业务范围和禁止行为，约束的对象是融资性担保公司，融资性担保公司违反该办法对外担保，应由监管部门对其依法进行处理，但不能以此作为免除保证责任的理由，且上述暂行办法系部门规章，不能影响合同效力。

案情介绍

上诉人（原审被告）：山东钢铁股份有限公司、山东钢铁股份有限公司济南分公司。

被上诉人（原审原告）：兴业银行股份有限公司济南分行。

原审被告：福建省旺隆贸易有限公司、福建天和建材市场管理有限公司、赖良斌、李惠英、宁德市巨龙三都澳旅游码头有限公司、福州立宝房地产有限公司、福建省中信融资担保有限公司、吴锦通。

上诉人山东钢铁股份有限公司（以下简称山钢公司）、上诉人山东钢铁股份有限公司济南分公司（以下简称山钢济南公司）与兴业银行股份有限公司济南分行（以下简称兴业银行济南分行）、福建省旺隆贸易有限公司（以下简称旺隆公司）、福建天和建材市场管理有限公司（以下简称天和公司）、宁德市巨龙三都澳旅游码头有限公司（以下简称巨龙公司）、福州立宝房地产有限公司（以下简称立宝公司）、福建省中信融资担保有限公司（以下简称中信担保公司）、赖良斌、李惠英、吴锦通因保兑仓业务合作合同纠纷一案，不服山东省济南市中级人民法院（2012）济民二商初字第160号民事判决，向本院提起上诉。

2012年2月24日，兴业银行济南分行、旺隆公司与济钢公司签订编号为兴银济保兑仓合作字济钢银2012008号《保兑仓业务三方合作协议》，为保障兴业银行济南分行与旺隆公司在2012年2月24日至2013年2月23日期间发生的各类授信业务项下协议的履行，约定旺隆公司、济钢公司双方同意以银行承兑汇票作为双方贸易合同的付款方式，并由兴业银行济南分行作为汇票的承兑银行，济钢公司作为汇票的收款人。兴业银行济南分行同意贷款给旺隆公司，用以支付旺隆公司在上述贸易合同项下的货款。旺隆公司同意由兴业银行济南分行负责将银行承兑汇票或商业承兑汇票送达济钢公司。济钢公司在收到相关款项或商业汇票后应出具《收到商业汇票/款项确认函》给兴业银行济南分行。但无论济钢公司是否出具《收到商业汇票/款项确认函》，均不影响济钢公司履行本协议项下义务和兴业银行济南分行按照本协议约定行使权利。旺隆公司向兴业银行济南分行申请开立银行承兑汇票/商业承兑汇票/国内信用证时应当向兴业银行济南分行交存初始保证金，初始保证金最低不少于票证面金额的30%(含)。提货采用旺隆公司从济钢公司自行提货的模式。银行承兑汇票开出后,旺隆公司即可向济钢公司提取与初始保证金100%等值的货物。

此后旺隆公司每次向济钢公司提货时,济钢公司均应凭兴业银行济南分行签发的《提货通知书》办理。旺隆公司提取货物时应先向兴业银行济南分行提交《提货申请审批表》,并按照《提货申请审批表》提前落实相应的还款手续。旺隆公司续存保证金后可提取与续存保证金100%等值的货物;最后一次续存保证金后可提取剩余所有未发货值的货物。兴业银行济南分行收到《提货申请审批表》并审核担保手续或还款手续后,直接向济钢公司出具《提货通知书》。济钢公司收到《提货通知书》的当日立即向兴业银行济南分行签发《发货通知书》,并按《提货通知书》规定向旺隆公司办理发货事宜。济钢公司违反上述规定给旺隆公司办理提货手续的,应当向兴业银行济南分行承担连带还款责任。在融资到期前十日,旺隆公司应足额将融资款备足,如未能备足,由济钢公司在融资到期前承担退款责任或将原商业汇票退回,退款金额为贷款金额/商业汇票票面金额/国内信用证已支付金额减去济钢公司已接到兴业银行济南分行发货通知的部分。

2012年2月28日,兴业银行济南分行与天和公司、巨龙公司、吴锦通、李惠英、赖良斌分别签订编号为兴银济承保字2012-187号、兴银济承保字2012-187-1号、兴银济承个保字2012-187号、兴银济承个保字2012-187-1号《最高额保证合同》,天和公司、巨龙公司、吴锦通、李惠英、赖良斌均同意作为旺隆公司的保证人向兴业银行济南分行提供连带责任保证,保证担保的范围为旺隆公司与兴业银行济南分行自2012年2月24日至2013年2月23日发生的债务最高限额为币种人民币陆亿元整,在该最高本金限额内,不论债权人与债务人发生债权的次数和每次的金额,保证人对该最高本金限额项下的所有债权余额(含本金、利息、罚息、复利、违约金、损害赔偿金、债权人实现债权的费用等)承担连带保证责任。本合同项下有多个保证人的,各保证人共同对债权人承担连带保证责任。合同项下每笔债务的保证期间均为两年,自每笔主债务履行期限届满之日起计。银行承兑汇票承兑、信用证和保函项下的保证期间为债权人垫付款项之日起两年,分次垫款的,保证期间从每笔垫款之日起分别计算。

2012年2月29日,兴业银行济南分行与旺隆公司共同向济钢公司出具《承诺与说明书》,做出承诺与说明:"关于提货,共同遵守济钢的下订单、排产、交付工作流程,否则出现问题,济钢不承担责任。在交付工作中,济钢按照自己的发货流程办理,未按协议执行不承担责任"。

2012年6月20日,山钢公司向兴业银行济南分行出具《山钢股份重组说明暨业务授权书》,内容为:根据山东钢铁集团主业重大资产重组方案,2012年2月27日,济钢公司更名为山钢公司,2012 年 2 月 28 日,设立山钢济南公司。原济钢公司的资产、负债、权益、业务及其他权利与义务由山钢济南公司承继。自 2012 年 2 月 28 日起,山钢济南公司成为与贵行相关合同项下的一方主体,并按照原订条款和条件继续履行合同。济钢公司更名为山钢公司期间以山钢公司名义与贵行签订的相关合同、协议,由山钢济南公司继续履行。我公司已知悉并同意上述事宜,同时授权山钢济南公司有权代表我公司与贵行签订相关合同、协议。

2012 年 7 月 10 日,兴业银行济南分行、旺隆公司与山钢济南公司签订编号为兴银济保兑仓合作补充字济钢银 2012008 号《保兑仓业务三方合作补充协议》,约定三方于 2012 年 2 月 24 日签订编号为兴银济保兑仓合作字济钢银 2012008 号的《保兑仓业务三方合作协议》由于山东钢铁集团主业进行了重大资产重组,《保兑仓业务三方合作协议》中的济钢公司于 2012 年 2 月 27 曰变更为山钢公司,2012 年 2 月 28 日山钢公司设立山钢济南公司。山钢公司同意由山钢济南公司继续履行《保兑仓业务三方合作协议》中济钢公司的相关责任和义务,三方对此也予以认可。三方还对原来约定的联系方式和预留印鉴进行了变更。

2012 年 8 月 14 日,兴业银行济南分行(承兑人)与旺隆公司(承兑申请人)签订编号为兴银济承字 2012 - 797 号《商业汇票银行承兑合同》。约定兴业银行济南分行为旺隆公司办理银行承兑汇票 8150 万元,期限为 2012 年 8 月 14 日至 2013 年 2 月 14 日。承兑申请人应于汇票到期前五个银行工作日将应付票款足额交存承兑人。从汇票到期日起,承兑人有权从承兑申请人的银行账户中直接划付票款、利息及承兑人实现债权的费用等。承兑人实现债权的费用包括但不限于诉讼(仲裁)费、律师费、差旅费、执行费、保全费及其他实现债权的必要费用。承兑汇票到期日,承兑人凭票依法支付票款。如承兑申请人在汇票到期日不能足额交付票款时,承兑人对承兑申请人尚未交付的票款自到期日起至清偿日止有权按日万分之五的利率计收利息。当承兑申请人或承兑申请人的关联企业及担保人或担保人的关联企业出现或即将出现无力清偿到期债务或到期借款、融资的情况,被视为承兑申请人对本合同同时违约,承兑人有权根据约定要求承兑申请人承担违约责任并采取相应的救济措施。同日,兴业银行济南分行与旺隆公司签订编号为兴银济承金字 2012 - 797 号《保证金协议》。约定旺隆公司为保证编号为兴银济承字 2012 - 797 号《商业汇票银行承兑合同》的清偿,缴存保证金应占有主合同项下债务人在兴业银行济南分行融资金额的 30%。本协议签订后一日内,旺隆公司必须将 2445 万元保证金存入在兴业银行济南分行开立的保证金账户。协议签订后旺隆公司依约将 2445 万元保证金存入在兴业银行济南分行开立的保证金账户。

2012年8月15日，兴业银行济南分行将出票人为旺隆公司、收款人为山钢济南公司的17份(汇票号码为24351311－24351327号)共计8150万元的银行承兑汇票交付山钢济南公司，按照《保兑仓业务三方合作补充协议》约定履行了义务。同日，山钢济南公司向兴业银行济南分行出具了《预收款及货物监管确认函》，确认汇票号码为24351311－24351327号，共计8150万元的银行汇票已经收到，并承诺根据编号为兴银济保兑仓合作字济钢银2012008号的《保兑仓业务三方合作协议》约定，对该商业汇票对应的货物和货款承担相应的义务和责任，须凭兴业银行济南分行通知方能提货。此后，山钢济南公司在未收到兴业银行济南分行的提货通知的情况下，未按《保兑仓业务三方合作协议》约定将剩余5705万元承兑汇票退回兴业银行济南分行，自行将等值货物交付旺隆公司。

2012年10月19日，兴业银行济南分行与中信担保公司、立宝公司分别签订编号为兴银济承保字2012－797号、兴银济承保字2012－797－1号《保证合同》。中信担保公司、立宝公司均同意作为旺隆公司的保证人向兴业银行济南分行提供连带责任保证。保证担保的范围为编号兴银济承字2012－797号《商业汇票银行承兑合同》合同项下的主债权本金、利息(含罚息、复利)、违约金、损害赔偿金、债权人实现债权的费用等。债权人实现债权的费用，是指债权人采取诉讼、仲裁等方式实现债权时支付的诉讼(仲裁)费、律师费、差旅费、执行费、保全费及其他实现债权的必要费用。保证期间为主债务履行期届满之日起两年。银行承兑汇票承兑、信用证和保函项下的保证期间为债权人垫付款项之日起两年，分次垫款的，保证期间从每笔垫款之日起分别计算。

旺隆公司在与兴业银行济南分行另外签订的编号为兴银济承字2012－502号《商业汇票银行承兑合同》中，未按合同约定在票据到期日2012年11月18日将应付票款足额交存兴业银行济南分行。兴业银行济南分行与旺隆公司签订的编号为兴银济承字2012－797号《商业汇票银行承兑合同》于2013年2月14日到期，旺隆公司未按合同约定履行还款义务，天和公司、巨龙公司、立宝公司、中信担保公司、赖良斌、吴锦通、李惠英亦未履行保证义务。诉讼过程中抵扣旺隆公司保证金利息342,822.96元，旺隆公司尚欠垫付款本金56,707,177.04元。截至2013年3月25日，旺隆公司共欠兴业银行济南分行银行承兑汇票垫付款本金56,707,177.04元及利息1,081,765.24元。

另，2012年2月27日，济钢公司更名为山钢公司，2012年2月28日，设立山钢济南公司。原济钢公司的资产、负债、权益、业务及其他权利与义务由山钢公司济南分公司承继。

兴业银行济南分行为该案诉讼实际已支付律师代理费70万元，该收费符合山东省律师服务收费标准。

二审诉讼中，山钢公司与山钢济南公司提交了济钢公司、山钢公司与旺隆公司签订的《供货合同》六份，以证明山钢公司并不是依据《保兑仓业务三方合作协议》履行的。同时提交了济钢公司财务处于2012年2月22日给有关单位的《关于确定集团公司贴息率和反贴息率的通知》，通知要求对于部分订单享受全承兑贴息率的客户，当月现款超过全部交款（含免贴息部分）50%的部分才予以反贴息。山钢公司和山钢济南公司以此证明《保兑仓业务三方合作协议》不具有可履行性。

裁判结果

一审法院判决：一、福建省旺隆贸易有限公司于判决生效之日起10日内偿还兴业银行股份有限公司济南分行银行承兑汇票垫付款本金56,707,177.04元及利息1,081,765.24元（利息计至2013年3月25日，嗣后至判决生效之日的利息按照合同约定计付）；二、福建省旺隆贸易有限公司于判决生效之日起10日内赔偿兴业银行股份有限公司济南分行经济损失70万元；三、福建天和建材市场管理有限公司、宁德市巨龙三都澳旅游码头有限公司、福州立宝房地产有限公司、福建省中信融资担保有限公司、赖良斌、李惠英、吴锦通对判决第一项、第二项所确定的债务承担连带清偿责任；四、山东钢铁股份有限公司、山东钢铁股份有限公司济南分公司在其擅自发货造成的损失范围内（该判决第一项所确定的债务）承担连带清偿责任。

二审法院判决：驳回上诉，维持原判。

法院观点

涉案的《保兑仓业务三方合作协议》《商业汇票银行承兑合同》《保证金协议》《最高额保证合同》《保证合同》《承诺与声明书》《保兑仓业务三方合作补充协议》是当事人真实意思表示，内容和形式不违反法律强制性规定，为有效合同。

本案争执的焦点问题是：一、原审法院追加山钢公司、山钢济南公司为被告是否违反诉讼程序；二、山钢公司和山钢济南公司应否承担连带责任。

一、关于原审法院追加山钢公司、山钢济南公司为被告是否违反诉讼程序问题

上诉人山钢公司、山钢济南公司认为《保兑仓业务三方合作协议》与《商业汇票银行承兑合同》是两种法律关系，不应在一个案件中审理，因而原审法院追加其为共同被告参加诉讼是错误的。本院认为，保兑仓业务至少存在三种法律关系，包括产品经销商与银行间的融资合同关系，供应商与银行间货物监管担保关系及供应商与经销商间买卖合同关系。本案当事人签订的《保兑仓业务三方合作协议》，不仅确立了兴业银行济南分行与济钢公司共同保证资金安全的合同关系，还包括旺隆公司和济钢公司间买卖合同关系及兴业银行济南分行与旺隆公司的融资贷款的合同关系。在三方合作协议框架之下，兴业银行济南分行与旺隆公司签订的《商业汇票银行承兑合同》、兴业银行济南分行与天和公司等签订的《最高额保证合同》以及济钢公司与旺隆公司之间的《钢材购销合同》，均是执行和履行《保兑仓业务三方合作协议》各方义务的组成部分。没有《保兑仓业务三方合作协议》约定三方之间的权利义务关系，其他附属性或具体性的合同不可能独立存在或者说没有签订和存在的意义。将《保兑仓业务三方合作协议》框架下各当事人之间发生的包括共同保证资金安全条款产生的纠纷可以合并审理，一并做出判决，有利于当事人之间因履行三方合作协议产生的各种纠纷公正、彻底解决。因此，原审法院根据当事人申请依法追加上诉人参加诉讼，符合诉讼法规定。

二、关于山钢公司和山钢济南公司应否承担连带责任问题

对于该焦点问题首先应认定涉案的《承诺与说明书》是否约定免除了济钢公司在《保兑仓业务三方合作协议》中对资金安全的担保义务。本院认为，首先，2012 年 2 月 29 日《承诺与说明书》，作出承诺与说明："关于提货，共同遵守济钢的下订单、排产、交付工作流程，否则出现问题，济钢不承担责任。在交付工作中，济钢按照自己的发货流程办理，未按协议执行不承担责任"。该约定过于笼统，没有具体明确未按照协议何条款规定不承担责任，不能得出山钢济南公司可以不经通知直接向旺隆公司发货的结论。其次，兴业银行济南分行与旺隆公司、山钢济南公司于 2012 年 7 月 10 日签订的《保兑仓业务三方合作补充协议》，明确了山钢济南公司继续履行《保兑仓业务三方合作协议》中济钢公司相关责任和义务。该补充协议并没有免除山钢济南公司对货物的监管责任。最后，2012 年 8 月 15 日，兴业银行济南分行将出票人为旺隆公司、收款人为山钢济南公司 8150 万元银行承兑汇票交付给山钢济南公司，山钢济南公司向兴业银行济南分行出具了《预收款及货物监管确认函》，确认银行汇票已经收妥，并承诺根据《保兑仓业务三方合作协议》约定，对该商业汇票对应的货物和货款承担相应的义务和责任，须凭兴业银行济南分行通知方能提货。该确认函是保兑仓业务的承继者山钢济南公司的真实意思表示，该意思表示与《保兑仓业务三方合作协议》约定的山钢公司凭兴业银行济南分行签发的《提供通知书》发货相一致。因《预收款及货物监管确认函》形成时间晚于《承诺与说明书》生效时间。为此，本院认为，《承诺与说明书》约定的条款并没有免除了山钢济南公司的担保义务。山钢公司与山钢济南公司主张《承诺函与声明书》免除了其对货物的监管担保责任理由不能成立，本院不予采信。至于山钢公司和山钢济南公司庭审中提供的《供货合同》

是山钢公司与旺隆公司两方的约定，济钢公司财务处《关于确定集团公司贴息率和反贴息率的通知》，也是济钢公司的单方规定。该两组证据均不能对抗和否定《保兑仓业务三方合作协议》中权利义务的约定。

综上所述，山钢公司和山钢济南公司上诉主张《承诺与说明书》变更了《保兑仓业务三方合作协议》的约定，其不应当承担民事责任，没有证据支持，也与此后的《预收款及货物监管确认函》相悖。故在兴业银行济南分行未通知发货的情况下，擅自发货，已构成违约，原审法院判决其承担相应的民事责任并无不当。

金讼圈提示

保兑仓是新型交易模式，在此笔者引用最高人民法院民二庭杨临萍关于保兑仓纠纷案件的审理问题的观点，以便大家了解比较权威的审判思路。最高人民法院杨临萍法官认为"保兑仓交易作为一种新类型融资担保交易，应用于大宗商品流通的各个环节，形式多样。其基本交易模式为：卖方、买方和银行三方签订保兑仓合作协议；买方向银行申请开具银行承兑汇票；银行根据买方保证金缴存情况，向卖方发出发货指令；卖方按照银行发货指令向买方发货；卖方对银行承兑汇票敞口部分以货物回购作为担保"。[①] 其提出，研究保兑仓业务一要依法认定保兑仓交易模式下相关合同的效力；二要正确适用《合同法》和《物权法》，确定各方当事人权利、义务和责任；三要理顺审理程序，为认定保兑仓交易中当事人权利义务提供程序保障。

062 保兑仓提单下的货物不翼而飞，银行为何不担责？

案例索引

浙江省高级人民法院于2015年3月26日作出的(2015)浙商提字第13号民事判决书。

① 参见杨临萍：《最高人民法院关于当前商事审判工作中的若干具体问题》，载烟台市中级人民法院网：http://ytzy.sdcourt.gov.cn/ytzy/389443/1254542/1305429/index.html。

交易结构图

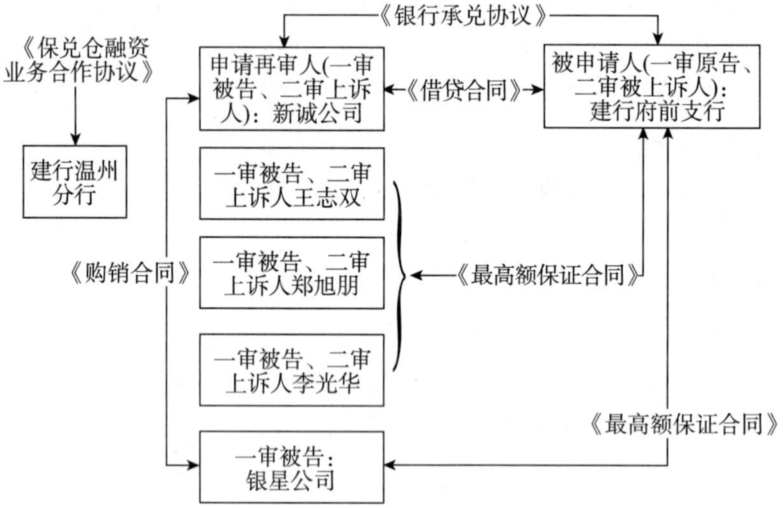

金讼圈导读

一、本案是浙江省关于保兑仓纠纷的典型案例。就保兑仓业务的含义及法律特征、《保兑仓业务合同》与《银行承兑合同》《保证金协议》《保证合同》《供货合同》的关系，及银行对质押货物的检查和监督权利是否构成保管义务等，均给予明确意见。

二、由于保兑仓交易作为一种新类型融资担保交易，法院审判人员有一个逐步理解和认识的过程，本案一审、二审对案件法律关系认识不准确，没有认定为保兑仓纠纷，尽管再审纠正了，但结果还是导致被告曾经提起的反诉被法院以不是同一法律关系为由裁定不予受理，实属遗憾。

三、提单下的货物到底去哪了？是因为买方支付不了货款，卖方为了减损处理了货物？还是因为卖方恶意处理了仓单下的货物，买方担心拿不到货而不支付货款？文末金讼圈有点睛提示，将为您揭开谜底。

裁判规则

一、保兑仓业务是指以银行信用为载体，以银行承兑汇票为结算工具，由银行控制货权，卖方(或仓储方)受托保管货物并对承兑汇票保证金以外金额部分由卖方以货物回购作为担保措施，由银行向生产商(卖方)及其经销商(买方)提供的以银行承兑汇票的一种金融服务。

二、保兑仓业务合同是后续买卖双方、银行以及担保方介入案涉法律关系的基础合同,而《银行承兑合同》《保证金协议》《保证合同》《供货合同》等合同均属于《保兑仓业务三方合作协议》的附属组成部分。

三、《保兑仓业务合同》中约定银行有权对质押货物进行检查和监督系协议各方赋予银行的权利,但并不能推知银行有义务保管货物。

四、根据票据无因性原则,银行于汇票到期日根据委托收款银行的提示付款支付票款的行为符合法律规定。

案情介绍

申请再审人(一审被告、二审上诉人):温州新诚空调工程有限公司。

被申请人(一审原告、二审被上诉人):中国建设银行股份有限公司温州府前支行。

一审被告、二审上诉人:王志双、郑旭朋、李光华。

一审被告:浙江银星经贸有限公司。

申请再审人温州新诚空调工程有限公司(以下简称新诚公司)因与被申请人中国建设银行股份有限公司温州府前支行(以下简称建行府前支行)、一审被告、二审上诉人王志双、郑旭朋、李光华、一审被告浙江银星经贸有限公司(以下简称银星公司)保兑仓业务合作合同纠纷一案,不服温州市中级人民法院(2013)浙温商终字第627号民事判决,向本院申请再审。本院于2013年12月27日作出(2013)浙民申字第1111号民事裁定,提审本案。

2011年2月24日,王志双、郑旭朋、李光华与建行府前支行签订了编号为XC62878492300435《最高额保证合同》,约定为新诚公司自2011年2月24日至2016年2月23日期间形成的人民币资金借款合同、银行承兑协议等合同所形成的一系列债务提供最高额连带责任保证,担保的最高限额为1000万元。担保范围包括本金、利息及实现债权的费用等。

2011年11月8日,银星公司与建行府前支行签订了编号为XC628784923000577《最高额保证合同》,约定为新诚公司自2011年8月25日至2013年8月24日期间形成的人民币资金借款合同、银行承兑协议等合同所形成的一系列债务提供最高额连带责任保证,担保的最高限额为980万元。担保范围包括本金、利息及实现债权的费用等。

上述《最高额保证合同》均约定无论建行府前支行对主合同项下的债权是否拥有其他担保(包括但不限于保证、抵押、质押等担保方式),不论上述担保方式何时成立,建行府前支行是否向其他担保人提出主张,也不论其他担保是否由债务人自己提供,保证在担保合同项下的保证责任均不因此减免,建行府前支行有权直接要求保证人承担保证责任。

2011年8月29日,新诚公司与建行府前支行签订了编号为XC62878492300538《银行承兑协议》,申请建行府前支行对其签发的银行承兑汇票进行承兑,汇票金额合计500万元。同日,新诚公司开具编号为1050005320188694银行承兑汇票,收款人为银星公司,票面金额为500万元;汇票到期日为2012年2月29日。

2011年9月7日,新诚公司与建行府前支行签订了编号为XC62878492300549《银行承兑协议》,申请建行府前支行对其签发的银行承兑汇票进行承兑,汇票金额合计1460万元。同日,新诚公司开具编号为1050005320529767和1050005320529768银行承兑汇票二份,收款人均为银星公司,票面金额均为730万元;汇票到期日均为2012年3月7日。

上述两份《银行承兑协议》均约定新诚公司应在汇票到期日前将应付票款足额交存其在建行府前支行处开立的账户,无论持票人或收款人是否提示付款,在汇票到日均由建行府前支行将票款足额划至建行府前支行账户。新诚公司未足额支付的部分,构成建行府前支行垫款。汇票已经到期且新诚公司未足额交存应付票款或其他应付款项的,建行府前支行有权自汇票到期日起按日万分之五的标准对未足额交存的款项收取利息。建行府前支行发生垫款的,有权要求新诚公司归还垫款本息。

上述银行承兑汇票到期后,建行府前支行根据托收银行的要求支付了票款。因新诚公司未依约交存票款,导致建行府前支行垫款。

截至2012年12月5日,新诚公司尚欠编号为XC62878492300538《银行承兑协议》项下票款本金2,457,769.74元,利息345,321.53元;尚欠编号为XC62878492300549《银行承兑协议》项下票款本金7,179,550元,利息983,598.35元。

截至2012年12月5日,新诚公司共计欠建行府前支行票款本金9,637,319.74元,欠利息1,328,919.88元。

另查明,2011年2月10日,新诚公司与建行温州分行签订了《保兑仓融资业务合作协议》,约定:为保证新诚公司与银星公司之间的购销合同的顺利履行,保证银星公司与建行温州分行因本协议之融资业务所签订的承兑协议、国内信用证或贷款合同的履行而签订该协议。购销合同的付款方式为银行承兑汇票、汇款方式。银星公司收到银行承兑汇票或者汇款后,应开立相应价值的经签字盖章的《提货单》,交付给建行温州分行。《提货单》为银星公司签发给新诚公司的不可撤销的、唯一的货权凭证。新诚公司自愿将该《提货单》作为建行温州分行提供融资支持的质押物。新诚公司在建行温州分行处开立保证金账户,如需提货,须提交《提货申请书》,并在保证金账户内存入拟提货金额的70%作为保证金。建行温州分行在确认保证金金额后,填写《提货通知书》并签字盖章确认,并将该《提货通知书》通知指定的传真机发给银星公司指定的传真机。银星公司在确认《提供通知书》的真实、准确性后方可向新诚公司办理提货手续。另外,三方还对权利义务进行了约定。其中建行温州分行的权利义务为:1. 对经银星公司确认的购销合同,建行温州分行有义务为新诚公司提供融资;2. 建行温州分行有权持有《提货单》正本;3. 建行温州分行有权对质押货物进行检查和监督。

裁判结果

温州市鹿城区人民法院于2013年1月21日作出(2012)温鹿商初字第854号一审民事判决:一、新诚公司于判决生效之日起3日内偿还建行府前支行票款本金9,637,319.74元及利息(计算至2012年12月5日止的利息为1,328,919.88元;自2012年12月6日起至判决确定的履行之日止的利息按日万分之五计算)。二、银星公司对新诚公司的第一项付款义务承担连带偿还责任;其连带偿还的范围与连带偿还编号为XC628784923000577《最高额保证合同》所担保的其他债权的总和不超过980万元。三、王志双对新诚公司的第一项付款义务承担连带偿还责任;其连带偿还的范围与连带偿还其与建行府前支行签订的编号为XC62878492300435《最高额保证合同》所担保的其他债权的总和不超过1000万元。四、郑旭朋对新诚公司的第一项付款义务承担连带偿还责任;其连带偿还的范围与连带偿还其与建行府前支行签订的编号为XC62878492300435《最高额保证合同》所担保的其他债权的总和不超过1000万元。五、李光华对新诚公司的第一项付款义务承担连带偿还责任;其连带偿还的范围与连带偿还其与建行府前支行签订的编号为XC62878492300435《最高额保证合同》所担保的其他债权的总和不超过1000万元。六、驳回建行府前支行的其他诉讼请求。

温州市中级人民法院二审判决:驳回上诉,维持原判。

浙江省高级人民法院再审判决:维持温州市中级人民法院(2013)浙温商终字第627号民事判决。

法院观点

一、关于本案法律关系的认定问题

新诚公司主张,本案的基础法律关系是保兑仓融资业务关系,《银行承兑协议》只是《保兑仓融资业务合作协议》的履行方式。建行府前支行认为,《保兑仓融资业务合作协议》签订主体是建行温州分行,与建行府前支行无关。而保兑仓业务是指以银行信用为载体,以银行承兑汇票为结算工具,由银行控制货权,卖方(或仓储方)受托保管货物并对承兑汇票保证金以外金额部分由卖方以货物回购作为担保措施，由银行向生产商（卖方）及其经销商（买方）提供的以银行承兑汇票的一种金融服务。

综合全案分析，本案符合保兑仓业务的法律特征，理由是：1. 2011年2月10日新诚公司、银星公司与建行温州分行签订《保兑仓融资业务合作协议》，注明为新诚公司与银星公司间的购销合同顺利履行签订此协议，并就各方的权利义务作出具体规定，在《保兑仓融资业务合作协议》框架之下，建行府前支行2011年2月24日与王志双、郑旭朋、李光华、2011年11月8日与银星公司等签订的《最高额保证合同》，并与新诚公司2011年8月29日、9月7日签订的《银行承兑协议》均是执行和履行《保兑仓融资业务合作协议》的各方义务，可见本案一系列合同的签订，均以《保兑仓融资业务合作协议》为基础，保兑仓业务合同是后续买卖双方、银行以及担保方介入案涉法律关系的基础合同。2. 建行温州分行再审中认可建行府前支行系《保兑仓融资业务合作协议》的经办行，基于保兑仓业务管理权限在建行温州分行，遂协议最后落款盖章为建行温州分行。因此在案涉保兑仓业务合同关系中，建行府前支行是实际的履行方，建行府前支行认为《保兑仓融资业务合作协议》与建行府前支行无关的主张不能成立。故本案案由应确定为保兑仓业务合作合同纠纷，新诚公司的该再审理由成立。

二、关于新诚公司是否应承担还款责任的问题

新诚公司再审主张，新诚公司已将案涉购销合同中的货物质押给建行温州分行，建行温州分行未按《保兑仓融资业务合作协议》约定向其交付货物，新诚公司不应承担银行授信风险和货物灭失风险。新诚公司的该主张不能予以支持，理由是：1. 根据票据无因性理论以及《银行承兑协议》第4条第3款的约定，本案中1960万元银行承兑汇票项下即便不存在真实交易背景，汇票仍应有效，建行府前支行理应无条件向持票人承兑付款。新诚公司已基于《银行承兑协议》享受了信贷利益，应承担最终的还款义务。2.《保兑仓融资业务合作协议》中约定建行府前支行有权对质押货物进行检查和监督系协议各方赋予银行的权利，但并不能推知银行有义务保管货物。银行检查和监督权系银行对其自身风险控制所需，银行作为专业金融机构，不可能也无能力对货物进行保管。3. 从《保兑仓融资业务合作协议》的履行情况来看，建行府前支行不存在违约行为。新诚公司未按协议约定提交《提货申请书》，并在保证金账户内存入拟提货金额的70%作为保证金，无权要求建行府前支行催促银星公司履行交付货物义务。故新诚公司应承担《银行承兑协议》项下的还款责任。

综上，案涉《银行承兑协议》是《保兑仓融资业务合作协议》的履行方式，本案的法律关系系保兑仓融资业务合作合同关系。一、二审判决对法律关系的认定有误，应予纠正。在保兑仓业务关系中，建行府前支行并不存在违约行为，故新诚公司主张的再审请求不能成立，不予支持，其应承担《银行承兑协议》项下的还款责任。

金讼圈提示

提单下的货物到底去哪了？本案一审、二审及再审法院对此均没有详细查明。根据案情，虽然卖方银星公司已经委托银行收到全部货款，但由于新诚公司迟迟没有向银行全额缴足承兑汇票的保证金赎取银行签发《提货申请书》申请提货，根据卖方银星公司与银行签订《最高额保证合同》，卖方银星公司需要对此承担连带保证责任，因此笔者估计卖方银星公司也许为了避免货物长期滞留仓库带来损失扩大，积极减损，将该提单下货物另行处理了。

063 质押货物自始不存在，监管人承担何种责任？

案例索引

最高人民法院于2017年2月28日作出的（2016）最高法民终650号二审民事判决书。

交易结构图

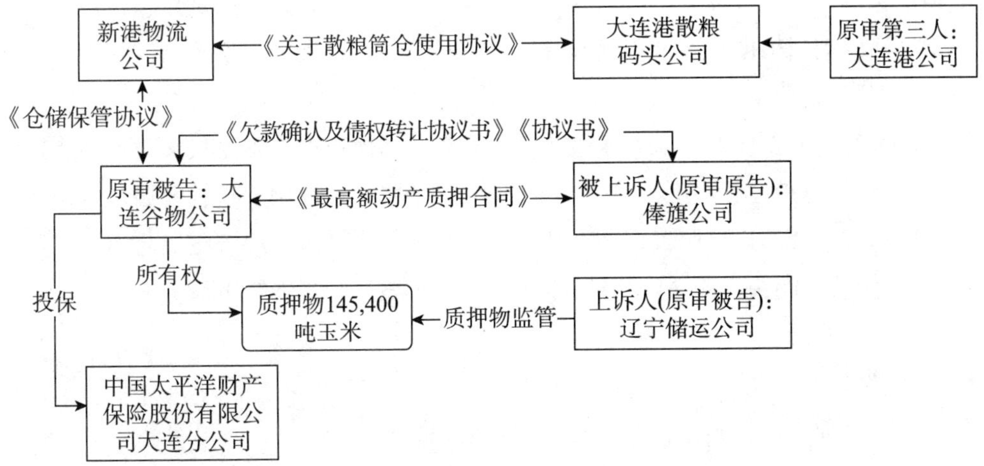

金讼圈导读

一、花了150万元请来动产质押监管方如同虚设，涉及3亿元质押动产竟然不存在，出质人与监管人应对债权人承担什么责任？本案经历了一审、二审发回，发回重审之一审、二审改判四个审理阶段，终于由最高人民法院给予了定论。

二、1.如何判定出质人、监管人应对债权人承担什么责任？2.尤其是监管人应当承担的是连带赔偿责任还是分别赔偿责任？3.是直接赔偿责任还是补充赔偿责任？4.补充赔偿责任的前提、比例及基数如何确定？5.刑民交叉如何判断法律关系的不同一性？最高人民法院通过本案澄清许多模糊认识，给予明确裁判规则。非常值得参阅！

裁判规则

一、质押合同成立并生效，但自始没有交付质物的，质权未设立，无权主张优先受偿权。

二、对因质权未设立给质权人（债权人）造成的损失，应当根据质权人、出质人和质押物监管人的过错程度，分别承担相应责任，而不是连带赔偿责任。

三、出质人应对没有交付质物致使质权不能设立所造成的损失承担主要责任。

四、因本案出质人同时也是债务人，理应对涉案全部债务承担还款责任，故其作为《动产质押合同》的当事人及《动产质押监管合同》的关联一方所应承担的违约责任与其作为债务人应承担的责任竞合，故法院不再对债务人的赔偿责任予以判决。

五、质押物监管人因监管失职导致质权不成立的，应当根据监管协议承担违约责任，但承担责任的方式应为相对债务人及其担保人之后的补充赔偿责任。

六、法院应当根据其过错程度、与损失的因果关系，合理确定质押物监管人承担补充赔偿责任的比例。

七、补充赔偿责任人应以人民法院对债务人及其他担保人等直接义务人强制执行并穷尽一切执行措施后仍不能清偿部分为基数，按照一定比例承担补充赔偿责任。

八、债务人及其法定代表人是否基于借款及担保事实涉嫌经济犯罪与本案审理的动产质押监管合同关系并无同一性，本案作为民事案件应当继续审理。

案情介绍

上诉人（原审被告）：中国外运辽宁储运公司。

被上诉人（原审原告）：大连俸旗投资管理有限公司。

原审被告:大连港湾谷物有限公司。

原审第三人:大连港股份有限公司。

上诉人中国外运辽宁储运公司(以下简称辽宁储运公司)与被上诉人大连俸旗投资管理有限公司(以下简称俸旗公司)、原审被告大连港湾谷物有限公司(以下简称大连谷物公司)、原审第三人大连港股份有限公司(以下简称大连港公司)借款合同纠纷一案,俸旗公司向辽宁省高级人民法院(以下简称辽宁高院)提起诉讼,辽宁高院经审理于2014年11月12日作出了(2014)辽民二初字第00043号民事判决。辽宁储运公司不服,向本院提起上诉,本院经审理于2015年11月12日作出(2015)民二终字第155号民事裁定,撤销原判,发回重审。辽宁高院经重审审理于2016年6月21日作出了(2016)辽民初1号民事判决。辽宁储运公司仍不服,再次向本院提起上诉。

2014年6月4日,俸旗公司(质权人)与大连谷物公司(出质人)签订一份《最高额动产质押合同》(合同编号为:FQ001)。为了确保质押权人与大连谷物公司(债务人)签订的(主合同)《欠款确认及债权转让协议书》及2014年5月31日、6月1日、6月5日《协议书》的履行,质押人愿为质押权人按主合同与债务人形成的债权提供质押担保。其中约定担保的债权最高余额折合人民币3亿元;大连谷物公司同意以自有玉米145,400吨对《欠款确认及债权转让协议书》及2014年5月31日《协议书》项下尚未受偿本金13,020万元、2014年6月1日《协议书》项下尚未受偿本金300万元、2014年6月5日《协议书》项下尚未受偿本金13,000万元及其相应的利息、罚息、复利、费用等提供质押担保。质押担保的范围包括主债权本金、利息、罚息、复利、违约金、损害赔偿金以及诉讼(仲裁)费、律师费、处置费、过户费等质押权人实现债权和质押权的一切费用。

2014年6月4日,大连谷物公司为坐落于辽宁省大连市开发区大窑湾散粮码头新港物流仓库的质押物145,400吨玉米向中国太平洋财产保险股份有限公司大连分公司进行了投保,大连谷物公司交纳保险费10.528767万元,保险金额为3亿元,该保单的第一受益人为俸旗公司。

同日,俸旗公司(甲方、质权人)、大连谷物公司(乙方、出质人)、辽宁储运公司(丙方、监管人)鉴于大连谷物公司同意将其享有所有权的货物质押给俸旗公司,俸旗公司和大连谷物公司同意将质物交由辽宁储运公司监管,辽宁储运公司同意接受俸旗公司的委托并按照俸旗公司的指示监管质押物,三方共同签订一份编号为质押FQ001号《动产质押监管协议》。其中约定如下:“第一条,本协议项下所称的监管是指对出质人进行监督、对质物进行监控。对出质人监督是指对于出质人对质物的入库、提货等过程进行监督,一旦发现违反本协议约定之行为,丙方应及时制止并向甲方报告;质物监控是指对质物的品名、数量等进行查验、核对，及时向甲方报告质物状况，如有不符之处丙方应及时报告甲方，并采取相应措施……第二条第六款约定，在质物的转移占有过程中，甲乙双方根据质押合同的约定，向丙方出具《代出质通知书》，乙方交予的货物及实际库存与《代出质通知书》记载相符，丙方接收乙方交付货物，并向甲方签发《收到质物通知书》，质物完成转移占有。实际转移交付占有的质物以《收到质物通知书》列明的为准，如质押合同对质物的约定不明，或者约定的质物与实际移交的质物不一致的，以实际交付占有的质物为准……第二条第八款约定，如乙方交予的货物及实际库存与《代出质通知书》记载不一致，丙方不得接收货物并签发《收到货物通知书》，并应立即书面通知甲乙双方……第二条第十款约定，丙方出具《收到质物通知书》的同时，应向甲方发送质物的货位标识图……第三条第二款：丙方根据本协议第二条第六款的约定接收乙方根据本协议提交的货物，并签发《收到质物通知书》，转移占有完成，监管期间开始……第四条第一款约定，受甲方委托，乙方同意，丙方提供的监管服务内容主要包括以下内容，并对这些服务承担责任：(1)成立专门项目小组设计监管方案，与甲、乙方协商确认后组织实施；(2)派驻监管员在监管场地查验、核对、清点质物，获取和记录质物状况数据；(3)定期将质物状况数据上报甲方和乙方；(4)对质物进行监控，发现质物不足或其他异常情况及时报告甲方和乙方，并采取适当合理的措施制止、纠正；(5)对乙方进出库等操作过程进行监督，发现违反本协议要求和违规行为或其他异常情况及时报告甲方和乙方，并要求乙方采取措施制止、纠正……第四条第三款约定，如果对质物的保管有特殊的要求，乙方应当在提交货物之前提前书面告知丙方。第四条第四款约定，监管期间，因各种原因质物发生短少、损毁、变质、灭失等可能影响甲方权益的情形，丙方应当在24小时内通知甲方，并采取适当的应急措施……第四条第六款约定，监管期间，丙方应接受甲方对质物及相关单证的查询，接受甲方对质物的检查，并给予必要的协助。但丙方由此产生的相关费用由乙方承担。第四条第七款约定，监管期间，丙方应当建立质物登记统计制度，定期对质物进行查验、核对种类、清点数目、检查包装和标识，对质物的出入库的时间、数量、去向以及质物的现状进行记录。第四条第八款约定，监管期间，丙方应按照向甲方出具的货位标示图保管质物，将乙方质押货物与其他客户货物区分堆放；如监管场地为乙方场地，丙方应监督乙方将质押货物与其他非质押货物区分堆放；质物移动货位时应及时更新货位标示图……第四条第十二款约定，丙方应对相关质物以粘贴质押标签或树立标牌的方式设立质押标识。但丙方是否按照本条规定对质物设立质押标识，并不影响有关质押的生效。即使丙方没有在质押物上设立质押标识，有关质押仍然生效……第五条第二款约定，质物的实际价值等于甲方要求的最低价值时，乙方应当事先向甲方提出提货申请,并追加或补充保证金或归还融资款项(打款赎货)或者向甲方事先提供与《代出质通知书》要求相符的质物交付丙方占有、监管(以货换货),经甲方同意后凭甲方签发的《放货通知书》,向丙方办理提货……第五条第三款约定,质物的实际价值等于质物的最低价值时,甲方签发的《放货通知书》为乙方(含乙方的指定人,下同)办理提货及质物出仓、出库的唯一有效凭证。没有甲方签发的《放货通知书》,乙方不得提货,丙方不得为乙方办理提货手续……第五条第五款约定,甲方签发《代出质通知书》《放货通知书》和《质物价格调整通知书》的有效签章为预留印鉴加指定人员亲笔签名,预留印鉴和签字样式见附件5。非核实甲方印鉴和指定人员的亲笔签字无误,质物不得出仓、出库。丙方违反上述规定给予乙方提货的,应承担相应的赔偿责任……第十条第一款约定:甲、乙、丙三方中的任何两方不得以其双方之间的任何约定或合同对抗本协议项下应履行的义务……第十二条第一款约定,丙方因以下情形给甲方造成损失的,承担甲方实际损失的赔偿责任,甲方就其实际损失的赔偿款享有优先受偿权:1. 在监管期间,除不可抗力的事件、乙方未按照本协议第四条第三款履行其义务之外,由于丙方未尽到监管责任导致质物变质、短少、受污染或毁损灭失的;2. 丙方未按本协议的约定办理放货的;3. 因丙方违反本协议第四条第四款的规定,未及时通知甲方和乙方或未采取适当的应急措施的;4. 因丙方违反本协议给甲方造成的损失的其他情况……第十五条第二款约定,如果甲方与乙方所签署的融资合同(或融资申请书)、质押合同以及其他相关性质的正式合同或附属文件全部或部分被司法机关认定无效,不影响向本协议的有效性。”

同日,俸旗公司、大连谷物公司出具致辽宁储运公司《代出质通知书》载明,根据大连谷物公司(出质人)与俸旗公司(质权人)签署的编号为FQ001的《最高额动产质押合同》,出质人将下列货物(明细表:货物品名:玉米,产地:东北,重量:145,400吨,货物是否在库:是)质押给质权人。现将出质及质物情况通知贵司,请贵司根据出质、质权人与贵司签署的《动产质押监管协议》,对质押货物进行监管,并严格履行贵司在监管协议的义务。

同日,辽宁储运公司出具致俸旗公司编号为质押FQ001#－01《收到质物通知书》,其中载明,本公司已按照相关协议于2014年6月4日至2014年12月3日接收下表货物并开始履行监管责任。本公司了解,出质人已将下表所列货物(货物明细为:145,400吨玉米)质押给贵行,并对质物的真实性、合法性负责。本公司业已收到贵行与出质人共同签发的编号为质押FQ001#的《代出质通知书》,本公司同意接受贵行委托并将按照贵行的指示代为监管质物。本公司确认上述质物已存放于监管场地新港物流公司,上述质物确已在本公司的占有、监管之下。本公司将严格按照编号为质押FQ001的《动产质押监管协议》的规定履行占有、监管责任。本《收到质物通知书》为编号为质押FQ001《动产质押监管协议》不可分割的附件。本《收到质物通知书》构成对质物、质押生效的确认。

2014年6月9日,辽宁储运公司向大连谷物公司开具150万元监管费的收款收据。

2014年7月5日,大连谷物公司向俸旗公司出具一份《延期还款申请》载明,大连谷物公司分别于2014年5月31日、6月1日、6月5日,与杨一、黄建、崔杨、李旗签订协议,同意上述四人对大连谷物公司的债权转让给俸旗公司,约定以一个月为期限履行还款义务,并将权属于我公司的145,400吨玉米仓单质押给俸旗公司,签订编号为:FQ001的《最高额动产质押合同》,同时与俸旗公司及辽宁储运公司签订编号为:质押FQ001的《动产质押监管协议》,质押物由辽宁储运公司进行监管。现由于我公司资金紧张,无法于约定还款期限内偿还上述债务,现申请对上述债务延期还款。大连谷物公司承诺于2014年7月15日向俸旗公司履行全部还款义务。如届时违约,贵公司可直接行使质权,我公司承担贵公司为实现质权而发生的所有费用,并放弃一切抗辩权利。

另查明:2014年6月4日,鉴于大连谷物公司、辽宁储运公司与俸旗公司签订了编号为质押FQ001的《动产质押监管协议》,为履行该协议,新港物流公司(甲方、仓储人)、大连谷物公司(乙方、存货人)、辽宁储运公司(丙方、监管人)三方共同签订了《仓储管理协议》。第1条约定甲方是仓储人,负责质物的装卸、搬运、码垛等具体操作事宜和仓库的安保管理,承担仓储人的全部责任;乙方是质物的所有人;丙方是质物的监管人,享有质物的管理权,负责质物的进出库控制和管理、单证管理和现场对甲方操作的高度指挥。第3条第1款约定,货物入库后,甲方应在第二天前向丙方提供真实有效的运输凭证、入库凭证、重量单及品质检验单。丙方核实无误后据此开出《质物进仓作业单》。第3条第3款约定,甲方人员根据丙方现场人员操作指示完成作业后,由丙方人员对货物进行盘点和在《质物进仓作业单》上签章。第4条第1款约定,丙方按照丙方业务流程审核乙方货物是否能够满足出库条件。丙方具有独立的判断和审核权利。第4条第3款约定:丙方签发《质物进仓作业单》后,甲方根据丙方现场人员操作指示安排装卸、搬运作业。

2010年1月1日,新港物流公司(甲方)与大连港散粮码头公司(乙方)签订的《关于散粮筒仓使用协议》约定,乙方同意将所属的50万吨玉米散粮仓仓容给甲方作为存储玉米货物专用仓,散粮筒仓资产权归乙方所有,甲方享有使用权。大连港公司对该份协议不予认可,并认为大连港散粮码头公司从未与新港物流公司有过业务关系，更没有签署过该协议，大连港散粮码头公司在以往的业务中也从未对外做过出租筒仓的业务。

2011 年 2 月，新港物流公司（甲方）与大连谷物公司（乙方）签订《仓储保管协议》，约定乙方向甲方租赁仓库，租赁期限 5 年（2011 年 2 月至 2016 年 2 月）。

2014 年 6 月 26 日、27 日、7 月 15 日、29 日倖旗公司多次找辽宁储运公司孙鹤、驻大窑湾码头监管员张强、辽宁储运公司副总经理王英杰查询质物是否存在，辽宁储运公司向倖旗公司提供了台账、仓位图、总账、明细账，让倖旗公司拍照留存，并出示了监管员手写的库存结果，以此确认质物在辽宁储运公司监管之下，质物完好无损存在。

又查明：一审法院在第一次审理本案过程中，倖旗公司向该院提出财产保全申请，要求查封存放于辽宁省大连市开发区大窑湾散粮码头新洪物流仓库 145,400 吨玉米，2014 年 9 月 12 日该院向大连港散粮码头公司下达了（2014）辽民二初执字第 00043 号协助执行通知书，2014 年 9 月 14 日大连港散粮码头公司在该协助执行通知书的回执中明确载明："我公司没有贵院协助执行通知书中所载明的'大窑湾散粮码头新洪物流仓库'。协助执行通知书中所涉公司在我公司没有任何存粮。"

大连港散粮码头公司没有独立法人地位，其所属于大连港公司，大连港散粮码头公司的权利义务由大连港公司承担。2010 年 9 月 1 日，大连港散粮码头公司尾号为 45 号的公章申请作废并报公安机关销毁。

大连谷物公司法定代表人刘有文因涉嫌合同诈骗罪现被羁押于吉林省新康监狱，因其刑事案件正在长春市中级人民法院（以下简称长春中院）审理中，故一审法院委托长春中院提讯刘有文。刘有文在被讯问中自认其与倖旗公司签订《最高额动产质押合同》后未依约向倖旗公司提供质押物 145,400 吨玉米，倖旗公司、辽宁储运公司对质物 145,400 吨玉米自始不存在是知道的。

裁判结果

一审法院判决：一、大连谷物公司于本判决生效后 10 日内偿还倖旗公司借款本金 20,800 万元及逾期利息；二、辽宁储运公司对大连谷物公司本判决第一项还款义务在 3 亿元范围内承担补充赔偿责任；三、驳回倖旗公司的其他诉讼请求。

最高法院二审判决：一、维持辽宁省高级人民法院（2016）辽民初 1 号民事判决第一、三项；二、变更辽宁省高级人民法院（2016）辽民初 1 号民事判决第二项为：中国外运辽宁储运公司在人民法院对债务人大连港湾谷物有限公司及其他担保人强制执行后倖旗公司债权仍不能清偿部分，承担不超过 30% 的补充赔偿责任。

法院观点

一、涉案倖旗公司的债权本金应认定为20,800万元

关于倖旗公司受让的崔杨的300万元及黄建的6000万元债权问题。首先,崔杨、黄建与大连谷物公司的《借款合同》已实际履行。2013年12月26日,黄建与大连谷物公司签订了《借款合同》,约定借款金额为6000万元,并于2013年12月27日通过上海浦东发展银行将款汇入大连谷物公司指定账户。2014年5月12日,崔杨与大连谷物公司签订了《借款合同》,约定借款金额为300万元,合同签订当日,崔杨通过上海浦东发展银行将款汇入大连谷物公司指定账户。上述两笔借款的银行业务凭证/回单上标明的日期、汇款人、收款人、汇款数额均与相应的《借款合同》相符,均盖有银行的业务核算章,足以证明黄建和崔杨在合同签订后履行了出借义务。

其次,崔杨、黄建对大连谷物公司的债权经确认后转让给了倖旗公司。2014年5月31日,杨一、黄建为甲方,光德公司、大连谷物公司为乙方,倖旗公司为丙方共同签订了《欠款确认及债权转让协议书》,其中确认了黄建于2013年12月27日借款给大连谷物公司6000万元,并同意将该笔债权转让给倖旗公司。2014年6月1日,崔杨为甲方,大连谷物公司为乙方,倖旗公司为丙方签订了一份《协议书》,确认了大连谷物公司于2014年5月12日向崔杨借款300万元,崔杨同意将该笔债权转让给倖旗公司。《欠款确认及债权转让协议书》《协议书》是各方的真实意思表示,内容不违反法律、行政法规的强制性规定,为有效合同。合同中,债权人黄建、崔杨与债务人大连谷物公司对借款数额进行了确认,并同意将债权转让给倖旗公司。因此,倖旗公司依法享有对大连谷物公司6300万元债权。辽宁储运公司关于该两笔债权不成立的上诉请求没有事实和法律依据,原审判决认定涉案债权本金为20,800万元具有证据支持。

二、大连谷物公司、倖旗公司与辽宁储运公司对涉案质权不能设立所造成的损失均有过错,均应承担责任

根据《物权法》第212条的规定,质权自出质人交付质押财产时设立。本案中,大连谷物公司与倖旗公司签订《最高额动产质押合同》,合同成立并生效,但是大连谷物公司自始没有交付质物145,400吨玉米,质权未设立。对因质权未设立给倖旗公司造成的损失,应当根据大连谷物公司、倖旗公司和辽宁储运公司的过错程度,分别承担相应责任。

第一,对大连谷物公司而言。根据《担保法》第63条的规定,大连谷物公司应依法将涉案质押玉米交付倖旗公司。倖旗公司与大连谷物公司签订的《最高额动产质押合同》约定,大连谷物公司自愿以其自有145,400吨玉米为涉案债权提供质押担保,大连谷物公司应当按照合同约定于合同签订之日交付质物(包括从物)、相关权利证明及保管所需资料等。俸旗公司、大连谷物公司及辽宁储运公司签订的《动产质押监管协议》第2.1条约定,质物即为质押标的,是俸旗公司和大连谷物公司所签质押合同中约定的由大连谷物公司向俸旗公司提供质押担保并交由辽宁储运公司存储监管的货物。第2.2条约定,大连谷物公司保证质物的品名、规格型号、生产厂家(产地)、数量、质量、包装、件数和标记等与其和俸旗公司的约定以及向辽宁储运公司申报和交付的一致,并对上述全部事实的真实性承担法律责任。根据上述约定,大连谷物公司应交付俸旗公司、辽宁储运公司质押玉米145,400吨。大连谷物公司法定代表人刘有文因涉嫌合同诈骗罪被羁押,因其刑事案件于一审期间正在长春市中级人民法院(以下简称长春中院)审理,故一审法院委托长春中院提讯刘有文。其在被讯问中自认了大连谷物公司在与俸旗公司签订合同后没有依约提供质押玉米,涉案质物自始不存在的事实。由此,涉案质物实际并未交付,负有交付质物义务的一方大连谷物公司必然对质物自始不存在的事实是明知的。根据《担保法司法解释》第86条的规定,债务人或者第三人未按质押合同约定的时间移交质物的,因此给质权人造成损失的,出质人应当根据其过错承担赔偿责任。本案中,大连谷物公司在明知质押玉米没有交付的情况下,依然与俸旗公司一起向辽宁储运公司出具《代出质通知书》,对质押玉米的重量、库存等情况进行确认,主观过错明显。因是否交付质物直接决定质权的设立,没有质物质权一定不能设立,而其实际上并没有交付质物,故其对质物自始不存在而致俸旗公司因质权不能设立所造成的损失,应当承担主要责任。虽然大连谷物公司是涉案质押玉米的出质人,但同时其也是债务人,理应对涉案全部债务承担还款责任,故其作为《最高额动产质押合同》的当事人及《动产质押监管合同》的关联一方所应承担的违约责任与其作为债务人应承担的责任竞合,在此不再赘述。

第二,对俸旗公司而言。首先,涉案《最高额动产质押合同》第6.1条约定,合同项下质押物由大连谷物公司占管,大连谷物公司应于合同签订之日将质物、相关权利证明及保管所需资料交付质权人俸旗公司保管。《动产质押监管协议》开篇约定,俸旗公司与大连谷物公司均同意将质物交由辽宁储运公司监管,辽宁储运公司同意接受俸旗公司的委托并按照俸旗公司的指示监管质物。根据上述合同约定可知,涉案质物是应当首先由大连谷物公司交付俸旗公司,然后再由俸旗公司交由辽宁储运公司监管。在交付辽宁储运公司前,大连谷物公司应按照质押合同的约定将质押监管物交付俸旗公司,由俸旗公司保管。因此,俸旗公司在将质押监管物交付辽宁储运公司监管之前是知道或应当知道涉案质物是否存在的。其次,根据《物权法》第215条的规定可知,质权人负有妥善保管质押财产的义务。本案倖旗公司作为质权人,具有审查保管质押财产的义务,应当对债务人大连谷物公司交付的质押财产进行严格审查。但倖旗公司未履行相应义务,而是将该义务通过《动产质押监管合同》全部委托给辽宁储运公司履行。倖旗公司既未对质物实际库存情况进行审查,也不督促辽宁储运公司按照监管合同约定进行审查,即在签订《最高额动产质押合同》当天,向辽宁储运公司出具了盖有其公章及法定代表人名章的《代出质通知书》,该通知书不仅记载了质物名称、产地、重量,而且记载了货物库存情况。该行为一方面表明倖旗公司对质物是否在库是知道或者应当知道的,另一方面也表明其不仅怠于履行其法定质物审查义务,而且对自己债权的实现疏于管理并听任债权不能实现的风险放大。对质物自始不存在致使质权不能设立所造成的损失,倖旗公司本身存在明显过错,也应当承担相应责任。

第三,对辽宁储运公司而言。首先,辽宁储运公司对因质权未设立而给倖旗公司造成损失存在过错。一方面,倖旗公司与大连谷物公司签订《最高额动产质押合同》的时间是2014年6月4日,同日,辽宁储运公司与倖旗公司、大连谷物公司签订《动产质押监管协议》,倖旗公司与大连谷物公司也在当日给辽宁储运公司出具了《代出质通知书》,辽宁储运公司同样在2014年6月4日出具了《收到质物通知书》。涉案质物是玉米145,400吨,质物数量巨大,实际查验、核对、清点需耗费大量人力、物力和时间。然而,辽宁储运公司在签订监管协议当天就出具了《收到质物通知书》,确认涉案质物已在其占有和监管之下,时间如此之短,显然没有对质物进行清点审核。另一方面,辽宁储运公司的监管员孙家国在被讯问中自认,其经手过倖旗公司的14至15万吨玉米质物的监管,监管期间,根据领导授意,在明知仓内没有粮食并且不知储粮仓位具体位置的情况下编造的监管日志和明细分类账目,以证明粮食存在并处于监管之中。对于该证言,辽宁储运公司予以认可。大连谷物公司法定代表人刘有文在被讯问中也陈述,辽宁储运公司对质物145,400吨玉米自始不存在是知道的。孙家国、刘有文分属于不同的单位,且孙家国是辽宁储运公司的员工,他们的证言均证明辽宁储运公司知道涉案质物自始不存在的事实。综上,辽宁储运公司对质物145,400吨玉米不存在是知道或应当知道的,在此情况下仍提供所谓的监管,其对质权未设立给倖旗公司造成的损失存在明显过错。其次,辽宁储运公司违反了《动产质押监管协议》中的合同义务。根据《合同法》第369条的规定,保管人应当妥善保管保管物;第399条规定,受托人应当按照委托人的指示处理委托事务;第401条规定,受托人应当按照委托人的要求,报告委托事务的处理情况。涉案《动产质押监管协议》第1条约定,辽宁储运公司对出质人进行监督、对质物进行监控、对出质人对质物的入库、提货等过程进行监督，一旦发现违反本协议约定之行为，辽宁储运公司应及时制止并向倖旗公司报告。质物监控是指对质物的品名、数量等进行查验、核对，及时向倖旗公司报告质物状况。第 2.8 条约定，如大连谷物公司交予的货物及实际库存与《代出质通知书》记载不一致，辽宁储运公司不得接收货物并签发《收到货物通知书》，并应立即书面通知倖旗公司、大连谷物公司。第 4.1 条约定，辽宁储运公司派驻监管员在监管场地查验、核对、清点质物，获取和记录质物状况数据；对质物进行监控，发现质物不足或其他异常情况及时报告倖旗公司和大连谷物公司，并要求大连谷物公司采取措施制止、纠正。第 4.4 条约定，监管期间，因各种原因质物发生短少、毁损、变质、灭失等可能影响倖旗公司权益的情形，辽宁储运公司应当在 24 小时内通知倖旗公司，并采取适当的应急措施。第 4.6 条约定，监管期间，辽宁储运公司应接受倖旗公司对质物及相关单证的查询，接受倖旗公司对质物的检查，并给予必要的协助。本案辽宁储运公司作为专业监管人，首先应对涉案质物进行核对和查验，但其无视《动产质押监管协议》的约定，在未经实际审查质物交付情况及实际库存的情况下，于签订监管协议的当日即随意出具《收到质物通知书》，并且未将该情况及时报告、通知倖旗公司。在倖旗公司查验质物时，向倖旗公司出具所谓的台账、仓位图等证明质物存在。辽宁储运公司上述行为明显违反了《动产质押监管协议》约定的义务。由于辽宁储运公司对倖旗公司因质权不能设立所造成的损失存在过错，且这种过错行为违反了《动产质押监管协议》的约定，其对该损失也应当承担相应责任。

综上，由于质押人大连谷物公司、质权人倖旗公司、质物监管人辽宁储运公司对涉案质权不能设立均存在过错，三方均应承担相应的责任，且作为质物交付主体的大连谷物公司为主要责任，本院认为质物监管人辽宁储运公司对涉案质权不能设立给倖旗公司造成的损失应承担的责任份额以不超过 30% 为宜。

三、辽宁储运公司承担本案责任的性质及方式

第一，辽宁储运公司承担责任的性质应为违约责任。所谓违约责任，是指合同当事人一方不履行合同义务或履行合同义务不符合约定所应承担的民事责任。《合同法》第 107 条规定，当事人一方不履行合同义务或者履行合同义务不符合约定的，应当承担继续履行、采取补救措施或者赔偿损失等违约责任。本案中，《动产质押监管协议》约定，辽宁储运公司应按照倖旗公司要求核对质物权属和品质证明文件，按照《代出质通知书》列明的内容核查大连谷物公司交付的货物及现有的库存，监管期间，因各种原因质物发生短少、毁损、变质、灭失等可能影响倖旗公司权益的情形，应在 24 小时内通知倖旗公司，并采取适当的应急措施。但是，辽宁储运公司未按合同约定履行查验、核对、清点质物的义务及报告义务，造成倖旗公司的质权因质物自始不存在而未能设立,对于因质权未设立而给俸旗公司造成的债权不能实现的损失,应当承担相应责任。这种责任因违反合同约定义务而来,性质上属于违约责任。

第二,辽宁储运公司承担责任的方式应为补充赔偿责任。在债权债务及担保法律关系中,债务人是终局性义务人,担保人在替代债务人清偿债权后可以向债务人追偿,属于从义务人,二者依法或依约定而产生,都是债权人的直接义务人。相对于债务人与担保人而言,担保物监管人仅是帮助债权人实现债权的辅助人,而不是债权实现的直接义务人,其责任虽具有一定的独立性,但除因自身原因造成监管担保物灭失外,其责任需依附于债务人与担保人的直接责任,如果直接责任因清偿而消灭,由于债权人因获得清偿而不存在损失,则其监管责任也相应消灭。所以其只可能是前述直接义务人后的辅助性补充性义务人。实践中,在以下两种情况中更应如此。一是债权产生在先并已陷入不能清偿风险。由于这种情况中债权不能清偿风险已在先产生,而担保物监管在后出现,债权并不是因信任担保权的保障及担保物监管人的监管而产生,债权不能实现的首要原因是债务人不能清偿债权,与担保物监管人的后续进入并不存在直接因果关系。二是债权人、担保人对质权不能设立存在过错且过错在先。由于这种情况中债权不能实现的首要原因除债务人不能清偿债权外,主要是债权人、担保人的在先过错导致质权没有设立,所以担保物监管人的后续进入对质权实质上已无法设立并不能产生根本性影响。上述两种情况中,担保物监管人的责任都只应是辅助性的补充性的。

本案中,一方面,涉案原始债权早在2013年5月、9月、12月及2014年5月已形成,且均已超过约定还款期限而未清偿。即使对于受让上述原始债权的俸旗公司而言,其相当一部分债权的受让也发生在涉案《动产质押监管协议》签订时的2014年6月4日之前。涉案债权不能清偿风险发生在《动产质押监管协议》签订前,辽宁储运公司对涉案质物的监管在后出现,涉案债权并不是因信任大连谷物公司提供的质权保障及辽宁储运公司对质物的监管而产生,其不能实现的首要原因是债务人大连谷物公司不能清偿债权,与辽宁储运公司作为质物监管人的后续进入并不存在直接因果关系。另一方面,涉案俸旗公司质权因质物自始不存在而不能设立,首要原因在于在先的债务人大连谷物公司的虚假出质以及债权人俸旗公司对债务人虚假出质的审查存在过错,辽宁储运公司作为质物监管人的后续加入只是将这种虚假出质状态延续下去,而不是因为辽宁储运公司的监管行为直接造成了虚假出质。因此,辽宁储运公司的责任应当排位在债务人大连谷物公司及相关担保人的直接责任之后,责任方式应认定为补充赔偿责任。俸旗公司债权损失的具体数额在人民法院强制执行债务人大连谷物公司及其他担保人之后方可确定,辽宁储运公司应对人民法院对大连谷物公司及其他担保人强制执行并穷尽一切执行措施后仍不能清偿部分，承担补充赔偿责任。

四、本案不应移送公安机关处理

根据《最高人民法院关于在审理经济纠纷案件中涉及经济犯罪嫌疑若干问题的规定》第1条规定，同一公民、法人或其他经济组织因不同的法律事实，分别涉及经济纠纷和经济犯罪嫌疑的，经济纠纷案件和经济犯罪嫌疑案件应当分开审理。本案存在两个法律关系：一个是债权债务及担保法律关系，其中债权债务法律关系是依据案外人李旗、杨一、黄建、崔杨与大连谷物公司、光德公司签订的《借款协议书》《借款合同》及该四人分别与光德公司、大连谷物公司、倖旗公司签订的《欠款确认及债权转让协议书》《协议书》，通过债权转让而形成；担保法律关系是通过签订《最高额动产质押合同》形成，债权债务及担保法律关系的主体为债权人、质权人倖旗公司及债务人、出质人大连谷物公司。另一个是动产质押监管法律关系，合同依据是《动产质押监管协议》，合同主体为委托人倖旗公司及受托人辽宁储运公司。本案审理的主要法律关系是倖旗公司与辽宁储运公司基于《动产质押监管协议》而形成的合同关系。倖旗公司作为委托方，辽宁储运公司作为受托方，双方之间的动产监管法律关系与倖旗公司和大连谷物公司双方之间的债权债务及担保法律关系，不仅主体不同，权利义务关系不同，而且并非基于同一法律事实。因此，大连谷物公司及其法定代表人是否基于借款及担保事实涉嫌经济犯罪与本案审理的动产质押监管合同关系并无同一性，本案作为民事案件应当继续审理。辽宁储运公司关于本案因大连谷物公司及其法定代表人涉嫌经济犯罪应当移送公安机关处理的上诉请求没有事实和法律依据，不应支持。

综上，本案辽宁储运公司关于其已经依约履行合同义务不应承担赔偿责任及本案不应作为民事案件处理的上诉理由，没有事实和法律依据，本院不予支持。原审判决辽宁储运公司对大连谷物公司所应承担的赔偿责任在3亿元范围内承担补充赔偿责任不当，本院依法予以纠正。

金讼圈提示

本案是因为质押物根本就没有交付，所以监管人才承担补充赔偿责任。但质押物监管人如果因对已经交付的质押物保管不善而发生丢失、损毁等，则应当对质权人及出质人承担直接的赔偿责任。

第十章 理 财 篇

064 以上市公司股东为责任主体的保底定增是否有效?

案例索引

李爱娟等诉大东南集团有限公司合同纠纷案[浙江省高级人民法院民事判决书(2015)浙商终字第144号]。

交易结构图

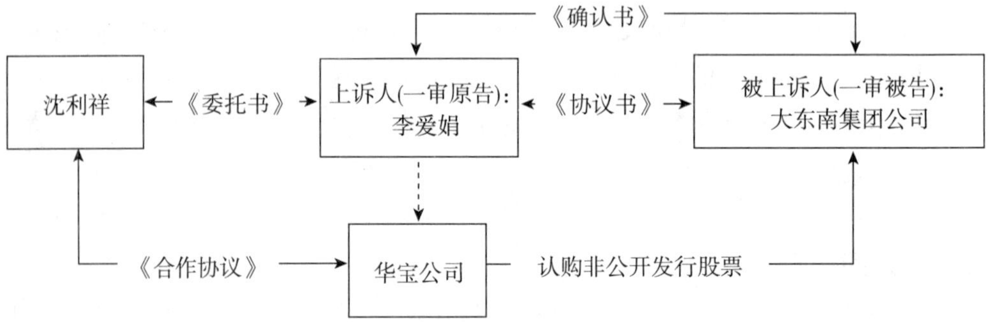

金讼圈导读

本案例是一起投资人委托信托公司利用信托通道参与上市公司保底定增亏损后,获得上市公司大股东赔偿的案例。案情读来跌宕起伏,裁判抽丝剥茧,堪称经典。

裁判规则

一、上市公司大股东与投资人约定的保底定增条款并不违反法律、行政法规的强制性规定，且承担补偿责任的是上市公司的股东而非上市公司，该补偿并不损害上市公司及其他人利益，故保底定增协议合法有效。

二、信托公司利用客户资金并按照客户指令以自己名义参与上市定增应为委托代购法律关系。

三、信托公司与客户签订《收益权转让合同》并承诺系以自有资金认购案涉股票，实际是为了控制融资风险及规避证监会《上市公司非公开发行股票实施细则》第8条第3款"信托公司作为发行对象，只能以自有资金认购"的规定。

案情介绍

上诉人（一审原告）：李爱娟。

被上诉人（一审被告）：浙江大东南集团有限公司。

2011年8月10日，李爱娟与大东南集团公司签订协议书一份，约定李爱娟认购大东南股份公司非公开发行股票1500万股，若李爱娟持有的股票在锁定期解禁后六个月内减持，通过大宗交易平台转让的价格低于认购价1.15倍的，大东南集团公司以约定金额补偿李爱娟，补偿金额的具体计算方式为（李爱娟实际认购价格×1.15－李爱娟通过大宗交易平台转让的价格）×李爱娟实际认购股份数，如限售期内存在分红等情况，补偿款作相应调整。相应补偿款应当在大宗交易转让后三个交易日内进行货币支付。双方约定，如李爱娟因报价低未认购到大东南股份公司股票，该协议即时失效。

2011年8月15日，李爱娟出具委托书一份给沈利祥，内容为：我因今天出差在外，不能前去华宝信托公司签订大东南股份公司非公开发行股票之收益转让合同。特委托你代表我前去签约。在你名下的权利义务尽由我承担。

2011年8月16日，李爱娟（甲方）与大东南集团公司（乙方）签订确认书一份，确认书内容为：一、甲方与华宝信托公司合作，以华宝信托公司名义认购甲乙双方于2011年8月10日签订的《协议书》约定的大东南股份公司非公开增发（的）1500万股（股票），即由华宝信托公司与大东南股份公司签订相关认购大东南股份公司非公开增发的1500万股（股票）协议。乙方确认并认可甲方与华宝信托公司合作，以华宝信托公司名义认购大东南股份公司非公开增发的1500万股（股票），实为甲方认购大东南股份公司非公开增发的1500万股（股票），该1500万股非公开增发股票完全适用于甲乙双方于2011年8月10日签订的《协议书》，并享受乙方在该协议书中承担或承诺的各项约定。二、因甲方出差,委派沈利祥先生与华宝信托公司签订相关协议和办理相关手续。甲方保证在大东南股份公司非公开增发股票解禁前将收益人改回甲方名下。乙方确认并认可甲方的上述行为。三、本确认书经甲方签字,乙方盖章后生效。

2011年7月21日,华宝信托公司向大东南股份公司发出非公开发行股票意向认购函,表示其有意向参与该次非公开发行。

2011年8月15日,沈利祥与华宝信托公司签订《关于华宝信托公司参与大东南股份公司非公开发行股票并将部分风险收益转让给沈利祥之合作协议》(以下简称《合作协议》)。

2011年8月16日,沈利祥向华宝信托公司汇付了保证金1500万元。

2011年8月17日,沈利祥指令华宝信托公司以11元每股的价格申购大东南股份公司的股票1500万股。同日,华宝信托公司向大东南股份公司出具承诺函,承诺其认购资金系自有资金。

2011年8月19日,沈利祥根据合作协议的约定又向华宝信托公司支付了4934.568万元。

2011年8月30日,大东南股份公司与华宝信托公司签订《大东南股份公司非公开发行股票之股份认购合同》。

2011年8月31日,沈利祥与华宝信托公司签订《大东南股份公司非公开发行股票之收益转让合同》(以下简称《收益转让合同》)、《大东南股份公司非公开发行股票之收益转让合同之补充协议》。同日,华宝信托公司汇付浙商证券12,525万元认购款,加上之前的保证金1500万元,合计支付认购款14,025万元,并再次向大东南股份公司出具承诺函,承诺此次申购案涉股票的资金为自有资金。

2012年3月2日,沈利祥与华宝信托公司签订《大东南股份公司非公开发行股票之收益转让合同之补充协议2》。

2012年3月14日,沈利祥汇付华宝信托公司保障金300万元。2012年9月17日,李爱娟与沈利祥、华宝信托公司签订《B类收益转让协议》,将沈利祥名下权利义务转让给李爱娟。

2012年9月20日,李爱娟汇付华宝信托公司保障金300万元。同日,案涉1500万股股票解禁。

2012年9月24日,华宝信托公司根据李爱娟的指令,将案涉1500万股股票以6.02元/股的价格卖出,成交金额为9030万元。同日,华宝信托公司向李爱娟发出关于《大东南股份公司非公开发行股票之收益转让合同》的通知函。

再查明,2011年8月15日,案外人潘薇、陈婉敏分别汇付给杨建新704万元、1200

万元,合计1904万元。同日,杨建新汇付给沈利祥1500万元。2011年8月18日,案外人华水芳、李德根分别汇付给杨建新1005万元、454万元,合计1459万元。同日,杨建新汇付给沈利祥1766.25万元。2011年8月19日,李爱娟丈夫杨伟敏汇付给赵美娟1700万元,后赵美娟汇给沈利祥1700万元。2011年10月14日、10月21日、10月24日、2012年2月6日李爱娟分别汇给沈利祥的妻子来恩美200万元、200万元、22.97万元、320万元。

裁判结果

一审法院判决:驳回李爱娟的全部诉讼请求。

二审法院判决:一、撤销绍兴市中级人民法院(2015)浙绍商重字第1号民事判决;二、浙江大东南集团有限公司于本判决送达之日起10日内支付李爱娟补偿款6948.75万元,并支付以6948.75万元为基数,按中国人民银行同期同档次贷款基准利率自2012年9月28日起至判决确定履行之日止计算的利息;三、驳回李爱娟的其余诉讼请求。

法院观点

本案争议焦点为:一、816确认书是否真实。二、李爱娟是否已经履行810协议约定的认购义务。三、本案当事人责任应如何界定。

一、816确认书是否真实。因816确认书上没有大东南集团公司人员的签字,且大东南集团公司不予认可,故形式上的确有所欠缺。从这个角度上来讲,原审对该确认书的真实性未予认定,有一定道理。但鉴于《西南政法大学司法鉴定中心司法鉴定意见书》已确认该确认书上的公章为真实,大东南集团公司亦没有提供任何证据证明该公章系李爱娟偷盖形成,再综合全案其他证据,整体上看该确认书形式上的欠缺不足以否定其真实性,故对其真实性予以确认。相应地,对大东南集团公司提出的重新鉴定申请,不予准许。

二、李爱娟是否已经履行810协议约定的认购义务。810协议明确约定,李爱娟如未认购到案涉股票,本协议即时失效。本案中,相关文件载明系华宝信托公司直接认购案涉股票,李爱娟并未直接认购。从这个角度上来讲,李爱娟认为自己认购了案涉股票的举证,存有瑕疵。但经过二审审理,结合全案事实,本院认为李爱娟提供的证据已经形成证据链,可以认定李爱娟已经履行了810协议约定的认购义务。从各方之间形成的法律关系分析,本案主要存在以下法律关系:第一层法律关系,李爱娟与大东南集团公司之间系保底收益投资关系。在810协议中,双方约定了保底条款,即大东南集团公司承诺李爱娟的保底收益为15%,否则,损失部分由大东南集团公司补偿。

因该损失的赔偿主体是大东南股份公司的股东，而非大东南股份公司本身，且不损害其他人的利益，故双方签订的810协议合法有效。第二层法律关系，李爱娟与沈利祥之间系委托关系。首先，李爱娟于2011年8月15日向沈利祥出具了委托书，沈利祥对此无异议；其次，大东南集团公司与李爱娟签订的确认书对"委派沈利祥先生与华宝信托公司签订相关协议和办理相关手续"的委托内容进行了确认；最后，沈利祥与李爱娟之间的款项往来情况也能够印证双方存在委托关系。本案相关款项往来情况为：李爱娟丈夫杨伟敏通过赵美娟（系杭州萧山交通房地产开发有限公司出纳，李爱娟为该公司法定代表人）汇给沈利祥1700万元、李爱娟三次汇给沈利祥妻子来恩美418.318万元、杨建新汇给沈利祥3266.25万元，以上款项共计5384.568万元。鉴于李爱娟与杨伟敏、来恩美与沈利祥均为夫妻关系，李爱娟对汇给沈利祥妻子来恩美的422.97万元款项作出了合理说明，杨建新认可李爱娟是认购主体、李爱娟和沈利祥存在委托关系、杨建新汇给沈利祥的款项实际系华水芳等四人与李爱娟合作认购案涉股票的款项，上述款项最终都汇给了沈利祥或其妻子来恩美，以及沈利祥认可李爱娟的款项大多数是通过其账户转到华宝信托公司账户的，故据此不仅能够印证李爱娟与沈利祥之间存在委托关系，还可以认定该5384.568万元款项实为李爱娟所筹集。综上，可以认定双方存在委托关系。虽然华宝信托公司否认与沈利祥签订《合作协议》时知晓沈利祥与李爱娟之间的委托关系，但李爱娟与沈利祥之间可以是间接代理关系（隐名代理关系），即沈利祥以自己的名义在委托人的授权范围内与第三人订立合同，故只要大东南集团公司确认李爱娟的此种履行方式，华宝信托公司是否知道及何时知晓李爱娟与沈利祥之间的委托关系与本案的处理并无关联。还有，至于沈利祥在李爱娟出差回来之后，是否又将委托书交给李爱娟，与本案的处理亦无关联。第三层法律关系，沈利祥与华宝信托公司之间系融资与代购关系。首先，根据沈利祥与华宝信托公司签订的《合作协议》第一条第2项"由华宝信托公司根据沈利祥的书面指令统一提出报价"、第3项"如华宝信托公司成功获得标的股份的配售确认，华宝信托公司应当立即通知沈利祥"及2011年8月17日沈利祥签字的认购交易指令单，可以确认华宝信托公司就认购案涉股票无报价权，其只是根据沈利祥的指令提出报价，且在获得标的股票配售确认后，还要立即通知沈利祥。据此，可以认定沈利祥才是真正的标的股票认购人，否则，其不可能享有报价权；其次，根据华宝信托公司资本市场部经理汪淑涓在诸暨市公安局经侦大队和原审法院对其所作的询问笔录中的陈述"沈利祥打到我公司53,845,680元，其余的8640万元由我公司融资""如果没有与沈利祥签订合作协议的话，我们不会认购案涉股票""是根据沈超等客户需求向大东南股份公司发出认购意向函"以及沈超与赵婷对融资数额8640.432万元予以确认的往来邮件，再结合上述对李爱娟自筹资金的分析,可以认定购买案涉股票的资金由两部分构成,一部分是李爱娟自筹资金 5384.568 万元,一部分是华宝信托公司提供的融资资金 8640.432 万元。原审法院忽视案涉款项实际来源、华宝信托公司系根据沈超等客户的需求发出认购意向函、沈超与赵婷确认融资数额的往来邮件、汪淑涓的陈述等关键事实,仅仅根据华宝信托公司所作的单方承诺、李爱娟所称其在 810 协议生效后与华宝信托公司进行洽谈的时间点与华宝信托公司在 2011 年 7 月 11 日已向大东南股份公司发出认购意向函的时间点不一致即认定华宝信托公司为案涉股票认购主体且其系以自有资金认购,依据不足。据此,反而可以认定沈利祥才是案涉股票的实际认购人,华宝信托公司只是代沈利祥认购,并为沈利祥认购案涉股票提供融资资金 8640.432 万元;再次,因沈利祥未为案涉融资款项提供任何担保,故华宝信托公司以自己名义认购案涉股票,并将案涉股票登记在自己名下,实际系华宝信托公司控制融资风险的一种方式。其具体控制融资风险的方式为:根据《收益转让合同》的约定,如果案涉股票跌至平仓线,沈利祥应主动追加保障金,如其不追加,华宝信托公司可以通过任何可能变现的形式将案涉股票予以变现,以保障其资金安全。事实上,李爱娟于 2012 年 3 月 14 日、2012 年 9 月 20 日两次共计追加了 600 万元保障金;最后,根据上述查明的认购案涉股票的资金构成,可以认定沈利祥与华宝信托公司签订的《收益转让合同》中的 A 类收益实际系沈利祥所要归还的融资本金 8640.432 万元和年化 12% 的利息;B 类收益系案涉股票的处分权、分红权等,表面假象是华宝信托公司将其拥有的该类收益以 5384.568 万元的对价转让给沈利祥,但根据上述分析,华宝信托公司实际上并不拥有该类收益,该类收益本身即属沈利祥所有。沈利祥支付的对价款亦非该类收益转让款,而是案涉股票认购款。华宝信托公司之所以将《收益转让合同》设计的如此隐蔽和复杂,并两次向大东南股份公司承诺系以自有资金认购案涉股票,实际是为了控制融资风险及规避证监会《上市公司非公开发行股票实施细则》第 8 条第 3 款"信托公司作为发行对象,只能以自有资金认购"的规定。综上,可以认定沈利祥与华宝信托公司之间系融资与代购关系。第四层法律关系,华宝信托公司与大东南股份公司之间为股票认购关系。但根据以上分析,该认购行为并非华宝信托公司以自有资金进行的自主认购行为,而是代沈利祥进行认购的行为。连接上述四层法律关系的纽带为 816 确认书。该确认书确认:1. 就案涉股票的认购,李爱娟委托沈利祥与华宝信托公司签订相关协议和办理相关手续;2. 大东南集团公司认可李爱娟与华宝信托公司合作,以华宝信托公司名义认购的案涉股票实际为李爱娟认购,该股票完全适用 810 协议,李爱娟享受大东南集团公司在 810 协议中的承诺;3. 李爱娟保证案涉股票解禁前将收益人改回李爱娟名下。该确认书实际上确认了上述第一、二、三、四层法律关系。事实上,李爱娟委托沈利祥与华宝信托公司签订了相关协议并办理了相关手续,案涉股票收益人亦在其解禁前的2012年9月17日,通过李爱娟、沈利祥、华宝信托公司签订的《B类收益转让协议》改回李爱娟名下。据此,上述四层法律关系通过大东南集团公司向李爱娟出具的确认书,已经形成一个完整的证据链,可以证明李爱娟通过沈利祥委托华宝信托公司认购案涉股票的方式履行了810协议。

三、本案当事人责任应如何界定。因双方约定的保底条款并不违反法律、行政法规的强制性规定,且承担补偿责任的是大东南股份公司的股东而非大东南股份公司,该补偿并不损害大东南股份公司及其他人利益,故810协议合法有效。李爱娟虽以华宝信托公司名义认购案涉股票,但该履行方式得到了大东南集团公司的认可,且李爱娟在签订及履行相关协议中并无过错,故李爱娟不承担责任,大东南集团公司应对李爱娟的损失承担全额补偿责任。

金讼圈提示

本案二审法院回归案件事实及双方交易关系的本质,分解四层法律关系,通过大东南集团公司向李爱娟出具的确认书,形成一个完整的证据链,判决正确。

065 金融机构未尽到投资者适当性义务为何应赔偿损失?

案例索引

上海市第一中级人民法院于2015年7月2日作出的(2015)沪一中民六(商)终字第198号民事判决书。

交易结构图

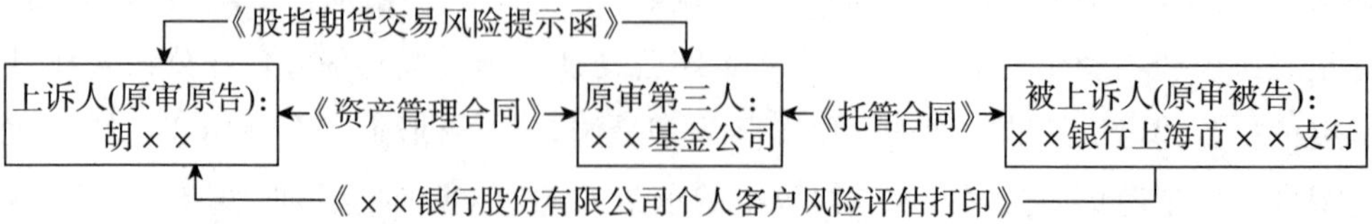

金讼圈导读

本案是投资者通过银行购买基金公司理财产品后遭受损失从而向银行维权的典型案例。投资者尽管签署了风险告知书并确认知晓相关风险,金融机构是否可以据此免责呢? 本案一审法院给了肯定答案,但二审法院却给了否定答案。本案非常值得金融机构展业风险防范借鉴。

裁判规则

一、商业银行在金融服务法律关系中负有依照客户的风险承受能力及财务状况等推介合适产品的义务,商业银行首先应在推介投资产品之前对客户评估,之后依照评估结果确定客户的类别,并在正确评估客户,了解相关情况的基础上,向客户推荐合适的理财产品,且不得主动向投资者推荐不适宜的理财产品。

二、投资人虽在缔约过程中签字确认知晓相关风险,但据此并不能免除金融机构在缔约前的适当推介义务。

三、鉴于投资人购买系争理财产品系基于金融机构的不当推介行为,若无此种不当推介行为则投资人不会购买系争理财产品,相应损失亦无从发生,故应认定金融机构的过错行为与投资人的损失间具有相当因果关系,金融机构存在相应侵权过错,应当承担过错赔偿责任。

四、投资人对自身的财务状况、投资能力及风险承受能力亦应有相应的认识,但投资人未依照自身状况进行合理投资,而是选择购买风险过高的理财产品,对相应损失的发生亦具有相应过错,依照上述法律规定,金融机构的侵权赔偿责任可相应减低。

案情介绍

上诉人(原审原告):胡××。

被上诉人(原审被告):××银行股份有限公司上海市××支行。

原审第三人:××基金管理有限公司。

2011年3月,上诉人为资产委托人、原审第三人为资产管理人、××银行股份有限公司为资产托管人签订《-××3号灵活配置2期资产管理合同》,其中约定投资范围为主要投资于国内证券交易所挂牌交易的A股(包括但不限于创业板、新股认购和定向增发)、股指期货、基金(股票型、债券型、货币型、混合型等)、债券、权证、债券回购及法律法规或监管机构允许投资的其他金融工具;该合同还对合同当事人权利义务、风险揭示、违约责任等内容进行了约定。合同文本后附《股指期货交易风险提示函》一份,该函右下方资产委托人落款处空白。合同签订后,上诉人即在被上诉人处认购了人民币100万元的景瑞3号2期基金,并在《××银行开放式基金交易凭条(个人)》上签字确认,签名下方记载:“本人充分知晓投资开放式基金的风险,自愿办理××银行代理的基金业务,自担投资风险”,同时上诉人在该交易凭条背面的《风险提示函》下方签字。

2011年3月4日,被上诉人作为评估机构向上诉人出具《××银行股份有限公司个人客户风险评估打印》,提示:上诉人风险承受能力评级及适合购买的产品为稳健型投资者。同日,上诉人向被上诉人提交《××银行股份有限公司个人理财产品业务交易信息确认表》,认购博弈理财。该确认表客户投资意愿确认栏记载:“××银行股份有限公司:根据贵行为本人进行的《××银行股份有限公司个人客户风险评估问卷》的结果显示,本人不适宜购买本产品。但本人认为,本人已经充分了解并清楚知晓本产品的风险,愿意承担相关风险,并有足够的风险承受能力和投资分辨能力购买该产品。现特别声明此次投资的决定和实施是本人自愿选择,其投资结果引致风险由本人自行承担。”上诉人对此签字确认。之后,因该理财产品发生亏损,上诉人遂提起本案诉讼,要求判令被上诉人赔偿其亏损180,642.62元及2011年3月至2013年3月期间的利息。

上诉人曾于2010年4月15日购买100万元的中银8号基金并盈利。该基金为××专户8号资产管理计划,资产管理人为中银基金管理有限公司,资产托管人亦为××银行股份有限公司。该资产管理计划的投资范围为:具有良好流动性的金融工具,包括投资于国内依法公开发行、上市的股票、债券、权证、证券投资基金,以及××证监会允许本计划投资的其他金融工具;法律法规或监管机构以后允许本计划投资的其他品种(如股指期货等),本计划管理人履行适当程序后,可以将其纳入投资范围。上诉人在购买该中银8号基金时同样签署了《××银行开放式基金交易凭条(个人)》及该凭条背面的《风险提示函》。

银行业监督管理委员会上海监管局对上诉人关于××银行违规代销基金事项进行信访回复:“经我局了解,2011年3月××银行支行为您办理代销基金业务过程中告知您相关风险,并且您本人签署了基金风险提示函,无证据显示存在您所称‘银行向您销售风险评级不相符的产品’的情况。综上所述,如您对投诉事项仍有疑问,建议通过司法途径解决此事。”

裁判结果

一审法院判决驳回上诉人的全部诉讼请求。

上诉人胡××不服原审法院上述民事判决提起上诉。二审法院判决:一、撤销上海市徐汇区人民法院(2014)徐民二(商)初字第541号民事判决;二、被上诉人××银行股份有限公司上海市××支行应于本判决生效之日起十日内赔偿上诉人胡××损失人民币180,642.62元;三、驳回上诉人胡××其余的诉讼请求。

法院观点

本案争议焦点在于:(1)上诉人与被上诉人间是何法律关系;(2)被上诉人在此种法律关系框架内有无侵权过错;(3)如被上诉人此种侵权过错,应承担何种民事责任。

就第一个争议焦点,本院认为,系争资产管理合同虽未约定被上诉人需对上诉人在该合同项下承担合同义务,但依被上诉人自认,系争理财产品由被上诉人应上诉人要求主动推介上诉人购买,上诉人亦系在被上诉人营业场所完成购买行为,被上诉人并同时对上诉人进行了风险测试及风险提示等。上诉人、被上诉人间上述法律行为既出于双方意思表示,又依法产生相应法律后果,被上诉人亦非以原审第三人代理人的身份实施上述行为,故在上诉人购买系争理财产品的过程中,应认为被上诉人与上诉人间直接建立了相应的民事法律关系。××银行业监督管理委员会《商业银行个人理财业务管理暂行办法》第8条第1款规定:理财顾问服务,是指商业银行向客户提供的财务分析与规划、投资建议、个人投资产品推介等专业化服务。依照上述部门规章,被上诉人向上诉人推介投资产品等前述民事行为,其法律后果应为与上诉人构成金融服务法律关系。被上诉人主张其仅系代销原审第三人的理财产品,对此本院认为,被上诉人与原审第三人间固有可能构成代销法律关系,但代销合同系指代销方按照委托方的委托,以自己的营业场所、服务设施来代销委托方商品的合同,其本质为委托代理关系的一种,被上诉人作为金融机构,与作为个人投资者的上诉人间不可能构成此种法律关系;且一般情况下,代销法律关系中的代销方在接受委托后,并无主动向他人推介代销产品、进行客户评估等义务,故上诉人与被上诉人间并非代销法律关系;鉴于被上诉人在系争资产管理合同中仅具托管人身份,则其与上诉人间只能构成前述金融服务法律关系;被上诉人的上述主张,缺乏法律依据,本院不予采信。

就第二个争议焦点,本院认为,被上诉人与上诉人间既构成金融服务法律关系,则被上诉人应履行该种法律关系项下的相应义务;现上诉人与被上诉人间就此种服务法律关系未订立书面合同,故应依照相关规范确定被上诉人的义务范围。××银行业监督管理委员会《个人理财业务风险管理指引》第23条规定,对于市场风险较大的投资产品,特别是与衍生交易相关的投资产品,商业银行不应主动向无相关交易经验或经评估不适宜购买该产品的客户推介或销售该产品。客户主动要求了解或购买有关产品时，商业银行应向客户当面说明有关产品的投资风险和风险管理的基本知识，并以书面形式确认是客户主动要求了解和购买产品。另，《商业银行个人理财业务管理暂行办法》第37条规定，商业银行利用理财顾问服务向客户推介投资产品时，应了解客户的风险偏好、风险认知能力和承受能力，评估客户的财务状况，提供合适的投资产品由客户自主选择，并应向客户解释相关投资工具的运作市场及方式，揭示相关风险。商业银行应妥善保存有关客户评估和顾问服务的记录，并妥善保存客户资料和其他文件资料。依照上述部门规章之规定，商业银行在金融服务法律关系中负有依照客户的风险承受能力及财务状况等推介合适产品的义务，具体而言，商业银行首先应在推介投资产品之前对客户评估，之后依照评估结果确定客户的类别，并在正确评估客户，了解相关情况的基础上，向客户推荐合适的理财产品，且不得主动向投资者推荐不适宜的理财产品。本案中，被上诉人在向上诉人推介系争理财产品前未对上诉人进行评估，已有过错；而依据此前被上诉人的评估结果，上诉人属稳健型投资者，风险承受能力较弱，一般仅希望在保证本金安全的基础上能有增值收入，本案系争理财产品为非保本型理财产品，存在净值下跌的可能性，显然并不适宜上诉人，但被上诉人仍主动向上诉人推介此种产品，故可认定被上诉人未履行上述正确评估及适当推介的义务，具有相应过错。本案中，上诉人虽已在相关风险提示函上签字确认知晓相关风险，但上诉人并非主动要求了解或购买系争理财产品，且依被上诉人主张，上诉人的签字行为发生在被上诉人推介系争理财产品且履行风险提示义务之后，故上诉人虽在缔约过程中签字确认知晓相关风险，但据此并不能免除被上诉人在缔约前的适当推介义务。同时，虽然上诉人此前曾投资类似理财产品并盈利，但民事行为中一方不履行义务而相对方当事人因该行为获利的，义务方的相应义务并不因此当然免除，就本案法律关系而言，仅能认为因未发生损害结果，义务方虽有过错但无需承担相应民事责任，故上诉人此前的投资获利行为亦不能导致本案中被上诉人上述义务的免除。

诚然，前述部门规章并非法律法规，其法律层级较低，而在一般商事行为中，亦确应遵循买者自负、风险自担的原则；但本院认为，金融服务法律关系中，投资者与金融机构存在专业性及信息量等客观上的不对等，投资者作为缺乏专业知识的主体，并不当然知晓何种理财产品最合乎自己的需求，而出于对利益最大化的追求，投资者往往可能选择并不合适的理财产品；为弥补此种不平等，应当对专业金融机构课以相应的义务，要求金融机构承担为投资者初步挑选理财产品的责任，以避免投资者因其专业性上的欠缺导致不必要的损失；同时，对金融机构课以此种义务，亦可防止其为追求自身利益，将不适格的投资者不当地引入资本市场，罔顾投资者权益而从中牟利。故前述部门规章的规定实际系民法中平等原则及合同法中诚实信用原则的具体体现，在相应法律法规尚无明确规定的情况下，应据此认定被上诉人的权利义务范围，现被上诉人未能履行前述义务，应认定其在金融服务法律关系框架下具有过错。

鉴于上诉人购买系争理财产品系基于被上诉人的不当推介行为，若无此种不当推介行为则上诉人不会购买系争理财产品，相应损失亦无从发生，故应认定被上诉人的过错行为与上诉人的损失间具有相当因果关系，被上诉人存在相应侵权过错。上诉人的相关主张，具有法律及事实依据，本院予以采信。

就第三个争议焦点，本院认为，被上诉人具有侵权过错，则上诉人依照《中华人民共和国侵权责任法》（以下简称《侵权责任法》）第 15 条之规定要求被上诉人承担赔偿损失之责并无不当；但该法第 26 条同时规定："被侵权人对损害的发生也有过错的，可以减轻侵权人的责任。"本案中，上诉人对自身的财务状况、投资能力及风险承受能力亦应有相应的认识，但上诉人未依照自身状况进行合理投资，而是选择购买系争理财产品，对相应损失的发生亦具有相应过错，依照上述法律规定，被上诉人的侵权赔偿责任可相应减低。上诉人主张被上诉人未尽风险提示义务，但上诉人已以书面方式确认其对系争理财产品的风险充分了解，故上诉人的上述主张，缺乏事实依据，本院不予采信。鉴于被上诉人的侵权过错系导致本案系争损失的主要原因，故被上诉人应对系争损失承担主要赔偿责任，现被上诉人对上诉人主张的本金损失金额并无异议，则上诉人要求被上诉人赔偿其本金损失的诉讼请求可予支持；上诉人自身亦具有前述过错，故上诉人要求被上诉人赔偿其利息损失的诉讼请求本院不予支持。

金讼圈提示

2016 年 12 月 12 日，中国证券监督管理委员会发布第 130 号文件《证券期货投资者适当性管理办法》自 2017 年 7 月 1 日起施行，金融机构的证券期货投资者适当性义务将更加明确和具体化。虽然该管理办法的效力等级为部门规章，但投资者适当性义务不仅是意向合规自律责任，同时也是意向法定义务。

如果未履行投资者适当性义务的，进行理财产品的不当推介，不仅会承担行业自律和行政监管责任，还可能会承担过错损害赔偿的民事责任。本案例正是因为金融机构明知投资者为稳健型，仍然推介销售非保本型的高风险理财产品，虽然进行了风险告知，投资资者也愿意购买，但法院最终还是判决金融机构承担过错损害赔偿民事责任。

066 违反投资者适当性义务可否判全额赔偿投资者损失?

案例索引

南京市中级人民法院于2016年5月12日作出的二审民事判决书。

交易结构图

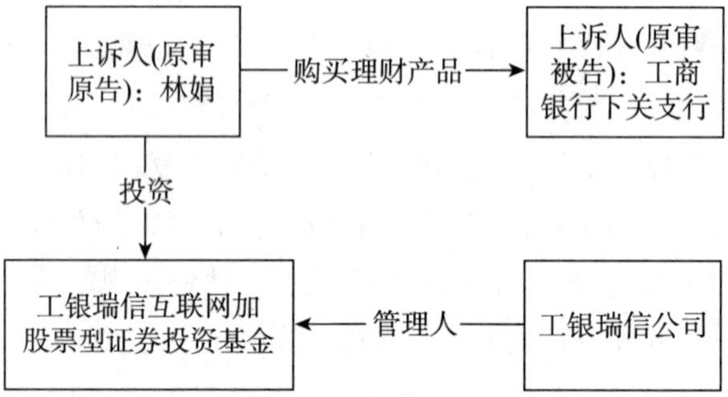

金讼圈导读

一、本案是关于金融理财产品代销机构违反投资者适当性义务被判全额赔偿投资者损失的终审案例。

二、关于金融理财产品代销是否构成金融法律服务关系?金融理财产品代销机构提供的证据不足以证明其已经履行了适当推介义务,是否可以认定其具有侵权过错?违反适当性义务的赔偿责任如何确定?如何承担举证责任?是否适用过失相抵原则?本案例二审法院均给予了明确观点。

三、在金融市场严监管、资管产品将统一监管的大趋势及《证券期货投资者适当性管理办法》已于2017年7月1日施行的情况下,金融机构如何预防投资者适当性义务民事责任风险,请参阅“金诉圈提示”。

裁判规则

一、金融理财产品的代理销售机构,向投资者提供的更多是侧重于对金融理财产品投资收益与风险的宣传、进行客户风险等级评估等服务,引导投资者充分认识基金产品的风险特征,使投资者作出合理的选择,构成的是金融服务法律关系。

二、金融理财产品的代销机构应对履行适当性义务承担举证责任，如果提供的证据不足以证明其金融理财产品销售前已经履行了适当推介义务，应认定其承担举证不能的法律后果并具有侵权过错责任。

三、金融理财产品代销机构因违反适当性义务应当承担的赔偿责任，应当以实际损失为基础，根据过错程度公平予以确定。

四、金融理财产品代销机构在推介案涉基金产品时未能根据案涉基金产品的风险和投资人的实际状况履行适当的告知说明义务，未能确保投资人在充分了解投资标的及其风险的基础上自主决定，具有重大过错。

五、为强化专业金融机构履行保护金融消费者权益的责任，提升金融消费者信心，维护国家的金融安全和稳定，对投资人轻微过失行为可不适用过失相抵原则。

案情介绍

上诉人(原审原告)：林娟。

上诉人(原审被告)：中国工商银行股份有限公司南京下关支行。

上诉人林娟与上诉人中国工商银行股份有限公司南京下关支行(以下简称工行下关支行)因财产损害赔偿纠纷一案，均不服南京市鼓楼区人民法院(2015)鼓商初字第2075号民事判决，向本院提起上诉。

2015年6月3日，林娟在工行下关支行处通过银行自助设备购买名称为“工银瑞信互联网加股票基金”，认购金额为45万元。

2015年11月6日，林娟进行了基金赎回，赎回份额为444,664.03份，金额为309,266.06元，损失本金140,733.94元。

林娟在2014年至2015年期间在工行下关支行处购买的多份个人理财产品，均为保本型理财产品，工行下关支行对林娟的客户风险等级评定为稳健型，可购买最低客户风险等级亦为稳健型或保守型。

案涉基金名称为工银瑞信互联网加股票型证券投资基金，基金管理人为工银瑞信公司，由其依法募集资金、独立运用并管理基金财产、销售基金份额等，中国工商银行股份有限公司系代理销售该基金的机构之一。该基金招募说明书中提示：投资过程中面临的主要风险有市场风险、利率风险、操作风险、本基金特有风险等，可能导致投资人权益遭受较大损失等。

工商银行下关支行提供的银行自助设备购买操作截图中，屏幕显示有“您购买的基金风险等级高于您在我行的风险评估等级，是否继续购买，请确认！”及“您所进行的交易可能将会产生手续费，请交易前认真阅读《基金合同》及《招募说明书》或致电工银瑞信基金管理有限公司客服电话400××××9999”等字样。

一审庭审中，林娟陈述在银行自助设备上购买操作时，除输入密码外，其余步骤均为工行下关支行理财经理代为操作，且未告知存在购买手续费、赎回费用。工行下关支行对此不予认可，认为系林娟自行在银行自助设备上进行购买操作。

再查明：一审中工行下关支行的理财经理周博舒到庭陈述：其是工行下关支行的理财经理，林娟购买的45万元案涉基金是其推荐的，推荐方式是口头表述，也在购买前发过微信介绍过案涉基金。具体介绍的内容记不清了，其已告知林娟风险，大家都知道是股票，股票本身就是有风险的，股市涨就涨，股市跌就跌，记不清楚是怎么解释的了。产品介绍、基金合同、招募说明书上级行根本没有给工行下关支行。

二审中，工行下关支行陈述：案涉工银瑞信互联网加股票型基金风险评级为“进取型”。根据公安部发布的《银行营业场所安全防范要求》（GA28—2015）的规定，银行视频监控图像、声音复核等信息的存储时间应不小于30天。但监控图像无法永久保存，到诉讼期间监控录像已经灭失。

裁判结果

一审法院判决：一、工行下关支行于判决生效之日起10日内赔偿林娟损失98,513.76元；二、驳回林娟的其他诉讼请求。

二审法院判决：一、维持南京市鼓楼区人民法院（2015）鼓商初字第2075号民事判决第二项；二、变更南京市鼓楼区人民法院（2015）鼓商初字第2075号民事判决第一项为：“中国工商银行股份有限公司南京下关支行于本判决生效之日起10日内赔偿林娟损失140,733.94元及相应利息损失（利息分段计算：以309,266.06元为基数，自2015年6月3日至2015年11月12日止，按照中国人民银行同期活期存款利率计算；以140,733.94元为基数，自2015年6月3日至实际付清之日止，按照中国人民银行同期活期存款利率计算）。”

法院观点

本案二审争议焦点为：（1）工行下关支行在销售案涉基金产品时是否违反适当性义务；（2）如工行下关支行存在违反适当性义务的侵权过错，则其承担的损失赔偿数额如何确定。

关于第一个争议焦点，即工行下关支行在销售案涉基金产品时是否违反适当性义务的问题。本案中，双方当事人均认可案涉股票型基金产品系由工行下关支行向林娟主动推介购买，林娟亦是在工行下关支行的营业场所完成购买行为，工行下关支行还对林娟进行了风险测试。银监会《商业银行个人理财业务管理暂行办法》第7条、第8条第1款规定，商业银行个人理财业务按照管理运作方式不同，分为理财顾问服务和综合理财服务。理财顾问服务，是指商业银行向客户提供的财务分析与规划、投资建议、个人投资产品推介等专业化服务。依照上述部门规章的规定，工行下关支行不仅是案涉基金的代理销售机构，还为林娟提供了个人投资产品推介、进行客户评估等服务，与林娟之间还构成了个人理财服务法律关系。因此，工行下关支行在案涉基金销售过程中既应当履行证券投资基金销售机构的合规性义务，也应当履行商业银行开展个人理财业务的合规性义务。工行下关支行关于一审法院适用《商业银行个人理财业务管理暂行办法》《个人理财业务风险管理指引》属于适用法律错误的上诉理由，应不予采信。

工行下关支行与林娟之间构成个人理财服务法律关系，工行下关支行应履行该种法律关系项下的相应义务。鉴于工行下关支行与林娟之间未订立书面合同，金融监管部门的规范性文件中有关限制金融机构权利或增加其义务的规定，与法律、行政法规不相抵触的，可以据此作为确定工行下关支行在本案个人理财服务中权利义务的依据。《商业银行个人理财业务管理暂行办法》第37条规定："商业银行利用理财顾问服务向客户推介投资产品时，应了解客户的风险偏好、风险认知能力和承受能力，评估客户的财务状况，提供合适的投资产品由客户自主选择，并应向客户解释相关投资工具的运作市场及方式，揭示相关风险。商业银行应妥善保存有关客户评估和顾问服务的记录，并妥善保存客户资料和其他文件资料。"《个人理财业务风险管理指引》第23条规定："对于市场风险较大的投资产品，特别是与衍生交易相关的投资产品，商业银行不应主动向无相关交易经验或经评估不适宜购买该产品的客户推介或销售该产品。客户主动要求了解或购买有关产品时，商业银行应向客户当面说明有关产品的投资风险和风险管理的基本知识，并以书面形式确认是客户主动要求了解和购买产品。"对照上述金融监管的规范性要求，工行下关支行在本案中有如下过错：首先，工行下关支行主动向林娟推介了经评估不适合林娟购买的案涉基金产品。林娟购买案涉基金产品之前的评估结果为稳健型投资者，风险承受能力较弱，一般仅希望在保证本金安全的基础上能有增值收入。而案涉基金产品为进取型投资产品，存在净值下跌的可能性，显然并不适宜林娟，但工行下关支行仍主动向林娟推介此种产品。其次，工行下关支行未能提供充分的证据证明其以金融消费者能够充分了解的方式向林娟说明案涉基金产品的运作方式和将最大损失风险以显著、必要的方式向林娟作出特别说明。工行下关支行提供的银行自助设备购买操作截图是一审诉讼期间银行工作人员模拟购买而拍摄，并不足以证明林娟购买案涉基金时系统是否有自动提示。且从工行下关支行工作人员的当庭陈述看，其仅是泛泛说明风险，未出示《基金合同》及《招募说明书》

供林娟查阅、了解,没有尽到明确的提示说明义务,也没有按照金融监管的要求由林娟书面确认是客户主动要求了解和购买产品,并妥善保存顾问服务的记录。因此,工行下关支行提供的证据不足以证明其在林娟购买案涉基金产品前已经履行了适当推介义务,应认定其具有侵权过错。工行下关支行关于其推介行为并无不当的上诉意见,事实和法律依据不足,本院不予采信。

关于第二个争议焦点,即工行下关支行应承担的损失赔偿数额如何确定的问题。本院认为,工行下关支行因违反适当性义务应当承担的赔偿责任,应当以实际损失为基础,根据过错程度公平予以确定。现双方当事人对林娟的本金损失金额为140,733.94元并无异议,但对一审法院认定的工行下关支行的赔偿数额有争议,工行下关支行认为林娟的损失是股票市场正常波动的结果,与其推介行为之间没有因果关系。林娟则认为本案不应适用过失相抵。对此,本院评判如下:首先,在一般的商事行为中亦确应遵循买者自负、风险自担的原则,但在个人理财服务法律关系中,随着金融产品的日趋丰富,金融消费者由于金融信息不对称加上自身知识和能力的局限,在购买投资性金融产品时,往往主要依赖金融机构的推介和说明。因此,金融机构在推介金融产品时,应当坚持投资人利益优先原则,履行适当性义务,注重根据金融消费者的风险承受能力销售不同风险等级的产品,把合适的产品推介给合适的金融消费者,以避免金融消费者因其专业性上的欠缺导致不必要的损失。对金融机构课以此种义务,可以防止其为追求自身利益,将不适格的金融消费者不当地引入资本市场,罔顾金融消费者权益而从中牟利。本案中,林娟购买案涉基金产品系基于工行下关支行的不当推介行为,若无此种不当推介行为则林娟不会购买案涉基金产品,相应损失亦无从发生,故应认定工行下关支行的过错行为与林娟的损失间具有相当因果关系。其次,《侵权责任法》第26条规定:“被侵权人对损害的发生也有过错的,可以减轻侵权人的责任。”人民法院应当根据案件的具体情况决定该条款的适用,如果侵权人因故意或重大过失造成损害,而被侵权人只有一般过失的,也可以不减轻侵权人的赔偿责任。本案中,林娟系一名普通中年妇女,数年来在工行下关支行处一直购买的是保本型理财产品,作为缺乏专业知识的金融消费者其并不当然知晓案涉基金产品是否最合乎自己的需求。但工行下关支行在推介案涉基金产品时未能根据案涉基金产品的风险和林娟的实际状况履行适当的告知说明义务,未能确保林娟在充分了解投资标的及其风险的基础上自主决定,具有重大过错。相比较而言,林娟疏于依照自身状况进行合理投资的过失较为轻微。因此,为强化专业金融机构履行保护金融消费者权益的责任,提升金融消费者信心,维护国家的金融安全和稳定,本院对林娟关于本案不适用过失相抵的上诉请求予以支持,对一审判决认定的责任比例予以纠正,依法认定由工行下关支行对林娟的实际损失承担全部赔偿责任。最后,关于林娟主张的利息损失问题,该项主张属于可得利益和间接损失,而侵权损害赔偿的目的在于填补被侵权人所遭受的实际损害,本院酌情按照中国人民银行同期活期存款利率予以支持。

金讼圈提示

一、关于金融机构违反投资者适当性义务是否应承担民事责任?承担何种民事责任?如何承担民事责任?《金融机构未尽到投资者适当性义务为何应赔偿损失?》已经做了案例分析解读,也提示了相应民事责任风险。

二、相比本案例而言,法院没有适用过失相抵原则,而是判决金融理财产品代销机构承担全部实际损失,看来金融产品代销机构的经营风险增大,需要特别注意学习、研究本案案例了。

三、金融机构不仅需要承担侵权过错民事责任,还要承担举证责任。根据2016年12月12日发布、自2017年7月1日起施行的中国证券监督管理委员会发布第130号文《证券期货投资者适当性管理办法》第37条明确规定,经营机构履行适当性义务存在过错并造成投资者损失的,应当依法承担相应法律责任。经营机构与普通投资者发生纠纷,经营机构不能证明其履行相应义务的,应当依法承担相应法律责任。

四、预防此类投资者适当性义务风险,点睛建议五步:(一)金融产品必须风险分级;(二)投资者必须风险评级;(三)产品与投资者风险不匹配的,即便投资者自愿也不可以交易;(四)交易前,必须向投资者如实披露产品全部文件并书面风险告知;(五)以上四步操作必须全部留痕,保存证据,可以提取证明。

五、在金融资管产品统一监管的大趋势下,统一的投资者适当性制度也将会诞生,本案例应该引起所有金融理财机构和每一位金融资管从业者高度重视。

067 金融衍生品交易未签标准主协议,银行为何需担责?

案例索引

上海市高级人民法院于2013年12月23日作出的(2013)沪高民五(商)终字第5号二审民事判决书。

交易结构图

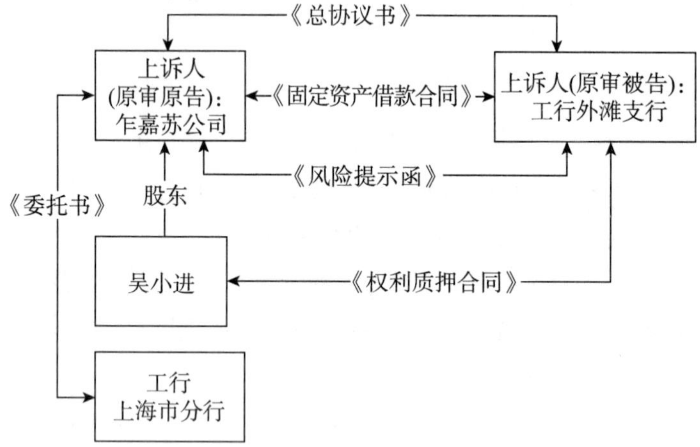

金讼圈导读

本案是上海市高级人民法院关于金融衍生品交易的经典案例,对委托合同与金融衍生品交易合同的区别、金融衍生品交易合同效力、银行的风险揭示与信息披露义务、平盘的性质及损失的分担原则等涉及金融衍生品交易纠纷典型问题给出了明确意见。本案非常值得银行等金融机构法务人员及金融衍生品交易专业人士研读。

裁判规则

一、基于合同自由原则,在不违反社会公德和社会公共利益以及强行性规范的前提下,当事人可以自由地决定合同的类型及其内容。

二、法院在确定一具体合同属何种合同时,应以该合同约定的权利义务为依据,符合《合同法》分则规定的,作为有名合同处理;不符合的,则应当适用该法总则部分的相关规定,并可以参照该法分则或其他法律最相类似的规定。

三、如果讼争合同的主要内容符合《银行业金融机构衍生产品交易业务管理暂行办法》第三条有关金融衍生品的定义,即使双方所签合同名称并无金融衍生品交易合同、掉期、互换等词,法院仍应当依据合同的主要权利义务将之确定为金融衍生品交易合同。

四、虽然《金融机构衍生产品交易业务管理暂行办法》规定银行业金融机构开办衍生产品交易业务应当经其批准,但该办法并未规定未经批准擅自开办衍生产品交易业务所签订的合同无效,且该办法也不是全国人大及其常委会制定的法律和国务院制定的行政法规,法院不能仅以讼争金融衍生品交易业务未获中国银行业监督管理委员会批准为由认定合同无效。

五、银行因未使用较完善的标准主协议范本,而导致对金融衍生品交易风险风险未能提示到位,应承担一定的平盘损失。

案情介绍

上诉人(原审原告):嘉兴市乍嘉苏高速公路有限责任公司。

上诉人(原审被告):中国工商银行股份有限公司上海市外滩支行。

上诉人嘉兴市乍嘉苏高速公路有限责任公司(以下简称乍嘉苏公司)与上诉人中国工商银行股份有限公司上海市外滩支行(以下简称工行外滩支行)金融衍生品交易纠纷一案,不服上海市第一中级人民法院(2011)沪二中民六(商)初字第15号民事判决,向本院提起上诉。

一、涉案交易的缔约过程

1. 2002年11月27日,乍嘉苏公司与工行外滩支行签订《固定资产借款合同》,金额为人民币5亿元(以下币种均同),借款期限自2002年11月29日起至2020年11月29日止,以乍嘉苏公路收费权作为质押担保。2006年12月29日,双方当事人又签订《固定资产借款合同》,约定借款金额4亿元,期限自2006年12月29日起至2010年12月29日止。

2. 2007年6月19日,双方当事人签订《总协议书》一份,约定乍嘉苏公司委托工行外滩支行通过金融衍生品为乍嘉苏公司资产或负债规避利率、汇率等风险。该协议第1条"定义"约定:"本协议所称代客理财业务是指乙方(乍嘉苏公司)将其合法自有的资金,利用甲方(工行外滩支行)所提供的金融衍生产品,委托甲方进行管理和运作,并自行承担理财风险的交易。本协议所称代客风险管理业务是指乙方委托甲方通过金融衍生产品为其资产或负债规避利率、汇率等风险"。第2条"交易程序"中约定:"……在委托有效期内,经甲方同意,乙方可以对委托书进行修改和撤销;委托到期后,自动失效……"第5条"担保"约定:"甲方有权要求乙方提供适当的保证金或其他担保措施。当交易损失达到一定金额时,甲方有权要求乙方追加保证金或其他担保措施(须甲方认可,下同),自甲方要求乙方追加保证金或提供担保起3日内,乙方没有追加保证金或提供担保的,甲方有权强制终止交易。因强制终止交易产生的损失均由乙方承担。"第6条"违约事件"约定:"下列事件均为违约事件:……3. 交易双方中一方所做的陈述存在实质性错误或具有误导性……在以上违约事件发生后,未违约方有权终止本协议项下的代客理财/风险管理交易,由此所产生的一切损失和费用均由违约方承担。”第8条“风险揭示”约定:“乙方充分认识到代客理财业务/风险管理交易本身可能存在的风险和损失,并自愿承担上述风险和损失。甲方所提供的分析和预测仅供乙方参考,乙方所作的有关代客理财业务/风险管理交易的所有决定均为乙方自行作出,甲方不承担任何风险和责任。”第11条“协议的生效和终止”约定:“本协议自双方有权人签署之日起生效,在本协议项下双方仍有交易存续时,本协议不得终止。双方所有交易履行结束后,在一方向另一方以书面形式通知解除时,本协议终止。”

3. 同日,乍嘉苏公司股东吴小进与工行外滩支行签署《权利质押合同》,约定吴小进以其持有的乍嘉苏公司注册资本中5%的出资额所形成的股权,为包括《总协议书》《委托书》以及交易证实书等有关文本在内的主合同项下乍嘉苏公司的义务提供质押担保。

4. 乍嘉苏公司于2007年6月21日向中国工商银行股份有限公司上海市分行(以下简称“工行上海市分行”)出具《委托书》,双方在《委托书》中约定,乍嘉苏公司委托工行上海市分行叙做风险管理业务,委托有效至乍嘉苏公司撤销为止。该交易具体条款如下:“名义本金:RMB1,850,000,000.00,交易日为2007年7月12日,起息日为2007年6月20日,到期日为2020年12月20日;挂钩指标:欧元30年期CMS利率-欧元2年期CMS利率……”该《委托书》同时约定,根据挂钩指标是大于等于还是小于“-0.05%”,计息期内或为工行外滩支行支付乍嘉苏公司(6.48%某N/M)或为乍嘉苏公司支付工行外滩支行[5.33%某(1+n/M)]。其中n为挂钩指标在计息期内小于-0.05%的天数,N为挂钩指标在计息期内大于等于-0.05%的天数,M为计息期实际总天数。双方在赎回条款中专门约定“不赎回”,并约定利息互换频率为每3个月一次,首个利息互换日为2007年9月20日,清算货币为人民币。委托书尾部由乍嘉苏公司声明:“我公司充分了解此项风险管理的内容,并愿意承担可能发生的风险,办理此风险管理业务完全根据公司自身判断作出决定,由此产生的损失由本公司承担”。

5. 2007年6月22日,工行外滩支行向乍嘉苏公司发出《风险提示函》,该函载明:“……从上述交易风险分析来看,我行认为该交易结构在市场环境较好时,能在一定程度上帮助贵公司节约债务支付成本。与此同时,由于交易期限较长,挂钩指标(欧元CMS30-CMS2)及贵公司盈亏不确定性较大,贵公司存在面临较大损失的可能。因此,我行建议贵公司谨慎考虑该交易,适当降低产品风险程度……”“如贵公司最终确定续做此笔交易并愿意承担由此产生的风险,我行将合力配合贵公司业务操作,但由此产生的风险损失亦由贵公司承担”。

6. 2007 年 8 月 29 日，工行上海市分行向乍嘉苏公司发出《人民币利率掉期成交确认书》，通知乍嘉苏公司关于 2007 年 7 月 12 日成交的衍生品交易明细，包括具体的利息支付日、清算金额、摊销日程等，并在最后部分明确："贵公司若在通知日后一个工作日内未提出任何异议，我行将视同贵公司认可此通知书。"乍嘉苏公司收到后未曾提出异议。

二、涉案交易的履约、市场形势变化及相应的损失

7. 涉案交易初期，乍嘉苏公司获得了一定收益，其中 2007 年 9 月 21 日、2007 年 12 月 20 日，乍嘉苏公司收到工行外滩支行就该金融衍生品交易支付的两期交割清算收益分别为 5, 362, 469. 75 元、5, 304, 178. 08 元。

8. 2008 年 2 月，工行上海市分行向乍嘉苏公司发出《欧元长短期掉期利差及交易策略分析》进行风险预警，提出次级债危机将引起流动性危机，利率倒挂的可能性增大，并建议乍嘉苏公司"抓住目前利差现价持续高位的良机，选择反向平盘，避免将来利率倒挂不利因素"。

9. 2008 年 3 月 20 日，乍嘉苏公司收到 2008 年第 1 季度的交割清算收益 5, 289, 842. 47 元。

10. 2008 年 5 月 29 日，乍嘉苏公司向工行外滩支行发出《关于乍嘉苏公司人民币代客风险管理业务交易平盘委托书》，要求工行上海市分行对交易平盘，平盘前提条件为乍嘉苏公司支出的平盘费用为零。但由于双方对平盘条件产生争议，未实际进行平盘操作。

11. 2008 年 6 月 20 日、6 月 30 日，乍嘉苏公司向工行上海市分行分别发出《代客风险管理业务进行重组结构交易的委托书》《乍嘉苏公司人民币债务管理掉期交易结构重组的交易申请》。乍嘉苏公司在上述文件中表示，针对本案交易将按约履行所有收付行为，直至交易到期或者终止。同时，乍嘉苏公司提出其现金流可能因利率倒挂出现较大压力，因此要求工行上海市分行对本案交易结构进行重组，并在重组之后择机平盘。但双方实际并未进行交易结构重组操作。

12. 2008 年 7 月 10 日，工行外滩支行发函告知乍嘉苏公司该产品交易亏损 1080 万元，要求乍嘉苏公司按约追加相应数额的保证金。2008 年 7 月 20 日，乍嘉苏公司向工行外滩支行回复《乍嘉苏公司公函》，表示不能接受工行外滩支行的来函中关于要求存入保证金及承担损失之责，并要求"请按我司 5 月 29 日委托书要求，立即终止该产品的交易。否则，由此造成的损失将由贵行承担"。2008 年 8 月 12 日，工行外滩支行向乍嘉苏公司发出《关于嘉兴市乍嘉苏公司公函的回复》及拟扣划交易保证金的《通知书》，坚持要求乍嘉苏公司履约并准备扣收保证金。双方为此继续交涉，2008 年

9月3日，乍嘉苏公司向工行外滩支行发出《嘉兴市乍嘉苏公司关于撤销〈代客理财及风险管理业务总协议书〉的来函》，以本案涉及的交易产品存在高风险、工行外滩支行未充分揭示风险、乍嘉苏公司存在重大误解为由，要求撤销《总协议书》。2008年9月9日，工行外滩支行向乍嘉苏公司发出《关于嘉兴市乍嘉苏公司撤销协议函的回复》，不同意撤销《总协议书》。

13. 2008年9月25日，工行上海市分行向乍嘉苏公司发出《通知函》，告知根据交易轧差结果，乍嘉苏公司应支付工行外滩支行34,439,254.79元，扣划乍嘉苏公司在工行外滩支行处的累计利息收入12,946,861.64元后，乍嘉苏公司尚欠当期交易项下不足部分21,492,393.15元，该款将结合乍嘉苏公司未来财务状况从乍嘉苏公司清算账户中予以扣收。此后双方继续发函交涉并重复各自观点。2009年3月至4月，工行外滩支行进行扣收、轧差并相应地向乍嘉苏公司发出多份《通知函》，告知乍嘉苏公司尚欠的前期交易亏损金额21,492,393.15元已经从乍嘉苏公司的结算账户扣收完毕。

14. 2008年7月24日至2009年1月12日，工行外滩支行通过电子邮件向邮箱Cloudcaijy@sina.com、hack-chun@163.com多次发送交易信息，披露双方交易结算信息。其中电子邮箱hack-chun@163.com由刘迎春使用，刘迎春在此期间任乍嘉苏公司总会计师。

三、关于交易后续处理及平盘情况

15. 由于财务需要，乍嘉苏公司启动贷款重组程序。工行外滩支行知悉后，2009年4月29日向乍嘉苏公司发出《融资建议书》，载明"……作为贵公司最大的贷款行，我行希望贵方可以委任我行为牵头行组建银团，特出具以下融资方案……"2009年5月4日，乍嘉苏公司回函，表示"……我们愿意请贵行就我司现有贷款及负债进行重组并草拟重组方案，给出初步还款计划（我司要求前四年还本总额不超过2亿元）……"2009年5月15日，乍嘉苏公司与民生银行杭州分行营业部签订借款合同，借款金额为35亿元，借款期限为三个月，自2009年5月15日至2009年8月14日。2009年5月18日，民生银行交通金融事业部发出《贷款邀请函》，邀请工行外滩支行参加乍嘉苏公司银团贷款项目，承贷金额不超过15亿元。2009年5月19日，乍嘉苏公司向工行外滩支行发出两份《承诺函》。一份承诺函表示承诺支持工行外滩支行参与民生银行银团贷款项目，并给予工行外滩支行两个月时限以获得贷款批文，否则按原借款合同处理提前还贷事宜。另一份承诺函承诺以嘉兴市世贸大酒店资产为系争利率掉期业务提供"质押"担保。

16. 2009年5月19日，乍嘉苏公司向工行外滩支行发函，告知已落实债务重组资金并进行提前还贷。同日，乍嘉苏公司贷款重组资金从他行划入开立于工行外滩支行处的乍嘉苏公司存款账户上，金额为2,115,000,000元。2009年5月21日，乍嘉苏公司向工行外滩支行发出承诺函，表示“……将积极配合贵行的贷款审批工作，若贵行自本函出具日起3个月内完成贷款审批流程，我公司承诺工行参与乍嘉苏高速公路项目银团，贷款份额15亿元。如因我司主观原因贵行最终无法参与该项目银团，本公司愿意向贵行支付违约金2000万元”。

17. 对本案交易为何未能继续进行而转为平盘，双方在庭审中各执一词。(1)乍嘉苏公司在庭审中就2009年5月19日至21日双方磋商情况陈述称：2009年5月19日乍嘉苏公司已将民生银行过桥贷款资金21.15亿元转到工行外滩支行处的银行账户，欲归还工行外滩支行贷款，但工行外滩支行不让其还贷，要求一并解决涉案衍生品交易问题。(2)乍嘉苏公司提供了2009年5月19~21日三天谈判情况的一部分录音。根据录音资料整理的书面材料第二页，乍嘉苏公司总经理说：“你不能用这个业务来压我……”，工行外滩支行的行长说：“你现在要还掉贷款，是否能把理财产品清掉……”乍嘉苏公司董事长说“……现在我没办法，你不要逼我”。工行外滩支行行长说“这是还款的前提条件……”本案审理过程中，对于录音的真实性，工行外滩支行表示否认，并提出乍嘉苏公司对录音内容有曲解。但双方均未申请对录音内容的真实性进行鉴定。(3)工行外滩支行庭审中陈述称：乍嘉苏公司当时作出平盘的决定确实有压力，但该压力并不是来源于工行外滩支行的胁迫，而是来自民生银行和其自身保证金的压力。

18. 2009年5月21日，乍嘉苏公司与工行外滩支行签订《中国工商银行股份有限公司代客风险管理业务及固定资产借款合同补充协议》(以下简称《补充协议》)。《补充协议》约定：“现由于乙方(本案乍嘉苏公司)与他行进行贷款重组，现经双方友好协商，特签订本补充协议，对上述所涉合同、协议及交易项下双方具体的权利义务，作如下补充约定……二、进一步加强交易担保措施……1. 乙方应当在2009年5月21日前，追加缴纳该交易保证金：(大写)壹亿贰仟万元(小写)12,000万元，至在甲方(即本案工行外滩支行)处开设的保证金账户……三、交易终止条款。乙方应当在2009年12月20日前，将该交易择机终止，并因此承担潜在的该交易市值损失。如果乙方未能在上述规定时间内终止交易，则乙方授权甲方无条件强制终止该交易。因强制终止该交易产生的市值损失，乙方授权甲方从开设的保证金账户……全额扣收，不足部分由乙方继续无条件承担。”根据《补充协议》，乍嘉苏公司将公司存款账户上1.2亿元划入其保证金账户。

19. 2009年5月21日，乍嘉苏公司向工行外滩支行发出《承诺函》，承诺将在2009

年12月20日前出具反向平盘委托书将原交易择机平盘终止,并愿意承担由此产生的一切损失。2009年6月至8月,乍嘉苏公司向工行外滩支行发出多份《反向平盘委托书》,工行外滩支行据此操作,并分别向乍嘉苏公司发出《三分之一部分平盘通知书》《三分之二部分平盘通知书》,两次平盘的损失分别为1575万元、2660万元。乍嘉苏公司收到通知书后出具《回执》,《回执》明确载明乍嘉苏公司对该交易项下的清算交割工作及平盘损失不存在任何异议,并同意终止双方签订的《总协议书》。为说明两次平盘损失的构成,工行外滩支行在审理过程中,向法庭提交两份工行上海市分行与总行的部分平盘交易单。2009年6月25日相对1/3部分的平盘交易单载明的支付价格是196万美元。2009年8月28日相对2/3部分的平盘交易单载明的支付价格为360万美元。

20. 针对涉案交易,庭审中双方确认:乍嘉苏公司在涉案交易中的损失金额为55,841,480.82元,其中,各期交易轧差总计算后乍嘉苏公司交易损失为13,491,480.82元,平盘损失为两次平盘损失1575万元和2660万元的总额即4235万元。乍嘉苏公司起诉时,认为交易损失除因对方未揭示风险、违规操作外还有市场因素,自己愿意分摊部分,对交易损失诉请金额进行了扣减,仅主张其中715万元,平盘损失则全额主张。

四、与涉案交易相关的当事人资质及审批程序

21. 2003年4月11日,中国人民银行对中国工商银行发布《中国人民银行关于中国工商银行开办外汇金融衍生业务的批复》,同意中国工商银行开办外汇金融衍生品业务,包括远期、互换(掉期)、期货、期权。

22. 2003年7月28日,中国工商银行发布《关于授权15家国际业务重点行开办外汇金融衍生业务的通知》,授权工行上海市分行开办外汇金融衍生品业务,包括自营性业务与代客业务。为此,2003年8月8日,工行上海市分行向中国人民银行上海分行、国家外汇管理局上海市分局作出《关于我行开办外汇金融衍生业务的备案报告》,汇报了该行开办外汇金融衍生品的有关情况。

23. 2006年3月16日,中国工商银行股份有限公司发布《关于同意若干分支机构开办外汇金融衍生业务的通知》,允许其下属的部分一级分行及二级分行开办外汇金融衍生品业务,其中附件一所列的二级分行名单中本案工行外滩支行在列。

24. 2007年3月12日中国工商银行股份有限公司向国家外汇管理局提交《关于开展人民币债务管理业务有关外汇管理问题的请示》,该请示中载明:“人民币债务管理是我行新近推出的一项企业债务避险、保值业务。其主要原理为企业客户以中长期人民币贷款为基础,通过与我行叙做利率掉期等金融衍生交易,从而达到规避贷款利率波动风险，适当降低利息成本的目的。人民币债务管理业务中，常用的金融衍生工具包括人民币利率掉期、与国际金融市场汇率、利率等指标挂钩的结构性外币利率掉期等……人民币债务管理业务的操作方式与外币债务管理大致相同，但鉴于其名义本金为人民币，却以外汇市场为主要指标，存在一定的特殊性，主要表现在与客户的资金交割环节中涉及人民币与外币之间的转换过程。具体而言，我行与客户叙做一笔结构性利率掉期，每一利息支付日，双方将就掉期利息进行差额交割，支付币种为人民币；但是，对于该笔交易，我行须通过在境外市场叙做一笔相同结构的美元利率掉期进行风险对冲，我行与交易对手差额交割的币种为美元。因此，我行须将美元项下的掉期收益或损失进行结售汇转换成人民币与客户进行交割。当客户当期盈利时，需即期结汇；当期亏损时，则需即期购汇。”

2007 年 3 月 26 日，国家外汇管理局作出《关于中国工商银行开办人民币债务管理业务有关外汇管理问题的批复》，批复称中国工商银行股份有限公司的人民币债务管理业务符合外汇管理政策。

25. 2007 年 7 月 31 日，中国银监会发出《关于中国工商银行金融衍生产品交易业务资格的确认函》，明确《中国人民银行关于中国工商银行开办外汇金融衍生业务的批复》仍然有效，确认中国工商银行股份有限公司具有金融衍生品交易业务资格。为此，2007 年 9 月 11 日，中国工商银行股份有限公司发出《关于授权开办金融衍生产品交易业务的通知》，针对其分支机构办理人民币及外币金融衍生品业务明确授权事宜，并明确了向当地银监局报批的义务。根据上述通知，2007 年 9 月 25 日，工行上海市分行发出《关于我行开办金融衍生产品交易业务的备案报告》，向上海银监局办理了备案手续。

2011 年 10 月，乍嘉苏公司向一审法院提起诉讼，以工行外滩支行不具备人民币金融衍生品交易资格，欺诈销售非法金融衍生品的产品，且未尽管理义务，违反了双方的约定等为由，请求法院判令其赔偿损失 4950 万元（包括强制平盘损失 4235 万元、交易亏损损失 715 万元）。

裁判结果

一审法院判决：工行外滩支行赔偿乍嘉苏公司 15% 的损失即 6,352,500 元，对乍嘉苏公司的其余诉讼请求不予支持。

二审法院（上海市高级人民法院）判决：驳回上诉，维持原判。

法院观点

本案双方的争议焦点包括合同性质、合同效力、赔偿责任等问题，具体分析如下：

一、工行外滩支行的诉讼主体问题

系争《总协议书》虽系工行外滩支行以自己的名义对外作出,但工行上海市分行亦以自己的名义签署了《委托书》并参与了合同履行。根据《民事诉讼法》第48条、《最高人民法院关于适用〈中华人民共和国民事诉讼法〉若干问题的意见》第40条的规定,法人的分支机构可以作为案件当事人。工行外滩支行作为分支机构,接受其上级的指派作为当事人参与本案诉讼,符合上述法律规定。但根据《民法通则》第36条、《公司法》第14条第1款的规定,公司的分支机构不具有民事权利能力,应当由其上级法人对外享有民事权利并承担民事义务。故工行外滩支行所承担的民事责任,应按上述法律规定最终由法人承担。

二、讼争合同的性质问题

基于合同自由原则,在不违反社会公德和社会公共利益,以及强行性规范的前提下,当事人可以自由地决定合同的类型及其内容。在确定一具体合同属何种合同时,应以该合同约定的权利义务为依据,符合《合同法》分则规定的,作为有名合同处理;不符合的,则应当适用该法总则部分的相关规定,并可以参照该法分则或其他法律最相类似的规定。

委托合同作为《合同法》规定的有名合同,是指一方委托他人处理自己事务,他人同意为其处理事务的合同,处理委托事务所生各种收益、费用及损失由委托人负担。虽然讼争《总协议书》《委托书》等合同文本中,多次出现"委托"一词,但纵观双方所签合同,其主要权利义务是当合同约定的相关欧元利率符合约定条件时,或由乍嘉苏公司向工行外滩支行给付金钱,或由工行外滩支行向乍嘉苏公司支付金钱。上述合同的主要内容不涉及乍嘉苏公司委托工行外滩支行处理自己事务,故不符合委托合同的法律特征。

讼争合同的主要内容是以欧元利率指数符合某种计算公式时双方互为给付,符合中国银行业监督管理委员会《银行业金融机构衍生产品交易业务管理暂行办法》第3条有关金融衍生品的定义。所以,即使双方所签合同名称并无金融衍生品交易合同、掉期、互换等词,法院仍应当依据合同的主要权利义务将之确定为金融衍生品交易合同。

三、讼争合同的效力问题

讼争合同经双方当事人签字即依法成立并生效。只有存在《合同法》第52条规定的情形时,该合同才属无效。一审法院因未发现合同存在损害社会公德和社会公共利益等法定无效情形,认定合同有效,其适用法律,并无不当。

《合同法解释(一)》第4条的规定:"合同法实施以后,人民法院确认合同无效,应当以全国人大及其常委会制定的法律和国务院制定的行政法规为依据,不得以地方性法规、行政规章为依据。”虽然中国银行业监督管理委员会《金融机构衍生产品交易业务管理暂行办法》规定，银行业金融机构开办衍生产品交易业务应当经其批准，但该办法并未规定未经批准擅自开办衍生产品交易业务所签订的合同无效；而且该办法也不是全国人大及其常委会制定的法律和国务院制定的行政法规。所以，法院不能仅以讼争金融衍生品交易业务未获中国银行业监督管理委员会批准，违反上述办法为由，认定合同无效。

双方当事人就讼争合同所涉业务有无获得批准、是否属人民币衍生品的争议，均系为论证合同有无违反上述办法而展开。既然该办法不能作为认定合同效力的依据，进一步探究上述问题，对本案的裁断显无必要，故本院不再加以评判。

四、乍嘉苏公司的撤销权问题

根据《合同法》第54条的规定，欺诈、胁迫、重大误解、显失公平、乘人之危等情形的存在并不导致合同无效，而仅是赋予当事人撤销或变更合同的权利，在合同未被法院或仲裁机构撤销前，该合同属有效合同，当事人均应按约履行。又，依当事人处分原则，法院不得超出当事人的诉讼请求范围作出裁判。在当事人未提出撤销或变更的诉讼请求时，法院无权主动审查系争合同是否存在可撤销或可变更的情形。

乍嘉苏公司虽一再坚称存在欺诈、胁迫等情形，但其并未于一审期间提出撤销诉争合同的诉讼请求。依当事人处分原则，本院对是否存可撤销的法定情形、撤销权除斥期间等相关问题，均不予以审查与评价。

五、工行外滩支行有无违反义务

工行外滩支行实际实施的平盘措施是将该金融衍生品合约中乍嘉苏公司的合同权利和义务概括转让给案外人，并支付案外人巨额款项；合约由案外人继续履行，并不因此终止；上述支付案外人的费用和转让合同的手续费则由乍嘉苏公司承担。

由此可见，工行外滩支行以平盘方式“终止合同”的做法，与合同法上的合同解除和终止完全不同。平盘后，系争合同并未终止，而是在维持原合同效力的情况下将合同的权利义务概括转让他人；乍嘉苏公司支付给工行外滩支行的平盘费并非因违约而产生的损失，而是受让方接受合同转让而收取的价金。

系争合同约定，在长达数十年的交易期限内合同“不得终止”。但该合同又约定，当损失达到一定金额且乍嘉苏公司未追加保证金或其他担保措施前，工行外滩支行有权强制终止交易，损失由乍嘉苏公司承担。依通常理智人对诉争合同和合同法有关解除制度的理解，系争合同并非不能终止，违约方在赔偿对方损失的情况下仍可以退出合同；但其在签订合同时，应不会预见或意识到退出合同约束的途径是将该合同转让（卖出），并由其向受让人支付价金。

《合同法》第42条规定，当事人在订立合同过程中故意隐瞒与订立合同有关的重要事实、提供虚假情况或有其他违背诚实信用原则的行为，给对方造成损失的，应当承担损害赔偿责任。依诚实信用原则，工行外滩支行作为专业银行，在与乍嘉苏公司签订此类履行期限长达数十年的合同时，有义务将乍嘉苏公司退出合同的程序、方法和费用等因素告知。工行外滩支行现无证据证明自己于缔约时履行上述告知义务，本院可以认定其在缔约时存在过失。

虽然，双方当事人在实际平盘前后进行磋商，乍嘉苏公司也确认了平盘损失，但上述磋商与确认都发生在合同已履行多年之后，故不能改变工行外滩支行在缔约时存在过失的结论。

六、工行外滩支行的赔偿责任范围

虽然，工行外滩支行于合同签订时未将平盘方式和可能的风险告知乍嘉苏公司，影响了乍嘉苏公司对合同风险的判断，对其最终签订合同的决策产生一定影响。但工行外滩支行是否应就上述缔约过失对乍嘉苏公司提出的损失予以赔偿，还应当考虑上述过失行为与损失之间有无因果关系。对于非因过失行为所致损失，工行外滩支行不应承担赔偿责任。

1. 交易损失部分

乍嘉苏公司所称交易损失，是指在合同约定的计算日，按欧元汇率和约定计算公式计算的结果。其中，计算公式系恒定不变的常量，欧元汇率则是变量。相关汇率变动完全取决于境外金融市场和国际经济环境，并非本案双方当事人所能控制或左右，也就与工行外滩支行的过失行为无关。即使工行外滩支行于合同签订时按乍嘉苏公司所称告知了全部平盘风险、世界各种货币历史汇率，相关欧元汇率仍将呈现有价格走势，交易损失仍将发生。故本院认定交易损失与工行外滩支行过失行为之间并无相当因果关系，工行外滩支行不应对该部分损失承担赔偿责任。

2. 平盘损失

如前所述，本案双方采取的平盘措施与合同法的解除、终止完全不同。工行外滩支行在合同签订时未告知乍嘉苏公司有关平盘的具体风险和方式，必然会对乍嘉苏公司是否平盘、何时平盘的决策产生影响。如乍嘉苏公司于2008年第1季度前实施平盘，其不会蒙受平盘损失。所以，本院可以认定，工行外滩支行的过失行为与乍嘉苏公司的平盘损失之间存有相当因果关系，工行外滩支行应当对平盘损失承担相应的赔偿责任。

但经工行外滩支行告知，乍嘉苏公司于2008年获悉了平盘的具体风险和方式，知晓了平盘将产生损失，乍嘉苏公司仍委托工行外滩支行实际实施了平盘措施，故其亦应当对实际产生的平盘损失承担相应的责任。

一审判决,在综合考虑了双方当事人的缔约能力、合同履行实际情况、工行外滩支行的过错程度等诸多因素后,酌情确定工行外滩支行赔偿15%的平盘损失,尚属合理。双方当事人针对该部分的上诉理由,都只强调损失的原因在于对方,忽略了自身行为也是导致损失实际产生的原因,故本院均不予采纳。

七、诉讼时效问题

工行外滩支行系于2009年8月28日最终全部平盘,乍嘉苏公司于2011年8月17日提起诉讼,故乍嘉苏公司就平盘损失提起赔偿请求尚未超过2年的诉讼时效期间。

至于交易损失的诉讼请求是否超过诉讼时效期间,因工行外滩支行不应对乍嘉苏公司该部分损失承担赔偿责任,故判断该部分请求权是否超过诉讼时效已无必要,本院不予评判。

金讼圈提示

一、根据《银行业金融机构衍生产品交易业务管理暂行办法》第3条的规定,衍生产品是一种金融合约,其价值取决于一种或多种基础资产或指数,合约的基本种类包括远期、期货、掉期(互换)和期权。衍生产品还包括具有远期、期货、掉期(互换)和期权中一种或多种特征的结构化金融工具。

二、国际通用的衍生品合约版本为国际掉期与衍生品协会推出的2002年版ISDA主协议及其相关附件。中国银行间市场交易商协会于2009年发布了《中国银行间市场金融衍生产品交易主协议》(2009年版)(简称NAFMII主协议,也被称为中国版ISDA)。

三、金融机构开展衍生品交易,应当签订标准化的主协议,避免类似本案因风险提示不到位而担责。

068 如何区别委托理财与金融衍生品交易?

案例索引

浙江省高级人民法院于2017年1月24日作出的(2016)浙民终339号民事判决书。

交易结构图

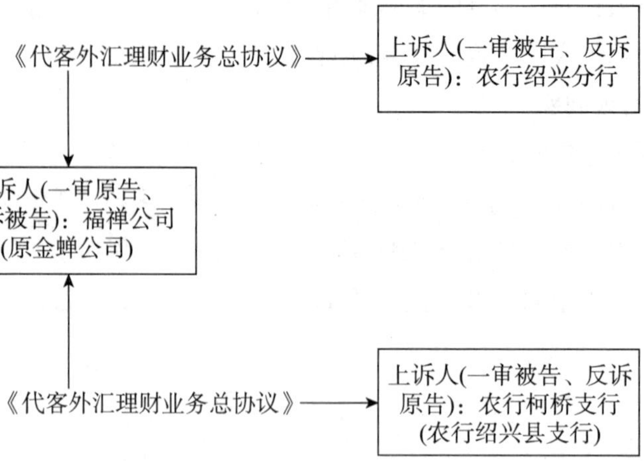

金讼圈导读

一、本案例是浙江省的法院关于金融衍生品交易纠纷的典型案例。如何区别委托理财与金融衍生品交易？金融衍生品交易的定义、性质和特征有哪些？金融衍生品交易双方的义务、责任及风险如何分配？金融机构开展金融衍生品交易业务未提供标准示范文本将承担何种责任？本案审理的绍兴市中级人民法院及浙江省高级人民法院共同给予了明确答案。

二、本案中，金融机构开展金融衍生品交易因风险提示不到位被判承担投资者35%的投资损失，类似的案例还可以参阅本书《067 金融衍生品交易未签标准主协议，银行为何需担责?》一文，两案裁判逻辑一脉相承。

三、本案法院裁判依据重点引用了银监会的《金融机构衍生产品交易业务管理暂行办法》部门规章，来论述金融机构的法律责任，值得金融机构和从业人员认真研读，文末金讼圈有提示。

裁判规则

一、委托合同关系有两个基本特征：一是委托方可以随时解除合同；二是委托人与受托人不存在互为交易对方的结算关系。

二、本讼争合同不能随时解除，主要内容是以美元与日元汇率指数符合某种计算公式时双方互为给付，不符合委托合同关系的基本特征，而是一种金融期权合约，其价值取决于一种或多种基础资产或指数，故双方的合同关系应确认为金融衍生品种交易法律关系。

三、金融衍生品种交易具有杆杠性和射幸性，交易风险巨大。投资者应当具有一定的风险识别能力，其作为商事主体也应承担一定审慎注意义务，并承担一定的投资决策风险。

四、涉案超远期外汇买卖业务具有高风险性，根据《金融机构衍生产品交易业务管理暂行办法》等相关规定，金融机构开展此类业务必须要有实际的外汇需求，以对冲外汇风险为目的，还要有相应的风险提示，提供规范标准协议，交易履行阶段及时向客户书面提供市值重估结果，在交易履行阶段向投资者提供已交易的衍生产品的市场信息及风险提示等义务和责任，否则应当承担一定的过错赔偿责任。

案情介绍

上诉人（一审原告、反诉被告）：绍兴市福禅家纺有限公司。

上诉人（一审被告、反诉原告）：中国农业银行股份有限公司绍兴柯桥支行。

上诉人（一审被告、反诉原告）：中国农业银行股份有限公司绍兴分行。

上诉人绍兴市福禅家纺有限公司（以下简称福禅公司）为与上诉人中国农业银行股份有限公司绍兴柯桥支行（以下简称农行柯桥支行）、中国农业银行股份有限公司绍兴分行（以下简称农行绍兴分行）金融衍生品种交易纠纷一案，不服浙江省绍兴市中级人民法院（2015）浙绍商外初字第8号民事判决，向本院提起上诉。

一、与涉案交易相关的当事人资质及审批情况

福禅公司原名称为金蝉公司，于2014年12月11日变更为福禅公司。农行柯桥支行原名称为中国农业银行股份有限公司绍兴县支行（以下简称农行绍兴县支行），2014年1月16日变更为农行柯桥支行。

2004年4月9日，中国银行业监督管理委员会作出《关于中国农业银行开办金融衍生产品交易业务的批复》，同意中国农业银行从事与外汇、股票等有关的金融衍生产品交易业务。

2005年11月25日，中国农业银行作出《关于北京等4家分行辖属机构开办代客外汇理财业务的批复》，同意中国农业银行浙江省分行下属的绍兴等机构开展包括超远期外汇买卖等衍生金融产品业务。

2007年7月24日，中国农业银行作出《关于浙江分行转授权分支机构开办代客外汇理财业务备案回复通知书》，同意中国农业银行浙江省分行转授权农行绍兴县支行等开展包括超远期外汇买卖等衍生金融产品业务。

二、涉案交易的缔约情况

2007年9月7日，金蝉公司与农行××支行、农行绍兴分行分别签订《代客外汇理财业务总协议》,约定由福禅公司委托农行××支行、农行绍兴分行办理代客外汇理财业务(包括超远期外汇买卖等)。协议第2条约定:双方除了按照本协议有关规定确定各自的权利和义务外,还须遵守双方为每一笔具体交易而签署的交易确认书的有关规定。交易确认书构成本协议不可分割的组成部分。协议第4条约定:农行××支行、农行绍兴分行将根据福禅公司所从事具体产品的风险度向其收取一定比例的履约保证金。协议第5条约定:违约事件发生后,未违约方有权要求违约方继续履行交易合同,也有权立即终止本协议项下的有关交易并要求违约方对未到期的交易按照市场价值进行清偿。协议第6条约定:双方一致同意可提前终止本协议项下交易。协议第12条约定:若协议一方要求终止本协议,须提前30个工作日书面通知协议另一方。农行××支行、农行绍兴分行将双方之间未到期的交易按终止通知书送达日的市价平盘,并与福禅公司就由此产生的损益进行资金清算。所有未到期交易的资金清算结束日为本协议终止日。

根据前述总协议,福禅公司于2007年9月10日向农行××支行、农行绍兴分行提交了《代客外汇理财业务交易委托书》(期权类产品)一份(业务编号为CAFW07023),委托农行××支行、农行绍兴分行进行超远期日元外汇买卖。该委托书载明:福禅公司在农行××支行、农行绍兴分行处存入交易保证金2350万元人民币;理财交易期限为10年,共41个交割日,第一次交割日为2007年9月20日;交易方向为买入美元/卖出日元;每三个月交割一次,客户卖出日元买入美元;交割汇率及金额规定如下:如果USD/JPY≥85,则交割汇率为56,客户买入美元金额为50万元;如果USD/JPY<85,则交割汇率=[交易日当天市场即期汇率×99.80/(交割日前五日市场即期汇率+10)](客户交割汇率最高为200),客户买入美元金额为100万元;从第五次(含)开始银行有权取消该交易。后原告交纳了该委托书项下的交易保证金2350万元人民币(2007年9月7日交纳950万元人民币,2007年9月12日交纳1400万元人民币)。

2008年1月9日,福禅公司向农行××支行、农行绍兴分行提交《代客外汇理财业务交易委托书》(期权类产品)一份(业务编号为CAFW08003),委托被告进行超远期日元外汇买卖。该委托书载明:福禅公司在农行××支行、农行绍兴分行处存入交易保证金455万元人民币;理财交易期限为10年,共41个交割日,即每年的1月31日、4月30日、7月31日和10月31日(遇节假日调整),第一次交割日为2008年1月31日,最后一个交割日为2018年1月31日;每三个月交割一次,客户卖出日元买入美元;交割汇率及金额为,如果USD/JPY≥84,则交割汇率为60,客户买入美元金额为50万元;如果USD/JPY<84,则交割汇率=[交易日当天市场即期汇率×99.80/(交

割日前五日市场即期汇率+10)](客户交割汇率最高为200),客户买入美元金额为100万元;从2009年1月31日(含)开始银行有权取消该交易。后福禅公司于2008年1月10日交纳前述委托书项下的交易保证金455万元人民币。

三、涉案交易的履行情况

上述业务编号为CAFW07023的外汇买卖从2007年9月20日至2013年9月22日实际已经交割了25期,其中2010年12月29日至2013年9月22日的12期福禅公司均未出具交易委托书及交易确认书。各交割日的盈亏情况如下:……其中第12期(2010年10月29日)亏损487,976.44美元,福禅公司已支付;第13~24期中的亏损均由农行××支行、农行绍兴分行垫付,盈利由农行××支行、农行绍兴分行收取,农行××支行、农行绍兴分行实际垫款3,576,478.91美元(具体交易情况及计算方式详见附表)。

四、关于交易取消的相关情况

2010年10月、12月,福禅公司两次向农行××支行、农行绍兴分行发函要求解除《代客外汇理财业务总协议》。2010年12月23日,农行××支行、农行绍兴分行向福禅公司回函称,福禅公司单方要求解除总协议不符合双方约定,即使福禅公司的函件表达了终止协议的意思表示,根据《代客外汇理财业务总协议》第12条关于终止协议的相关要求,也需进行平盘处理。若农行××支行、农行绍兴分行采取终止协议项下的有关交易并对未到期的交易按照市场价值进行清偿,福禅公司将损失较大,故要求福禅公司继续履行协议。

2011年11月11日、2012年11月12日、2013年11月13日,农行××支行、农行绍兴分行三次向福禅公司送达了《超远期外汇买卖垫款催收通知》,要求福禅公司支付涉案两笔超远期外汇买卖业务项下的垫款,并要求福禅公司继续履行业务。

2013年12月20日、2014年1月26日,农行××支行、农行绍兴分行分两次向福禅公司送达了《代客外汇理财业务提前终止通知书》,认为福禅公司在编号为CAFW07023、CAFW08003的两笔超远期外汇买卖业务各有12次交割没有履行,导致农行××支行、农行绍兴分行垫款,通知福禅公司上述两笔业务不再进行交易交割,并要求福禅公司尽快归还相应垫款。

2014年4月1日,福禅公司向农行××支行、农行绍兴分行邮寄了《要求平盘结算通知书》,要求农行××支行、农行绍兴分行对双方未到期的交易按照《代客外汇理财业务提前终止通知书》送达日的市场价格进行平盘结算,并将相关款项存入福禅公司账户。

裁判结果

一审法院判决:一、驳回福禅公司的诉讼请求;二、福禅公司向农行柯桥支行、农行绍兴分行支付交易损失645,003.74美元,并支付该款从2014年1月26日起至上述款项付清日止的利息(以2014年1月26日中国人民银行公布的美元对人民币汇率中间价将上述美元换算成人民币,按中国人民银行同期人民币贷款基准利率计算),以上款项均于判决生效之日起10日内付清;三、驳回农行柯桥支行、农行绍兴分行的其他反诉请求。

二审法院判决:驳回上诉,维持原判。

法院观点

双方签订的《代客外汇理财业务总协议》以及福禅公司出具的《代客外汇理财业务交易委托书》系双方当事人的真实意思表示,内容不违反法律法规的强制性规定,应依法确认有效。双方当事人均应按照合同约定全面履行自己的义务。

一、双方当事人之间是委托理财法律关系,还是金融衍生品种交易法律关系?

委托合同作为《合同法》规定的有名合同,是指一方委托他人处理自己事务,他人同意为其处理事务的合同,处理委托事务产生的各种收益、费用及损失由委托人负担。本案中,尽管双方合同中多次出现"委托"一词,但并非合同法意义上的"委托合同"。因为传统的委托合同关系,委托方可以随时解除合同,而根据双方协议相关规定,福禅公司并不能随意解除委托。而且,纵观双方所签订的合同,其主要权利义务是约定将未来十年内美元与日元间汇率变化作为确定盈亏及权利义务的参数,双方均是直接向对方承担责任,双方存在直接的交易关系,而委托理财合同中委托人与受托人不存在互为交易对方的结算关系。综上,讼争合同的主要内容是以美元与日元汇率指数符合某种计算公式时双方互为给付,符合中国银行业监督管理委员会《银行业金融机构衍生产品交易业务管理暂行办法》(以下简称《暂行办法》)第3条关于"本办法所称衍生产品是一种金融合约,其价值取决于一种或多种基础资产或指数"的规定,故双方的合同关系应确认为金融衍生品种交易法律关系。

二、双方对于未到期的交易是否应当进行平盘清算

福禅公司认为,双方的合同关系已提前终止,应当按合同约定对未到期交易按《代客外汇理财业务提前终止通知书》送达日的市价进行平盘清算;农行柯桥支行、农行绍兴分行则认为,其享有单方取消交易的权利,对于未到期交易无需进行平盘清算。一审法院对农行柯桥支行、农行绍兴分行的意见予以采纳,理由如下:

1. 从涉案金融衍生产品的性质分析。福禅公司出具的《代客外汇理财业务交易委托书》中明确注明“期权类产品”，故应确认涉案金融衍生产品属于期权产品。期权又称选择权，是一种衍生性金融工具，是指买方向卖方支付期权费后，即拥有在未来一段时间内或未来某一特定日期以事先约定好的价格向卖方购买或出售一定数量的特定标的物的权利，但不负有必须买进或卖出的义务（期权买方拥有选择是否行使买入或卖出的权利，而期权卖方必须无条件服务买方的选择并履行成交时的允诺）。虽然合同条款中并未明确约定农行柯桥支行、农行绍兴分行支付期权费用，但《代客外汇理财业务交易委托书》明确约定农行柯桥支行、农行绍兴分行从第五次交易才有取消权，也即前四次交易农行柯桥支行、农行绍兴分行没有取消权。从合同签订以及前四次交易时美元与日元的汇率来看，其汇率远远高于双方约定的福禅公司可盈利的汇率（分别为≥85、≥84），原告也通过前四次交易获得一定盈利（具体详见附表），故农行柯桥支行、农行绍兴分行实际上通过前四次交易让福禅公司盈利的方式支付了相应的期权费用。因此，农行柯桥支行、农行绍兴分行作为支付期权费用的买方，拥有选择是否买入或卖出的权利，其对于未到期交易有权取消交割。

2. 从双方合同约定来分析。福禅公司出具的两份《代客外汇理财业务交易委托书》中均载明，农行柯桥支行、农行绍兴分行从第五次（含）开始有权取消该交易，故农行柯桥支行、农行绍兴分行后来两次发函要求对涉案两笔业务不再进行交易交割，与合同约定相符。虽然《代客外汇理财业务总协议》第 12 条中有终止协议时应对未到期交易进行平盘清算的规定，但结合该总协议第六条之规定，应确认该第 12 条适用于双方协商一致终止协议的情况，并不适用于农行柯桥支行、农行绍兴分行单方取消交易的情况。农行柯桥支行、农行绍兴分行分两次向福禅公司发送的《代客外汇理财业务提前终止通知书》中虽然使用了“提前终止”字样，但其实际内容是通知福禅公司取消交易，而非与福禅公司协商终止协议，故福禅公司主张应根据总协议第 12 条进行平盘清算，缺乏相应依据，不应予以采纳。

三、双方对于农行柯桥支行、农行绍兴分行垫付的交易损失应承担何种责任

一审法院认为，福禅公司作为外商独资企业，具有一定的风险识别能力，其作为商事主体也应承担一定审慎注意义务，并承担一定的投资决策风险，故其对于农行柯桥支行、农行绍兴分行垫付的交易损失应承担相应责任，但农行柯桥支行、农行绍兴分行亦应承担一定责任，具体理由如下：

1. 农行柯桥支行、农行绍兴分行未能充分地向福禅公司进行信息披露和风险揭示。金融衍生品种交易具有杆杠性和射幸性，交易风险巨大。金融衍生品种交易合同条款均为格式条款，农行柯桥支行、农行绍兴分行作为合同条款的提供方，对衍生产品的风险与收益具有相对准确的把握,而作为衍生产品投资者的福禅公司系根据农行柯桥支行、农行绍兴分行相关人员的介绍来了解衍生产品的性质与资金流向,双方在实力和信息上具有不对等性。因此,农行柯桥支行、农行绍兴分行应向福禅公司就涉案金融衍生产品进行充分的信息披露和风险揭示。但农行柯桥支行、农行绍兴分行并未充分履行上述义务,具体表现在:①涉案《代客外汇理财业务总协议》不够完善。对于金融衍生产品交易,国际市场上已经形成了比较规范的交易合同范本,相应的范本对各方的交易关系、风险、权利、义务等诸多方面进行了比较完善的表述,但农行柯桥支行、农行绍兴分行并未参照当时国际上较为成熟的合同文本来拟订详尽的条款,而是自成一体,比如使用了"代客"的字样,的确容易给合同相对方造成双方并非交易对手的误解。②关于缔约阶段。中国银行业监督管理委员会《暂行办法》第48条规定:"银行业金融机构应当以清晰易懂、简明扼要的文字表述向客户提供衍生产品介绍和风险揭示的书面资料,相关披露以单独章节、明白清晰的方式呈现,不得以页边、页底、脚注或小字体等方式说明,内容包括但不限于:(一)产品结构及基本交易条款的完整介绍和该产品的完整法律文本;(二)与产品挂钩的指数、收益率或其他参数的说明;(三)与交易相关的主要风险披露;(四)产品现金流分析、压力测试、在一定假设和置信度之下最差可能情况的模拟情景分析与最大现金流亏损以及该假设和置信度的合理性分析……"该《暂行办法》第52条又规定:"与客户达成衍生产品交易之前,银行业金融机构应当获取由客户提供的声明、确认函等形式的书面材料,内容包括但不限于:……(三)客户是否已经完全理解该笔衍生产品交易的条款、相关风险,以及该笔交易是否符合第四十五条第二项确认的交易目的或目标;(四)客户对于该笔衍生产品交易在第四十八条第四项所述最差可能情况下是否具备足够的承受能力……"本案仅在农行柯桥支行、农行绍兴分行提供的格式合同中笼统载明福禅公司认识到交易中所隐含的风险并愿意承担这些风险,但农行柯桥支行、农行绍兴分行未能证明其向福禅公司进行了上述信息披露和风险揭示以及福禅公司对于涉案交易的最差可能情况是否具备足够的承受能力,特别是对于农行柯桥支行、农行绍兴分行与美林国际银行存在对冲交易以及农行柯桥支行、农行绍兴分行单方取消交易的后果等内容未向福禅公司进行披露和揭示,以便福禅公司对于交易信息及风险进行全面把握。③关于交易履行阶段。《暂行办法》第53条规定:"银行业金融机构应当及时向客户提供已交易的衍生产品的市场信息,定期将与客户交易的衍生产品的市值重估结果以评估报告、风险提示函等形式,通过信件、电子邮件、传真等可记录的方式向客户书面提供,并确保相关材料及时送达客户。当市场出现较大波动时,应当适当提高市值重估频率,并及时向客户书面提供市值重估结果。银行业金融机构应当至少每年对上述市值重估的频率和质量进行评估。”《暂行办法》第 54 条规定：“银行业金融机构对于自身不具备定价估值能力的衍生产品交易，应当向报价方获取关键的估值参数及相关信息，并通过信件、电子邮件、传真等可记录的方式向客户书面提供此类信息，以提高衍生产品市值重估的透明度。”但农行柯桥支行、农行绍兴分行在交易履行阶段未向福禅公司提供已交易的衍生产品的市场信息，亦未向福禅公司发布涉案产品的市值评估结果及风险提示等内容。综上，农行柯桥支行、农行绍兴分行在缔约及合同履行过程中未能充分向福禅公司进行的信息披露和风险揭示，导致福禅公司对于交易亏损风险及交易取消风险等缺乏相应的心理预期，并可能影响福禅公司的决策过程，故农行柯桥支行、农行绍兴分行的过错与福禅公司的交易损失存在一定因果关系，其应承担一定比例责任。

2. 从合同的履行过程分析。①《代客外汇理财业务总协议》第 2 条规定，双方为每一具体交易而签署的交易确认书构成总协议不可分割的组成部分。但根据农行柯桥支行、农行绍兴分行提供的证据，其所垫付的每一笔交易损失部分均无相应的交易确认书。虽然农行柯桥支行、农行绍兴分行主张因福禅公司拒绝履行合同而未签订交易确认书，但农行柯桥支行、农行绍兴分行未能提供其向福禅公司要求签订交易确认书的相关证据，故农行柯桥支行、农行绍兴分行在未与福禅公司签订交易确认书的情况下，径行进行交易并垫付损失，在交易程序上存在瑕疵。②根据《代客外汇理财业务总协议》第 12 条约定，双方一致终止协议的，需要对未到期交易进行平盘，故该条中的终止协议与被告单方取消交易在性质及后果上均不相同。但农行柯桥支行、农行绍兴分行向福禅公司发送的《代客外汇理财业务提前终止通知书》中均使用了“提前终止”字样，虽然农行柯桥支行、农行绍兴分行函件的实质内容是行使交易取消权，但确实容易使福禅公司误认为系依据合同第 12 条之规定终止协议，故农行柯桥支行、农行绍兴分行在取消交易的通知程序上亦存在一定瑕疵。

3. 从其他因素考量。①从本案未到期交易的实际汇率情况来分析。农行柯桥支行、农行绍兴分行向福禅公司发函要求取消交易时美元与日元汇率已经发生反转，对福禅公司十分有利，若双方合同继续履行，福禅公司可获得大量收益。虽然农行柯桥支行、农行绍兴分行享有单方取消交易的权利，但在福禅公司已经历连续巨大亏损而刚刚开始盈利的情况下，农行柯桥支行、农行绍兴分行提出取消交易，客观上阻却了福禅公司进一步获取收益，从平衡双方的利益考虑，农行柯桥支行、农行绍兴分行对于已履行交易的损失应分担一定责任。②农行柯桥支行、农行绍兴分行陈述其在与美林国际银行的对冲交易中共获取 155 万美元的收益，虽然该交易与本案系不同的合同关系，但农行柯桥支行、农行绍兴分行确认其与美林国际银行的交易是为完成本案业务而发生的对冲交易,故该155万美元收益的获取需以本案业务的发生为基础,从公平原则角度考量,农行柯桥支行、农行绍兴分行在享受收益时,也应承担一定的风险。

综合以上三点分析,一审法院确认福禅公司对于农行柯桥支行、农行绍兴分行垫付的交易损失承担65%的责任,农行柯桥支行、农行绍兴分行承担35%的责任,福禅公司应支付农行柯桥支行、农行绍兴分行的交易损失金额应为5,240,727.51美元(8,062,657.71美元×65% =5,240,727.51美元)。

四、双方最终的债权债务情况如何承担

鉴于涉案两笔业务的未到期交易已取消,故双方的债权债务应予以清算。根据《合同法》第99条之规定,当事人互负到期债务,该债务的标的物种类、品质相同的,任何一方可以将自己的债务与对方的债务抵销,但依照法律规定或者按照合同性质不得抵销的除外。虽然福禅公司交纳了2805万元人民币的保证金,但农行柯桥支行、农行绍兴分行在本诉中提出保证金应先冲减其垫付款项的抗辩,上述两笔款项符合合同法规定的债务抵销的情形,故在本诉中予以冲抵。由于农行柯桥支行、农行绍兴分行最后一次向福禅公司发函要求取消交易并返还垫款的时间为2014年1月26日,故应根据当时的汇率(当时中国人民银行公布的美元对人民币汇率中间价为6.1035)折算成2805万元人民币予以冲抵保证金。本诉中可冲抵保证金的垫款金额为4,595,723.77美元(4,595,723.77美元×6.1035 =2805万人民币),剩余的款项645,003.74美元在反诉部分中应支付农行柯桥支行、农行绍兴分行,具体利息按上述美元换算成人民币后,依照中国人民银行同期人民币贷款基准利率计算。

综上,福禅公司交纳的保证金已抵销其应支付农行柯桥支行、农行绍兴分行的部分交易损失,故对福禅公司的本诉请求予以驳回。农行柯桥支行、农行绍兴分行合理部分的反诉请求,予以支持,其他应予驳回。

金讼圈提示

一、提醒读者注意:《金融机构衍生产品交易业务管理暂行办法》有两个版本:一个版本是由银监会2004年发布实施;另一个版本是于2011年由银监会重新修订后发布实施,共有6章62条。

二、鉴于金融衍生品交易具有杠杆性和射幸性特点,以对冲风险为目的,风险巨大。金融机构开展该项业务时,不仅需要对投资人做风险提示,还需要评估投资人的风险承受能力,建立合格投资者制度,使用规范标准协议。

069 资管产品受益权远期转让合同是否有效？

案例索引

最高人民法院于2017年2月24日作出的(2016)最高法民终801号二审民事判决书。

交易结构图

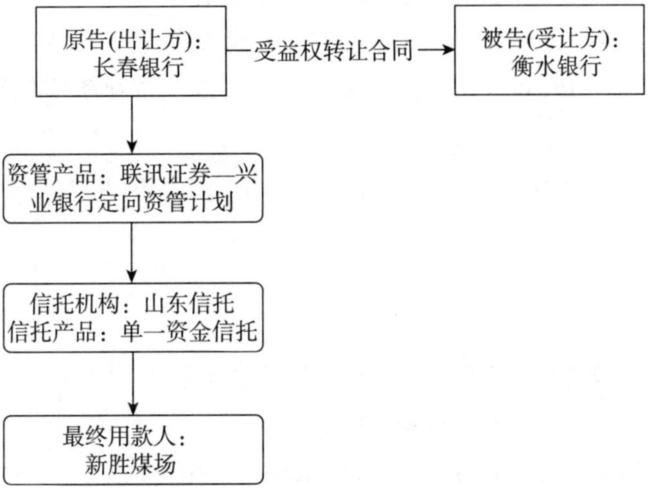

金讼圈导读

一、本案由最高人民法院于2017年2月作出二审判决，是关于资管产品受益权远期交易纠纷案例。

二、资管产品受益权远期转让协议的性质和效力如何判定？经济纠纷与经济犯罪分开审理的判断准则是什么？银行分支机构负责人未经内部程序签署的协议是否有效？资管产品收益与违约金之和超过年利率24%的部分如何处理？最高人民法院均给予了明确答案，值得细细研读。

三、本案例的交易结构和法律关系比较复杂，既有信托合同法律关系和委托贷款法律关系，又有银行定向资产管理法律关系和资管产品受益权转让法律关系，另外由于是受益权交易是远期的，使本案法律关系及合同性质变得更加复杂。

四、如何通过刑事案件阻断民事案件的审理？

裁判规则

一、同一公民、法人或其他经济组织因不同的法律事实，分别涉及经济纠纷或有经济犯罪嫌疑的，经济纠纷案件和经济犯罪嫌疑案件应当分开审理。

二、法院在审理经济纠纷案件中，发现与本案有牵连，但与本案不是同一法律关系的经济犯罪嫌疑线索、材料，应将犯罪嫌疑线索、材料移送有关公安机关或检察机关查处，经济纠纷案件继续审理。

三、虽然在刑事案件中涉及犯罪嫌疑人利用《受益权转让协议》进行合同诈骗，但本案双方当事人之间形成民事法律关系并无以合法形式掩盖非法目的的合意，因此不属于《合同法》第52条第1款第3项规定的合同无效情形。

四、根据双方转让标的受益权、对价支付等交易方式，资管产品受益权远期转让协议具有权利转让的性质，属于合同法上的无名合同，该合同内容不违反法律强制性规定应为有效。

五、资管产品的年化收益8%与违约金日万分之五的利率之和不应超过年利率24%。

案情介绍

上诉人（原审被告）：衡水银行股份有限公司站前支行。

上诉人（原审被告）：衡水银行股份有限公司。

被上诉人（原审原告）：长春农村商业银行股份有限公司。

上诉人衡水银行股份有限公司站前支行（以下简称衡水银行站前支行）、衡水银行股份有限公司（以下简称衡水银行）因与被上诉人长春农村商业银行股份有限公司（以下简称长春农商银行）合同纠纷一案，不服吉林省高级人民法院（2015）吉民二初字第19号民事判决，向本院提起上诉。

2013年5月30日，长春农商银行（甲方）与衡水银行站前支行（乙方）签订《受益权转让协议》，主要内容有：鉴于联讯证券发起设立了“联讯证券—兴业银行定向资产管理计划”（以下简称本管理计划），根据甲方与联讯证券、兴业银行股份有限公司（以下简称兴业银行）签署的编号为（DX）联讯—兴业—合同2013第001号的《联讯证券—兴业银行定向资产管理计划资产管理合同》（以下简称《定向资产管理合同》）约定，甲方以其合法拥有或其合法管理并有权处分的资金拥有本管理计划项下受益权。受益权对应的委托资金本金总计人民币（大写）贰亿贰仟万元整，（小写）￥220,000,000元，委托期限自2013年5月31日起至2015年12月1日止，扣除各项费用后的预期收益率为8%(年)。甲乙双方经协商,达成如下协议:“一、乙方无条件不可撤销地承诺于2015年11月27日(为本条约定情形下转让日)受让上述受益权并在当日一次性支付转让价款至甲方指定的账户。若出现以下情形之一,甲方有权要求乙方按本条所规定的转让价款和履行方式提前回购本协议所述之标的受益权:1.甲方在每季度20日之后5个工作日内仍未足额收到相应款项;2.甲方认定标的受益权对应的融资方或者担保人(如有)财务状况和经营状况严重恶化;3.在本管理计划期限内,乙方在标的受益权对应的融资方授信到期后一个月内未能出具新的授信批复或新的授信批复不能覆盖融资本金;4.管理人未按相关法律、法规及资产管理合同尽职履行义务;5.存在其他可能严重损害甲方的行为或情形。乙方提前受让本管理计划受益权的具体履行方式为:乙方接到甲方提出的发生上述乙方应提前受让本管理计划受益权的情形的书面通知后(通知的方式包括但不限于:书面通知、专递送达等任一方式)2个工作日内,无条件向甲方受让本管理计划受益权并支付转让价款,转让价款为本管理计划受益权对应的委托资产于本条提前受让日未获清偿的本金以及截至乙方实际付款之日止的应付未付的委托财产收益、罚息、违约金、实现债权的费用等。二、除发生不可抗力情况或双方补充约定外,如乙方在约定的日期因任何原因拒不按本协议规定履行回购义务的,则甲方有权要求乙方承担赔偿责任。赔偿责任金额为:甲方未获得的投资本金及预期投资收益,具体金额以第一条约定的乙方回购价格为准。同时,甲方有权根据乙方违约金额及逾期天数向乙方收取每日万分之五的违约金。三、乙方一次性支付受益权转让价款之日为受益权转让日(以下简称转让日)。自转让日起,乙方根据本协议和《定向资产管理合同》的规定享有标的受益权对应的利益。转让日前,标的受益权项下已经分配完毕的收益及最后一个付息日至转让日前的收益属于甲方。甲方持有标的受益权自转让日后尚未分配收益属于乙方。甲方应在5个工作日内通知联讯证券并协助完成上述受益权转让的变更手续。四、乙方声明与保证。1.乙方为依据中华人民共和国法律成立并有效存在的商业银行的分支机构,乙方已获得充分的权利和授权签署本协议,并已采取必要的行为履行本合同。2.乙方法定代表人(负责人)、住所(地址)等事项发生变更时,应在事件发生后七日内以书面形式通知甲方并提供相应的书面材料。在该资管计划存续期间,如乙方名称发生变更,乙方应与甲方签订补充协议,重申无论乙方名称是否变更,乙方均承担无条件不可撤销的受让定向资产管理计划受益权的义务和责任。3.本协议签署后,即构成对乙方合法、有效和有约束力的义务。4.乙方保证以其有权支配的资金支付购买价款,并保证其购买全部委托财产受益权不侵害其债权人的合法权益。5.乙方保证,在签署本协议时已详阅《定向资产管理合同》及相关附属合同,同意《定向资产管理合同》及相关合同所述内容,承诺并同意承接甲方在《定向资产管理合同》中所享有的所有权利及应承担的所有义务及风险。乙方承诺并同意,无论该资产管理计划是否存在瑕疵、甲方是否已严格履行本协议项下的声明和保证以及其他义务和责任、融资人、担保人(如有)信用情况是否恶化、是否具有履约能力,是否涉及或可能涉及经济纠纷,是否由于资产管理人或其他原因导致甲方未能足额获得委托财产收益等,乙方均承担无条件不可撤销的支付委托财产受益权转让价款的义务和责任。6. 乙方承诺必须按本协议约定,无条件及不可撤销的受让甲方持有的委托财产受益权,而不得以本协议规定之外的任何其他条件,包括但不限于须通过其内部审批程序、满足其他协议规定的条件、满足法律法规和监管要求等,作为其履行受让委托财产受益权的前提条件。7. 即使《定向资产管理合同》或本协议被全部或部分认定为无效,乙方仍将于相应的转让日当天向甲方足额支付相当于全部转让价款金额的赔偿款项;乙方履行完成前述支付赔偿款项义务后相应取得甲方受益权。五、违约责任。1. 甲乙任何一方未履行本协议义务,包括违反陈述与保证,均应负责赔偿守约方因此而遭受的经济损失,并向守约方支付有关费用(包括但不限于诉讼费、律师费用、差旅费等为实现债权而支付的费用)。2. 乙方如未在本协议约定的日期向甲方支付转让价款、安排费的,除应继续履行付款义务外,从应付未付之日起,按未付价款日万分之五向甲方支付违约金。"

长春农商银行(委托人)通过与联讯证券(管理人)、兴业银行(托管人)签订并履行了《定向资产管理合同》以及此后联讯证券与山东信托签订并履行《山东信托—元朔3号单一资金信托·单一资金信托合同》(以下简称《单一资金信托合同》)、山东信托(贷款人)与新胜煤场(借款人)签订并履行《信托贷款合同》的方式,最终向新胜煤场发放信托贷款人民币22,000万元整。

2015年8月17日,联讯证券向长春农商银行发出《风险提示函》,主要内容为:"截至2015年8月17日,我司未收到信托归还委托人相应投资收益。且当日我司收到山东信托《风险提示函》,我司为定向计划管理人同时也是信托计划名义委托人,本着勤勉尽责的义务,我司向贵行出具本《风险提示函》,提请委托人注意本定向计划投资单一信托风险,且有可能出现融资人无法支付利息及本金的违约风险。"

2015年7月21日,长春农商银行向衡水银行站前支行发出编号为长农银函2015072101号的《提前受让管理计划受益权通知函》,主要内容为:"我行于2013年5月30日与贵行签订了编号为HG-20151127的《受益权转让协议》。现因我行2015年6月20日之后5个工作日内仍未足额收到相应款项,我行要求贵行按《受益权转让协议》的相关约定无条件受让该管理计划受益权并向我行支付转让价款,受让该管理计划受益权支付价款的计算公式为:转让价款=委托资金本金+委托资金本金某年化收益率8%某本管理计划最后一个付息日至转让日前的实际存续天数/360。贵行应支付本息至我行账户。”长春农商银行并就此函的邮寄作了公证。

2015年7月27日，长春农商银行向衡水银行发出编号为长农银函2015072701号的《提前受让管理计划受益权通知函》，主要内容为：“我行于2013年5月30日与贵行站前支行签订了编号为HG－20151127的《受益权转让协议》。我行已向贵行站前支行发函，要求贵行站前支行在收到编号为长农银函2015072101号《提前受让管理计划受益权通知函》2个工作日内受让该管理计划受益权并在当日一次性支付转让价款至我行指定账户。截至目前，我行尚未收到转让价款，现正式通知贵行履行付款责任。”长春农商银行并就此函的邮寄作了公证。

长春农商银行为本次诉讼支出律师费用100万元。长春农商银行向一审法院起诉请求：1. 衡水银行站前支行向长春农商银行支付定向资产管理计划受益权受让款226,208,888.89元，并以受让款226,208,888.89元为基数，按日万分之五的违约金计算标准，支付自2015年7月25日至实际付款之日的违约金（截至起诉之日，违约金金额暂计算为5,542,117.78元）；2. 衡水银行对前述受让款及违约金承担连带清偿责任；3. 本案全部诉讼费用及律师费用由衡水银行站前支行、衡水银行共同负担。

裁判结果

一审法院判决：一、衡水银行站前支行于本判决发生法律效力后10日内给付长春农商银行受益权转让价款226,208,888.89元及违约金（违约金以226,208,888.89元为本金，以日万分之五为利率，自2015年7月25日计算至实际给付之日止）；二、衡水银行站前支行于本判决发生法律效力后10日内给付长春农商银行律师费用100万元；三、驳回长春农商银行其他诉讼请求。

衡水银行站前支行、衡水银行上诉。二审法院（最高人民法院）判决：驳回上诉，维持原判。

法院观点

对于衡水银行站前支行、衡水银行的上诉请求本院评判如下：

一、关于将本案作为民事案件受理是否得当的问题

《最高人民法院关于在审理经济纠纷案件中涉及经济犯罪嫌疑若干问题的规定》是人民法院在审理经济纠纷民事案件中涉及经济犯罪嫌疑问题应如何处理的法律依据。该司法解释第1条和第11条规定，在审理民事案件时，如果因不同的法律事实，分别涉及经济纠纷和经济犯罪嫌疑的，应当分开审理；如果不属经济纠纷而有经济犯罪嫌疑的,应当移送公安机关或检察机关。本案中,《受益权转让协议》的签约人为长春农商银行与衡水银行站前支行。依据二审中的新证据——枣强县公安局的鉴定意见通知书,可认定案涉合同上的衡水银行站前支行公章与赵某某手章的真实性。结合本案的其他证据,能够确定案涉协议的签订是衡水银行站前支行与长春农商银行的真实意思表示,双方之间由此形成的民事法律关系是基于双方签约的法律事实。河北省衡水市人民检察院起诉书指控的是犯罪嫌疑人新胜煤场、旭光集团、肖某等通过伪造衡水银行印章、冒用衡水银行名义,以签订受益权转让协议的方式提供虚假兜底担保,骗取多家金融机构巨额资金。该起诉书中指控的犯罪事实与本案经济纠纷的相关事实,所涉主体、内容、法律关系的性质均不相同,不能认定为同一法律事实。不属于《最高人民法院关于在审理经济纠纷案件中涉及经济犯罪嫌疑若干问题的规定》第11条规定的情形。因此,衡水银行站前支行、衡水银行的该项上诉主张不能成立。

此外,即使衡水银行站前支行的负责人参与了刑事犯罪,根据《最高人民法院关于在审理经济纠纷案件中涉及经济犯罪嫌疑若干问题的规定》第3条的规定,衡水银行站前支行应承担相应的民事责任,因此,本案不存在《民事诉讼法》第150条第1款第5项规定的情形。衡水银行站前支行、衡水银行关于本案应中止审理的主张亦不能成立。

二、关于案涉合同主体、性质、效力的认定问题

首先,衡水银行站前支行、衡水银行上诉主张由于衡水银行站前支行负责人赵某某未在总行授权的情况下签订了案涉协议,其越权行为导致案涉合同无效。本院认为,《受益权转让协议》的签约主体为衡水银行站前支行和长春农商银行,对此一审法院认定事实无误。《合同法》第50条的规定,仅涉及法定代表人或负责人越权订立合同的代表行为是否有效的问题,并非认定合同效力的法律依据。衡水银行站前支行、衡水银行以此作为其主张案涉协议无效的理由没有法律依据。其次,衡水银行站前支行、衡水银行主张《受益权转让协议》属于担保合同。根据《受益权转让协议》中对双方权利义务的具体规定,并无由衡水银行站前支行为某项债务进行担保的意思表示,因此,衡水银行站前支行、衡水银行的此项上诉主张没有事实依据。最后,虽然检察机关在刑事案件的追诉中,涉及犯罪嫌疑人利用《受益权转让协议》进行合同诈骗,但本案双方当事人之间形成民事法律关系并无以合法形式掩盖非法目的的合意,不属于《合同法》第52条第1款第3项规定的合同无效的情形。

三、关于长春农商银行就律师费用的诉请是否缺乏证据证明的问题

双方在《受益权转让协议》第6条中对律师费用的负担作出了约定,同时长春农商银行也提供了相应的诉讼委托代理合同及支付律师费用的票据证明,也对衡水银行站前支行、衡水银行存在异议的地方进行了合理说明，因此，衡水银行站前支行、衡水银行的该项上诉主张，本院不予支持。

四、关于是否应当追加第三人参加诉讼的问题

本案系因履行《受益权转让协议》而产生的纠纷，合同的双方当事人仅为衡水银行站前支行和长春农商银行，协议中双方的权利义务约定明确，且履行行为不影响他方利益。衡水银行站前支行、衡水银行主张应当追加的第三人，均是长春农商银行放贷途径所涉及的公司及人员，在有证据证明长春农商银行已履行了放贷义务，且双方在《受益权转让协议》中约定的履行条件具备的情形下，无须追加其他当事人进入本案诉讼。一审法院未追加第三人参加本案诉讼，符合法律规定。

五、关于案涉合同印章的真实性是否需要鉴定的问题

因二审期间长春农商银行举证了枣强县公安局的鉴定意见通知书，用以证明合同印章的真实性，衡水银行站前支行、衡水银行对此证据的真实性、合法性、关联性及证明目的均无异议，因此，对该上诉主张本院不再赘述。

金讼圈提示

根据《最高人民法院关于在审理经济纠纷案件中涉及经济犯罪嫌疑若干问题的规定》的规定，要想通过刑事案件阻断经济纠纷案件审理，至少可从以下几个方面入手：

1. 案涉合同双方是否均涉嫌犯罪？
2. 案涉合同的公章是否真实？
3. 如果没有公章或公章不是真实，是否构成表见代理？
4. 经济纠纷案件事实查明是否需要以刑事案件判决为依据？
5. 刑事案件事实与经济纠纷案件事实是否为同一法律关系、同一法律事实？

070　利用境外平台从事外汇保证金交易为何无效？

案例索引

上海市虹口区人民法院2016年5月25日作出的（2015）虹民五（商）初字第2565

号民事判决书。

交易结构图

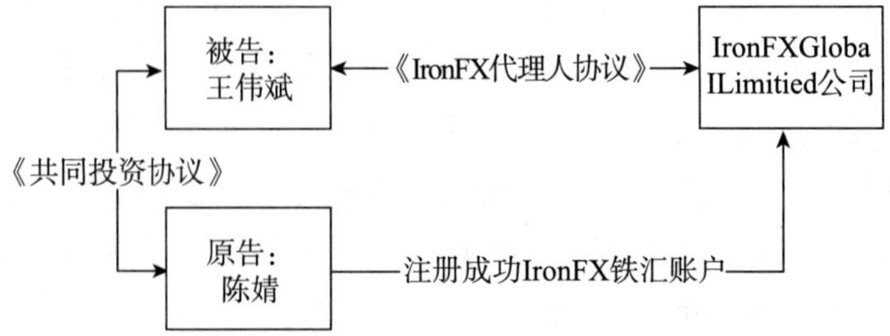

金讼圈导读

一、本案是2016年度上海法院金融商事审判十大典型案例之首例。上海法院对委托理财合同法律特征、合同成立条件、利用涉外理财平台委托理财合同效力、合同无效法律后果、损失范围等均给予了明确裁判规则，值得实务借鉴。

二、本案亮点很多，不局限于涉外理财平台。原告为了维权的证据固定过程及电子邮件公证费用负担均也非常有典型意义。

裁判规则

一、投资人接受推荐开立账户在境外网络平台从事金融产品交易，与平台代理人签署共同投资协议，符合委托理财合同关系的特征。

二、接受密码、回复邮件之行为应当视为认可共同投资协议，委托理财合同据此成立。

三、交易平台为境外平台，外汇保证金交易并不符合国家外汇管理部门的监管要求，故共同投资协议因违反法律、行政法规的强制性规定而无效。

四、关于合同无效所致的法律后果，有过错的一方应当赔偿对方因此所受到的损失，双方都有过错的，应当各自承担相应的责任。

五、作为境外平台代理人，较普通投资人有更丰富的金融投资经验和更专业的知识能力，应当清楚涉案交易为国家法律法规所禁止，但仍继续鼓励原告从事非法外汇保证金交易并从中获得佣金，具有较大过错。

六、就投资人而言，其理应在投资前谨慎了解外汇交易是否合规、有无交易风险，但未做充分了解即贸然委托他人操作账户从事违法交易，且其在知悉账户密码情况下未能及时查询账户情况、监控止损，导致损失扩大，自身也具有过错。

案情介绍

原告:陈婧。

被告:王伟斌。

原、被告通过网络相识。

2014 年 9 月 29 日,被告与 IronFXGlobalLimitied 公司签署《IronFX 代理人协议》,成为该公司代理人。在被告的推荐下,原告在 www. ironfx. com 网站注册成功 IronFX 铁汇账户,并于 2014 年 10 月 7 日收到 info@ ironfx. com 邮箱发送的包含交易账户号码××××××××和密码 ajUxRu2F 信息在内的电子邮件。

2014 年 10 月 9 日至 10 日期间,原告向其 IronFX 账户投入资金合计 5600. 04 美元,另获取了平台赠金 3000 美元。

上述资金投入后,原告 IronFX 账户即进行外汇保证金交易,杠杆为 1∶500。

2014 年 10 月 13 日 22 时 58 分,原告以××××××××××@ qq. com 邮箱向被告××××××××××@ qq. com 邮箱发送题为“共同投资协议”的邮件,内容为“请查看附件中的文件,并请告知需要修改之处,谢谢!”及附件《共同投资协议》. doc 文档(以下简称邮件文档一)。邮件文档一记载:“甲方为陈婧(记载联系电话、地址及身份证号,平台名称铁汇 IronFX,交易账号××××××××等),乙方为王伟斌(未记载地址、身份证号及银行、支付宝账号),甲、乙双方……经协商一致,共同合伙投资……1. 2. 1 甲方为共同账户资金出资人,负责共同账户的资金来源;1. 2. 2 乙方为共同账户技术提供者,负责实盘账户的具体操作……1. 2. 4 系甲方所开立的 IronFX,并授权乙方管理操作的交易账户;1. 2. 5 盈利分红:系共同账户的盈利分成。即结算时的即时资金权益扣除原始本金的余额……三、合同有效期自 2014 年 10 月 13 日至 2015 年 1 月 12 日止,为期三个月。期满后合同自行解除或经双方协商同意后可重新签订……4. 2 本金:5200 美元;4. 3. 1 投资账户产生盈利的分配比例为甲方占 70%,乙方占 30%;4. 3. 2 乙方承担交易带来的账户亏损责任,具体实施方案为:在合同期限到期时(2015 年 1 月 12 日)若甲方账户亏损,则乙方须支付甲方账户亏损部分资金,汇入甲方指定的银行或支付宝账户……5. 1. 1(1)协议签订后,甲方拥有共同账户的知情权。甲方有权按照约定查看管理账户的资金权益情况;(2)甲方掌握资金密码,账户出入金操作均由甲方执行……5. 1. 2(1)甲方不得在理财过程中擅自进行操作交易;(2)协议约定期间甲方应将交易密码告知乙方,倘若甲方更改交易密码,也须及时告知乙方……5. 2. 1(1)乙方有权对共同账户进行全权独立操作……5. 2. 2(1)乙方不得将甲方的账户私密信息如账户交易密码等泄露他人……5. 2. 2(3)当合同约定到期,账户仍然亏损时,乙方应支付甲方账户亏损部分资金到甲方指定的银行或支付宝账户……”原告对该电子邮件向上海市长宁公证处提起保全证据公证,公证处出具(2015)沪长证字第3335号公证书,公证该邮件提取过程及邮件文档一内容。

2014年10月14日7时49分,原告××××××××××@qq.com邮箱收到被告×××××××××@qq.com邮箱发出的题为“回复:共同投资协议”邮件,内容为“协议收到,很完整,我填上了我的个人信息,打印出来签字就可以了”及附件《共同投资协议》——陈静.doc文档(以下简称邮件文档二)。邮件文档二记载内容同邮件文档一一致,仅添加了乙方王伟斌个人信息。

原告对该电子邮件向上海市长宁公证处提起保全证据公证,公证处出具(2015)沪长证字第3336号公证书,公证该邮件提取过程及邮件文档二内容。

2014年10月15日,原告IronFX账户操作中发生了金额分别为2208美元和982美元的单笔亏损,2014年10月17日发生了金额为1664.36美元的单笔亏损,2014年10月21日发生了金额分别为3102美元和2774美元的单笔亏损。2014年10月22日,原告自账户中取出400美元。截至2014年11月12日最后一笔交易完成,原告IronFX账户结余为4.80美元。

原告系被告客户,原告每交易一手(10万美元)被告可自铁汇平台获得5美元佣金。被告自原告的交易累计获得约900美元佣金。

2015年2月26日,原告及其父母因IronFX账户亏损之事至被告公司处交涉,原告要求被告在《共同投资协议》(一)(二)上签字,被告称“我告诉你,我现在也可以和你签份协议……但是这份协议,我告诉你,没有用的啊,我一直在跟你上课,这个协议没有用的”,“你这个协议是代客理财协议,代客理财协议我是不做的”,在原告坚持下,被告在《共同投资协议》(一)(二)上签字,因签字笔墨水不足,被告又重复签了一遍。被告另称“我不做代客协议的。我把这个东西拿来,我就转给铁汇公司了”,“你要是觉得不够,我可以再签”,“我再和你说一遍,我不做代客理财。所以你的账号弄好了,你硬要做代客理财。我和你说我晓得这事不能做的。所以你给了我,我就直接转给铁汇了,铁汇公司他们自己做保本的你知道伐?”,“……但是这个公司后来出了很多资金问题,就是这个公司拿着客户的钱在做自营盘……这个公司就是出了这个问题,所以很多人去闹,挂横幅,所以我后来把这个公司关掉了,不帮它做代理了。但是我介绍的客户里有陈婧,我觉得这是我做的不对的地方。但是你说我设了套骗你,你到外面去说,螃蟹也会笑”,“我现在知道她确实不懂。我以前只知道她股票交易不懂,现在才知道她是样样不懂……实际上你连股票是什么也不懂,你连金融产品是什么也不懂,我用行业术语和你讲话,你都不理解。我和你说的风险你也没理解……”,

“这个东西你要保本，我按照行业术语，说你要保本那我给你保本。然后我去找人。然后这个责任就和我没关系了”，“资金密码我也不知道的，我就知道他有一个交易密码。她把交易密码给我了……就是交易。资金的存取都是你女儿自己”等。

2015 年 3 月 10 日 9 时 11 分，原告 × × × × × × × × × × ×@ qq. com 邮箱收到 XuezhangYu@ IronFX. com 邮箱发出的题为“交易记录”邮件，内容包括三张图表信息，发件人称“这 3 张图证明王伟斌在我们公司开有代理账户，而你的账户则挂在王伟斌代理账户下面”。邮件还包括“JingChen” × × × × × × × ×账户自 2014 年 10 月 1 日起至 2015 年 3 月 10 日止的所有交易记录和当日账户资金结余 4. 80 美元。

原告对该电子邮件向上海市长宁公证处提起保全证据公证，公证处出具(2015)沪长证字第 3337 号公证书，公证该邮件提取过程及邮件内容。

被告查看该交易记录后认可为外汇保证金交易。因被告拒绝赔偿原告投资损失，原告起诉来院。

另查明，IronFXGlobalLimitied 为注册在境外的公司，其境外网上交易平台 www. ironfx. com 提供的交易软件可从事包括外汇、美股、原油等多种金融产品交易，该网上交易平台未获得国内监管机构批准在境内开展外汇交易。2014 年 11 月 12 日中国人民银行授权中国外汇交易中心公布的美元兑人民币的汇率中间价为 6. 1428。

裁判结果

一、被告王伟斌于本判决生效之日起 10 日内赔偿原告陈婧损失人民币 19, 147. 99 元；二、驳回原告其余诉讼请求。

法院观点

原告经被告推荐开立 IronFX 账户，在境外网络平台从事金融产品交易，原被告间签署《共同投资协议》，符合委托理财合同关系的特征。

一、关于《共同投资协议》的效力问题

本院认为首要的问题是双方委托理财合同是否成立。在《共同投资协议》拟定前，原告在被告推荐下设立 IronFX 账户并投入 5600. 04 美元，投入资金后该账户即开始了外汇交易。庭审中被告虽认为其仅从原告处获取查询密码，但此情形与《共同投资协议》约定不符，亦与录音证据中被告承认获知交易密码不符。况且，被告承认凭被告账号及密码可以看到包括原告在内所有代理客户的净值和交易量，故原告交付被告查询密码无任何意义。综合上述情况，本院认定原告已履行《共同投资协议》主要义务，被告接受交易密码的事实。原、被告间形成的合同文件无论是《共同投资协议》

(一)(二),或是邮件文档一、二,在主要内容上并无差别,被告在给原告的电子邮件回复中明确告知原告"协议收到,很完整,我填上了我的个人信息,打印出来签字就可以了",被告接受密码、回复邮件之行为应当视为对《共同投资协议》约定内容的认可,委托理财合同据此成立。被告在原告账户发生亏损后,并未否认上述协议的存在,且在原告坚持要求下补签名字,亦可证实双方间委托理财合同成立。

在合同成立基础上,就《共同投资协议》的效力,本院认为依据《合同法》之规定,违反法律、行政法规的强制性规定的,合同无效。国务院颁布的《外汇管理条例》第17条规定:"境内机构、境内个人向境外直接投资或者从事境外有价证券、衍生产品发行、交易,应当按照国务院外汇管理部门的规定办理登记。国家规定需要事先经有关主管部门批准或者备案的,应当在外汇登记前办理批准或者备案手续"。中国人民银行颁布的《个人外汇管理办法》第30条规定,"境内个人从事外汇买卖等交易,应当通过依法取得相应业务资格的境内金融机构办理"。国家外汇管理局《关于中国银行福建省分行开办个人外汇保证金交易的批复》(汇复〔2006〕95号)第2条规定,"境内机构和个人参与境外机构提供的外汇保证金交易属违规行为,我局将协同有关管理部门进行查处"。《共同投资协议》中约定投资所用账户为原告IronFX铁汇账号,而该交易平台为境外平台,原告账户从事的外汇保证金交易并不符合国家外汇管理部门的监管要求,故《共同投资协议》因违反法律、行政法规的强制性规定而无效。

二、关于合同无效所致的法律后果

有过错的一方应当赔偿对方因此所受到的损失,双方都有过错的,应当各自承担相应的责任。本案中,被告作为IronFXGlobalLimitied公司的代理人,较原告有更丰富的金融投资经验和更专业的知识能力,应当清楚涉案交易为国家法律法规所禁止,但仍继续鼓励原告从事非法外汇保证金交易并从中获得佣金,具有较大过错。需要指出的是,被告虽否认操作原告账户并指责原告泄露账户交易密码,但《共同投资协议》中明确约定原告将交易密码告知被告,被告负责账户实盘操作,故被告接受密码、回复邮件的一系列行为,应当视为其对协议内容的确认并积极追求履行的结果。被告之抗辩意见并无证据证明,故本院不予采纳。若如被告所称,其收到密码后将原告账户交由他人操作而未告知原告,更有违诚实信用。就原告而言,其理应在投资前谨慎了解外汇交易是否合规、有无交易风险,但未做充分了解即贸然委托被告操作账户从事违法交易,且其在知悉账户密码情况下未能及时查询账户情况、监控止损,导致损失扩大,自身也具有过错。据此,本院酌定过错比例为原告负担损失的40%,被告负担60%。关于损失具体计算,原告主张的本金损失5195.24美元可予认定。本院即以原告账户最后一笔操作时间2014年11月12日当日中国外汇交易中心公布的美元兑人民币的汇率中间价 6.1428 计算,5195.24 美元折合人民币为 31,913.32 元,由原告自行负担 12,765.33 元,被告负担 19,147.99 元。原告主张的利息损失并无法律及合同依据,本院不予支持。原告为固定本案证据而产生的公证费 5080 元,系为证明自身主张而支出的费用,应由原告自行负担。

金讼圈提示

外汇保证金交易是指由投资者、专业从事外汇买卖的金融公司(银行、交易商或经纪商)等主体进行的,通常是签订买卖外汇的委托合同,投资者缴纳一定比例的交易保证金,便可按一定融资倍数买卖十万、几十万甚至上百万美元的外汇。这种交易又被称为合约现货外汇交易、按金交易、虚盘交易。这种合约形式的买卖只是对某种外汇的某个价格作出书面或口头的承诺,然后等待价格出现上升或下跌时,再作买卖的结算,从变化的价差中获取利润,当然也承担了亏损的风险。

外汇保证金交易是俗称的"炒外汇",即以一定比例的资金在外汇市场以各种货币为买卖对象,对汇率波动的方向,进行扩大百倍以至数百倍的增值交易的金融衍生品,也称杠杆式外汇,近年来吸引了许多投资者的参与。

第十一章 信 托 篇

071 信托财产的权利负担是否影响信托财产的确定要求?

案例索引

世欣荣和投资管理股份有限公司与长安国际信托股份有限公司等信托合同纠纷案;最高人民法院于2016年6月6日作出的(2016)最高法民终19号民事判决书。

交易结构图

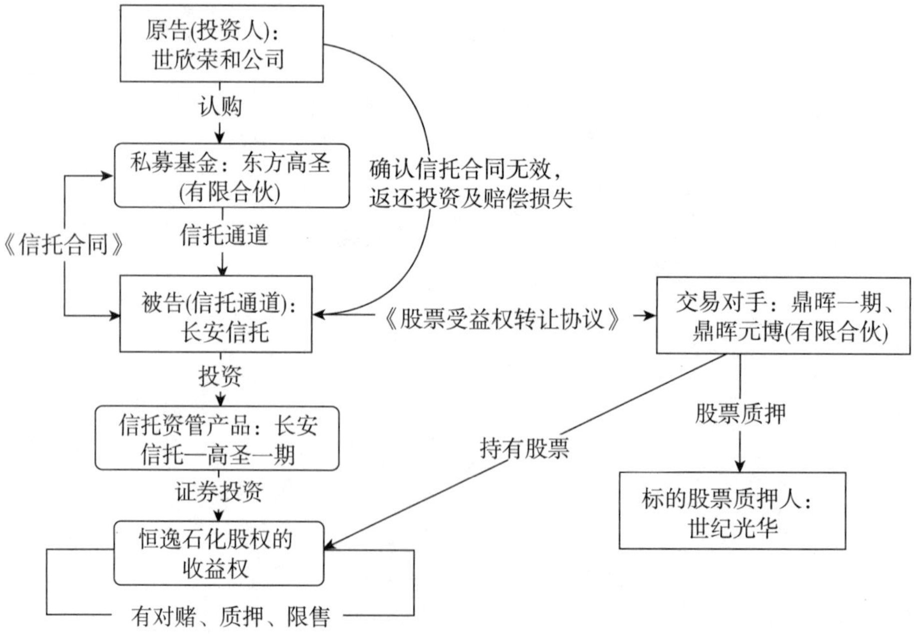

金讼圈导读

一、本案最高人民法院首次针对有限合伙人的派生诉讼权问题，及信托财产确定要求与信托合同效力问题，均给予了明确答案。

二、本案是关于投资人借助于有限合伙私募基金工具与信托公司集合资金信托通道，购买劣后级（次级）份额，最终投资购买著名鼎晖基金的限售股票收益权，结果由于标的股票持续下跌，触及警戒线，无法及时补仓，导致信托公司强行平仓清算，投资人血本全部亏光的惨痛案例。

三、本案例亮点在于鼎晖投资高风险标的资产后，是如何既锁定投资收益又规避投资风险的高明之举。

裁判规则

一、有限合伙企业中，如果执行事务合伙人怠于行使诉讼权利，不执行合伙事务的有限合伙人可以为了合伙企业的利益以自己的名义提起诉讼。

二、资金信托设立时，受托人从委托人处取得的资金是信托财产；资金信托设立后，受托人管理运用、处分该资金而取得的财产也属于信托财产。

三、信托财产的确定体现为该财产明确且特定，信托财产上存在权利负担或者他人就该财产享有购买权益，与信托财产的确定属不同的法律问题，也不当然影响信托财产的确定。

四、当事人以信托财产上存在权利负担或者他人就该财产享有购买权益，主张信托无效的，不能成立。

案情介绍

上诉人（原审原告）：世欣荣和投资管理股份有限公司。

被上诉人（原审被告）：长安国际信托股份有限公司、天津鼎晖股权投资一期基金（有限合伙）（执行事务合伙人为天津鼎晖股权投资管理中心）、天津鼎晖元博股权投资基金（有限合伙）（执行事务合伙人为天津鼎晖股权投资管理中心）、天津鼎晖股权投资管理中心（有限合伙）（执行事务合伙人为鼎晖股权投资管理（天津）有限公司）。

原审第三人：天津东方高圣诚成股权投资合伙企业（有限合伙）（执行事务合伙人为天津东方高圣股权投资管理有限公司）。

上诉人世欣荣和投资管理股份有限公司（以下简称世欣荣和公司）为与被上诉人长安国际信托股份有限公司（以下简称长安信托）、天津鼎晖股权投资一期基金（有限合伙）（以下简称鼎晖一期）、天津鼎晖元博股权投资基金（有限合伙）（以下简称鼎晖元博）、天津鼎晖股权投资管理中心（有限合伙）（以下简称鼎晖管理中心）、原审第三人天津东方高圣诚成股权投资合伙企业（有限合伙）（以下简称东方高圣）信托合同纠纷一案，不服陕西省高级人民法院（以下简称陕西高院）（2015）陕民二初字第00012号民事判决，向本院提起上诉。

2010年至2011年，上市公司世纪光华科技股份有限公司（以下简称世纪光华）进行重大资产重组，鼎晖一期、鼎晖元博通过参与重组获得"恒逸石化"股票11,543,568股。

2010年4月29日、12月20日，世纪光华与重组参与方浙江恒逸集团有限公司（以下简称恒逸集团）、鼎晖一期、鼎晖元博先后签署了《关于业绩补偿的协议书》《业绩补偿的协议书之补充协议》，约定：若上述协议中的浙江恒逸石化股份有限公司在2010年、2011年、2012年及2013年的每个会计年度的实际盈利数未能达到约定计算指标，则世纪光华可以人民币1元的价格向恒逸集团、鼎晖一期、鼎晖元博回购其持有的股份，减少注册资本。同时约定，如发生协议上述的业绩补偿情形时，则世纪光华应先向恒逸集团回购股份，当恒逸集团持有的世纪光华股份的数量少于补偿股份数量时，世纪光华向鼎晖一期、鼎晖元博回购两方持有的世纪光华股份。

2011年5月27日，世纪光华发布《世纪光华科技股份有限公司重大资产出售及发行股份购买资产暨关联交易实施情况报告书》，确认：2011年5月10日，鼎晖一期及鼎晖元博完成了涉诉股份的登记，并承诺自股份登记完成之日起36个月内不转让。根据恒逸石化2014年5月14日发布的《关于浙江恒逸集团有限公司业绩承诺补偿股份过户实施公告》，最终由恒逸集团向业绩补偿承诺方外的其他股东送股13,167,295股，送股后恒逸集团持有"恒逸石化"70.03%比例的股份。

2011年8月，世欣荣和公司签署《合伙协议》，与天津东方高圣股权投资管理有限公司（以下简称天津东方高圣公司）等共9名合伙人组建了合伙企业即东方高圣。同年8月16日，东方高圣召开第一次临时合伙人会议，全体合伙人一致同意"合伙企业资金用于受让恒逸石化限售流通股的股份收益权"。

2012年2月15日，东方高圣召开了2012年度投资决策委员会会议，决议：长安信托将募集资金人民币3.1亿元购买鼎晖一期和鼎晖元博分别持有的900.4万股和253.96万股（合计为1154.36万股）恒逸石化股票收益权；同意东方高圣和长安信托签署《长安信托·高圣一期分层式股票收益权投资集合资金信托合同》，出资人民币共计1.12亿元认购长安信托发行的信托单位，每1信托单位面值1元。

2012年3月15日，长安信托分别与鼎晖一期、鼎晖元博签署了《股票收益权转让协议》,约定的主要内容是:长安信托拟通过发行“长安信托·高圣一期分层式股票收益权投资集合资金信托计划”的方式募集资金,并以所募集的信托资金,按照协议约定的条款和条件,从鼎晖一期、鼎晖元博处受让其持有的恒逸石化限售流通股股票在约定期间的收益权。其中,以24,180万元的价格受让鼎晖一期持有的9,003,983股股票收益权,以6820万元的价格受让鼎晖元博持有的2,539,585股股票收益权。只有当“信托计划”已正式宣告成立之后,长安信托才需要向出让方履行支付上述转让款的义务。标的股票均有3年的限售期,解禁日为2014年6月8日。约定的收益期间指长安信托支付全部转让价款之日起至限售期届满后按照长安信托的指示将标的股票全部处置完成之日。标的股票收益权包括股票的处置收益及股票在约定收益期间所实际取得的股息及红利、红股、配售、新股认股权证等孳息;除上述收益权之外的表决权、监督权、知情权等其他股东权利均由出让方继续享有。在长安信托足额支付转让款后,出让方授权长安信托在限售期满后可指示标的股票托管方国信证券股份有限公司(以下简称国信证券)将标的股票进行合法处置,并指示存管银行兴业银行股份有限公司上海分行(以下简称兴业银行上海分行)将处置标的股票所得收益划付给长安信托。同日,为保证该《股票收益权转让协议》得到履行,鼎晖一期、鼎晖元博分别与国信证券签署了《股票托管服务与承诺协议》,将标的股票托管于国信证券指定席位,并且不得擅自变更或注销在国信证券的证券账户,亦不得对证券账户进行取消指定或转托管,不得擅自变更第三方存管银行账户;长安信托分别与兴业银行上海分行、鼎晖一期、鼎晖元博签署了《三方操作与监管协议》,指定兴业银行上海分行作为存管银行,长安信托有权将标的股票的收益通过该银行划转入己方的账户;长安信托还分别与鼎晖一期、鼎晖元博签署了《股票质押合同》,将标的股票质押在长安信托名下以担保《股票收益权转让协议》的履行,并于同年3月26日办理了相应的证券质押登记。

2012年3月28日,东方高圣与长安信托签署两份《认购风险申明书》及相应的《长安信托·高圣一期分层式股票收益权投资集合资金信托合同》(以下简称《信托合同》)。在《认购风险申明书》中,长安信托告知投资者:信托计划不承诺保本和最低收益,具有一定的投资风险;认购人认真阅读并理解所有的信托文件,并愿意依法承担相应的信托投资风险,方才自愿认购相应的信托单位。《信托合同》第13条次级委托人与次级受益人的特别义务规定:次级委托人追加的资金分为A类资金及B类资金。追加A类资金的规定,在信托存续期间,在每个信托年度的第10个月末时,若以现金方式存在的信托财产不够支付本年度应支付的托管费、信托报酬及投资顾问费的,则次级委托人有义务将差额部分以现金方式向该信托追加资金。届时受托人将以书面方式向次级委托人发出追加资金的提示函，若次级委托人在受托人发出提示函后的30日内，未足额追加资金的，则视为次级受益人放弃其所有信托份额的受益权，该信托项下的次级受益权将归优先委托人所拥有；追加B类资金的规定：在信托存续期间，受托人每日盯盘，对该信托投资的标的股票设定B类资金的追加线为27.56元。信托期限内，受托人有权对该信托的B类资金追加线进行调整。信托期限内，标的股票T日的收盘价高于追加线的，信托计划正常运行，信托期内T日的股票收盘价触及或低于追加线的，受托人应当于T+1日10:00前以传真和电话方式通知次级受益人。次级受益人在收到通知后有权决定是否追加资金或股票，次级受益人追加资金或股票的，追加资金或股票计入信托财产后应使信托资产总值恢复至[持仓股票×追加线]以上。如T日标的股票收盘价触及或低于追加线的，且次级受益人未在T+5日及时追加资金或追加股票，或T+5日信托财产总值未自行恢复至[持仓股票×追加线]以上的，则视为次级受益人放弃所持有信托份额的受益权，该信托项下的次级受益权将归优先委托人所有。第16条“风险揭示”第1款第8项约定：信托计划采用了结构化的设计，普通受益人及次级受益人以其参加信托计划的资金保障优先受益人的本金和收益，普通受益人及次级受益人承受的风险远大于优先受益人。信托财产运作过程中可能出现因标的股票价格下跌导致普通受益人及次级受益人交付的认购资金全部损失的风险。根据两份《信托合同》的约定，第三人认购普通信托单位2509万份，次级信托单位8695万份，认购资金共计11,204万元。东方高圣于签约当日即将上述认购资金全额支付给长安信托。长安信托与东方高圣又签署了《高圣一期分层式股票收益权投资集合资金信托计划信托合同之〈补充协议〉》，将认购次级信托单位的8695万元变更为8691万元，多交付的4万元不计入信托财产，也不属于东方高圣持有的信托单位，而是将其中的3.1万元用于支付公证费用，其余9000元退还给了东方高圣。最终，东方高圣交付给长安信托的认购资金数额为112,031,000元。

2012年8月27日，标的股票“恒逸石化”因市场长期下跌触及预警线长安信托通知东方高圣追加保证金，东方高圣于2012年8月31日追加B类保证金1,385,200元。于2013年3月7日追加A类保证金6,065,800元。

2013年3月1日，长安信托给第三人东方高圣发出征询函，主要内容是：贵司作为信托计划次级受益人，应全体受益人的要求，现采取通讯方式召开受益人大会就以下事项进行表决，表决内容如下：(1)同意信托合同的第10条修改；(2)同意信托合同的第十一条修改；(3)同意信托合同第13条：“次级委托人与次级受益人的特别义务”第二部分“追加B类资金的规定”中“如T日标的股票收盘价触及或低于追加线的，且次级受益人未在T+5日及时追加资金或追加股票，或T+5日信托财产总值未自行恢复至[持仓股票×追加线]以上的,则视为次级受益人放弃所持有信托份额的受益权,本信托项下的次级受益权将归优先委托人所有。”修改为:“如 T 日标的股票收盘价触及或低于追加线的,且次级受益人未在 T +5 日及时追加资金或追加股票,或 T +5 日信托财产总值未自行恢复至[持仓股票×追加线]以上的,或未能根据优先受益人要求,由在公开市场主体信用评级 AA 级(及以上)的机构提供信用增级的,则视为次级受益人放弃其所有信托份额的受益权,本信托项下的次级受益权将归优先委托人所有。”如该征询函内容与原合同内容有任何冲突,以该征询函为准。受托人按信托文件约定,就上述方案的调整向你征求意见以决定是否实施。东方高圣盖章同意上述调整方案。

2014 年 10 月,标的股票禁售期届满之后,由于标的股票价格持续走低,2014 年 9 月 26 日优先级信托单位兴业银行上海分行给长安信托发出委托指令,主要内容是:标的股票“恒逸石化”于 2014 年 7 月 16 日解禁,标的股票的收盘价持续低于优先级保本价,且次级受益人至今未追加现金或追加股票,故根据《征询函》约定,现优先受益人即该行请贵司立即将持仓股票变现,变现所得用于清偿优先级受益人本息。

2014 年 10 月 11 日,长安信托给东方高圣发出通知函,主要内容是:根据 2013 年 3 月 1 日受益人大会表决通过的《征询函》之约定,该信托计划的股票“恒逸石化”已于 2014 年 7 月 16 日解禁,标的股票收盘价持续低于优先级保本价,次级受益人至今未追加现金或追加股票。优先受益人已向长安信托发出变现持仓股票的委托指令,长安信托根据《征询函》约定,将操作变现持仓股票。

嗣后,长安信托遂分别于 2014 年 10 月 13 日、21 日解除了标的股票的质押登记,并全部出售。

2014 年 10 月 27 日,长安信托将出售标的股票所得收益共计 185,141,010.31 元分配清算完毕,由于清算时信托财产尚不足以完全支付优先级受益人本金及收益,次级受益人东方高圣分配为零。长安信托并公开发布了《长安信托·高圣一期分层式股票收益权投资集合资金信托计划清算报告》,并声明:委托人、受益人自《清算报告》公告之日起 3 个工作日内未提出书面异议,长安信托就清算报告所列内容解除责任。异议期内,世欣荣和公司及东方高圣均未向长安信托就清算事宜提出异议。

2015 年 3 月 5 日,世欣荣和公司向东方高圣、天津东方高圣公司邮寄送达了《请求维权催告函》,认为长安信托与鼎晖一期、鼎晖元博恶意串通,造成其信托投资全部亏损,要求东方高圣及天津东方高圣公司立即采取行动,向法院提起诉讼。

2015 年 3 月 31 日,天津东方高圣公司回函表示已聘请律师对相关文件进行研究,但尚未掌握长安信托与鼎晖一期、鼎晖元博恶意串通的证据,希望世欣荣和公司能够提供帮助。

世欣荣和公司依据《合伙协议》的约定及《合伙企业法》第68条之规定,向陕西高院提起了诉讼,请求:一、判决长安信托与东方高圣签订的前述两份《信托合同》无效;二、判令长安信托向东方高圣返还认购款112,031,000元,以及基于《信托合同》追加的保证金6,065,814元,共计118,096,814元;三、判令长安信托向东方高圣赔偿按中国人民银行同期基准贷款利率计算的利息损失21,693,166.45元(认购款利息自付款之日2012年3月28日起计算至2015年3月30日止,计20,737,858.91元;追加保证金利息自付款之日2012年9月1日起至2015年3月30日止,计955,307.54元,利息损失应计算至实际偿付日止);四、判令长安信托承担案件诉讼费;五、判令鼎晖一期、鼎晖元博与鼎晖管理中心与长安信托承担连带责任。

另查明:一、鼎晖管理中心是鼎晖一期、鼎晖元博两户合伙企业的普通合伙人。二、世欣荣和公司就原审判决提出的笔误,长安信托、鼎晖一期、鼎晖元博、鼎晖管理中心、东方高圣均认可。

裁判结果

一审法院判决:驳回世欣荣和公司的诉讼请求。

二审法院(最高人民法院)判决:驳回上诉,维持原判。

法院观点

东方高圣按照涉诉两份《信托合同》认购信托单位而交付给长安信托的112,031,000元资金,因世欣荣和公司和长安信托、东方高圣均认可其属于上述《信托合同》项下的信托财产,故本院对该112,031,000元资金属于受托人长安信托获得的信托财产予以确认。因受托人管理运用、处分信托财产而取得的财产也应归入信托财产,而长安信托以上述资金从鼎晖一期、鼎晖元博处受让涉诉股票收益权系运用信托财产,故世欣荣和公司主张长安信托因此取得的涉诉股票收益权亦属于信托财产,本院予以支持。原审判决认定长安信托从鼎晖一期、鼎晖元博取得的涉诉股票收益权不属于信托财产,有失妥当,本院予以纠正。

信托法律关系中信托财产的确定是要求信托财产从委托人自有财产中隔离和指定出来,而且在数量和边界上应当明确,即信托财产应当具有明确性和特定性,以便受托人为实现信托目的对其进行管理运用、处分。本案中,长安信托与鼎晖一期、鼎晖元博分别在相应《股票收益权转让协议》中约定,股票收益权内容包括鼎晖一期持有的9,003,983股、鼎晖元博持有的2,539,585股合计11,543,568股股票的处置收益及股票在约定收益期间所实际取得的股息及红利、红股、配售、新股认股权证等孳息。该约定明确了长安信托所取得的涉诉股票收益权的数量、权利内容及边界,已经使长安信托取得的涉诉股票收益权明确和特定,受托人长安信托也完全可以管理运用该股票收益权。所以,信托财产无论是东方高圣按照涉诉两份《信托合同》交付给长安信托的112,031,000元资金,还是长安信托以上述资金从鼎晖一期、鼎晖元博处取得的股票收益权,均系确定。世欣荣和公司主张涉诉两份《信托合同》中信托财产不确定,缺乏事实基础,对其主张本院不予支持。

长安信托从鼎晖一期、鼎晖元博处取得涉诉股票收益权前,鼎晖一期、鼎晖元博等在与世纪光华签订的《关于业绩补偿的协议书》中承诺该协议中的浙江恒逸石化股份有限公司相关会计年度实际盈利未达标时,世纪光华可以回购鼎晖一期、鼎晖元博持有的上述相应股票。在上述股票的收益权转让给长安信托后,上述承诺涉及的问题就是如果上述浙江恒逸石化股份有限公司相关会计年度实际盈利未达标,涉诉股票上世纪光华回购权益就需与长安信托的收益权进行协调。涉诉股票需进行权益协调的问题,与股票收益权确定与否的问题,属不同法律问题,二者没有法律上的关联。涉诉股票权益协调可以按照法律的规定予以解决,权益协调并不当然导致长安信托丧失其所取得的股票收益权。本案中,因长安信托为保障股票收益权实现已取得了该股票的质押权,故,在涉诉股票上长安信托的权利优先于世纪光华。而且,本案中世纪光华也并未回购涉诉股票。所以,涉诉股票并未因世纪光华回购而使长安信托无法拥有股票收益权。世欣荣和公司提出的涉诉股票"所有权"不确定进而股票收益权也不确定之主张,实质是认为世纪光华对涉诉股票的回购权益将使鼎晖一期、鼎晖元博无法拥有股票"所有权"进而长安信托无法享有股票收益权,如前所述,该主张缺乏法律依据,故难以成立。世纪光华就涉诉股票享有的回购权益未对作为信托财产的股票收益权产生法律上的影响,世欣荣和公司以涉诉股票上存在世纪光华回购权益为由否定《信托合同》效力,事实和法律依据均不充分,本院不予支持。

因本案中并无世纪光华向鼎晖一期、鼎晖元博回购股票而受阻之事实,故世欣荣和公司主张《股票收益权转让协议》及《股票质押合同》因使世纪光华回购涉诉股票受阻而损及社会公众股东利益,缺乏事实依据。世欣荣和公司认可世纪光华对涉诉股票享有回购权益属公开披露的事实,所以即使鼎晖一期、鼎晖元博在与长安信托签订的《股票收益权转让协议》中未专门披露上述事实,也不构成恶意串通隐瞒上述事实。而且,世纪光华对涉诉股票的回购权益事实上没有影响长安信托实际取得涉诉股票收益权或处置股票。因此鼎晖一期、鼎晖元博在与长安信托签订上述协议时陈述所称的涉诉股票不存在影响股票收益权转让或处置股票的情况,并无不当,《股票收益权转让协议》不应属于恶意串通损害第三人东方高圣利益而无效。世欣荣和公司主张《股票收益权转让协议》无效,事实依据不足,其主张难以成立。相应地,世欣荣和公司以该协议无效为依据来主张涉诉两份《信托合同》无效,也不能成立。

原审判决查明的2013年3月7日长安信托向东方高圣发出征询函及东方高圣盖章同意、2014年9月26日兴业银行上海分行向长安信托发出委托指令、2014年10月11日长安信托向东方高圣发出《通知函》的事项,属于涉诉两份《信托合同》履行中的问题。该类问题因不会影响涉诉两份《信托合同》的效力,故本院对其不予审理。因本案中并无证据否定涉诉两份《信托合同》的效力,故世欣荣和公司主张该合同无效,本院不予采纳。世欣荣和公司以上述《信托合同》无效为据主张长安信托返还112,031,000元认购资金、6,065,814元保证金及支付相应利息,并主张鼎晖一期、鼎晖元博以及该二合伙企业的普通合伙人鼎晖管理中心承担连带责任,均不能成立,对其主张本院不予支持。世欣荣和公司就原审判决笔误提出的意见,本院予以采纳并予纠正。

综上,本案中东方高圣与长安信托签订的两份《信托合同》有效。世欣荣和公司依据该《信托合同》要求长安信托、鼎晖一期、鼎晖元博、鼎晖管理中心连带返还认购资金、保证金及相应利息,不能成立。原审判决认定事实基本清楚,适用法律虽有不当但判决结果正确,应予维持。

金讼圈提示

一、从本案例可以发现,本案原告世欣荣和公司的诉讼逻辑在于主张《股票收益权转让协议》无效。相应地,进而以该协议无效为依据来主张涉诉两份《信托合同》无效。可见,原告选择的路径是主张合同无效,但认定合同无效的法律条件是十分苛刻的。

二、假如原告提前发现投资风险,及时以鼎晖一期、鼎晖元博在与长安信托签订的《股票收益权转让协议》中未专门披露涉诉股票存在回购权的权利负担为由主张构成欺诈,则属于可撤销合同,依法选择主张撤销《股票收益权转让协议》或许更有希望挽回投资损失。

三、笔者认为,涉诉股票负有回购权益的权利瑕疵虽属公开披露的事实,并不意味股票出让方鼎晖一期、鼎晖元博不承担披露义务,也不能推定股票受让方就一定对此已经知情,更不意味出让方在《股票收益权转让协议》中可以不披露。因此,以构成欺诈为由及时主张撤销合同还是有可能的,当然也要注意时效、主体等其他问题。

072 法院以何理由判决"明股实债"信托丧失抵押权?

案例索引

新华信托股份有限公司与湖州港城置业有限公司破产债权确认纠纷案湖州市吴兴区人民法院(2016)浙0502民初1671号一审民事判决书。

交易结构图

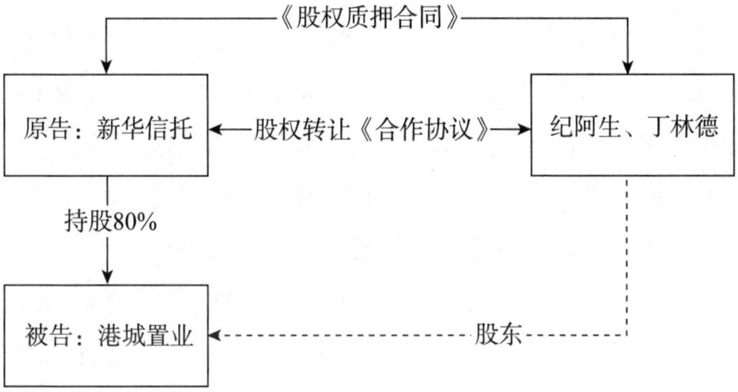

金讼圈导读

本案例是"明股实债"房地产信托遭遇目标公司破产清算,从而引发是"债"还是"股"的焦点争议。此判决一出,即震惊了中国整个信托行业,确是"明股实债"纠纷的颠覆性判决,值得参阅。

裁判规则

一、作为股东已进行了公司股东名册记载、公司登记机关登记,对外具有公示效力。

二、本案不是一般的借款合同纠纷或股权转让纠纷,而是破产清算案中衍生的诉讼,本案的处理结果涉及破产清算案的所有债权人的利益,应适用公司的外观主义原则。

三、在名实股东的问题上要区分内部关系和外部关系,对内部关系产生的股权权益争议纠纷,可以当事人之间的约定为依据,或是隐名股东,或是名股实债;而对外部关系上不适用内部约定。

四、基于股东身份，其出资并获得股东资格后不应再享有对破产企业的破产债权，对相应的抵押物不具有优先受偿权。

案情介绍

原告：新华信托股份有限公司（以下简称新华信托）。

被告：湖州港城置业有限公司（以下简称港城置业）。

新华信托系经中国人民银行批准获得信托业务的，具有金融许可证、受银监委监管的中外合资企业。港城置业系以房地产开发为主营的企业。

2011年4月12日、4月20日港城置业分别召开三次股东会（当时港城置业股东有纪阿生、丁林德），股东会决议决定了向新华信托贷款2亿~2.5亿元。

2011年6月21日，经协商，新华信托与港城置业、纪阿生、丁林德达成了受让股权的协议，并签订了《合作协议》，协议约定：由原告新华信托募集2亿~2.5亿元资金，其中14,400万元分别用于受让纪阿生和丁林德的股份，其余全部增入港城置业的资本公积金，股份转让后，原告将持有港城置业的80%股份。

2011年6月24日，新华信托与纪阿生、丁林德按照《合作协议》的约定，分别签订股权转让合同，纪阿生向新华信托有偿转让的股权占港城置业股本总数的56%，转让价格为10,080万元；丁林德向新华信托有偿转让的股权占港城置业股本总数的24%，转让价格为4320万元；股权转让合同还约定了纪阿生、丁林德作为转让方，要保证转让的股权具有合法性、积极办理股权相关的转让手续等双方应尽的权利和享有的义务等内容；同时，新华信托为了保证《合作协议》的履行，与纪阿生、丁林德签订了股权质押合同，并办理了质押登记手续，纪阿生出质股权占港城置业股本总数的14%，丁林德出质股权占港城置业股本总数的6%。港城置业为了保证《合作协议》的履行，以其土地使用权进行了抵押；2011年9月9日，新华信托向港城置业汇入22,048万元。

2011年9月14日，新华信托向港城置业汇入430万元。其中股权转让款为144,00万元，资本公积金为8078万元。2011年9月15日，新华信托指派钱海莹、谢萍为港城置业董事，并选举纪阿生为董事长、丁林德为经理，形成新的港城置业章程，新章程明确了港城置业的股东为纪阿生（股权占14%）、丁林德（股权占6%）、新华信托（股权占80%），同时规定纪阿生、丁林德可委派董事3名，新华信托可委派董事2名，董事享有知情权、提案权、表决权和否决权等内容。同月，港城置业据上述股权转让协议、股东会决议、港城置业新的章程、董事会决议等资料向湖州市工商行政管理局进行了工商信息变更。新华信托依法持有了港城置业的80%股权。新华信托、纪阿生、丁林德、港城置业均依合同约定,履行了义务。

2012年4月15日,港城置业召开了股东会,其中股东会应到3名、实到3名,通过了免去丁林德原董事职务,补胡兴坤为董事,即确定第一届董事会董事为纪阿生、周小华、钱海莹、谢萍、胡兴坤。当日港城置业又召开董事会,全体董事参加,董事会决议决定免去丁林德经理职务,聘周小华为经理等事宜。

2013年7月30日,新华信托方因钱海莹离职,港城置业股东会会议免去钱海莹董事职务,补陈晨为新华信托方的董事,任期至第二届期满。

2013年8月15日,港城置业董事会通过了纪阿生为董事长并为法定代表人,周小华为经理等决议。其间,新华信托与港城置业、纪阿生、丁林德于2013年2月21日,签订《补充协议》,协议明确了新华信托对港城置业凯旋国际项目销售资金的管控,如港城置业、纪阿生、丁林德未配合资金监管,新华信托有权更换法定代表人,接管港城置业的财务章及法人章。嗣后,新华信托接管港城置业的法人章、合同专用章、财务专用章、预售资金监管专户财务专用章、纪阿生个人名章。2015年10月9日,新华信托向港城置业破产管理人移交了上述印章。

湖州市中级人民法院于2015年8月4日裁定了受理被告港城置业破产清算纠纷一案,并指定本院审理港城置业破产清算纠纷一案。新华信托在法定债权申报期限内向管理人申报了债权,并于2015年12月24日收到管理人作出的《债权审查通知书》,告知不予确认新华信托申报的债权,后新华信托提出债权审查异议,管理人经复审作出了《债权复审通知书》,告知新华信托维持不予确认的审查意见。故新华信托向本院提起诉讼要求确认债权及优先受偿权。

裁判结果

驳回原告新华信托股份有限公司的诉讼请求。

法院观点

丁林德、纪阿生、港城置业与新华信托签订的《合作协议》及丁林德、纪阿生分别与新华信托签订的《股权转让协议》系各方真实意思的表示,合法有效,受法律保护。

嗣后各方均已按约履行,且新华信托作为股东已进行了港城置业公司股东名册记载、公司登记机关登记,对外具有公示效力。

现原告新华信托提出其是“名股实债”,同时提出股权受让系让与担保的措施的主张,并据此提交了港城置业原股东会决议,拟证明港城置业有向新华信托融资的意向,本院认为,首先在名实股东的问题上要区分内部关系和外部关系,对内部关系产生的股权权益争议纠纷,可以当事人之间的约定为依据,或是隐名股东,或是名股实债;而对外部关系上不适用内部约定,按照《公司法》第32条第3款"公司应当将股东的姓名或者名称及其出资额向公司登记机关登记,登记事项发生变更的,应当办理变更登记,未经登记或者变更登记的,不得对抗第三人"之规定,第三人不受当事人之间的内部约定约束,而是以当事人之间对外的公示为信赖依据。

本案不是一般的借款合同纠纷或股权转让纠纷,而是港城置业破产清算案中衍生的诉讼,本案的处理结果涉及港城置业破产清算案的所有债权人的利益,应适用公司的外观主义原则。即港城置业所有债权人实际(相对于本案双方当事人而言)均系第三人,对港城置业公司的股东名册记载、管理机关登记所公示的内容,即新华信托为持有港城置业80%股份的股东身份,港城置业之外的第三人有合理信赖的理由。而港城置业的股东会决议仅代表港城置业在签订《合作协议》《股权转让协议》前有向新华信托借款的单方面意向,最终双方未曾达成借款协议,而是新华信托受让了纪阿生、丁林德持有的港城置业股权,与纪阿生、丁林德之间发生了股权转让的事实。如果新华信托本意是向港城置业出借款项的,港城置业从股东会决议来看亦是有向新华信托借款意向的,双方完全可以达成借款合同,并为确保借款的安全性,新华信托可以要求依法办理股权质押、土地使用权抵押、股东提供担保等法律规定的担保手续。如原告在凯旋国际项目上不能进行信托融资的,则应依照规定停止融资行为。新华信托作为一个有资质的信托投资机构,应对此所产生的法律后果有清晰的认识,故新华信托提出的"名股实债""让与担保"等主张,与本案事实并不相符,其要求在破产程序中获得债权人资格并行使相关优先权利并无现行法上的依据,故本院对其主张依法不予采纳。

综上,被告港城置业管理人在破产程序中履行管理职权,确认新华信托对破产企业不享有破产债权是正确的。基于新华信托在港城置业中的股东身份,其出资并获得股东资格后不应再享有对破产企业的破产债权,新华信托要求行使对港城置业所有的湖州市西南分区18-C号地块国有土地使用权及在建工程享有抵押权,并以该抵押物折价或者以拍卖、变卖的价款优先受偿的请求,有悖法律,本院依法予以驳回。

金讼圈提示

一、投融资领域为了加强风险控制保障,以"明股实债"的操作手法进行让与担保债权的现象目前很常见。

二、债权与股权是两种性质不同的法律关系,"明股实债"对内可以提高风险控制保障作用,但对外由于不能对抗第三人,反而放大了风险。

三、这正是法律是把"双刃剑"的魅力所在,防人也可以伤自己。本是把法律当刀使,本想玩一个"背后藏刀",结果割到自己的后脖子。投融资领域风险无处不在,聘请专业律师必不可少。

073 法院以何理由判决"明股实债"信托享有抵押权?

案例索引

某股份有限公司与某投资开发有限公司等营业信托纠纷上诉案;上海市第二中级人民法院(2012)沪二中民六(商)初字第7号民事判决;上海市高级人民法院(2013)沪高民五(商)终字第11号民事判决书。

交易结构图

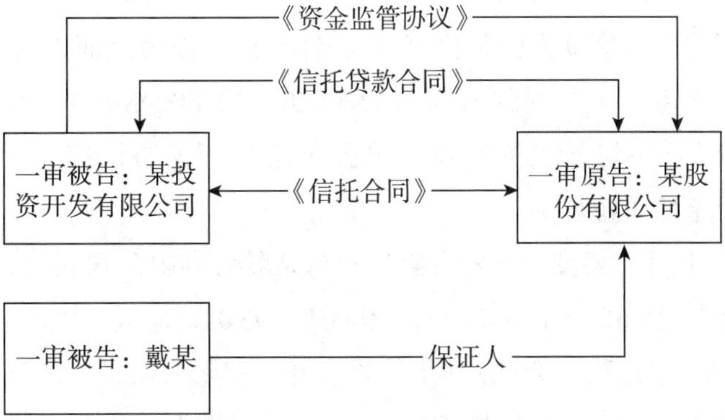

金讼圈导读

《法院以何理由判决"明股实债"信托丧失抵押权?》通过湖州市中级人民法院的一审案例介绍了房地产信托明股实债丧失抵押权的尴尬。本文则用上海市高级人民法院的终审案例来介绍房地产信托一笔资金两份合同导致法律关系不清晰的尴尬,法院强调实质重于形式的原则,确认《信托合同》为主协议从而获得抵押权。将两个案例进行对比分析,更能深入理解关于信托金融的裁判规则要旨。

裁判规则

一、对于具有强制执行效力的债权文书,公证处已明确所涉债务不具备出具执行证书的条件并下发通知,债权人遂采取向法院直接提起诉讼主张权利作为救济途径并无不当,法院依法予以受理。

二、鉴于从贷款资金来源、还款方式、合同条款内容等基本相同,《信托贷款合同》虽系一份独立的主合同,且签订于《信托合同》之后,其还款结构与通常意义的贷款有所不同,应视为依附于《信托合同》而产生,案由的确定应当实质重于形式,相应纠纷应确定为营业信托纠纷。

三、房地产信托"明股实债"交易模式其实质是以贷款合同为形式,来保障信托公司对信托财产的控制权,信托公司依法享有抵押权。

案情介绍

一审原告:某股份有限公司。

一审被告:某投资开发有限公司、戴某等。

2009年9月11日,作为委托人的某投资开发有限公司与作为受托人的某股份有限公司签订了一份合同编号为AXXT(2009)JH06的信托合同。同日,作为贷款人的某股份有限公司与作为借款人的某投资开发有限公司、作为保证人的戴某、戴某1、某投资开发有限公司签订了合同编号为AXXT(2009)JH06DK01的《信托贷款合同》。同日,某股份有限公司与某投资开发有限公司还签订了协议编号为AXXT(2009)JH06JG01的《资金监管协议》。

2009年9月11日,某投资开发有限公司与某股份有限公司还签订了协议编号分别为AXXT(2009)JH06DY01、AXXT(2009)JH06DY02的《抵押协议》各一份,两份协议均约定:为确保《信托贷款合同》项下某投资开发有限公司义务的履行,该公司愿意以其有权处分的在建工程提供抵押担保。同日,某投资开发有限公司、戴某与戴某1分别向某股份有限公司出具了《担保函》,主要内容均为为确保作为主合同即信托合同和《资金监管协议》项下某投资开发有限公司的义务能切实履行,自愿就某投资开发有限公司在主合同项下的全部义务的履行向某股份有限公司提供不可撤销的连带责任保证担保。

2009年9月24日,某股份有限公司"昆山·联邦国际"资产收益财产权信托成立并发布公告,该公告中明确,信托优先受益权实际募集资金2.15亿元,其余为信托一般受益权，由某投资开发有限公司持有；本信托优先受益权份额投资书共143份，其中投资金额在300万元（含）以上的16份，预期年收益率为9.5%；投资金额在300万元以下的127份，预期年收益率为9%。该公告中亦附有信托专户最低现金余额表，该表备注：上表不包含受托人的财务顾问费，财务顾问费的支付以双方另行签订的《融资框架协议》的约定为准。

2009年9月25日、27日，某股份有限公司从信托专户账号中分别转账给某投资开发有限公司1亿元、1.15亿元，共计2.15亿元，在特种转账借方传票的摘要中分别载明支付信托优先受益权转让款、优先受益权转让款。

2010年12月，某股份有限公司与某投资开发有限公司签订了合同编号为AXXT（2009）JH06BC01的《"昆山·联邦国际"资产收益财产权信托补充协议》。该协议约定：某投资开发有限公司申请提前回购本信托项下期限为18个月和24个月部分的信托优先受益权，回购本金金额为8600万元。第6条约定，某投资开发有限公司回购的优先受益权将自动转为同等份额的信托一般受益权，在剩余部分优先受益权足额分配前，一般受益权不得分配。

2012年6月4日，国信公证处向某股份有限公司出具了《通知书》，明确某股份有限公司以某投资开发有限公司多次逾期未提供还款保证金、未满足最低余额要求为理由，要求该处出具执行证书，但某投资开发有限公司提出其无不履行或不完全履行的事实发生，且对债权文书中规定的履行义务存在疑义，即逾期支付还款保证金、未满足最低余额不属于逾期还款的范围并且还款保证金的约定违背了公平原则，应予撤销；有关财务顾问费的约定也违反法律规定，不应该支付，并提供了相关证据，对此，该处认为不具备出具执行证书的条件。

2012年6月，戴某、戴某1即抵押人与某股份有限公司即抵押权人签订《抵押合同》，该合同约定：为确保于2009年9月11日签订的编号[AXXT（2009）JH06DK01]《信托贷款合同》项下某投资开发有限公司义务的履行，戴某、戴某1愿意以其有权处分的房产提供抵押担保。第11条第6款约定，无论某股份有限公司对主合同项下的债权是否拥有其他担保（包括但不限于保证、抵押、质押、保函等担保方式），不论上述其他担保何时成立、是否有效、不论其他担保是否由债务人自己所提供、某股份有限公司是否向其他担保人提出权利主张，戴某、戴某1在本合同项下的担保责任均不因此减免，某股份有限公司均有权直接要求戴某、戴某在其担保范围内承担担保责任，戴某、戴某1不提出任何异议。

2012年6月12日、13日，戴某、戴某1分别在上海市长宁区房地产登记处、上海市青浦区房地产登记处办理了上述房产的抵押登记，登记证明号分别为长

2012×××377、长2012×××404、青2012×××462。

2012年,作为债权人的某股份有限公司与作为债务人的某投资开发有限公司签订了合同编号为AXXT(2009)JH06DK01 - BCO1的《之补充协议》。

2013年1月8日,某投资开发有限公司以某股份有限公司未依约履行信息披露义务,在优先受益权人实现投资本金及收益后,剩余信托财产含收益未返还以及某股份有限公司收取融资服务费、信托收益补偿款系其利用受托人地位谋取不当利益为由,诉至原审法院,请求判令本案某股份有限公司:1.提供"昆山·联邦国际"资产收益财产权信托的清算报告、定期报告(包括但不限于信托募集结果报告、信托事务管理的季度报告、年度报告)、临时报告、信托账目及《保管协议》等信托文件;2.返还信托财产暂定272,875.58元;3.返还融资服务费23,351,716元,并返还回购优先受益权份额时支付的一个月信托收益补偿款381,235元。

裁判结果

一审法院判决:支持原告诉讼请求。

二审法院判决:驳回上诉,维持原判。

法院观点

本案信托合同经过备案登记,不违反法律禁止性规定,系某股份有限公司和某投资开发有限公司的真实意思表示,应属有效。现某股份有限公司以各方当事人自始至终履行的是《信托贷款合同》,且募集的资金以贷款方式发放给某投资开发有限公司为由,认为本案应为信托贷款合同纠纷。而某投资开发有限公司对此持有异议,认为本案所涉信托法律关系为资产收益财产权信托法律关系。本院认为,双方信托合同签订在先,《信托贷款合同》订立在后,且双方均认可《信托贷款合同》所涉的贷款本金2.15亿元与信托合同所涉的优先受益权本金系同一笔资金。2009年9月25日、27日,某股份有限公司从信托专户账号中分别转账给某投资开发有限公司1亿元和1.15亿元,在特种转账借方传票的摘要中分别载明支付信托优先受益权转让款、优先受益权转让款。由此可见,所谓的贷款资金其实来源于信托募集资金。且从两份合同先后订立的时间及具体的约定内容不难看出《信托贷款合同》依附于信托合同而产生。故本院认可原审法院对本案纠纷性质的认定,本案应定为营业信托纠纷。

本案双方当事人针对一份款项签订两份合同,其实质是以贷款合同为形式,来保障某股份有限公司对信托财产的控制权,实际上某股份有限公司对所谓的贷款本身并不享有权利。原审法院结合房地产交易中心办理抵押登记的局限性及双方当事人通过签订《信托贷款合同》以达成办理抵押登记的合意，从而认定《信托贷款合同》仅为表面形式，其实质在于实现信托合同中所约定的抵押登记，本院予以支持。综上，某股份有限公司主张将本案定性为信托贷款合同纠纷，本院不予采信。本案既认定为营业信托纠纷，则某股份有限公司与某投资开发有限公司之间的权利、义务及违约责任应以信托合同为准，系争的欠付本金应为信托优先受益权本金，而《信托贷款合同》仅为表面形式，故某股份有限公司主张应将某投资开发有限公司支付的款项 22, 348, 284 元按《信托贷款合同》的约定，先抵充律师费、罚息和评估费、审计费，余款再抵充本金的主张没有事实和法律依据，本院不予支持。原审将此款在信托优先受益权本金中予以扣除并无不当，本院予以支持。某股份有限公司认为戴某、戴某 1、某投资开发有限公司对某投资开发有限公司应履行的各项债务清偿承担连带担保责任，而非仅对物的担保的不足清偿部分承担连带保证责任。本院认为，被担保的债权既有物的担保又有人的担保的，债务人不履行到期债务或者发生当事人约定的实现担保物权的情形，债权人应当按照约定实现债权。本案中，根据某股份有限公司与戴某、戴某 1 订立的《抵押合同》明确的抵押权实现方式，戴某、戴某 1 应与某投资开发有限公司承担同等顺序的抵押担保责任。故某股份有限公司应当先就上述三方提供物的担保实现债权。原审判令某投资开发有限公司、戴某与戴某 1 提供的抵押物不足以清偿付款义务的，戴某、戴某 1、某投资开发有限公司应对某投资开发有限公司偿付金额的剩余部分承担连带保证责任并无不当，本院予以维持。

金讼圈提示

本案信托公司为了完成本次明股实债的交易，签订了一系列的复杂协议（《信托合同》《信托贷款合同》《资金监管协议》《抵押协议》《担保函》《补充协议》），好在本案是一起仅涉及合同内部的纠纷，当事人终于保住了抵押权。但如果目标公司破产或者涉及案外人，将会因无法对抗善意第三人，当事人将面临丧失抵押权的风险。

正因如此，笔者也希望此文能够以此抛砖引玉，探求如何完善房地产信托（REITS）交易结构、法律文本及资金投放的法律风险控制。

074 “明股实债”下原告任命的被告法定代表人是否有诉讼代表权?

案例索引

最高人民法院于2015年9月30日作出的(2014)民二终字第261号二审民事判决书。

交易结构图

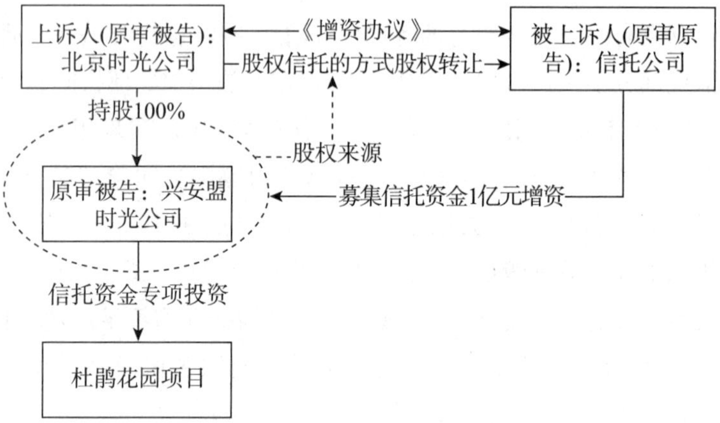

金讼圈导读

一、本案例是最高人民法院关于股权回购式房地产信托退出纠纷典型判例。

二、本案例的亮点不在于“明股实债”房地产信托投资模式,而在于本案被告之一的法定代表人是由原告任命的,其是否享有诉讼代表权? 法院裁判规则值得研读。

三、本文展示了股权回购式房地产信托的交易结构和交易文件条款及操作实际过程,耐心阅读,定会有收获。

裁判规则

一、目标公司的股权作为信托财产全部转至信托公司名下,信托公司作为目标公司的唯一股东,其有权任命目标公司的法定代表人。

二、目标公司作为独立的法人,亦应独立承担民事责任。被告目标公司的法定代表人尽管是由原告信托公司任命的,但该法定代表人依法应具有诉讼代表权。

三、公司法定代表人任免的决定权在公司股东，工商登记属于备案性质起对外公示作用，诉讼发生时尽管工商行政管理部门对该“变动事项”未办理登记，但不影响对目标公司法定代表人身份的认定。

四、公司虽暂处于被吊销营业执照状态，但依据公司法人制度及公司法理，并不构成上述股权变动的法律障碍。

案情介绍

上诉人（原审被告）：北京时光房地产开发有限公司。

被上诉人（原审原告）：新华信托股份有限公司。

原审被告：兴安盟时光房地产开发有限公司（其法定代表人由新华信托任命）。

上诉人北京时光房地产开发有限公司（以下简称北京时光公司）为与被上诉人新华信托股份有限公司（以下简称信托公司）、兴安盟时光房地产开发有限公司（以下简称兴安盟时光公司）合同纠纷一案，不服重庆市高级人民法院（2013）渝高民初字第00014号民事判决，向本院提起上诉。

2010年10月15日，信托公司（甲方）与北京时光公司（乙方）、兴安盟时光公司（丙方）签署《合作协议》（新华信托合同第0220074号），约定：1.1 北京时光公司通过股权信托方式将其持有的兴安盟时光公司100%股权全部过户至信托公司名下；1.2 甲方以发行“集合信托”的方式募集信托资金1亿元（以集合信托实际募集金额为准，但不得少于8000万元），信托资金用于丙方进行增资，增资完成后，信托资金专项用于杜鹃花园项目的开发建设。与此次增资有关的费用应由丙方承担。此次增资完成后，丙方增资前的未分配利润、资本公积金、盈余公积金等所有权益均由甲方享有……1.4 三方同意，甲方可根据实际情况采取本协议约定的方式实现信托资金的退出。如信托资金提前退出，甲方应向乙方发出书面通知（以下简称退出通知），在退出通知中列明一个具体日期，在该日期由乙方或乙方指定的第三方受让信托受益权或甲方所持的丙方股权，并支付相当于信托资金本金和按预期年化收益率，计算所得信托收益之和的价款，该日期应不早于甲方向乙方发出退出通知后的20日。其中，A类受益人（指持有集合信托人民币300万元以上、含300万元信托单位的受益人）的预期年化收益率为12%/年，B类受益人（指持有集合信托人民币不少于100万元但小于300万元信托单位的受益人）的预期年化收益率为10%/年。退出日指集合信托期限届满之日或退出通知中甲方指定的具体日期。如遇法定节假日，则退出日自动顺延至紧接的第一个工作日。1.5 三方同意，甲方可根据实际情况采取以下方式实现信托资金的退出：1.5.1 转让信托受益权以实现信托资金的退出，即在支付相当于信托资金本金和按预期年化收益率(A类受益人的预期年化收益率为12%/年,B类受益人的预期年化收益率为10%/年)计算所得信托收益之和的价款时,由乙方或乙方指定的第三方受让集合信托项下的全部信托受益权。具体操作为:在退出日,由乙方或乙方指定的第三方按照如下计算公式支付信托受益权转让交易款,转让交易款=(A类受益人被转让信托受益权对应的信托资金金额×12% +B类受益人被转让信托受益权对应的信托资金金额×10%)×自本信托成立之日至退出日的实际天数/360+被转让信托受益权对应的信托资金总额。届时,乙方或乙方指定的第三方应与集合信托受益人签订相关的信托受益权转让协议,并应按该协议约定履行各项义务。1.5.2 转让所持丙方股权实现信托资金的退出,即在退出日,甲方有权将其所持丙方的全部股权转让给乙方或其他第三方以实现信托资金的退出,乙方或乙方指定的第三方有权以相当于信托资金本金和按相应预期年化收益率(A类受益人的预期年化收益率为12%/年,B类受益人的预期年化收益率为10%/年)计算所得信托收益之和的价款优先购买乙方转让的丙方全部股权。股权转让价款=(A类受益人被转让股权对应的投资金额×12% +B类受益人被转让股权对应的投资金额×10%)×股权投资实际天数/360+被转让股权对应的投资总额。届时,甲方与乙方或其他第三方签订相关的股权转让协议,转让所得的股权转让价款应直接由乙方或其他第三方划入集合信托的信托账户。股权转让价款系集合信托的信托财产,其对应的信托收益最终应分配给集合信托受益人。1.5.3 集合信托存续期间,如乙方或其他第三方按本协议第1.5.2条的约定提前收购全部或部分丙方股权,除支付股权转让价款外,乙方或其他第三方还应向集合信托受益人额外支付按集合信托预期回报率(A类受益人的预期年化收益率为12%/年,B类受益人的预期年化收益率为10%/年)计算的20天收益的相应金额,甲方于收到相应股权转让价款后的10个工作日内按照集合信托受益人信托资金占集合信托资金规模总额的比例向集合信托受益人分配相应信托财产及信托收益,并按预期回报率(A类受益人的预期年化收益率为12%/年,B类受益人的预期年化收益率为10%/年)向集合信托受益人额外支付20天的收益作为补偿。1.5.4 乙方不可撤销地同意,因按本协议第1.5.1条、第1.5.2条的约定向乙方或其他第三方转让信托受益权或甲方所持丙方股权所产生的任何税、费(如有),应全部由乙方或其他第三方自行承担。1.5.5 在退出日,若无法通过信托受益权转让或股权溢价转让方式实现信托资金退出,甲方有权全盘接手丙方,处置丙方资产(包括但不限于甲方持有的丙方股权和丙方名下的土地使用权及在建工程)或将丙方清盘,然后将处置丙方资产或丙方清盘后的可分配财产按如下顺序进行分配:(1)向集合信托返还本金(1亿元,以集合信托实际募集信托资金规模为准);(2)按集合信托年化净收益率(A类受益人的预期年化收益率为

12%/年,B 类受益人的预期年化收益率为 10%/年)向集合信托分配信托收益;(3)按集合信托资金规模总额(1 亿元,以集合信托实际募集信托资金规模为准)的 2% 向甲方支付业绩报酬;(4)如尚有余额,归乙方所有。若处置丙方资产或丙方清盘后的可分配财产不足以进行前述第(1)项至第(3)项的分配,则乙方承诺补足相应的差额。1.6 虽有第 1.5.5 条规定,乙方同意,在正式发行集合信托时,对集合信托受益人的信托资金本金和预期收益提供不可撤销的连带责任保证担保……2.4.3 截至本协议签订之日,丙方已合法取得了与杜鹃花园项目相关的《国有土地使用证》《建设用地规划许可证》《建设工程规划许可证》及《建设工程施工许可证》,尚未取得房地产开发企业《暂定资质证书》、与杜鹃花园项目相关的《商品房预售许可证》及其他相关部门的审批意见。丙方保证尽快办妥尚未取得的证照及与杜鹃花园项目相关的其他审批手续……2.4.13 丙方声明本协议中关于其股权转让、自身资产、杜鹃花园项目的所有陈述、声明、承诺、保证及其应完成的相关义务均是真实、完整、准确的,没有任何遗漏和误导,如有违反则构成违约。如本协议中的陈述、声明、承诺、保证不真实、不完整、不准确,存在遗漏或误导,及/或丙方未能及时完成其应当完成的相关义务,从而造成甲方或甲方所发行的信托计划项下信托财产承担支付责任或遭受损失,丙方应承担全部连带赔偿责任……4.1 甲方向丙方投资的股本金额为人民币:1 亿元(大写:壹亿元整)(投资款以集合信托实际募集信托资金规模为准),甲方应于集合信托成立后相关各方就增资事宜完成内部审议程序并取得相关的决议文件,且相关的《股权增资协议》签署并生效后 5 个工作日内将全部投资款支付到丙方的基本账户(开户银行:中国银行科尔沁右翼前旗支行,账号:58 × × ×01)。4.2 自甲方股权投资款划入丙方基本账户之日起,即视为甲方向丙方增资交割完成。自交割完成日之日起,甲方即成为丙方的股东,享有丙方股东的权利,并履行相应的股东义务。乙方应协助甲方完成丙方股东名册的修改、丙方章程的修改、办理工商变更登记手续等工作……11.1 本协议经甲、乙、丙三方加盖公章(自然人签字)、法定代表人或其授权代表人签字(或签章)之日生效。该协议还就丙方治理架构、后期管理以及信托报酬、业绩报酬、信托费用、违约责任等作了约定。信托公司、北京时光公司及兴安盟时光公司分别加盖了各自的公司公章和法定代表人印章。

同日,信托公司与北京时光公司签订了《兴安盟时光房地产开发有限公司股权信托合同》(新华信托合同第 0220071 号),约定:……第三条,本信托项下的信托财产是委托人所有的目标公司(兴安盟时光公司)100% 的股权;本合同生效后,委托人(北京时光公司)将信托财产变更登记至受托人(信托公司)名下后,信托成立生效。信托期限为本信托自生效之日起至受托人向目标公司所增资的信托资金退出目标公司并实现预期信托收益时止。本合同经合同各方加盖公章(自然人签字)、法定代表人或其授权代表人签字(或签章)之日生效。信托公司、北京时光公司在该合同上分别加盖了公章和法定代表人印章。

2010年10月25日,信托公司(甲方)与北京时光公司签订了《增资协议》(新华信托合同第0220088号),主要约定:……2.甲、乙双方已于2010年10月15日签订了《合作协议》(编号0220074),约定:甲方以发行"新华信托杜鹃花园项目股权投资集合资金信托计划"(以下简称集合信托)的方式募集信托资金10,920万元(以集合信托实际募集金额为准,但不得少于8000万元),信托资金用于向项目公司进行增资,增资完成后,信托资金专项用于"杜鹃花园"住宅组团项目(以下简称杜鹃花园项目)的开发建设;作为集合信托的信用增级措施,在集合信托成立前,乙方通过股权信托方式将其持有的项目公司100%的股权全部过户至甲方名下;3.甲、乙双方已于2010年10月15日签订了《兴安盟时光房地产开发有限公司股权信托合同》(0220071),并已于2010年10月21日完成了项目公司100%股权变更登记至甲方名下的工商变更登记手续;4.甲方发行的集合信托已于2010年10月20日正式成立,现甲方根据与投资者签订的《新华信托杜鹃花园项目股权投资集合资金信托计划资金信托合同》等信托文件的要求,拟将信托资金全部用于对项目公司进行增资(以下简称本次增资),乙方作为项目公司股东同意本次增资。协议第3条约定:缴付出资:1.甲方应于集合信托成立后相关各方就本次增资事宜完成内部审议程序并取得相关的决议文件,且本协议签署并生效后5个工作日内将集合信托募集的全部信托资金共计人民币10,920万元支付至项目公司的基本账户:开户名称:兴安盟时光房地产开发有限公司,开户银行:中行科尔沁右翼前旗支行,账号:15×××42;2.自甲方全部信托资金划入项目公司基本账户之日起,即视为甲方向项目公司增资交割完成。乙方应协助甲方完成项目公司股东名册的修改、章程修改、办理工商变更登记手续等工作。2010年10月26日,信托公司通过深圳发展银行重庆分行向兴安盟时光公司在中国银行科尔沁右翼前旗支行开立的15×××42账户汇入款项10,920万元。

2010年10月,信托公司与孙铭阳、胡炜浩等48人签订了《新华信托杜鹃花园项目股权投资集合资金信托计划资金信托合同文件》(以下简称《资金信托合同文件》),共募集资金10,920万元,其中:300万元(含300万元)以上的投资者24人,募集资金8050万元;100万元以上(含100万元)300万元以下(不含300万元)的投资者24人,募集资金2870万元。该合同主要约定:受托人(信托公司)将信托计划募集资金以增资方式用于向目标公司(兴安盟时光公司)进行股权投资之日,本信托计划生效。信托计划的期限为1年,自信托计划生效之日起计算。如北京时光或其他第三方提前收购本信托计划持有的全部目标公司股权,信托可提前终止。

2010 年 10 月 21 日,兴安盟时光公司的股东由北京时光公司变更为信托公司。

2010 年 10 月 27 日,内蒙古信通联合会计师事务所向兴安盟时光公司出具内信验通字(2010)第 223 号验资报告,载明“贵公司原注册资本为人民币 1000 万元,实收资本为人民币 1000 万元。根据贵公司股东会决议和修改后章程的规定,贵公司申请增加注册资本人民币 10,920 万元,由信托公司于 2010 年 10 月 27 日之前一次缴足,变更后的注册资本为人民币 11,920 万元。经审验,截至 2010 年 10 月 27 日,贵公司已收到信托公司缴纳的新增注册资本合计人民币 10,920 万元,增资方式为货币”。同日,兴安盟时光公司完成了增资事项的工商变更登记手续,注册资本由 1000 万元变更为 11,920 万元。

2011 年 9 月 23 日,信托公司向北京时光公司发出《关于受让兴安盟时光公司股权的函》,载明“信托计划将于 2011 年 10 月 26 日到期,请贵司根据《合作协议》的约定,收购 11,920 万元全部股权以实现信托资金的退出。同时,贵司作为本信托计划的保证担保人,请履行保证担保责任”。

2011 年 10 月 31 日,信托公司向北京时光公司发出《告知函》,要求“即刻履行偿还义务,向我公司划付包括增资本金 10,920 万元和信托收益 1253 万元共计 12,173 万元资金”。

兴安盟时光公司因 2010 年、2011 年连续两年未参加企业法人年度检验,内蒙古自治区乌兰浩特市工商行政管理局于 2012 年 12 月 24 日吊销了该公司企业法人营业执照,该公司提出行政复议,兴安盟工商行政管理局于 2013 年 3 月 5 日作出(兴)工商复字(2013)1 号行政复议决定书维持了乌兰浩特市工商局作出的吊销营业执照的处罚决定。

2012 年 10 月 17 日,信托公司作为兴安盟时光公司的唯一股东作出决定,从即日起免除许广理公司法定代表人和经理职务,任命杨晓飞为兴安盟时光公司的法定代表人和经理。因该公司被吊销营业执照,工商行政登记机关对前述法定代表人变更未予办理变更登记,现兴安盟时光公司的法定代表人在工商登记材料中仍为许广理。

2011 年 12 月 23 日,许广理因涉嫌合同诈骗罪、对非国家工作人员行贿罪被重庆市公安局移送重庆市人民检察院第五分院审查起诉,该院指定重庆市渝中区人民检察院管辖。重庆市渝中区人民检察院于 2013 年 5 月 16 日作出渝中检刑不诉(2013)27 号不起诉决定书,该院认为许广理涉嫌伪造国家机关证件罪,但情节轻微,决定对其不起诉。该决定书载明,2010 年 9 月 20 日,许广理将重新伪造的“四证”原件交给王爱红、杨卉保管。提交“四证”后,信托公司要求兴安盟时光公司提供《房屋预售许可证》,由于许广理无法提供,刘志弘遂帮助草拟了《房屋预售承诺书》,让许广理找相关单位盖章,许广理再次提供了盖有假印章的《房屋预售承诺书》。

审理中,原审法院根据信托公司的财产保全申请,作出(2013)渝高法民初字第00014号民事裁定书,裁定对北京时光公司、兴安盟时光公司所有的12,173万元现金或相等价值的财产进行保全。并冻结了北京时光公司在中国银行科尔沁右翼前旗支行152405041329、149210317949银行账户,并向案外人兴安盟金泽房地产开发有限公司、兴安盟国家税务局送达了前述裁定书。

裁判结果

一审法院(重庆市高级人民法)判决:一、北京时光公司于本判决生效后5日内向信托公司支付人民币12,173万元;二、兴安盟时光公司对北京时光公司的前述付款义务承担连带责任。

二审最高人民法院判决:驳回上诉,维持原判。

法院观点

本案二审争议的焦点问题是:(一)原审确认杨晓飞为兴安盟时光公司的法定代表人参加本案诉讼,是否违反了法定程序。(二)原审判令本案信托资金退出,并由北京时光公司向信托公司承担支付12,173万元的责任,认定事实及适用法律是否正确。

一、关于原审确认杨晓飞作为兴安盟时光公司的法定代表人参加本案诉讼是否违反法定程序问题

根据《合作协议》第3.1.1条约定:信托公司作为兴安盟时光公司唯一股东,由信托公司独立行使股权权利。在合同履行中,信托公司依约将信托资金汇入兴安盟时光公司账户,并受让了北京时光公司持有的兴安盟时光公司100%的股权,成为该公司的唯一股东。依据《公司法》第4条关于“公司股东依法享有资产收益、参与重大决策和选择管理者等权利”的规定,信托公司作为兴安盟时光公司的唯一股东,其有权任命杨晓飞为兴安盟时光公司的法定代表人。本案诉讼发生时,尽管工商行政管理部门对该“变动事项”未办理登记,但这不影响对杨晓飞作为该公司法定代表人身份的认定。《民事诉讼法》第48条第2款规定:“法人由其法定代表人进行诉讼。”该条虽对“未经登记的法定代表人能否代表公司进行诉讼”,没有作出规定,但亦未明确禁止。且2015年2月4日起实施的《民诉法解释》第50条第2款规定:“法定代表人已经变更,但未完成登记,变更后的法定代表人要求代表法人参加诉讼的,人民法院可以准许。”因此,本案中,原审法院准许杨晓飞作为兴安盟时光公司的法定代表人参加诉讼,并不违反我国公司法及民事诉讼法的相关规定,不存在违反法定程序的情形。上诉人北京时光公司的该项上诉理由不成立,本院不予采纳。

二、原审判令本案信托资金退出，并由北京时光公司向信托公司承担支付12，173万元的责任，认定事实及适用法律是否正确

信托公司的营业执照核准的“经营范围”包括：动产、不动产信托；经营企业资产重组、并购及项目融资等业务；以存放同业、拆放同业、贷款、租赁、投资方式运用固有资产；以固有财产为他人提供担保等。本案交易实际内容是信托公司以受让并定期出售股权、或转让信托资产份额、或到期清算目标公司财产的方式，向兴安盟时光公司投资10，920万元，用于房地产项目开发，到期获取固定资金收益（股权收益或利息），属于信托公司正常的业务经营活动。本案当事人签订的《合作协议》等相关协议，其意思表示真实，内容不违反法律法规的禁止性规定，原审认定其为有效合同，适用法律正确。信托公司依约履行了投资及受让股权等合同义务，但合同约定期满后，北京时光公司未按照约定回购该股权、返还融资款项及收益，已构成违约。据此，信托公司主张北京时光公司应按照合同约定的信托资金退出方式，给付投融资款及收益12，173万元，证据充分，应予支持。原审判令北京时光公司向信托公司支付该款，适用法律正确，应予以维持。北京时光公司关于应按照第三种方式，先由信托公司处置兴安盟时光公司资产后，其对不足部分再补足差额的上诉主张，证据不足，本院不予支持。

原审判决在“本院认为”中还认定：北京时光公司支付款项后，信托公司亦应配合将其持有的兴安盟时光公司100%股权过户给北京时光公司或其指定第三方的义务。兴安盟时光公司虽暂处于被吊销营业执照的状态，但依据我国相关法律规定的公司法人制度及公司法理，这并不构成上述股权变动的法律障碍。二审期间，信托公司对其应履行合同约定的该项义务不持异议。

二审庭审中，北京时光公司对于本案三方当事人签订《合作协议》的真实性提出异议，认为该协议上加盖的公章不是该公司的公章，所加盖的兴安盟时光公司的公章上没有蒙文，属于假章。一审诉讼中，北京时光公司在庭审中已认可《合作协议》等证据是真实的，二审中虽对此提出异议，但其并未提交相应的证据予以证明。因此，本院对其该项异议不予支持。同时，北京时光公司还主张，原审法院未在判决时考虑由于信托公司的过错导致兴安盟时光公司已经无法进行经营而给北京时光公司造成的经济损失问题。本院认为，本案审理的是因相关信托资金的融资及退出而引发的纠纷，上诉人的该项请求事项不属于本案审理的内容，在本案中不予审理。

金讼圈提示

“明股实债”的信托投资模式正在遭遇浙江法院司法裁判，风险极大。具体请查看《072　法院以何理由判决“明股实债”信托丧失抵押权？》

075 以IPO成败对赌的信托资产回购承诺是否有效？

案例索引

最高人民法院(2008)民二终字第96号民事判决书。

交易结构图

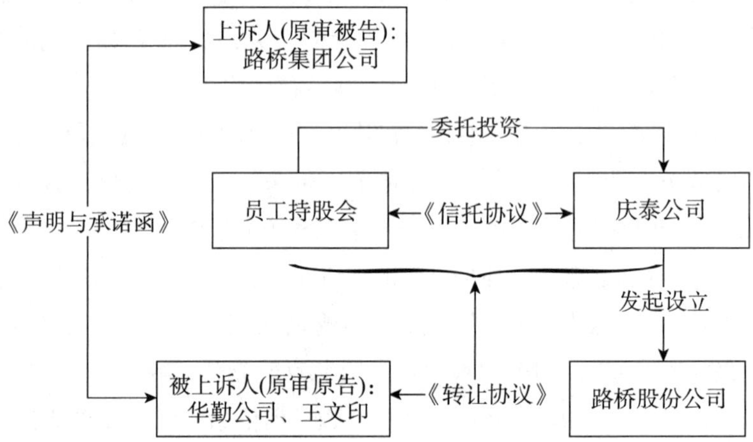

金讼圈导读

本案是最高人民法院关于信托回购争议的典型案例。以IPO成败为条件的信托投资回购承诺是否有效？该对赌实质上是什么民事法律行为？回购承诺是基础协议的担保，还是独立的协议？与基础协议有无主从关系？最高人民法院通过本判决给出了明确裁判规则。

裁判规则

一、出具一定期限内是否获得中国证监会发行审核委员会审核通过其公开发行股票的申请为条件的资产回购承诺和声明，属于附条件的民事法律行为，只要该承诺和声明系真实意思表示，法律、行政法规对此类行为尚无禁止性规定，应认定为有效。

二、资产回购协议(或承诺声明)具有独立性，无论受让职工持股会信托财产的行为是否属于风险投资，均不影响其可以与第三人约定以特定价格转让该财产。

三、上诉人上诉请求二审法院依法撤销原判并驳回原告全部诉讼请求，包含了对于一审判决其支付利息的异议。

四、二审法院应对上诉人请求的有关事实和适用法律进行审理,在对上诉人上诉请求的有关事实和适用法律进行审查时,如果发现在上诉请求以外原判确有错误的,也应予以纠正。

五、迟延履行构成违约,但当事人对于违约责任未作约定,也未能举证证明迟延履行给其造成了损失,对于其主张支付违约金的诉讼请求不予支持。

案情介绍

上诉人(原审被告):青海省公路桥梁工程集团有限公司。

被上诉人(原审原告):华勤投资有限公司、王文印。

上诉人青海省公路桥梁工程集团有限公司(以下简称路桥集团公司)为与被上诉人华勤投资有限公司(以下简称华勤公司)、王文印信托资产回购纠纷一案,不服青海省高级人民法院(2006)青民二初字第9号民事判决,向本院提起上诉。

2001年12月6日,青海省公路桥梁工程总公司职工持股会(以下简称职工持股会)与青海庆泰信托投资有限公司(以下简称庆泰公司)签订《信托协议》,约定职工持股会将其资金委托庆泰公司定向投资于拟成立的青海路桥建设股份有限公司(以下简称路桥股份公司)。2002年2月4日,庆泰公司将受托资金5155.60万元,按照《信托协议》的约定,参与发起设立路桥股份公司,并持有路桥股份公司3562.86万股,占路桥股份公司23.75%的股权。因原审被告路桥集团公司是路桥股份公司的控股股东,为完善路桥股份公司的股权结构,促成该公司股票上市发行,路桥集团公司动员原审原告华勤公司、王文印受让其公司职工持股会拥有的信托财产。并于2003年8月11日向原审原告出具了《声明与承诺函》,承诺"如果至《信托协议》期满,路桥仍未能获得中国证监会发行审核委员会审核通过其(指路桥股份公司)公开发行股票的申请,则我公司将按贵公司的要求,按此次转让时对等的净资产折扣比例价格,收购《信托协议》项下的信托财产"。2003年8月25日,华勤公司、王文印与职工持股会、庆泰公司签订了《关于转让信托协议项下委托人及受益人所享有的权利与义务之〈协议书〉》(以下简称《转让协议》),华勤公司、王文印受让职工持股会拥有的信托财产及其权益,享有信托财产及权益净值人民币5155.60万元。原审原告华勤公司、王文印各向职工持股会汇入2500万元,共计5000万元,余款155.60万元二原审原告根据《信托协议》约定从2003年路桥股份公司的现金分红中(实际是2002年分红)冲抵。信托期限至2005年2月28日。此后,路桥股份公司的股票上市申请没有获得中国证监会的审核批准。华勤公司、王文印、案外人职工持股会与庆泰公司三方签订的《信托协议》及华勤公司、王文印与庆泰公司的《信托协议》同时终止。

华勤公司、王文印自2005年7月5日起向路桥集团公司主张由其履行《声明和承诺函》的信托财产回购义务，路桥集团公司拒绝履行，遂酿成纠纷。

华勤公司、王文印于2006年8月3日诉至原审法院，请求：1. 判令路桥集团公司履行《声明和承诺函》的承诺，收购华勤公司、王文印名下的信托财产并支付等额价款5155.60万元；2. 判令路桥集团公司支付迟延履行收购义务的违约金4,446,705.00元（此数额自2005年7月8日至2006年7月18日，按每日万分之二点三计算。违约金应计算至实际给付之日止）；3. 诉讼费用由路桥集团公司负担。

裁判结果

一审法院（青海省高级人民法院）判决：一、路桥集团公司在判决生效之日起一个月内履行承诺收购华勤公司、王文印名下的信托财产并支付等额价款人民币5155.60万元。二、路桥集团公司按中国人民银行同期贷款利率支付上述债务的相应利息，自2005年7月8日起算至实际给付之日止。

二审法院（最高人民法院）判决：一、维持青海省高级人民法院（2006）青民二初字第9号民事判决第一项；二、撤销青海省高级人民法院（2006）青民二初字第9号民事判决第二项。

法院观点

本案二审的争议焦点是：（一）路桥集团公司应否依据《声明和承诺函》收购《信托协议》项下的信托财产；（二）路桥集团公司应否支付迟延履行收购义务的违约金或5155.60万元的利息。

一、关于路桥集团公司应否收购信托财产的问题

路桥集团公司为了促成华勤公司、王文印受让职工持股会拥有的信托财产及其权益，向华勤公司和王文印出具了《声明和承诺函》，承诺在满足特定条件的情况下收购《信托协议》项下的信托财产。现路桥集团公司并不否认该承诺是其真实意思表示，各方当事人也确认《声明和承诺函》约定的条件已然成就，路桥集团公司拒不依约收购信托财产的行为有违诚信。路桥集团公司提出华勤公司和王文印不是受托人，无权处置信托财产，并以此否定收购承诺的效力。本院认为，尽管各方当事人一致确认《声明和承诺函》承诺收购的标的物3562.86万股路桥股份公司股权至今仍然登记在庆泰公司名下，但信托关系已于2005年2月28日终止，庆泰公司不再享有受托人的权益，故该事实并不能成其为路桥集团公司拒不履行自身承诺的理由。路桥集团公司以之否定自己所作出的收购承诺效力的上诉理由不能成立，本院不予支持。路桥集团公司另提出华勤公司和王文印要求其以固定价格收购股权有违风险投资的基本法理。本院认为，无论华勤公司、王文印受让职工持股会信托财产的行为是否属于风险投资，均不影响其可以与第三人约定以特定价格转让上述财产。《声明和承诺函》明确约定了“如果至《信托协议》期满，青海路桥仍未能获得中国证监会发行审核委员会审核通过其公开股票的申请”则路桥集团公司须“按此次转让时对等的净资产折扣比例价格，收购《信托协议》项下的信托财产”。现各方当事人对于信托期限届满青海路桥公开发行股票未获中国证监会发行审核委员会审核通过的事实不持异议，对于约定的净资产折扣比例价格为 5155.60 万元也不持异议，路桥集团公司以华勤公司和王文印系风险投资作为其拒不履行收购承诺的上诉理由不能成立，本院对此不予支持。路桥集团公司还提出其收购承诺未经国资监管部门批准，违反了国资管理的有关规定，将导致国有资产流失。本院认为，路桥集团公司系独立法人，有权自主订立合同，从事经济活动。路桥集团公司在作出收购承诺时对于标的物 3562.86 万股路桥股份公司股权的价值已有清楚正确的认识，现又以未经国资监管部门批准为由否认承诺效力，该行为有悖诚实信用，本院对此不予支持。综上，《声明和承诺函》真实合法有效，路桥集团公司有义务以 5155.60 万元收购华勤公司和王文印与庆泰公司《信托协议》项下的信托财产。

二、关于路桥集团公司是否应当支付违约金或利息的问题

针对华勤公司和王文印主张路桥集团公司支付迟延履行收购义务的违约金 4,446,705 元的诉请，原审法院依据市场规则将该请求变更为由路桥集团公司按中国人民银行同期贷款利率支付 5155.60 万元债务的相应利息，自 2005 年 7 月 8 日起算至实际给付之日止。上诉人上诉请求二审法院依法撤销原判，驳回华勤公司和王文印的诉讼请求，包含了对于一审判决其支付利息的异议，同时在二审开庭时并提出，由于《声明和承诺函》无效，因而不产生违约金，且即便《声明和承诺函》有效，由于对履行期限和违约责任未作明确约定，所以也不存在违约责任的承担问题。二审法院应对上诉人请求的有关事实和适用法律进行审理，在对上诉人上诉请求的有关事实和适用法律进行审查时，如果发现在上诉请求以外原判确有错误的，也应予以纠正。因此，本院对于路桥集团公司是否应当支付违约金或 5155.60 万元的利息的问题亦予以审查。

按照《声明和承诺函》的约定，华勤公司和王文印对路桥集团公司并非享有 5155.60 万元的债权，而是有权要求路桥集团公司以 5155.60 万元的价格收购《信托协议》项下的财产。华勤公司、王文印和职工持股会、庆泰公司的《转让协议》已经履行完毕，华勤公司、王文印和路桥集团公司基于《声明和承诺函》形成新的法律关系，在《声明和承诺函》所约定的条件成就时，华勤公司和王文印可以请求路桥集团公司以5155.60万元的价格收购《信托协议》项下的财产。在二审中，经各方当事人确认，华勤公司、王文印和路桥集团公司对于违约金没有作过明确约定，路桥集团公司仅在《声明和承诺函》中承诺以转让时对等的净资产折扣比例价格收购。所以，华勤公司和王文印关于违约金的主张并无合同依据。虽然路桥集团公司长期拒不履行收购义务已经构成违约，华勤公司和王文印在要求路桥集团公司继续履行收购义务的同时可以要求赔偿损失，但华勤公司和王文印对于损失负有举证义务。由于当事人对于违约责任既无约定，华勤公司和王文印也没有提交证据证明路桥集团公司迟延履行收购义务给其造成了损失，本院对华勤公司和王文印要求路桥集团公司支付迟延履行收购义务违约金4,446,705元的诉请不予支持。

金讼圈提示

一、广义的对赌协议，法律本质上都是附条件的民事法律行为，其是否有效要依据《合同法》第52条规定进行判定。

二、对赌协议与基础协议虽然有一定关联，但都是相互独立的协议，没有主从关系。

三、若合同没有约定违约责任，守约方如果要求违约方承担违约金或赔偿经济损失，就要对经济损失承担举证责任。

第十二章 证 券 篇

076 融资融券担保比错误，强平不足清偿部分由谁负担？

案例索引

北京市第三中级人民法院2015年3月26日作出的(2015)三中民终字第04212号二审民事判决书。

交易结构图

金讼圈导读

一、本案是一起融资融券典型必读案例。从起因看，确实是一例非常不错的风控警示案例，值得借鉴和关注。本案起因是标的证券折价，证券公司未及时更新客户的担保比，引发后期强行平仓，双方均产生了损失，对各自损失的负担发生了争议。

二、本案中，判决结果是双方的损失各自负担，法院的裁判逻辑与规则比较恰当，但对于融资融券业务中双方的法律关系及性质并没有给予明确的判断，略显遗憾。

三、本案《融资融券业务合同书》将双方法律关系定义为“财产信托关系”，金讼圈认为不准确，应定义为“让与担保”关系更为恰当，具体理由欢迎参阅文末点睛提示。

裁判规则

一、在融资融券服务中,证券公司负有对客户信用证券账户内数据及时更新的义务。

二、由于证券公司本身原因以不实数据为担保比的计算依据,以致未能及时发现实际担保比的变化,未能在实际担保比首次达不到约定标准时及时行使权利避免损失,相应的损失是因其未及时行使合同权利而导致损失扩大所致,故应由其自行承担。

三、证券公司发现错误之后经通知客户补仓未果而予以清偿平仓,只是其通过行使约定权利而减少后续损失的一种救济,不影响此前已经产生的损失的负担。

四、交易系统担保证券数据未及时变更并不直接、必然导致客户证券账户交易损失,因此客户要求证券公司赔偿损失依法无据。

案情介绍

上诉人(原审原告、反诉被告):中信建投证券股份有限公司。

上诉人(原审被告、反诉原告):杨智。

上诉人中信建投证券股份有限公司(以下简称中信建投公司)、因与上诉人杨智融资融券交易纠纷一案,不服北京市朝阳区人民法院(2014)朝民初字第00733号民事判决,向本院提起上诉。

2002年12月23日,杨智在荆州营业部申请开设开放式基金基金账户,并申请开通网上委托,与荆州营业部签署网上委托协议书,选择对上海A股、深圳A股进行网上交易。

2003年1月14日,杨智又与荆州营业部签订新股配售申报业务授权委托书,授权荆州营业部根据深、沪证券交易所的新股配售业务规则代为办理新股配售申报业务。

2006年9月13日,杨智填写自然人开设资金账户申请表,并与荆州营业部签署有关代理有价证券交易事宜的协议,确认阅读并愿意签署风险揭示书、证券交易委托代理协议书、指定交易协议书、自助委托协议书、网上证券委托业务协议书、代理新股发行市值配售协议书、交易委托方式约定书、银行转账服务协议书等附件。

2011年3月10日,杨智作为甲方与乙方中信建投公司(时名为中信建投证券有限责任公司,于2011年9月28日改为现名)签订《融资融券业务合同书》。合同书中罗列了杨智的身份信息、通讯地址、电话、客户代码、资金账号、信用账号、上海与深圳的证券账号、信用证券账号等;进行了融资融券交易、各种账户、保证金、维持保证金比例、强制平仓等术语解释；分章节载明了双方的声明与保证，法律关系界定，征信与授信管理，信用账户管理，保证金与担保物，融资融券交易，合约及债务，管理费、利息、费用及罚息，追加担保物，强制平仓，权益处理，通知与送达，免责条款，以及违约责任，合同的生效、变更、续延和终止等条款。其中内容包括：甲方声明和保证自行承担融资融券交易的风险和损失；双方因融资融券行为而形成债权债务关系，甲方因向乙方融资或融券而对乙方负有债务，为保证该债权的实现并充分保护双方的利益，在融资融券业务中双方建立特定的财产信托关系，甲方为委托人、乙方为受托人，甲方以其信用账户中的保证金、融资买入的全部证券、融券卖出所得全部资金以及上述资金、证券所生孳息等，整体作为对乙方融资融券债务的担保，由乙方以其名义持有，当甲方未能按期交足担保物或到期未偿还融资融券债务或发生其他约定情形时，乙方有权采取强制平仓等方式处分上述信托资产，处分所得优先用于偿还甲方对乙方所负债务；乙方根据甲方的资信状况、担保物价值、履约情况、市场变化、乙方财物安排等因素，综合确定或调整对甲方的融资融券授信额度、融资授信额度和融券授信额度；甲方经乙方批准获取在授信期内可循环使用的融资融券授信额度，甲方任何时点融资交易占用的额度、融券交易占用的额度均不得分别超过其融资授信额度、融券授信额度，且融资交易占用的额度与融券交易占用的额度之和也不得超过融资融券授信额度；甲方从事融资融券交易前，应向乙方提交保证金，保证金可以是资金，也可以是充抵保证金的证券，充抵保证金的证券在计算保证金时，按一定的折算率进行折算；甲方提交的用于充抵保证金的有价证券应符合证券交易所和乙方的规定，乙方有权根据证券交易所的规定，确定、调整可充抵保证金有价证券的范围及折算率，甲方不得将超出上述范围的证券转至其信用证券账户作为担保物权；甲方作为担保物的单一证券的市值不得超过该证券总市值的 0.25%，否则乙方有权暂停甲方信用证券账户对该证券的融资买入、信用买入、担保物转入；甲方融资买入或融券卖出时，融资保证金比例或融券保证金比例不得低于证券交易所和乙方规定的比例，否则乙方有权拒绝执行；乙方有权根据交易所的规定，确定、调整融资保证金比例和融券保证金比例；甲方融资买入或融券卖出时所使用的保证金不得超过其保证金可用余额，保证金可用余额是指甲方用于充抵保证金的现金、证券市值及未了结融资融券交易产生的浮盈经折算后形成的保证金总额，减去甲方未了结融资融券交易已占用保证金和相关利息、费用的余额；甲方信用账户进行信用买入、融资买入、融券卖出、买券还券时，委托数量需为 100 股或其整数倍；甲方每笔融资买入或融券卖出交易即为一个融资融券交易合约，乙方按照甲方每笔融资买入或融券卖出的委托顺序，以合约为单位，逐笔记录甲方融资交易或融券交易及其相关融资利息或融券费用等债务发生；合约期限从每笔融资买入或融券卖出合约发生当日计起,最长不得超过6个月;甲方可以在约定的融资融券合约期限届满时偿还对乙方所负债务,也可提前偿还,甲方应当偿还的债务包括向乙方借入的资金和证券、融资利息和融券费用、权益补偿金、融资融券合约管理费、违约金及其他相关费用;甲方偿还债务的方式包括直接还款、卖券还款、直接还券、买券还券、现金替代还券等;甲方卖出证券所得资金应当优先用于偿还甲方对乙方所负债务;甲方合约到期有未偿还的融资融券债务的,乙方有权在合约到期日后的第一个交易日对甲方信用账户实施强制平仓,并对逾期债务收取罚息;乙方向甲方收取融资融券业务管理费,管理费按笔计算,定期收取,融资管理费 = 融资买入金额 × 管理费率,融券管理费 = 融券卖出数量 × 卖出价 × 管理费;乙方向甲方收取融资利息和融券费用,利息和费用分别按照甲方实际占用资金和证券的天然日天数按日计算,定期收取;乙方定期收取利息(费用)、管理费时,直接从甲方信用资金账户资金余额中定期扣划,定期扣收日为每季最后一个月的21日;甲方到期不能足额偿还本金(证券)、利息(费用)、权益补偿金,或在定期扣收日资金余额不足时,乙方将对甲方逾期的本金(证券)、利息(费用)、权益补偿金、管理费等收取罚息,罚息以每日万分之五的罚息率按日计算,每交易日扣收;乙方根据每日清算后的维持担保比例控制甲方的风险状况,其中警戒线、追保线、清偿平仓线对应的维持担保比例值分别为150%、130%、110%,乙方有权根据证券交易所的规定,确定和调整三线对应的维持担保比例值;每日清算后,当甲方的维持担保比例低于150%并在130%以上时,乙方将于次一交易日对甲方信用账户的交易进行控制,甲方将不得进行信用买入、融资买入、融券卖出、担保物划出,允许进行信用卖出、卖券还款、直接还款、买券还券、直接还券、担保物划入;每日清算后,当甲方的维持担保比例低于130%并在110%以上时,乙方将于次一交易日上午9时之前通过电子邮件或手机短信或电话等方式向甲方发出追加担保物通知;甲方应在T+2日之内追加担保物,追加方式包括转入担保物或偿还债务,如果在T+1日或T+2日清算后甲方信用账户维持担保比例均低于警戒线,则乙方将启动强制平仓程序,并不再另行通知甲方;甲方信用账户处于追保状态时,将被限制进行信用买入、融资买入、融券卖出、担保物划出,允许信用卖出、卖券还款、直接还款、买券还券、直接还券、担保物转入;当甲方未在规定的时间内补足担保物的,乙方将实施追保平仓;当甲方合约到期,该合约有未偿还债务的,乙方将实施合约到期平仓;当出现甲方信用账户维持担保比例低于清偿平仓线、双方合同到期后甲方仍有未偿还债务等情形出现时,乙方将实施清偿平仓;强制平仓范围,追保平仓的范围为应平仓金额,合约到期平仓的范围是甲方相关合约的所有负债,清偿平仓的范围是甲方对乙方的所有负债;追保和清偿平仓,强制平仓时优先考虑直接还款或直接还券,其次是卖券还款,再次是买券还券;合约到期平仓,如为融资合约，首先直接还款，其不足部分应先卖出该合约融资买入证券，再不足，卖出充抵保证金的证券，如为融券合约，应先直接还券，无相应证券或数量不足时，则用该合约融券卖出资金买券还券，再不足，运用保证金买券还券，仍不足，运用卖出充抵保证金证券所得资金买券还券；甲方同意乙方基于甲方担保物的不同状况及市场情况全权决定强制平仓的方式、时间、顺序、价格和数量，甲方不得以强制平仓未能作出最佳选择为理由向乙方主张权益；若甲方担保物被全部强制平仓后，仍不足以偿还甲方对乙方所负债务的，乙方有权向甲方继续追索；乙方应对可充抵保证金的有价证券范围和折算率、追加担保物的通知、强制平仓结果等事项履行对甲方的通知义务；乙方通知方式包括乙方网站公告（注明网址，说明公告发布起视为通知已经送达）、电子邮件（注明发送邮箱）、手机短信、电话（通过固定电话通知，通话当时视为通知已送达）、挂号信，乙方任何一种方式通知送达的，视为乙方已履行通知义务，视为甲方对乙方通知内容已经全部知悉；甲方有义务随时关注自己的交易结果及账户变动情况，如对通知事项有异议，则须在乙方发送通知后第一个交易日开始前，向所属营业部当面提交书面意见，否则视为甲方对通知事项无异议且已确认；本合同有效期为 1 年，有效期届满，双方同意续延的，将延续一年，并依此类推；当合同到期但甲方未能全额偿还所有债务时，乙方将对甲方信用账户实施强制平仓，收回对甲方的全部债权；双方须严格遵守本合同各项条款，任何一方不得违约，否则，除法律法规或本合同约定可以免责的情形外，违约方应承担违约责任；违约方责任的承担，以本合同明确约定的利益及违约所造成的直接损失为限，不包括间接损失等。之后，该合同部分条款的部分文字进行了修订，管理费及管理费率等条款内容被删除，并将续约问题调整为合同期满双方无异议即延续一年。该合同前部列有融资融券交易风险揭示书，列有 17 条风险，并说明未能详尽列明所有风险和可能影响上市证券价格的所有因素，投资者在参与融资融券交易前，应阅读相关业务规则及合同条款，并对交易所特有的规则必须有所了解和掌握，并确信自己已做好足够的风险评估与财物安排，避免因参与融资融券交易而遭受难以承受的损失。杨智签字确认已阅读并充分理解风险揭示书的全部内容，愿意承担因进行融资融券交易而可能发生的各类风险和损失。风险揭示书中所列风险包括：投资者在从事融资融券交易期间，如果不能依照约定的期限清偿债务，或上市证券价格波动导致担保物价值与其融资融券债务之间的比例低于证券公司规定的维持担保比例，且不能按照约定的时间、数量追加担保物时，将面临担保物被证券公司强制平仓的危险，可能会给投资者造成经济损失；投资者在从事融资融券交易期间，如果发生融资融券标的证券范围调整，标的证券暂停交易或终止上市等情况，将面临被证券公司提前了结融资融券交易的风险，可能会给投资者造成经济损失；投资者在从事融资融券交易期间,证券公司将以约定的通知与送达方式及通讯地址,向投资者发送通知,通知经过约定的时间后,将视作证券公司已经履行对投资者的通知义务,投资者无论因何种原因没有及时收到有关通知,都会面临担保物被证券公司强制平仓的风险,可能会给投资者造成经济损失;投资者在从事融资融券交易期间,如因技术原因导致投资者无法及时追加担保物的,有可能导致被强制平仓的风险;投资者在从事融资融券交易期间,如果其信用账户中的资产被全部平仓后仍不足以清偿所负债务,证券公司将对其普通账户内的资产采取限制转出、限制交易并依法扣划资金或证券以实现债权,如仍不足以清偿债务的,证券公司还会行使进一步的债权追索权等。

签约后,杨智进行了多笔融资融券交易。2012年12月24日至2013年1月18日期间,杨智发生"海螺水泥""广发证券"等多笔融券合约,委托总额累计2,560,888元。2012年9月12日至2013年3月7日,杨智发生"中集集团""广发证券"等多笔融资合约,成交金额累计6,792,181元,清算金额累计6,806,031元。

截至2012年8月30日,杨智信用账户内有担保证券"银华鑫利"(证券代码150031)1,026,300份。2012年8月31日,银华基金公司发布《关于银华中证等权重90指数分级证券投资基金不定期份额折算结算及恢复交易的公告》,说明以当日为份额折算基准日,对银华90份额的场外份额、场内份额以及"银华鑫利"份额、"银华金利"份额实施不定期份额折算,经折算后的份额数取整计算(最小单位为1份),舍去部分计入基金财产,份额折算比例按截位法精确到小数点后第9位,其中"银华鑫利"折算前7,129,183,051.00份,折算比例为0.243464416,折算后份额1,735,702,388.00份,折算后份额净值1.000元;投资者自公告之日起可查询经注册登记人及该公司确认的折算后份额;"银华鑫利"将于2012年9月4日上午9:30~10:30停牌1小时,并将于当日上午10:30分复牌。根据深交所《关于分级基金份额折算后次日前收盘价调整的通知》,2012年9月4日"银华鑫利"复牌首日即时行情显示的前收盘价为2012年9月3日"银华鑫利"的份额净值1.017元,2012年9月4日当日,"银华鑫利"份额可能出现交易价格大幅波动的情形,敬请投资者注意投资风险;重要提示"银华鑫利"份额表现为高风险、高收益的特征,不定期份额折算后其杠杆倍数大幅降低,变更为初始的2倍杠杆水平;由于份额折算前存在折溢价交易情形,不定期份额折算后,"银华鑫利"份额的折溢价率可能发生较大变化,特提请参与二级市场交易的投资者注意折溢价率所带来的风险;"银华鑫利"份额折算后的份额数取整计算,舍去部分计入基金财产,持有极小数量的人可能存在折算后份额不足1份而导致相应的资产被强制归入基金资产的情形等。

据中登公司系统记载,杨智账户内"银华鑫利"份额在2012年9月3日基金折算后为249,868份。2012年9月4日至9月12日杨智账户内“银华鑫利”有5日卖出(合计349,800份)、1日买入(10万份),最后结余数量为68份。2013年9月9日,杨智该账户内所余68份“银华鑫利”被全部卖出。据深交所出具的杨智信用证券账户2012年8月15日至2013年9月30日期间卖出“银华鑫利”的委托和成交数据单记载:2012年9月4日至9月14日,杨智发出卖出委托39次,撤单3次(均为9月12日,委托数量均为100份);此期间9月4日成交1手26,300份,9月5日成交2手合计22万份,另有11手未成交,数量最多20万,最少5000份,原因是撤单(股东卖空);9月7日成交1手5万份,未成交1手,数量为30万份,原因是撤单(股东卖空);9月10日成交3手,累计5万份,未成交1手,数量是3万份,原因是撤单(股东卖空);9月11日仅1手且未成交,数量78万份,原因是撤单(股东卖空);9月12日成交13手,总计3500份,未成交11手,数量从100份到2000份不等,原因有3手是撤单,其他均为撤单(股东卖空);2012年9月27日至2013年9月9日,又发生数量从1500份到100份不等的7手卖出,但均未成交,原因均是撤单(股东卖空),2013年9月9日卖出68份成交,之后又发生1手数量为1份的卖出,未成交,原因是撤单(股东卖空)。据深交所的解释,撤单(股东卖空)是指交易主机自动撤单,原因可能有股东拥有的该证券可用股数小于卖出或赎回或质押委托数量,证券公司融券专户上可用股数小于融券卖出委托数量等。

根据中信建投公司的计算机系统统计:2013年9月9日,杨智融资总负债525,370.91元,未还融资本金504,738.92元,未还其他费用20,631.99元(融资利息20,379.63元,本金罚息252.37元),已还本金1355.24元。当日,中信建投公司对杨智账户融资买入证券及担保证券进行融资平仓,其中证券卖出“广发证券”(证券代码000776)两手分别为2万股、17,100股,成交金额分别为235,097元(成交价每份11.755元)、201,267元(成交价每份11.77元),佣金分别为470.19元、402.53元,证券卖出“银华鑫利”(证券代码150031)一手68份,成交金额62.42元(每份0.918元),佣金5元。三次交易资金发生数总计435,112.33元。

杨智从荆州营业部取得了信用资金流水明细和“银华鑫利”交易统计表,明细上记载:对账起止日期从2011年1月1日逐年至2013年9月5日,负债总额524,756.81元(均为融资负债),资金余额232.87元,担保证券市值1,135,784.5元。统计表中有2012年4月13日至2013年9月30日期间的融资借入、融资买入、偿还融资利息、卖券还款、偿还融资负债本金、偿还融券费用、偿还融券负债、买券还券、融券卖出等记录,没有关于“银华鑫利”出现废单以及未成交的记载,均为已成交记录。

一审诉讼中,中信建投公司承认其计算机系统未能显示2012年9月3日折算后的份额,直至2013年7月18日其才发现杨智虚增份额问题;杨智交易未成的记录在中信建投公司系统中显示为废单;2013年9月9日卖出仅余的68份是中信建投公司强制平仓所为,中信建投公司另从杨智账户划款232.87元。

一审另查明,中信建投公司融资融券部人员于2013年7月19日与杨智电话联系,告知:“银华鑫利”基金每10份拆分2.43份,信用账户上要作差异化,折算了以后,账上显示持有数量多,实际上没有那么多,处理后杨智的维持担保比例将低于150%警戒水平,需要追加保证金,需要追加将近34万元左右的现金资产;如果不管,折算后的负债是负资产,就会出现强平,近两天因为“中国平安”杨智账户已被强平一次,被强平一次就要降级一次,半年内连续强平2次,降级的话,杨智这个账户根本就做不成了;需要杨智最快时间来处理。杨智表示知道了,提出下星期前往中信建投公司处理。同日,中信建投公司向×也跟杨智电话联系,告知杨智的朋友李×到中信建投公司了,在说融资融券的事,杨智表示是杨智叫李×去的,并称“我要个把星期,把钱收了才能回来”,“我叫李×打电话,你跟他联系就行了”,“我来说,事我还搞不清白”。8月8日,中信建投公司姚姓人员致电杨智,杨智表示“我晓得,我今天准备过来的,10点半钟来不了,我就下午1点过来”,姚某询问“你把钱打了就完了,你过来干什么”,杨智答复“我过来把这个事情说清楚”。

中信建投公司官网上刊发有落款日期分别为2012年7月10日、7月24日、8月6日、8月30日的同名公告——《银华中证等权重90指数分级证券投资基金可能发生不定期份额折算的风险提示公告》,还刊发有落款日期为2012年8月31日的《关于银华中证等权重90指数分级证券投资基金办理不定期份额折算业务的公告》、落款日期为2012年8月31日的《关于银华金利、银华鑫利不定期份额折算后前收盘价调整的提示性公告》、落款日期为2012年9月3日的《关于银华中证等权重90指数分级证券投资基金办理不定期份额折算业务期间银华金利份额、银华鑫利份额停牌的公告》、落款日期为2012年9月4日的《关于银华金利、银华鑫利份额不定期份额折算后前收盘价调整的风险提示公告》。

裁判结果

一审法院判决:一、驳回中信建投证券股份有限公司的诉讼请求;二、驳回杨智的反诉请求。

二审法院判决:驳回上诉,维持原判。

法院观点

中信建投公司与杨智签订《融资融券业务合同书》,是双方真实意思表示,其内容不违反国家法律、行政法规的强制性规定,应属合法有效。双方应当按照约定全面履行各自的义务,应当遵循诚实信用原则,根据合同的性质、目的和交易习惯履行通知、协助、保密等义务。

关于强制平仓后仍不足清偿的融资款承担问题,本院认为,证券公司应当委托证券登记结算机构根据清算、交收结果等,对客户信用证券账户内的数据进行变更。即中信建投公司负有变更杨智信用证券账户数据的义务。而本案中,杨智的中信建投公司交易系统担保证券未显示折算后的份额,不仅提供给杨智的担保物份额与实际情况不符,而且,中信建投公司本身也是以该不实数据为担保比的计算依据,以致未能及时发现实际担保比的变化,未能在实际担保比首次达不到约定标准时及时行使权利,以通知追加、进行追加平仓、对杨智此后的融资融券行为作出拒绝等方式来避免损失。若杨智超担保比融资构成违约,则中信建投公司也没有及时采取适当措施防止损失的扩大。待中信建投公司发现错误时,担保物价值已然过低、实际融资额度已然严重超出预定范围,损失已经扩大。现中信建投公司采取清偿清仓措施后仍未能收回全部的融资款项,相应的损失是因其未及时行使合同权利而导致损失扩大所致,故应由其自行承担。至于中信建投公司发现错误之后经通知补仓未果而予以清偿平仓,只是其通过行使约定权利而减少后续损失的一种救济,不影响此前已经产生的损失的负担。故中信建投公司的上诉主张及理由,缺乏事实及法律依据,本院不予采纳。

关于中信建投公司是否应赔偿杨智主张的损失问题,本院认为,《融资融券业务合同书》明确约定杨智有义务随时关注自己的交易结果及账户变动情况,如对通知事项有异议,则须在中信建投公司发送通知后第一个交易日开始前,向所属营业部当面提交书面意见,否则视为对通知事项无异议且已确认。虽然中信建投公司系统未显示杨智用于担保的“银华鑫利”证券发生折算的情况,但银华基金公司已经发布公告,中信建投公司网站亦发布公告。按照约定,中信建投公司发布公告是一种通知行为。而且,作为理性、守约的投资者,如果随时关注自己的账户交易情况和所持证券价值变动情况,是完全可以通过中信建投公司系统以外的途径知悉折算事实的,由此就能够知道保证金发生变化。关于担保证券价值实际降低的问题,一审法院根据本案具体情况,作出券商应自行承担扩大的损失;杨智作为从事融资融券交易多年的投资者,在担保证券价值明显过低情形下未提出任何异议,仍然进行融资操作,并且当卖出担保物出现未能成交的情况后,没有进行查询或提出异议,而是调整交易金额多次进行再操作,说明投资者是自知风险而交易,由此产生的损失也应自行负担的认定,并无不当。同时,杨智的交易系统担保证券数据未及时变更并不直接、必然导致其证券账户交易损失。另,当中信建投公司 2013 年 7 月发现错误并与杨智联系之时,约定的行使通知追加、清偿平仓权利的条件也已具备。杨智账户担保物不足，中信建投公司要求限期补足，并说明了逾期不补足的后果，但杨智并没有按照约定履行补足保证金的义务。中信建投公司最终于2013年9月予以清偿平仓，是避免损失扩大的措施，符合合同约定。故杨智的上诉主张及理由，缺乏事实及法律依据，本院亦不予采纳。

金讼圈提示

从《融资融券业务合同书》"客户以其信用账户中的保证金、融资买入的全部证券、融券卖出所得全部资金以及上述资金、证券所生孳息等，整体作为对乙方融资融券债务的担保，由证券公司以其名义持有，当客户未能按期交足担保物或到期未偿还融资融券债务或发生其他约定情形时，证券公司有权采取强制平仓等方式处分上述资产，处分所得优先用于偿还客户对证券公司所负债务"来看，这里的担保应当为非典型担保形式之一的"让与担保"法律关系，而非"财产信托"法律关系。

077 证券公司乌龙指后立即卖空，为何应赔偿投资者损失？

案例索引

上海市高级人民法院(2015)沪高民五(商)终字第61号等终审判决。

交易结构图

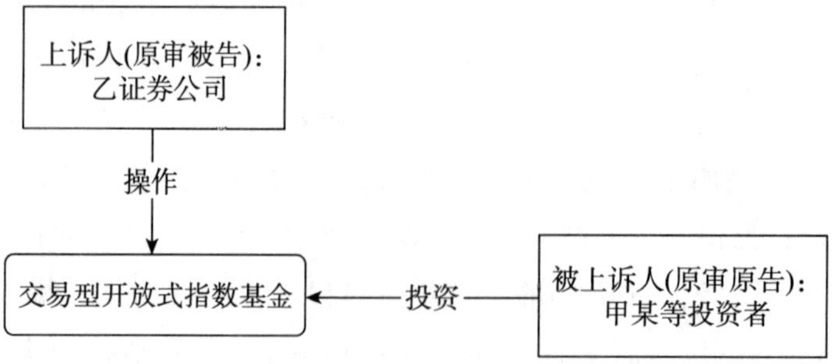

金讼圈导读

本案系我国首起内幕交易行为人被法院判决承担民事赔偿责任的内幕交易民事赔偿案，为我国证券内幕交易民事赔偿纠纷的司法处理积累了宝贵的经验，具有开创性的示范意义。

裁判规则

一、证券公司因程序错误巨量申购成分股，并于当日下午未立即披露该信息的情况下，即通过卖空股指期货、卖出 ETF 对冲风险，后被中国证监会处罚，其行为已构成内幕交易。

二、证券公司在发生错单交易后，应立即披露却未披露该信息，反而实施对冲交易以规避自己损失，致使投资者遭受损失，主观上存在过错，证券公司的内幕交易行为与投资者的损失具有因果关系，符合民事侵权构成要件，证券公司应承担相应赔偿责任。

三、关于损失范围的确定，应区分不同情况计算损失金额：对于 50ETF、180ETF 及其成分股，应以内幕信息公开后的十个交易日平均收盘价作为基准价格；对于股指期货品种，则以三个交易日平均结算价作为基准价格。

案情介绍

上诉人（原审被告）：乙证券公司。

被上诉人（原审原告）：甲某等投资者。

2013 年 8 月 16 日 11 时 5 分，乙证券公司在进行交易型开放式指数基金（以下简称 ETF）申赎套利交易时，因程序错误，其所使用的策略交易系统以 234 亿元的巨量资金申购股票，实际成交 72. 7 亿元。在当日下午 13 时开市后，乙证券公司在未披露相关事实的情况下通过卖空股指期货、卖出 ETF 对冲风险，至 14 时 22 分才公告称“公司策略投资部自营业务在使用其独立套利系统时出现问题”。

同年 11 月，中国证监会对乙证券公司作出行政处罚决定，认定乙证券公司在内幕信息公开前将所持股票转换为 ETF 卖出和卖出股指期货空头合约的行为构成内幕交易行为，作出没收非法所得及罚款 5. 2 亿元等处罚。在乙证券公司错单交易过程中，甲某等投资者认为市场可能有重大利好消息，且乙证券公司董事会秘书通过媒体否认乌龙传闻，故进行了相关股票或股指期货合约的交易，造成了损失。

甲某等投资者认为其损失与乙证券公司内幕交易之间具有因果关系，故起诉至法院,要求乙证券公司承担赔偿责任。

2014 年 12 月 26 日,北京市第一中级人民法院对原告杨某诉被告中国证监会行政处罚、市场禁入决定两案一审公开宣判,两案均判决驳回杨某诉讼请求。杨某不服上诉。2015 年 5 月,北京市高级人民法院判决驳回上诉,维持原判。

裁判结果

一审法院判决:一、被告乙证券公司于判决生效之日起 10 日内赔偿原告甲损失人民币 4560 元;二、对原告甲的其余诉讼请求不予支持。

二审法院判决:驳回上诉,维持原判。

法院观点

乙证券公司于 2013 年 8 月 16 日 11 时 5 分因程序错误巨量申购 180ETF 成分股,并于当日下午未立即披露该信息的情况下,即通过卖空股指期货、卖出 ETF 对冲风险,后被中国证监会处罚,其行为已构成内幕交易。乙证券公司在发生错单交易后,应立即披露却未披露该信息,反而实施对冲交易以规避自己损失,致使投资者遭受损失,主观上存在过错,乙证券公司的内幕交易行为与投资者的损失具有因果关系,符合民事侵权构成要件,乙证券公司应承担相应赔偿责任。

第一,关于侵权行为的认定:乙证券公司存在内幕交易行为。中国证监会的行政处罚以及相关行政诉讼生效判决已认定乙证券公司在内幕信息公开前将所持股票转换为 ETF 卖出和卖出股指期货空头合约的行为构成内幕交易行为,可以作为本案定案依据。乙证券公司提出媒体报道已经事先公开了错单交易信息,但该报道并非由乙证券公司主动披露或经其他权威机构确认,而是由财经媒体自主报道,不能视为乙证券公司履行了法律法规以及证券监管部门、证券交易所要求的公开披露义务。在当天市场出现大幅波动,市场上各种消息鱼龙混杂的情况下,该报道的权威性和真实性受到市场各方的怀疑,难以作为各方投资者进行投资决策的可靠依据。此外,乙证券公司董事会秘书在下午开市前又对外否认存在错单交易。鉴于投资者对同一事件所获得的信息截然相反且真伪难辨,绝大部分投资者难以从当天中午出现的各种信息中获得准确答案。因此,相关媒体报道不能作为对错单交易信息进行公开的依据。受众无法从中确信内幕信息已经公开。

第二,关于侵权主观方面的认定:乙证券公司具有主观过错。当日 11 时 40 分,乙证券公司已经开会准备进行对冲,这说明乙证券公司此时完全知晓其上午的交易属于错单交易。乙证券公司作为上市公司,又系专业的证券、期货经营单位,理应知道并充分理解我国证券、期货法律法规关于禁止内幕交易的规定，其对于错单交易可能影响投资者的判断，对相关证券、期货品种可能产生重大影响应属明知，其关于不能判断是否属于内幕信息的辩解没有事实和法律依据。乙证券公司作为上市公司，有义务在了解事件真相后的第一时间，将相关错单交易信息向市场予以及时、全面的披露，同时在内幕信息未披露前应戒绝交易。但乙证券公司出于自身利益的考虑，在尚未披露内幕信息的情况下，采取对冲减损的措施以规避自身的损失，其隐瞒事实真相，利用内幕信息获取非法利益的主观过错至为明显。

第三，关于行为违法性的认定：乙证券公司提出，其进行的对冲交易是根据既定的、公开的交易策略和《策略投资部业务管理制度》进行的，所以具有合规性和正当性。对此，法院认为，对冲交易策略其本身是中性的，不存在是否违法违规的问题，采用何种交易策略和方式是市场参与者的自主选择。但无论采用何种交易策略和方式在市场上进行交易，都不能违反法律法规的相关规定，否则就构成违法交易行为，应当承担相应的法律责任。乙证券公司可以进行正常的对冲交易，但是该案中，乙证券公司决策层在了解相关事件的重大性之后，在没有披露之前就决定进行交易，并非针对可能遇到的风险进行一般对冲交易的既定安排，而是利用内幕信息进行的违法交易。

第四，关于侵权行为与损害后果的因果关系的认定：基于证券、期货市场的特殊性，侵权人和被侵权人往往不直接进行交易，双方交易的证券、期货品种难以完全一一对应，而且市场中影响证券、期货价格发生变化的因素众多，在此情况下，完全由被侵害的投资者提供证据证明内幕交易的因果关系几乎不可能。对此，可参照《最高人民法院关于审理证券市场因虚假陈述引发的民事赔偿案件的若干规定》，采用推定因果关系。即在乙证券公司实施内幕交易行为的期间，如果投资者从事了与内幕交易行为主要交易方向相反的交易行为，而且投资者买卖的是与内幕信息直接关联的证券、证券衍生产品或期货合约，最终遭受损失，则应认定内幕交易与投资者损失具有因果关系。至于内幕交易人进行内幕交易的数量多少和时间长短，内幕交易人是否因内幕交易获得实际的利益，其内幕交易行为是否对相关证券、期货品种的交易价格产生实质性影响，都不影响对内幕交易侵权因果关系的认定。(1)具体针对交易品种而言，如果原告投资者进行50ETF、180ETF、IF1309、IF1312交易，可推定存在因果关系。如果原告投资者进行50ETF、180ETF的成分股交易，因乙证券公司在内幕交易期间50ETF、180ETF的成交量与市场同期成交量相比巨大，足以通过套利机制等因素影响50ETF、180ETF成分股的价格，故可推定50ETF、180ETF成分股损失与乙证券公司内幕交易行为存在因果关系。至于原告投资者上述品种之外的交易品种，与乙证券公司内幕交易品种的价格关联性极为微弱,无法认定存在法律上认可的因果关系。(2)具体针对交易方向而言,50ETF、180ETF以及相应的成分股交易规则为T+1,可根据买卖方向判断交易方向。对于股指期货IF1309、IF1312而言,基于股指期货摊低成本、规避风险的策略,投资者会存在反复买卖行为,这种情况下可根据内幕交易时间段内投资者买入的总手数与卖出总手数进行比较来认定交易方向。如果两者总手数相同,则应对该时间段内的交易结算结果来判断交易方向,产生损失的,可认定为原告交易方向与乙证券公司交易方向相反。(3)具体针对交易时间而言,原告投资者在非内幕交易时间段跟风操作引发的损失,与乙证券公司的内幕交易行为不存在因果关系。因为对于投资者而言,在一个价格瞬息万变、波动巨大的市场上,每位投资者做出投资决策时应依赖于自己的判断,而不应对其他投资者的投资行为产生任何信赖,而且根本无法事先判断其他投资者的投资行为是有意、无意或者是存在错误。在交易之时,该投资者并不存在重大误解,也无从要求撤销这种交易行为。

第五,关于损失范围的确定:应区分不同情况计算损失金额。考虑到不同品种的交易规则区别较大(比如,保证金交易、T+1还是T+0等),对适格投资者的标准亦不相同,投资者的交易频率也有所差别,故应根据实际情况确定基准价及损失计算方法。(1)对于50ETF、180ETF及其成分股,应以内幕信息公开后的十个交易日平均收盘价作为基准价格。如果原告在基准日及以前卖出证券的,其损失为买入证券总成交额与实际卖出证券总成交额之差;如果原告投资者在基准日之后卖出或者仍持有证券的,其损失为买入证券总成交额与以基准价格计算的卖出证券总成交额之差。总成交额以股数×交易价格计算,多次买入的累计计算;如果原告有库存股票,则应根据先进先出的原则计算差价。(2)对于股指期货品种,则以三个交易日平均结算价作为基准价格。计算损失时,原告内幕交易时间段内的所有反向交易(无论开仓或者平仓)价格减去基准价格形成的差额,乘以交易的具体数量,以此作为损失额。如果原告在内幕交易时间段内还存在同向交易的,则应将反向交易与同向交易在同等交易量(手)基础上先行结算冲抵计算交易盈亏额,剩余的反向交易按第1项原则计算交易盈亏额,然后两项交易盈亏额相加,以此作为损失额。

金讼圈提示

对于投资者来说,最需要注意的是本案关于损失的计算方法,例如,基准日、基准价及差价的核定。

078 证券公司炒股系统不支持午间撤单功能是否应担责?

案例索引

上海市第一中级人民法院于2013年12月9日作出(2013)沪一中民六(商)终字第307号终审判决。

交易结构图

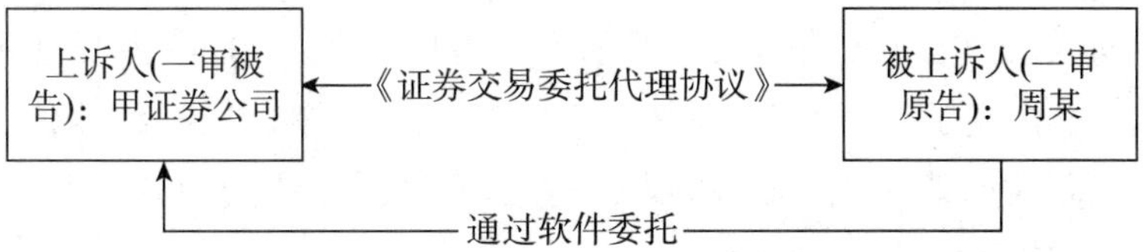

金讼圈导读

这是一个关于股民炒股遭遇系统不能午间撤单的纠纷案例。系统不支持午间撤单功能,证券公司可否以风险揭示书关于“由于通信技术和相关软件具有存在缺陷的可能”主张免责?如何区分不确定是否会发生的风险与已知固定存在的缺陷?法院通过本案例给予了示范性的裁判规则,值得借鉴。

裁判规则

一、证券公司在与客户缔约时,应当将可能影响客户权益的重要事项予以告知,对客户履行相应的告知义务。

二、证券公司作为网上交易软件系统的提供者,对客户负有该系统不支持的功能特性(如午间撤单功能)履行告知说明的义务。

三、如果因交易软件本身的设计原因,可能影响客户下单或撤单,而证券公司并未事先告知,致使客户因此在买卖证券的过程中遭受损失的,证券公司应承担相应的责任。

案情介绍

上诉人(一审被告):甲证券公司。

被上诉人(一审原告):周某。

2012年3月21日,周某与甲证券公司签订《证券交易委托代理协议》。2012年3

月26日11时33分,周某通过交易软件委托以每股13.51元买入L股票100股。因值午间休市,当时并未成交,周某又于该日11时36分通过交易软件撤销前项委托,随后并通过电话再次告知甲证券公司撤销该项委托。但因甲证券营业部的网上交易软件系统午间不能撤单,故下午开市后,甲证券公司仍代理周某以每股13.51元买入了L股票100股。之后该股票一路下跌,再未回到每股13.51元的价位。

2012年3月27日,周某通过EMS快递书面告知甲证券公司:1.不承认甲证券公司的3230号合同的买入行为,要求甲证券公司返还1356元保证金;2.甲证券公司有权处置该100股股票,周某保证予以配合;3.周某决定在股票打开后,立即将1356元以市价买入股票。甲证券公司对于周某的要求未予接受。2012年4月4日,周某又以电子邮件通知甲证券公司,如果2012年4月5日,股票股价跌停被打开,那么周某立即以市价买入股票。2012年4月5日股票以当日跌停价10.45元开盘,并在10.45元和10.46元共成交了几百万股。2012年4月6日,股票以当日跌停价10.49元收盘。甲证券公司对周某的上述要求又未进行处理。周某最后于2013年1月28日,以每股11.73元将该100股L股票卖出。

周某为此起诉,要求甲证券公司按13.51元与10.46元之间的价差,赔偿损失。

裁判结果

上海市长宁区人民法院于2013年8月22日作出(2012)长民二(商)初字第553号民事判决:一、甲证券公司应向周某赔偿178元;二、驳回周某的其余诉讼请求。

上海市第一中级人民法院于2013年12月9日作出(2013)沪一中民六(商)终字第307号终审判决:驳回上诉,维持原判。

法院观点

周某与甲证券公司签订的《证券交易委托代理协议》《风险揭示书》《客户须知》等合同与文件,均系签约双方当事人的真实意思表示,当属合法有效的委托代理合同,双方当事人均应恪守履行。

在合同履行的过程中,发生了周某在股票交易日的午间休市时间段内向甲证券公司先行委托买入涉案股票、随后又委托撤单的委托交易事件,最终因甲证券公司的网上交易软件系统在午间不能撤单等因素,造成周某委托的该笔交易撤单不能而以较高价格买入的事实。甲证券公司负有将其提供的网上交易软件系统不支持午间撤单功能的特性向周某告知说明的义务,但其实际并未将该交易特性在合同文本中以确切的文字予以描述并告知客户。虽然甲证券公司在风险提示书第四条中说明,由于通信技术、电脑技术和相关软件具有存在缺陷的可能,这些风险可能给投资者带来损失或银证转账资金不能即时到账，但此处所指风险应当是不确定是否会发生的已知或未知的事件。但本案中，午间不能撤单的情况属于已知的固定存在的交易软件设置问题，故甲证券公司不能援引此条款予以免责。

对于损失的认定问题，周某认为应以其于2012年3月27日、4月4日发送给甲证券公司函件及电子邮件中所提及的价格成交并计算损失，但该两次股票买卖的意思表示并不符合涉案委托代理合同约定的委托交易方式，函件中的条件和买卖价格均处于不确定状态，故对于损失的计算应当依据周某实际操作中已经形成的损失确定。

金讼圈提示

一、本案原告在发现股票交易系统不能午间撤单后，一系列的发函、买卖股票的操作行为，为其事后维权留下可靠证据，是赢得本案诉讼的关键所在。

二、损失的计算通常都是证券类维权纠纷案件的焦点问题，建议大家多研究案例、积累经验。

079 上市公司虚假陈述如何计算赔偿数额？

案例索引

广东省高级人民法院于2015年5月14日作出的(2015)粤高法民二终字第13-967号民事判决书。

交易结构图

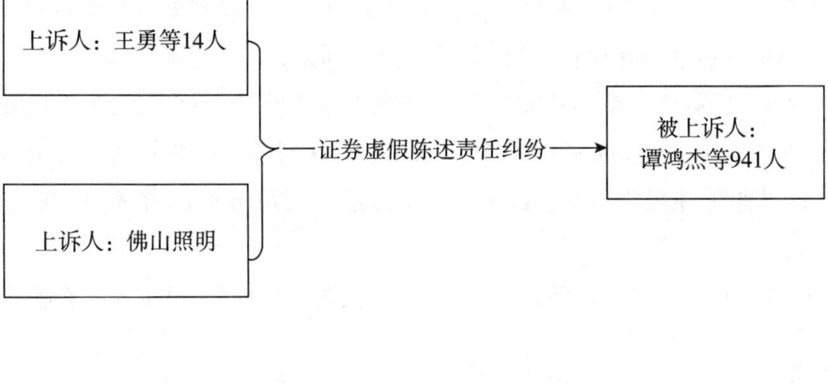

金讼圈导读

一、本案例是关于上市公司因信息披露隐瞒关联交易构成证券虚假陈述遭股民集体诉讼民事赔偿逾六千万的典型案例。

二、对于证券虚假陈述的成立条件,股民损失的计算方法,股民损失与虚假陈述的因果关系认定,证券虚假陈述的实施日、揭露日、基准日如何确定,系统性风险对损失的影响等焦点问题,一审、二审法院均给予了明确观点。

三、关于证券虚假陈述责任纠纷案,上市公司的董、监、高等人员是否需要及承担何种民事责任,本文最后有金讼圈提示。

裁判规则

一、证券行政管理部门的处罚决定,不仅是人民法院受理证券虚假陈述案件的前提条件,也是人民法院在实体审理中认定证券虚假陈述行为即是否构成重大事件的重要依据。

二、证券虚假陈述民事赔偿纠纷适用因果关系推定原则,投资人只需承担基本的举证责任,证明其存在损失,即应认定其损失与虚假陈述行为具有因果关系。

三、鉴于未对如何计算系统风险提供具体标准,法院可结合案件实际情况,确定以交易所特定指数作为参数,以买入平均价 × 损失计算数(1 - 卖出时的指数/买入时的平均指数)计算系统风险致损金额。

四、虚假陈述实施日是指作出虚假陈述或发生虚假陈述之日,法院可以最早作出虚假陈述之日确定为虚假陈述实施日。

五、虚假陈述揭露日是指陈述在全国范围发行或播放的报刊、电台、电视台等媒体上,首次被公开揭露日,法院可以首次向投资者公布其因虚假陈述被行政处罚公告日为虚假陈述揭露日。

六、虚假陈述行为人在证券交易市场承担民事赔偿责任的范围,以投资人因虚假陈述而实际发生的损失为限,投资人实际损失包括:(一)投资差额损失;(二)投资差额损失部分的佣金和印花税;(三)前款所涉资金利息。

七、投资差额损失计算的基准日,是指虚假陈述揭露或者更正后,为将投资人应获赔偿限定在虚假陈述所造成的损失范围内,确定损失计算的合理期间而规定的截止日期,股票自虚假陈述揭露日后,A股累计成交量达到可流通部分的100%之日为基准日。

八、投资人在基准日及以前卖出证券的,其投资差额损失,以买入证券平均价格与实际卖出证券平均价格之差,乘以投资人所持证券数量计算。

九、投资人在基准日之后的卖出或者仍持有证券的,其投资差额损失,以买入证券平均价格与虚假陈述揭露日或者更正日起至基准日期间,每个交易日收盘价的平均价格之差,乘以投资人所持证券数额计算。

案情介绍

一审被告:佛山电器照明股份有限公司

一审原告:王勇等955人。

上诉人佛山电器照明股份有限公司(以下简称佛山照明)、上诉人王勇等14人与被上诉人谭鸿杰等941人证券虚假陈述责任纠纷955宗案件,广东省广州市中级人民法院受理后,作出(2013)穗中法金民初字第5号、第756号民事判决(系列案共955宗,详见附表1)。佛山照明、王勇等14人不服,向本院提起上诉。

佛山电器照明股份有限公司成立于1992年10月20日,经批准在深圳证券交易所上市,证券简称为佛山照明(A股),证券代码为000541(A股)。

2012年7月6日,佛山照明发布《关于收到广东证监局行政监管措施决定书的公告》(2012-024),内容如下:近日,公司收到广东监管局发的《行政监管措施决定书》〔2012〕9号——《关于对佛山电器照明股份有限公司采取责令公开说明措施的决定》。决定内容如下:经查,我局发现你公司2009年年报、2010年中报及年报、2011年中报及年报未披露与佛山施诺奇加州电器有限公司(以下简称施诺奇)、佛山市斯郎柏企业有限公司(以下简称斯郎柏)的关联关系、关联交易;未在上述定期报告中披露与(香港)青海天际稀有元素科技开发有限公司(以下简称香港天际)的关联关系;未如实披露与香港天际共同成立佛照锂的关联交易。上述行为违反了《公开发行证券的公司信息披露编报规则第15号——财务报告的一般规定(2010年修订)》第37条、第38条、《企业会计准则第36号——关联方披露(2006)》第2条、第10条、《上市公司信息披露管理办法》第48条、《中华人民共和国证券法》(以下简称《证券法》)第63条、第65条、第66条等规定。按照《证券法》第193条和《上市公司信息披露管理办法》第63条的规定,我局决定对你公司采取责令改正的行政监管措施。现责令你公司予以整改,于收到本决定书后10日内在中国证监会指定信息披露媒体上,补充披露与施诺奇、斯郎柏、香港天际的关联关系及近三年的关联交易情况,以及更正后的2011年年度报告……

同日,佛山照明发布《关于收到广东证监局行政监管措施决定书的公告》(2012-025),内容如下:近日,公司收到广东证监局发的《行政监管措施决定书》〔2012〕10号

《关于对钟信才采取责令公开说明措施的决定》。决定内容如下:经查,我局发现你没有及时向佛山照明董事会报告施诺奇、斯郎柏、青海威力新能源材料有限公司(以下简称青海威力)、香港天际等四家公司与佛山照明之间的关联关系,违反了《上市公司信息披露管理办法》第48条的规定。按照《上市公司信息披露管理办法》第59条等规定,现责令你在接到本决定书后10日内在中国证监会指定信息披露媒体上,公开说明前述四家公司与你本人及佛山照明的关系,以及你未及时向佛山照明董事会报送关联关系说明的原因……

2012年11月5日,佛山照明董事会发布重大事项公告,内容如下:本公司于2012年11月2日收到《中国证券监督管理委员会调查通知书》,通知称"因涉嫌信息披露违法违规,根据《证券法》的有关规定,我会决定对你公司立案调查,请予以配合"。公司将积极配合监管部门的调查工作,并按照有关规定及时履行信息披露义务,敬请广大投资者注意投资风险。

2013年3月6日,佛山照明发布《关于收到中国证监会广东监管局行政处罚决定书的公告》,内容如下:本公司于2013年3月6日收到广东证监局下发的行政处罚决定书(2013)1号,该处罚决定书对本公司信息违法违规行为的相关当事人佛山照明、钟某、邹某、刘某、赵某、解某、魏某作出行政处罚。现将该处罚决定书的具体内容公告如下:

一、2010年定期报告、临时报告信息披露违法。(一)未依法披露重大担保事项。2010年11月2日锂电正极向中国建设银行格尔木市分行(以下简称建行格尔木市分行)出具《关于同意为青海盐湖蓝科锂业股份有限公司贷款担保的决议》,同意锂电正极为关联公司蓝科锂业4000万元银行贷款提供担保。11月5日,锂电正极与建行格尔木市分行签署保证合同,为蓝科锂业4000万元银行贷款提供连带责任保证担保。2011年12月20日,蓝科锂业向建行格尔木市分行归还借款4000万元,锂电正极的担保责任解除。上述担保事项未经佛山照明董事会和股东大会审议,公司未及时进行临时信息披露,也未在2010年年度报告中披露。上述行为违反了《证券法》第63条、66条、67条的规定。对佛山照明上述违法行为直接负责的主管人员为时任董事长兼总经理钟某,其他直接责任人员为时任副总经理兼董事会秘书邹某。(二)未依法披露有关关联方及与日常经营相关的关联交易。香港天际等15家公司是钟某的儿子等亲属直接或间接控制、或者担任董事、高级管理人员的公司,是佛山照明的关联方。2010年,佛山照明与施诺奇等9家关联公司存在与日常经营相关的关联交易,交易金额累计达7646.52万元。佛山照明未在2010年年度报告和中期报告中披露上述关联方和关联交易,违反了《证券法》第63条、65条、66条的规定。2010年佛山照明与施诺奇之间的与日常经营相关的关联交易金额累计达到 3949.36 万元,超过了公司最近一期经审计净资产绝对值的 0.5%,达到临时信息披露标准,佛山照明未召开董事会审议此关联交易,也未及时予以公告,违反了《证券法》第 63 条、67 条的规定。对佛山照明上述违法行为直接负责的主管人员为时任董事长兼总经理钟某,其他直接责任人员为时任副董事长兼副总经理刘某、时任董事兼副总经理赵某、时任副总经理兼董事会秘书邹某、时任副总经理解某和魏某。(三)未如实披露与关联方共同投资及收购事项。1. 未如实披露与关联方共同投资事项。2010 年 8 月 17 日,佛山照明召开董事会,全票审议通过与青海威力等 4 家公司共同出资 5000 万元设立锂电正极的议案,其中佛山照明出资 2550 万元,占 51% 股权。会议未将该议案作为关联交易审议,关联董事未回避表决。8 月 18 日,佛山照明发布关于发起设立锂电正极的公告,公告称该次投资事项不属于关联交易。青海威力为佛山照明的关联方,佛山照明与青海威力共同投资设立锂电正极的行为构成关联交易,公司临时报告披露该次投资事项不属于关联交易与事实不符。公司 2010 年年度报告也未披露上述关联交易,上述行为违反了《证券法》第 63 条、66 条的规定。对佛山照明上述违法行为直接负责的主管人员为时任董事长兼总经理钟某,其他直接责任人员为时任副总经理兼董事会秘书邹某。2. 未依法披露与关联方共同增资事项。2010 年 7 月 13 日,佛山照明召开董事会,全票表决通过与香港天际等共同对佛照锂增资的议案。会议未将该议案作为关联交易表决。7 月 15 日,佛山照明发布公告,披露佛山照明出资 876.93 万元与香港天际等共同增资佛照锂。公告未将该次增资事项披露为关联交易。香港天际为佛山照明的关联方,佛山照明与香港天际共同对佛照锂增资的行为构成关联交易。公司临时报告未如实披露该关联交易,2010 年年度报告也未披露该关联交易。上述行为违反了《证券法》第 63 条、66 条的规定。对佛山照明上述违法行为直接负责的主管人员为时任董事长兼总经理钟某,其他直接责任人员为时任副总经理兼董事会秘书邹某。3. 未依法披露向关联方收购股权事项。2010 年 11 月 19 日,上海亮奇电器有限公司(以下简称上海亮奇)、佛山市泓邦电器照明有限公司(以下简称佛山泓邦)等公司分别与佛山照明签署股权转让协议,将其分别持有的佛山照明灯具有限公司(以下简称佛照灯具)各 6% 的股权转让给佛山照明。同日,佛照灯具股东会审议同意佛山照明受让上海亮奇、佛山泓邦等 5 家公司分别持有的佛照灯具 6% 的股权,并选举赵某为董事。12 月 23 日,佛山照明分别向上海亮奇、佛山泓邦等公司支付相应的股权转让款 30.54 万元。上海亮奇、佛山泓邦为佛山照明的关联方,佛山照明 2010 年收购上海亮奇和佛山泓邦所持佛照灯具股权构成关联交易。公司未在 2010 年年度报告中披露上述事项,违反了《证券法》第 63 条、66 条的规定。对佛山照明上述违法行为直接负责的主管人员为时任董事长兼总经理钟某,其他直接责任人员为时任副董事长兼副总经理刘某、时任董事兼副总经理赵某。

二、2011 年定期报告、临时报告信息披露违法。(一)未及时披露向关联方提供借款事项。2011 年 1 月 4 日,佛山照明控股子公司锂电正极董事会通过决议,同意向关联公司佛照锂提供 2500 万元借款。1 月 5 日,锂电正极与佛照锂签署借款合同,并向佛照锂账户转款 2500 万元。4 月 2 日,佛照锂归还了全部本金和利息。4 月 8 日,佛山照明召开董事会,审议通过《关于子公司之间提供财务资助的议案》。4 月 12 日,佛山照明发布了锂电正极向佛照锂提供 2500 万元借款的公告。公告中称,佛山照明与锂电正极的其他股东、佛照锂的其他股东均无关联关系。上述关联借款事项,超过了公司最近一期经审计净资产绝对值的 0.5%,达到临时信息披露标准,公司未及时召开董事会审议,也未及时予以公告。在补充披露时,未如实披露其与锂电正极股东青海威力、佛照锂股东香港天际的关联关系。上述行为违反了《证券法》第 63 条、67 条的规定。对佛山照明上述违法行为直接负责的主管人员为时任董事长兼总经理钟某,其他直接责任人员为时任副总经理兼董事会秘书邹某。(二)未依法披露有关关联方及与日常经营相关的关联交易。香港天际等 16 家公司是佛山照明的关联方。2011 年,佛山照明与佛山市费德伦电气有限公司(以下简称费德伦)等 9 家关联公司存在与日常经营相关的关联交易,交易金额累计达到 8321.02 万元。佛山照明未在 2011 年年度报告和中期报告中披露上述关联方和关联交易,违反了《证券法》第 63 条、65 条、66 条的规定。此外,佛山照明与费德伦、佛山市高明区瑞贝克电光源材料有限公司(以下简称高明瑞贝克)之间的与日常经营相关的关联交易累计分别达到 2947.44 万元和 2127.62 万元,超过了公司最近一期经审计净资产绝对值的 0.5%,达到临时信息披露标准,公司未召开董事会审议相关关联交易,也未及时予以披露。上述行为违反了《证券法》第 63 条、67 条的规定。对佛山照明上述违法行为直接负责的主管人员为时任董事长兼总经理钟某,其他直接责任人员为时任副董事长兼副总经理刘某、时任董事兼副总经理赵某、时任副总经理解某和魏某。以上违法事实,有公司 2010 年、2011 年年度报告和中期报告,相关临时公告,相关董事会决议,相关工商登记档案,相关合同、协议,相关人员谈话笔录、公司情况说明等证据证明,足以认定。根据当事人的违法行为的事实、性质、情节与社会危害程度,依据《证券法》第 193 条的规定,我局决定:(1)责令佛山照明改正,给予警告,并处以 40 万元罚款;(2)对钟某给予警告,并处以 15 万元罚款;(3)对邹某给予警告,并处以 10 万元罚款;(4)对刘某、赵某给予警告,并分别处以 3 万元罚款;(5)对解某、魏某给予警告……

另查,自 2012 年 7 月 6 日起,佛山照明 A 股累计成交量至 2013 年 1 月 16 日达到可流通部分的 100%。自 2012 年 7 月 6 日起至 2013 年 1 月 16 日之间的交易日,佛山照明 A 股收盘价平均价为 6.7087 元。

佛山照明确认佛山照明股票价格在 2012 年 7 月 6 日之后有下跌。

以上事实有广东证监局的行政处罚决定书、原告的证券交易清单、当事人陈述等证据证实。此外，因佛山照明对原告的证券交易清单有异议，该院调取了中国证券登记结算有限责任公司深圳分公司及深圳证券交易所的数据库数据，对原告的主体资格及证券交易记录情况进行了核对。为对损失进行计算，该院从深圳交易所网站收集了涉案期间深成指数及佛山照明股票的收盘价等数据。以上数据均经原、被告质证。

在一审过程中，该院要求原告明确选择其诉讼请求具体针对佛山照明被行政处罚的七个虚假陈述行为中的哪一个行为，原告均选择了 2010 年 7 月 15 日佛山照明公告增资佛照锂的行为，同时确定所有行为对原告损失均产生影响。

裁判结果

一审法院判决：一、被告佛山电器照明股份有限公司在一审判决发生法律效力之日起 15 日内向原告赔偿共计 60,410,789.16 元（具体每个案件原告的获赔金额详见一审判决附表的“判决金额”）；二、驳回原告的其他诉讼请求。

二审法院判决：驳回上诉，维持原判。

法院观点

本案为证券虚假陈述赔偿纠纷。综合原、被告的诉辩意见，双方争议焦点在于：一、本案被告的行为是否构成证券虚假陈述。二、原告的损失与被告的虚假陈述行为之间有无因果关系。三、虚假陈述的实施日、揭露日、基准日如何确定。四、原告的损失应如何计算。

一、本案被告的行为是否构成证券虚假陈述

被告抗辩认为，只有针对重大事件作出虚假陈述，才构成证券市场虚假陈述，被告因未对关联交易进行信息披露而被处罚，不构成《最高人民法院关于审理证券市场因虚假陈述引发的民事赔偿案件的若干规定》（以下简称《规定》）第 17 条所规定的虚假陈述。

对此，该院认为，被告的行为构成证券虚假陈述，理由如下：首先，《证券法》第 63 条规定，发行人、上市公司依法披露的信息，必须真实、准确、完整，不得有虚假记载、误导性陈述或者重大遗漏。广东证监局处罚佛山照明未披露的事项包括涉及佛山照明的控股子公司锂电正极与蓝科锂业 4000 万元的担保，涉及 9 家关联公司累计 7646.52 万元与日常经营相关的关联交易，涉及佛山照明与施诺奇累计达 3949.36 万元的日常经营性关联交易,涉及与关联公司青海威力共同出资5000万元设立锂电正极,涉及出资876.93万元共同增资关联企业佛照锂,涉及向关联公司佛照灯具收购股权,涉及锂电正极向关联公司佛照锂提供2500万元的借款,涉及与关联公司费德伦等存在累计金额达8321.02万元的日常关联交易等。佛山照明屡次未披露关联交易,并且累计涉及金额达数亿元,严重违反上市公司信息公开的义务,违反法律规定的信息披露必须真实、准确、完备的原则。其次,根据《规定》第17条,证券市场虚假陈述,是指信息披露义务人违反证券法律规定,在证券发行或者交易过程中,对重大事件作出违背事实真相的虚假记录、误导性陈述,或者在披露信息时发生重大遗漏、不正当披露的行为。对于重大事件,应当结合《证券法》(1998年版)第59条、第60条、第61条、第62条、第72条(以上条款在2005年《证券法》修订后,修正为第63条、第65条、第66条、第67条、第72条)及相关规定的内容认定。广东证监局以被告违反《证券法》第63条、第65条、第66条、第67条、第193条等规定作出行政处罚,即广东证监局认定被告的行为构成对重大事件虚假陈述。最后,证监会及其派出机构的职能是监督、管理证券市场。《规定》第6条规定了行政处罚作为人民法院受理证券虚假陈述案件的前置程序。证券行政管理部门的处罚决定,不仅是人民法院受理证券虚假陈述案件的前提条件,也是人民法院在实体审理中认定证券虚假陈述行为的重要依据。如果上市公司对证券管理部门的认定有异议,应当循行政复议、行政诉讼的途径解决。在本案中,被告并未对广东证监局的行政处罚提起行政复议或者行政诉讼,现行政处罚已经生效,故该院依据行政处罚决定认定被告的行为违反对重大事件的信息披露义务,构成证券虚假陈述。

综上,被告抗辩其行为不构成证券虚假陈述理由不成立,该院不予采纳。被告对重大事件作出虚假陈述,其行为构成证券虚假陈述。

二、原告的损失与被告的虚假陈述行为之间是否存在因果关系

《规定》第18条规定,投资人具有以下情形的,人民法院应当认定虚假陈述与损害结果之间存在因果关系:(1)投资人所投资的是与虚假陈述直接关联的证券;(2)投资人在虚假陈述实施日及以后,至揭露日或者更正日之前买入该证券;(3)投资人在虚假陈述揭露日或者更正日及以后,因卖出该证券发生亏损,或者因持续持有该证券而产生亏损。《规定》第19条规定,被告举证证明原告有以下情形的,人民法院应当认定虚假陈述与损害结果之间不存在因果关系:(1)在虚假陈述揭露日或者更正日之前已经卖出证券;(2)在虚假陈述揭露日或者更正日及以后进行的投资;(3)明知虚假陈述存在而进行的投资;(4)损失或者部分损失是由证券市场系统风险等其他因素所导致;(5)属于恶意投资、操纵证券的。

从以上规定看,证券虚假陈述民事赔偿纠纷适用因果关系推定原则,投资人只需承担基本的举证责任,证明其存在损失,即应认定其损失与虚假陈述行为具有因果关系。在本案中,原告举证证明其在第 18 条规定时点进行佛山照明股票交易并产生损失,原告已完成了基本举证责任,被告应举证证明存在第 19 条规定的情形,否则应认定原告的损失与被告的虚假陈述行为之间具有因果关系。

关于被告提出的原告损失全部系由系统性风险导致,原告交易股票行为与被告的信息披露行为之间无交易因果关系的问题,该院分述如下:

(一)关于系统风险对原告损失的影响。从以上第 19 条的规定看,系统风险是虚假陈述行为人免除全部或者部分民事责任的事由。系统风险,一般应指对证券市场产生普遍影响的风险因素,它由系统风险共同因素所引发,对证券市场所有股票价格均产生影响,并且这种影响为个别企业或行业所不能控制,投资人亦无法通过分散投资加以消除。但是,《规定》未对何为证券市场系统风险进行界定,也未对系统风险的计算提供具体标准。被告所提交的证据能够证明佛山照明股票的价格确实受到系统风险的影响,但未能充分证明系统风险与佛山照明股价波动的逻辑关系,不能证明系统风险和虚假陈述行为如何影响股价的变动以及各自影响的程度,没有提出具体区分判断及有说服力的理由,被告的举证无法推断出系统风险导致原告的全部损失,故被告抗辩原告损失全部由系统风险造成的理由不成立。鉴于《规定》未对如何计算系统风险提供具体标准,该院结合本案的实际情况,确定以深成指数作为参数,以买入平均价 × 损失计算数(1 - 卖出时的深成指数/买入时的平均深成指数)计算系统风险致损金额。在扣除系统风险致损的金额之后,原告余下的投资差额损失应由被告承担。

(二)关于交易因果关系的问题。被告主张其未披露的关联交易对投资者决策没有影响,其行为与原告损失之间不存在交易上的因果关系,对此,该院认为,被告的抗辩理由不成立,理由如下:首先,如上所述,《规定》第 18 条、第 19 条对因果关系的构成要件及不适用的情形已有详尽的规定,应当依照以上规定对被告行为与原告损失之间是否存在因果关系进行认定,被告提出所谓交易因果关系超出现行法律规定的框架。《规定》并未将被告虚假陈述行为是否对原告股票交易决策有影响作为被告承担赔偿责任的要件之一。其次,投资者是否进行股票交易的决定受多重因素和心理影响,任何人无法替代投资人作出是否交易的决定。为确保投资者独立判断是否应买入或者卖出证券,法律法规均要求上市公司充分履行信息披露义务,否则上市公司就应对因信息披露不实导致投资人误判产生的损失承担赔偿责任,而无须再考虑客观上是否存在交易因果关系。关联交易是上市公司实际控制人、管理人进行利益输送、损害上市公司利益的方式之一,对上市公司、证券市场及投资者的信心和决策等会产生一定影响。《公司法》《证券法》《上市公司章程指引》《上市公司治理准则》等法律法规均对关联关系或关联交易进行规制和指引，信息披露义务是法律法规对关联关系或关联交易进行监管的基本要求。如果关联交易对投资者决策没有影响，那么法律法规毋需要求上市公司对此进行披露，证券管理部门也无须因为被告不披露关联交易而进行处罚。因此，被告认为是否披露关联交易并不会影响投资者股票交易决策是被告的主观判断，没有法律依据，也不符合制度设计。

（三）即便考虑交易因果关系的影响，本案被告的虚假陈述行为也诱导了原告作出股票交易的决定，与原告的损失也存在因果关系。如下文陈述，本案虚假陈述行为的实施日为2010年7月15日，被告于当日公布了其与香港天际共同增资佛照锂，但是隐瞒了香港天际是其关联方的信息。被告公布增资锂电新能源的利好消息，隐瞒了关联交易的因素，引诱投资者购买股票。以理性人的标准判断，原告在决策时信息不对称，受被告发布的不完整利好消息的影响，那么，可认定原告的股票交易决策受到被告信息披露的诱导，原告股票交易决策与被告虚假陈述行为具有关联性。

综上，被告关于原告损失均系由系统风险造成，原告买入股票与被告虚假陈述行为之间不存在交易上因果关系的抗辩理由不能成立，该院不予支持。

三、本案证券虚假陈述的实施日、揭露日、基准日如何确定

根据《规定》第20条的规定，虚假陈述实施日，是指作出虚假陈述或发生虚假陈述之日。被告佛山照明于2010年7月13日召开董事会，全票表决通过与香港天际等共同对佛照锂增资的议案，会议未将该议案作为关联交易表决，而其于2010年7月15日发布公告，披露其出资876.93万元与香港天际共同增资佛照锂，但公告未将该次增资事项披露为关联交易。2010年7月15日是被告最早作出虚假陈述之日，该院确定该日为虚假陈述实施日。被告认为其本无须披露以上增资事项，其在临时公告进行披露，虽有遗漏但未被处罚，不应以增资事项确定实施日，对此，该院认为，《证券法》第63条规定，发行人、上市公司依法披露的信息，必须真实、准确、完整，不得有虚假记载、误导性陈述或者重大遗漏。被告披露信息应当符合以上法律规定的原则。从被告佛山照明发布《关于收到中国证监会广东监管局行政处罚决定书的公告》看，广东证监局的行政处罚认定被告虽然在临时公告中披露了增资事项，但未将该事项披露为关联交易，存在重大遗漏，违反了《证券法》第63条、第66条的规定，据此对被告进行处罚，故应确定当日为虚假陈述实施日。被告对实施日的抗辩不能成立，该院不予采纳。

《规定》第20条规定，虚假陈述揭露日，是指陈述在全国范围发行或播放的报刊、电台、电视台等媒体上，首次被公开揭露之日。2012年7月6日，佛山照明发布《关于收到广东证监局行政监管措施决定书的公告》,首次向投资者公布其因虚假陈述被行政处罚,该院认定该日为虚假陈述揭露日。

《规定》第 33 条规定,投资差额损失计算的基准日,是指虚假陈述揭露或者更正后,为将投资人应获赔偿限定在虚假陈述所造成的损失范围内,确定损失计算的合理期间而规定的截止日期。基准日分别按下列情况确定:(一)揭露日或者更正日起,至被虚假陈述影响的证券累计成交量达到可流通部分 100% 之日。但通过大宗交易协议转让的证券成交量不予计算……佛山照明股票自虚假陈述揭露日后,A 股累计成交量到 2013 年 1 月 16 日达到可流通部分的 100%,故 2013 年 1 月 16 日应确定为佛山照明股票 A 股基准日。

四、原告的损失应如何计算

根据《规定》第 30 条的规定,虚假陈述行为人在证券交易市场承担民事赔偿责任的范围,以投资人因虚假陈述而实际发生的损失为限。投资人实际损失包括:(一)投资差额损失;(二)投资差额损失部分的佣金和印花税。前款所涉资金利息,自买入至卖出证券日或者基准日,按银行同期活期存款利率计算。原告请求中,投资差额损失(在扣除系统风险因素致损部分后)、佣金、印花税以及所涉资金利息符合法律规定,该院予以支持。部分原告诉请要求被告支付交易所费用等,因缺乏法律依据,该院不予支持。

关于投资差额损失的问题。根据《规定》第 31 条的规定,投资人在基准日及以前卖出证券的,其投资差额损失,以买入证券平均价格与实际卖出证券平均价格之差,乘以投资人所持证券数量计算。根据《规定》第 32 条的规定,投资人在基准日之后的卖出或者仍持有证券的,其投资差额损失,以买入证券平均价格与虚假陈述揭露日或者更正日起至基准日期间,每个交易日收盘价的平均价格之差,乘以投资人所持证券数额计算。据此,自 2010 年 7 月 15 日后至 2012 年 7 月 6 日前买入佛山照明股票,在 2012 年 7 月 6 日后至基准日前卖出或者持有该股票产生的亏损,应认定为原告的投资差额损失。买卖佛山照明 A 股的损失,以佛山照明 A 股自 2012 年 7 月 6 日起至 2013 年 1 月 16 日之间交易股票收盘价的平均价 6.7087 元作为基准价。

关于佣金(部分原告称手续费)的问题。证券市场自 2002 年之后实行浮动佣金制度,各营业部收取的佣金利率不同,但最高不得超过千分之三,考虑到证券市场近年来的实际情况,统一按千分之一计算为宜。

关于印花税的问题。自 2008 年 9 月 19 日之后,股票交易印花税按千分之一单边征收,因此,印花税统一按照千分之一计算。

关于所涉资金利息的问题。原告所涉的资金利息按照其买入至卖出或者基准日,按人民银行同类币种同期活期存款利率计算。原告的诉讼请求金额小于本院计算损失金额的,以原告的诉讼请求为限。

关于被告对原告主体资格所提异议的问题。《规定》第6条第2款规定,投资人提起虚假陈述证券民事赔偿诉讼,除提交行政处罚决定或者公告,或者人民法院的刑事裁判文书以外,还需提交以下证据:(一)自然人、法人或者其他组织的身份证明文件,不能提供原件的,应当提交公证证明的复印件;(二)进场交易的凭证等投资损失证明材料。该院已依照以上规定审查相关的身份证明文件,并与中国证券登记结算有限责任公司深圳分公司的数据进行比对,确定适格原告,故被告关于原告主体不适格的抗辩不成立,该院不予采纳。

综上所述,广东证监局对被告作出行政处罚,被告的行为构成虚假陈述。作为构成承担责任最低要求的民事责任,在被告已经构成行政违法责任的前提下,理应在承担行政责任的同时,对其给原告造成的损失承担民事责任。被告佛山照明抗辩其不构成证券虚假陈述,即便构成,其行为与原告的损失之间不存在因果关系,不应对原告的损失承担赔偿责任等理由均不能成立,该院不予采纳。被告应对适格原告在法律规定的时点内所进行的证券交易投资差额损失,扣除系统风险影响之后的数额以及佣金、印花税、所涉资金利息承担赔偿责任。原告的诉讼请求金额小于该院计算损失金额的,以原告的诉讼请求为限。原告的其他诉讼请求没有法律依据,该院不予支持。

金讼圈提示

一、根据《规定》第7条之规定,虚假陈述证券民事赔偿案件的被告,应当是虚假陈述行为人,包括上市公司负有责任的董事、监事和经理等高级管理人员,根据该规定第28条规定,应与上市公司承担连带赔偿责任。本案股民并没有将上市公司的直接负责的主管人员作为被告,但并不意味着这些被证监会点名的高管可以免责。

二、根据《公司法》第149条的规定,董事、监事、高级管理人员执行公司职务时违反法律、行政法规或者公司章程的规定,给公司造成损失的,应当承担赔偿责任。有限责任公司的股东、股份有限公司连续180日以上单独或者合计持有公司1%以上股份的股东,可以书面请求监事会或者不设监事会的有限责任公司的监事向人民法院提起诉讼;监事有前述情形的,前述股东可以书面请求董事会或者不设董事会的有限责任公司的执行董事向人民法院提起诉讼。

080 限售股票的质押式回购业务如何行使优先受偿权?

案例索引

北京市东城区人民法院于2016年1月19日作出的(2015)东民(商)初字第11735号民事裁判文书。

交易结构图

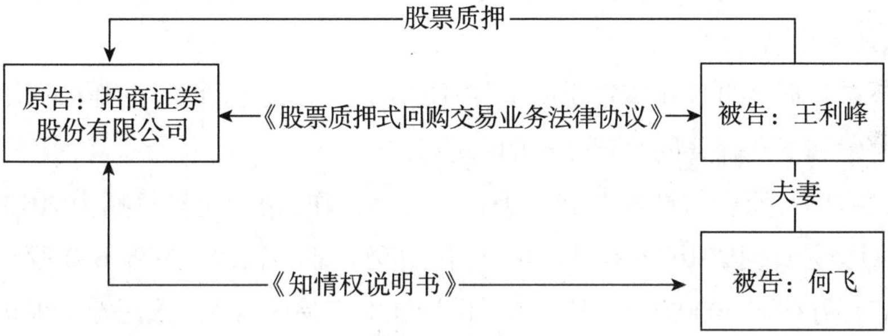

金讼圈导读

本案是一起关于因涉及重大诉讼标的股票可能被注销触发提前回购条件的限售股票质押式回购业务的典型纠纷案例。

从争议焦点、裁判理由及结果来看,本案《股票质押式回购交易业务法律协议》条款约定有得有失,值得完善。

裁判规则

一、股票质押式回购交易,实为以股票质押进行借款,未违反法律、行政法规的强制性规定,应属合法有效。

二、因融资方未能依约按时足额支付利息,信用状况恶化,且涉及其他重大诉讼,导致质押股票存在被注销的风险,出借人可依据协议约定行使不安抗辩权,有权要求按照其指定的期限提前购回标的证券,并承担相应违约责任。

三、具体如何处置质押的限售股票协议未作明确约定的,出借人有选择通过诉讼途径主张融资本金、利息与违约金及对质押股票享有优先受偿权。

四、质权人对质押登记的股票及其转增股份并派发现金红利等法定孳息依法享有优先受偿权。

五、合同虽约定了违约处置费用,但未明确约定违约处置费用的内涵,不应推定包括律师代理费及实现债权的费用。

案情介绍

原告:招商证券股份有限公司。

被告:王利峰、何飞。

2013年10月15日,被告王利峰向原告申请融资,与原告签订了《股票质押式回购交易业务法律协议》。协议约定,被告王利峰(甲方)作为资金融入方以其所持有的股票或其他证券质押,向原告招商证券股份有限公司(乙方、融出方)融入资金,并约定未来返还资金、解除质押。

同日,被告何飞出具知情权说明书,声明知晓其丈夫王利峰与招商证券质押融资的事宜,愿意和王利峰共同承担债务的偿还工作。

协议签订后,原告与被告王利峰进行了交易操作,初始交易日期为2013年10月21日,购回交易日期2016年10月20日,初始交易证券数量1,973,630股,证券名称华谊嘉信,证券代码300071,上市市场为深圳证券交易所A股,该证券为限售股,解限日期为2016年10月14日。初始交易金额1000万元,购回利率9.1%。

2013年10月21日,扣除协议约定被告承担的手续费、印花税后,原告向被告王利峰支付了9,997,926.37元,并于同日办理了证券质押登记,质押股票冻结1,973,630股。

协议履行过程中,被告王利峰未按约支付利息。

2014年12月24日至2015年1月14日期间,原告通过手机短信、邮件、电话等多种方式向被告王利峰发出通知,要求其备足资金,于2015年1月20日前申请提前购回标的证券,否则通过司法途径对标的证券进行违约处置。

2015年1月15日,原告向被告王利峰送达了催缴融资利息通知函,催收截至2014年12月24日逾期未付的利息累计909,999.99元,被告王利峰在该函上签字确认收到。

2015年1月16日,被告王利峰向原告出具承诺书,承诺在2015年1月21日偿还应缴利息909,999.99元,并于2015年1月31日前偿还本金结束合同。原告接受了被告王利峰的承诺。之后,被告王利峰于2015年1月29日支付利息25万元,2015年3月16日支付利息10万元,2015年5月12日支付利息5万元,2015年5月25日支付利息5万元,2015年6月5日支付利息10万元。截至2015年7月2日,被告王利峰累计逾期六期,尚未支付的利息共计 816,246.58 元。

另查,原被告双方在《股票质押式回购交易业务法律协议》约定如下:

第 1 条规定……融入方以所持有的股票或其他证券质押向融出方融入资金的过程为初始交易。融入方按约定返还资金、融出方解除标的证券及相应孳息质押登记的过程为购回交易,包括到期购回申报、提前购回申报和延期购回申报。初始交易日指甲乙双方约定的股票质押回购交易的交易起始日,以交易实际成交日为准。购回交易日指甲乙双方约定的股票质押回购交易的交易到期日,以交易实际成交日为准。购回期限指初始交易日至购回交易日的期限……标的证券是指甲方提交质押的证券,为向融出方偿还融入的资金及利息提供担保。购回利率指甲乙双方协商确定的在交易到期时甲方支付的资金年化利息率,计息天数为 365 天,用于计算购回交易金额。初始交易证券数量为初始交易时甲方提交质押的标的证券的数量。购回交易证券数量为购回交易时解除质押的标的证券数量,购回交易证券数量为初始交易成交数量与新增股份数量之和。初始交易金额为初始交易时甲方向乙方融入资金的金额。购回交易金额为购回交易时甲方需向乙方支付的金额,其计算公式为初始交易金额 + 初始交易金额 × 购回利率 × 购回期限/365 - 已付金额……

第 4 条规定……初始交易时,甲方应保证其账户内有足够的标的证券,交易指令申报成功后接受相应的清算与质押结果。按照交易所、登记结算机构的有关规定支付有关费用。待回购期间,依据本协议的约定支付利息。购回交易时,保证资金账户内有足够的资金,交易指令申报成功后接受相应的清算与资金交收结果……

第 5 条规定……乙方或乙方管理的集合资产管理计划为融出方的,初始交易交收完成后取得相应标的证券及孳息的质权。乙方有权依据本协议的约定收取利息及与甲方协商一致收取的其他相关费用。购回交易交收完成后乙方按约定取得返还资金。甲方违约时,乙方有权按照协议约定处置相应质押标的证券并优先受偿。处置所得价款不足以清偿甲方欠款时,有权继续向甲方追偿。甲方违约时,对于处置相应质押标的证券所得价款,优先偿还融出方,剩余资金返还甲方……

第 14 条规定,股票质押回购的回购期限不超过 3 年,回购到期日遇非交易日顺延等情形除外。甲方将有限售条件股份用于股票质押回购的,解除限售日应当早于购回到期日。

第 18 条规定……待购回期间,乙方一般不主动要求甲方提前购回,但发生标的证券涉及吸收合并、要约收购、权证发行、公司缩股或分立等事件以及本协议约定的其他情形的除外。

第 22 条规定,股票质押回购交易申报证券交易所交易系统成交后,交易即告成立,甲乙双方必须承认交易结果,履行清算划付义务。

第24条规定……乙方有权根据金融机构贷款基准利率、自身经营成本、期限等设定不同档次的购回利率,并根据市场环境变化适时调整。中国人民银行贷款基准利率调整的,乙方有权对购回利率进行调整。购回利率如有调整的,从调整之日起按照新的购回利率计收利息……本协议所有交易利息均为定期支付,付息周期为季度。甲方如未按约定支付利息的,视同甲方违约。甲方须自违约之日起向乙方按违约未支付利息金额的万分之五逐日计付违约金,直至付清相关利息和违约金。

第39条规定,待购回期间,标的证券产生的无需支付对价的股东权益,如送股、转增股份、现金红利等,一并予以质押。

第42条规定……购回交易(包括到期购回、提前购回、延期购回)时,因甲方未能备足资金,或标的证券、账户被司法冻结或强制执行等原因导致购回交易无法完成的,按甲方违约处理……

第43条规定……甲方违约的,根据标的证券上市市场不同,按以下方式分别处理:1. 标的证券为深圳证券交易所上市交易的证券(1)如果标的证券为无限售条件的流通股,乙方应及时通知客户并报告深圳证券交易所。乙方应向深圳证券交易所提交书面违约处置申报,申报通过后,乙方通过质押特别交易单元对标的证券进行处置……处置费用由甲方承担……(2)如果标的证券为有限售条件的流通股,甲乙双方协商处理。

第45条规定,甲乙任何一方违约的,违约方须自违约之日起每日按照初始交易金额的万分之五向对方支付违约金,直至双方完成购回交易或场外结算完毕。若发生违约情形后双方未完成购回交易,甲方应支付的违约金由乙方在甲方支付购回交易款项时一并收取。

第47条规定,待购回期间发现或出现下列情形时,乙方有权要求甲方提前购回标的证券……(三)甲方财务和信用条件恶化,或者出现其他可能会对其到期购回能力造成实质性影响的情形……(八)甲方涉及重大诉讼、仲裁、行政措施,或者主要资产被采取了财产保全措施或其他强制措施的……

第48条规定,出现前条所述情形的当日,乙方有权向甲方发出通知,要求其备足资金,在乙方指定的购回期限内按乙方指定的日期前申请提前购回。甲方接到乙方通知后,必须按通知要求履行购回交易义务。甲方没有按乙方指定的条件在乙方指定期限内完成有关申请或因甲方资金账户上资金不足导致资金划付失败的,属于甲方违约情形,按本协议约定的有关违约处置方式处理。

第57条规定,甲乙双方商定,除了采用约定的专用电子邮箱作为主要通知方式以外,乙方还可采用以下辅助方式向甲方发送通知等信息:(一)录音电话通知,甲方的电话号码为 139××××××××;(三)手机短信通知,甲方的手机号码为 139××××××××。甲方有义务保证以上通知渠道的畅通。

第 58 条规定,甲方同意,只要乙方通过本协议约定的通知方式中任意一种方式向甲方发动了通知等信息,均视为乙方通知已送达甲方。

另查,2014 年 4 月 16 日,华谊嘉信公司 2013 年股东大会审议通过了《2013 年度利润分配的预案》,决定以 2013 年 12 月 31 日的股份总额为基数,按每 10 股派发现金红利 0.5 元(含税);同时,进行资本公积转增股本,以 2013 年 12 月 31 日的总股本为基数,向全体股东每 10 股转增 10 股。2014 年 4 月 29 日,该权益分派方案实施完毕。股份转增后,被告王利峰所持华谊嘉信股票数量增至 3,947,260 股,股份状态为质押。2015 年 4 月 16 日,华谊嘉信公司 2014 年股东大会审议通过了《2014 年度利润分配的预案》,决定每 10 股派发现金股利 0.4 元(含税),另向全体股东每 10 股转增 8 股。

2015 年 6 月 10 日,该权益分派方案实施完毕。股份转增后,被告王利峰所持华谊嘉信股票数量增至 7,105,068 股,股份状态为质押。

2015 年 2 月 5 日,华谊嘉信公司发布重大诉讼公告。公告称:华谊嘉信公司向北京市石景山区人民法院就回购王利峰持有公司的 2,577,810 股股票并注销一案提起诉讼。2015 年 2 月 4 日,公司收到法院签发的受理案件通知书(2015 石民商字第 508 号)。

又查,被告王利峰与被告何飞系夫妻关系,于 2013 年 4 月 10 日登记结婚。

再查,2015 年 7 月 6 日,原告与北京市中盛律师事务所签订委托代理协议,委托其代为处理王利峰股票质押回购纠纷。协议约定代理费用最高上限额度为 48 万元,包括诉讼阶段与执行阶段的费用,其中,诉讼阶段的律师代理费为 15 万元,一审开庭前支付 10 万元,判决生效后支付 5 万元。2015 年 9 月 14 日,北京市中盛律师事务所向原告出具了律师代理费发票,金额为 10 万元。

原告为了维护权益,起诉要求:1. 判令被告王利峰提前清偿融资款 1000 万元并支付利息(截至 2015 年 7 月 2 日的到期未还利息为 816,246.58 元,自 2015 年 7 月 3 日起至实际付清融资本金之日止的利息,按合同约定计算);2. 判令被告王利峰支付自 2015 年 1 月 20 日至 2015 年 7 月 2 日的本金罚息 815,000 元以及自 2015 年 7 月 3 日至付清融资本金之日的本金罚息,按合同约定计算;3. 判令被告王利峰支付截至 2015 年 7 月 2 日的利息罚息 127,750.25 元以及自 2015 年 7 月 3 日至清偿欠款利息之日的罚息,按合同约定计算;4. 判令被告何飞对上述债务承担连带共同还款责任;5. 判令原告有权对被告王利峰提供质押的股票折价或以拍卖、变卖的价款优先受偿;6. 判令被告王利峰、何飞承担本案诉讼费、保全费、律师费以及原告实现债权的费用(包括执行申请费、评估费、鉴定费、公告费和保管费)。

裁判结果

一审法院判决:一、被告王利峰、被告何飞于本判决生效之日起15日内偿还原告招商证券股份有限公司融资款人民币1000万元;二、被告王利峰、被告何飞于本判决生效之日起15日内支付原告招商证券股份有限公司融资利息人民币434,794.51元(自利息逾期之日起至2015年1月31日,按股票质押式回购交易业务法律协议约定的利率标准计算);三、被告王利峰、被告何飞于本判决生效之日起十五日内支付原告招商证券股份有限公司逾期利息与违约金(两项合计,以人民币1000万元为基数,自2015年2月1日起至实际给付之日止,按照中国人民银行同期贷款利率的四倍计算);四、若被告王利峰、被告何飞未履行上述债务,原告招商证券股份有限公司有权在上述债权范围内对被告王利峰名下所有且已经办理质押登记的7105068股华谊嘉信股票(证券代码300071)折价或以拍卖、变卖该股票的价款优先受偿;五、驳回原告招商证券股份有限公司的其他诉讼请求。

法院观点

依法成立的合同,受法律保护;依法成立的合同,对当事人具有法律约束力。当事人应当按照合同约定全面履行自己的义务,不履行合同义务或者履行合同义务不符合约定的,应当承担相应违约责任。

本案中,原告招商证券股份有限公司与被告王利峰签订的股票质押式回购交易业务法律协议约定,被告王利峰以其所持有的股票质押,向原告申请融入资金,并按期支付利息,约定期限到期后返还资金、解除质押。该协议未违反法律、行政法规的强制性规定,应属合法有效,各方均应恪守。

现原告依据约定向被告王利峰支付了融资款项,而被告王利峰未能依约按时足额支付利息,信用状况恶化,且被告王利峰涉及其他重大诉讼,导致质押股票存在被注销的风险。据此,依据协议约定,原告有权要求被告王利峰按照其指定的期限提前购回标的证券,并承担相应违约责任。

关于协议的履行情况与违约责任的具体负担问题,结合庭审中原被告双方的诉辩主张,主要存在以下几个方面的争议:

一、提前购回标的证券的违约处置方式

本院认为,依据《股票质押式回购交易业务法律协议》第43条、第47条与第48条之约定，待购回期间发生提前购回标的证券情形的，原告有权要求被告王利峰备足资金，在指定的期限内按原告指定的日期申请提前购回。现被告王利峰未按通知要求履行购回交易义务，则应按协议约定的有关违约处置方式处理。另据协议第43条约定，甲方违约，且标的证券为无限售条件的流通股的，乙方应向证券交易所提交违约处置申报并通过质押特别交易单元对标的证券进行处置，处置股票所得资金支付处置费用后优先偿还融出方；甲方违约，且标的证券为有限售条件的流通股，由甲乙双方协商处理。本案中，被告王利峰提供质押的华谊嘉信股票为有限售条件的流通股即限售股，在被告王利峰未履行提前购回交易义务即违约的情况下，依据协议约定应由双方协商处理，而具体如何处置质押的限售股票，协议未作明确约定。现原告选择通过诉讼途径向被告王利峰主张融资本金、利息与违约金及对质押股票享有优先受偿权，并无不当，应予支持。根据《民诉法解释》第90条的规定，当事人反驳对方诉讼请求所依据的事实，应当提供证据加以证明。被告王利峰及其委托代理人援引《股票质押式回购交易业务法律协议》第43条中有关无限售条件的流通股违约处置方式之约定来反驳原告的主张，罔顾协议中的有关有限售条件流通股的违约处置方式之约定，有违契约信守精神，有违律师代理案件应以事实为根据的执业原则，亦无法证明其主张，故对被告王利峰有关原告无权直接要求其支付融资款、利息及违约金的意见，不予采信。另，被告王利峰有关原告不处置质押股票而提起本案诉讼导致损失扩大的意见，缺乏事实和法律依据，本院不予支持。

二、融资款项利息的计算与负担

本院认为，股票质押式回购交易，简言之，实为以股票质押进行借款。本案中，被告王利峰未按原告指定的期限备足资金提前购回标的证券即未按期偿还借款，其违约行为给原告造成了一定的损失，该损失主要为融资资金占用期间的利息损失。依据《合同法》第207条的规定，借款人未按约定期限返还借款的，应当按照约定或国家有关规定支付逾期利息。原被告双方未明确约定逾期购回的利息计算标准即逾期利率，现原告主张被告王利峰按协议约定的购回利率即借款资金年化利率支付融资资金占用期间的利息，并无不当，应予支持。

三、关于违约金的调整问题

本院认为，依据《合同法》第114条之规定，当事人可以约定一方违约时应当根据违约情况向对方支付一定数额的违约金，也可以约定因违约产生的损失赔偿额的计算方法。约定的违约金低于造成的损失的，当事人可以请求人民法院或者仲裁机构予以增加，约定的违约金过分高于造成的损失的，当事人可以请求人民法院或者仲裁机构予以适当减少。本案中，原被告双方约定了逾期支付利息的违约金与未按原告要求提前购回的违约金。其中,逾期支付利息的违约金,自违约之日起至实际付清利息之日止,按未支付利息额的日万分之五计算;未按原告要求提前购回的违约金自违约之日起至购回交易完成或场外结算完毕之日,按初始交易金额的日万分之五计算。据此,原告向被告王利峰主张上述违约金,合同依据充分。但如上所述,股票质押回购交易在性质上实为股票质押借款,被告未按指定期限履行提前购回义务即未按时还款,给原告造成的损失主要为融资资金占用期间的利息损失。现原告既主张逾期利息又同时主张两项违约金,经过折算,已过分高于其损失。依据《合同法解释(二)》第29条之规定,当事人约定的违约金超过造成损失的30%的,一般可以认定为合同法第114条第2款规定的"过分高于造成的损失"。现被告王利峰请求对违约金予以减少,理由正当,应予支持。综上,结合被告王利峰违约造成的损失,兼顾合同的履行情况、当事人的过错程度以及预期利益等因素,本院根据公平原则、诚实信用原则依法对双方约定的违约金进行调整,对原告主张的逾期利息与违约金,折算后超过中国人民银行同期贷款利率4倍的部分,不予支持。

另外,本案中关于原告要求被告提前购回标的证券的日期即被告未履行提前购回交易义务的违约日期问题,需要明确。协议履行过程中,因被告未按时支付利息,信用状况恶化,原告依约向被告发送通知,要求其备足资金,于2015年1月20日申请提前购回。后被告王利峰向原告出具承诺书,承诺于2015年1月31日前偿还融资本金以结束合同,原告接受了被告王利峰的承诺内容。本院认为,当事人协商一致,可以变更合同。原告接受了被告的承诺,视为双方对提前购回标的证券的日期进行了变更,故关于原告要求被告王利峰提前购回标的证券的日期应为2015年1月31日。

四、质押股票的范围与效力

本院认为,根据《物权法》第213条、第226条与第229条的相关规定,以基金份额、证券登记结算机构登记的股权出质的,质权自证券登记结算机构办理出质登记时设立。权利质权适用动产质权的相关规定,质权人有权收取质押财产的孳息。本案中,办理质押登记的华谊嘉信股票为1,973,630股,原被告双方对此均予以认可。股票办理质押登记后,华谊嘉信公司分派权益,在无须支付对价的情况下对股东转增股份并派发现金红利,该转增的股份与派发的红利,实为质押的1,973,630股股票的法定孳息。根据《物权法》第116条之规定,法定孳息,当事人有约定的,按照约定取得;没有约定或者约定不明确的,按照交易习惯取得。原被告双方在股票质押回购协议中约定,无需支付对价的转增股份与现金红利,一并质押。另据中国证券登记结算有限责任公司深圳分公司出具的证券冻结信息单显示,被告王利峰持有的华谊嘉信公司转增股份与派发的股息均为质押冻结状态。综上,原告对被告王利峰办理质押登记的华谊嘉信股票及其法定孳息依法享有优先受偿权。二被告的意见,缺乏法律支撑,本院不予采信。

五、被告何飞的责任认定问题

本院认为,依据《最高人民法院关于适用〈中华人民共和国婚姻法〉若干问题的解释(二)》第24条的规定,债权人就婚姻关系存续期间夫妻一方以个人名义所负债务主张权利的,应当按夫妻共同债务处理。但夫妻一方能够证明债权人与债务人明确约定为个人债务,或者能够证明属于《中华人民共和国婚姻法》(以下简称《婚姻法》)第19条第3款规定情形的除外。本案中,被告王利峰与原告之间因股票质押回购交易形成的债务发生在二被告婚姻关系存续期间,且被告何飞签署了知情权说明,其知晓被告王利峰与原告进行质押融资的事实,并承诺和王利峰共同承担债务的偿还工作。该承诺属于其对夫妻共同债务的认可,对被告何飞具有法律拘束力。另外,庭审中被告王利峰陈述称,其从原告处融资的1000万元,用于购买家庭住房、公司经营和家庭生活消费等,且被告王利峰与被告何飞均没有提出有关该债务为夫妻一方与债权人明确约定的个人债务,或者属于《婚姻法》第19条第3款规定情形的相关证据。综上,被告何飞应对被告王利峰所负原告的债务承担共同偿还责任。

六、关于律师代理费及实现债权费用的负担

本院认为,原被告双方在协议中约定了违约处置费用,但未明确约定违约处置费用的内涵。原告通过类推,主张二被告负担其支出的律师代理费及实现债权的费用,缺乏事实和法律依据,本院不予支持。

金讼圈提示

本案《股票质押式回购交易业务法律协议》条款约定的得与失:

得一:第47条规定,待购回期间发现或出现下列情形时,乙方有权要求甲方提前购回标的证券:……(三)甲方财务和信用条件恶化,或者出现其他可能会对其到期购回能力造成实质性影响的情形;……(八)甲方涉及重大诉讼、仲裁、行政措施,或者主要资产被采取了财产保全措施或其他强制措施的……是典型的不安抗辩权的具体形式,即要求甲方提前购回标的证券——使本案标的股票被起诉可能被注销的情况下,得以及时提起诉讼。

得二:第39条规定,待购回期间,标的证券产生的无须支付对价的股东权益,如送股、转增股份、现金红利等,一并予以质押——使法院非常容易地驳回了被告关于质押股票不包括转增股份、现金红利等的抗辩主张。

得三:被告何飞出具知情权说明书,声明知晓其丈夫王利峰与招商证券质押融资的事宜,愿意和王利峰共同承担债务的偿还工作——使法院非常顺利地判决何飞与王利峰共同偿还债务。

失一:本案中,被告王利峰提供质押的华谊嘉信股票为有限售条件的流通股即限售股,在被告王利峰未履行提前购回交易义务即违约的情况下,依据协议约定应由双方协商处理,而具体如何处置质押的限售股票,协议未作明确约定。尽管法院支持了原告选择通过诉讼途径主张融资本金、利息与违约金及对质押股票享有优先受偿权,但使案件处于明显的争议之中。

失二:双方在协议中约定了违约处置费用,但未明确约定违约处置费用的内涵。法院驳回原告要求被告负担其支出的律师代理费及实现债权的费用的诉讼请求。

第十三章 期 货 篇

081 期货公司强行平仓违反哪些条件应担责？

案例索引

范有孚与银建期货经纪有限责任公司天津营业部期货交易合同纠纷再审案；2010年12月24日最高人民法院民事判决书（2010）民提字第111号民事判决书。

交易结构图

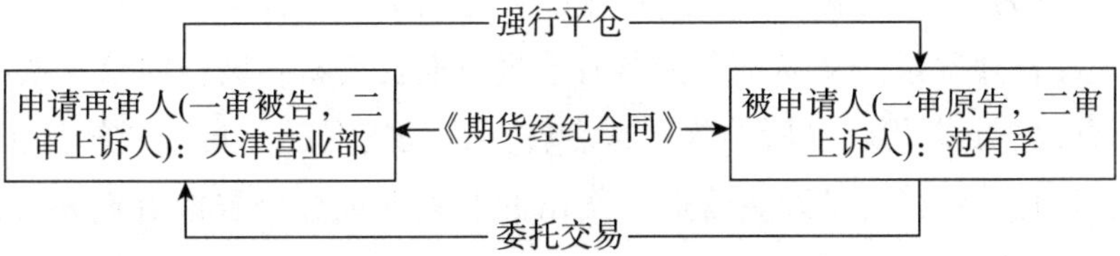

金讼圈导读

本案是最高人民法院关于期货交易强行平仓纠纷典型案例。强行平仓的约定是否有效？期货公司进行强行平仓应当具备什么前提和条件？期货公司违反哪些条件强行平仓需要承担赔偿责任？最高人民法院通过本案例给出了明确观点，值得期货交易人士关注。

裁判规则

一、期货公司与客户关于“期货公司有权在行情大幅波动，导致客户风险率超标的情况下,随时对客户持仓进行部分或全部平仓,客户自行承担由此产生的后果”的约定,属于期货公司动态控制风险的手段之一,不存在违反法律禁止性规定的情形,亦与期货交易当日无负债结算制度不存矛盾,应为有效。

二、期货公司在实施盘中强行平仓前,应履行通知义务,给予客户追加保证金或自行减仓的机会,若期货公司与客户约定可不经通知直接平仓,则该约定因违反法律强制性规定而归于无效。

三、根据《期货交易管理条例》第38条第2款的规定,期货公司采取强行平仓措施必须具备两个前提条件:一是客户保证金不足;二是客户没有按照要求及时追加保证金。

四、使客户没有及时自行平仓。期货公司违反上述规定和合同约定强行平仓,导致客户遭受损害的,应依法承担相应的责任。

案情介绍

申请再审人(一审被告,二审上诉人):银建期货经纪有限责任公司天津营业部。

被申请人(一审原告,二审上诉人):范有孚。

申请再审人银建期货经纪有限责任公司天津营业部(以下简称天津营业部)为与范有孚期货交易合同纠纷一案,不服天津市高级人民法院(2009)津高民二终字第0028号民事判决,向本院申请再审。

2007年3月5日,范有孚与天津营业部签订期货经纪合同及其补充1、2配套协议,委托天津营业部按照交易指令为范有孚进行期货交易。该合同第6条约定:“天津营业部有权根据期货交易所的规定或者按照市场情况随时自行通知保证金比例。天津营业部调整保证金、以天津营业部发出的调整保证金公告或者调整为准。”第7条约定:“天津营业部有权根据自己的判断,随时对范有孚单独提高保证金比例。在此种情形下,提高保证金通知单独对范有孚发出。”第8条约定:“范有孚在下达新的交易指令前或者在其持仓过程中,应随时关注自己的持仓,保证金和权益变化。”第10条约定:“范有孚因交易亏损或者其他原因,其风险率小于100%时,天津营业部停止接受范有孚下达的开仓指令,并按照本合同约定的方式向范有孚发出追加保证金的通知,范有孚应当在下一交易日开市前及时追加保证金或者立即采取减仓措施,否则,天津营业部有权在事先不通知范有孚的情况下,对范有孚的部分或者全部未平仓合约强行平仓,最高可至范有孚的风险率大于100%。范有孚应承担强行平仓的手续费及由此发生的损失。”第11条约定:“范有孚在不能及时追加保证金情况下应自行采取减仓措施以符合天津营业部的保证金要求,尽量避免由天津营业部执行强行平仓措施。

范有孚不得以天津营业部强行平仓的时机、价位和数量不佳为由向天津营业部主张权益。”第 14 条约定：“天津营业部在每一交易日闭市后向范有孚发出每日交易结算单、调整保证金通知、追加保证金通知等通知事项……”

2008 年 4 月 7 日，范有孚向天津市第一中级人民法院提起诉讼称，根据合同约定和《期货交易管理条例》规定，天津营业部强行平仓损害了其权益，请求判令天津营业部赔偿其损失 9,027,085.66 元并承担诉讼费用。

范有孚与天津营业部签订的期货经纪合同第 28 条约定：“如期货公司强行平仓不符合约定条件，天津营业部应当恢复被强行平仓的头寸，并赔偿由此造成的直接损失。”

裁判结果

一审法院（天津市第一中级人民法院）判决：一、天津营业部于该判决生效后 10 日内赔偿范有孚经济损失 6,663,000 元的 60%，计 3,997,800 元。二、驳回范有孚其他诉讼请求。一审案件受理费 74,989 元，范有孚负担 44,993.4 元，天津营业部负担 29,995.6 元。

二审法院（天津市高级人民法院）判决：一、撤销天津市第一中级人民法院（2008）一中民二初字第 61 号民事判决；二、天津营业部于该判决生效后 10 日内赔偿范有孚经济损失 9,027,085.66 元。

再审法院判决：一、撤销天津市高级人民法院（2009）津高民二终字第 0028 号民事判决；二、撤销天津市第一中级人民法院（2008）一中民二初字第 61 号民事判决；三、银建期货经纪有限责任公司天津营业部于本判决生效后十日内赔偿范有孚损失 5,333,400 元；四、驳回范有孚其他诉讼请求。

法院观点

关于天津营业部对范有孚因强行平仓所造成的损失是否承担赔偿责任，承担何种赔偿责任的问题。该院认为，保证金制度是期货交易风险控制的重要组成部分，是期货市场稳定和健康发展的前提。保证金的数额是由期货交易管理机构根据期货交易的实际状况作相应的调整。但期货交易所或期货公司应当给予客户合理追加保证金的时间。强行平仓是法律规定与合同约定的，当客户账户保证金不足且未按要求追加，客户也未自行平仓的前提下，则期货公司为控制风险有权对客户现有持仓采取方向相反的持仓从而结清客户某金融资产持仓的行为。对客户而言，强行平仓是其期货交易亏损到一定程度后由他人实施的最严厉的风险控制措施。所以，《期货交易管理条例》第38条第2款规定的“客户保证金不足时,应当及时追加保证金或者自行平仓。客户未在期货公司规定的时间内及时追加保证金或者自行平仓的,期货公司应当将该客户的合约强行平仓,强行平仓的有关费用和发生的损失由该客户承担”内容,为期货公司采取强行平仓措施之前,设定了以下三个条件:一是客户保证金不足,二是客户没有按照要求及时追加保证金,三是客户没有及时自行平仓。只有满足了上述三个法定条件,期货公司才有权强行平仓。如果期货公司不严格按照法律规定和合同约定执行强行平仓,这将使客户不仅要承担市场交易风险可能造成的损害,而且还要承担市场运行机制中人为风险对其造成的损害。

天津营业部强行平仓是否存在过错,是否损害了范有孚的权益,应当根据上述三个条件进行分析。第一,范有孚保证金是否不足。2007年12月24日(星期一)收市后,上海期货交易所将下一交易日的Cu0803、Cu0804保证金比例调整为9%,Cu0802保证金比例调整为7%。天津营业部则相应大幅度调高下一交易日Cu0803、Cu0804保证金比例为16.5%、Cu0802保证金比例为14.5%。因为上海期货交易所和天津营业部是在24日收市后调高25日的保证金比例,所以24日当日结算仍应执行21日(星期五)的保证金比例。而21日上海期货交易所Cu0802、Cu0803、Cu0804合约的保证金比例均为7%;天津营业部该三张合约保证金比例均为9.5%。天津营业部诉讼提交的24日范有孚交易结算单,执行的却是25日大幅度提高后的16.5%和14.5%保证金比例。如果该交易结算单的数据是真实的,天津营业部就不该在25日才采取强行平仓措施,24日交易期间就应强行平仓。因为根据该交易结算单上数据,保证金占用/客户权益计算得出的风险率,不会是该交易结算单上的36.29%,而是275.54%。风险率为275.54%,意味着范有孚保证金不仅全部被持仓合约占用,而且令天津营业部还为其支付了合约占用资金的175.54%。所以,天津营业部提交的按照25日保证金比例计算的交易结算单,不能证明范有孚24日结算保证金不足。这种以下一交易日保证金比例作为当日结算依据的结算方式与上海期货交易所的交易规则相悖,故本院不予采信。保证金比例如按照9.5%计算,24日收市后的范有孚账户客户权益为16,391,857.86元,保证金占用为12,186,006.25元,风险率为74.34%,可用资金为正值。故本院对范有孚关于其24日根据天津营业部的通知,自行平仓270手大豆合约,使账户达到了天津营业部当日保证金比例要求的答辩意见予以支持。如果范有孚继续持仓而不追加保证金,即使不提高保证金比例,随着合约价格的波动,其账户以后也可能要发生穿仓的事实。尽管如此,但也不能以尚未发生的事实而认定范有孚账户保证金24日已经不足。第二,范有孚是否按照要求及时追加保证金。首先,风险率也称风险度,是期货交易客户账户中合约占用保证金金额与客户权益金额之比得出的风险控制参数。风险率越低，客户可用资金越多，合约占用保证金就越少，保证金风险就越小。格式期货经纪合同一般约定风险率大于 100%，即客户账户可用资金小于 0 时，期货公司在交易期间或者结算时向客户发出限制开仓、追加保证金或者自行平仓的通知，客户应当及时追加或者在交易期间及时平仓，使风险率低于 100%，即账户可用资金大于 0，否则，期货公司有权对客户的部分或全部持仓合约强行平仓，直至客户可用资金大于 0，也即风险率小于 100%。本案双方期货经纪合同第十条约定的却是风险率小于 100% 时，天津营业部就可以向范有孚发出限制开仓、追加保证金或者自行平仓的通知，范有孚则需及时追加保证金或者立即采取减仓措施，不然天津营业部有权在事先不通知范有孚的情况下，对范有孚的部分或者全部未平仓合约强行平仓。显然，该条约定内容与风险率参数设置内涵、保证金风险控制目的和方法相左。将"大于 100%"条件更换为"小于 100%"，这意味天津营业部任何时候都可以采取限制开仓、通知追加保证金和自行平仓、如不满足要求直至强行平仓等措施。其次，法律规定和合同约定客户保证金不足时应当及时追加，但及时是建立在有追加的可能前提下。24 日收市后，根据大幅度提高后的保证金比例，范有孚账户 25 日面临保证金不足需要追加，天津营业部却迟至 18 时 50 分才通知范有孚提高保证金比例并要求在 25 日开盘前追加保证金 1336 万元，否则强行平仓。而当日 18 时 50 分至次日 9 时，银行等金融机构处于休息状态并不营业，这期间范有孚没有追加保证金的可能。25 日 9 时以前，期货市场集合竞价期间，天津营业部即对范有孚 412 手空头合约以第 3 个和第 2 个涨停价实施强行平仓且全部以非涨停价格成交。所以，范有孚没有追加保证金的事实，应认定天津营业部没有给范有孚追加保证金的机会，而不应认定范有孚没有按照要求或者没有能力追加保证金。第三，天津营业部 25 日保证金比例是否合理。保证金比例高低直接关系到期货交易和结算占用资金的多少，关系到客户期货交易结算风险的高低。法律规定期货公司向客户收取的保证金，不得低于期货交易所规定的标准，但高于多少没有确定。12 月 21 日，天津营业部的保证金比例相对上海期货交易所的没有高过 3%。但 24 日收市后，天津营业部大幅度提高标准，三张合约保证金比例均超过上海期货交易所标准 7.5%。25 日收市，上海期货交易所没有调整保证金比例，而天津营业部自行将三张合约的保证金比例又分别回调到 9.5% 和 9%，故天津营业部 25 日保证金比例变动具有随意性和突发性。尽管本案合同没有明确约定保证金比例高于上海期货交易所标准多少，根据双方约定的"随时自行通知保证金比例，随时对范有孚单独提高保证金比例"内容，天津营业部随意单日对范有孚大幅度提高保证金比例似乎并不违约。但是，在风险很高的期货市场，这种随意单日远超过期货交易所标准的对客户大幅度提高保证金比例的行为，客观上使客户在承受期货市场交易风险的同时还承受了来自市场交易风险之外的运行机制中人为导致的风险。"随时自行通知保证金比例,随时对范有孚单独提高保证金比例"的约定,属于概括性约定且以格式合同为表现。当格式合同履行中出现不同理解或履行中发生不公平现实时,应当适用《合同法》第41条的规定,向有利于非格式合同提供方(客户)作合同解释和认定。所以,仅就25日一个交易日单独对范有孚实施远超过上海期货交易所标准的提高保证金比例行为,是不公平和不合理的。第四,范有孚是否有及时自行平仓的机会。法律没有规定强行平仓前多长期间内自行平仓属于及时平仓,但现实要求自行平仓必须发生在期货交易时间之内,如果当日没有开市,即要求客户平仓或者挂出平仓单,是对法律规定的及时自行平仓操作的曲意理解,是对客户的苛刻要求。25日尚未开市的集合竞价期间,范有孚的412手合约即被强行平仓,天津营业部不仅没有给予范有孚追加保证金的机会,甚至连自行平仓的机会也没有给予。

根据本案强行平仓的时间、报价和数量,结合大幅度单日提高保证金比例,可以认定天津营业部不是出于善意的目的,其没有满足法律规定和合同约定条件实施的强行平仓行为存在过错。根据双方合同第28条"如期货公司强行平仓不符合约定条件,天津营业部应当恢复被强行平仓的头寸,并赔偿由此造成的直接损失"的约定,《最高人民法院关于审理期货纠纷案件若干问题的规定》第40条"期货交易所对期货公司、期货公司对客户未按期货交易所交易规则规定或者期货经纪合同约定的强行平仓条件、时间、方式进行强行平仓,造成期货公司或者客户损失的,期货交易所或者期货公司应当承担赔偿责任"之规定,天津营业部应对其强行平仓给范有孚造成的损失承担民事责任。本院对天津营业部关于范有孚没有追加保证金,也没有自行平仓的指令,其有权对范有孚的持仓合约强行平仓的再审理由不予支持。范有孚关于天津营业部追加保证金时间要求和强行平仓时间不合理且违规,剥夺了其自行减仓权利的答辩理由成立,本院予以支持。

金讼圈提示

期货公司为了避免强行平仓带来的风险,首先,要与在服务协议中与客户明确约定平仓条件、通知方式、合理时限;其次,期货公司在实施盘中强行平仓前,应履行通知义务,给予客户追加保证金或自行减仓的机会;最后,所有操作留痕,保留通知、强平的所有资料证据。

082 期货从业人员与客户的委托理财合同为何无效？

案例索引

上海市第一中级人民法院(2015)沪一中民一(民)终字第2655号终审判决。

交易结构图

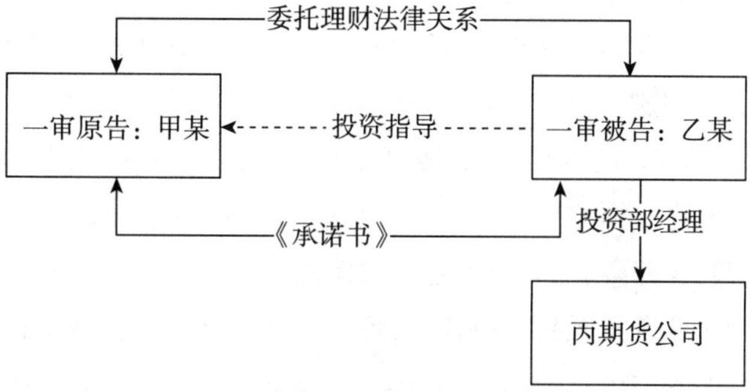

金讼圈导读

本案是一起期货公司员工个人私自代客理财亏损，被法院判决赔偿客户60%损失的案例。法院关于理财合同无效的理由和过错程度认定的判决理由非常独到，值得参阅。

裁判规则

一、基于期货、证券市场高风险、高信用要求的行业特性，及其市场秩序的安全、稳定在社会经济运行中的关键性作用，期货从业人员以个人名义作为受托主体签订的委托理财合同属于违反禁止性规定进而损害社会公众利益的情形，应认定为无效。

二、期货行业专业从业人员，在其可从事的业务范围内较一般民事主体具有更高的认知能力，应当知晓双方违规约定的不利后果，但仍接受客户全权委托直接进行期货交易操作并收取佣金，其过错程度显然较大。

案情介绍

一审原告：甲某。

一审被告:乙某。

乙某系丙期货公司投资部经理,接受公司指派对甲某进行投资指导。2011 年 4 月甲某在丙公司开立期货账户,账户初期金额为 599 万元。同年 5 月乙某接受甲某全权委托,双方以口头方式建立委托理财合同关系,由甲某聘请的交易员根据乙某的交易指令进行期货、股票交易操作。2011 年 7 月至 2013 年 2 月,甲某累计向乙某支付 19 万余元。2013 年 5 月,乙某借走甲某的交易软件加密狗,此后由乙某直接在甲某账户内进行交易操作。

2013 年 7 月 15 日,乙某签署承诺书,承诺 2013 年 12 月 31 日前将甲某账户总资产达到 600 万元,若未能达到由乙某负责补偿。同年 9 月 17 日,乙某再次签署承诺月均收益超过 1%,不足部分将补足。同年 11 月 17 日,乙某再次签署承诺表示没有补足,以自有房产抵押,但随后将上述内容涂划掉。

由于甲某账户自 2011 年 12 月 2 日起开始出现连续亏损,截至 2013 年 11 月 18 日甲某平仓后,该账户亏损 121 万余元。甲某遂起诉至法院要求乙某返还其之前支付给乙某的盈利收益 19 万余元,并要求乙某赔偿损失。

乙某则辩称 19 万余元系其应得款项,且认为承诺书并非其真实意思表示,承诺的保底条款无效,损失不应由其承担,并反诉要求原告支付 2013 年 3 月至其 11 月的劳务费 5 万余元。

裁判结果

判令乙某赔偿甲某 40% 损失。

法院观点

本案中,系争委托理财合同的受托主体为期货从业人员,根据国务院颁布的《期货交易管理条例》第 25 条规定,期货公司不得向客户作获利保证;不得在经纪业务中与客户约定分享利益或者共担风险。且根据《期货从业人员管理办法》规定,期货从业人员向客户提供专业服务时不得作出不当承诺或保证,不得以本人或他人名义从事期货交易。被告行为显然违反了上述期货从业人员不得接受客户全权委托之禁止性规定,扰乱了金融市场交易秩序和交易安全。而且,基于期货、证券市场高风险、高信用要求的行业特性,及其市场秩序的安全、稳定在社会经济运行中的关键性作用,被告行为势将导致损害社会公共利益之后果。因此,系争期货从业人员作为受托主体签订的委托理财合同属于违反禁止性规定进而损害社会公众利益的情形,应认定为无效,作为其补充内容的两份承诺函,亦应均属于无效。

根据法律规定，因无效合同取得的财产应当予以返还，有过错的一方应赔偿对方因此所受到的损失，双方都有错的，应当各自承担相应责任。乙某作为期货行业专业从业人员，在其可从事的业务范围内较一般民事主体具有更高的认知能力，应当知晓双方违规约定的不利后果，但仍接受客户全权委托直接进行期货交易操作并收取佣金，其过错程度显然较大。而甲某作为投资者，在其签署的《客户须知》中已被明确告知不得要求期货公司或其工作人员以全权委托的方式进行期货交易，但其仍委托乙某进行交易，且在长达两年持续亏损后方提出异议，故其对损失亦存在一定过错。

因此，综合考虑双方过错程度，酌定甲某、乙某双方按照4:6比例承担损失。

金讼圈提示

一、本案新颖之处在于以前类似案件争议焦点是承诺保底条款是否有效问题，而本案则认为期货公司工作人员个人与客户签订的委托理财合同整体无效，相应的保底承诺当然也无效。

二、对金融行业尤其是高风险期货行业进行严格自律监管和干预，目的在于防范国家金融风险，保护包括消费者利益在内的社会公共利益。

三、实际上，金融行业如果坚守自律、合规运营，绝大部分市场经营风险都可以得到防范。

083 电子化密码使用视为本人行为原则能否轻易否定？

案例索引

浙江省高级人民法院(2008)浙民二终字第154号杨国新与浙江新华期货经纪有限公司上海营业部、浙江新华期货经纪有限公司等买卖合同纠纷二审民事判决。

交易结构图

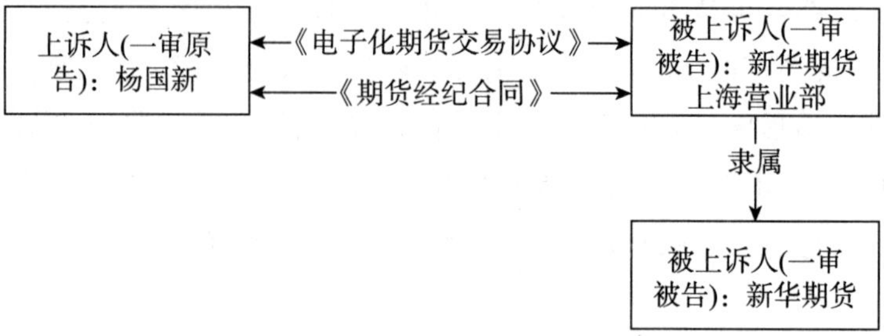

金讼圈导读

本案是关于电子化期货交易纠纷案例。法院通过本案判决，对密码使用本人行为原则、密码破译或失窃的举证证明原则等均给予了明确可操作性的意见。

裁判规则

一、书面签字可确认传统的期货交易，在电子化交易中，通过私人密码等数据电文的形式而完成的数字签字，同样达到书面签字的认证功能，客户必须对签字确认的行为后果承担法律责任。

二、在上诉人未举证证明其密码失窃或被破译的情况下，本案期货交易指令通过上诉人修改后的密码在网络上发出，根据私人密码使用中的本人行为原则，确认本案数据电文期货交易指令由原告下达，并判决其承担相应的交易后果。

案情介绍

上诉人（一审原告）：杨国新。

被上诉人（一审被告）：浙江新华期货经纪有限公司上海营业部、浙江新华期货经纪有限公司及曹谷怀等。

原告杨国新委托被告新华公司为其进行期货交易，双方签订了期货经纪合同、电子化期货交易协议。杨国新认为自己只通过电话委托，其认可2004年3月2日前的交易指令系其下达。对于其后的交易杨国新认为并非其下达的交易指令，对交易结果不予确认并要求新华公司、上海营业部及曹谷怀予以赔偿。

但被告认为原告并非只用电话委托下单，并且后续的所有交易已得到原告认可，被告无须承担责任。

裁判结果

一审法院判决:驳回原告的诉讼请。

二审法院判决:驳回上诉,维持原判。

法院观点

原被告签订了电子化期货交易协议,原告可通过互联网自助委托进行交易。且约定了:杨国新必须自行更改初始交易密码及妥善保管交易密码并适时更换,如因交易密码泄漏而造成的一切损失均由杨国新自行承担。杨国新在给新华公司开通自助委托交易系统的申请书中表明,杨国新已在新华公司的期货交易委托系统上修改了交易密码。

私人密码的法律后果:本人行为原则,即只要客观上在交易中使用了私人密码,如无免责事由,则视为交易者本人使用私人密码从事了交易行为,本人对此交易应承担相应的责任。

原被告双方签订的《期货经纪合同》中约定:杨国新必须在次交易日开盘前提出书面异议,否则视为杨国新对交易结算单记载事项的确认。杨国新亦未提供充分的反驳证据证明以下事实:其持有的本案交易密码所涉及的软件秘级程度过低他人可轻易破译该软件生成的密码;交易密码失窃、失密后已经及时向被上诉人挂失;操作系统受到黑客攻击等。

金讼圈提示

一、本案中私人密码使用的原则为"本人行为原则"。私人密码的使用者,只能是本人或者知晓私人密码的人。私人密码由本人生成而且在保密状态下由本人持有和使用,如果不是本人的原因,他人不得而知。一审、二审法院对"是否由杨国新下达电子交易指令"的判断采用了高度盖然性证明标准。

二、只要有电子商务的领域,必定有包括私人密码在内的电子密码的应用。然而,使用私人密码必须有一定的规则,否则电子商务的"游戏"就无法进行,这个规则首先就是使用私人密码的本人行为原则。不然,谁都可以凭私人密码在自动取款机取款或凭私人密码从事期货交易亏损后予以否认。此外,现有技术也可以做到本人行为原则的安全性。

三、今后,投资者若遇到电子交易的类似问题,一定要及时提出异议,采用挂失、报警等方式来固定自己密码被别人修改或破译的事实,否则在诉讼中容易处于证据不利地位。

084 期货公司挪用客户资金,交易所能限制其出金吗?

案例索引

江苏期望期货经纪有限公司与大连商品交易所期货交易纠纷上诉案;辽宁省高级人民法院于 2010 年 8 月 30 日作出的(2010)辽民二终字第 107 号民事判决书。

交易结构图

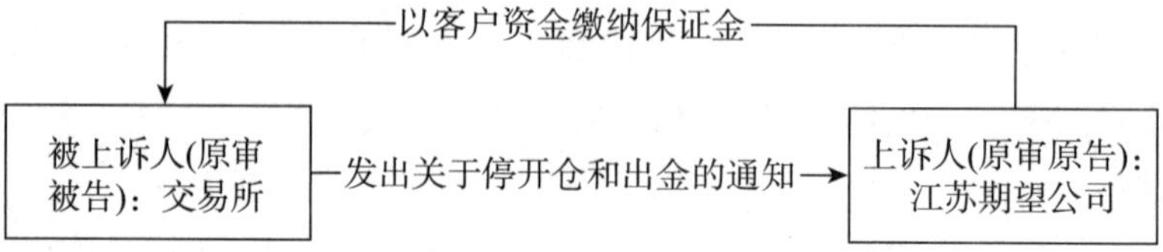

金讼圈导读

本案是期货经纪公司挪用客户保证金向期货交易所缴纳结算准备金,被期货交易所采取限制出金等临时措施,并最终致《期货经纪业务许可证》被证监会注销,期货公司事后起诉交易所请求解除限制出金措施未果的案例。

裁判规则

一、期货经纪公司挪用客户交易保证金向期货交易所缴纳结算准备金的行为,严重违反了《期货管理条例》及《期货交易管理办法》,对市场正在产生或者将产生重大影响。

二、省级证监局作为中国证监会的派出机构,对其辖区内的期货公司负有日常监督管理的职责,应及时将期货公司违规情形通知期货交易所,并提出相关建议,以便期货交易所采取相应措施。

三、期货交易所根据监管局公函、交易所交易规则、《期货管理条例》及《期货交易管理办法》等规定,认为违规会员的违规行为对市场正在产生或者将产生重大影响,有权对违规会员或者投资者采取限制出金、限制开新仓等临时处置措施。

四、期货交易所对会员或者投资者采取临时处置措施,应当按照期货交易所业务规则规定的方式通知会员或者投资者,并列明采取临时处置措施的根据。

案情介绍

上诉人(原审原告):江苏期望期货经纪有限公司。

被上诉人(原审被告):大连商品交易所。

上诉人江苏期望期货经纪有限公司(以下简称江苏期望公司)与被上诉人大连商品交易所期货交易纠纷一案,不服大连市中级人民法院〔2010〕大民三初字第30号民事判决,向本院提出上诉。

2005年1月24日,中国证券监督管理委员会下发[期函字〔2005〕5号]“关于配合交易所提高期货公司结算准备金最低额有关工作的通知”,要求:将期货公司在交易所的自有资金账户内的结算准备金提高到200万元以上,并告知如期货公司不能满足平衡测算的要求,证监局应及时将有关情况通知各期货交易所,由交易所按照规定停止该期货公司开新仓……

同日,大连商品交易所向各会员单位发布通知,将期货经纪公司会员结算准备金由原50万元调整为200万元,以期货经纪公司会员自有资金足额缴纳,并告知如未足额交纳,自2005年2月21日起不许开新仓。

嗣后,江苏证监局在对江苏期望公司2004年度年检的现场检查中发现,江苏期望公司未能以自有资金补充在交易所的最低结算准备金,而系挪用客户保证金缴纳,因此江苏证监局于2005年5月17日作出江苏证监函字〔2005〕55号监管意见函,要求江苏期望公司进行整改。江苏期望公司收悉后,于2005年5月27日向江苏证监局提交了《关于请求宽限正常交易时间的报告》。江苏证监局接到该报告后于2005年6月13日作出江苏证监函〔2005〕82号监管意见函,对江苏期望公司整改期间的行为提出了相关监管要求。

后因江苏期望公司未能及时整改,江苏证监局于2005年6月29日向大连商品交易所发出〔2005〕94号函,告知大连商品交易所,江苏期望公司的交易结算准备金和交易保证金系客户保证金,并商请大连商品交易所配合对江苏期望公司采取停止开设新仓、暂停出金的措施。后大连商品交易所经调查确认,向大连商品交易所支付的200万元保证金,不是江苏期望公司自有资金,而是客户保证金。

大连商品交易所根据《大连商品交易所章程》第12条、《大连商品交易所交易规则》第74条的规定,对江苏期望公司采取了停止开设新仓、暂停出金的措施。

2005年7月1日,大连商品交易所向江苏期望公司发出关于停开仓和出金的通知称:根据苏证监函〔2005〕94号函的要求,我所决定暂停贵公司的开仓交易权限和出金,直至中国证监会江苏监管局另行发函通知我所取消为止。

2005年11月26日,江苏期望公司在新华日报刊登公告称:因公司不符合交易所关于"期货经纪公司会员结算准备金最低金额为200万元,以期货经纪公司会员自有资金足额交纳"的要求,已经被三家交易所停开新仓。请仍未办理退付手续的客户于2006年2月28日前……办理退付。

2008年3月17日,中国证券监督管理委员会发出(2008)4号告知书,告知江苏期望公司《期货经纪业务许可证》已被注销。

裁判结果

一审法院(大连市中级人民法院)判决:驳回原告江苏期望公司的诉讼请求。本案案件受理费100元,由原告江苏期望公司承担。

二审法院(辽宁省高级人民法院)判决:驳回上诉,维持原判。

法院观点

上诉人江苏期望公司认为原审判决中"2005年5月17日作出苏证监函字(2005)55号监管意见函,要求江苏期望公司进行整改。江苏期望公司于2005年5月27日向江苏证监局提交了《关于请求宽限正常交易时间的报告》。江苏证监局接到该报告后于2005年6月13日作出苏证监函(2005)82号监管意见函,对江苏期望公司整改期间的行为提出了相关监管要求"没有证据证明。经查,原审法院认定上述事实依据的是已经生效的南京市中级人民法院(2009)宁行初字第44号行政裁定书和江苏省高级人民法院(2009)苏行终字第93号行政裁定书中认定的事实,且该行政裁定书已在原审庭审时进行过质证,上诉人江苏期望公司对该份证据的真实性并无异议。因此,原审法院对上述事实的认定有生效的法律文书作依据,上诉人江苏期望公司关于原审认定没有证据的上诉主张缺乏事实依据,本院不予支持。

大连商品交易所在原审审理期间,提交了中国工商银行资金汇划补充凭证,证明上诉人江苏期望公司向大连商品交易所提交期货经纪公司会员结算准备金时,使用的并非是自有资金账户,而是客户保证金专用账户,上诉人江苏期望公司的行为违反了中国证券监督管理委员会期函字(2005)5号《关于配合交易所提高期货公司结算准备金最低额有关工作的通知》和中国证券大连商品交易所大商所发(2005)5号《关于调整会员结算准备金最低余额的通知》有关规定。大连商品交易所根据中国证券监督管理委员会江苏监管局发苏证监函(2005)94号函和《大连商品交易所交易规则》第74条"有根据认为会员或者投资者违反交易所业务规则并且对市场正在产生或者将产生重大影响,为防止违规行为后果进一步扩大,交易所可以对该会员或者投资者采取下列临时处置措施……(二)限制出金;(三)限制开新仓……”的规定,对上诉人江苏期望公司作出的“限制出金、限制开新仓”临时处置措施并无不当。大连商品交易所作出上述决定后,通知了上诉人江苏期望公司,并对上诉人江苏期望公司在大连商品交易所的交易账户做了相应限制措施,上诉人江苏期望公司已在新华日报刊登公告称:因公司不符合交易所关于“期货经纪公司会员结算准备金最低金额为200万元,以期货经纪公司会员自有资金足额交纳”的要求,已经被三家交易所停开新仓。请仍未办理退付手续的客户于2006年2月28日前……办理退付。大连商品交易所“限制开新仓、限制出金”的临时处置措施是同时做出的,上诉人江苏期望公司已知被限制开新仓,当然应知被限制出金。故,上诉人江苏期望公司关于大连商品交易所作出临时处置措施没有依据、没有通知江苏期望公司的主张缺乏证据证明,本院不予支持。

原审法院认定大连商品交易所于2005年6月28日作出临时处置措施,是根据大连商品交易所代理人在一审开庭时的陈述认定的,对日期表述确有不当。二审庭审时大连商品交易所的代理人说明了这是口误,应是2005年7月1日作出的临时措施,结合本案其他书证亦应认定大连商品交易所是2005年7月1日作出的临时处置措施,故对该日期予以纠正,但不影响实体判决结果。

本案是上诉人江苏期望公司提起的诉讼,现其又认为本案不属民事案件受理范围,但没有提出充分的法律依据,故对上诉人江苏期望公司关于本案不属民事案件受理范围、应裁定驳回起诉的主张不予支持。

金讼圈提示

一、本案期货公司挪用客户保证金向交易所缴纳结算备用的严重违规行为,最终导致了公司期货经纪业务许可证被证监会注销了,教训惨重。

二、本案交易所的代理人将“2005年7月1日作出的临时措施”当庭口头错误表达成了“2005年6月28日作出临时处置措施”。虽然二审法院以口误为由纠正了,没有影响实体判决结果,但对于代理人来讲也是个教训。全面掌握案件事实,法庭上严谨表达非常重要。此类失误,值得警惕和反省,应避免类似错误发生。

085 名为"现货"实为"期货"交易,法律后果有哪些?

案例索引

甘肃省高级人民法院于2016年6月14日作出的(2016)甘民终225号二审民事判决书。

交易结构图

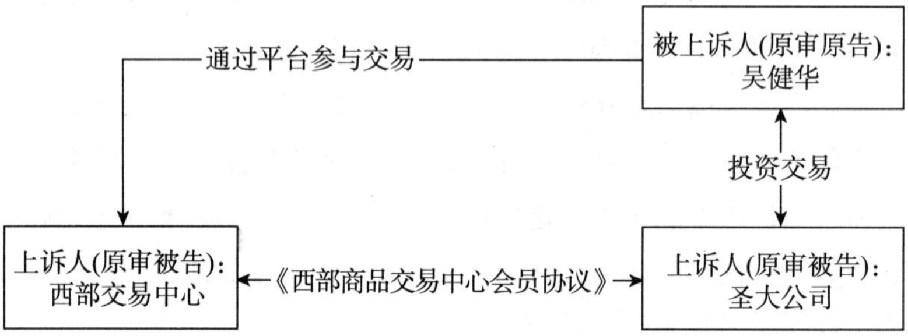

金讼圈导读

本案全国首次对期货交易还是现货交易判断的问题,从采取标准化合约、保证金制度、集中化交易、可买空卖空、不以转移货物所有权为目的等方式等角度阐述的非常清楚,值得细读。

裁判规则

一、名为现货交易,但采取标准化合约、保证金制度、集中化交易、可买空卖空、不以转移货物所有权为目的等方式进行的交易,符合期货交易特征,应认定为实质的期货交易。

二、既未取得期货交易的许可,也未取得原油销售的特许资格,其提供交易平台的行为,符合期货交易中做市商的根本特征,其交易规则并不符合商务部《商品现货市场交易管理办法》的有关规定,实质是以现货交易名义进行电子期货交易,应认定案涉交易无效。

三、交易中心非法占用的客户保证金,因交易无效依法应当予以返还。

四、交易中心会员与客户未签订合同,但为客户进入交易中心平台提供通道,客观上促成无效交易的后果,应当与交易中心共同承担返还客户资金的责任。

案情介绍

上诉人(原审被告):兰州西部商品交易中心有限公司。

上诉人(原审被告):兰州圣大商品交易有限公司。

被上诉人(原审原告):吴健华。

上诉人兰州西部商品交易中心有限公司(以下简称西部交易中心)、兰州圣大商品交易有限公司(以下简称圣大公司)为与被上诉人吴健华期货交易纠纷一案,不服兰州市中级人民法院(2015)兰民二初字第372号民事判决,向本院提起上诉。

2013年6月14日,西部交易中心成立,经营范围为:对机构、企业、会员、合格自然人投资者的大宗商品现货交易、批发、零售、配送、延期交收提供电子平台及信息、咨询、培训等相关服务。大宗商品资源、物料及金融衍生品的开发(经营范围中涉及国家许可或限制的项目凭有效许可经营)。

2013年10月10日,西部交易中心与圣大公司签订西部商品交易中心会员协议。协议约定,圣大公司申请成为西部交易中心的交易类会员,圣大公司同意遵守西部交易中心制定的相关交易规则和管理办法,接受西部交易中心监督,协议确定圣大公司的会员席号为106号。圣大公司应向西部交易中心交纳软件综合服务费100万元,合同期内圣大公司每年向西部交易中心缴纳管理年费10万元,以及圣大公司应西部交易中心交纳风险保证金300万元,作为圣大公司履行该协议的保证。

根据吴健华提交的公证书显示,进入西部交易中心官网(www. wctc. com. cn),屏幕显示西部交易中心网站,点击页面顶部"交易品种"字样,屏幕分别显示有相关金属产品、农林产品、能源化工产品介绍页面。点击页面顶部"交易规则""西部商品交易中心现货挂牌交易管理办法"字样链接,有相关交易规则、管理办法页面内容。回至交易规则页面,在浏览器域名栏内输入"sdsp99. com"字样的域名,屏幕显示"圣大商品交易"的官网,投资者开户需进行如下流程:1. 投资者提交身份证、银行卡等开户资料;2. 圣大公司审核投资者的开户资料、文本,开通账号并通知客户交易账号和初始密码;3. 投资者应在该公司网站下载并安装交易软件,通过银市转账签约,并到银行官方网站办理资金汇划协议,并签约。投资者进入交易平台入金进行激活账户即可交易。双方的交易通过该交易软件进行。

圣大公司对交易规则进行了说明,圣大公司实行保证金制度,现货延期交易的预付最低交易保证金为成交金额的5%;实行强行平仓制度,投资者存在违规超仓、未按照规定及时追加保证金等违约行为时,圣大投资有权对投资者采取强行平仓措施;实行限仓和大户报告制度;风险警示制度等。投资者在了解交易规则后,点击"产品中心"按键,进入该页面后点击"标准合约",明确了交易品种、交易单位,最小变价单位、合约期限、履约保证金、单笔最大交易限额、最小交割单位、延期费率等，交割地点由交易会员统一安排。

吴健华与圣大公司业务人员通过QQ方式联系，以网上开户方式，通过圣大公司开户并取得了交易账号106668003758947，双方未签订书面开户协议及风险告知警示协议。吴健华通过圣大公司提供的交易软件，输入交易账号和密码进入交易软件页面后进行交易，交易平台提供有“飞天银”“现货铂金”“飞天油”等品种。交易商为圣大公司。根据“客户报表”显示，吴健华自2015年7月8日至2015年8月7日，交易共计116笔。根据中国银行历史交易明细单显示，账户名为吴健华的中国银行卡转账给账号为104033033916转入资金114,000元，出金为27,047元，损失差额为86,952.98元。

2014年1月28日，甘肃省商务厅甘商务发(2014)57号文件显示，同意在兰州新区设立西部商品交易中心，建议省政府予以审批。另外，根据甘肃证监局、甘肃省食品药品监督管理局的反馈意见，西部交易中心设立后不得从事期货交易，不得从事中药材交易。

吴健华向原审法院提起诉讼，请求：1.判令西部交易中心、圣大公司连带返还86,952.98元；2.本案诉讼费用由西部交易中心、圣大公司承担。

裁判结果

一审法院(兰州市中级人民法院)判决：西部交易中心、圣大公司于判决生效之日起10日内返还吴健华86,952.98元。

二审法院(甘肃省高级人民法院)判决：驳回上诉，维持原判。

法院观点

本案二审中各方的争议焦点，与一审法院总结的一致。针对上诉人的上诉理由，作如下评判：

第一，关于案涉交易行为性质及效力的认定，即是期货交易还是现货交易的问题。首先，根据已查明的事实，客户买卖的并非现货，而是以“飞天油”等为名称的标准化合约，这一点符合期货交易特征；其次，圣大公司的交易规则实行保证金制度，客户支付一定比例的保证金就可以进行交易，在风险率低于50%时，圣大公司有权对客户合约进行强制平仓，这与期货交易保证金的结算方式一致；再次，表面上客户通过圣大公司进行一对一交易，但圣大公司同时与多个客户开展交易，也就说圣大公司通过向客户提供买卖交易价格，并按照其提供的价格接受客户的买卖要求，构成了事实上的集中交易；最后，案涉交易的“飞天油”标准化合约，虽表面上来看客户可以提取或延期交收，但实际上客户不需要进行真实的现货交割或转移现货所有权，而是通过价格的涨跌就可获得利益,也就是说该标准化合约可以采取期货交易的模式,符合期货交易的特征。依据我国法律行政法规的规定,期货交易应当在依法合规的期货交易场所进行,禁止在依法设立的期货交易场所之外进行期货交易。按照《对外贸易法》及《原油市场管理办法》《成品油市场管理办法》等规定,任何从事原油、成品油进出口、批发、仓储、零售的企业,都必须具备法律法规所规定的资质条件,取得相关政府部门的经营许可。本案中西部交易中心和圣大公司并未取得期货交易的许可,也未取得原油销售的特许资格,其提供交易平台的行为,符合期货交易中做市商的根本特征,其交易规则并不符合商务部《商品现货市场交易管理办法》的有关规定,实质是以现货交易名义进行电子期货交易,原审法院根据《最高人民法院关于审理期货纠纷案件若干问题的规定》中相关规定认定案涉交易无效正确,本院予以维持。

第二,关于本案各方当事人的责任认定。吴健华等客户通过圣大公司提供的软件,经圣大公司审核通过后即可进入西部交易中心的交易平台参与所谓现货交易,但客户的资金实际进入了西部交易中心的账户,而并没有进入由第三方托管的资金账户,也就是说众多客户只是在西部交易中心与圣大公司合作构建的内部交易平台上进行交易。虽然客户可以自行决定是否买入或卖出,但操作所依据的数据均为西部交易中心提供,因此对于客户账户的盈亏,并非完全取决于客户的控制。据此,西部交易中心非法占用的客户保证金,因交易无效依法应当予以返还。圣大公司虽与客户未签订合同,但为客户进入西部交易中心平台提供通道,客观上促成无效交易的后果,应当与西部交易中心共同承担返还客户资金的责任。至于吴健华,在投资过程中轻信圣大公司的宣传,未尽到合理审慎的注意义务,但因其未主张资金被占用期间的利息等损失,视为其放弃该权益,同时也应作为对其盲目投资的警示和惩戒,其不得再行主张。其因交易行为无效,转账交付的保证金应当予以返还。

至于西部交易中心提出的公证机构公证程序不当的问题,因已有其他法院立案审理,本案不做评判。但依据《公证法》第 36 条“经公证的民事法律行为、有法律意义的事实和文书,应当作为认定事实的根据,但有相反证据足以推翻该项公证的除外”的规定,本案中西部交易中心因对吴健华所提交公证书的证明内容并未提出相反证据予以推翻,故本院对该公证书的证明内容予以确认。

金讼圈提示

本案是全国首次由高级人民法院认定获得政府核准的交易平台从事违规期货交易,并判令与会员单位连带承担赔偿责任的案例,在期货界受到高度评价,对未来全国类似案件起到示范效应。

第十四章　保　险　篇

086　未交保费则不承担保险责任的保险条款是否有效?

案例索引

云南福运物流有限公司与中国人寿财产保险股份有限公司曲靖中心支公司财产损失保险合同纠纷;中华人民共和国最高人民法院于2015年4月30日作出的(2013)民申字第1567号裁定书。

交易结构图

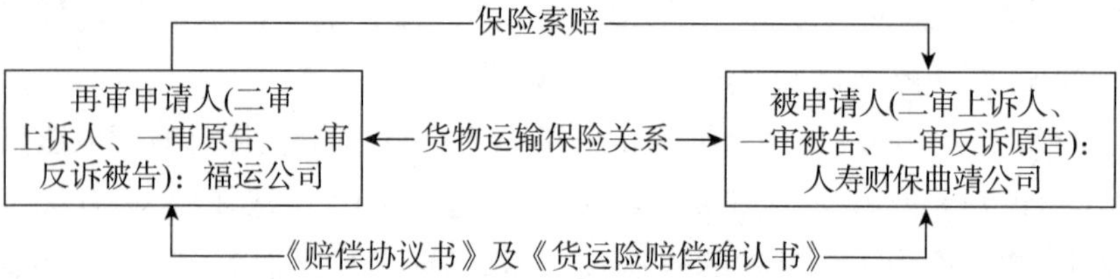

金讼圈导读

一、本案是关于"物流公司电话向保险公司口头投保运输货物险的当日即发生保险事故,但尚未交纳保险费,也未出具正式保单的情况下,能否获得保险赔偿"的案例。

二、签发保险单是否为保险合同成立时所必须具备的形式要件?投保人手机口述及保险公司用笔记录投保内容是否意味着保险合同成立?关于保单"未交保费,则不承担保险责任"的条款内容是否有效?双方当事人对已经达成的《赔偿协议书》及《货运险赔偿确认书》事后均提出撤销，法院如何裁判？本案例通过一审、二审和最高法院的再审审查，法院对以上疑问均给予了明确答案。

三、现实中类似案例也不少，非常值得物流公司及保险公司从业人员借鉴学习，本文最后有金诉圈提示。

裁判规则

一、签发保险单并非保险合同成立时所必须具备的形式，投保人通过手机口述及保险公司用笔记录投保内容并予以认可，应认定达成了合意，保险合同成立。

二、双方经过投保单和保险单的协议共同就"投保人应当在保险合同成立时交付保险费，保险费未交清前发生的保险事故，保险公司不承保险责任"达成一致合意，双方当事人均应按此协议约定履行。

三、双方当事人达成的《赔偿协议书》及《货运险赔偿确认书》是双方对财产损害赔偿金额的自认，是真实意思表示，是有效的民事法律行为。

四、事后，投保人与保险公司均以欺诈、显失公平等理由主张撤销已经达成的《赔偿协议书》及《货运险赔偿确认书》，但均无足够证据加以证明应承担不利后果，法院均应驳回双方的撤销主张。

案情介绍

再审申请人（二审上诉人、一审原告、一审反诉被告）：云南福运物流有限公司。

被申请人（二审上诉人、一审被告、一审反诉原告）：中国人寿财产保险股份有限公司曲靖中心支公司。

再审申请人云南福运物流有限公司（以下简称福运公司）因与被申请人中国人寿财产保险股份有限公司曲靖中心支公司（以下简称人寿财保曲靖公司）财产损失保险合同纠纷一案，不服云南省高级人民法院（2012）云高民二终字第 110 号民事判决，向本院申请再审。

福运公司以其与人寿财保曲靖公司建立货物运输保险关系，发生保险事故后，其在向人寿财保曲靖公司进行保险索赔过程中受到欺诈、所签协议内容显失公平为由，诉至云南省曲靖市中级人民法院，请求法院判令：一、撤销福运公司、人寿财保曲靖公司于 2011 年 8 月 30 日签订的《赔偿协议书》及《货运险赔偿确认书》；二、人寿财保曲靖公司赔偿福运公司保险款 2, 372, 007 元（扣除已支付的 498, 800 元，尚欠福运公司保险赔偿款 1, 873, 207 元）。

裁判结果

一审法院判决:一、驳回福运公司的诉讼请求;二、驳回人寿财保曲靖公司的反诉请求。

二审法院判决:驳回上诉,维持原判。

最高人民法院再审裁定:驳回云南福运物流有限公司的再审申请。

法院观点

一审法院认为:云南省曲靖市中级人民法院于2012年1月11日作出(2011)曲中民初字第114号民事判决,认为:依据《中华人民共和国保险法》(以下简称《保险法》)第10条、第13条和第14条规定,福运公司采用手机电话投保了包括云A×××××、云A×××××挂车在内的36辆汽车公路运输货物,由于客观原因,人寿财保曲靖公司的业务员曾超用笔记录了口述投保内容,后又作了补录。2011年8月18日,人寿财保曲靖公司向福运公司出具了保单尾号为16的《国内公路运输货物保险单》,且在2011年8月29日开具了收取保险费7630.85元的发票。对此,应认为双方当事人签订的《国内公路运输货物保险合同》是成立的。在尾数为16号保单明细表中的云A×××××、云A×××××挂车在启运的当天,因左后轮起火,致车辆和车上装载的660担(33,000公斤)2010阿根廷/BIF片烟被烧毁,货物损失金额共计237,2007元。人寿财保曲靖公司提交的《机动车辆保险报案记录(代抄单)》中记录了黄和灿报案时间为2011年8月16日22时54分06秒,该机动车和货物保险均在该保险公司,该保险公司应当同时知道货物被烧毁的事实。福运公司在事发后的第二天,即2011年8月17日9时34分才通过网上银行将保险费转入人寿财保曲靖公司业务员曾超的银行卡,按照双方签订的《国内公路运输货物保险单》中的约定,以及《保险法》的相关规定,保险公司不承担保险责任。福运公司虽然未收到《公路货物运输保险条款》,以及未在尾数为16号的保单上签章,但该公司长期与人寿财保曲靖公司有保险业务,且实际收到了保单,应当知道《公路货物运输保险条款》和保单中的内容。福运公司2011年8月30日签章的《货运险赔偿确认书》,以及与人寿财保曲靖公司于同日签订的《赔偿协议书》,是经双方自愿协商达成的,且人寿财保曲靖公司,按照协议一次性了结,全部支付了协议赔偿款。根据《最高人民法院关于民事诉讼证据的若干规定》第2条第1款、2款的规定,虽然福运公司主张受人寿财保曲靖公司欺诈,致使其违背真实意思的情况下订立了内容显失公平的协议书等事实,以及人寿财保曲靖公司主张福运公司假意接受通融赔付协议,骗取与其签订国内公路运输货物保险合同,已构成欺诈,属于重大误解,但均无足够证据加以证明,双方当事人均应承担不利后果。

二审法院认为:云南省高级人民法院2011年6月18日作出(2012)云高民二终字第110号民事判决,认为:二审争议的主要焦点是一审法院确认人寿财保曲靖公司不承担保险责任和因举证不足驳回双方当事人的撤销诉请是否正确。一、本案双方当事人长期有保险业务往来,建立了一定的互信关系。依据《保险法》第13条第1款的规定,2011年8月16日下午5时36分,福运公司工作人员吕东芬采用手机拨打人寿财保曲靖公司业务员曾超的手机,口述了此次投保的品名、数量、单价及金额,启运时间为当天,即2011年8月16日0时。此行为是福运公司作为投保人明确提出的保险要求。人寿财保曲靖公司曾超用笔记录了当时的口述投保内容,因接近下班时间,没有出单,准备次日补录此单。此行为是人寿财保曲靖公司同意承保。该案投保人福运公司投保时已接近下班时间,保险人人寿财保曲靖公司也因接近下班时间,没有出单。虽然依据法律规定,人寿财保曲靖公司作为保险人应当及时向投保人福运公司签发保险单或者其他保险凭证,但却没有明确限定具体的时间,而双方当事人对此也没有相应的约定。所以不能由此认定人寿财保曲靖公司作为保险人违反了法定或约定义务而要承担没有及时签发保险单的责任。依据《保险法》第10条、11条和第13条第2款、3款的规定,该案双方当事人就福运公司工作人员吕东芬手机口述的和人寿财保曲靖公司曾超用笔记录了的投保内容达成了合意,但对于具体的相关交付保险费,开始承担保险责任时间等其他内容并没有达成合意,直到2011年8月17日福运公司才填写国内货物运输保险投保单就其他相关权利义务内容进行协议。该投保单特别约定一栏中载明:“投保人应当在保险合同成立时交付保险费。保险费未交清前发生的保险事故,保险公司不承保险责任。”随后投保人声明一栏加盖有福运公司印章并载明:“保险人已将国内运输保险条款(铁路/公路/水路/航空)内容(包括责任免除内容)向投保人作了明确说明,投保人已充分理解条款内容(包括责任免除内容)及保险人的说明。上述所填写内容属实,投保人同意以此投保单作为订立保险合同的依据。”尾数为16的保险单中亦有相同上述内容的特别约定。尾数为16的保险单是福运公司向原审法院提交的己方第三组证据之一,福运公司以此份保险单主张双方当事人之间成立货物运输保险合同关系和要求人寿财保曲靖公司承担相应的保险责任。由此,可以确认双方经过投保单和保险单的协议共同就“投保人应当在保险合同成立时交付保险费。保险费未交清前发生的保险事故,保险公司不承保险责任”达成一致合意,双方当事人均应按此协议约定履行。该案查明2011年8月16日22时35分涉案车辆云A××××××、云A××××××发生保险事故,而福运公司第一笔涉案保险费交付的时间是2011年8月17日9时34分,所以根据双方当事人之间的相关约定,人寿财保曲靖公司不承担保险责任。尽管福运公司是2011年8月30日才收到尾数为16的保险单,但福运公司在2011年8月17日填写和加盖公司印章的投保单中已载明“投保人应当在保险合同成立时交付保险费。保险费未交清前发生的保险事故,保险公司不承保险责任”。现福运公司要求人寿财保曲靖公司承担保险责任与其投保单所载明的内容不相符,故不应予以支持。二、双方当事人对尾数为16的保险单是由人寿财保曲靖公司签章出具的真实性均无异议,尽管该保险单上没有福运公司的签章,但福运公司称保险单历来不需要己方签章也是成立保险合同关系的,双方当事人所争议的仅是该保险单是否存在可撤销事由。2011年8月30日,双方当事人签订了《赔偿协议书》载明:“……经双方协商,就损失赔偿达成一次性赔偿协议:1.由甲方(人寿财保曲靖公司)赔偿乙方(福运公司)此次事故货物保险损失人民币498,800元;2.货物残值由乙方根据烟草有规定处理;3.此次事故货物损失赔偿后一次性了结”。同日,福运公司在《货运险赔偿确认书》上签名盖章,该确认书载明:“……16号保险单于2011年8月16日出险受损,现已处理完毕,我单位同意接受贵公司的处理结果,赔付金额(小写)498,800元……”。2011年9月15日,福运公司收到该赔偿款并出具了《赔款收据》。从上述《赔偿协议书》和《货运险赔偿确认书》载明的内容和履行情况可以确认双方当事人经协商同意此次事故货物损失赔偿后一次性了结。现双方当事人均称是受对方欺诈,存在显失公平或重大误解要求撤销上述《赔偿协议书》《货运险赔偿确认书》或尾数为16的保险单,但均不能提交相应证据予以证明,故对双方当事人的各自此项主张均不予采纳。

再审法院(最高人民法院)认为:一、本案一、二审法院驳回双方当事人要求撤销《赔偿协议书》及《货运险赔偿确认书》的请求并无不当。本案双方当事人达成的《赔偿协议书》及《货运险赔偿确认书》是双方对财产损害赔偿金额的自认,是真实意思表示,是有效的民事法律行为。虽然双方当事人均提出撤销《赔偿协议书》及《货运险赔偿确认书》的请求,但均未对可撤销的理由提出相关证据。《民法通则》第57条规定:“民事法律行为从成立时起具有法律约束力。行为人非依法律规定或者取得对方同意,不得擅自变更或解除。”根据上述规定,福运公司与人寿财保曲靖公司所签订的《赔偿协议书》及《货运险赔偿确认书》应受法律保护,双方当事人应受该协议的约束。二、人寿财保曲靖公司不应赔偿福运公司的其余货物损失1,873,207元。首先,福运公司与人寿财保曲靖公司之间的保险合同关系成立且有效,本案一、二审法院关于保险合同成立的认定并无不当。其次,保险费是被保险人获得保险保障的对价,根据《保险法》第13条第3款关于“依法成立的保险合同,自成立时生效。投保人和保险人可以对合同的效力约定附条件或者附期限”之规定，本案福运公司向保险公司投保所提交的《国内货物运输保险投保单》上关于“投保人应当在保险合同成立时交付保险费。保险费未交清前发生的保险事故，保险公司不承担责任。保险责任开始后15天内投保人未交清保险费，保险人有权解除保险合同”的“特别约定”，属于附生效要件的合同。由于本案保险合同约定于交纳保险费后生效，故保险人对投保人保险费交纳前所发生的损失不承担赔偿责任。综上所述，福运公司要求人寿财保曲靖公司承担保险责任的请求，因与其投保单所载明的内容不相符，本院不予支持。福运公司关于人寿财保曲靖公司没有对特别约定向其履行明确说明条款内容义务的主张，本院不予采信。

金讼圈提示

一、货物运输行业是个高风险行业，物流公司一定要及时投保运输货物险、车辆险、人员险、第三者责任险等各类险种。

二、同时，物流公司要注意货物险的保险期限无缝链接。投保要提前，避免出现保险真空档期。

三、本案中，假如保险公司不考虑与物流公司长期合作等原因而让步签订了《赔偿协议书》及《货运险赔偿确认书》的话，估计物流公司一分钱都赔不到。

087 保险公司可否对违约的第三人行使代位求偿权？

案例索引

最高人民法院指导案例74号（最高人民法院审判委员会讨论通过2016年12月28日发布）。中国平安财产保险股份有限公司江苏分公司诉江苏镇江安装集团有限公司保险人代位求偿权纠纷案。

交易结构图

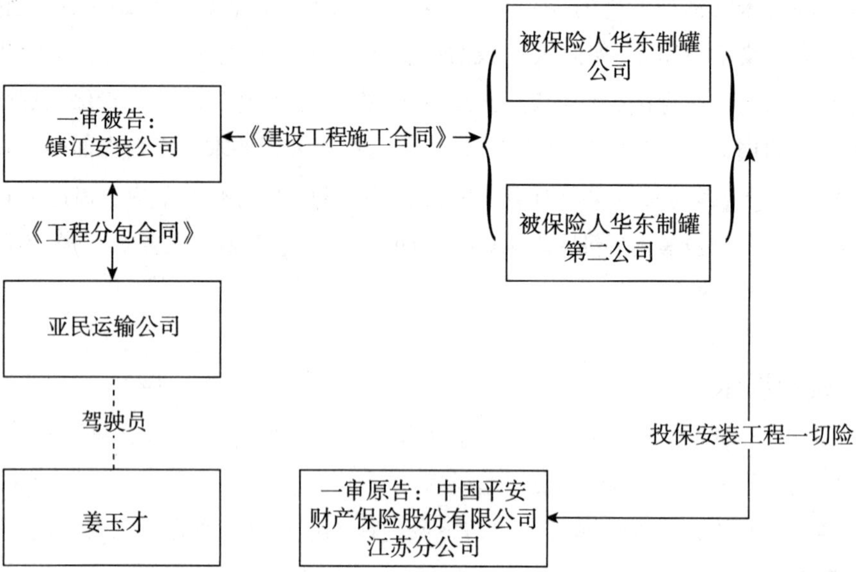

金讼圈导读

本案例是最高人民法院关于第三人因违约造成财产保险合同项下被保险人的保险标的财产损害的，保险公司是否享有代位求偿权的指导案例。

裁判规则

一、保险人行使代位求偿权，应以被保险人对第三者享有损害赔偿请求权为前提，这里的赔偿请求权既可因第三者对保险标的实施的侵权行为而产生，亦可基于第三者的违约行为等产生，不应仅限于侵权赔偿请求权。

二、保险公司基于第三者的违约行为而非侵权行为行使代位求偿权，第三者对保险事故的发生是否有过错，对案件的处理并无影响。

三、不同主体对于同一保险标的可以具有不同的保险利益，可就同一保险标的投保与其保险利益相对应的保险险种，成立不同的保险合同，并在各自的保险利益范围内获得保险保障，从而实现利用保险制度分散各自风险的目的。

四、发包人从未作出在保险赔偿范围内免除承包人赔偿责任的意思表示，双方亦未约定在保险赔偿范围内免除承包人的赔偿责任，进而拒绝保险公司行使代位求偿权，没有法律依据。

案情介绍

一审原告：中国平安财产保险股份有限公司江苏分公司。

一审被告：江苏镇江安装集团有限公司。

2008 年 10 月 28 日，被保险人华东联合制罐有限公司（以下简称华东制罐公司）、华东联合制罐第二有限公司（以下简称华东制罐第二公司）与被告江苏镇江安装集团有限公司（以下简称镇江安装公司）签订《建设工程施工合同》，约定由镇江安装公司负责被保险人整厂机器设备迁建安装等工作。《建设工程施工合同》第二部分“通用条款”第 38 条约定：“承包人按专用条款的约定分包所承包的部分工程，并与分包单位签订分包合同，未经发包人同意，承包人不得将承包工程的任何部分分包”；“工程分包不能解除承包人任何责任与义务。承包人应在分包场地派驻相应管理人员，保证本合同的履行。分包单位的任何违约行为或疏忽导致工程损害或给发包人造成其他损失，承包人承担连带责任”。《建设工程施工合同》第三部分“专用条款”第 14 条第 1 项约定“承包人不得将本工程进行分包施工”。“通用条款”第 40 条约定：“工程开工前，发包人为建设工程和施工场地内的自有人员及第三人人员生命财产办理保险，支付保险费用”；“运至施工场地内用于工程的材料和待安装设备，由发包人办理保险，并支付保险费用”；“发包人可以将有关保险事项委托承包人办理，费用由发包人承担”；“承包人必须为从事危险作业的职工办理意外伤害保险，并为施工场地内自有人员生命财产和施工机械设备办理保险，支付保险费用”。

2008 年 11 月 16 日，镇江安装公司与镇江亚民大件起重有限公司（以下简称亚民运输公司）公司签订《工程分包合同》，将前述合同中的设备吊装、运输分包给亚民运输公司。2008 年 11 月 20 日，就上述整厂迁建设备安装工程，华东制罐公司、华东制罐第二公司向中国平安财产保险股份有限公司江苏分公司（以下简称平安财险公司）投保了安装工程一切险。投保单中记载被保险人为华东制罐公司及华东制罐第二公司，并明确记载承包人镇江安装公司不是被保险人。投保单“物质损失投保项目和投保金额”栏载明“安装项目投保金额为 177, 465, 335. 56 元”。附加险中，还投保有“内陆运输扩展条款 A”，约定每次事故财产损失赔偿限额为 200 万元。投保期限从 2008 年 11 月 20 日起至 2009 年 7 月 31 日止。投保单附有被安装机器设备的清单，其中包括：SEQUA 彩印机 2 台，合计原值为 29, 894, 340. 88 元。投保单所附保险条款中，对“内陆运输扩展条款 A”作如下说明：经双方同意，鉴于被保险人已按约定交付了附加的保险费，保险公司负责赔偿被保险人的保险财产在中华人民共和国境内供货地点到保险单中列明的工地，除水运和空运以外的内陆运输途中因自然灾害或意外事故引起的损失,但被保险财产在运输时必须有合格的包装及装载。

2008年12月19日10时30分许,亚民运输公司驾驶员姜玉才驾驶苏L06069、苏L003挂重型半挂车,从旧厂区承运彩印机至新厂区的途中,在转弯时车上钢丝绳断裂,造成彩印机侧翻滑落地面损坏。平安财险公司接险后,对受损标的确定了清单。经镇江市公安局交通巡逻警察支队现场查勘,认定姜玉才负事故全部责任。后华东制罐公司、华东制罐第二公司、平安财险公司、镇江安装公司及亚民运输公司共同委托泛华保险公估有限公司(以下简称泛华公估公司)对出险事故损失进行公估,并均同意认可泛华公估公司的最终理算结果。2010年3月9日,泛华公估公司出具了公估报告,结论:出险原因系设备运输途中翻落(意外事故);保单责任成立;定损金额总损1,518,431.32元、净损1,498,431.32元;理算金额1,498,431.32元。泛华公估公司收取了平安财险公司支付的47,900元公估费用。

2009年12月2日,华东制罐公司及华东制罐第二公司向镇江安装公司发出《索赔函》,称"该事故导致的全部损失应由贵司与亚民运输公司共同承担。我方已经向投保的中国平安财产保险股份有限公司镇江中心支公司报险。一旦损失金额确定,投保公司核实并先行赔付后,对赔付限额内的权益,将由我方让渡给投保公司行使。对赔付不足部分,我方将另行向贵司与亚民运输公司主张"。

2010年5月12日,华东制罐公司、华东制罐第二公司向平安财险公司出具赔款收据及权益转让书,载明:已收到平安财险公司赔付的1,498,431.32元。同意将上述赔款部分保险标的的一切权益转让给平安财险公司,同意平安财险公司以平安财险公司的名义向责任方追偿。后平安财险公司诉至法院,请求判令镇江安装公司支付赔偿款和公估费。

裁判结果

江苏省镇江市京口区人民法院于2011年2月16日作出(2010)京商初字第1822号民事判决:一、江苏镇江安装集团有限公司于判决生效后10日内给付中国平安财产保险股份有限公司江苏分公司1,498,431.32元;二、驳回中国平安财产保险股份有限公司江苏分公司关于给付47,900元公估费的诉讼请求。

江苏省镇江市中级人民法院于2011年4月12日作出(2011)镇商终字第0133号民事判决:一、撤销镇江市京口区人民法院(2010)京商初字第1822号民事判决;二、驳回中国平安财产保险股份有限公司江苏分公司对江苏镇江安装集团有限公司的诉讼请求。

江苏省高级人民法院于2014年5月30日作出(2012)苏商再提字第0035号民事

判决:一、撤销江苏省镇江市中级人民法院(2011)镇商终字第0133号民事判决;二、维持镇江市京口区人民法院(2010)京商初字第1822号民事判决。

法院观点

本案的焦点问题是:1.保险代位求偿权的适用范围是否限于侵权损害赔偿请求权;2.镇江安装公司能否以华东制罐公司、华东制罐第二公司已购买相关财产损失险为由,拒绝保险人对其行使保险代位求偿权。

关于第一个争议焦点。《保险法》第60条第1款规定:"因第三者对保险标的的损害而造成保险事故的,保险人自向被保险人赔偿保险金之日起,在赔偿金额范围内代位行使被保险人对第三者请求赔偿的权利。"该款使用的是"因第三者对保险标的的损害而造成保险事故"的表述,并未限制规定为"因第三者对保险标的的侵权损害而造成保险事故"。将保险代位求偿权的权利范围理解为限于侵权损害赔偿请求权,没有法律依据。从立法目的来看,规定保险代位求偿权制度,在于避免财产保险的被保险人因保险事故的发生,分别从保险人及第三者获得赔偿,取得超出实际损失的不当利益,并因此增加道德风险。将《保险法》第60条第1款中的"损害"理解为仅指"侵权损害",不符合保险代位求偿权制度设立的目的。故保险人行使代位求偿权,应以被保险人对第三者享有损害赔偿请求权为前提,这里的赔偿请求权既可因第三者对保险标的实施的侵权行为而产生,亦可基于第三者的违约行为等产生,不应仅限于侵权赔偿请求权。本案平安财险公司是基于镇江安装公司的违约行为而非侵权行为行使代位求偿权,镇江安装公司对保险事故的发生是否有过错,对案件的处理并无影响。并且,《建设工程施工合同》约定"承包人不得将本工程进行分包施工"。因此,镇江安装公司关于其对保险事故的发生没有过错因而不应承担责任的答辩意见,不能成立。平安财险公司向镇江安装公司主张权利,主体适格,并无不当。

关于第二个争议焦点。镇江安装公司提出,在发包人与其签订的建设工程施工合同通用条款第40条中约定,待安装设备由发包人办理保险,并支付保险费用。从该约定可以看出,就工厂搬迁及设备的拆解安装事项,发包人与镇江安装公司共同商定办理保险,虽然保险费用由发包人承担,但该约定在双方的合同条款中体现,即该费用系双方承担,或者说,镇江安装公司在总承包费用中已经就保险费用作出了让步。由发包人向平安财险公司投保的业务,承包人也应当是被保险人。关于镇江安装公司的上述抗辩意见,《保险法》第12条第2款、第6款分别规定:"财产保险的被保险人在保险事故发生时,对保险标的应当具有保险利益";"保险利益是指投保人或者被保险人对保险标的具有的法律上承认的利益"。据此,不同主体对于同一保险标的可以具有不同的保险利益,可就同一保险标的投保与其保险利益相对应的保险险种,成立不同的保险合同,并在各自的保险利益范围内获得保险保障,从而实现利用保险制度分散各自风险的目的。因发包人和承包人对保险标的具有不同的保险利益,只有分别投保与其保险利益相对应的财产保险类别,才能获得相应的保险保障,二者不能相互替代。发包人华东制罐公司和华东制罐第二公司作为保险标的的所有权人,其投保的安装工程一切险是基于对保险标的享有的所有权保险利益而投保的险种,旨在分散保险标的的损坏或灭失风险,性质上属于财产损失保险;附加险中投保的"内陆运输扩展条款 A"约定"保险公司负责赔偿被保险人的保险财产在中华人民共和国境内供货地点到保险单中列明的工地,除水运和空运以外的内陆运输途中因自然灾害或意外事故引起的损失",该项附加险在性质上亦属财产损失保险。首先镇江安装公司并非案涉保险标的所有权人,不享有所有权保险利益,其作为承包人对案涉保险标的享有责任保险利益,欲将施工过程中可能产生的损害赔偿责任转由保险人承担,应当投保相关责任保险,而不能借由发包人投保的财产损失保险免除自己应负的赔偿责任。其次,发包人不认可承包人的被保险人地位,案涉《安装工程一切险投保单》中记载的被保险人为华东制罐公司及华东制罐第二公司,并明确记载承包人镇江安装公司不是被保险人。因此,镇江安装公司关于"由发包人向平安财险公司投保的业务,承包人也应当是被保险人"的答辩意见,不能成立。《建设工程施工合同》明确约定"运至施工场地内用于工程的材料和待安装设备,由发包人办理保险,并支付保险费用"及"工程分包不能解除承包人任何责任与义务,分包单位的任何违约行为或疏忽导致工程损害或给发包人造成其他损失,承包人承担连带责任"。由此可见,发包人从未作出在保险赔偿范围内免除承包人赔偿责任的意思表示,双方并未约定在保险赔偿范围内免除承包人的赔偿责任。最后,在保险事故发生后,被保险人积极向承包人索赔并向平安财险公司出具了权益转让书。

根据以上情况,镇江安装公司以其对保险标的也具有保险利益,且保险标的所有权人华东制罐公司和华东制罐第二公司已投保财产损失保险为由,主张免除其依建设工程施工合同应对两制罐公司承担的违约损害赔偿责任,并进而拒绝平安财险公司行使代位求偿权,没有法律依据,不予支持。

金讼圈提示

本案对工程承包方来讲教训是深刻的。笔者建议,需要对各类商务合同(尤其是重大建设工程施工合同)中关于保险条款进行重新审视和设计,以公平保障双方当事人利益。

088 车辆自燃不是“火灾”是否适用疑义利益原则?

案例索引

2015年12月3日上海市虹口区人民法院作出的(2015)虹民五(商)初字第2578号民事判决。

交易结构图

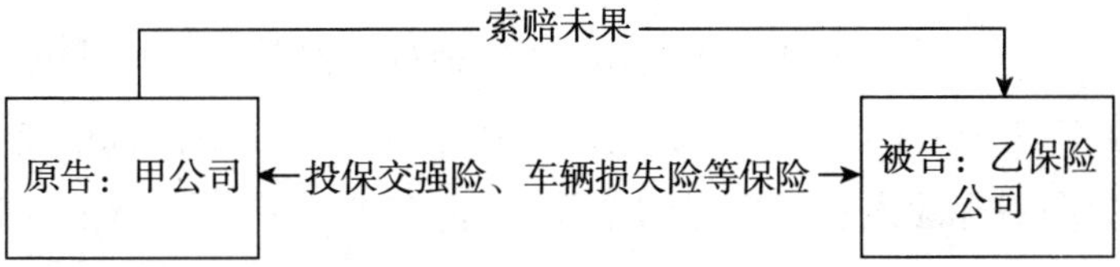

金讼圈导读

本案是一起因车辆自燃引发的保险赔偿纠纷典型案例。什么是合同疑义利益原则？什么情况下才能适用疑义利益原则？如何区别“火灾”与“自燃”？先碰撞后起火的情形,是“火灾”还是“自燃”？通过本案判决,法院均有明确观点,值得实务借鉴。

裁判规则

一、在采取文义解释、体系解释、历史解释的方法后,对火灾概念应得出《车损险条款》中火灾定义的唯一、确定解释,故不适用疑义利益规则。

二、被保险车辆为营业特种车,发生的自燃事故不符合双方在保险合同中约定的“火灾、爆炸,党政机关、事业团体用车、企业非营业用车的自燃”的责任范围,故请求保险公司支付保险金缺乏合同依据。

案情介绍

原告:甲公司。

被告:乙保险公司。

原告甲公司为其车辆向被告乙保险公司投保交强险、车辆损失险等保险,并不计免赔。被保险车辆行驶证上使用性质栏记载为“货运”,保单正面车辆使用性质栏记载为“营业特种车”。《车损险条款》为乙保险公司提供的格式条款,附于保单背面。

其中保险责任部分第5条第2款约定:“保险期间内,保险机动车在被保险人或其允许的合法驾驶人使用过程中,因下列原因造成保险机动车的全部损失或部分损失,保险人依照保险合同约定负责赔偿:……2.火灾、爆炸,党政机关、事业团体用车、企业非营业用车的自燃……”责任免除部分第8条约定:“下列原因导致的保险机动车的损失和费用,保险人不负责赔偿:……(三)……保险责任第5条第2款中未列名的其他使用性质的车辆的自燃……”第35条保险合同术语第5款约定:“火灾:是指保险机动车本身以外的火源引起、在时间或空间上失去控制的燃烧(有热、有光、有火焰的剧烈的氧化反应)所造成的灾害。”第8款约定:“自燃:是指保险机动车因本车电器、线路、供油系统、供气系统发生故障或载运的货物自身、机动车运转摩擦等原因造成的起火燃烧。”保单正面明示告知一栏中第2条记载:“请您在收到保险单后立即核对,保险单内容如与事实不符,请立即通知本公司采用‘神行车保系列产品批单’批改,自行改动或采用其他方式更改无效。”第3条记载:“请您详细阅读所附保险条款,特别是加黑突出标注的、免除保险人责任部分的条款内容。”2014年6月25日11时19分许,被保险车辆于本市某路口500米处发生火灾,事故造成车头部分烧毁。上海市浦东新区公安消防支队出具的《火灾事故简易调查认定书》记载:该起火灾原因为车辆电气线路故障引起。事故发生后,上海天磊价格评估有限公司为原告车辆定损为169,621元,原告为此支付了评估费3600元。

另查明,中国保险监督管理委员会在其于2003年6月20日作出的《关于机动车辆火灾责任等问题的复函》(以下简称“保监会复函”)中指出:“一、中国保监会《关于明确〈机动车辆保险条款〉中‘火灾’责任的批复》(保监复〔2000〕159号)中已经明确指出:《机动车辆保险条款解释》第一部分第一条第一款第二项的‘火灾’责任是指,因保险车辆本身以外的火源以及基本险第一条所列的保险事故造成的燃烧导致保险车辆的损失。二、《机动车辆保险条款解释》第一部分第三条第(六)项‘自燃以及不明原因产生火灾’是指保险车辆发生自燃和保险车辆因不明原因产生火灾而造成的损失,保险人不负责赔偿。该条规定中对于‘自燃’和‘不明原因产生火灾’均作出了解释。‘自燃’是指:‘没有外界火源,保险车辆也没有发生碰撞、倾覆的情况下,由于保险车辆本车漏油或电器、线路、供油系统、载运的货物等自身问题引起的火灾。’中国保监会《关于机动车辆保险条款中‘自燃’解释的复函》(保监函〔2001〕133号)中指出,‘自燃’定义中‘等’字指‘保险车辆本车漏油或电器、线路、供油系统、载运的货物’引起火灾的几种情况,无更多内涵。”审理中,原告甲公司确认火灾原因为车辆自燃,要求被告乙保险公司承担保险责任的依据为《车损险条款》第5条第2款约定,即“火灾、爆炸,党政机关、事业团体用车、企业非营业用车的自燃”。

后原告因向被告索赔未果，诉至法院，要求被告支付相应保险金。

裁判结果

驳回原告诉讼请求。

法院观点

从文义解释的角度，火灾可以理解为（机动车因）失火造成的灾害，并不区分起火原因为机动车自身或外来火源，但《车损险条款》第35条保险合同术语第5款、第8款已就火灾、自燃的概念作出了明确区分，火灾为机动车本身以外火源引起的燃烧，自燃为机动车本身故障引起的燃烧，该定义表达清晰无歧义，两者显然不是包含与被包含的关系；从体系解释的角度，《车损险条款》第5条第2款将火灾与党政机关、事业团体等车辆自燃并列，也与《车损险条款》对火灾、自燃的定义逻辑相恰，联系上下文语境，不存在其他的理解；从历史解释的角度，被告保险合同中对火灾、自燃的定义与保监会复函的精神一致，系多年采用的合同范本，原告甲公司作为专业的物流运输企业，应当知晓本行业保险惯例，如认为车损险不足以覆盖损失风险，可以附加投保相应自燃险种。因此，在采取文义解释、体系解释、历史解释的方法后，对火灾概念应得出《车损险条款》中火灾定义的唯一、确定解释，故不适用疑义利益规则。再者，火灾一词系非保险术语，系争车损险合同中就火灾和自燃分别作了解释，将自燃排除在火灾之外。上述解释与保险监管部门就机动车辆火灾责任所作规定一致，应认定该解释符合专业含义，法院可予采纳。被保险车辆为营业特种车，发生的自燃事故不符合原、被告在保险合同中约定的"火灾、爆炸，党政机关、事业团体用车、企业非营业用车的自燃"的责任范围，故原告甲公司请求被告乙保险公司支付保险金缺乏合同依据，法院对原告要求支付保险金及利息损失的诉讼请求不予支持。

金讼圈提示

一、以前类似案例，法院也有以格式条款未书面告知或疑义利益原则判决保险公司赔偿的。

二、车辆发生火灾还是自燃，消防部门《火灾事故认定书》是最重要的证据，对查找火灾原因极为重要。

三、如果消防部门认定为火灾原因不明，按照举证责任分配原则，车主要求保险索赔还是有希望的。

四、如果是先发生碰撞、倾覆等情况后再起火的，不能算自燃，而应该按照火灾事故保险赔偿。

五、在为车辆购买保险时,一定要特别注意免责条款,购足险种,避免发生事故却难以获得足额保险赔偿。

六、如果发生类似事故,请第一时间联系律师,进行论证,不要盲目下结论。

089 共产制下夫妻间交通事故为何难获责任保险赔偿?

案例索引

上海市虹口区人民法院于2015年5月21日作出的(2014)虹民五(商)初字第956号民事判决。

交易结构图

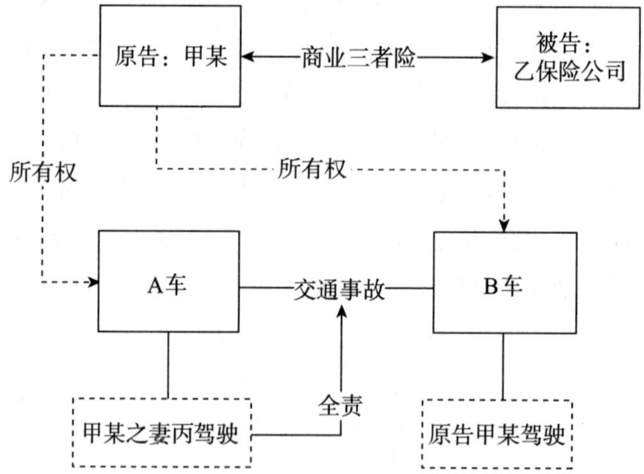

金讼圈导读

本案是一起夫妻之间发生的交通事故引发的保险赔偿案。商业第三者责任险的第三者有什么要求?夫妻之间发生交通事故能否获得第三者责任保险赔偿?夫妻财产的共产制与分产制有何不同?分产制下的夫妻间交通事故能否获得责任保险赔偿呢？本案法院的裁判理由非常值得借鉴。

裁判规则

一、商业三者险本质上是责任保险，即以对第三者承担侵权责任为前提。夫妻双方各自驾驶的车辆互撞发生交通事故的，夫妻分别为侵权人和受害人。

二、在无证据证明事故发生时夫妻双方别产的情况下，夫或妻一方以家庭共有财产向另一方承担赔偿责任，构成债权债务混同。

三、由于独立意义上的侵权责任并不存在，被保险人基于责任保险要求保险公司赔偿的，法院不予支持。

案情介绍

原告：甲某。

被告：乙保险公司。

原告甲某为其名下的车辆 A 向被告乙保险公司投保交强险、车辆损失险、第三者商业责任险（以下简称"商业三者险"）。A 车与 B 车的所有人均为甲某。

2014 年 8 月 9 日 15 时，在本市南北高架共和新路出口处，案外人甲某之妻丙某驾驶的 A 车追尾撞上原告甲某驾驶的 B 车，致车辆受损。经公安部门认定丙某负事故全部责任。

甲某与丙某系夫妻关系，双方于 2009 年登记结婚，夫妻关系存续期间未约定夫妻分别财产制。

甲某诉请乙保险公司索赔。

裁判结果

驳回原告诉讼请求。

法院观点

保险责任的成立必须以符合保险法规定和保险合同约定为前提，不违背责任保险的基本性质。本案中，原告主张的财产损失不属于交强险、三者险的保险责任范畴，具体理由分析如下：

首先，原告依据交强险、商业三者险主张权利，应符合责任保险的本质。根据《保险法》第 65 条的规定，责任保险是以被保险人依法对第三者应负的赔偿责任为保险标的。交强险和商业三者险本质上是责任保险，即以需对第三者承担侵权责任为前提。侵权责任系因民事主体自身的过错侵害行为而对他人所应承担的一种义务。侵权之债关系中存在两个以上主体是应有之义。任何人不得对自己享有债权,向自己请求或履行债务亦毫无意义。当债权、债务同归一人时,侵权之债归于消灭。本案中,侵权人虽然为实际驾驶沪 A 车辆的案外人丙某,且存在独立财产意义上的两辆车和两份保险合同关系,但从终局责任主体而言,债权、债务同归一人,即丙某为债务人,甲某为债权人。基于双方的夫妻身份和我国夫妻财产法定共有制,在无证据证明事故发生时夫妻双方别产的情况下,从财产关系而言在法律上应视为一人,夫或妻一方以家庭共有财产向另一方履行给付,构成债权债务混同,侵权损害赔偿之债也因此消灭。因此,独立意义上的侵权责任并不存在,不符合责任保险适用的前提,甲某无法基于责任保险主张理赔。

其次,甲某依据所投保的交强险、商业三者险主张合同权利,理应受合同条款的约束。交强险条款第五条、商业三者险条款第四条均开宗明义对保险合同的基本概念和其赔付对象,即“受害人”“第三者”进行了定义,明确排除了“被保险人”本人。而本案中沪 B 车的损失恰恰系沪 A 车的被保险人甲某自己的财产损失,显然不属交强险和商业险的赔付范围。上述条款规定系关于险种类型、保障责任范围的统领性约定,保险人有权对其提供的保险服务范畴作出划定,合同相对方自愿签订后理应予以遵照,投保人有义务对其所投保的险种和基本承保范围进行了解和注意。如果将保险服务范畴的约定视为免责条款,则会打破保险险种的既有合理划分也有违契约自由精神。此外,在商业三者险责任免除条款中对被保险人的财产损失亦予以明确排除。该免责条款系在上述赔付对象统领规定下的单列与细化,且乙保险公司已经以黑体加粗的形式予以特别提示,以示对被保险人财产不予赔付的进一步强调,结合合同类型和承保范围基本约定,投保人应予注意且能够理解,无须额外解释说明。

综上,无论是根据保险法的规定,还是依照交强险、商业三者险条款之约定,甲某均不符合责任保险的理赔条件与要求。甲某可通过诉争车辆已投保其他财产险实现损失填补目的,以适当途径救济权利。

金讼圈提示

一、除非约定夫妻分别财产制,夫妻之间发生交通事故要求第三者责任险赔偿几乎不可能,其关键在于该情况不属于责任险的赔付范围。

二、因此,在购买保险时,一定要看清楚保险的承保范围、免责事项等关键条款约定。

第十五章　独立保函篇

090　独立保函索赔拒付纠纷有哪四大关键焦点问题?

案例索引

浙江省高级人民法院于2016年10月12日作出的(2016)浙民终157号二审民事判决书;杭州市中级人民法院(2014)浙杭商外初字第60号民事判决书。

交易结构图

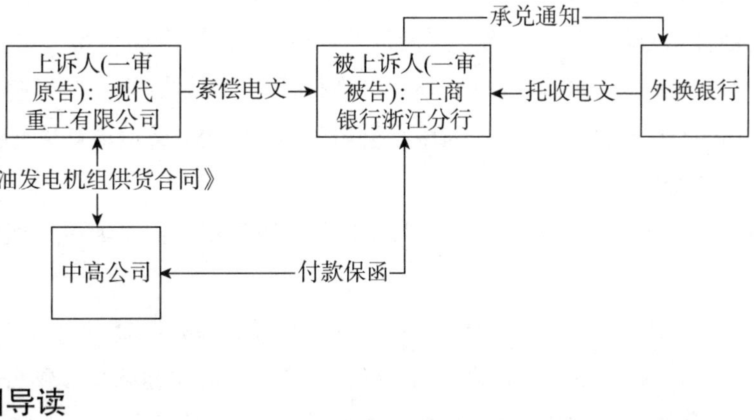

金讼圈导读

本案例堪称中韩两国大型银企的经典对决战,也是最高人民法院发布的"一带一路"十大典型案例之一。由于本案原被告双方对抗非常专业严谨,法院的裁判也异常精彩,堪称经典裁判文书,还请大家细细慢慢读来。关联案例可参阅本书《091 索赔函中存在虚假陈述是否构成独立保函欺诈?》一文。

裁判规则

一、关于不符点成立的裁判标准：根据独立保函载明的审单标准即国际商会758号规则第19条，开立人在独立保函单据审查过程中应当适用表面相符、严格相符的原则，而不采用镜像相符或实质相符原则。

二、关于有效索赔交单的裁判标准：任一索赔通知项下，均应有索赔交单的行为，即根据保函向担保人提交单据。

三、国际托收业务项下单据，与保函业务无关，单据种类亦有不同，该邮寄单据并非保函索赔项下的交单行为，不能以此作为工商银行已经先行收到单据应即进行审单的依据。

四、关于有效拒付的裁判标准：对于有效索赔通知，在审单期限内作出拒付通知，构成有效拒付。

五、关于审单期限的裁判标准：通常付款期限与审单期限重合，保函对付款日所做的约定可以视为对审单期限的修改。

案情介绍

上诉人（一审原告）：现代重工有限公司（韩国）。

被上诉人（一审被告）：中国工商银行股份有限公司浙江省分行。

上诉人现代重工有限公司（以下简称现代公司）因与被上诉人中国工商银行股份有限公司浙江省分行（以下简称工商银行浙江分行）保证合同纠纷一案，不服浙江省杭州市中级人民法院（2014）浙杭商外初字第60号民事判决，向本院提起上诉。

2013年11月8日，现代公司与中高公司签订《72MW柴油电站之9＊8MW柴油发电机组供货合同》。

同月20日，中高公司向工商银行浙江分行申请开立付款保函，并约定付款条件见保函正本。

当地时间2013年11月22日18时50分，工商银行浙江分行通过外换银行向现代公司开出一份不可撤销见索即付保函（编号LG338011300239），载明："经申请人（中高公司）请求，我行，即中国工商银行股份有限公司浙江省分行特此签发本保函，并不可撤销地承诺，在收到贵公司通过贵方银行转发的首次书面索偿要求，声明申请人违反合同项下的付款义务以及违约行为时，在7个营业日内向贵公司支付任何一笔或数笔总额不超过6,648,010美元的款项。贵公司提交付款索偿要求时，需一并提交以下单据：1. 凭指示的标注运费到付通知人为申请人的清洁海运提单副本。2. 经签署的装箱单副本三(3)份。3.经签署的商业发票副本三(3)份。4.原产地证书。5.车间测试报告。本保函金额按照申请人或我行已付的款项或款项加利息金额,自动按比例减少。本付款保函自签发之日起生效,最迟于2014年7月8日到期。因此,本保函下的任何索偿要求必须于到期日或之前送达我行即中国工商银行股份有限公司浙江省分行(地址:中国浙江省杭州市中河中路150号,邮编310009传真86-576-87336732,收件人:国际部)该书面索偿要求必须通过贵方银行采用快递或经验证的SWIFT信息形式发给我行。不接受其他提交方式。到期后,不论保函是否交还我行以进行作废处理,本保函均应自动失效。本保函需遵守国际商会第758号出版物,2010年版《见索即付保函统一规则》(URDG)。”该报文主文标示日期为2013年11月22日。外换银行收到日期为2013年11月25日。

2013年12月24日,外换银行向工商银行浙江分行发出托收电文,金额为6,648,010美元,期限为见票后180天,出票人为现代公司、付款人为中高公司,并提示工商银行浙江分行承兑交单,同时提交以下托收单据:汇票正本二份、发票正本一份加副本二份、提单副本一份、装箱单正本一份副本二份、产地证正本一份、其他正本一份。该托收业务适用托收统一规则,国际商会第522号出版物。2013年12月25日工商银行浙江分行收到上述单据。

2013年12月26日,工商银行浙江分行通知中高公司办理付款、承兑或拒单手续,并声明其对单据及所代表的货物种类、数量、质量的真实性和完整有效性不承担任何责任。中高公司向工商银行浙江分行表示同意承兑并到期付款。

2014年1月7日,工商银行浙江分行向外换银行发送承兑通知,接收金额为2014年6月23日6,648,010美元。

2014年3月6日,现代公司通过外换银行通知工商银行浙江分行票据托收部门承兑交单未签收及到期日错误。

当地时间2014年4月10日18时33分,现代公司通过外换银行向工商银行浙江分行以SWIFT信息形式发出索偿电文,要求支付LG338011300239保函项下6,648,010美元,且确认根据受益人一方进行的绝对判断,申请人无法履行本合同的任何要求。电文同时记述受益人的相关付款文件已经通过邮递的方式送交给工商银行浙江分行。

2014年4月11日,工商银行浙江分行向外换银行发送报文修改承兑通知称付款人同意将原先的承兑到期日修改为2014年6月7日。

当地时间2014年4月15日18时22分,工商银行浙江分行向外换银行发出电文告知:请通过经验证的SWIFT电文向我方确认你方2014年4月10日通过MT799格式发出的索赔可以撤回。

当地时间2014年4月24日19时,外换银行回复工商银行浙江分行称你方4月16日发来的MT799自由格式SWIFT报文称:请知悉该索赔仍然有效并未被撤销。我方客户现代公司确认如下信息:中高公司未能开立第三份分期付款保函并且索取你方开立的付款保函项下款项。

当地时间2014年4月25日19时32分,外换银行向工商银行浙江分行再一次重申前一日电文中的上述内容。

当地时间2014年4月29日17时23分,工商银行浙江分行向外换银行发电文称:在2014年4月10日的电文中你方称受益人的索赔相关单据已经邮寄给我们,我们至今未收到上述单据。我们将在交单完整后开始审查受益人的索赔并决定是否索赔相符,适用URDG第20(A)款。外换银行收到时间为2014年4月30日。

2014年5月4日,工商银行浙江分行收到现代公司通过外换银行快递的索赔单据,包括有:记名提单副本、三份装箱单副本、三份商业发票副本、原产地证明、车间测试报告。该提单显示收货人为中高公司、通知人为中高公司,包装件数为13件。装箱单显示货物说明为三套柴油发电机组,共计31件。

2014年5月8日,工商银行浙江分行向外换银行发电文并要求其向现代公司转发信息称:关于贵司通过外换银行就我行于2013年11月22日签发的编号为LG338011300239,金额为6,648,010美元的付款保函的索赔请求。请知悉贵司分别于2014年4月10日、4月24日以及4月25日通过MT799格式电文提出的索赔请求不符合我行上述保函的规定。另外,我行于2014年5月4日收到的相关付款单据由于存在以下不符点无法构成相符索赔:1.未签发凭指示提单。2.未提交提单附表。3.装箱单显示数量为31件与提单不符。因此,根据上述保函条款,贵司根据上述保函提出的索赔我行予以拒付。

当地时间2014年5月13日18时51分,外换银行发送报文告知工商银行浙江分行保函项下对单据副本的审核标准不同于信用证项下对单据原件的审核标准。单据均已发送给申请人,货物已被申请人接受。报文已经证实了受益人声明申请人没有履行合同规定的义务。开证行无权拒绝付款。

当地时间2014年5月16日17时8分,工商银行浙江分行向外换银行发电文称其作为担保人仅处理单据而可不管可能与单据相关的货物、服务或履行问题,其仅依据交单情况决定是否表面上构成相符交单。5月4日收到的请求付款相关单据中的内容不仅互相矛盾而且与保函也矛盾。受益人未指明保函申请人违反了其在基础合同项下的付款义务,其坚持指出的不符点,对现代公司的索赔请求仍然予以拒付。外换银行5月19日收到。

2014年5月19日,工商银行浙江分行向外换银行发送报文提出索偿单据内容互相矛盾且与保函不一致,及索偿要求未声明保函申请人违反基础合同项下付款义务,并拒绝索偿要求。

2014年5月20日,现代公司向工商银行浙江分行寄送一份主题为保函索赔请求的信函,称其获悉工商银行以保函条款与提单副本存在某一非实质性不符点这一技术性问题为由拒绝其请求,提交副本单据是为了证明受益人的索赔请求所依据的银行保函具有真实交易背景,正本提单在交易中也已实际使用。外换银行分别于2014年1月7日、4月11日收到承兑通知,清晰地表示保函申请人已经接受了正本提单并提取了正本单据下的所有货物。这表示交易已经完成,合同双方没有异议。其再次要求工商银行浙江分行立即偿付前述保函所担保的尚未偿付的款项。如果继续拒付,现代公司只能采取法律措施。

2014年5月30日,外换银行向工商银行浙江分行发电文称:考虑到合同是以FOB为基础,货运公司应申请人的要求签发提单,受益人在审查货运公司签发的提单后要求其根据银行保函所要求的条件另行签发修订后的提单,但鉴于申请人已向货运公司确认过提单,货运公司拒绝修订提单。工商银行浙江分行承兑通知清晰地表明申请人已经接受正本单据及项下所有货物。其他由受益人签发的文件已经修改并于5月30日通过DHL递交。要求工商银行浙江分行立即汇付保函项下款项。

2014年6月3日,工商银行浙江分行收到现代公司寄送的修改单据。装箱单上的数量更改为13件。提单未作修改。

当地时间2014年6月9日19时15分,工商银行浙江分行以现代公司对保函的偿付要求及附后的修改后的提单非凭提示仍有不符为由拒绝索偿要求。外换银行收到时间为2014年6月10日。

2014年7月8日,外换银行向工商银行浙江分行发电文要求工商银行浙江分行能在收到该索赔的7个工作日内偿付6,648,010美元。

当地时间2014年7月15日17时54分,工商银行浙江分行回复称其仅依据交单情况决定是否表面上构成相符交单,由于提单非凭指示的不符之处,其仍拒绝现代公司的索偿要求。外换银行收到时间为2014年7月16日。

2014年6月23日,ICCCHINA银行技术与惯例委员会出具专家意见。

一审庭审中,双方确认现代公司主张的2014年4月21日美元兑换人民币汇率是1∶6.1591。

裁判结果

杭州市中级人民法院一审于2015年12月22日判决：驳回现代公司的诉讼请求。

浙江省高级人民法院二审判决：驳回上诉，维持原判。

法院观点

本案系受益人即现代公司与保函开具方工商银行浙江分行之间的独立保函项下索赔拒付纠纷。双方当事人均同意本案适用《国际商会见索即付保函统一规则（URDG758）》（以下简称国际商会758号规则），该约定有效，故本案以该规则为依据调整当事人之间的权利义务关系。同时，因本案争议的事实部分涉及国际托收业务，故涉及国际托收业务部分，以相关当事人约定的《跟单托收统一规则第522（URC522）》为依据。

一、关于工商银行浙江分行提出的据以拒付的不符点是否成立的问题

该院认为，该争议系为受益人向担保人提出索赔申请时是否做到了相符索赔、相符交单的问题。国际商会758号规则第2条定义指出："相符索赔是指满足相符交单要求的索赔；相符交单指所提交的单据及其内容首先与该保函条款和条件相符，其次与该保函条款和条件一致的本规则有关内容相符，最后在保函及本规则均无相关规定的情况下与见索即付保函国际标准实务相符。"本案中，工商银行浙江分行出具的保函明确列明了五个单据条件，即1.凭指示的标注运费到付通知人为申请人的清洁海运提单副本；2.经签署的装箱单副本三（3）份；3.经签署的商业发票副本三（3）份；4.原产地证书；5.车间测试报告。根据国际商会758号规则第19条a款的规则，担保人在审查受益人是否相符交单时"担保人应仅基于交单本身确定其是否构成表面相符交单"。b款"保函所要求的单据的内容应结合该单据本身、保函和本规则进行审核。单据的内容无须与该单据的其他内容、其他要求的单据或保函中的内容等同一致，但不得矛盾"。而根据现代公司的交单情况看，其提供的系指明收货人为中高公司的记名提单，并非保函条款第1项中的指示提单；同时，第2项单据装箱单反映的货物件数与提单反映的件数亦不一致。故应可判断为单据的内容与保函内容、单据的内容与其他要求的单据存在不符点。由于在此后的协商中，提单的内容一直未能予以修改，故工商银行浙江分行提出的据以拒付的不符点始终存在，工商银行浙江分行据此发出拒付通知，于理有据。对于现代公司称保函条款中要求提供指示提单并无实际意义的主张，该院认为，保函条款和条件系经申请人要求，受益人亦予以接受，对各方均有约束力。根据国际商会758号规则，担保人的审单首先应严格遵循保函的条款和条件，在保函条款和条件明确清晰的情况下,担保人仅需考虑单据与保函条款条件是否表面相符即可,而凭指示的提单与记名提单在国际贸易中属两种不同类型的提单,存在的差异是明显和确定的。现代公司关于该约定是否有实际意义的主张实系基于基础合同的履行而作出,但因基础合同的履行情况并不是担保人审单时所需考虑的因素,故在本案中并不能依据基础合同的履行情况来得出单据与保函条款条件已构成表面相符的结论。

二、关于工商银行浙江分行拒付通知的作出是否构成有效拒付的问题

因国际商会758号规则指明除非保函禁止多次索赔,即只允许索赔一次,否则可以多次索赔。当索赔因不符而被拒时,该索赔不复存在,受益人可以在失效日当日或之前再次提交索赔。针对受益人现代公司提出的多次独立的索赔,分述如下:

第一,对于2014年4月10日到达的索赔通知。根据国际商会758号规则第15条a款的规定,“保函项下的索赔应由保函所指明的其他单据所支持,并且在任何情况下均应辅之以一份受益人声明,表明申请人在哪些方面违反了基础关系项下的义务,该声明可以在索赔书中作出,也可以在一份单独签署的随附于该索赔书的单据中作出,可在一份单独签署的指明该索赔书的单据中作出”。同时,第20条a款规定“如果提交索赔时没有表示此后将补充其他单据,则担保人应从交单翌日起五个营业日内审核该索赔并确定该索赔是否相符”。据此,任一索赔通知项下,均应有索赔交单的行为,即根据保函向担保人提交单据。2014年4月10日外换银行向工商银行浙江分行发出索赔通知后,单据并未于当时提交。对于现代公司认为工商银行浙江分行已经在索赔之前先行收到单据的主张,该院认为,工商银行浙江分行于2013年12月25日收到的邮寄单据系国际托收业务项下单据,与保函业务无关,单据种类亦有不同,该邮寄单据并非保函索赔项下的交单行为,不能以此作为工商银行已经先行收到单据应即进行审单的依据。因工商银行浙江分行收到单据时间为2014年5月4日,故其可以从收到单据翌日起审核该索赔。2014年5月8日,工商银行浙江分行向外换银行发出拒付通知并提示不符点,系在交单后的第四个营业日即审单期限内,且如前所述其拒付理由成立,构成有效的拒付。

第二,对于2014年5月20日现代公司的信函。本案所涉保函约定“书面索偿要求必须通过银行采用快递或经验证的SWIFT信息形式发给工商银行浙江分行,且不接受其他提交方式”。故该次现代公司以该函件索赔的方式并不符合保函约定,并非是保函项下的有效索赔通知,工商银行未予处理并无不当。

第三,对于2014年5月30日的索赔通知。在该索赔通知项下,工商银行浙江分行于2014年6月3日收到现代公司寄送的修改单据,工商银行浙江分行的审单时间应从6月4日起计算。2014年6月9日19时15分,工商银行浙江分行以现代公司对保函的偿付要求及附后的修改后的提单非凭提示仍有不符为由拒绝索偿要求。因该拒偿通知发出时间为交单后的第四个营业日,拒付通知系在审单期限内作出,且单据中提单的相关内容未作修改,与保函条款的不符点仍然存在,工商银行浙江分行该次拒付通知的作出有规可据,亦构成有效的拒付。

第四,对于2014年7月8日的索赔通知。工商银行浙江分行2014年7月8日收到索赔通知,2014年7月15日17时54分的回复为基于提单非凭指示的不符之处,仍拒绝现代公司的索偿要求。现代公司主张其收到拒付通知时间为2014年7月16日,已经超过审单时间。该院认为,国际商会758号规则第24条e款规定"本条d款所要求的通知应毫不延迟地发出,最晚不得迟于交单日翌日起第五个营业日结束之前"。对于拒付通知的发出,"发出"意为发送,故担保人对拒付通知到达交单人的时间并不承担责任。因工商银行该次拒付通知行为发出于2014年7月15日17时54分,系索赔翌日起算的第五个营业日,故仅需判断该时发出的拒付通知是否仍在审单期限内即可。从本案看,保函约定了"中国工商银行股份有限公司浙江省分行特此签发本保函,并不可撤销地承诺,在收到贵公司通过贵方银行转发的首次书面索偿要求,声明申请人违反合同项下的付款义务以及违约行为时,在7个营业日内向贵公司支付任何一笔或数笔总额不超过6,648,010美元的款项"的内容,保函约定将付款日确定为索赔通知后7个营业日内。根据国际商会758号规则第20条b款"一旦担保人确定索赔是相符的,就应当付款"的规则,通常付款期限与审单期限重合,本案保函对付款日所做的约定可以视为对审单期限的修改,即从规则的五个营业日,修改为七个营业日。而根据国际商会758号规则第1条a款,此种修改也应是被允许的。据此判断,工商银行浙江分行于第五个营业日作出拒付通知尚在审单期限内。同时,退一步讲,即使仍然按照国际商会758号规则第24条e款"最晚不得迟于交单日翌日起第五个营业日结束之前"的规则,以及第2条"'营业日'指为履行受本规则约束的行为的营业地点通常开业的一天"这一定义,可判断工商银行浙江分行的拒付通知作出时间也尚在审单期限内。理由如下:(1)国际商会758号规则将营业日定义为通常开业的一天,并未采用营业时间的概念。国际商会在UCP600中采用了营业时间的概念,而在国际商会758号规则中采用营业日概念应系有所区别。《国际商会见索即付统一规则URDG758指南》中也陈述"URDG使用'营业日'这一术语所要表达的是'日'而非'小时'的概念"。故只要拒付通知系在第五个营业日结束前发出,均系在审单期限内。(2)独立保函多运用于国际银行业务,全球各地的银行位于不同时区,对于营业时间的规定也不尽相同且可变化调整,将某统一的时间作为结束营业的时间并以此约束银行间SWIFT电文发出的效力是不合理的。(3)"开业的一天"如需解释为营业时间，也应理解为处理见索即付保函业务相关机构的工作时间。结合本案保函电文的往来通讯情况及涉案保函的制作时间等事实，工商银行浙江分行见索即付保函业务相关机构的工作时间实际晚于拒付通知作出时间。故该院认为工商银行浙江分行此次发出拒付通知的时间亦未超过审单期限，亦构成有效的拒付。

综上所述，工商银行浙江分行的以上拒偿通知均为有效。

三、关于工商银行浙江分行的承兑通知对本案保函项下拒付表示是否产生影响的问题

工商银行浙江分行的承兑通知系基于国际托收业务而作出，国际托收业务与保函业务属不同的法律关系，在流程操作、权利义务主体、提交单据要求上均有不同。同时，根据 URC522 第 4 条 A 款 ii 项“银行将不会为了取得指示而审核单据”的规则，2014 年 1 月 7 日，工商银行浙江分行向外换银行发送承兑通知，并不意味工商银行浙江分行已经经过审单环节，以及对保函项下单据予以确认。该通知行为应系基于国际托收业务而根据中高公司的指示向外换银行发送通知，是中高公司在履行买卖合同付款义务时的一个履行环节，不对工商银行浙江分行产生保函项下审单的法律后果。见索即付保函的特性是独立性，即独立于申请人和受益人之间的基础关系，也独立于申请人要求担保人开立保函给受益人的指示关系，其仅受自身条款的约束，故在本案保函业务项下，工商银行浙江分行仍有权基于保函约定的条件，独立对交单是否符合保函条件作出判断。

综上所述，工商银行浙江分行有关单据与保函条件存在不符点的多次拒付均合规有效。现代公司的诉讼请求不应得到支持。

金讼圈提示

本案法院在独立保函索赔纠纷中核心的四大关键问题，即不符点成立、有效索赔交单、有效拒付、审单期限分别给出了具有参考意义的裁判标准，非常值得借鉴。

091　索赔函中存在虚假陈述是否构成独立保函欺诈？

案例索引

沈阳市中级人民法院 2008 年沈阳矿山机械(集团)进出口公司与印度电热公司

【ELECTROTHERM(INDIA)LIMITED.】、中信银行股份有限公司沈阳分行保函欺诈纠纷(2005)沈中民四外初字第34号一案。

交易结构图

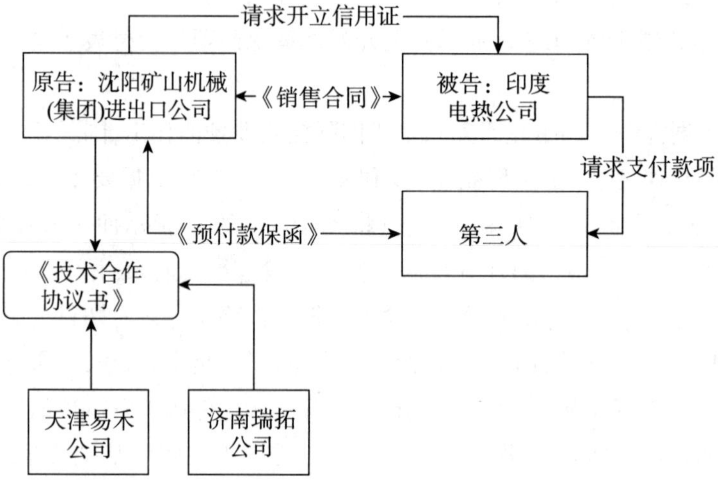

金讼圈导读

本案例由于是2008年裁判的案件,关于法院管辖、适用准据法、欺诈判定标准方面与2016年12月22日发布的自2016年12月1日起施行的《最高人民法院关于审理独立保函纠纷案件若干问题的规定》略有不同,但仍然不失为关于独立保函欺诈的经典案例,值得研读。

裁判规则

一、保函欺诈属于侵权法上的问题,依据中华人民共和国的冲突法律规范,侵权行为应适用侵权行为地国家的法律。

二、法院为了审查是否构成保函欺诈问题,有权并且必然要查明基础合同履行的实际情况,以确认是否违反基础合同义务的事实。

三、在索赔函中关于在基础合同项下违约的陈述不符合真实情况,已构成保函欺诈。

案情介绍

原告:沈阳矿山机械(集团)进出口公司。

被告:印度电热公司【ELECTROTHERM(INDIA)LIMITED.】。

第三人:中信银行股份有限公司沈阳分行。

被告为组建回转窑链篦机系统,于2005年4月3日与原告签订了被告购买原告2.8×36米链篦机、2.5×6米混合机、2.4×16米干燥机、6米盘式造球机、带辊子筛的布料机、40m2环冷机6个单机的SKWZ2005－15《销售合同》,合同总价款为2,375,000美元。该合同约定:原告作为卖方,在签订合同5天至7天内提供各种设备的详细规格和工作参数、重量和尺寸;在签订合同两个月内,原告用特快专递以软盘和图纸的方式向被告提供装配图,总布置图,含载荷数据的地基图,电气/土建要求;合同签订一周内,原告向被告开出以被告为受益人的合同总价款10%的银行保函,以保证被告向原告支付预付款。被告出具银行保函的格式,交货结束后银行保函失效。在收到原告开出的银行保函之后7天内,被告向原告支付合同总价款10%(美元237,500)的预付款;合同签订后两个月内,被告向原告出具以原告为受益人的不可撤销即期信用证,被告指定的银行应由原告接受。信用证金额为合同总价款10%(即美元237,500);交货期为合同生效后225天内;《销售合同》第15条规定:凡执行合同所发生的一切争议如协商不能解决,则将分歧提交中国国际贸易促进委员会按有关仲裁程序进行仲裁。英文部分内容为:凡有关执行合同所发生的一切争议应通过第13条所述的友好协商方法解决,如协商不能解决,则将案件提交英国伦敦的ICC(国际商会)进行仲裁[原文为:All disputes in connection with the execution of this Contract shall be settled through friendly negotiation, according to Item 13. In case no settlement can be reached, the case may then be submitted for arbitration to ICC (International Chambers of Commerce) at London, UK.]。《销售合同》的被告签订人为MUKESH BHANDARI。

原告依照《销售合同》约定,向第三人申请开立合同总价价款10%为额度的预付款保函。第三人于2005年4月20日,向被告开出编号为11000LG0500001号保函一份,受益人为被告,金额为237,500.00美元;第三人在保函中承诺承担如下不可撤销的义务:在首次收到被告索赔函起七个银行工作日内,第三人向被告支付一笔或多笔总额不超过237,500美元的款项;索赔函上需注明申请人已违反合同项下义务;保函有效期至2005年11月18日。保函索款请求应于2005年12月3日前交至第三人;保函依据国际商会《见索即付保函统一规则》(第458号出版物)开立。2005年5月9日,被告汇付给原告《销售合同》项下总价价款10%预付款237,500美元。

原告收到预付款后,分别向被告提交《销售合同》项下6个单机设备相关图纸及资料,事实如下:

2005年5月26日19点27分,被告向原告发出电文,内容为:被告已经收到了原告单位人员发送的布料器系统图纸,在查阅了包括环冷机、干燥机和链篦机在内的所有图纸后,希望原告提供下述详细资料。其中干燥机:1. 进料器流槽布置图;2. 进料器端法兰明细图;3. 进料端烧嘴布置图;4. 变速驱动明细;5. 卸料明细图;6. 轴承明细,以及制造商详细资料,首选 SDP、FAG 轴承。混料机:没有收到混料机的图纸,请提供所有相关图纸。圆盘造球机:没有收到圆盘造球机的图纸,请提供所有相关图纸。布料器系统:1. 我们希望将超过标准尺寸和未达到标准尺寸的球团破碎、混合然后输入圆盘造球机的进料端。你们的图纸只显示了对超过标准尺寸球团的破碎。我们建议,要么提供超过标准尺寸球团和未达到标准尺寸球团各自独立的破碎机,要么提供更大的粉碎机,将超标准尺寸球团和未达到标准尺寸球团一起破碎。2. 第二辊筛中的每个辊子都是由两个马达在驱动,而规格书规定每个辊子只应由一个马达驱动,即 42 只辊子配 42 个马达。

2005 年 6 月 6 日,原告与被告之间往来电子邮件如下:下午 3 点 55 分原告发给被告,主题:图纸。内容为:已通过电子邮件将所有图纸发送给被告。现将这些图纸再发一遍,还会把图纸做成 CD,明天邮寄给被告。20 点 29 分,被告发给原告电子邮件。内容为:请立即以邮件正文的形式向原告详细说明全部图纸的清单。21 点 58 分,原告给被告发出电子邮件,主题是 ET – 遭球装置。主要内容为:在今天收到的 10 份图纸中,有 8 份是原有的英文版图纸,只有 2 份是滚筒式混合机的新图纸;尚未收到:a. 盘式造球机的装配图和基础图;b. 附带在链篦机上安装明细的卸料槽装配图;c. 下列设备的送料端及卸料端图纸,1. 链篦机;2. 环冷机;盘式造球机。尚有盘式造球机的装置图和基础图、附带在链篦机上安装明细的卸料端图纸等相关部分图纸,并请求原告在 6 月 8 日前把图纸交付被告。6 月 8 日上午 11 点 50 分,原告给被告发出电子邮件,主要内容为:昨晚已将盘式造球机的草图发给被告,以及关于槽道和机架的图纸问题。并定于 6 月 14 日在山东济南与设计机构等召开技术交底会。22 点 26 分,被告给原告回复电子邮件,内容为:6 月 14 日济南的会议被告将到会。

各方为组建回转窑链篦机系统签订《技术合作协议书》。原告请求被告开立信用证。被告请求原告保函延期和请求第三人支付保函项下款。事实如下:

2005 年 6 月 17 日,天津市易禾进出口贸易有限公司(买方)、济南瑞拓球团技术工程有限公司(卖方)和原告(合同第三方,也是主要设备供货方)签署了《技术合作协议书》。协议书上表明:由卖方即济南瑞拓公司向被告提供链篦机回转窑球团场设计方案和图纸,原告为主要设备供货方。协议主要内容为:协议三方就 60 万吨/年链篦机回转窑球团厂设计有关问题进行认真的探讨并达成协议,买卖双方约定由济南瑞拓球团技术工程有限公司提供年产 60 万吨/年链篦机回转窑球团厂设计方案,并在 20

天内完成项目初步设计，向天津市易禾进出口贸易有限公司提供初步设计资料10套；原告在该《技术合同协议书》中主要是督促、协调、配合的义务；该《技术合作协议书》的天津市易禾进出口贸易有限公司（买方）代表为辛悦和MUKESH BHANDARI，第三人代表签字为杨子江和林鹏。

2005年6月28日，被告人员Mukesh Bhandari给原告发出电文。相关内容为："关于信用证的问题，我已经先后与我方的董事及我方的银行进行了讨论。基于讨论结果，我方不得不告知你方，除非我方收到设计机构出具的基本的、初步的技术规格说明书，我方将不会开立信用证。这主要是因为我方银行声明，银行开立信用证后将不会接受技术规格说明书中的任何改动。任何对技术规格说明书进行的细微修改都可能导致必须开立新信用证。希望你方能够理解我方需要遵守的银行程序。但我方可以保证，一旦我方收到设计机构出具的基本的、初步的技术规格说明书（希望能在2005年7月7日底前完成），我方将能够尽快开立信用证。"该电子邮件当中所称"设计机构"为济南瑞拓公司。

2005年10月9日下午3点21分，原告给被告单位人员Mukesh Bhandari发出电子邮件。主要内容："很长时间没有贵方的消息，我方非常关注项目的进展情况。我方和我方的转包商已经为贵我双方合同项下的机器购买了一些相关设备，如发动机，减压器等。但直到现在我方仍未收到贵方的信用证，我方不知道当前应做些什么。预付款保函将很快过期，我方想知道贵方是否有关于项目的任何计划，我们将尽最大的努力来协助贵方完成项目。"同日，被告于下午8点42分，回复原告发出电子邮件。内容为："在此想告知，基于我们与设计单位的讨论，带有/不带有润滑机的干燥机规格已经过修改，但SK（沈阳矿山机械进出口公司）已延迟交付该等经过修改后的干燥机。同时，由于我方一些原因。我们无法在项目中取得很大的进展。设计单位曾提出原定的干燥机达不到铁矿砂中水分含量要求，设计单位提供了两个替代方案，即要么提高原定干燥机的干燥能力要么除提供原定干燥机外再额外提供DAMP GRINDING MILL。我们一直在等待接收来自贵方的这些改变，已等待很长时间。因为此等延迟，我们要求贵方同意延长预付款保函的有效期自2005年11月18日至2006年3月18日，同时，我们还要求贵方提供我方与造球机、链篦机和环冷机能力相符之干燥机和润磨机的详细资料。我方将在上述要求得以实现后尽快开立信用证。"

2005年10月12日上午，原告发给被告Mukesh Bhandari先生电子邮件。主要内容为："由于这是一个庞大而复杂的项目，我们能够理解贵司的谨慎考虑。鉴于贵我双方友好之合作关系，我们可以考虑延长预付款保函的有效期。目前由于设计单位已经参与到此项目中，所有与类型、规格相关的事宜全部由山东RT负责。我们将按照山东RT设计的类型、规格提供设备。请与设计单位联系以加快推进项目进程。”

2005年10月29日下午,被告给原告发出电子邮件,内容为:“我们仍未听到任何关于预付款保函延期的确认,请回复。”

2005年11月7日,被告给原告发出函件。内容为:“由于贵方未能履行2005年4月3日SKWZ2005－15号合同项下贵方应履行之义务,我方兹解除该合同项下我方义务并要求付现该银行保函。

“2005年11月8日,印度银行－孟买国际部发给原告《关于11000LG0500001号银行保函》。主要内容为:原告违反了2005年4月3日SKWZ2005－15号合同项下约定义务。要求原告通知银行支付237,500美元。

“2005年11月16日,被告委托印度银行向第三人发出索偿11000LG0500001号保函项下款项的电文,被告请求第三人支付保函项下的预付款237,500美元。理由为‘申请人(原告)违反了合同义务’”。

原告于2005年11月17日即刻向本院提起诉讼,请求:1.确认被告在原告申请开立的编号为11000LG0500001号保函项下索款过程中存在欺诈。2.请求判决第三人终止向被告支付11000LG0500001号保函项下款项。3.请求判决诉讼费用由被告承担。

2006年3月10日,天津市易禾进出口贸易有限公司发给原告电子函件,写明:“我印度经理Mukesh Bhandari先生和贵司开立信用证,并已经支付合同总价款10%的定金,由于一些原因,现在此信用证已过期。现印度银行要求我公司将此票结清。即贵司必须将合同总价款10%的定金退回我印度账户。同时我印度公司将重新开立一个新的信用证。我印度经理Mukesh Bhandari先生非常有诚意和贵司谈成这笔交易。如果贵司有任何疑虑,我印度公司可以和贵司签订协议,以表示我印度公司继续和贵司合作”。

裁判结果

一、被告印度电热公司【ELECTROTHERM(INDIA)LIMITED.】向第三人中信银行股份有限公司沈阳分行主张11000LG0500001号保函项下237,500.00美元的索款行为存在欺诈;二、第三人中信银行股份有限公司沈阳分行终止向被告印度电热公司【ELECTROTHERM(INDIA)LIMITED.】支付11000LG0500001号保函项下款项237,500.00美元。

法院观点

原告诉讼请求确认被告在索偿由原告申请开具的11000LG0500001号保函项下

款项的过程存在欺诈及请求判决第三人终止向被告支付 11000LG0500001 号保函项下款项。即原告认为被告虚构原告违反保函基础合同项下义务,向第三人欺诈性索取保函项下款项,其行为的后果是侵害原告的合法权益,构成保函欺诈的事实。故本案诉争的法律关系为侵权民事法律关系,本案为保函欺诈民事侵权纠纷。

关于本案是否由法院主管的问题,已经本院及辽宁省高级人民法院审理,并依法作出民事裁定认定本院对本案件诉争的法律关系享有管辖权。就被告在庭审中再次提及的管辖异议,本院不再审理。

关于本案适用法律问题。本案是保函欺诈纠纷,原告以被告保函欺诈为由提起侵权之诉,其诉讼请求涉及第三人出具的见索即付保函之法律关系。该见索即付保函是依据国际商会《见索即付保函统一规则》第 458 号出版物开具。该规则对保函项下的申请人、受益人、担保人即本案原告、被告和第三人均具有约束力。《见索即付保函统一规则》第 458 号出版物未对见索即付保函项下的欺诈问题作出规定。保函欺诈属于侵权法上的问题,依据中华人民共和国的冲突法律规范,侵权行为应适用侵权行为地国家的法律。被告向第三人索取保函项下款项的结果地在中国,中国是本案的侵权行为结果地,应适用中华人民共和国的法律。本院确认《民法通则》为本案的准据法。

本案争议焦点是:被告向第三人索取保函项下款项是否存在欺诈,第三人应否终止向被告支付保函项下款项。

本案诉涉的见索即付保函是在国际商事交易领域里广泛运用的不同于传统从属保证制度的独立保证,也称独立保函。独立保函是为了担保债务的履行,保证人应基础交易债务人的委托,向基础交易债权人作出的、只要债权人提出索款要求并提交符合规定的单据,保证人即不得援引基础交易项下的任何抗辩就须向债权人支付约定金额的承诺。独立保证关系下通常存在申请人(本案原告)与受益人(本案被告)之间的基础交易关系和第三人(银行或其他商业机构)与被告(受益人)之间的独立保函交易两个相互独立的法律关系。由于本院审理的是确认被告是否构成保函欺诈问题,在此情况下,本院有权并且必然要查明基础合同履行的实际情况,以确认原告是否违反基础合同义务的事实,由此确认被告在保函项下索赔函中的陈述是否存在欺诈性的虚假陈述从而确认被告是否构成保函欺诈。本院认为,这正是独立保函独立性原则之"欺诈例外"适用的必然结果。

关于原告在履行 SKWZ2005－15《销售合同》即本案保函基础交易合同过程中是否存在被告在索赔函中陈述的违反合同义务这一事实问题,根据《销售合同》的约定,原告应当履行与本案争议相关的义务是:原告销售给被告链蓖机、混合机、干燥机、米盘式造球机、带棍子筛的布料器、环冷机 6 种设备。由原告在签订合同两个月内用特快专递以软盘和图纸的方式向被告提供装配图、总布置图、含载荷数据的地基图、电气/土建要求。被告在陈述原告违约事实时指出:原告已经履行了部分义务,所没有履行的义务是指在被告向原告发出的函件中要求原告再提供一些资料,而原告没有提供,而这本应是原告在基础合同项下应当履行的义务,被告为此提供了2005年10月9日、11日、12日、29日双方之间往来的电子邮件予以证明。本院根据2005年5月26日至6月8日电子邮件,可以认定从《销售合同》签订至2005年6月8日期间,原告已经先后交付给被告上述6个设备相关的图纸及资料,被告对交付的图纸及资料并没有提出异议,原告履行了符合《销售合同》中应当履行的图纸及资料的交付义务。再看2005年10月9日、11日、12日、29日4份电子邮件,其主要内容为:1.原告向被告提出合同中约定的开立信用证问题;2.被告在电子邮件中陈述被告基于与设计单位的讨论,带有/不带有润滑机的干燥机规格已经过修改;3.请求延长预付款保函的有效期;4.要求原告提供被告与造球机、链蓖机和环冷机能力相符之干燥机和润磨机的详细资料,并在上述要求得以实现后尽快开立信用证;5.请求原告将预付款保函延期。该4份电子邮件是被告作为证明原告没有按照合同约定履行义务,即没有交付设备资料的证据。就电子邮件的内容而言,可以说明双方《销售合同》约定的交付过图纸及资料的干燥机规格已经修改,邮件中被告要求原告交付的干燥机和润磨机的资料,并非是SKWZ2005-15《销售合同》条款中约定原告应履行的义务。而第三人开具保函当中所提及的合同义务应当是针对SKWZ2005-15《销售合同》中所约定的义务。显然,该4份电子邮件的内容均不能证明原告存在违反合同义务之事实。另外,在本案件受理后,2006年3月10日天津市易禾进出口贸易有限公司为请求原告退还预付款一事发给原告电子函件,该函件中请求原告退还预付款的明确理由是印度银行要求被告将"此票结清",未主张被告在索赔函中所称的原告违约。

综合上述事实,本院认定,由于11000LG0500001号保函的基础合同是SKWZ2005-15《销售合同》,其仅对在该合同项下原告应当履行的义务具有担保效力。现被告提交的证据不能证明原告存在《销售合同》项下的违约事实,其亦未指出原告存在保函基础交易下其他违约事实和提交其他证明原告存在保函基础合同项下违约行为的证据。因此,被告在索赔函中陈述的原告违反合同义务与事实不符,不能成立。

关于被告索取保函项下款项的行为是否构成保函欺诈的问题。本院认为,本案所涉保函为见索即付保函,依据国际商会《见索即付保函统一规则》第458号出版物的规定,见索即付保函是独立保函,独立于基础合同,不受基础合同约束,只要符合保函索赔条件,担保银行就应当支付保函项下款项。针对见索即付保函的独立性,国际惯例同时又确立了“欺诈例外”，即在保函受益人明知保函申请人没有违约而仍隐瞒真实情况，故意告知第三人虚假情况，试图诱使第三人向其作出保函项下的付款，即已构成保函欺诈。根据《最高人民法院关于贯彻执行若干问题的意见》第 68 条规定，一方当事人故意告知对方虚假情况，或者故意隐瞒真实情况，诱使对方当事人作出错误意思表示的，可以认定为欺诈行为。本案中，被告向第三人提交的索赔函中陈述原告违反合同义务，而实际情形原告并不存在违约之事实，因此，被告向第三人作出原告在基础合同项下违约的陈述不符合真实情况，其向第三人作出虚假陈述为索取保函项下款项的行为已构成保函欺诈。本院认为独立保函的欺诈例外应予适用，被告向第三人主张 11000LG0500001 号保函项下索款的民事行为无效。

关于第三人应否终止向被告支付保函项下款项的问题。本院认为，由于被告欺诈性索款行为的结果将导致第三人不当支付给被告保函项下款项并转而向保函申请人即原告索赔的严重后果。如前所述，被告构成保函欺诈，其行为违反了民事活动中应遵循的诚实信用原则，被告索取保函项下款项的行为属无效民事行为，第三人因此应终止向被告支付保函项下的款项。

金讼圈提示

一、关于《见索即付保函统一规则》的适用。《见索即付保函统一规则》(英文简称 URDG758)最新版本为 2010 年修订版，仅为示范条款，保函必须明确约定或当事人合意才能适用。

二、关于独立保函欺诈纠纷管辖的判断。根据最高人民法院司法解释的有关规定，独立保函欺诈纠纷案件由被请求止付的独立保函的开立人住所地或被告住所地人民法院管辖，当事人书面协议由其他法院管辖或提交仲裁的除外。当事人主张根据基础交易合同或独立保函的争议解决条款确定管辖法院或提交仲裁的，人民法院不予支持。

三、关于涉外独立保函欺诈纠纷法律适用。根据最高人民法院司法解释的有关规定，涉外独立保函欺诈纠纷，当事人就适用法律不能达成一致的，适用被请求止付的独立保函的开立人经常居所地法律；独立保函由金融机构依法登记设立的分支机构开立的，适用分支机构登记地法律；当事人有共同经常居所地的，适用共同经常居所地法律。

四、关于独立保函欺诈的判定标准。根据最高人民法院司法解释的有关规定，人民法院经审理独立保函欺诈纠纷案件，能够排除合理怀疑地认定构成独立保函欺诈。

第十六章　支　付　篇

092　如何确定信用证交易关系下中介银行过错赔偿责任?

案例索引

最高人民法院于2013年8月30日作出的(2013)民申字第1296号民事裁定书。

交易结构图

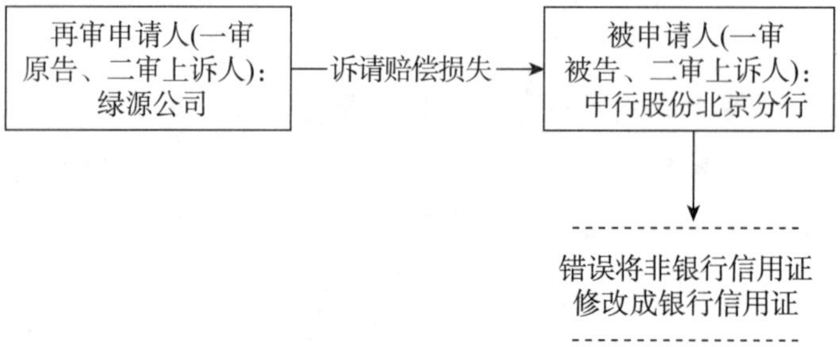

金讼圈导读

最高人民法院通过本案例,从法律适用原则、过错赔偿责任原则、信用证的独立单据交易原则、损失可预见性原则、相当因果关系原则等角度确定了关于信用证交易关系下中介银行过错赔偿责任的裁判规则,值得企业和银行从业人员研读。

裁判规则

一、国际商会第500号出版物《跟单信用证统一惯例》对中介银行就其错误通知行为应当承担何种责任没有作出具体规定。

二、行为人就过错行为承担民事责任的前提是过错行为与损害之间必须具有相当的因果关系。

三、发生在基础合同关系或其他法律关系项下的损失，不属于信用证当事人应当预见的范围，与信用证当事人违反义务的过错行为之间不具有相当因果关系，不应在信用证关系中得到赔偿。

四、信用证是独立于基础合同的单据交易，信用证关系中的各有关当事人处理的仅是单据，而不是与单据有关的货物、服务或其他行为。

五、信用证当事人违反义务所应承担的责任范围应当仅限于信用证项下的直接损失。

案情介绍

再审申请人（一审原告、二审上诉人）：栖霞市绿源果蔬有限公司。

被申请人（一审被告、二审上诉人）：中国银行股份有限公司北京市分行。

再审申请人栖霞市绿源果蔬有限公司（以下简称绿源公司）因与被申请人中国银行股份有限公司北京市分行（以下简称中行北京分行）信用证转让纠纷一案，不服北京市高级人民法院（2012）高民终字第939号民事判决，向本院申请再审。

2007年5月至6月，绿源公司依据转让信用证，向国外销售苹果，并严格按照信用证的要求向中行北京分行交单，后来未收到相应的货款。

经调查核实，该信用证并非银行信用证，系中行北京分行错误将非银行信用证修改成银行信用证，为此导致绿源公司的货款损失、利息损失和出口退税损失。

北京市高级人民法院作出的二审判决仅支持货款损失和以存款利率计算的利息损失。由于未及时收到出售苹果的货款，绿源公司只好向银行部门贷款，产生贷款的利息损失，应以中国人民银行规定的同期人民币贷款基准利率计付利息损失差额1,099,396.24元人民币（以下币种同）。同时，绿源公司没有收到货款，导致未能取得出口退税款246,606.06元。上述两项损失均是因中行北京分行的过错所导致的，二审判决未予支持，属于认定事实缺乏证据证明以及适用法律确有错误的情形。故依据《民事诉讼法》第200条第2项和第6项的规定，请求依法再审本案。

裁判结果

最高人民法院再审裁定：驳回栖霞市绿源果蔬有限公司的再审申请。

法院观点

绿源公司申请再审所涉及的焦点问题是中行北京分行是否应当承担绿源公司所主张的出口退税损失和贷款利息损失。本案所涉信用证约定适用的国际商会第500号出版物《跟单信用证统一惯例》对中介银行就其错误通知行为应当承担何种责任没有作出具体规定,原审判决适用我国法律并无不当。

根据《民法通则》第106条第2款的规定,行为人过错侵害他人财产权益的,应当承担民事责任。即行为人就过错行为承担民事责任的前提是过错行为与损害之间必须具有相当的因果关系。本案中,开证人劳埃德贸易储蓄委员会违反信用证项下所承诺的依据相符交单予以付款的义务,是受益人绿源公司未能全额收取信用证款项的直接原因。中行北京分行作为转让行和通知行,因疏忽过失将开证人名称错误通知为乌克兰第聂伯信贷银行,存在过错。中行北京分行的过错行为,导致绿源公司错误信赖开证人是一家信用良好的银行而接受信用证并遭受损失,中行北京分行应当根据过错程度承担相应的赔偿责任。信用证是独立于基础合同的单据交易,信用证关系中的各有关当事人处理的仅是单据,而不是与单据有关的货物、服务或其他行为。因此,信用证当事人违反义务所应承担的责任范围应当仅限于信用证项下的直接损失。发生在基础合同关系或其他法律关系项下的损失,不属于信用证当事人应当预见的范围,与信用证当事人违反义务的过错行为之间不具有相当因果关系,不应在信用证关系中得到赔偿。绿源公司在案涉信用证项下的直接损失为开证人依据信用证应当支付的款项以及延期付款利息。绿源公司再审申请主张的贷款利息损失和出口退税损失,是基础合同如能履行可以避免的支出以及可以获得的利益,均不属于信用证项下的直接损失。上述损失与中行北京分行的过错行为之间既不具有因果关系的相当性,也是中行北京分行履行通知义务时所无法预见的,不应由中行北京分行承担赔偿责任。绿源公司的申请再审理由不能成立,本院不予支持。

绿源公司在基础合同中所受的损失可以另循法律途径解决。

金讼圈提示

本案是最高人民法院发布的"一带一路"十大典型案例之一。企业走出去,迫切需要熟悉国际金融等交易规则,国际化的金融律师等法律人才会越来越有市场。

093 超级网银储户泄露密码资金被盗，银行是否应担责？

案例索引

上海市浦东新区人民法院于2016年8月10日作出的(2015)浦民六(商)初字第9326号民事判决书。

交易结构图

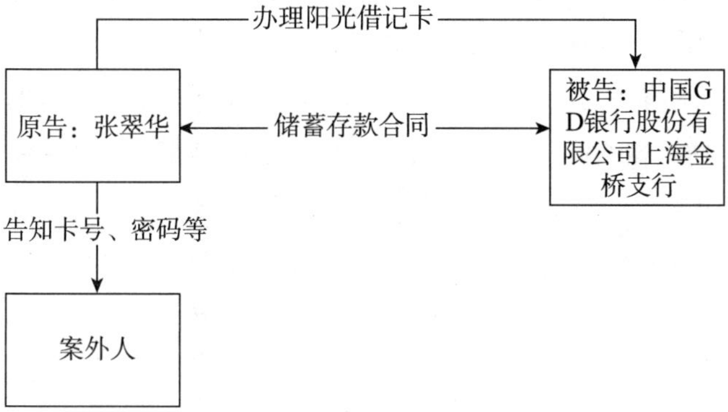

金讼圈导读

本案系上海首例因案外人利用高风险的“超级网银”资金归集业务进行盗刷而引发的储蓄存款合同纠纷案，也是2016年度上海法院金融商事审判十大案例之一。

关于储蓄合同的权利义务、电子签名、超级网银银行风险告知责任及操作责任等规则，法院均给予了明确裁判规则。

裁判规则

一、在储蓄存款合同项下，储户的主要合同义务包括：存款、妥善保管账户信息及密码，同时储户还负有通知、协助、保密等义务；银行的主要合同义务包括：审核交易对手身份、保障账户资金安全、依储户指令收付款项，同时还负有风险提示、解释说明、提供帮助等附随义务。

二、根据《中华人民共和国电子签名法》(以下简称《电子签名法》)的规定，当事人可以约定在民事合同中使用电子签名，用于识别签名人身份并表明签名人认可其中的内容,可靠的电子签名与手写签名或盖章具有同等的法律效力。

三、鉴于网络合同交易的特殊之处在于其虚拟性和无形性,故作为电子签名接收一方必须且只能依赖双方事先商定的认证程序来推定某项指令是否经过客户授权。

四、网银操作者正确输入各种密码的行为即属对系争业务开通的授权行为,即使事后认为该指令并非由其本人实际发出,也不能否定该行为在外观形式上对电子银行系统发出的订约意思表示。

五、通过网上银行开通资金归集业务这类有别于传统银行业务操作模式的高风险新型业务,突破了物理地域限制,更应强调发卡行在缔约时的风险告知义务、在履约过程中的合理审查和安全保障义务以及储户有疑问时提供安全指导、解释说明的义务。

六、考量是否尽到了风险提示义务应主要考察两个要素:第一,风险提示的内容是否全面、明确、清晰;第二,风险提示的方式是否合理。

七、合同双方均有违反法定或约定义务的情形,在分配责任承担的比例时,应衡量双方当事人的违约过错程度、各自行为在导致损失发生结果中的原因力比重,最终确定各自责任的大小。

案情介绍

原告:张翠华。

被告:中国GD银行股份有限公司上海金桥支行。

2015年7月16日,原告至被告处办理了一张卡号为××××××××××××××××的GD银行阳光借记卡,并申领了交易令牌。令牌厂商为林果,签约手机号为×××××××××××,签约主账号为××××××××××××××××××,安全验证方式为手机动态密码验证。

当日,原告还开通了电子银行套餐及对外转账功能,开通的网银版本为专业版(令牌动态密码),令牌开通渠道为网上银行、电话银行、手机银行,电子银行的签约手机号为×××××××××××,签约主账号为××××××××××××××××××。原告在《中国GD银行综合签约业务回执》上签字确认已了解签约业务相关规定,并愿意遵守规定相应条款并确认所申请业务与银行打印栏记录相符。

开户后,原告相继将涉案借记卡卡号、网银登录密码和令牌动态密码、手机动态密码、交易密码等告知了案外人。

2015年7月24日,原告至被告处向其工作人员咨询在自己泄露了密码又重置密码的情况下账户是否安全,被告工作人员给予肯定答复。

当日15时47分许,原告在被告工作人员指导下修改了网银登录密码,并在ATM

机上修改了交易密码；

15 时 5 分至 15 时 8 分，原告通过网银跨行汇款的方式分别转入涉案账户 49, 811 元、45, 020 元及 38, 900 元，共计 133, 731 元；

15 时 24 分，原告拨打被告客服电话询问在自己泄露了网银密码又重新修改了密码的情况下，他人能否通过网上银行将账户内的资金转走，被告客服人员回复“转不了的”。

2015 年 7 月 26 日 8 时 5 分至 8 时 7 分，原告又通过网银跨行汇款的方式分别转入涉案账户 49, 999 元、48, 999 元及 25, 000 元，共计 123, 998 元。至此，该账户余额为 257, 729 元。

2015 年 7 月 26 日，原告涉案账户分别于 23 时 52 分、23 时 53 分、23 时 54 分、23 时 55 分连续发生四笔 50, 000 元的支出，总计转出 200, 000 元。其中 100, 000 元转入了户名为龙琴、账号为××××××××××××××××××××、开户行为工商银行广东中山阜沙支行的账户上，另外 100, 000 元转入了户名为李升明、账号为××××××××××××××××××××、开户行为工商银行广东东莞樟木头支行的账户上。原告当即拨打被告客服电话口头挂失并冻结了涉案账户。

2015 年 7 月 27 日，原告向上海市公安局浦东分局金桥出口加工区治安派出所报案称：2015 年 7 月 15 日 10 时许，在金豫路×××号×××栋×××室的家中收到×××××××××××的手机号码发来的短信称可以办理额度 50 万元的信用卡，收两个点的手续费，对方自称银联客户经理，让其办 GD 银行的借记卡，于是 7 月 16 日 10 时许，其来到了枣庄路上的 GD 银行办卡（卡号：××××××××××××××××××）。7 月 20 日，对方说帮其刷好了信誉，办理 50 万元额度的信用卡需要其在借记卡内存入 25 万元人民币，原告遂于 7 月 24 日分三笔共存入 133, 731 元，于 7 月 26 日分三笔共存入 123, 998 元，卡内共计 257, 729 元。当天 23 时 50 分许，就接到由×××××××××××××发来的短信，手机不断接到“私人号码”的电话骚扰，其在家就用网银 U 盾上网查看，发现卡内余额仅剩 157, 729 元，打电话至客服期间卡内余额仅有 57, 729 元。

上海市公安局浦东分局金桥出口加工区治安派出所于当日受理了该案件，目前案件尚在侦办中。

另查明，2015 年 7 月 20 日 17 时 28 分 54 秒及 17 时 34 分 48 秒，涉案账户分别通过令牌版网银进行了两笔付款授权签约业务的操作，付款授权协议的生效日期均为 2015 年 7 月 20 日，单笔限额均为 50, 000 元，日累计金额上限均为 100, 000 元，其中一笔授权签约验证交易的收款人账号为××××××××××××××××××××，收款人户名为李升明,收款开户机构为中国工商银行;另一笔交易收款人账号为×××××××××××××××××××,收款人户名为龙琴,收款开户机构为中国工商银行。原告签约手机号×××××××××××自开户之日起未作变更。

又查明,被告GD银行个人资金归集业务签约流程如下:1.经他行网银链接跳转到光大网银页面,输入登录名、登录密码后登录个人网银;2.选择登录的网银版本,验证对应的动态密码;3.选择被扣款光大账户信息,设置被扣款限额后验证交易密码;4.阅读页面显示的授权支付协议(指定收款人)内容;5.再次验证动态密码(手机动态密码验证);6.光大账户被扣款签约成功。若选择登录令牌版网银,办理资金归集签约业务过程中持卡人的签约手机会收到三条短信:第一条短信"您正在登录我行网银,请认准 www.cebbank.com 并核对防伪信息,确认后输入令牌密码,谨防泄露"。第二条短信"签约成功后,您账户内资金将随时转至他人账户,且无须再验证交易密码,请谨慎操作。确认后输入动态密码******,发送序号为*,请勿泄露给他人(含银行)"。第三条短信"您已授权他人通过他行网银或其他渠道对您尾号为****的光大账户进行资金转出,交易时无须验证密码。如有疑问详询95595"。

再查明,登录被告门户网站 www.cebbank.com 查询,其发布的《中国GD银行网上银行个人客户章程》第13条规定,客户有义务采取风险防范措施,安全使用网上银行。这些措施包括但不限于:(一)妥善保管与办理网上银行业务相关的各项重要资料……不要在不信任的网站或其他场所留下卡号、存折账号、身份证号、常用电话号码等个人信息,防止被他人利用;(二)保护好自己的银行卡密码、存折密码、网上银行密码、阳光网盾密码等重要信息,不要告知包括银行人员在内的任何人;不要在计算机、电话、手机或其他电子设备上记录或保留,在任何情况下,GD银行都不会向客户索要银行密码的内容。当他人(包括银行人员)向客户索要银行密码时,请不要提供……《中国GD银行个人网上银行客户服务协议》第2条甲方(原告)权利、义务规定……二、义务(一)甲方办理网上银行业务,应遵守《中国GD银行电子银行个人客户章程》和乙方(即被告)公布的交易规则……(四)甲方注册开通网上银行后,所享有的网上银行服务内容依照乙方网银实际提供的功能确定;(五)甲方必须妥善保管本人客户号、注册卡号、密码、证件号码及数字证书,并对通过以上信息完成的金融交易负责……(六)甲方应避免将密码提供给他人……由于密码泄露造成的后果由甲方承担,甲方应谨慎保管数字证书、阳光令牌和签约手机、避免将数字证书或阳光令牌/签约手机上的交易验证动态密码提供给他人,由于数字证书损毁、遗失和/或密码、阳光令牌、交易验证动态密码遗失或泄露造成的后果由甲方承担……《中国GD银行电子银行个人客户交易规则》第 6 条交易风险提示规定，个人网上银行数字证书、令牌动态密码、手机动态密码是保证网上银行交易安全的重要手段，专业版客户请注意妥善保管，以便安全地使用网上银行：……2. 保护好个人账号和密码……不要将密码提供给他人。

裁判结果

一、被告中国 GD 银行股份有限公司上海金桥支行应于本判决生效之日起 10 日内赔偿原告张翠华 60,000 元；二、驳回原告张翠华其余诉讼请求。

（宣判后，双方当事人均未提出上诉，该判决已生效）

法院观点

原告在被告处提出开户申请，嗣后被告核准，均系双方真实意思表示，且于法无悖，故合法有效，原、被告之间由此建立储蓄合同法律关系。在储蓄存款合同项下，储户的主要合同义务包括：存款、妥善保管账户信息及密码，同时储户还负有通知、协助、保密等义务；银行的主要合同义务包括：审核交易对手身份、保障账户资金安全、依储户指令收付款项，同时还负有风险提示、解释说明、提供帮助等附随义务。本案中，原告自认将账号、网银登录密码、交易密码、令牌动态密码、手机动态密码等信息泄露给案外人，违反了储户妥善保管账户信息及密码的合同义务，对损失的产生当然负有过错。

故本案争议焦点在于：一、被告是否适当、全面地履行了储蓄合同项下义务；二、原告主张的损失如何承担。

一、关于第一项争议焦点

原告认为在网银密码新设的情况下，原告账户资金仍然被盗，被告系统有安全漏洞，被告没有尽到保障账户资金安全的义务。被告认为整个交易过程中，被告审核了原告身份、验证了密码、没有任何过错或违约行为。对此，本院认为，对于该争议焦点应结合本案案情具体分析。从本案的交易背景考察，本案系通过网上银行转走借记卡中资金引发的纠纷，本案中涉案交易都通过原告涉案账户的网上银行进行，根据我国《电子签名法》的规定，当事人可以约定在民事合同中使用电子签名，用于识别签名人身份并表明签名人认可其中的内容，可靠的电子签名与手写签名或盖章具有同等的法律效力。本案在案证据显示，被告提供电子银行服务，通过交易令牌所载的客户证书存放客户身份标识，对网上交易数据进行加密、解密和数字认证。对此，原告在申领令牌时已签字确认，表明其对使用令牌完成的电子银行交易之效力予以认可。原告虽称受到诱骗而在不知情的状态下被案外人开通资金归集业务,但亦自认在该过程中泄露了开通该业务所必需的各种密码。鉴于网络合同交易的特殊之处在于其虚拟性和无形性,故作为电子签名接收一方的银行必须且只能依赖双方事先商定的认证程序来推定某项指令是否经过客户授权。本案中网银操作者正确输入各种密码的行为即属对系争业务开通的授权行为,即使原告事后认为该指令并非由其本人实际发出,也不能否定该行为在外观形式上对被告电子银行系统发出的订约意思表示。然而,储蓄存款合同项下网上银行这一新型的服务形式让储户对资金的管理和使用突破了物理地域限制,在提高交易效率和增加服务便捷性的同时,也大大增加了储户资金的风险。尤其是通过网上银行开通资金归集业务这类有别于传统银行业务操作模式的高风险新型业务,更应强调发卡行在缔约时的风险告知义务、在履约过程中的合理审查和安全保障义务以及储户有疑问时提供安全指导、解释说明的义务。对此,本院具体分析如下:

(一)开户及开通电子银行的缔约环节。本案中原告在被告处开户、申请了电子银行套餐并申领电子令牌。根据被告提供的《中国GD银行综合签约业务回执》,上面罗列了原告开通的账户账号、签约手机号、申领的电子令牌品名、型号、生产厂家以及开通的电子银行套餐项目名称等,原告在下方"本人已了解签约业务相关规定,并愿意遵守规定相应条款并确认所申请业务与银行打印栏记录相符"栏处签字确认。对此,本院认为,被告对申请项目的罗列是明确的,表述是清晰的,原告在下方签字确认,可视为双方就申请项目意思表示一致,故对原告诉称被告未经其同意擅自开通电话银行、手机银行的主张本院不予采纳。关于被告是否就电子令牌及电子银行相关风险充分告知一节,被告认为,原告已在《中国GD银行综合签约业务回执》"本人已了解签约业务相关规定,并愿意遵守规定相应条款并确认所申请业务与银行打印栏记录相符"文本下签字确认,可推定被告已就相关业务风险进行了提示。对此,本院认为,考量被告是否尽到了风险提示义务应主要考察两个要素:第一,风险提示的内容是否全面、明确、清晰;第二,风险提示的方式是否合理。结合本案具体情况,首先,从被告提示的内容来看,业务回执虽经原告签名,但其签名确认部分笼统使用了"签约业务相关规定"和"相应条款"来概括,交易流水所示的业务种类也仅提到"对外转账",而电子银行资金归集这一有别于常规银行业务、开通后不需要密码的高风险特质却未载于业务回执的任何部分。同时本院还注意到,即使登录被告门户网站阅读其发布的《电子银行个人客户交易规则》,其所列举的"交易功能"也仅包括常规的"账务查询、转账汇款、投资理财、信用卡服务等"。前述风险告知内容的缺失使原告低估了被告提供的电子银行服务的风险,也是导致其轻信案外人从而被开通资金归集业务并被转走款项的原因之一。其次,从被告提示风险的方式来看,被告的书面业务回执中既未告知相关业务规定的具体名称,也未见对电子令牌及电子银行套餐使用时可能遇到的风险进行具体的书面释明和告知,结合被告提供的相关视频录像,被告工作人员也未就相关业务风险及获知渠道作过口头提示。即使被告在业务回执底部列明了其门户网站的网址和客服电话,也不能免除被告作为金融服务提供一方应当履行的风险告知义务。综上所述,本院认定,在网下开户及业务申请阶段,被告未能适当、全面地履行风险告知义务。

(二)网上交易的履约环节。根据被告提供的后台记录,本案系由案外人通过涉案账户网上银行进行了资金归集支付授权签约操作,而导致了原告账户内资金被他人转走。被告提供了经过公证的 GD 银行资金归集被他行扣款签约流程及 2012 年该业务上线时被告行内关于业务流程的培训材料。根据前述流程,签约过程中,被告系统会向储户预留的手机号码发送三条短信,分别是提醒储户登录网银时核对防伪信息后输入令牌密码、告知储户签约成功的后果及相应手机动态密码以及告知签约成功并再次提醒签约后果。原告主张其没有收到被告任何风险提示短信。被告辩称已发送相关提示短信,根据流程,没有短信中的验证码无法完成资金归集签约操作,但由于后台系统发送短信记录只保存 6 个月,现已无法提供。对此,本院认为,即便如被告所述相关发送记录只保存 6 个月,但无论是案发后原告向被告反映资金被盗还是涉诉后本院向被告送达诉讼材料,都未超过 6 个月的保存期限。然而被告却并未本着维护原告资金安全、及时解决纠纷的态度积极调查、取证,最终导致其举证不能,理应由其承担不利后果。

(三)原告向案外人泄露密码后的咨询环节。原告认为,其多次向被告咨询密码修改后账户是否安全,被告均作肯定答复。对此原告主张其正是基于被告答复才追加存款,最终导致损失产生,被告具有重大过错。而被告辩称,被告的答复基于原告的问题而作出,在储户未要求和授权银行工作人员特别查询的情况下,银行柜员无从知晓储户在办理变更及修改密码之前的具体业务操作,也无法对储户提供相应的风险提示,故被告在这一环节没有过错。本院认为,《合同法》第 60 条规定,当事人应当按照约定履行自己的义务。当事人应当遵循诚实信用的原则,根据合同的性质、目的和交易习惯履行通知、协助、保密等义务。被告作为储蓄存款合同的缔约方向原告提供及时、全面、可靠的咨询服务是其应尽的法定义务。在本案中,被告履行该项义务应包含以下几层含义:被告工作人员应全面了解本行所开设的各类业务并熟悉大致的业务流程;被告应及时了解储户的账户情况,包括申请的业务种类及功能设置等;被告提供的咨询意见能有效解决客户问题。根据《中国 GD 银行网上银行个人客户章程》第 21 条约定,客户在办理网上银行业务过程中如遇到问题,可致电中国 GD 银行客户服务热线95595咨询。《中国GD银行个人网上银行客户服务协议书》第三条乙方(中国GD银行)的义务中约定:……(四)乙方负责向甲方提供网上银行业务咨询服务……基于以上约定,被告向原告提供咨询服务亦是被告应尽的合同义务。本案中,原告向案外人泄露了密码等相关信息后,多次向被告询问系争账户安全问题,而此时原告账户已被案外人开通了资金归集业务。被告网点工作人员及客服均在未详细了解原告账户已开通何种业务的情形下,简单答复只要新设密码并保管好其他密码,他人便无法通过网银将钱款转走。尤其是当原告至被告网点咨询时,被告工作人员仍未引起足够重视,在有条件征得原告同意为其查询账户相关信息的情况下,疏于查询,最终原告账户中的资金被案外人通过网上银行发起资金归集而转走。由此可见,被告工作人员对资金归集被扣款签约业务风险缺乏应有关注;同时在回答原告咨询时也未能主动要求原告授权以查询其户相关信息、了解已开通业务情况,以提供有针对性的、可靠的咨询意见;从结果来看,被告的咨询意见也并未阻止损失的产生。

基于此,本院认定,被告未能尽到向原告提供及时、全面、可靠的咨询服务的义务。

二、关于第二项争议焦点

本案系储蓄存款合同纠纷,原、被告之间的责任认定应适用《合同法》相关规定。《合同法》第107条规定,当事人一方不履行合同或者履行合同义务不符合约定的,应承担继续履行、采取补救措施或者赔偿损失等违约责任。《合同法》第120条规定,当事人双方都违反合同的,应当各自承担相应的责任。本案中,原、被告均有违反法定或约定义务的情形,在分配责任承担的比例时,应衡量双方当事人的违约过错程度、各自行为在导致涉案账户资金损失发生结果中的原因力比重,最终确定各自责任的大小。根据原告向警方报案时的陈述,原告为办理大额信用卡轻信来历不明的手机短信,与素未谋面的案外人进行电话沟通,并将网银登录密码、交易密码、令牌动态密码、手机动态密码都泄露给案外人。原告的泄密行为直接导致案外人通过登录原告网银完成了资金归集被扣款的签约,最终导致账户资金被划走。原告未妥善保管账户信息及密码,对账户资金的管理和使用存在重大疏忽,应承担相应违约责任,鉴于原告该过错系损失产生的主要原因,故原告对系争损失承担主要责任。被告在开户及开通网上银行的缔约环节未就电子银行的风险进行充分、全面的告知,尤其是未对资金归集这类不同于一般银行业务操作模式且风险较高的业务进行介绍和说明,致使原告放松警惕,轻视密码保管。在原告账户被进行资金归集被扣款签约操作时,未有直接证据证明被告及时将该项业务风险明确告知原告,致使原告未能及时采取措施,阻止该项交易完成或阻止损失产生。而当原告就账户安全问题向被告咨询时,被告未能抱着审慎的态度在了解其账户相关情况后给予正确的咨询意见,使原告始终不清楚涉案账户已进行了付款授权签约,误以为修改密码便能保障账户安全,以致错失防止损失产生的最后机会。综上所述,被告的过错虽不是造成原告损失的主要原因,但是促成损失产生的间接因素,故被告应对本案系争损失承担次要责任。据此,本院酌定原告对其损失承担70%的责任,其余30%由被告承担赔偿责任。至于原告主张的利息损失,因原告自身对该损失发生亦有过错,故本院对该部分损失不予支持。

金讼圈提示

本案储户自己泄露密码,银行还是被判决承担30%损失的责任,值得银行等金融机构注意并修正法律文本。

094 密码重置程序漏洞致资金盗划,支付机构需要担责吗?

案例索引

北京市第三中级人民法院于2015年11月25日作出的(2015)三中民终字第11561号二审民事判决书。

交易结构图

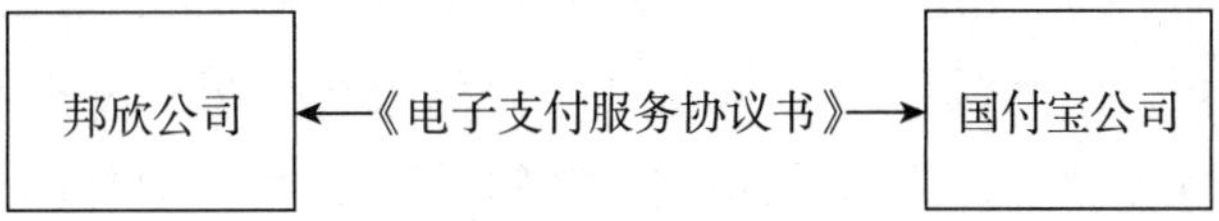

金讼圈导读

一、本案是关于互联网金融第三方支付机构应承担安全保密义务的难得的典型案例,本案法院判决第三方支付机构密码重置程序有漏洞客户资金被盗划被判承担50%的损失。

二、法院对第三方支付机构资金保管功能、密码设置与重置的注意义务均给予了明确意见,值得第三方支付机构总结经验教训。

裁判规则

一、作为非金融机构的支付机构，其提供的不仅仅是技术服务平台，还承担着一定的资金保管功能，当采取必要的管理措施、技术措施，以保障支付环境的安全、便捷和可靠。

二、由于在支付服务中，支付密码的设置、重置是直接关系到用户资金安全的操作，故对于支付密码的设置、重置，支付机构更应当进行严格、谨慎的审查。

三、尽管双方并未约定支付密码的重置程序以及对于重置申请的审查行为、审查义务，但支付机构仍应本着对用户资金安全负责的原则，对于重置申请人的身份信息施以必要的、较高的审查注意义务。

四、提供支付业务的非金融机构，对于用户的支付密码重置申请进行审查，是其应尽的合同义务，对于是否进行了审查以及进行了哪些审查应承担举证责任，否则应承担举证不能的不利后果。

五、在受害方对于损失的发生亦存在过错的情况下，应综合考虑双方的违约情节，过错程度及对于损害发生的原因力强弱等因素，酌情扣减相应赔偿数额。

案情介绍

2013年1月8日，邦欣公司、国付宝公司签订《电子支付服务协议书》，约定国付宝公司向邦欣公司提供电子支付服务。

一审庭审中，邦欣公司提交密码重置申请复印件、国付宝账户后台信息复印件以及汇款凭证复印件，用以证明该公司发现账户内短款后与国付宝公司联系，国付宝公司提供了上述材料，上述证据可以证明款项被转走的情况。国付宝公司对此组证据的真实性均不予认可，亦否认系由该公司提供。邦欣公司提交一份密码重置申请，用以证明邦欣公司发现账户无法使用后，申请就密码进行重置。国付宝公司对此份证据不予认可，但认可确实根据邦欣公司要求进行过密码重置。

国付宝公司提交一份系统截屏，用以证明国付宝公司将重置密码发送到了邦欣公司的注册邮箱。邦欣公司对此份证据的真实性不持异议，但表示国付宝公司重置密码未经邦欣公司同意。国付宝公司提交两份公证书，用以证明：1. 邦欣公司注册国付宝账户时，需要提供注册邮箱，设置登录密码及支付密码，两个密码同时匹配才能完成支付。2. 邦欣公司通过注册邮箱申请了密码重置并支付了相关款项。邦欣公司对上述证据均不持异议，但表示事发时账户并非由邦欣公司登录及操作。

经一审法院询问，双方均认可此次事件中邦欣公司的账户发生了两次支付密码重置。关于第一次密码重置,国付宝公司表示:首先是邦欣公司的账户发生了安全问题,支付密码三次输入错误,账户被冻结。此后,该公司接到了一个电话,并与对方核实身份信息,在确认对方系邦欣公司后,将重置密码发送到了邦欣公司的注册邮箱。邦欣公司表示对上述情况不清楚,也无法确认是否收到了重置密码。

关于第二次密码重置,邦欣公司表示系因付款不成功,故电话联系国付宝公司,并按要求提供了一份加盖公章的申请,通过电子邮件发送给国付宝公司,国付宝公司将重置密码发送到了邦欣公司的注册邮箱。国付宝公司对书面申请一节无法确认,但认可重置密码确实发送到了邦欣公司的注册邮箱。

邦欣公司表示,该公司不认识"李佳",也没有发生过注册邮箱密码丢失的情况。

一、双方之间的合同约定情况

2013 年 1 月 8 日,邦欣公司与国付宝公司签订了《电子支付服务协议书》。该协议书第 2.1.2 条约定:邦欣公司在申请开通电子支付服务前须按国付宝公司要求如实提供基本业务情况说明(含法定代表人姓名、办公地址、联系方式)及必要资质证明文件复印件并加盖公章证明。在使用电子支付服务的过程中,邦欣公司所提供的资料或信息如有变更,应以书面形式通知国付宝公司,并按国付宝公司固定的程序办理有关手续。第 2.2.1 条约定:国付宝公司有义务向邦欣公司提供双方数据传输的接口和相关文档,协助邦欣公司安装国付宝公司提供的电子支付服务接口,提供安全、稳定、便捷的电子支付服务。

在国付宝网站上进行国付宝账户注册时,必须勾选接受《国付宝用户注册协议》《国付宝用户注册隐私协议》《国付宝用户交易服务协议》。《国付宝用户注册协议》第 3 条第 2 项规定,国付宝公司保证对用户的隐私信息进行严格的管理及保护,防止用户的隐私信息泄露或被盗用;第 5 条第 1 项规定,国付宝公司应对支付系统信息处理过程中的安全、保密、及时性负责。《国付宝用户注册隐私协议》第 3 条规定,国付宝公司不应将客户的金融信息透露给任何人。

关于密码重置的程序,上述协议中均没有相关约定。

二、邦欣公司账户的基本情况

签订《电子支付服务协议书》后,邦欣公司开通了国付宝账户。该账户设置有登录密码、支付密码两个不同密码。签订该协议书时,邦欣公司同时填写了《企业信息、网关接入申请表》,该申请表中预留了邦欣公司支付宝账户名、营业执照注册号以及法定代表人、业务联系人、办公地址等信息,并盖有邦欣公司公章。二审庭审中,双方均表示邦欣公司账户的用户名及密码与电子信箱的地址及密码相同。

三、关于涉案密码重置及转款的过程

邦欣公司主张,2014 年 1 月 1 日,邦欣公司发现账户支付密码错误,随后其申请了密码重置。密码重置后，邦欣公司登录国付宝账号，发现公司钱款丢失6万元，因此，邦欣公司立即与国付宝客服联系。国付宝客服表示2013年12月30日，邦欣公司的支付密码发生了三次错误输入后被锁定。其后，国付宝公司收到了邦欣公司发来的重置密码书面申请，并对支付密码进行了重置。在邦欣公司账户支付密码被重置后，其6万元款项被分三笔转移到李佳的账户中。

国付宝公司不认可邦欣公司所述的与国付宝客服的联系过程，亦不认可曾收到过密码重置申请单。关于密码重置过程，国付宝公司表示是接到了密码重置的电话申请，并且在电话中核实了对方的身份情况，核实身份后对邦欣公司的密码进行了重置，并将重置后的密码发送到了邦欣公司的电子信箱。邦欣公司自己保管账户登录密码及邮箱密码不善，导致了款项丢失。对于其主张的电话申请及电话核实情况，国付宝公司明确表示无法提交相关证据。邦欣公司主张，即使国付宝公司主张的电话审查方式成立，电话审查的方式亦不符合注意义务的要求。

同时，二审经审理查明，国付宝公司在一审中对该项事实存在三次不同陈述。根据2014年12月9日一审法院的笔录记载，国付宝公司表示其根据邦欣公司发来的邮件进行了密码重置服务；根据2015年5月6日一审法院的记录记载，国付宝公司提交了00185号公证书，用以证明邦欣公司的注册邮箱申请了密码重置，在当日随后的笔录中，国付宝公司又表示其接到的是申请重置密码的电话。二审中，本院对国付宝公司进行释明，要求其对上述不同陈述说明理由、提交证据。国付宝公司表示系其两位代理人的不同陈述，在核实情况后二人变更陈述为电话申请。对于两次陈述所称"根据邦欣公司发来的邮件进行了密码重置服务"中"邮件"所指的内容，国付宝公司亦表示无法做出说明。

尽管双方对于上述密码重置过程存在争议，但结合本案现有证据及双方陈述，可以认定在邦欣公司支付密码连续三次输入错误而被锁定，国付宝公司对涉案密码进行重置操作后，邦欣公司6万元款项非因邦欣公司授权而被转出。

四、关于子账户的情况

根据国付宝公司提交的邦欣公司账户后台信息情况显示，邦欣公司账户下设置有子账户，其中一个子账户名称为：李佳，用户身份：财务人员，电子信箱：×××。对于设置该子账户的人员、程序及子账户权限等内容，国付宝公司表示无法提供相关证据，并认为应由邦欣公司承担举证责任。邦欣公司表示，李佳的身份情况并不能减轻或免除国付宝公司的注意义务。

五、其他情况

国付宝公司主张，本案应先由公安机关立案侦查。邦欣公司主张，其有权选择违约之诉，并且其曾向公安机关报案，但公安机关并未立案。

裁判结果

一审法院判决：驳回河南邦欣电子商务有限公司诉讼请求。

二审法院判决：一、撤销北京市朝阳区人民法院（2014）朝民初字第41082号民事判决；二、国付宝信息科技有限公司于本判决生效之日起7日内赔偿河南邦欣电子商务有限公司损失3万元；三、驳回河南邦欣电子商务有限公司的其他诉讼请求。

法院观点

邦欣公司与国付宝公司之间签订有《电子支付服务协议书》，现邦欣公司以国付宝公司违约为由，要求国付宝公司对于未尽审查注意义务给邦欣公司造成的损失承担赔偿责任，该项争议属于人民法院的受案范围。国付宝公司关于本案应先由公安机关立案侦查的主张，本院不予支持。

根据双方当事人的诉辩意见，本案二审期间的争议焦点有四：一是国付宝公司对于涉案密码重置进行了何种审查行为；二是国付宝公司的审查行为是否符合注意义务的要求，是否构成违约；三是如构成违约，国付宝公司应承担何种民事责任；四是邦欣公司对于损失发生是否存在过错，是否应减轻或免除国付宝公司的民事责任。

一、国付宝公司对涉案密码重置进行了何种审查行为

《民诉法解释》第90条规定："当事人对于自己提出的诉讼请求所依据的事实或者反驳对方诉讼请求所依据的事实，应当提供证据加以证明，但法律另有规定的除外。在作出判决前，当事人未能提供证据或证据不足以证明其事实主张的，由负有举证证明责任的当事人承担不利的后果。"《最高人民法院关于民事诉讼证据的若干规定》第5条第2款规定："对合同是否履行发生争议的，由负有履行义务的当事人承担举证责任。"

本案中，国付宝公司是提供支付业务的非金融机构，对于用户的支付密码重置申请进行审查，是其应尽的合同义务。因此，对于是否进行了审查以及进行了哪些审查，国付宝公司应承担举证责任。邦欣公司主张，国付宝公司根据伪造的密码重置申请进行密码重置操作，并提交了其公司员工与国付宝公司客服的聊天记录予以证明。国付宝公司对该聊天记录的真实性不予认可，主张其收到了邦欣公司的电话申请，并通过电话询问的方式审查了对方的身份情况。但对于重置密码的申请是否为电话形式，如是电话形式，国付宝公司对于对方的身份信息进行了哪些审查行为，国付宝公司均未提交任何证据予以证明，因此，国付宝公司应承担举证不能的不利后果。

同时需要特别指出的是，涉案密码的重置申请形式及国付宝公司的审查行为，是双方争议的焦点问题之一。对于这一重要、关键事实，国付宝公司在一、二审中存在两种完全不同的陈述。一审中，国付宝公司曾两次明确表示，根据邦欣公司的邮件申请进行了密码重置，其后又改变陈述为没有收到电子邮件，而是根据邦欣公司的电话申请进行相关操作。二审中，经本院释明，国付宝公司未能对改变陈述的原因作出合理解释，亦不能提供任何证据予以佐证。对于其在陈述当时所称邮件申请的指代内容，国付宝公司亦表示无法作出说明。综上所述，本院认为，国付宝公司就申请形式及审查行为所作陈述，存在前后矛盾、无法印证之处，其作出的解释亦无法自圆其说，故对国付宝公司关于已通过电话询问方式审查对方身份情况的主张，本院不予采信。

二、国付宝公司的审查行为是否符合注意义务的要求，是否构成违约

邦欣公司主张，国付宝公司未尽注意义务，违反了双方合同中关于安全义务、保密义务的约定。国付宝公司主张，李佳为邦欣公司员工，在密码重置问题上，国付宝公司已尽注意义务，不存在违约行为。对该争议焦点，本院从以下三方面进行分析：

第一，国付宝公司注意义务的认定。在互联网环境下，由非金融机构经过中国人民银行批准开展的互联网金融业务日益发展。作为非金融机构的支付机构，其提供的不仅仅是技术服务平台，还承担着一定的资金保管功能。因此，支付机构仅取得支付业务许可证并不能满足支付业务开展的需要，还应当采取必要的管理措施、技术措施，以保障支付环境的安全、便捷和可靠。同时，由于在支付服务中，支付密码的设置、重置是直接关系到用户资金安全的操作，故对于支付密码的设置、重置，支付机构更应当进行严格、谨慎的审查。基于上述分析，本院认为，尽管双方上述协议中并未约定支付密码的重置程序以及对于重置申请的审查行为、审查义务，但国付宝公司作为支付机构，仍应本着对用户资金安全负责的原则，对于重置申请人的身份信息施以必要的、较高的审查注意义务。

第二，国付宝公司是否已尽注意义务的认定。本案已查明的事实，国付宝公司对其审查行为未能提供任何证据，故而其审查行为是否符合注意义务的要求，本院无从进行判断。国付宝公司主张其已尽注意义务的另一理由为：李佳的账户为邦欣公司子账户，李佳为邦欣公司员工。对此，本院认为，国付宝公司是支付平台的技术服务方，对于子账户的设置程序、设置人等后台数据具有一定掌握、管理能力，因此李佳是否为邦欣公司自行添加的子账户，李佳是否为邦欣公司员工，国付宝公司有责任提供证据加以证明。现国付宝公司提交的证据不足以证明该项主张，故本院不予采信。同时，不管李佳是否为邦欣公司员工，均不影响国付宝公司应在密码重置审查问题上加施必要注意义务的认定。综合上述分析，本院认为，国付宝公司在涉案密码重置问题上未尽到应有的注意义务。

第三,违约的认定。根据双方签订的《电子支付服务协议书》的约定,国付宝公司应提供安全、稳定、便捷的电子支付服务。根据《国付宝用户注册协议》《国付宝用户注册隐私协议》的约定,国付宝公司对用户信息负有保密义务,保证对用户信息进行严格的管理及保护。国付宝公司就涉案密码的重置未能履行应尽的注意义务,导致了邦欣公司支付密码的泄露,不符合安全保障义务和保密义务的要求,构成违约。一审法院认为邦欣公司未能明确提出国付宝公司违约行为的具体内容,属于认定事实错误,本院予以纠正。

三、如构成违约,国付宝公司应承担何种民事责任

《合同法》第 107 条规定:“当事人一方不履行合同义务或者履行合同义务不符合约定的,应当承担继续履行、采取补救措施或者赔偿损失等违约责任。”《合同法》第 113 条第 1 款规定:“当事人一方不履行合同义务或者履行合同义务不符合约定,给对方造成损失的,损失赔偿额应相当于因违约所造成的损失,包括合同履行后可以获得的利益。”

本案中,国付宝公司未尽审查注意义务,构成违约,邦欣公司因国付宝公司的违约行为遭受了财产损失 6 万元,因此,国付宝公司应就此承担赔偿损失的民事责任。

四、邦欣公司对于损失发生是否存在过错,是否应减轻或免除国付宝公司的民事责任

国付宝公司主张,邦欣公司保管密码不善,对于损失的发生存在过错,应自行承担责任。邦欣公司主张,国付宝公司构成违约,应对 6 万元损失负全部责任。对该争议焦点,本院将从以下两方面进行分析。

第一,邦欣公司是否存在过错。本院认为:首先,邦欣公司账户款项的支付要同时具备知晓账户登录密码和支付密码两个条件,2013 年 12 月 30 日,邦欣公司的账户支付密码连续三次发生输入错误,这说明邦欣公司的账户登录密码已经泄露,而该泄露并无证据证明系国付宝公司所致,应认为邦欣公司在保管自身登录密码问题上存在过失;其次,在国付宝公司将重置后的支付密码发送到邦欣公司的注册邮箱,而该注册邮箱登录密码亦是邦欣公司保管不善而被获取,同时,该注册邮箱密码与账户登录密码相同,本身即存在安全隐患,故对于注册邮箱密码的丢失,邦欣公司亦存在过失。因此,本院认为,邦欣公司对于登录密码、注册邮箱密码的保管存在过失,该过失对于损失的发生具有原因力,故邦欣公司对于损失的发生具有过错。

第二,邦欣公司的过错是否足以减轻或免除国付宝公司的民事责任。《合同法》第 174 条规定:“法律对于其他有偿合同有规定的,依照其规定;没有规定的,参照买卖合同的有关规定。"《最高人民法院关于审理买卖合同纠纷案件适用法律问题的解释》第30条规定:"买卖合同当事人一方违约造成对方损失,对方对损失的发生也有过错,违约方主张扣减相应的损失赔偿额的,人民法院应予支持。"本院认为,根据《合同法》的上述规定,本案为服务合同纠纷,双方当事人的权利义务在无特别规定的情况下,可以参照适用买卖合同的有关规定。而根据上述司法解释的规定,在受害方对于损失的发生亦存在过错的情况下,应扣减违约方的赔偿额。本案中,邦欣公司对于损失的发生具有过错,应减轻国付宝公司的赔偿责任。对于减轻的数额,本院综合考虑国付宝公司的违约情节,邦欣公司的过错程度,双方对于损害发生的原因力强弱等因素,酌情确定为3万元。对于邦欣公司所诉的利息损失,本院不再予以支持。

此外,就邦欣公司主张的一审法院程序违法问题,本院认为,邦欣公司的证据材料是一审庭审结束后提交,一审法院以超过举证期限为由不予接受并无不当。

综上,邦欣公司的部分上诉理由成立,其上诉请求的相应部分本院予以支持。一审判决认定事实、适用法律均有错误,本院依法予以纠正。

金讼圈提示

第三方支付机构在客户申请密码重置的时候没有核对申请操作人员身份,导致密码泄密资金被盗,特别值得第三方支付等互联网金融服务机构改进改善业务流程和风控措施。

第十七章　刑民交叉篇

095　担保合同是否因借款人犯贷款诈骗罪而必然无效？

案例索引

嘉善天胶装饰材料有限公司与嘉兴银行股份有限公司嘉善支行保证合同纠纷，浙江省嘉兴市中级人民法院(2015)浙嘉商终字第282号民事判决书及浙江省高级人民法院(2015)浙民申字第2726号民事裁定书。

交易结构图

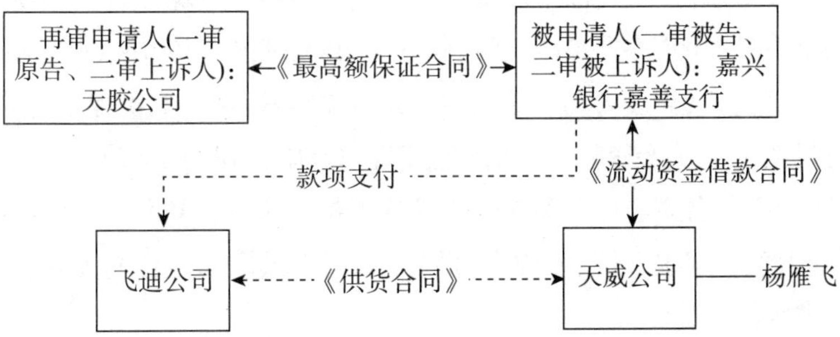

金讼圈导读

本案是一起在业内颇具争议的金融刑民交叉案例。金融借款合同的借款人已经构成贷款诈骗罪的情况下，相应的金融借款合同是无效合同，还是可撤销合同？相应担保合同是否有效？本案法院观点及裁判理由，可谓另辟蹊径，不妨细细研读。

裁判规则

一、在骗取贷款罪中,刑法否定评价的对象只是采取虚假手段取得银行贷款的行为,并非所订立的金融借款合同本身。

二、虽然金融借款合同的借款人被法院判决构成贷款诈骗罪,但相应金融借款合同是否有效,应当依照《合同法》的规定进行判断,并不因为借款人构成贷款诈骗罪而必然导致其与银行签订的《金融借款合同》无效。

三、"以合法形式掩盖非法目的"应是指合同双方有共同非法目的及双方存在共同规避法律的故意,而非合同单方面的。

四、对于合同可变更、可撤销的事由,权利人可以行使选择权;若权利人经明确表示不行使撤销权,法院据此认定合同有效正确。

五、在金融借款合同有效的前提下,保证合同不因借款人构成贷款诈骗罪而无效。

六、银行对借款人提供的材料的审查义务限于形式审查,担保人并未提供充分证据证明银行在放贷时存在重大过错,法院对担保人要求免责的请求不予支持。

案情介绍

再审申请人(一审原告、二审上诉人):嘉善天胶装饰材料有限公司。

被申请人(一审被告、二审被上诉人):嘉兴银行股份有限公司嘉善支行。

再审申请人嘉善天胶装饰材料有限公司(以下简称天胶公司)为与被申请人嘉兴银行股份有限公司嘉善支行(以下简称嘉兴银行嘉善支行)保证合同纠纷一案,不服浙江省嘉兴市中级人民法院(2015)浙嘉商终字第282号民事判决,向本院申请再审。

2012年9月7日,天胶公司与嘉兴银行嘉善支行签订《最高额保证合同》,由天胶公司在最高限额300万元内为嘉善天威能源科技有限公司(以下简称天威公司,法定代表人是杨雁飞)在嘉兴银行嘉善支行的贷款承担连带保证责任,其中第12.2约定:"本合同的效力独立于主合同,不因主合同无效而无效。如主合同无效,甲方仍应承担本合同约定的保证责任"。

2012年9月7日,杨雁飞以天威公司名义与嘉兴银行嘉善支行签订了借款300万元的《流动资金借款合同》;同日,嘉兴银行嘉善支行将300万元贷款转入杨雁飞指定的嘉善飞迪金属制品有限公司(以下简称飞迪公司)账户。

天胶公司于2012年12月6日、2012年12月29日、2013年1月28日、2013年3月25日分四次合计偿付借款利息60,860元;2013年3月7日,天胶公司以保证人的身份归还涉案借款本金150万元。

因伪造天威公司与飞迪公司供货合同，以天威公司名义与嘉兴银行嘉善支行签订300万元《流动资金借款合同》，嘉兴市中级人民法院于2014年7月11日终审裁定杨雁飞犯贷款诈骗罪。

天胶公司系由朋友介绍为天威公司借款提供担保；涉案《流动资金借款合同》另有嘉善东方实业有限公司（以下简称东方公司）提供保证担保。天胶公司于2014年8月26日向原审法院起诉，请求判令：1.确认天胶公司与嘉兴银行嘉善支行签订的最高额保证合同无效；2.嘉兴银行嘉善支行返还天胶公司代偿款1,560,860元，并赔偿利息损失140,381元（暂计至2014年8月20日，此后以1,560,860元为基数按年利率6.15%计算至判决确定的履行之日止）；3.嘉兴银行嘉善支行承担律师费67,000元；4.案件诉讼费由嘉兴银行嘉善支行负担。

裁判结果

浙江省高级人民法院再审裁定：驳回嘉善天胶装饰材料有限公司的再审申请。

法院观点

关于借款合同的效力问题。杨雁飞伪造供货合同，骗取嘉兴银行嘉善支行贷款300万元，构成贷款诈骗罪，已为刑事判决所认定。但是，刑事判决本身并不包含对借款合同效力的评价。刑事犯罪行为与民事行为是由刑民两个不同法律体系调整的，民法和刑法有其自身的体系和规则，民法规范与刑法规范的法规竞合必然引发民事责任与刑事责任的共同存在，某一行为在刑法领域被认定为犯罪行为，并不能自然否定在民法上评价的必要。在骗取贷款罪中，行为人为取得贷款往往要与银行订立借款合同，刑法否定评价的对象只是采取虚假手段取得银行贷款的行为，而在此过程中所订立的合同本身并非刑事法律评价的对象。合同效力的认定，应当依合同法的相关规定，符合《合同法》第52条合同无效情形之一的，才能认定合同无效。合同法除了将损害国家利益的欺诈行为作为合同无效的原因外，将违背真实意思情况下订立的损害相对方利益的合同规定为可变更、可撤销合同。“以合法形式掩盖非法目的”应是指合同双方有共同非法目的，双方存在共同规避法律的故意。如果合同一方对于另一方实施的诈骗行为并不知情，而是受了欺骗才签订了合同，则此种情形应属《合同法》第54条规定的“一方以欺诈、胁迫的手段或者乘人之危，使对方在违背真实意思的情况下订立的合同”，系可变更、可撤销的事由。

以上观点在司法实践中已经得以明确，最高人民法院亦在近年的（2012）民再申字第212号民事裁定书、（2013）民二终字第136号民事判决书、（2014）民申字第1544

号民事裁定书中阐明了涉刑事犯罪时对借款合同效力的裁判规则。

本案中，嘉兴银行嘉善支行并未参与杨雁飞的犯罪行为，系受欺诈一方。杨雁飞的欺诈行为仅损害合同相对方即嘉兴银行嘉善支行的利益，借款合同内容不违反法律、行政法规的强制性规定，故不应彻底否定该合同的效力。杨雁飞订立合同的手段行为违法，所侵犯的是合同相对方意思表示的自由，应当适用《合同法》第54条规定，对合同相对方被侵犯的意思自由予以救济，即赋予嘉兴银行嘉善支行是否撤销合同的选择权。现嘉兴银行嘉善支行并未主张合同撤销或变更，故借款合同仍处于有效状态，担保合同的效力亦不因杨雁飞构成犯罪而受到影响。

天胶公司以此为由，要求确认合同无效，并要求嘉兴银行嘉善支行返还其代偿款并赔偿利息损失及律师费的诉讼请求，应予驳回。

从担保的价值和目的而言，担保人提供担保本身就是要承担一定风险，这种风险包括担保人对主债务人偿债能力或诚信的误判。天胶公司签订的《最高额保证合同》系其真实意思表示，当天威公司因借款合同和担保合同而取得嘉兴银行嘉善支行发放的300万元贷款后，作为担保人，意味着如果天威公司无法偿还借款本息，天胶公司应当承担代为清偿的责任。天胶公司对此风险和责任，是明知的。在天威公司没有偿还能力，且其法定代表人杨雁飞逃匿之后，嘉兴银行嘉善支行宣布涉案借款提早到期，向担保人发出要求其承担责任的催告。天胶公司及另一担保人未提出异议，并已自愿代偿天威公司所借款项的全部本息。至此，涉案借款及担保的整个法律关系因履行完毕而终结。现天胶公司以杨雁飞构成贷款诈骗罪为由，推翻其之前的代偿行为，要求嘉兴银行嘉善支行返还其支付的代偿款，其诉讼请求既缺乏相应的法律依据，亦有违诚信。

至于天胶公司提出的嘉兴银行嘉善支行在放贷时存在重大过错故其免责的说法，其提供的证据并不足以证明；且银行对借款人提供的材料的审查，仅限于形式审查，嘉兴银行嘉善支行并无明显过错或重大违规，故天胶公司的这一说法亦不能成立。

金讼圈提示

本案裁判思路确实大胆，另辟蹊径，颇具争议。笔者认为，如果涉及的是骗取银行贷款犯罪，认为借款合同为可撤销合同尚可接受；但若是贷款诈骗罪，借款合同显然应属无效，否则容易引发刑事裁判的既定效力和威严。另外，法院对涉及金融债权的担保纠纷与涉及民间债权的担保纠纷处理不一致，也会给社会公众一种司法不平等保护的不良印象。

096 刑事判决无存款合同关系，是否意味银行不担责?

案例索引

新疆农村社会养老保险基金管理中心诉中国银行新疆分行存单纠纷案[最高人民法院(2004)民二终字第34号民事判决书]。

交易结构图

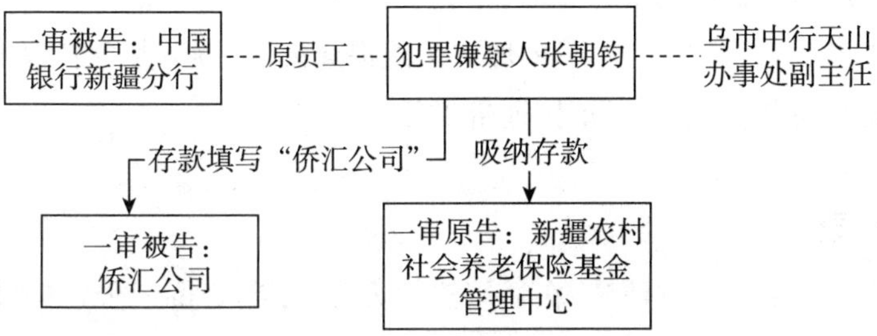

金讼圈导读

本案是一起银行离职人员利用银行管理漏洞诈骗储户存款的典型案例。在金融票证诈骗刑事案件判决与银行未建立存款合同关系的情况下，是否意味着银行不用承担赔偿责任? 最高人民法院对此给予了明确观点。

裁判规则

一、刑事判决认定双方之间不存在真实的存款合同关系以及银行不承担合同责任，但不必然得出银行不承担其他民事责任的结论。

二、银行对所属工作人员作出除名处理后，未收缴其工作证件，致使其继续使用该证件并利用原单位加盖业务专用章的存款票证骗取他人存款，造成他人经济损失的，商业银行应承担相应的赔偿责任。

案情介绍

一审原告：新疆农村社会养老保险基金管理中心。

一审被告：中国银行新疆分行、侨汇公司。

1998年3月下旬,犯罪嫌疑人张朝钧自称是乌市中行天山办事处副主任,到社保中心吸纳存款,并称如将款项存入他们银行,可以适当提高存款利息。同年4月3日,张朝钧拿走支票,扣除高利部分,实开支票数为8,170,200元。4月6日送来一张进账单,4月13日又送来中国银行乌鲁木齐市黑龙江路分理处开立的单位定期整存整取存款证实书。同年7月上旬,社保中心在查询该笔存款时,中国银行告知该存款没有存入银行,而是直接填上侨汇公司的名称,将支票交给了蒋景树,致使社保中心900万元被骗。张朝钧原系新疆中行的员工,由于其违规操作,被新疆中行于1998年3月27日予以开除。张朝钧在明知其已被开除的情况下,仍以新疆中行员工的名义去揽储,并伪造进账单和开户证实书,其行为被原审法院(2003)新刑终字第279号刑事附带民事判决认定构成金融凭证诈骗罪,张朝钧被判处有期徒刑。

社保中心于1999年1月11日向原审法院提起诉讼,诉请判令新疆中行支付存款本金900万元及利息、侨汇公司承担连带责任。

裁判结果

原审判决认定事实基本清楚,在适用法律方面,除判令侨汇公司向社保中心返还8,170,200元及利息外,判决驳回社保中心对新疆中行的诉讼请求不当,本院应予纠正。社保中心关于新疆中行应当对本案承担民事责任的上诉理由成立,本院应予支持。

法院观点

本案涉及民事纠纷与刑事犯罪交叉的问题。本院将本案发回重审时,原审法院尚未作出刑事判决。重审期间,原审法院查清了本案的有关事实并已作出刑事附带民事判决。根据该判决所认定的基本事实,蒋景树伙同张朝钧、韩凯采取伪造进账单和定期存款证实书的办法,骗取社保中心的款项,其行为构成金融凭证诈骗罪。原审法院在判处上述张朝钧等人无期徒刑或有期徒刑的同时,还判决将追缴的赃款70万元以及一辆海南马自达轿车发还给社保中心。处理本案民事纠纷应当考虑刑事判决中所认定的基本事实。

原审判决认定社保中心与新疆中行之间不存在真实的存款关系并无不当。但是,社保中心与新疆中行之间不存在真实的存款关系,只能说明双方之间不存在合同关系以及新疆中行不存在应当承担合同责任的问题,凭此并不能必然得出新疆中行对本案不应当承担任何民事责任的结论。

基于蒋景树、张朝钧、韩凯的犯罪行为,侨汇公司占有本案8,170,200元款项,没有合法依据，其应当将该款项返还给社保中心。原审判决侨汇公司向社保中心返还8,170,200元及利息并无不当，且侨汇公司亦未提起上诉，故对该判项应予维持。

至于新疆中行是否应当对本案承担民事责任，涉及新疆中行对于张朝钧等人的诈骗得逞是否存在过错问题。有过错就应当承担民事责任，这是民法中过错责任原则的基本内涵。

从本案基本事实来看，在本案行为发生以前，张朝钧虽于1998年3月27日被乌市中行予以开除，但新疆中行并未收缴张朝钧的工作证，以至于张朝钧仍以乌市中行天山办事处副主任的身份并持该行工作证到社保中心进行揽储；特别是张朝钧交给社保中心一张加盖有乌市中行黑龙江分理处业务专用章的定期存款证实书，对于该证实书上加盖的公章的真伪问题，原审法院委托该院技术室所作的鉴定结论以及新疆维吾尔自治区人民检察院委托公安部物证鉴定中心所作的鉴定结论是基本吻合的，上述两次鉴定结论与张朝钧的供述也基本一致，故应当认定定期存款证实书上加盖的乌市中行黑龙江分理处业务专用章是真实的。既然张朝钧在被乌市中行开除公职以后还能够使用加盖单位公章的定期存款证实书，这说明乌市中行在管理上存在过错，而且这种过错是导致张朝钧等人诈骗得逞的重要原因，故新疆中行应对其过错承担相应的民事责任。

社保中心未到银行柜台办理存款手续，其轻信张朝钧等人的所为，也说明其有过错，应当自行承担相应的民事责任。

金讼圈提示

一、银行的过错在于：1. 辞退员工未收缴工作证；2. 业务印章及存款票证保管不善。

二、存款人过错在于：未到银行柜台办理存款手续，轻信个人所言。

097 非法集资刑案是否影响担保纠纷民事案件受理？

案例索引

最高人民法院(2016)最高法民终138号民事裁定书。

交易结构图

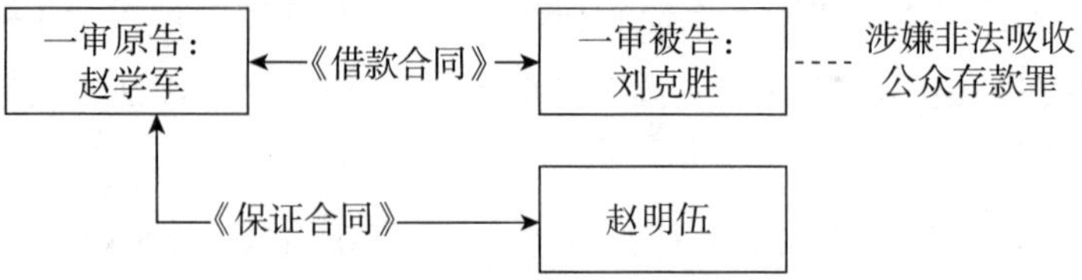

金讼圈导读

本案是一起涉及非法吸收公众存款罪的典型刑民交叉案件。在民间借贷纠纷案中，借款人已经涉嫌非法吸收公众存款罪被刑事立案侦查，出借人可否单独起诉担保人要求承担担保责任？法院是否应该民事立案？对此，最高人民法院通过本案判决明确了观点，值得学习。

裁判规则

一、出借人就借款人涉嫌非法集资一事向公安机关报案，与出借人起诉借款担保人要求其承担担保责任并不冲突。

二、至于案件进入诉讼程序后，是否应该对借款人起诉担保人的案件裁定中止审理，应由受理法院视情形决定。

案情介绍

一审原告：赵学军。

一审被告：刘克胜。

2014年8月14日，赵学军向安徽省高级人民法院提起诉讼称：2014年3月10日，刘克胜与赵学军签订一份《借款合同》，约定刘克胜分期分批向赵学军借款1亿元整，实际借款以到账金额及借款条据为准。借款期限为一年，按月利率20‰计算利息并按月结息。债务人可提前还款，债权人可提前收回本金。同日，赵明伍以保证人身份在《借款合同》上签名，为刘克胜此笔借款提供连带担保责任。上述借款、保证合同生效后，赵学军先后五次向刘克胜指定的账户内转入资金共计7600万元整。

2014年5月18日，经双方结算，扣除赵学军前期向刘克胜的借款，以及刘克胜归还的本金和利息之后，刘克胜仍下欠赵学军借款本金5880万元。刘克胜当日向赵学军重新出具了一份《借据》，并注明按月息2分计息。

现因刘克胜已连续几个月没有按约支付借款利息，违反了《借款合同》第3条的约定，依照《担保法》第18条以及《民事诉讼法》的有关规定，请求法院判令：一、赵明伍立即代为偿还刘克胜所借本金5880万元，并按月利率20‰支付自2014年5月18日起至本金实际还清之日止的利息；二、赵明伍承担赵学军为实现债权而支出的律师代理费79万元；三、赵明伍承担本案诉讼费用。

裁判结果

安徽省高级人民法院裁定驳回赵学军的起诉。

最高人民法院裁定：一、撤销安徽省高级人民法院(2014)皖民二初字第00022－2号民事裁定；二、驳回赵学军对刘克胜的起诉；三、赵学军诉赵明伍民间借贷纠纷一案由安徽省高级人民法院审理。

法院观点

从一审起诉的情况来看，赵学军主张刘克胜承担借款还款责任，赵明伍对借款承担连带保证责任。因刘克胜涉嫌非法吸收公众存款罪，已被公安机关立案侦查，根据最高人民法院、最高人民检察院和公安部《关于办理非法集资刑事案件适用法律若干问题的意见》第7条第2款关于"人民法院在审理民事案件或者执行过程中，发现有非法集资犯罪嫌疑的，应当裁定驳回起诉或者中止执行，并及时将有关材料移送公安机关或者检察机关"的规定，赵学军对刘克胜的起诉应予驳回。但是，刘克胜涉嫌刑事犯罪，并不能否定赵学军与赵明伍之间存在的民事关系，一审法院根据最高人民法院、最高人民检察院和公安部《关于办理非法集资刑事案件适用法律若干问题的意见》第7条第2款的规定，一并驳回赵学军对赵明伍的起诉不当。至于案件进入诉讼程序后，是否应该裁定中止审理，应由受理法院视情形决定。

金讼圈提示

本案尽管支持赵学军与赵明伍额担保纠纷案件的受理，并不意味实体支持其诉讼请求。

098 涉刑事案件是否为民事案件确定管辖的法定理由？

案例索引

招商银行股份有限公司无锡分行与中国光大银行股份有限公司长春分行委托合同纠纷管辖权异议案；最高人民法院于2016年2月3日作出的(2015)民二终字第428号民事裁定书。

交易结构图

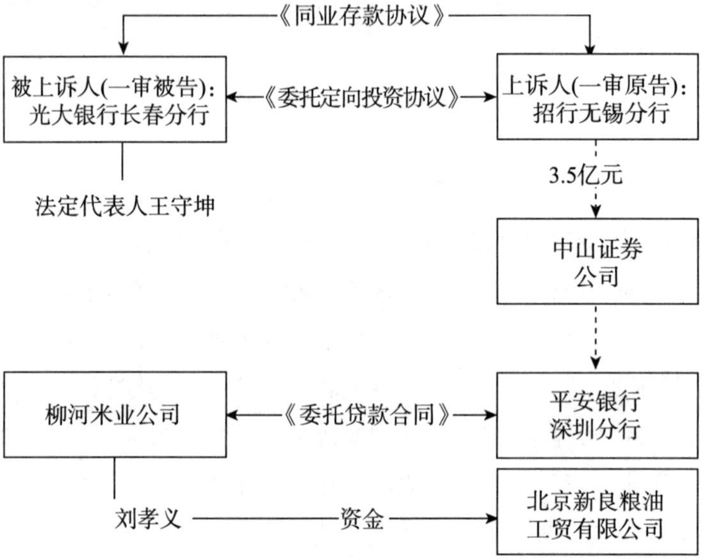

金讼圈导读

本案是最高人民法院关于管辖权异议裁判的经典案例，对诸如形式标准、起诉时标准、审查范围限定、合同成立的前提、争议条款独立性前提、是否审查表见代理抗辩、接受货币乙方为合同履行地适用前提、重复诉讼、刑事案件是否影响管辖权审查等问题进行了充分说理给予了明确答案，非常值得律师、法官和案件当事人研读学习及借鉴运用。

裁判规则

一、管辖权异议审查阶段,应结合诉讼请求对当事人提交的证据材料进行形式要件审查,以认定涉及确定管辖的要素,如原告住所地、被告住所地、合同履行地、合同签订地、财产所在地、侵权行为地、诉讼标的额、案件影响程度以及是否存在有效的管辖条款等,且确定管辖权以起诉时为标准。

二、虽然根据《合同法》第57条规定"有关解决争议方法的条款"具有一定的独立效力,但仅适用于已经成立的合同,亦即:应当真实存在,体现双方当事人真实意思表示,且达成合意。

三、经司法鉴定合同印章盖印不真实,按照立案时形式审查标准,可以认定合同不成立,相应"有关解决争议方法的条款"亦未成立。

四、管辖权异议的审查阶段,不能以表见代理成立为由主张管辖条款发生效力,即使经过实体审理认定表见代理成立,也只涉及案件当事人有关民事责任的承担,不影响人民法院对管辖权异议的处理。

五、在管辖权异议的审查阶段,尚不能确定合同是否实际履行的情况下,根据有关司法解释主张"接收货币一方所在地为合同履行地"的主张不能成立。

六、在一方当事人向另一法院立案在先,其后另一方当事人提起本案诉讼的情形下,虽然从双方当事人在两案中的诉讼请求看,后诉的诉讼请求如果成立,存在实质上否定前诉裁判结果的可能,但是本案诉讼请求不能完全涵盖于前诉的裁判结果之中,后诉和前诉的诉讼请求所依据的民事法律关系并不完全相同,故本案诉讼不符合重复诉讼。

七、案件移送后,本案诉讼请求是否在另案中通过反诉解决,超出了管辖异议的审查和处理的范围,应由受移送的人民法院结合当事人对诉权的处分等情况,依据有关规定依法处理。

八、民事案件是否涉及法院审理的相关刑事案件,并非民事案件确定管辖的法定理由。

案情介绍

上诉人(一审原告):招商银行股份有限公司无锡分行。

被上诉人(一审被告):中国光大银行股份有限公司长春分行。

上诉人招商银行股份有限公司无锡分行(以下简称招行无锡分行)因与被上诉人中国光大银行股份有限公司长春分行(以下简称光大银行长春分行)委托合同纠纷管

辖权异议一案,不服江苏省高级人民法院(2015)苏商初字第00031号民事裁定,向本院提起上诉。

2014年5月30日的编号为光大—招商20140526的《委托定向投资协议》载明甲方为光大银行长春分行,乙方为招行无锡分行。该协议第13条约定,与本协议有关的一切争议,双方应协商解决,协商不成时,双方同意应将争议提交乙方所在地法院诉讼解决。该协议尾部加盖有光大银行长春分行的印章及其法定代表人王守坤的名章。经吉林公正司法鉴定中心和无锡市公安局物证鉴定所鉴定,该协议上的光大银行长春分行的印章印文以及王守坤的名章印文与送检的样本印文不是同一印章加盖形成。

2014年5月30日,招行无锡分行和光大银行长春分行签订编号为20140530－1的《同业存款协议》一份,约定:光大银行长春分行在招行无锡分行开立资金存款账户,用于资金存放,存款金额为3.5亿元,存款期限为364天,起息日以资金到账日为准,存款利率为年利率6.2%。该协议第9条约定,双方同意就本协议项下的任何争议应首先通过友好协商解决,双方协商不成的,可提交双方任何一方所在地有管辖权的法院通过法律途径解决。

2015年6月,光大银行长春分行以《同业存款协议》为依据诉至吉林省高级人民法院,请求判令招行无锡分行向其支付存款本金3.5亿元以及存款利息和违约金。该院于2015年7月2日立案受理,案号为(2015)吉民二初字第16号。招行无锡分行其后提出管辖权异议,该院于2015年8月3日作出(2015)吉民管初字第4号民事裁定,驳回招行无锡分行的管辖权异议。招行无锡分行不服该裁定,已提出上诉,该案尚在审理中。

2014年8月13日,招行无锡分行向无锡市公安局经济犯罪侦查支队报案称,光大银行长春分行的张磊等人伪造公章,以光大银行长春分行名义与其签订《委托定向投资协议》,为柳河米业公司刘孝义从"资管通道"平安银行深圳分行诈骗3.5亿元贷款。2014年8月14日,无锡市公安局直属分局予以立案侦查。

2015年5月22日,江苏省无锡市人民检察院就被告人刘孝义、张磊涉嫌合同诈骗犯罪案向江苏省无锡市中级人民法院出具锡检诉刑诉〔2015〕36号起诉书,查明事实包括:"2014年5月23日至5月30日期间,张磊通过光大银行长春分行将3.5亿元转至招行无锡分行,并将其加盖了伪造的光大银行长春分行公章、法人印章的虚假的《委托定向投资协议》《投资指令》及其制作的虚假的光大银行长春分行对柳河米业公司授信批复、调查报告等资料提供给招行无锡分行。据此,招行无锡分行按照协议将上述3.5亿元通过中山证券公司转至平安银行深圳分行。2014年5月30日,刘孝义等人携带伪造的《采购合同》及公司资料与平安银行深圳分行签订《委托贷款合同》。平安银行深圳分行于当日将3.5亿元放贷至柳河米业公司在该行开立的贷款账户。刘孝义安排人员将资金全部转入其实际控制的北京新良粮油工贸有限公司的账户后，用于归还柳河米业公司及其个人的民间借款、银行贷款及投资期货等。”该刑事案件目前尚在审理过程中。

裁判结果

江苏省高级人民法院一审裁定：被告光大银行长春分行提出的管辖异议成立，本案移送吉林省高级人民法院审理。

最高人民法院二审裁定：驳回上诉，维持原裁定。

法院观点

本案二审审理的争议焦点为：一、《委托定向投资协议》中管辖条款的效力。二、一审法院是否具有管辖权。三、招行无锡分行的诉讼请求能否通过反诉解决以及能否根据刑事案件确定本案的管辖。

一、关于《委托定向投资协议》中管辖条款的效力问题

招行无锡分行提起本案诉讼，向人民法院提交了落款日期均为2014年5月30日的《委托定向投资协议》《同业存款协议》以及《投资指令》等材料。经吉林公正司法鉴定中心和无锡市公安局物证鉴定所鉴定，上述《委托定向投资协议》和《投资指令》尾部加盖的光大银行长春分行的印章及其法定代表人王守坤的名章均与送检的样本印文非同一印章盖印形成。招行无锡分行对该鉴定结论没有异议。招行无锡分行并未向人民法院提交光大银行长春分行在其他场合使用了加盖在《委托定向投资协议》上的“公章”的证据，故不能认定《委托定性投资协议》上的“公章”是真实的。

合同效力是对已经成立的合同是否具有合法性的评价，依法成立的合同，始对当事人具有法律约束力。合同成立之前不存在合同效力的问题。《合同法》第57条关于“合同无效、被撤销或者终止的，不影响合同中独立存在的有关解决争议方法的条款的效力”的规定适用于已经成立的合同，“有关解决争议方法的条款”亦应当真实存在，体现双方当事人真实意思表示，且达成合意。招行无锡分行应当提交具备客观真实性、关联性、合法性的证据，足以证明其依据的“有关解决争议方法的条款”符合法定的成立条件。上述鉴定结论证明《委托定向投资协议》上并没有加盖真实的光大银行长春分行的公章或法定代表人签章，故上述协议中管辖条款在成立要件上存在重大瑕疵,不能认定存在有效的管辖条款。招行无锡分行关于涉案管辖条款具有独立性,即便合同无效亦不影响无效合同中管辖条款的约束力的上诉请求,不能成立,本院不予支持。

此外,合同经办人张磊的行为是否构成表见代理以及表见代理与管辖协议的效力问题。在对当事人提出的管辖权异议进行审查的阶段,注重程序公正和司法效率,既要妥当保护当事人的管辖异议权,又要及时矫正、遏制当事人错用、滥用管辖异议权。此阶段一般结合诉讼请求对当事人提交的证据材料进行形式要件审查,以认定涉及确定管辖的要素,如原告住所地、被告住所地、合同履行地、合同签订地、财产所在地、侵权行为地、诉讼标的额、案件影响程度以及是否存在有效的管辖条款等。且确定管辖权以起诉时为标准。依据《合同法》第49条"行为人没有代理权、超越代理权或者代理权终止后以被代理人名义订立合同,相对人有理由相信行为人有代理权的,该代理行为有效"以及本院《关于当前形势下审理民商事合同纠纷案件若干问题的指导意见》第13条"合同法第49条规定的表见代理制度不仅要求代理人的无权代理行为在客观上形成具有代理权的表象,而且要求相对人在主观上善意且无过失地相信行为人有代理权。合同相对人主张构成表见代理的,应当承担举证责任,不仅应当举证证明代理行为存在诸如合同书、公章、印鉴等有权代理的客观表象形式要素,而且应当证明其善意且无过失地相信行为人具有代理权"的规定,表见代理制度的举证责任较为严格。招行无锡分行在管辖权异议的审查阶段,并未提交形式上清晰明确、内容上无疑意、无争议的证据材料,以证明其有理由相信张磊有代理权签订管辖协议条款,且对光大银行长春分行构成约束,故其不能以表见代理成立为由主张管辖条款发生效力。即使经过实体审理认定表见代理成立,也只涉及案件当事人有关民事责任的承担,不影响人民法院对管辖权异议的处理。招行无锡分行上诉认为,"一审法院一方面认定《委托定向投资协议》对光大长春分行不产生效力,另一方面认为如果张磊的行为构成表见代理则该协议对长春分行将产生效力,存在矛盾",混淆了不同诉讼程序阶段的不同任务和不同认定标准,该上诉理由不能成立。

二、关于一审法院是否具有管辖权的问题

招行无锡分行起诉时称,2014年5月30日,光大银行长春分行存入指定账户3.5亿元,但招行无锡分行未按《同业存款协议》的要求向其正式交付开户证实书,也未交付进账单,一审法院对于招行无锡分行提起的本案诉讼的起诉权利予以保护是正确的。至于《委托定向投资协议》是否实际履行,必须经过案件实体审理才能认定,现尚不能确定《委托定向投资协议》是否实际履行,故对招行无锡分行关于"根据司法解释,合同对履行地点没有约定或者约定不明确,争议标的为给付货币的,接收货币一方所在地为合同履行地,本案主要诉讼请求为要求光大银行长春分行支付175万元的代理手续费,即便《委托定向投资协议》中的管辖条款不适于(用)本案,本案亦应当由一审法院管辖”的上诉理由不予支持。一审法院对本案没有管辖权,一审裁定依据被告住所地确定管辖法院并无不当。

三、关于招行无锡分行的诉讼请求能否通过反诉解决以及能否根据刑事案件确定本案的管辖的问题

2015年6月,光大银行长春分行以《同业存款协议》为依据另案诉至吉林省高级人民法院,请求判令招行无锡分行向其支付存款本金3.5亿元以及存款利息和违约金。吉林省高级人民法院立案在先。其后,招行无锡分行提起本案诉讼。从双方当事人在两案中的诉讼请求看,后诉的诉讼请求如果成立,存在实质上否定前诉裁判结果的可能,但是,招行无锡分行的诉讼请求不能完全涵盖于前诉的裁判结果之中,后诉和前诉的诉讼请求所依据的民事法律关系并不完全相同,故一审裁定认定招行无锡分行提起本案诉讼不符合《民诉法解释》第247条规定的重复诉讼,是正确的。

根据《民事诉讼法》第36条“人民法院发现受理的案件不属于本院管辖的,应当移送有管辖权的人民法院,受移送的人民法院应当受理”的规定,没有管辖权的人民法院可以裁定将案件移送有管辖权的人民法院。本案原告的诉讼请求是否在另案中通过反诉解决,超出了管辖异议的审查和处理的范围,应由受移送的人民法院结合当事人对诉权的处分等情况,依据《民诉法解释》第232条、第233条等的有关规定依法处理。故招行无锡分行关于其诉讼请求无法在另案中通过反诉或抗辩实现的上诉理由,本院不予审理。一审裁定关于招行无锡分行依据《委托定向投资协议》所主张的诉请也可在该案中通过反诉解决的认定超出审查范围,本院予以纠正。

本案是否涉及江苏省无锡市中级人民法院审理的相关刑事案件,并非民事案件确定管辖的法定理由,招商银行无锡分行以此主张应由江苏省高级人民法院审理本案的理由不能成立。

金讼圈提示

一般而言,涉银行、标的巨大、牵涉刑事等敏感重大金融案件的对抗往往从法院管辖开始。关注法院管辖,赢得诉讼第一步!

099 假行长在真银行出具假存单是否当然构成表见代理?

案例索引

李德勇与中国农业银行股份有限公司重庆云阳支行储蓄存款合同纠纷案;最高人民法院于2013年9月29日作出的(2013)民提字第95号民事判决书。

交易结构图

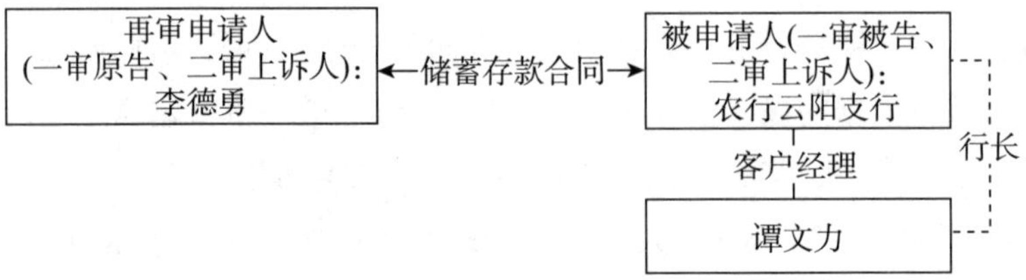

金讼圈导读

一、本案是关于银行客户经理假冒银行行长与他人合谋利用银行工作场所及管理漏洞出具虚假存单诈骗当事人巨额资金的案例,当事人以合同纠纷起诉银行要求赔偿的经典案例。

二、银行客户经理假冒银行行长与他人合谋利用银行工作场所便利及管理漏洞出具虚假存单诈骗当事人巨额资金,竟不构成表见代理!经过一审、二审和再审,最高人民法院再审竟驳回了当事人的全部诉讼请求!为什么?

三、本案不仅是关于表见代理的经典裁判案例,亦会发现诉讼案由及策略的选择是多么的重要!当事人败诉原因到底在哪?

裁判规则

一、合同法关于表见代理的规定目的,是保护善意第三人的合法权益、促进市场交易安全。

二、从立法目的解释表见代理的构成要件,应当包括代理人的无权代理行为在客观上形成具有代理权的表象,相对人在主观上善意且无过失地相信行为人有代理权。

三、相对人善意且无过失应当包含两方面含义:一是相对人相信代理人所进行的代理行为属于代理权限内的行为;二是相对人无过失,即相对人已尽了充分的注意,仍无法否认行为人的代理权。

四、但在法院释明可能不构成储蓄合同关系的情况下，再审申请人仍坚持原诉讼请求而未就此提出其他主张，法院不宜于再审程序中作超越原审诉讼请求范围的审理和裁判，应另寻法律途径解决。

案情介绍

再审申请人（一审原告、二审上诉人）：李德勇。

被申请人（一审被告、二审上诉人）：中国农业银行股份有限公司重庆云阳支行。

再审申请人李德勇因与被申请人中国农业银行股份有限公司重庆云阳支行（以下简称农行云阳支行）储蓄存款合同纠纷一案，不服重庆市高级人民法院（2012）渝高法民终字第00014号民事判决，向本院申请再审。本院于2013年5月2日作出（2012）民申字第1486号民事裁定，提审本案。

谭文力系农行云阳支行工作人员，2009年1月从农行云阳支行云江大道分理处调到寨坝分理处担任客户经理。唐厚生系生州水利开发有限公司（以下简称生州公司）的法定代表人，对外称生州公司是重庆市云阳县梅峰水库工程的业主单位，并以业主身份对外"引资"。唐厚生通过曾勇介绍认识了重庆市创投资产管理有限公司的法定代表人刘红。2008年12月17日，唐厚生和刘红签订《承诺书》，约定若引资成功，支付刘红8%的利息。唐厚生、刘红、刘代毅共谋以高额利息揽储的名义，利用假存单采用"体外循环"的方式骗取资金。刘红将生州公司的资料复印件送给钟道明，承诺给钟道明月利息7%，由钟道明联系存款人，给存款人的利息由钟道明自己把握。

2009年1月14日，钟道明作为存款方，刘代毅作为生州公司的代表签订《引资融资协议》。钟道明通过邵安密联系了李德勇，对李德勇称到农行云阳支行存款有高额利息回报。钟道明收取用款企业刘代毅保证金3万元并告知了李德勇，同意给李德勇月利率5.5%，李德勇于2009年1月14日到达重庆市云阳县，并于2009年1月15日办理存款。

2008年12月27日，唐厚生指使刘代毅用熊桐培的身份证到农行云阳支行杏家湾分理处存款300元，获得该款三个月定期存单，该存单的经办柜员系程建。谭文力利用其在农行云阳支行的身份及与程建的熟人关系，了解到程建2009年1月15日上班。刘红、刘代毅等人依据上述300元的定期存单样本仿制了中国农业银行存单一份，该存单载明"户名李德勇，金额壹仟万元，存入时间2009年1月15日，存期三个月，年利率1.71%，开户行名称云阳支行杏家湾营业所，经办柜员程建，加盖有中国农业银行重庆杏家湾支行业务公章"。唐厚生在谭文力办公室乘谭文力不备取走一份盖有“中国农业银行云阳县支行”的文件，通过其公章印模找人刻制了一枚“中国农业银行云阳县支行”的印章。

2009年1月15日上午，刘红、刘代毅等人带领李德勇到谭文力原农行云阳支行云江大道分理处的办公室，并向李德勇介绍谭文力是谭行长，谭文力将事先准备好的《承诺书》交给李德勇，该《承诺书》载明“我行客户李德勇在我行存入的三个月定期存款1000万元整。我行特此作出如下承诺：在三个月内本笔存款不抵押、不查询、不提前支取，并保证存款到期时由我行负责凭李德勇的存单和本承诺书原件兑付该笔1000万元整的存款。特此承诺。中国农业银行云阳支行，二〇〇九年一月十五日”。李德勇看后，谭文力在该《承诺书》上签名。刘代毅称银行的公章马上送过来，就叫人将唐厚生私刻的“中国农业银行云阳支行”印章送过来并加盖在该《承诺书》上。该《承诺书》签名盖章后，谭文力、刘代毅、唐厚培先行到农行云阳支行杏家湾分理处，将事先仿制的中国农业银行存单装入信封内，由谭文力将信封递给银行柜员程建，并对程建说马上来转笔款，在办完这笔业务后将信封递出来给谭文力。程建接过信封放在其办公桌上。随后，刘红、曾勇带李德勇到农行云阳支行杏家湾分理处谭文力所站的柜员程建的营业窗口，李德勇将自己的卡号为6228××××××××××1610的银行卡和身份证递给程建，谭文力也将其事先用任齐鸣身份证办理的银行卡递给程建，并对程建说从李德勇银行卡上转1000万元到谭文力递交的银行卡上。程建在李德勇输入密码后从其银行卡上转账支取1000万元，进入农行云阳支行31——1002×××××××0003、31——4703×××××××0045内设账户，然后将款转存到谭文力提供的任齐鸣6228×××××××××××0016号银行卡户上。程建将银行卡取款凭条交李德勇签字，将户名为任齐鸣的银行卡存款凭条交谭文力签字后，将1000万元的银行卡取款业务回单及李德勇的银行卡、身份证递交给了李德勇，将户名为任齐鸣的银行卡1000万元的存款回单、银行卡及之前谭文力交给程建存放的信封一并递给了谭文力。谭文力接过信封就将信封递给了李德勇。李德勇与谭文力一同回到农行云阳支行云江大道分理处，谭文力将之前签名盖章的《承诺书》交给了李德勇。随后，谭文力、刘红、李德勇等人一同到农行云阳支行寨坝分理处，按照约定的利率转息差从户名为任齐鸣的银行卡转240万元到刘红的银行卡，刘红从其银行卡上按之前约定的5.5%月息转165万元到李德勇的银行卡。唐厚生、刘红、谭文力、刘代毅、曾勇、唐厚培等人骗取李德勇的1000万元除支付李德勇利息165万元外，其余分配情况：刘红30万元，钟道明45万元，曾勇57万元，谭文力52万元，唐厚生651万元。

在存单载明的存款期限即将到期之前，李德勇电话联系谭文力要到农行云阳支行取款，谭文力总说再等几天，在李德勇再三催问并说明自己要到银行取款的情况下，谭文力告诉李德勇存单里没有钱，让李德勇找唐厚生。唐厚生电话中对李德勇说“存单是没有钱的，你硬要去取，我只有坐牢，你也得不到钱，等几天就行了”。李德勇再与唐厚生联系，唐厚生总说过几天就能取到钱，李德勇只得同意唐厚生延期一个月。唐厚生于2009年4月15日向李德勇的银行卡转账10万元的延期利息。

李德勇一直没有持1000万元存单及《承诺书》到农行云阳支行杏家湾分理处要求兑付。2009年9月3日，李德勇到重庆市云阳县公安局报案称唐厚生、谭文力等人合伙诈骗其1000万元。重庆市云阳县公安局在侦查过程中，经重庆市公安局物证鉴定中心鉴定，李德勇持有的2009年1月15日《承诺书》上加盖的“中国农业银行云阳支行”的印文与农行云阳支行的公章样本印文不同。重庆市云阳县公安局于2009年9月22日将重庆市公安局物证鉴定中心渝公鉴（文）（2009）1264号鉴定书送达给李德勇，李德勇表示无异议，不要求补充或者重新鉴定，庭审中农行云阳支行、李德勇的代理人对鉴定结论均表示没有异议。

唐厚生、刘红、谭文力、刘代毅、曾勇、唐厚培经重庆市第二中级人民法院（2010）渝二中法刑初字第105号刑事判决认定，利用假存单骗取李德勇1000万元构成金融诈骗罪，判处刑罚，并责令退赔犯罪所得财物。重庆市高级人民法院（2011）渝高法刑终字第127号刑事裁定维持原判，重庆市第二中级人民法院（2010）渝二中法刑初字第105号刑事判决已经发生法律效力。李德勇依据上述刑事判决申请对谭文力、唐厚培、刘强、唐晓东等四人价值553,600元的轿车执行交付，重庆市第二中级人民法院已将上述犯罪人财产执行交付给李德勇。

2009年12月2日，李德勇提起诉讼，谭文力的行为构成表见代理，行为后果应由农行云阳支行承担。请求判令农行云阳支行兑付到期存单1000万元，并按年利率1.71%支付从2009年1月15日起至还本付清之日止的利息。诉讼费由农行云阳支行负担。

裁判结果

一审法院判决：一、农行云阳支行对李德勇存款1000万元用资人不能偿还的本金部分承担40%的赔偿责任；二、驳回李德勇的其他诉讼请求。

李德勇不服一审判决提起上诉。重庆市高级人民法院二审法院判决：一、撤销一审判决；二、驳回李德勇的诉讼请求。

最高人民法院再审判决：维持重庆市高级人民法院（2012）渝高法民终字第00014号民事判决。

法院观点

双方当事人再审争议的焦点问题为：1. 李德勇与农行云阳支行之间是否成立储蓄存款合同；2. 农行云阳支行是否应对李德勇的1000万元款项承担兑付义务。

一、关于李德勇与农行云阳支行之间是否成立储蓄存款合同问题

《合同法》第13条规定："当事人订立合同，采取要约、承诺方式。"该法第25条规定："承诺生效时合同成立。"依照上述法律规定，订立合同必经要约和承诺两个阶段。本案中，判断李德勇是否与农行云阳支行之间成立储蓄存款合同，需要认定如下问题：

（一）李德勇是否发出要约，即对农行云阳支行作出存款1000万元的意思表示。

本案查明事实表明，李德勇在农行云阳支行杏家湾分理处办理业务时，并未向柜员表示存款1000万元。李德勇称其明确向"行长"谭文力表示存款，应视为向农行云阳支行作出存款的意思表示。李德勇该主张能否成立，关键在于谭文力能否代表农行云阳支行，即谭文力在与李德勇商谈存款事宜时，是否构成表见代理。《合同法》第49条规定："行为人没有代理权、超越代理权或者代理权终止后以被代理人名义订立合同，相对人有理由相信行为人有代理权的，该代理行为有效。"该条规定目的是保护善意第三人的合法权益、促进市场交易安全。从立法目的解释表见代理的构成要件，应当包括代理人的无权代理行为在客观上形成具有代理权的表象，相对人在主观上善意且无过失地相信行为人有代理权。相对人善意且无过失应当包含两方面含义：一是相对人相信代理人所进行的代理行为属于代理权限内的行为；二是相对人无过失，即相对人已尽了充分的注意，仍无法否认行为人的代理权。本案中，李德勇在与谭文力商谈存款事宜过程中，在以下方面存在未尽合理注意义务的过失：一是对谭文力行长的身份未经核实即轻信。李德勇是经刚认识的刘红等陌生人介绍认识"行长"谭文力，谭文力接待李德勇时并未在农行云阳支行办公地点，而是在农行云阳支行云江大道分理处的办公室，作为"行长"的谭文力亲自带李德勇到柜台办理"存款"业务，李德勇因为疏忽，对谭文力作为"行长"不符合常规的做法未产生怀疑，未尽合理注意义务。二是李德勇对存款过程存在的诸多不合常规操作未产生怀疑。谭文力交给李德勇的《承诺书》载明，农行云阳支行在三个月存款期内承诺对款项"不抵押、不查询、不提前支取"。上述承诺内容均为李德勇作为存款所有权人可以行使的权利，放弃权利的承诺应当由权利人作出。但"农行云阳支行"却对此作出承诺。李德勇应当注意到承诺书内容的不合常理之处。李德勇作为储户应当知道在银行柜台办理业务时，需向柜员表明业务办理事项，却未在柜台交易时作出存款的意思表示。李德勇作为办理过银行存款业务的储户，应当知道存款应当填写存款凭条，存单应当由柜员直接交付储户。

李德勇没有填写存款凭条，存单又是放在信封中从银行柜台递出，李德勇因疏忽轻信而未向柜台工作人员核实。三是李德勇主观上具有违规追求高额利息的故意。钟道明承诺给李德勇每月5.5%的高息，换算成年息为66%，李德勇对如此高的利息未产生怀疑，亦未向农行云阳支行核实，主观上并非善意。因李德勇不符合善意无过错的表见代理构成要件要求，谭文力的行为不构成表见代理。李德勇向谭文力作出的存款意思表示不能视为向农行云阳支行作出的意思表示。李德勇关于在农行云阳支行办公室这一特定环境内，造成其相信谭文力行长身份，确信谭文力代表农行云阳支行，存款业务无须储户亲自到柜台向柜员说明的观点，缺乏依据，本院不予采信。

（二）农行云阳支行是否作出承诺。

农行云阳支行并未向李德勇出具储蓄存单。李德勇称假存单由该行柜台递出，故储蓄存款合同成立。从程建履行职务角度来看，其从柜台递出的是装有伪造存单的信封，本案并无证据证明程建与谭文力共谋诈骗，故意递出信封以使李德勇相信存款事实的发生。程建因与谭文力的私人约定将信封递交给谭文力，无证据证明程建知道信封内装有何种物品。因此，程建递出信封行为，并非其履行职务行为。从李德勇是否可以确信程建递出信封为履行职务行为看，程建在办理李德勇业务中，李德勇并未向程建作出存款的意思表示，程建也未让李德勇填写存款凭条、未向李德勇出具储蓄存单。程建递交谭文力信封的行为不足以让李德勇产生已经存款的信任，其行为不能认定为履行职务行为，进而推定农行云阳支行与李德勇之间已经成立了数额为1000万元的定期储蓄合同关系。

二、关于农行云阳支行是否应对李德勇的1000万元款项承担兑付义务问题

《最高人民法院关于审理存单纠纷案件的若干规定》第5条规定，对一般存单纠纷案件的认定和处理：1.当事人以存单或进账单、对账单、存款合同等凭证为主要证据向人民法院提起诉讼的存单纠纷案件和金融机构向人民法院提起的确认存单或进账单、对账单、存款合同等凭证无效的存单纠纷案件，为一般存单纠纷案件。2.人民法院在审理一般存单纠纷案件中，除应审查存单、进账单、对账单、存款合同等凭证的真实性外，还应审查持有人与金融机构间存款关系的真实性，并以存单、进账单、对账单、存款合同等凭证的真实性以及存款关系的真实性为依据，作出正确处理。在存单纠纷案件的审理中，如有充分证据证明存单、进账单、对账单、存款合同等凭证系伪造、变造，人民法院应在查明案件事实的基础上，依法确认上述凭证无效，并可驳回持上述凭证起诉的原告的诉讼请求或根据实际存款数额进行判决。李德勇系依据存单提起诉讼，应作为一般存单纠纷处理。李德勇所持存单系伪造，该存单所涉1000万元款项并未向农行云阳支行交存，双方并未成立储蓄存款合同，李德勇依据犯罪分子伪造的存单，主张农行云阳支行兑付存单上载明的存款，缺乏法律依据，本院不予支持。

李德勇认为谭文力利用农行云阳支行办公场所实施犯罪，造成李德勇相信谭文力“行长”身份，柜员程建在履行职务过程中存在过错，造成李德勇资金通过银行柜台被犯罪分子获得，农行云阳支行对其上述工作人员的行为具有重大过错，应当承担责任，但在一审法院向李德勇释明其与农行云阳支行之间可能不构成储蓄合同关系的情况下，李德勇仍坚持原诉讼请求而未就此提出其他主张，本院亦不宜于再审程序中作超越李德勇原审诉讼请求范围的审理和裁判。

李德勇因1000万元款项损失与农行云阳支行产生的其他纷争，应另寻法律途径解决。

金讼圈提示

一、相对人善意且无过失，是构成表见代理的基础条件。

二、二审法院和再审法院均认为，本案因不构成代理而不构成合同关系，所以不应按照合同之诉处理；如果当事人认为银行有过错，可以选择侵权损害赔偿诉讼。

三、当事人在法院释明的情况下，拒不及时变更请求权基础（案由或法律关系）为侵权之诉并追加其他直接侵权人，应该是本案当事人败诉的关键原因。

四、当事人要存款，一定要亲自到银行柜台全程操作完成，不要轻信银行行长等领导。

100 刑事判决追缴或责令赔偿的情况下，被害人能否向刑事被告以外的人另行提起民事赔偿？

案例索引

罗亚芬与梁峰、某某银行股份有限公司广州流花支行财产损害赔偿纠纷；广东省广州市中级人民法院于2016年1月12日作出的（2015）穗中法民一终字第07417号民事判决书。

交易结构图

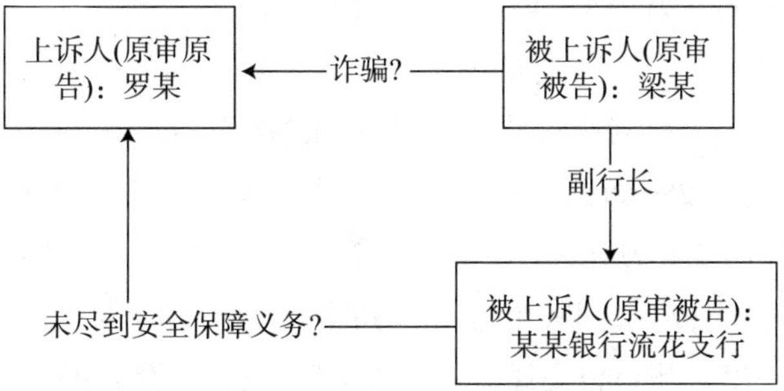

金讼圈导读

一、本案是关于银行副行长利用职务便利进行诈骗,刑事判决后,被害人另行起诉银行承担损害赔偿责任的典型案例。

二、对于法院已在刑事案件判决追缴或责令赔偿的情况下,被害人能否另行对侵害人提起民事赔偿?银行是否尽到承担安全保障义务并是否需要对被害人损失承担损害赔偿责任?一、二审法院给予了明确观点及详细论证过程。

三、关于银行职员利用职务便利涉嫌犯罪,被害人应如何索赔?文后有点睛提示。

裁判规则

一、法院已经在刑事案件中判决追缴或者责令退赔的,被害人提起附带民事诉讼,或者另行提起民事诉讼请求被告返还被非法占有、处置的财产的,人民法院不予受理,但不妨碍被害人向刑事被告以外的其他责任人提起民事赔偿诉讼。

二、被害人与刑事被告个人关系密切,存在长期的私人资金往来,刻意隐瞒转账用途,在金融机构正常交易流程外建立委托关系,使安全保障缺乏基本条件,对于刑事被告利用职务之便的诈骗犯罪行为,银行作为用人单位虽有失察之责,但该过错与被害人所受损害之间不成立相当因果关系,因此被害人主张银行未尽到安全保障义务进而要求损害赔偿的诉讼请求难以支持。

案情介绍

上诉人(原审原告):罗某。

被上诉人(原审被告):梁某。

被上诉人(原审被告):某某银行股份有限公司广州流花支行。

上诉人罗某因与被上诉人梁某、某某银行股份有限公司广州流花支行(以下简称“某某银行流花支行”)财产损害赔偿纠纷一案,不服广东省广州市越秀区人民法院(2015)穗越法民一初字第2532号民事判决,向本院提起上诉。

一审法院判决:驳回罗某全部的诉讼请求。罗某向本院提起上诉。罗某上诉称:

(一)本案中我方因梁某诈骗,同时因为某某银行流花支行未尽到安全保障义务和监管义务,我方遭受250万元及相应利息的损失,原审法院认为在刑事判决中已判令梁某退赔违法所得250万元,故不应由法院对梁某的赔偿责任再进行处理,这不符合法律规定,对我方也极不公平。1.根据广州市公安局作出的《追缴违法所得情况报告书》,梁某诈骗一案广州市公安局对梁某违法所得进行追缴,截至目前,未缴获到违法所得退赔我方。我方尚有250万元未得到补偿。2.从2013年10月24日至今,我方的损失不仅包括250万元,而且还包括由此产生的相应利息。刑事判决仅仅判令梁某退赔250万元的损失,并未对利息作出处理。3.刑事判决判令梁某退赔违法所得,是刑事案件处理中救济被害人的一种具体做法,属于梁某承担刑事责任的应有之义。但刑事判决从来就不排斥和取缔被害人通过民事诉讼方式寻求救济的合法权利,尤其是针对有过错的第三人。无论从法律还是法理上来看,刑事案件的审理法院是无权对当事人(尤其是针对有过错的第三人)的民事纠纷做出最终处理的,原审法院据此做出不再另行处理的认定严重违反了现代法治精神和原则。

(二)某某银行流花支行作为金融机构,对于我方的财产损失未尽到安全保障义务;存在对员工管理不善、监管不力、用人不察等严重过错;且存在工作失误等过失从而直接导致我方财产损失。原审法院认为某某银行流花支行不具有过错,我方的财产损失与某某银行流花支行无关联,与本案的客观事实不符。1.根据《中国银监会办公厅关于进一步加强银行业务和员工行为管理的通知》等相关规定,银行应通过以滚动屏幕显示、在营业场所醒目位置张贴风险提示,加强对营业场所、营业秩序管理,对员工异常行为进行排查,建立健全可疑交易预警机制对于大额交易和可疑交易进行审核和报告等方式履行安全保障义务。我方作为某某银行流花支行的客户,在其营业场所中,某某银行流花支行并未依上述规定尽到安全保障义务,造成我方财产损害,应当承担侵权责任。2.根据《中国银监会办公厅关于进一步加强银行业务和员工行为管理的通知》第2条、《中国银监会办公厅关于加强银行业金融机构内控管理有效防范柜面业务操作风险的通知》第13条关于强化银行员工行为管理的规定,某某银行流花支行负有对员工进行管理、教育和监督的职责,银行应通过建立健全覆盖各类员工的全员管理制度、加大对员工异常行为的监督力度、建立员工账户监测系统等方式来履行对员工的监管义务,建立健全可疑交易预警机制对于大额交易和可疑交易进行审核和报告。3. 梁某作为某某银行的高级管理人员，其个人账户经常性与客户账户发生大额资金往来，但是某某银行却没有尽到监管的义务。4. 梁某领着我方直接到柜台转账且无需排号，并由梁某填写单据将自己列为收款人，将自己的账号列为收款账号（该行为违反了《中华人民共和国反洗钱法》且被《某某银行员工行为禁令》明文禁止）等一系列举动，某某银行流花支行经办柜员应有充分的理由怀疑该笔转账存在违规，甚至违法的情况，对于该笔可疑交易根据相关规定应予以监测核实，但是银行没有对可疑交易进行监测，没有尽到监管义务。5. 根据《金融机构大额交易和可疑交易报告管理办法》等相关规定，银行应建立健全可疑交易预警机制对于大额交易和可疑交易进行审核和报告。我方在同一天内账户内有两笔超过 250 万元的交易，属于大额交易，应当进行审核和报告。但是某某银行流花支行并没有对上述可疑交易和大额交易依法进行监测核实，且我方在柜台转账时，柜员对于大额交易的转账用途也没有进行询问、核实。某某银行流花支行错在工作失误的过失。6. 梁某从 2012 年 12 月任职某某银行副行长一职以来，到 2013 年 12 月 3 日被羁押，短短一年时间，梁某利用任职副行长职权之便进行违规拆借资金谋取利息差额多达至少 16 次，涉及金额多达 1970 万元；利用任职某某银行副行长职权之便进行诈骗多达 4 次，涉及金额多达人民币 1184 万元，美金 300 万元。某某银行流花支行选拔员工明显存在用人失察，且对其员工监督不力，对于员工的异常行为没有依照相关规定进行排查。据此，罗某的上诉请求为：撤销原审判决，依法改判某某银行流花支行、梁某立即向罗某返还人民币 250 万元及利息（利息自 2013 年 10 月 24 日起按同期银行贷款利率计至实际清偿日止，暂计至起诉之日约为人民币 188, 343. 75 元）。由某某银行流花支行、梁某承担本案的一、二审诉讼费用。

某某银行流花支行答辩称：

一、在程序上，依据《最高人民法院关于适用刑法第六十四条有关问题的批复》《最高人民法院关于适用〈中华人民共和国刑事诉讼法〉的解释》，罗某不可另行提起民事诉讼，且其提起本案诉讼不属于侵权诉讼。罗某的损失是梁某所致，其明知自己不符合购买条件，将大额资金转入梁某个人账户，脱离银行监管，导致的风险应由其本人承担。

二、我方不存在侵权行为。（2014）穗中法金民终字第 1108 号民事判决已经生效，该判决认定梁某的行为并非职务行为，也不构成表见代理。我方不应当对梁某的行为承担责任。

三、我方不存在任何过错。罗某刻意隐瞒转账用途，在金融机构正常交易流程外与梁某建立委托关系，使得安全保障缺乏基本条件，我方无法发现和监管，我方也无义务及权限对员工的银行账户进行随时监管。根据规定，除非银行账户达到异常才会监管。而本案梁某与罗某关系密切，存在长期的私人资金往来。在转账、转款的过程中，转款用途为往来款，整个过程无异常；在柜台办理的是正常的资金转账，银行无权力和义务必须对客户进行询问和提醒；我方有完善员工管理制度，且有切实的落实。据此，某某银行流花支行请求维持原判，驳回罗某的上诉请求。

裁判结果

二审法院判决：驳回上诉，维持原判。

法院观点

《最高人民法院关于适用〈中华人民共和国刑事诉讼法〉的解释》第139条规定：被告人非法占有、处置被害人财产的，应当依法予以追缴或者责令退赔。被害人提起附带民事诉讼的，人民法院不予受理。追缴、退赔的情况，可以作为量刑情节考虑。根据(2014)穗中法刑初字第52号刑事判决书，梁某违法所得应当继续追缴，同时责令梁某就追缴不足部分予以退赔。据此，罗某于本案中对梁某提出的请求不属于民事诉讼处理范围，其对梁某的起诉应当予以驳回。原审对此处理正确，本院予以维持。

综合双方诉辩意见，本案争点为某某银行流花支行对罗某因受梁某诈骗所受款项损失是否应当承担相应责任。根据双方的陈述及所提交的证据，本院认为，罗某所受款项损失既是受梁某诈骗的结果，也与罗某在民事活动中未能注意自身财产安全，对他人过于轻信有关。从本案事实可见，罗某与梁某之间的信任关系并非基于梁某某某银行流花支行副行长的身份而建立，而早在梁某之前在其他银行任职时，双方已经建立了信任关系并存在多次个人之间的款项往来。本案罗某所受损失虽是在梁某于某某银行流花支行任职期间发生的，但对罗某与梁某之间的个人账户往来，某某银行流花支行并不知情。对于梁某的犯罪行为，某某银行作为用人单位虽有失察之责，但该过错与罗某所受损害之间不成立相当因果关系。作为具有完全民事行为能力的成年人，罗某有足够的认知能力判断其与某某银行之间的委托理财活动不可能通过梁某的个人账户进行。罗某称某某银行流花支行未尽金融机构应当对客户承担的安全保障义务缺乏事实依据，本院对罗某该主张不予采纳。本案没有充分证据证实案涉梁某与罗某之间的款项往来触发了金融机构对可疑交易的内部预警机制，罗某主张某某银行流花支行未尽监管职责致其损失的上诉理由缺乏充分依据，本院不予采纳。

金讼圈提示

一、银行职员利用职务便利涉嫌犯罪侵害当事人利益的，被害人如果要向银行主张责任，至少有两种途径：

1. 以合同纠纷案由起诉，主张与银行构成金融合同关系。是否构成表见代理？通常会成为案件关键争议焦点。

2. 以侵权纠纷案由起诉，主张损害赔偿责任。银行是否未尽安全保障义务？一般会成为法庭关键争议焦点。

二、当出现类似案件时，被害人如何向银行主张责任？这是一项非常专业的工作，需要专业的金融律师详细了解案情、审慎论证，才能更好地维护当事人的权益。

图书在版编目(CIP)数据

金讼圈之100个典型疑难金融案例与裁判规则 / 李小文, 诸奇红编著. -- 北京 : 法律出版社, 2018(2019.8重印)
ISBN 978-7-5197-2049-0

Ⅰ. ①金… Ⅱ. ①李… ②诸… Ⅲ. ①金融-经济纠纷-案例-中国 Ⅳ. ①D922.280.5

中国版本图书馆CIP数据核字(2018)第043491号

金讼圈之100个典型疑难金融案例与裁判规则
JINSONGQUAN ZHI 100 GE DIANXING YI'NAN JINRONG ANLI YU CAIPAN GUIZE

李小文 诸奇红 编著

策划编辑 刘秀丽
责任编辑 刘秀丽
装帧设计 汪奇峰

出版 法律出版社
总发行 中国法律图书有限公司
经销 新华书店
印刷 三河市龙大印装有限公司
责任校对 晁明慧
责任印制 张建伟
编辑统筹 独立项目策划部
开本 710毫米×1000毫米 1/16
印张 36
字数 710千
版本 2018年3月第1版
印次 2019年8月第2次印刷

法律出版社/北京市丰台区莲花池西里7号(100073)
网址/www.lawpress.com.cn
投稿邮箱/info@lawpress.com.cn
举报维权邮箱/jbwq@lawpress.com.cn
销售热线/400-660-8393
咨询电话/010-63939796

中国法律图书有限公司/北京市丰台区莲花池西里7号(100073)
全国各地中法图分、子公司销售电话:
统一销售客服/400-660-8393/6393
第一法律书店/010-83938432/8433 西安分公司/029-85330678 重庆分公司/023-67453036
上海分公司/021-62071639/1636 深圳分公司/0755-83072995

书号:ISBN 978-7-5197-2049-0 **定价**:138.00元
(如有缺页或倒装,中国法律图书有限公司负责退换)

已出版的相关图书

1. 典当纠纷案例裁判实务与述评 / 林 晨 金赛波 主编
2. 信用证法律 / 金赛波 李 健 著
3. 中国信用证和贸易融资法律:案例和资料 / 金赛波 编
4. 票据法新论与案例 / 王开定 著
5. 福费廷实务操作与风险管理 / 查忠民 金赛波 著
6. 金融担保案例判决书精选 / 宋晓明 金赛波 编著
7. 商业银行新型暨疑难法律问题精解 / 朱黎明 主编
8. 中国法院审理的信用证纠纷案件:案例和资料 / 金赛波 编著
9. 针对商业银行的刑事犯罪案例精选 / 金赛波 李燕兵 陈俊豪 编著
10. 信用证纠纷中海运提单案例精选 / 金赛波 方双复 任涌飞 李雪春 编著
11. 票据法案例精选 / 金赛波 冯守尊 编著
12. 民间借贷纠纷案件裁判文书精选 / 金赛波 林 晨 主编
13. 民间借贷实用案例解析 / 林 晨 金赛波 著
14. 中国法院委托理财纠纷案件裁判文书精选 / 金赛波 刘建功 冯守尊 张凤翔 编著